# ОЧЕРКЪ

## ИСТОРІИ ВОСПИТАНІЯ И ОБУЧЕНІЯ

### СЪ ДРЕВНѢЙШИХЪ ДО НАШИХЪ ВРЕМЕНЪ.

СОСТАВИЛЪ

(по Шмидту, Раумеру и др.)

**Л. МОДЗАЛЕВСКІЙ.**

САНКТПЕТЕРБУРГЪ.
ВЪ ТИПОГРАФІИ Ф. С. СУЩИНСКАГО.
Могилевская, 7.

1866.

# ПРЕДИСЛОВІЕ.

Приступая къ изданію этой книги, я имѣлъ въ виду: съ одной стороны — распространяющійся у насъ интересъ къ педагогикѣ, для изученія которой за послѣднее время появилось много каѳедръ или даже особыхъ учрежденій; съ другой стороны — нѣкоторую возможность удовлетворить столь законной потребности какъ спеціалистовъ, такъ и остальнаго образованнаго общества, усвоивъ за нашей литературой на первый разъ хотя то, что есть лучшаго по этой части на западѣ, и именно — у нѣмцевъ, наиболѣе разработавшихъ педагогику и какъ науку, и какъ искусство. Такимъ образомъ, предлагаемая мною книга ни мало не имѣетъ притязанія на самостоятельность, которой болѣе потребуетъ продолженіе ея — «Исторія воспитанія въ Россіи» — на сколько она возможна при уже существующемъ у насъ матеріалѣ для нея, которымъ я также намѣренъ воспользоваться.

При современномъ переходномъ состояніи многихъ наукъ, а въ томъ числѣ и педагогики, историческое ихъ изученіе сдѣлалось единственно-возможнымъ, пока не сложатся новыя, лучшія системы. На этомъ-то основаніи и я избралъ прежде всего *исторію* педагогики, считая, однако, не лишнимъ показать значеніе, составъ и отношеніе послѣдней къ другимъ, вспомогательнымъ наукамъ, сдѣлавъ только попытку ея систематизированія. *) Замѣчу еще, что, принявъ за основаніе краткую исторію Педагогики — К. Шмидта, я нашелъ необходимымъ кое-что измѣнить въ ней, кое-что выпустить или пополнить. Если безпристрастная критика сдѣлаетъ мнѣ полезныя замѣчанія и указанія — они будутъ приняты мною съ живѣйшею благодарностью.

---

*) Удовлетворительнѣе другихъ это исполнилъ профессоръ педагогики д-ръ Стой въ своей «Encyclopädie der Pädagogik. Leipzig. 1861»; но онъ придаетъ уже слишкомъ большое значеніе философскому элементу.

Педагогическое дѣло, особенно въ школѣ, есть спеціяльность въ самомъ строгомъ смыслѣ этого слова; а потому оно требуетъ отъ воспитателей спеціальной предварительной подготовки. Если агрономъ, садоводъ или скотоводъ непремѣнно долженъ основываться въ своихъ дѣйствіяхъ на законахъ природы, раскрываемыхъ наукою, долженъ знать и свойства почвы, и свойства растительнаго или животнаго организма,—то педагогъ *тѣмъ болѣе* не можетъ считать себя свободнымъ отъ обязанности ознакомиться предварительно съ педагогической наукой, *тѣмъ болѣе* потому, что ему предстоитъ воспитывать не кукурузу, не тонкорунныхъ овецъ, а людей, которые будутъ потомъ его строжайшими судьями. До этого убѣжденія уже давно дошли на западѣ, гдѣ ранѣе стали обращать должное вниманіе на педагогическое дѣло; гдѣ развилась обширная педагогическая литература, выработавшая научныя системы; гдѣ въ настоящее время существуетъ множество спеціальныхъ учрежденій, посвященныхъ дѣлу предварительнаго подготовленія будущихъ учителей и воспитателей, и извѣстныхъ подъ именемъ «педагогическихъ семинарій». Такъ какъ педагогическое дѣло есть по преимуществу практическое, требующее опыта, то подобныя семинаріи съ принадлежащими къ нимъ малолѣтними школами можно удобнѣе всего сравнить — не съ лабораторіями, а съ клиниками, гдѣ на практикѣ повѣряется и примѣняется то, что выработала теорія, которая, въ свою очередь, сложилась изъ практическихъ выводовъ уже не одного-двухъ, а тысячи дѣятелей, и которая живетъ и обновляется только новыми и новыми эмпирическими данными. Правда, такія учрежденія, какъ педагогическія семинаріи, явились позже разныхъ лабораторій, образцовыхъ фермъ и клиникъ; но мы не имѣемъ права дѣлать упрековъ исторіи и отвѣчаемъ только за настоящее и за будущее, т. е. за нашу собственную дѣятельность и за ея послѣдствія. Въ наше время педагогическія семинаріи и курсы, дающіе возможность желающимъ спеціально приготовить себя къ педагогическому поприщу, составляютъ столь-же разумное и прочное явленіе, какъ разумна и прочна потребность воспитанія и образованія для человѣка. Опытъ послѣдняго столѣтія именно показалъ, что такія учрежденія, какъ педагогическія семинаріи и курсы, вводящіе своихъ членовъ въ сферу педагогическихъ идей и педагогической практики, — всегда преемственной, какъ всякая практика, и всегда подлежащей безконечному усовершенствованію, — много содѣйствуютъ искорененію многихъ анормальныхъ явленій, предохраняя дѣтей и отъ тупаго консерватизма учителей стараго типа, и отъ произвольнаго экспериментализма учителей-новичковъ. Первые страдаютъ избыткомъ положительности и недостаткомъ критическаго отрицанія; вторые только отрицаютъ, не успѣвъ выработать ничего положительнаго. Нормы, какъ и всегда, надо искать въ примиреніи этихъ двухъ крайностей путемъ научно-эмпирическаго изслѣдованія: въ этомъ-то и состоитъ задача педагогическихъ семинарій и курсовъ. — Устройство ихъ въ разныхъ государствахъ и мѣстностяхъ весьма различно, — но всѣ они имѣютъ то общее, что признаютъ соединеніе теоріи съ практикой, взаимно поясняющихъ и дополняющихъ другъ друга.

Установивъ принципъ необходимости сознательнаго, преднамѣреннаго воспитанія, требующаго какъ теоретическаго, такъ и практическаго изученія педагогики, намъ слѣдуетъ теперь оріентироваться въ этой наукѣ, насколько она опредѣлилась въ настоящее время, показать ея отношеніе къ другимъ наукамъ и разобрать ея составныя части. Это необходимо для всесторонняго понимания предмета изучения, которое можетъ и должно совершаться только по частямъ, но такъ, чтобы мы ясно понимали взаимную связь этихъ частей и не впали въ односторонность, которою такъ страдаютъ многіе, на комъ лежатъ заботы объ общественномъ или семейномъ воспитаніи юношества. Вслѣдствіе этой односторонности и узкости взгляда, не расширеннаго пониманіемъ цѣлой науки, одни только философствуютъ о воспитаніи и теряются въ абстрактности разныхъ нравственныхъ принциповъ; другіе только и заботятся о набиваніи головы разными свѣдѣніями, не заботясь о ихъ образовательности по отношенію къ учащемуся; третьи являются исключительно администраторами, или даже политиками относительно школы... Раздѣльность всякаго труда необходима, но — только при дружномъ согласіи въ общихъ началахъ, при единствѣ главной цѣли: иначе порождаются одни недоразумѣнія среди самого учебнаго сословія, и часто характеръ и направленіе воспитанія зависятъ у насъ не отъ сознательно выработанныхъ принциповъ науки, а просто отъ личности, и, по мѣрѣ появленія или удаленія этихъ авторитетныхъ личностей, колеблется то въ ту, то въ другую сторону. Но жизнь школы, какъ и всякая жизнь, не должна идти на авось, а направляться по лежащимъ въ ней законамъ, какъ мы видимъ это на всей природѣ. Отъ человѣка требуется только: сознать эти законы, чтобы не нарушать ихъ своимъ произволомъ, а умѣть примѣнять ихъ къ своему благу. Вѣрной руководительницей въ каждой серьезной дѣятельности, а слѣдовательно и въ дѣлѣ воспитанія, можетъ и должна быть только *наука*, и притомъ — понятая во всѣхъ ея частяхъ, всесторонне; такъ напр. что сказали-бы мы о медикѣ, знающемъ одну патологію или фармакологію, но незнакомомъ съ физіологіей и химіей? Диллетантизмъ въ наукѣ, особенно въ наукѣ практической, какъ педагогика, иногда можетъ быть вреднѣе полнаго незнакомства съ нею. Съ диллетантомъ чаще всего случается, что, прочитавъ иной трактатъ изъ той или другой области науки, онъ увлекается схваченной идеей или системой до того, что доводитъ ее до нелѣпой крайности, впадаетъ въ самую узкую односторонность, такъ какъ у него нѣтъ эквивалента, нѣтъ руководящей общей идеи, которая могла бы направлять его мысль и дѣятельность. Но диллетантъ не всегда долго остается вѣренъ разъ увлекшей его частной идеѣ: схваченная на лету другая идея или система тотчасъ увлекаетъ его въ другую сторону, на которую онъ клонится опять до новаго случая, пока не натолкнется на новую мысль. О самостоятельности въ диллетантизмѣ не можетъ быть и рѣчи: диллетантъ есть вѣчный рабъ разныхъ авторитетовъ, которые онъ мѣняетъ, какъ платье, смотря по модѣ и вкусу. Слова поэта:

> Что ему книга послѣдняя скажетъ,
> То на душѣ его сверху и ляжетъ:
> Вѣрить, не вѣрить — ему все равно,
> Лишь-бы доказано было умно.

совершенно вѣрны. Только спеціально-научное образованіе даетъ человѣку самостоятельность и независимость въ своемъ дѣлѣ, и гарантируетъ его отъ тысячи промаховъ, которые давно испытаны его предшественниками въ исторіи и по возможности устранены въ чистой области науки. Если все сказанное вѣрно относительно всевозможныхъ спеціальностей, — то вѣрно и относительно педагогики въ ея теоріи и практикѣ.

Мнѣ необходимо еще сдѣлать историческую оговорку, что въ педагогикѣ, точно также, какъ почти и во всякой наукѣ, масса идей и практическихъ свѣдѣній накопилась и составила обширную литературу ранѣе, чѣмъ педагоги постарались построить ихъ въ научную систему. Было время, когда элементы педагогической науки входили въ область почти всѣхъ другихъ наукъ: и теологія, и политика, и юриспруденція, и философія, и исторія, и медицина, даже поэзія, которая, впрочемъ, болѣе вправѣ обнимать и выражать всю жизнь, — считали своимъ долгомъ останавливаться на разныхъ вопросахъ физическаго, умственнаго и нравственнаго воспитанія; и они поступали вполнѣ разумно, дѣйствовали весьма полезно, пока педагогика, какъ спеціяльность, еще не существовала, пока основные принципы воспитательной теоріи не улеглись въ научную систему. На востокѣ законодательство и религія брали на себя заботу о воспитаніи; у классическихъ народовъ вопросами педагогическими занимаются уже философы, ученые и ораторы: стоитъ назвать: Пиѳагора, Сократа, Платона, Аристотеля, Плутарха, Цицерона, и Квинтиліана; въ блестящее время христіянскаго красноречія — въ IV вѣкѣ — о воспитаніи трактуютъ образованнѣйшіе изъ отцевъ церкви: Василій Великій, Іоаннъ Златоустъ, Оригенъ, Св. Іеронимъ и Св. Августинъ; послѣ возрожденія классическаго знанія въ Европѣ, въ педагогическомъ дѣлѣ также совершается сильный переворотъ подъ вліяніемъ идей Бэкона, Монтаня, Ратиха, Коменскаго, Франке, Локка, Ж. Ж. Руссо, Базедова, Кампе, Песталоцци и его многочисленныхъ послѣдователей... Но всѣ эти дѣятели разработали какую-нибудь отдѣльную сторону педагогики, и вовсе не смотрѣли на неё, какъ на науку, а потому и не заботились о полнотѣ и единствѣ системы. За это дѣло первые взялись новѣйшіе философы, преимущественно нѣмецкіе, но потерялись въ отвлеченныхъ, апріористическихъ умозрѣніяхъ, и мало принесли существенной пользы самому дѣлу, исключая развѣ Гербарта и, пожалуй, одного изъ послѣдователей Гегеля — Розенкранца. Только съ того времени, какъ психологія отдѣлилась отъ старой умозрительной философіи и, усвоивъ себѣ естественно-историческій методъ, образовала самостоятельную опытную или реальную науку, — явились попытки облечь педагогику въ научную систему, построенную на прочныхъ началахъ. Попытки эти начаты были Нимейеромъ и Шварцомъ, и съ бо́льшимъ успѣхомъ выполнены преобразователемъ психологіи и отцемъ новой философіи — Гербартомъ, а затѣмъ его послѣдователями: Бенеке, Вайтцемъ, Стоемъ, Циллеромъ, а также отчасти К. Шмидтомъ\*) и

---

\*) Говоря о К. Шмидтѣ, я разумѣю преимущественно его послѣдній капитальный трудъ: — Die Anthropologie, 2 Bände. Dresden. 1865 — гдѣ онъ значительно отрекся отъ гегелизма, но все еще вѣритъ въ френологію.

Дистервегомъ: первый изъ нихъ показалъ недостаточность одной психологіи и указалъ на необходимость для педагога всесторонняго, антропологическаго изученія человѣческой природы; второй блестящимъ образомъ развилъ теорію образовательнаго обученія, основаннаго на законахъ опытной психологіи.

Уже изъ этого краткаго очерка постепеннаго развитія педагогической науки видна вся ея молодость, вслѣдствіе которой она до сихъ поръ не признается еще многими и многими, держащимися старыхъ воззрѣній и незнакомыми близко съ ея позднѣйшими успѣхами. Это предубѣжденіе противъ педагогики, какъ науки, существуетъ и у насъ, русскихъ, сложившись вслѣдствіе весьма понятныхъ историческихъ причинъ. Когда у насъ стали впервые появляться педагогическіе трактаты, цѣликомъ взятые съ нѣмецкаго; когда педагогика стала затѣмъ читаться съ каѳедры по тогдашнимъ нѣмецкимъ книжкамъ, преимущественно по Нимейеру,— въ самой Германіи она находилась еще въ младенческомъ состояніи, еще не выдѣлилась изъ философіи и не перешла на ту реальную почву, на которой стоитъ нынѣ. Понятно, что русскій умъ, по природѣ своей практическій по преимуществу, не нашелъ ничего привлекательнаго въ тѣхъ туманныхъ и безплодныхъ умозрѣніяхъ, или въ томъ наборѣ моральныхъ сентенцій, фразъ и избитыхъ совѣтовъ, какіе предлагали ему подъ именемъ педагогики. Можно положительно сказать, что первые провозвѣстники ея въ Россіи, не умѣя взяться за дѣло и отнесшись къ нему не самостоятельно, вовсе испортили его и только породили предубѣжденія къ педагогикѣ вообще, предубѣжденія, столь вредившія у насъ воспитательному дѣлу и потворствовавшія всякому обскурантизму и рутинерству. Только въ самое недавнее время появился у насъ тотъ педагогическій диллетантизмъ, на который я только что указывалъ, и который, какъ ни опасенъ,— но все же составляетъ относительно хорошее, отрадное явленіе....

Но какъ же нынѣ понимается педагогическая наука, и какое мѣсто занимаетъ она въ ряду другихъ наукъ?

*Педагогика* (отъ παῖς — дитя и ἄγω — веду) *есть система тѣхъ научныхъ понятій и техническихъ правилъ, безъ знанія и примѣненія которыхъ невозможно правильно вести воспитательное дѣло.* Такимъ образомъ, къ самомъ опредѣленіи ея сущности предполагается въ ней, какъ во всякой прикладной наукѣ, двѣ стороны: теоретическая и практическая, умозрительная и опытная. Она, какъ медицина вообще, или какъ хирургія или технологія въ особенности, не подходитъ ни подъ разрядъ точныхъ, ни — философскихъ наукъ, и болѣе граничитъ съ науками естественными, такъ какъ въ ней главную роль играетъ опытъ, приводящій къ выводу и обобщенію; а затѣмъ уже слѣдуетъ примѣненіе этихъ обобщеній или законовъ къ частнымъ случаямъ. Ей, какъ и всякой наукѣ, непремѣнно присущъ и философскій элементъ; но она не останавливается на одномъ умозрѣніи: человѣкъ, хорошо резонирующій о воспитаніи, еще не есть педагогъ, если онъ не обладаетъ сверхъ того искусствомъ примѣненія воспитательной теоріи къ практикѣ. Точно также было бы несправедливо признать педагогику только искусствомъ, такъ какъ въ искусствѣ главную роль играетъ часто безсознательное творчество, фантазія; дѣти же, будущія человѣческія личности,—совсѣмъ иной матеріалъ, чѣмъ глина, краски или звуки, и надъ дѣтьми едвали можно фантазировать по одному вдохновенію, — хотя бы это вдохновеніе посѣтило самаго образованнаго и развитаго человѣка*). Если педагогика и есть искусство, то никакъ не изящное, а понимаемое только какъ «разумное, своевременное, искусное примѣненіе общихъ законовъ и правилъ къ частнымъ случаямъ, къ отдѣльнымъ индивидуальностямъ.» Педагогическое вдохновеніе не есть вдохновеніе артиста, а только—то одушевленіе, та любовь къ своему дѣлу и находчивость въ немъ, какія могутъ быть присущи и государственному человѣку, и механику, и медику. Отъ пе-

---

*) Какъ на образчикъ педагога-фантазера укажемъ на учредителя Ясно-полянской школы, рушившейся вскорѣ же послѣ ея основанія.

дагога требуется *знанiе* и *умѣнье*, слѣдовательно требуется гораздо болѣе, чѣмъ отъ записнаго, кабинетнаго ученаго, болѣе чѣмъ и отъ артиста, одареннаго самымъ прихотливымъ творчествомъ. Отъ педагога требуется и то, и другое, такъ какъ знанiе предполагаетъ научный трудъ, а умѣнье — талантъ и навыкъ. О призванiи и любви къ дѣлу и говорить нечего: ими обусловливается успѣхъ во всякомъ родѣ дѣятельности, во всякой спецiяльности.

Равномѣрное соединенiе этихъ двухъ условiй — знанiя и умѣнья — есть необходимая и главная черта того идеала, приблизиться къ которому долженъ стремиться каждый педагогъ, если онъ хочетъ быть имъ не по одному имени, а по своей сущности. Полное достиженiе идеала, конечно, невозможно: это заключается въ самомъ понятiи «идеала»; но потребность приближенiя къ нему сознавали и выражали величайшiе изъ историческихъ представителей педагогики. Возьмемъ для примѣра двухъ генiальныхъ швейцарцевъ. Ж. Ж. Руссо, произведшiй своимъ «Emil» рѣшительный переворотъ во взглядахъ на воспитанiе, сдѣлавшееся въ его время крайне искусственнымъ и насильственнымъ, рѣшительно бѣжалъ отъ воспитательной практики, замѣтивъ, «что она на дѣлѣ постоянно противорѣчитъ тому, чего онъ желаетъ и требуетъ». (Confessions X. 156). Песталоцци, обладавшiй самымъ обширнымъ педагогическимъ талантомъ, и до самопожертвованiя преданный дѣлу воспитанiя, много проигрывалъ отъ недостатка научнаго образованiя, и потому не былъ въ состоянiи построить цѣльную систему на открытомъ имъ новомъ принципѣ *развитiя* въ обученiи: дѣло его довершили только его послѣдователи. Кромѣ того, Песталоцци уже въ старости самъ сознавался, что ему также «недостаетъ умѣнья владѣть классомъ и поддерживать въ немъ порядокъ» (Werke IX. 276).

Имѣетъ ли педагогика свои собственные основные принципы и можетъ ли считаться наукой самостоятельной?

При всемъ стремленiи современной антропологiи къ монизму, природа человѣка остается въ нашихъ глазахъ двойственною, и мы знаемъ только — о тѣсной связи физической и психической жизни человѣка, о взаимной зависимости между духомъ и тѣломъ. Монизмъ еще далеко не уничтожилъ дуализма, и все единство тѣлесно-духовной жизни человѣка заключается въ единствѣ и цѣльности нашего «я», нашей личности (Ульрици). Дальше наука еще не пошла, и всѣ попытки новѣйшихъ матеріалистовъ уничтожить двойственность человѣческой природы, замѣнивъ ее монизмомъ, оказываются пока бездоказательной гипотезой, которая никакъ не пригодна для педагога. Для него продолжаютъ существовать два сограничныя міра явленій въ человѣкѣ:—міра тѣлеснаго и міра духовнаго, въ чемъ убѣждаетъ его и исторія, и ежеминутный опытъ. Стремленіе духа влечетъ его къ знанію, открывающему истину, и къ благу; достиженіе этихъ двухъ цѣлей доставляетъ человѣку наслажденіе. Такимъ образомъ, вся жизнь личности оказывается собственно троякою: *физическою, умственною и нравственною*. Каждая изъ этихъ сторонъ уже давно стала предметомъ самостоятельнаго изученія отдѣльныхъ наукъ: естественныхъ, философскихъ и нравственныхъ. (Къ послѣдней области надо отнести и теологію). Эти науки добыли рядомъ безчисленныхъ наблюденій и обобщеній сознаніе непреложныхъ законовъ, по которымъ дѣйствуетъ многосторонняя природа человѣка. Педагогика есть только примѣненіе этихъ законовъ къ воспитанію, и потому она, подобно медицинѣ или агрономіи, должна быть названа наукою несамостоятельною, производною — abgeleitete Wissenschaft, по выраженію нѣмцевъ. Изъ этого ясно, что успѣхи ея тѣсно связаны съ успѣхами тѣхъ наукъ, отъ которыхъ она заимствуетъ свой свѣтъ, беретъ свои принципы и примѣняетъ сообразно *своей* цѣли.

Педагогическая дѣятельность, какъ и всякая другая, должна быть сознательно-разумною, и даже преимущественно предъ всякой другой дѣятельностью, по причинѣ большей нравственной отвѣтственности. Изъ этого слѣдуетъ, что педагогу, приступающему къ своему дѣлу, прежде всего нужно отдать себѣ отчетъ въ *цѣли* воспитанія, а потомъ уже позаботиться и о *средствахъ*, ведущихъ къ ея достиженію. При опредѣленіи главной цѣли, для которой долженъ воспитываться каждый человѣкъ, недостаточно довольствоваться одними традиціями, однимъ подражаніемъ чужому примѣру, или предписаніями того или другого теоретика, такъ какъ главная цѣль воспитанія есть чисто нравственная, общечеловѣческая, а потомъ уже практическо-житейская и частная... Конечно, педагогу необходимо принять во вниманіе и традицію или обычай, и чужой примѣръ или совѣтъ,— но отнестись ко всему этому самостоятельно и принять только то, что разумно. Но о главныхъ цѣляхъ человѣческой жизни, кромѣ религіи, изъ наукъ трактуетъ преимущественно *философія*, обнимающая собою всѣ науки съ ихъ частными цѣлями и всю многосторонность жизни въ ея главныхъ моментахъ: религіозномъ, соціальномъ, политическомъ, національномъ и индивидуальномъ, такъ какъ понятіе объ общей цѣли жизни есть понятіе въ высшей степени сложное, составляющее результатъ всей исторической жизни человѣчества, послѣднее слово всей современной цивилизаціи. Каждый воспитатель, даже самый малообразованный, непремѣнно философствуетъ о цѣли воспитанія, но понимаетъ ее узко или невѣрно, и почти всегда — не самостоятельно. Болѣе вѣрное опредѣленіе основной цѣли воспитанія обусловливается степенью образованія и умственнаго развитія педагога, и преимущественно въ философскомъ отношеніи. «Отдѣльныя правила и предписанія о воспитаніи,— говоритъ Ж. П. Рихтеръ — тоже, что лексиконъ безъ грамматики, или одна рецептура безъ медицины.» (Levana. XXI) Если же въ размышленіяхъ нашихъ о цѣляхъ воспитанія необходимъ философскій элементъ: слѣдовательно философія является первою вспомогательною наукою для педагогики, особенно та часть философіи, которая трактуетъ о нравственныхъ сторонахъ жизни, и которая извѣстна подъ названіемъ *этики*. (ἦθος — нравъ, обычай); спеціальная разработка ея принадлежитъ преимущественно философамъ и теологамъ.

## I. Философская педагогика.

И такъ, въ системѣ педагогической науки на первомъ планѣ стоитъ философское ученіе о цѣляхъ воспитанія или *телеологія* (τέλος — цѣль, конецъ). Конечно, каждый писатель, говоря объ основныхъ цѣляхъ воспитанія, понимаетъ ихъ по своему, смотря по эпохѣ и народности, къ которымъ онъ принадлежитъ, и по степени собственнаго образованія; однако у всѣхъ педагогическихъ писателей есть одна общая черта, характеризующая педагогическую телеологію, это — гуманная, христіанская точка зрѣнія на человѣка и его назначеніе. И это совершенно естественно: вся наша современная цивилизація построилась главнымъ образомъ на христіанствѣ, на его чистыхъ, евангельскихъ принципахъ, которыми мало по малу проникалось человѣчество впродолженіе болѣе чѣмъ 18-ти столѣтій, и первые проблески которыхъ мы встрѣчаемъ даже у языческихъ народовъ, каковы индійцы, у языческихъ мыслителей, каковы напр. Сократъ, Платонъ, и еще болѣе — въ священныхъ книгахъ израильскаго народа. Христіанство чрезъ Откровеніе еще полнѣе развило эти принципы, лежащіе въ самой природѣ человѣка, и санкціонировало ихъ въ пониманіи людей \*). «Въ каждомъ должно видѣть и воспитывать прежде всего человѣка, развивать въ немъ всѣ лучшія, божественныя стороны его природы, вести его къ духовному совершенству» — вотъ та истина, на которой въ настоящее время строится вся педагогическая телеологія, и которая выражается у лучшихъ представителей философско-педагогической науки, каковы Нимейеръ, Шлейермахеръ, Шварцъ, Розенкранцъ, Циллеръ, Пальмеръ, К. Шмидтъ, Стой и многіе другіе. Они расходятся только въ частностяхъ; но у всѣхъ ихъ идеалъ воспитанія чисто-христіанскій, и другаго пока еще никѣмъ

---

\*) Не надо смѣшивать принциповъ христіанства съ догматами, а также съ формами, въ которыхъ они выразились, и которыя въ разныя эпохи и у разныхъ народовъ различны.

не было создано, да едва-ли и будетъ, такъ какъ идеалъ этотъ можетъ только развиваться и точнѣе опредѣляться, по мѣрѣ того, какъ человѣчество будетъ болѣе и болѣе уяснять себѣ всю глубину и истинность христіянскихъ принциповъ. Исторія также въ значительной степени содѣйствуетъ педагогической телеологіи опредѣлить тотъ идеалъ человѣка, къ которому должно идти воспитаніе, какъ *общечеловѣческое* (гуманное), такъ и *національное* и *индивидуальное*, такъ что педагогу (а не «учителю» только) необходимо: понимать и сущность христіянства, и философію въ ея стремленіяхъ и принципахъ, и исторію культуры вообще, а своего народа въ особенности. Тогда педагогическая телеологія уяснится для него уже вполнѣ, будетъ выработана имъ самостоятельно, и онъ не увязнетъ ни въ какой односторонней системѣ, ни въ какой узкой доктринѣ. Общечеловѣческое, гуманное воспитаніе будетъ для него всегда впереди частнаго, спеціальнаго; и свобода человѣческой личности съ ея національными и индивидуальными особенностями также не будетъ имъ позабыта въ воспитаніи.

Эта философская часть педагогики, или ея телеологія, предполагающая главную цѣль христіянско-гуманнаго воспитанія, собственно должна быть одна и таже для каждаго народа, такъ какъ всестороннее, гармоническое развитіе человѣка во всѣхъ его лучшихъ, благороднѣйшихъ способностяхъ есть задача всякаго воспитанія; но до сихъ поръ она понимается еще далеко неодинаково, и наука еще не доработалась до полнаго соглашенія. Разладъ и недоразумѣнія происходятъ отъ того, что многіе дѣятели науки въ телеологію воспитанія вносятъ побочныя, спорныя цѣли: одни являются крайними конфессіоналистами (особенно католики и піетисты); другіе — приверженцами сословности (аристократы, демократы, клерикалы); третьи — крайними соціалистами, монархистами или республиканцами (во Франціи), а на юношество смотрятъ только какъ на средство или матеріалъ для проведенія своихъ любимыхъ идей. Даже между педагогическими писателями есть также представители разныхъ теорій и доктринъ.

При подобной тенденціозности, при стремленіи къ извѣстной пропагандѣ, свобода воспитанія забывается и права личности питомца порабощаются. Заблужденіе состоитъ именно въ уклоненіи отъ главной христіянско-гуманной цѣли воспитанія, составляющей сущность педагогической телеологіи. Воспитанный по ней юноша будетъ съ гармонически-развитыми силами и способностями во всѣхъ отношеніяхъ и, возмужавъ, *уже сознательно* приметъ то или другое воззрѣніе на текущую жизнь и ея отношенія. Если даже онъ впадетъ въ заблужденіе, то самостоятельно, и мы нравственно не отвѣчаемъ за то, что навязывали ему что-либо изъ спорныхъ идей, а напротивъ, приводили его къ сознанію однѣхъ общечеловѣческихъ истинъ, которыя безспорны и вѣчны. Интересы дня и разныя модныя идеи быстро проходятъ и не могутъ служить философскимъ основаніемъ воспитанія. Только философское пониманіе истины, добра и красоты, пониманіе sine ira et studio, можетъ дать прочный базисъ и сообщить педагогу спокойную энергію, такъ какъ порывы и увлеченія всегда граничатъ съ психическими болѣзнями — и болѣзнями-же отзываются на воспріимчивой натурѣ питомца. Крайними идеалистами бываютъ преимущественно эксцентрики, маніоманы, Донъ-Кихоты, люди желчные, съ разстроенными нервами и съ экзальтированнымъ воображеніемъ; воспитаніе-же должно быть здорово и реально, какъ сама жизнь, понимаемая въ ея лучшемъ смыслѣ, въ ея скорѣе положительныхъ, чѣмъ отрицательныхъ сторонахъ.

И такъ, спокойное, философское созерцаніе жизни, раціональная критика ея данныхъ условій и отношеній, есть та пропедевтика, которую долженъ пройти каждый прежде, чѣмъ онъ возмется за воспитаніе. Иначе оно будетъ идти наугадъ, односторонне, или въ одномъ отрицательномъ направленіи, примѣровъ котораго можно больше всего встрѣтить у насъ, въ Россіи, въ наше переходное время. Недовольство настоящимъ есть, конечно, лучшая черта каждаго развитаго человѣка, а слѣдовательно и истиннаго педагога, *недовольство*, говорю я, а не раздраженіе или ожесточеніе, какъ опасныя и прилипчивыя психическія болѣзни. «Воспитывай человѣка такъ, какъ онъ самъ воспитывалъ-бы себя, если бы былъ разуменъ.» Опредѣливъ себѣ главную цѣль воспитанія не только въ отрицательномъ, но и въ положительномъ отношеніи, педагогу слѣдуетъ приступить къ изученію лучшихъ средствъ къ ея достиженію, — а объ этомъ трактуетъ вторая, самая обширная часть науки — *практическая педагогика*.

## II. Практическая педагогика.

Практическая педагогика, опирающаяся на опытъ (наблюденіе, выводъ, примѣненіе, повѣрка и т. д.), указываетъ на тѣ пути, по которымъ должно направляться всестороннее развитіе способностей питомца, какъ будущаго члена человѣчества, своего народа, государства, церкви и семьи. Она предполагаетъ въ педагогѣ здравое, не преувеличенное и не преуменьшенное пониманіе не только физической и психической жизни человѣка, но и различныхъ другихъ требованій жизни общественной, государственной и семейной. Въ этомъ отношеніи педагогу необходимо знать не только общія свойства человѣческой природы въ ея высшемъ развитіи, чѣмъ довольствуется напр. философія, но также, и по преимуществу, тѣ законы, по которымъ совершается послѣдовательное развитіе двойственной природы человѣка. Незнаніе этихъ законовъ постепеннаго развитія тѣлесно-духовнаго организма человѣка чаще всего ведетъ къ тому, что воспитатель судитъ о питомцѣ по себѣ и насилуетъ дѣтскую природу, не умѣя снизойти до ея пониманія, не вспоминая о собственномъ дѣтствѣ съ его наивностью, воспріимчивостью и неразумностью. Такой воспитатель обыкновенно относится къ питомцу, какъ взрослый къ взрослому, преждевременно даетъ дѣтскому организму неудобоваримую для него пищу и, засоряя его, разстраиваетъ правильность и постепенность его тѣлесно-духовныхъ отправленій. Въ отношеніи своего развитія организмъ духа подчиняется почти тѣмъ же законамъ, какъ и организмъ тѣлесный (не даромъ между ними замѣтна непосредственная связь), а потому въ интересахъ наибольшей практичности воспитанія, въ виду достиженія поставленнаго воспитателемъ идеала, необходимо знакомство съ физіологіей и психологіей въ примѣненіи къ различнымъ возрастамъ, поламъ и темпераментамъ. Слѣдовательно *психологія* и *физіологія* находятся въ такомъ же отношеніи къ педагогикѣ, какъ и философія, т. е. являются главными вспомогательными ея науками. Заимствуя изъ нихъ свои основанія, педагогика, какъ наука прикладная, примѣняетъ ихъ къ своихъ спеціальнымъ цѣлямъ, и потому подраздѣляется еще на свои отдѣльныя части. Она также не можетъ обойтись и безъ *соціологіи* при вопросѣ объ устройствѣ разныхъ видовъ школъ, отвѣчающихъ разнымъ общественнымъ потребностямъ, или при вопросахъ о семейномъ и общественномъ воспитаніи.

На основаніи тѣхъ законовъ, которые успѣли раскрыть физіологія и психологія вообще, или антропологія въ частномъ примѣненіи къ человѣку (Фихте мл.), практическая (опытная) педагогика трактуетъ о средствахъ совершеннѣйшаго воспитанія человѣка въ различные періоды его развитія въ физическомъ, умственномъ, и нравственномъ отношеніяхъ. Но успѣхъ умственнаго и нравственнаго воспитанія въ глазахъ свѣдущаго педагога прежде всего зависитъ отъ организма, слѣдовательно первая же глава практической педагогики должна изложить ученіе о физическомъ воспитаніи; это и дѣлаетъ —

А. *Діэтетика* (*διαιτάω* — сохранять, питать). Растительная и животная жизнь преобладаетъ въ человѣкѣ въ началѣ его жизненнаго поприща и много обусловливаетъ постепенно пробуждающуюся въ немъ духовную жизнь. Только въ совершенномъ, во всесторонне-развитомъ организмѣ можетъ вполнѣ проявить себя духъ, находящійся сперва какъ-бы въ эмбріологическомъ состояніи. Единственно этимъ и можно объяснить себѣ возможность идіотизма. Не зная и не уважая законовъ физической природы человѣка, нельзя быть хорошимъ воспитателемъ; но въ то же время воспитатель долженъ вести дѣло такъ, чтобы духъ постепенно освобождался отъ господства тѣла и самъ становился господствующимъ элементомъ въ двойственной природѣ человѣка. Это особенно хорошо понимали греки, развившіе свою гимнастику до удивительной полноты и цѣлесообразности. Духъ можетъ чувствовать себя независимымъ только въ здоровомъ тѣлѣ (mens sana in corpore sano). «Plus le corps est faible — говоритъ Руссо — plus il commande; plus il est fort — plus il obeit». Всѣ новѣйшіе натуралисты и опытные психологи, старающіеся разработать вопросъ о связи духа съ тѣломъ, Гельмгольцъ, Лотце, Фехнеръ, Вундтъ и др. подтверждаютъ это. Въ больномъ физически человѣкѣ духъ изнемогаетъ подъ аффектами тѣла. Слѣдовательно, діэтетика дѣйствуетъ чисто въ интересахъ духа, давая провѣренные наукой совѣты о пищѣ, одеждѣ, жилищѣ, о воздухѣ и свѣтѣ по отношенію къ человѣку, о средствахъ укрѣпленія мускуловъ, нервовъ, о развитіи и изощреніи органовъ внѣшнихъ чувствъ. Гимнастику считаетъ она главной пособницей въ дѣлѣ физическаго воспитанія. Поразителенъ тотъ фактъ, что, не смотря на большее и большее развитіе естествознанія, уясняющаго намъ разумность и неразумность разныхъ отношеній человѣка къ физической природѣ вообще, и къ своему организму въ особенности, физическое воспитаніе шло успѣшнѣе въ древности, когда человѣкъ не сознавалъ еще законовъ природы, но жилъ въ непосредственной связи съ нею, и своимъ прихотливымъ произволомъ менѣе нарушалъ ея непреложные законы. Стоитъ указать на Грецію и Римъ въ ихъ цвѣтущій періодъ, когда являлось множество тѣхъ сильныхъ, цѣльныхъ личностей, которыя въ новѣйшее время стали такъ рѣдки въ человѣчествѣ. Появленіе нервныхъ болѣзней проистекаетъ отъ крайней изнѣженности человѣка, или отъ односторонности его развитія; частые примѣры умопомѣшательства есть особенно-характеристическая черта нашего времени, когда при многоученіи въ дурно устроенныхъ интернатахъ думаютъ развить духъ, забывая о тѣлѣ, и приходятъ именно къ обратной цѣли: подавляютъ этотъ духъ, и особенно одну изъ главнѣйшихъ его сторонъ — волю. Не многознаніе, а здоровье въ обширномъ смыслѣ этого слова дѣлаетъ человѣка внутренно счастливымъ и довольнымъ, — новѣйшая же цивилизація, съ ея утонченной роскошью, нисколько не увеличивая суммы человѣческаго счастія (Лотце), только разстраиваетъ нормальность соціальныхъ отношеній и производитъ тѣхъ недовольныхъ, которые, подобно Байрону или Ж. Ж. Руссо, проклинаютъ эту цивилизацію и бѣгутъ отъ нея въ нѣдра природы и естественнаго состоянія человѣка. Роскошь, неуважающая здоровья человѣка, искажая его физически, точно также, какъ и крайняя нищета, искажаетъ его и нравственно. Понятно, что раціональная діэтетика энергически призываетъ воспитателей къ знанію и уваженію естественныхъ потребностей природы, — иначе одно многоученіе и многознаніе будутъ только вредить человѣку и физически, и духовно. Наша современная школа едва-ли больше уважаетъ права человѣческаго организма, чѣмъ это было въ средніе вѣка, съ ихъ фанатическимъ аскетизмомъ, или въ XVIII столѣтіи съ его сенсуализмомъ и расточительностью. Средневѣковый аскетизмъ еще понятенъ, какъ первое пробужденіе человѣческаго духа и стремленіе его къ небу послѣ сплошнаго варварства, какъ первый порывъ духа изъ давившихъ его оковъ матеріальной жизни, какъ фанатическая реакція прежнему. Но въ наше время пора при помощи науки возстановить равновѣсіе между двумя сторонами человѣческой природы, какъ это дѣлали еще греки. Борьба неспокойная ведетъ только къ крайностямъ; одинъ разумъ, спокойно работающій въ наукѣ, можетъ быть рѣшителемъ и посредникомъ въ этой вѣчной борьбѣ между стремленіями тѣла и духа. Діэтетика вовсе не желаетъ создать атлетовъ, но только возстановить права тѣла, удержать погоню ложныхъ педагоговъ — исключительныхъ *спиритуалистовъ* — за развитіемъ одного духа, которое будетъ всегда одностороннимъ: или черезъ чуръ разсудочнымъ, или сентиментальнымъ, или капризнымъ—

смотря по тому, возьмет ли преимущество ум, чувство, или воля.

В. *Дидактика* (διδάσκω — учить), основываясь на опытной психологии, старается указать пути, по которым должно направляться умственное развитие питомца, которое идет параллельно с его физическим развитием. В этом отношении психология — тоже для дидактики, что физиология и гигиена для диэтетики. Человек, являясь на свет, не приносит с собою никаких готовых представлений, никаких понятий и идей, как предполагают крайние метафизики; он приносит с собою одни задатки, одну возможность или энтелехию — как называли ее греческие мыслители. Органы внешних чувств, особенно зрения, слуха и осязания, суть те окна, чрез которыя весь внешний мир делается доступным человеку и обогащает его впечатлениями. Эти впечатления или аффекты внешнего мира, по учению новейших психологов, особенно Бенеке и его последователей, оставляют более или менее прочные следы в нашей нервной системе, которые потом душа наша, как *активная* сила, а не пассивная tabula rasa, сознает как представления, комбинирует их, сравнивает, обобщает, отвлекает и строит в систему: так возникают в нас понятия, суждения и умозаключения, простейшим элементом которых является представление, воспринятое путем опыта из внешнего мира. Таким образом, кроме внешнего, уже не хаотического мира, возникает в нас столь же стройный мир внутренний, или, по любимому выражению философов, — микрокосм, этот возможно-верный отпечаток макрокосма. Но в нас есть еще ряд таких явлений, которых пока еще не в состоянии объяснить натуралистическая психология, это — явления мира религиозно-нравственного. Проявления души в этом направлении суть несомненные факты; но мы не знаем тех внутренних процессов, которыми они обусловливаются, и пред реальным объяснением которых опытная психология оказывается безсильною. Попытка объяснять их ясностью представленій — также несостоятельна; но для дидактики, преслѣдующей спеціально интересы умственнаго развитія, опытная психологія оказала неоцѣненныя услуги; а такъ какъ личность человѣка, или наше «я» есть единая сущность, въ которой все взаимно связано и обусловлено; по этому и дидактика имѣетъ непосредственную связь съ другими отдѣлами педагогической науки. Въ наукѣ этой, какъ въ нашемъ психо-физическомъ организмѣ, нѣтъ отдѣльныхъ клѣтокъ, а только особыя, гармонически соединенныя части. Развитіе каждой способности нашего духа — ума, чувства, воли — тѣсно связано взаимностью, и нѣтъ возможности аффектировать на одну изъ нихъ, не затрогивая въ тоже время и другой, и третьей и т. д. Нашу душу надо понимать не механически, а также органически, какъ и нашу физическую природу, — какъ это доказалъ Карусъ, и какъ это признаетъ сама новѣйшая антропологія. Тѣмъ не менѣе было время, когда думали развить ту или другую способность въ отдѣльности, чисто механически, и когда на обученіе смотрѣли только какъ на передачу знаній. Песталоцци внесъ въ обученіе принципъ развитія и самодѣятельности, разработанный потомъ въ дидактикѣ особенно Бенеке, Дистервегомъ, Любеномъ, Магеромъ и Шерромъ. Дидактика показываетъ образовательное значеніе всего ученія вообще, и каждаго учебнаго предмета въ частности, а въ методикѣ, какъ въ особомъ отдѣлѣ, занимается вопросами о способахъ ихъ преподаванія. Сюда же относится вопросъ о педагогическомъ значеніи синтеза, анализа, индукціи, дедукціи, аналогіи и т. д. Всѣ учебные предметы, говоритъ она, должны проникать другъ друга и совокупно дѣйствовать на личность питомца, для достиженія главной цѣли воспитанія; одни изъ нихъ могутъ дѣйствовать болѣе на область представленій и идей, другіе болѣе на область чувства и симпатій, третьи болѣе на область побужденій и проявленій воли въ дѣйствіи. Способы преподаванія должны соотвѣтствовать общему и частному дидактическому значенію каждаго предмета, но такъ, чтобы во всемъ обученіи была должная концентрація, должное единство, и чтобы метода учителя возбуждала пытливость, самодѣятельность, вызывая и укрѣпляя продуктивныя силы духа. Многоученіе и поспѣшность, особенно въ языкахъ, подавляютъ духъ, лишая его интенсивности и т. д. Знаніе дидактики особенно важно для учителя, ибо вся образовательность предмета зависитъ не столько отъ его матеріальнаго состава, сколько отъ способа его распредѣленія и усвоенія.

В. *Ходиѳтика* (*ὁδηγέω* — указывать путь, вести) указываетъ средства для нравственнаго воспитанія молодой личности, т. е. развитія и должнаго направленія воли. Образованіе характера (Gemüth) на основаніи законовъ философской телеологіи и опытной психологіи — вотъ задача собственно нравственнаго воспитанія. Понятіе о нравственности есть результатъ общественнаго развитія, выразившійся прежде всего въ обычаяхъ, и потомъ уже подведенный разумомъ подъ извѣстные принципы, окончательно установленные уже христіанствомъ. Умственнаго развитія питомца еще можно достигнуть съ помощію одной только науки и при руководствѣ одной личности;— нравъ же, характеръ слагается непремѣнно въ обществѣ, при соприкосновеніи съ другими личностями, и при реальной, практической дѣятельности человѣка. Умъ постановляетъ цѣли, чувство желаетъ, — воля достигаетъ ихъ. Правда, новѣйшая соціологія показываетъ, что нравственное развитіе общества находится въ прямой зависимости отъ распространенія знаній, отъ высоты умственнаго развитія (Контъ, Литтре, Бокль, Кетле, Д. С. Милль — ихъ труды по общественной философіи и общественной физіологіи); но не одинъ развитый умъ, не одни знанія дѣлаютъ человѣка нравственнымъ и энергическимъ дѣятелемъ. Примѣры мы встрѣчаемъ на каждомъ шагу. Какъ часто убѣжденія или воззрѣнія человѣка бываютъ безукоризненно нравственны, а на дѣлѣ онъ не въ силахъ осуществить ихъ по безхарактерности, или даже сознательно нарушаетъ ихъ вслѣдствіе перевѣса эгоистическихъ стремленій. Какъ часто, напр. идеалъ гражданскій приносится въ жертву идеалу семейному, по причинѣ крайне-развитаго семейнаго чувства..... Не доказывает-ли все это, что нравственная сторона человѣческой личности зависитъ прежде всего отъ условій окружающей ее общественной жизни, такъ что многія понятія о нравственности являются совершенно условными; нравственная личность предполагаетъ не столько развитый умъ, сколько облагороженное чувство и должнымъ образомъ направленную, окрѣпшую волю. Слѣдовательно, нравственное воспитаніе хотя и находится въ тѣсной связи съ обученіемъ, обогощающимъ человѣка сознательно-разумными принципами, но въ тоже время составляетъ особый актъ педагогической дѣятельности, главными моментами котораго служатъ: общественность, примѣръ, и болѣе всего *привычка*. Но при цѣльности и единствѣ человѣческой личности воспитаніе тѣсно связано съ обученіемъ, хотя обязанности эти по спеціальности своей нерѣдко распредѣляются между воспитателемъ и учителемъ; а потому распредѣленіе это, мотивируемое необходимостью раздѣльности труда, собственно говоря, есть то неизбѣжное зло въ практикѣ, которое нѣсколько смягчается только единствомъ въ дѣйствіяхъ воспитателей и учителей *). При разрозненности и односторонности въ педагогической дѣятельности, личность питомца непремѣнно раздвояется, и гармонія духовныхъ силъ нарушается. Развитіе каждой способности, а слѣдовательно и желательной, можетъ идти успѣшно только въ связи со всѣми другими способностями, такъ что вполнѣ усвояется только то, что питомцемъ продумано умомъ, прочувствовано сердцемъ и примѣнено на дѣлѣ силою его воли. Такимъ образомъ, ходигетика или теорія христіанско-нравственнаго воспитанія также значительно опирается на доводы психологіи.

Воспитываетъ не одинъ воспитатель, но и вся пестрая окружающая жизнь, дѣйствуя на питомца не преднамѣренно, а потому нерѣдко со вредомъ для него; отъ воспита-

---

*) Въ этомъ отношеніи интересна книга профес. Циллера: Grundlegung zur Lehre vom erziehenden Unterricht. Leipzig. 1865. Лестная рецензія — см. Rheinische Blätter Дистервега. 2 Heft.

теля зависитъ выборъ обстановки для своего питомца, съ устраненіемъ изъ нея всего вреднаго. Для этого воспитатель долженъ не только знать современное ему общество, но и быть выше его, чтобы умѣть относится къ нему критически. Когда воспитаніе понимали односторонне, напр. въ средніе вѣка, то дѣлали подборъ окружающей питомца обстановки черезъ-чуръ искусственно и превращали воспитаніе изъ общественнаго въ монастырское, думая чрезъ это достигнуть развитія нравственной, свободной воли человѣка и почти безъ помощи обученія, т. е. воспитаніе ставили до того выше обученія, что даже почти исключали послѣднее. Результаты доказали, что при этомъ цѣль не достигалась, нерѣдко приводя только къ соблюденію внѣшнихъ приличій или къ ханжеству. Въ примѣненіи-же къ женщинѣ до сихъ поръ недостаточно сознана та истина, что умственное и нравственное развитіе находятся въ тѣснѣйшей органической зависимости другъ отъ друга; тогда какъ воспитаніе, не опирающееся на умственное образованіе, всегда оказывается крайне поверхностнымъ и непрочнымъ. Другіе, на оборотъ, впадали въ другую крайность, и опираясь на тѣсную зависимость нравственнаго воспитанія отъ умственнаго развитія, (у насъ, напр., любятъ ссылаться на авторитетъ Бёкля), стали все вниманіе обращать только на послѣднее, распахнули предъ дѣтьми всю реальную жизнь, забывъ о силѣ привычки, и потому часто производили однихъ говоруновъ, безсильныхъ на дѣлѣ ораторовъ, людей, уважающихъ возвышенные принципы и ведущихъ самую грязную жизнь въ дѣйствительности. Все искусство воспитанія въ томъ-то и состоитъ, чтобы избѣжать крайностей и во всемъ удержаться въ равновѣсіи, — что безъ общаго педагогическаго образованія, раскрывающаго всѣ стороны воспитательнаго дѣла, рѣшительно невозможно. Хотя семья есть прототипъ воспитательной сферы, — но въ наше время, при широкомъ развитіи общественной жизни, школа (я разумѣю не интернатъ) является необходимой пособницей семьи, и ходигетика признаетъ за школой огромное воспитательное значеніе, такъ какъ она противодѣйствуетъ развитію своенравія, упрямства, извѣженности, эгоизма, скрытности, тоскливости и апатіи, научаетъ уважать другія личности, чужую собственность, поддерживаетъ терпѣніе, бодрость и веселость, формируетъ понятія о долгѣ и общественныхъ обязанностяхъ, требуя ихъ безукоризненнаго исполненія. Но для достиженія такихъ воспитательныхъ цѣлей сама школа должна быть устроена раціонально, и не походить ни на монастырь, съ искусственной, на глухо запертой отъ вѣянія жизни сферой,—ни на казарму съ ея многочисленными обитателями, подчиненными одному внѣшнему дисциплинарному порядку, при отсутствіи должной свободы и самостоятельности.

Облагороженіе чувства есть вѣрный залогъ правильнаго направленія свободной воли. Это понимали греки, дорожившіе эстетическимъ и художественнымъ образованіемъ. Но чтобы воля была свободна, она не должна быть только пассивна: ея стимуломъ долженъ быть самостоятельный, разумный выборъ желаемыхъ цѣлей: иначе лишь при развитіи пассивной воли явится одинъ автоматъ,—человѣкъ безъ собственной личности. «Истинно нравственное образованіе характера, говоритъ Гербартъ, заключается въ такой постановкѣ питомца, чтобы онъ самъ избиралъ доброе и отвергалъ злое, понимая его такъ, какъ учитъ насъ христіанско-философская этика. Такое возвышеніе до самосознательной личности возможно въ характерѣ питомца, конечно, только при самостоятельности, и было бы безсмыслицей, если бы воспитатель захотѣлъ создать необходимую для того силу въ питомцѣ (ибо силы не создаются, а только развиваются и направляются). Для воспитателя остается только уже находящіяся въ природѣ питомца силы поставить въ такое положеніе, чтобы они могли достигнуть должной, возможно-большей полноты развитія» \*). Этимъ ходигетика совершенно устраняетъ произволъ и насильственность въ нравственномъ воспитаніи, которое при отсутствіи подобныхъ условій не-

---

\*) Herbart—über die ästetische Darstellung der Welt. Werke XI. p. 250.

пременно или исказится, или окажется безжизненным, автоматическимъ. Предупреждать всѣ нравственные промахи со стороны питомца, устранять всевозможные, даже малѣйшіе соблазны, не только невозможно, но даже не должно, если мы хотимъ, чтобы нравственное воспитаніе было жизненно, прочно и самобытно; вотъ почему многіе интернаты съ ихъ черезъ-чуръ искусственной сферой, съ отрѣшенностью отъ жизни и свободы, могутъ давать преимущественно людей безличныхъ, безхарактерныхъ, съ незрѣлымъ разумомъ, съ огрубѣлыми или искаженными чувствами, и съ неразвитой свободой воли. Исполнительность еще не есть признакъ свободной воли, ибо при отсутствіи внѣшняго принужденія эта исполнительность, не подкрѣпленная сознательностью, тотчасъ исчезаетъ, и искусственно воспитанная личность предоставляется всѣмъ вѣтрамъ и теченіямъ. Все полицейское и карательное, не различающее личности въ подсудимомъ, а имѣющее въ виду одинъ проступокъ, должно быть изгнано изъ воспитанія, и особенно осторожно введено все исправляющее и поощряющее; потому-то вопросы о наказаніяхъ, о наградахъ, о дисциплинѣ — принадлежатъ къ числу главнѣйшихъ предметовъ, о которыхъ трактуетъ ходигетика. Въ исторіи своего развитія эта часть педагогики есть старѣйшая, и надъ вопросомъ о нравственномъ воспитаніи человѣка трудилось наибольшее число дѣятелей. Но обыкновенно совѣты педагоговъ прежняго времени выражались въ формѣ краткихъ, условныхъ и мало убѣдительныхъ предписаній, походя на рецепты, и не основываясь ни на какихъ научныхъ принципахъ. Только философія и психологія съумѣли мотивировать должнымъ образомъ тѣ или другія воспитательныя средства и много упростили вопросъ объ образованіи характера. Школа, какъ образовательно-воспитательное учрежденіе, явилась тогда въ новомъ, истинномъ свѣтѣ.

Д. *Училищевѣдѣніе*, пока еще малоразработанное, трактуетъ о школѣ, какъ о соціяльномъ учрежденіи, и общее педагогическое образованіе будетъ не полно, если педагогъ не будетъ основательно знакомъ съ многоразличными видами школъ, съ вызвавшими ихъ потребностями, съ отношеніемъ школы къ государству, церкви, обществу и семьѣ. На первый разъ разнообразіе видовъ школъ поражаетъ своею сложностью; но всѣ они подводятся подъ извѣстныя категоріи, при опредѣленіи которыхъ берутся разные принципы дѣленія, каковы: полъ, возрастъ, сословіе, состояніе, та или другая потребность практической жизни. Характеръ и достоинство школы вообще зависятъ какъ отъ развитія государственной и общественной жизни, такъ и отъ большаго или меньшаго распространенія педагогическихъ понятій. Дѣйствующее законодательство относительно школы подвержено измѣненію, и въ немъ всегда отражается состояніе общаго развитія образованности того или другаго народа. Исторія показываетъ намъ, что школа прежде всего была вызываема къ жизни не вслѣдствіе педагогическихъ соображеній, а чисто практическихъ, и дѣло вчинанія принадлежало въ этомъ случаѣ всегда или государству, или церкви, бравшимъ на себя попеченіе о неразвитой и недѣятельной массѣ общества. Вслѣдствіе этого, по мѣрѣ развитія образованности вообще, и педагогическаго знанія въ особенности, между существующими школьными учрежденіями и раціональными требованіями педагогической науки всегда возникаетъ антагонизмъ, и крѣпко сложившаяся жизнь только съ трудомъ дѣлаетъ уступки разумности. Вотъ почему собственно-школьная педагогика дѣлала наибольшіе успѣхи не въ государственныхъ или церковныхъ, а въ частныхъ школахъ, примѣняя къ нимъ и выработывая на нихъ педагогическія истины. Организація школы въ наше время поражаетъ неправильностью и несоотвѣтствіемъ строго-педагогическимъ принципамъ, и эти крайности въ ея духѣ и устройствѣ бываютъ тѣмъ рѣзче, чѣмъ сословнѣе ея назначеніе, чѣмъ менѣе уважается въ ней принципъ общечеловѣческаго, гуманно-національнаго развитія. Тамъ, гдѣ сословная исключительность болѣе или менѣе сгладилась, народная школа, будетъ ли она низшею или среднею, мужскою или женскою, одинаково зависитъ и отъ государства, и отъ церкви, и отъ самаго общества. Слѣдовательно, все образованіе и воспитаніе въ ней дѣлается многостороннѣе: оно вмѣстѣ и общественное, и семейное, ни исключительно мужское, ни исключительно женское, не военное и не «штатское», не духовное и не свѣтское, не узко-спеціальное и не отвлеченно-общее, не аристократическое и не демократическое: оно, повторяю, прежде всего общечеловѣческое, къ водворенію котораго стремится раціональная педагогика. Школьное законодательство въ примѣненіи къ различнымъ видамъ школъ, ихъ внѣшнее устройство, и школьная статистика также входятъ въ составъ училищевѣдѣнія и должны быть извѣстны спеціально-образованному педагогу, какъ наиболѣе практическая часть практической педагогики.

### III. Историческая педагогика.

«Педагогику нашего времени — говоритъ швейцарскій педагогъ Церангеръ — можно понять только съ помощію исторіи, такъ какъ она составляетъ часть исторіи цивилизаціи всего человѣчества и должна быть разсматриваема непремѣнно въ связи съ послѣдней». Это совершенно справедливо, но понято учеными педагогами только недавно и убѣдительнѣе другихъ доказано въ трудахъ Карла Шмидта, которые и намъ слѣдуетъ принять за основаніе при взглядѣ на исторію воспитанія. Древность признавала только господствующихъ и подвластныхъ; господствующіе — были-ли то жрецы, государи или цѣлые роды — имѣли въ своихъ рукахъ не только всю власть, но и все образованіе своего времени. Они завѣдывали и воспитаніемъ, и обученіемъ молодыхъ поколѣній; они же создали образцы и идеалы древней педагогики. Подвластные составляли безличную массу, которая по ихъ волѣ шла на работу и на войну, и не получала никакого образованія. Только христіянство впервые возвратило человѣку права личности. Съ появленіемъ его нетолько все человѣчество явилось прекраснѣйшимъ и совершеннѣйшимъ созданіемъ Творца, но и каждый отдѣльный человѣкъ — чадомъ Божіимъ, предназначеннымъ жить на землѣ по дарованнымъ для его же блага заповѣдямъ, и получить за это награду, если еще не при жизни, то послѣ смерти. Этимъ удовлетворено было въ человѣкѣ стремленіе къ идеѣ абсолютной справедливости. Но христіянское ученіе, эта «благая вѣсть» для всѣхъ бѣдныхъ, непризнанныхъ, подавленныхъ, также трудно и медленно входило въ жизнь; на дѣло его водворенія пошли всѣ среднiе вѣка съ ихъ ужасными борьбами, среди которыхъ исчезали цѣлыя государства и народы — прежде чѣмъ признано было святое право личности. Только новѣйшее время разбило на ней послѣдніе оковы, такъ что въ Европѣ законность рабства уже почти изчезла. Этому движенію общественной жизни постоянно слѣдовала и педагогика. Извѣстные борцы за дѣло воспитанія также стояли въ первыхъ рядахъ въ этой соціяльной битвѣ и энергически содѣйствовали торжеству христіянскаго принципа свободы личности, которая легче всего подавляется съ дѣтства, еще слабаго и беззащитнаго. Эти-то борцы-педагоги и были истинными благодѣтелями дѣтства, а слѣдовательно и цѣлаго человѣческаго общества, защищая его противъ господства древнихъ, дохристіянскихъ традицій.

Надо признать, что главнѣйшая черта въ воспитаніи новѣйшаго времени, выработавшаяся исторически и еще не всюду вполнѣ обозначившаяся, это — признаніе индивидуальныхъ правъ, свобода отдѣльныхъ стремленій, при охранительной благоустроенности цѣлаго общества, создавшаго для этой цѣли *государство*. Тотъ-же самый характеръ отразился и въ современной педагогикѣ, какъ умозрительной, такъ и практической: всѣ дѣти имѣютъ нравственное, общечеловѣческое право пользоваться воспитаніемъ и обученіемъ, и каждому изъ нихъ открытъ путь въ наукѣ, къ искусству, ко всевозможной спеціяльности по призванію. Идея эта лежитъ въ основаніи общественной педагогики и понемногу входитъ въ жизнь, какъ результатъ историческаго и философскаго сознанія. Даже покинутыя родителями или обиженныя самой природой дѣти, эти «паріи» дохристіянскаго міра, пользуются филантропическимъ попеченіемъ общества, которое чѣмъ образованнѣе, тѣмъ болѣе представляетъ учрежденій для сиротъ, подкидышей, слѣпыхъ, глухо-нѣмыхъ, и даже идіотовъ, для образованія и развитія которыхъ медицинская педагогика изыскала не мало новыхъ, цѣлесообразныхъ средствъ. Тамъ, гдѣ образованность и педагогическія идеи имѣли болѣе блестящую исторію, чѣмъ у насъ, тамъ государство, церковь, община и семья не уединяются въ своихъ частныхъ интересахъ, а далекія отъ нехристіянской идеи эксплуатаціи дѣтства, протягиваютъ другъ другу руку, чтобы общими силами воспитывать подрастающія поколѣнія; тамъ народная школа есть предметъ главнѣйшихъ попеченій педагогики, ея любимѣйшее дитя.

Вотъ та идея, которая проходитъ чрезъ всю исторію педагогики, и вотъ плоды ея, которые она старается возрастить въ наше время. Безъ знанія исторіи воспитанія педагогу нельзя быть передовымъ дѣятелемъ своего времени, ибо всѣ наши общія стремленія и задачи необходимо подчиняются закону преемственности. Только не знаніе исторіи и неуваженіе къ ней могло произвести тѣхъ Донъ-Кихотовъ въ воспитательномъ дѣлѣ, которыхъ у насъ появилось не мало за послѣднее время, и которые иногда при всемъ благородствѣ своихъ стремленій, только вредятъ правильному развитію педагогическаго дѣла въ нашемъ отечествѣ.

Такимъ образомъ, предъ нами выяснилась та научно-педагогическая система, которую я считаю наиболѣе раціональною:

Педагогика.

| Философская педаг. | Практическая (опыти.) педагогика. | Историческая пед. |

| Діэтетика. | Дидактика. | Ходигетика. | Училищевѣдѣніе. |

Изъ краткой характеристики каждаго изъ этихъ отдѣловъ по ихъ принципамъ, цѣлямъ и направленію, надѣюсь, достаточно выяснилось и отношеніе педагогики къ другимъ вспомогательнымъ наукамъ: философіи, физіологіи, психологіи, соціологіи и исторіи, а также отчасти — къ теологіи, юриспрунденціи и медицинѣ. Принадлежа къ наукамъ не самостоятельнымъ, а прикладнымъ, педагогика если и проигрываетъ въ точности, за то выигрываетъ въ жизненности и практичности; если же она обусловливается общимъ состояніемъ образованности того или другаго народа, — за то и сама много содѣйствуетъ дальнѣйшему развитію этой образованности, принимая на себя заботы о подростающихъ поколѣніяхъ. Все сказанное нами явится еще убѣдительнѣе, если мы прослѣдимъ за ходомъ историческаго развитія педагогической теоріи вообще, и педагогической практики въ особенности, и при томъ по всѣмъ отмѣченнымъ нами отдѣламъ.

Л. М.

1865 года.

# ОЧЕРКЪ
## ИСТОРІИ ВОСПИТАНІЯ И ОБУЧЕНІЯ
#### СЪ ДРЕВНѢЙШИХЪ ДО НАШИХЪ ВРЕМЕНЪ.

## ВВЕДЕНІЕ.

*Требованія прагматической исторіи педагогики.*

Историческое развитіе человѣчества представляетъ постепенный переходъ отъ безсознательнаго состоянія къ сознательному, отъ подчиненія природѣ — къ полной свободѣ духа, стремящагося къ идеямъ истины, любви и красоты. Всемірная исторія есть исторія *освобожденія* человѣческаго духа съ его индивидуальными правами, и возвышенія его къ абсолютному совершенству — Богу.

Исторія педагогики должна быть разсматриваема въ связи со всемірной, къ которой она относится какъ часть къ своему цѣлому. Спеціальная задача ея — показать, какимъ образомъ понимаема была у различныхъ народовъ съ ихъ высочайшими представителями теоретическая идея воспитанія, и на сколько она была осуществляема практически. Слѣдя за развитіемъ человѣчества, исторія воспитанія раскрываетъ предъ нами критическую дѣятельность человѣческаго разума, который постоянно остается недоволенъ пройденной имъ исторической стадіей, постоянно разрушаетъ старые идеалы и создаетъ новые, совершеннѣйшіе, нерѣдко заблуждается, но никогда не остается въ спокойномъ самоудовлетвореніи. Въ исторіи воспитанія мы изучаемъ — чѣмъ было оно на дѣлѣ, и чѣмъ должно было быть въ пониманіи лучшихъ людей того или другаго народа, въ тотъ или другой періодъ его развитія; практическая и теоретическая сторона воспитанія является предъ нами въ ихъ постоянномъ взаимодѣйствіи, такъ что теорія всегда вырабатывается изъ практики, и въ то же время предшествуетъ ей, ибо каждому разумному дѣйствію предполагается болѣе или менѣе сознательная идея о цѣли и средствахъ его выполненія.

Изображая общій ходъ воспитанія по единой идеи освобожденія, проходящей черезъ исторію всего человѣчества, исторія педагогики должна также остановиться на отдѣльныхъ историческихъ народахъ, сдѣлавшихъ что нибудь для этой великой идеи. Она должна развернуть предъ нами картину воспитанія у народа въ его *младенческій періодъ*, когда все исходитъ отъ семейнаго авторитета и ограничивается принятыми формами, нравами и обычаями, не проникнутыми сознаніемъ высшей идеи. Но вотъ опытъ и наблюденіе вырабатываютъ въ народѣ нѣкоторые общіе воспитательные принципы и правила, сохраняемые въ устной, эпической формѣ: воспитаніе переходитъ сперва въ руки общины, и наконецъ — въ вѣдѣніе организованнаго государства, когда народъ вступаетъ уже въ *юношескій возрастъ*. Въ этотъ періодъ воспитаніе уже не зависитъ отъ случайной прихоти родителей, или отъ одного обычая: оно подчиняется государству, которое подготовляетъ возрастающія поколѣнія для своихъ собственныхъ цѣлей, стараясь водворить единство въ мышленіи и дѣятельности каждаго изъ своихъ членовъ. Законодатели устанавливаютъ воспитаніе на коренныхъ началахъ, заимствованныхъ изъ преданій и нравовъ народа. Въ періодъ *мужеской зрѣлости* народа воспитаніе исходитъ изъ свободно выработанныхъ, сознательно принятыхъ истинъ какъ о его цѣли, такъ и средствахъ къ ея полнѣйшему достиженію. Теперь, какъ и въ послѣдующій періодъ высшей зрѣлости, выступаютъ на дѣло философы и педагоги, старающіеся построить воспитаніе на прочныхъ и разумныхъ принципахъ, создавъ для него возможно-совершеннѣйшую теорію. Вся исторія развитія народа въ это время идетъ отъ практики къ теоріи, и отъ теоріи опять возвращается къ практикѣ. Чѣмъ болѣе совершенствуется народъ въ педагогическомъ направленіи, тѣмъ самостоятельнѣе выступаетъ у него обученіе, какъ особый моментъ воспитанія, и тѣмъ болѣе воспитаніе опирается на обученіи, т. е. на развитіи сознанія и самостоятельности въ каждой отдѣльной воспитываемой личности.

*Задача для историка педагогики.*

Такимъ образомъ, историкъ педагогики изслѣдуетъ воспитательное дѣло у историческихъ народовъ какъ съ практической, такъ и съ теоретической стороны, съ цѣлію показать послѣдовательное развитіе воспитательной идеи въ человѣчествѣ, и въ то же время обратить вниманіе — на сколько раскрывалась эта идея у того или другаго народа, каковы были его идеалы, какъ понималась сущность и цѣль воспитанія, какими средствами онъ старался осуществить эти идеалы, и на сколько достигалъ ихъ осуществленія. Задачу эту историкъ педагогики можетъ разрѣшить отчасти этнографически, указывая на характеристическія особенности каждаго народа по отношенію къ воспитанію, преимущественно въ дохристіанское время. Въ послѣдующій христіянскій періодъ, до самаго начала новой исторіи, когда жизнь и воспитаніе всѣхъ европейскихъ народовъ стали покоиться на однѣхъ и тѣхъ же общихъ основахъ,—изложеніе его исторіи можетъ быть хронологическое; въ новой исторіи, когда отдѣльные народы пріобрѣли наибольшую самостоятельность, оставшись, однако, проникнутыми однѣми и тѣми же прогрессивными идеями, въ исторіи воспитанія этнографія можетъ быть соединена съ синхронизмомъ, такъ какъ этимъ не нарушится единство той картины, какую представляетъ намъ жизнь образованныхъ народовъ новѣйшаго времени.

*Значеніе исторіи педагогики.*

Изъ сущности исторіи педагогики вытекаетъ ея значеніе. Если же кто вообще не признаетъ пользы научной педагогики, и ограничиваетъ себя одной рутинной практикой — тотъ не пойметъ и значенія историческаго изученія педагогики. Но кто разъ сознал, что только наука сообщаетъ намъ ясное познаніе жизни и ея явленій, и что педагогическая наука есть основаніе для самого воспитательнаго искусства; кто далѣе сознал, что наше настоящее есть только результатъ прошедшаго, и что только тотъ дѣйствительно знаетъ свое настоящее, кто изучилъ его причины и условія въ прошедшемъ; — тому будетъ интересно взглянуть на историческій ходъ воспитанія и прислушаться къ мудрому, поучительному голосу исторіи. И въ самомъ дѣлѣ: что значитъ эфемерный опытъ отдѣльнаго человѣка въ сравненіи съ опытомъ тысячелѣтій! Не то ли же самое, что ограниченный разумъ одного — въ сравненіи съ общимъ разумомъ человѣчества, который раскрывается въ ходѣ всемірной исторіи и въ дѣятельности геніальнѣйшихъ представителей человѣческой мысли. «Изъ путаницы настоящаго возвращаться къ прошедшему, какъ къ своей прежней родинѣ, — говоритъ извѣстный историкъ педагогики Крамеръ, — есть такая же необходимость, какъ въ періодъ старости вспоминать о своей юности. Взглядъ на свое дѣтство съ его свѣжестью и невинностью приноситъ человѣку ничѣмъ незамѣнимое наслажденіе; но еще большее сокровище представляетъ ему исторія воспитанія, исторія дѣтства и юности человѣчества; благодаря ей, человѣкъ обновляется въ освѣжительномъ морѣ минувшаго.» Она же есть также и та школа, въ которой онъ учится педагогической наукѣ. Только тотъ будетъ знать — чего можно и должно требовать отъ воспитанія въ настоящемъ, кто прослѣдилъ за развитіемъ и осуществленіемъ воспитательной идеи въ теченіи многихъ столѣтій. Кромѣ того, исторія педагогики представляетъ намъ самую совершенную и самую объективную научную систему педагогики, въ которой нѣтъ личныхъ увлеченій и пристрастій, свойственныхъ каждому отдѣльному ученому. Для насъ, русскихъ, столь бѣдныхъ собственнымъ историческимъ опытомъ, пока лишенныхъ всякихъ научныхъ данныхъ, добытыхъ самостоятельно, для насъ, падкихъ ко всякимъ крайностямъ,— спокойное изученіе исторіи воспитанія какъ у другихъ, старшихъ народовъ, такъ и въ своемъ отечествѣ, становится тѣмъ необходимѣе. Критика жизни и воспитанія у другихъ народовъ непремѣнно должна вызвать въ насъ самостоятельное пониманіе нуждъ и потребностей нашего русскаго воспитанія, и указать на лучшія средства для ихъ удовлетворенія.

*Дѣленіе исторіи педагогики на періоды.*

Исторія педагогики, развивалась параллельно со всемірной исторіей, имѣетъ также и общіе съ нею эпохи и періоды развитія. Іисусъ Христосъ составляетъ ея средоточіе, около котораго вращается и вся послѣдующая исторія человѣчества. Историческіе народы дохристіанскаго времени въ жизни своей не выходятъ изъ предѣловъ своей національности. До Христа существовали только національные боги, только національныя достоинства человѣка, и потому—только національное воспитаніе. Гуманный человѣкъ, съ его человѣческимъ достоинствомъ, былъ неизвѣстенъ дохристіанскому времени; высшее призваніе человѣка въ древности ограничивалось гражданственностью въ своемъ государствѣ. Каждый уважалъ себя лишь на столько, на сколько онъ принадлежалъ къ своей націи, и всѣ заботы воспитанія состояли только въ томъ, чтобы прежде всего вызвать, развить и укрѣпить національность въ подростающихъ поколѣніяхъ. Это національное воспитаніе дохристіанскаго міра подраздѣляется: во 1-хъ, на субстанціальное воспитаніе восточныхъ народовъ, у которыхъ отдѣльная личность исчезаетъ въ общемъ, и воспитывается именно съ цѣлію уничтоженія; такимъ общимъ у китайцевъ является семья, у индѣйцевъ — каста, у персовъ — народъ, у египтянъ — символизированный міръ. Во 2-хъ, — на индивидуальное воспитаніе древне-классическихъ народовъ — грековъ и римлянъ, у которыхъ вмѣсто восточной общности въ воспитаніи уже выступаетъ индивидуальность, но еще въ предѣлахъ государственности. Идеаломъ воспитанія у эллиновъ является прекрасная, а у римлянъ — практическая личность. Въ 3-хъ, — на теократическое воспитаніе израильскаго народа, гдѣ отдѣльный человѣкъ уничтожается и возрождается въ своемъ Богѣ, законъ и воля котораго служатъ основаніемъ всей нравственной, религіозной, ученой и государственной жизни народа, а слѣдовательно — и его воспитанія.

Съ появленіемъ Богочеловѣка Христа во всемірной исторіи каждый человѣкъ научается сознавать и уважать въ себѣ свою человѣчность, а въ другихъ людяхъ — своихъ братьевъ. Національная обособленность уже не отдѣляетъ новаго человѣка отъ остальнаго человѣчества; а въ повиновеніи волѣ Божіей онъ видитъ только требованія своей собственной природы. Христіанское время составляетъ періодъ гуманнаго развитія человѣчества и гуманнаго воспитанія, если не всегда въ дѣйствительности, то по крайней мѣрѣ въ идеѣ, которая не перестаетъ руководить жизнью христіанскихъ народовъ. Время это также дѣлится: во 1-хъ, на исторію педагогики до возрожденія наукъ, когда сначала залагались тѣ основы, которыя дало хрестіанство для воспитанія, и возникло монашество, а потомъ, когда, благодаря рыцарству и развитію городской жизни, воспитаніе снова стало высвобождаться изъ оковъ католицизма и схоластики; и во 2-хъ, на исторію педагогики послѣ возрожденія наукъ, и особенно со времени реформаціи, начавшей борьбу съ ортодоксально-іезуитскимъ взглядомъ на воспитаніе. Въ этотъ новѣйшій періодъ всемірной исторіи возникаетъ оппозиція противъ церковнаго іерархизма, выразившаяся въ духѣ различныхъ философскихъ школъ, и, наконецъ, очищается почва для общечеловѣческаго воспитанія, которымъ было такъ воодушевлено прошедшее столѣтіе, и которое нерешло въ *христіанско-гуманное* воспитаніе нашего времени. Въ наше время общею цѣлью воспитанія признается: гармоническое развитіе всѣхъ тѣлесныхъ и духовныхъ силъ человѣка, въ гармоническомъ согласіи съ міромъ и Богомъ.

Вотъ тотъ главный путь, по которому направляется исторія педагогики, слѣдя за подвигами человѣческаго духа въ его борьбѣ за свою свободу. Борьба эта идетъ различно у различныхъ народовъ съ ихъ національными особенностями, представляя пестрое разнообразіе картинъ и образовъ; однако исторія ни на мигъ не теряетъ изъ виду конечную цѣль побѣды, и отмѣчаетъ для каждаго народа ту ступень, которой онъ достигъ, чтобы передать ее новому народу-наслѣднику. Исторія не должна также позабыть сказать впослѣдствіи и о той роли, которую игралъ нашъ русскій народъ въ дѣлѣ освобожденія жизни и воспитанія отъ темныхъ силъ матеріальной природы и человѣческаго эгоизма,—насколько эта роль суждена ему на ряду съ другими историческими народами.

*Источники для составленія исторіи педагогики.*

Главнѣйшими источниками для исторіи педагогики служатъ: географія въ ея современномъ научномъ пониманіи, и всеобщая исторія. Тѣлесно-духовныя свойства каждаго человѣка и каждаго народа въ своемъ развитіи непремѣнно зависятъ отъ почвы, климата, и вообще физическихъ условій обитаемой имъ страны. Человѣкъ стоитъ въ постоянномъ взаимодѣйствіи съ внѣшнимъ міромъ, подъ вліяніемъ геогностическихъ свойствъ почвы, мѣстной растительности и животной жизни, воздуха, воды и т. д. Что народы самыхъ жаркихъ и самыхъ холодныхъ полюсовъ не имѣютъ исторіи — это фактъ. Сила и матерія обусловливаютъ и взаимно проникаютъ другъ друга: это непреложный законъ природы, которымъ объясняется сходство людей, животныхъ и растеній извѣстной страны по отношенію къ ея климату.

Какъ развитіе культуры вообще, такъ и успѣхи воспитанія въ частности, тѣсно зависятъ отъ географическаго положенія того или другаго народа. Точно также исторія воспитанія непосредственно связана съ судьбами народовъ въ ихъ культурной и политической жизни, такъ какъ образованность есть непремѣнное условіе воспитанія, есть его причина и вмѣстѣ слѣдствіе. Исторія законодательства, регулирующаго жизнь народа, задерживая или подвигая его развитіе, также не можетъ не имѣть интереса для исторіи педагогики, которая обращается затѣмъ къ состоянію науки и искусства у разсматриваемаго народа, и въ особенности къ его *религіи*. Религія народа есть его сердце: отъ нея зависитъ его міровоззрѣніе, нравы, обычаи, а слѣдовательно — и воспитаніе. Важнымъ пособіемъ при этомъ также являются современные писатели, особенно историки, поэты, сатирики и ораторы; а въ отношеніи практической педагогики и училищевѣдѣнія — церковныя и школьныя постановленія. Теоретическая часть педагогики въ различныя эпохи и у различныхъ народовъ лучше всего узнается изъ твореній философовъ, педагоговъ, теологовъ, моралистовъ и т. п. писателей. Представителями историко-педагогической литературы могутъ быть названы: Schwarz, который въ первой части своего «Erziehungslehre» (1829) даетъ очеркъ исторіи воспитанія, составленный, однако, далеко не самостоятельно. Niemeyer въ своихъ «Grundsätzen der Erziehung und des Unterrichts» (1835) также предлагаетъ общій взглядъ на исторію воспитанія и обученія, но изложеніе афористично и лишено прагматической идеи. H. Gräfe въ сочиненіи своемъ «Pädagogik als System» (1845) характеризуетъ историческое развитіе философской педагогики, но въ самыхъ общихъ чертахъ. K. Rosenkranz первый попытался въ своей «Pädagogik als System» (1848) построить исторію воспитанія на гегелевскихъ принципахъ, которая однако страдаетъ у него свойственными гегелизму недостатками. Къ новѣйшимъ трудамъ по этой наукѣ надо причислить: «Wohlfahrts — Geschichte des gesammten Erziehung- und Schulwesens»

(1853-55); но это сочинение проникнуто крайним теологическим направлением, черезъ-чуръ систематично, и авторъ беретъ масштабы для настоящаго изъ прошедшаго. Прекрасный трудъ Cramer'a — «Geschichte der Erziehung und des Unterrichts» (1832), къ сожалѣнію, остался неоконченнымъ и ограничился однимъ дохристіанскимъ періодомъ. Ruhkopf и Heppe разработали только исторію германской школы. Болѣе общаго интереса имѣетъ сочиненіе Raumer'a — «Geschichte der Pädagogik vom Wiederaufblühen classischer Studien bis auf unsere Zeit» (1843-54), но оно есть скорѣе собраніе монографій, безъ общей исторической системы. Skizzen — Келльнера представляютъ не болѣе, какъ хорошій сборникъ отрывковъ. Лучшимъ сочиненіемъ по этой части до сихъ поръ остается: «Geschichte der Pädagogik etc.» (1860-64) Карла Шмидта; однако онъ уже слишкомъ вдается въ культурную жизнь народовъ, иногда теряя изъ виду педагогическую нить; и кромѣ того къ нему надо осторожно относиться, какъ къ гегеліянцу и чисто протестантскому ученому. Во французской педагогической литературѣ не мало отдѣльныхъ трактатовъ о воспитаніи, болѣе или менѣе замѣчательныхъ; но по исторіи педагогики если и есть сочиненія, какъ напр., Esquise d'un système complet d'instruction et d'éducation et de leur histoire — par Théodore Fritz. Strasbourg. (1841), то всѣ они представляютъ компиляціи, составленныя по нѣмецкимъ источникамъ. Англійская литература, богатая матеріалами по училищевѣдѣнію и по философско-педагогическимъ вопросамъ, также бѣдна относительно сочиненій по исторіи воспитанія вообще.

# Дохристіянская эпоха національнаго воспитанія.

*Воспитаніе у народовъ неисторическихъ.*

Народы, непринадлежащіе къ числу историческихъ, не могутъ имѣть и исторіи воспитанія. Сюда принадлежатъ народы охотническіе, рыболовческіе и пастушескіе, причисляемые обыкновенно къ расамъ съ наименѣе совершенною организаціею: американской, эѳіопской и отчасти монгольской. Они ведутъ исключительно географическое существованіе; ихъ духъ не можетъ оторваться отъ природы и возвыситься надъ физическими потребностями своего организма. Американская раса—съ маленькой головой, приплюснутымъ лбомъ и самымъ крайнимъ флегматизмомъ—отличается лишь тупостью и жестокостью. Негръ съ его сдавленнымъ съ обѣихъ сторонъ черепомъ, имѣющимъ всего 78 куб. дюймовъ вмѣстимости, съ необыкновенно низкимъ лбомъ и звѣрскими челюстями, неспособный отвлечь понятія о причинѣ и дѣйствіи, замѣчателенъ лишь своею страстностью и чувственностью. Монголъ, обладающій широкимъ и плоскимъ лицомъ, съ узкимъ и низменнымъ лбомъ, съ черепомъ въ 83 куб. дюйма вмѣстимости, замѣчателенъ болѣзненною раздражительностью, животною прожорливостью и упрямою волею. Однако китайская вѣтвь этой расы уже выступаетъ на историческое поприще. Только соприкосновеніе съ бѣлой расой вовлекало нѣкоторыхъ изъ представителей этихъ расъ въ кругъ всемірной исторіи: таковы монголы, мексиканцы и перуанцы въ среднія вѣка; и нѣтъ сомнѣнія, что это соприкосновеніе съ европейцами можетъ и впредь дѣйствовать благодѣтельно на ихъ воспріимчивость къ цивилизаціи. Кругъ мышленія у этихъ неисторическихъ народовъ вращается лишь въ предѣлахъ чувственнаго созерцанія. Они могутъ зорко наблюдать лишь то, что непосредственно дѣйствуетъ на ихъ внѣшнее чувство, но не могутъ охватить наблюдаемый предметъ всесторонне и въ его болѣе далекихъ отношеніяхъ. Они живутъ не столько вчерашнимъ и завтрашнимъ днемъ, сколько сегодняшнимъ, и языкъ ихъ бѣденъ потому, что умъ ихъ бѣденъ ясными, отчетливыми представленіями. Этими чертами они поразительно напоминаютъ дѣтей, живущихъ лишь минутными впечатлѣніями отъ ближайшихъ предметовъ, тогда какъ весь остальной міръ для нихъ — какъ бы въ туманѣ. Вся доблесть этихъ расъ заключается въ большей способности самосохраненія, т. е. въ исключительномъ эгоизмѣ. Самое понятіе о божествѣ у нихъ есть порожденіе отчасти эгоизма, отчасти чувства страха предъ одолѣвающими ихъ силами природы. Мужчина имѣетъ всѣ права, такъ какъ онъ сильнѣе; женщина не есть личность, а вещь; бракъ зависитъ отъ прихоти и случайности. Дитя почитается собственностью родителей, которые не имѣютъ въ отношеніи его никакихъ нравственныхъ обязанностей, и потому могутъ дѣлать съ нимъ, что угодно. Право умерщвленія дѣтей вполнѣ принадлежитъ родителямъ, и на основаніи этого права, напримѣръ, американскіе дикари (гванасъ) живыми закапываютъ дѣтей, особенно дѣвочекъ, съ цѣлію сдѣлать послѣднихъ большею рѣдкостью. Воспитаніе не предполагаетъ никакихъ духовно-нравственныхъ цѣлей: все предоставляется самой природѣ. Родители заботятся только, чтобы мальчикъ привыкалъ къ самостоятельности и независимости въ приисканіи себѣ пищи, а дѣвочка — къ покорному рабству и пассивному труду. Однако въ пріученіи мальчиковъ къ готовности всякую минуту защищать интересы своего племени уже видно первое пробужденіе идеи государства. Этой же цѣли отчасти служатъ и тѣ бѣдныя преданія и пѣсни, которыя переходятъ преемственно отъ родителей къ дѣтямъ. По разсказамъ путешественниковъ, у нѣкоторыхъ дикарей воспитаніе дѣтей идетъ даже совершенно превратнымъ образомъ: такъ напримѣръ индѣйцы бываютъ очень довольны, когда дѣти ихъ какъ можно раньше дѣлаются независимыми отъ воли матери и даже начинаютъ бить ее; а у тунгусовъ между отцемъ и сыномъ нерѣдко происходятъ такіе поединки, въ которыхъ одинъ изъ нихъ непремѣнно убивается. У нихъ все воспитаніе направлено къ физическому и психическому обезображенію: такъ у нѣкоторыхъ американскихъ племенъ (омагуасъ) новорожденнымъ дѣтямъ накладываютъ на затылокъ четыреугольную дощечку и стягиваютъ веревкой голову такимъ образомъ, что она получаетъ видъ заостренный — признакъ особенной красоты. На Антильскихъ островахъ искусственно придаютъ дѣтской головѣ такую форму, что весь мозгъ отъ лба отодвигается къ затылку. У обитателей рѣки Миссисипи (чактасъ) мать спѣшитъ наложить новорожденному на переднюю часть головы тяжелый мѣшокъ съ пескомъ.

У народовъ охотническихъ и пастушескихъ, и въ жизни, и въ воспитаніи, уже замѣтенъ рѣшительный прогрессъ въ сравненіи съ подобными дикарями. Здѣсь дѣти уже тщательно пріучаются къ ремеслу ихъ родителей; суровый физическій закалъ и пониманіе нѣкоторыхъ общественныхъ обязанностей уже составляютъ разумную цѣль воспитанія. Умѣнье приготовлять одежду, жилище и орудія промысла требуетъ извѣстнаго умственнаго развитія. Храбрость, ловкость въ бѣганьи, плаваньи, стрѣльбѣ, острота зрѣнія и слуха цѣнятся у этихъ народовъ весьма высоко; музыка, пѣніе, танцы и игры украшаютъ ихъ жизнь и сопровождаютъ воспитаніе. Таковы ирокезы, южноамериканскіе охотничьи племена, рыболовческіе эскимосы и пастушескіе народы монгольской расы. Замѣчательно, что вмѣстѣ съ началомъ земледѣлія возникаетъ у народовъ и болѣе опредѣленная религія, складываются нравы и обычаи, ремесла и искусства начинаютъ замѣтно совершенствоваться. Такъ у древнихъ перуанцевъ существовали: музыка, поэзія, живопись и пластика; въ общественной жизни, къ которой готовилось подростающее поколѣніе, уважались: порядокъ, законность, доброжелательство, послушаніе, вѣрность, честность и прилежаніе, какъ высшія добродѣтели. Сколько задачъ для нравственнаго воспитанія! У мексиканскихъ ацтековъ существовала астрономія и медицина, были библіотеки и академіи. Въ воспитаніи было множество своеобразныхъ наказаній, свидѣтельствующихъ о пониманіи его важности: за ложь дѣтямъ кололи губы шипами алоэ, за упрямство сѣкли крапивой; дѣвочкамъ за побѣгъ изъ дому связывали ноги; за иные поступки дѣтей заставляли вдыхать дымъ или палили имъ волосы и т. п. Здѣсь обнаруживается черта, общая воспитанію всѣхъ некультурныхъ народовъ, и состоящая въ томъ, что средства воспитанія признаются только внѣшнія, и совершенно отсутствуютъ внутреннія, состоящія въ духовномъ воздѣйствіи на питомца...

Полуисторическіе народы Америки составляютъ переходъ къ историческимъ, принадлежащимъ преимущественно къ кавказской расѣ, отличительныя признаки которой—овальная голова съ гармонически расположенными на ней частями, высокій, круглый лобъ, и наибольшій объемъ черепа, доходящій до 109 куб. дюймовъ вмѣстимости. Но хотя этой расѣ, обладающей высшими духовными способностями, по преимуществу принадлежитъ историческая роль въ человѣчествѣ;—за то, по крайней мѣрѣ, хронологическое первенство на сторонѣ главнаго представительнаго племени монгольской расы—китайцевъ, носящихъ на себѣ много общихъ чертъ восточнаго человѣчества. Вотъ почему намъ слѣдуетъ теперь прежде всего обратиться къ Востоку.

### Воспитаніе у восточныхъ народовъ.

Постепенное развитіе человѣческаго рода въ главныхъ чертахъ шло по направленію суточнаго движенія солнца. Ex oriente lux! Въ Азіи, гдѣ родъ человѣческій получилъ начало, и въ сосѣднемъ съ нею Египтѣ, культура расцвѣла впервые и потомъ замерла въ неподвижности. Здѣсь началась исторія человѣчества, а слѣдовательно и исторія человѣческаго воспитанія, для правильной, строго-исторической оцѣнки котораго надо брать мѣрила не изъ послѣдующихъ, а изъ предшествовавшихъ стадій, пройденныхъ человѣчествомъ, ибо только при такомъ взглядѣ на жизнь того или другаго народа намъ удастся подмѣтить поступательное движеніе въ развитіи человѣческаго духа и средствъ къ его развитію. На азіатскомъ востокѣ, съ его роскошно-разнообразной природой, человѣкъ еще сильно подавленъ ею и не выступаетъ, какъ отдѣльная, свободная личность. Многія понятія объ истинно-человѣческой нравственности еще совершенно отсутствуютъ. Отецъ является безусловнымъ господиномъ надъ жизнью и смертью дѣтей; женщина—рабыня; воспитаніе состоитъ въ механическомъ пріученіи къ народнымъ нравамъ и обычаямъ и къ подчиненію, несомнѣннымъ для народа авторитетамъ; все обученіе ограничивается передачей дѣтской памяти различныхъ религіозныхъ изреченій и молитвъ, передача которыхъ есть исключительное право наиболѣе образованной *жреческой* касты, которая видитъ въ этомъ средство къ господству надъ массами. Но, какъ бы то ни было, воспитаніе и обученіе уже составляютъ предметъ попеченія или со стороны семейства, или—государства: по крайней мѣрѣ по отношенію къ нѣкоторымъ привилегированнымъ сословіямъ.

*Воспитаніе у китайцевъ.*

Китайцы, выразившіе собою высшую степень развитія, которой только могла достигнуть монгольская раса, уже съ древнѣйшихъ временъ являются народомъ, выработавшимъ своеобразную культуру. Но эта культура, какъ извѣстно, осталась затѣмъ неподвижною втеченіи цѣлыхъ тысячелѣтій. Еще за 4000 лѣтъ до нашего времени китайцы имѣли запасъ астрономическихъ наблюденій, но безъ помощи европейцевъ они до сихъ поръ не могутъ составить себѣ календаря. Еще ихъ древнѣйшіе императоры знали цѣлебное свойство многихъ травъ, но у китайцевъ вовсе не успѣла создаться медицинская наука. Китайскій народъ во всей своей общественности и государственной жизни не могъ выйти за предѣлы семейныхъ формъ. Какъ дѣти являются безусловно подчиненными личному произволу отца въ семействѣ; такъ весь, безъ различія, китайскій народъ безусловно подчиняется не закону, а произволу своего отца — императора. Безчисленное множество относящихся сюда отрывочныхъ правилъ и формулъ составляетъ предметъ изученія, обязательный, по возможности, для каждаго. Такимъ образомъ заучиваются права и обязанности правительства къ подданнымъ, подданныхъ къ правительству и взаимно между собою: какъ чиновниковъ, родителей, супруговъ, дѣтей, братьевъ и т. д. Масса этихъ правилъ составляетъ содержаніе учебниковъ. Дѣти начинаютъ учиться уже съ 6—7-лѣтняго возраста. Родители, обыкновенно нѣсколько семействъ вмѣстѣ, нанимаютъ учителя, даютъ ему полное содержаніе и годовую плату отъ 70 до 150 руб. на наши деньги. Школъ въ собственномъ смыслѣ не существуетъ: въ достаточныхъ семействахъ обученіе происходитъ въ семейныхъ библіотекахъ, или дѣти учатся въ храмахъ и фамильныхъ склепахъ, если нѣтъ приличнаго помѣщенія у самого учителя.

При обученіи учитель имѣетъ для себя отдѣльный стулъ и столъ, равно какъ и каждый ученикъ, принося ихъ съ собою вмѣстѣ съ книгами, бумагой, тушью и кисточкой — обычай вполнѣ разумный, такъ какъ онъ могъ бы содѣйствовать развитію самостоятельности въ ученикахъ, если бы только китайцы къ этому стремились. Первая учебная книга, съ которой необходимо долженъ начать каждый, называется «Вступленіе въ область классической и исторической литературы». Въ ней прежде всего толкуется о природѣ человѣка, о необходимости воспитанія и его способахъ, чего дѣти, конечно, не могутъ принять сознательно. Затѣмъ слѣдуетъ изложеніе дѣтскихъ обязанностей, поясняемое даже примѣрами; а потомъ начинается обзоръ различныхъ отраслей человѣческаго знанія, расположенный въ восходящемъ числовомъ порядкѣ: три главнѣйшія силы (небо, земля и человѣкъ); четыре времени года и четыре страны свѣта; пять элементовъ (металлъ, дерево, вода, огонь и земля); пять основныхъ добродѣтелей (любовь, справедливость, приличіе, мудрость, правдивость); шесть родовъ хлѣба (рисъ, ячмень, маисъ, бобы, просо и рожь); шесть домашнихъ животныхъ (лошадь, быкъ, овца, птица, собака и свинья); семь страстей (любовь, ненависть, злоба, радость, уныніе, сладострастіе, гнѣвъ и трусость); восемь музыкальныхъ нотъ, девять степеней родства, десять спеціальныхъ обязанностей (между императоромъ и министромъ, отцомъ и сыномъ, мужчиной и женщиной, старшими и младшими братьями и между друзьями). За этимъ обзоромъ идетъ перечисленіе правилъ для прохожденія высшаго курса наукъ, съ перечнемъ употребительныхъ при этомъ книгъ и всѣхъ царствовавшихъ въ Китаѣ династій. При подобной системѣ изложенія, совершенно внѣшней, у китайцевъ нѣтъ понятія о системѣ педагогическихъ, приноровленной къ степени дѣтскаго пониманія. Подобный учебникъ, крайне сжатый и сухой, конечно долженъ оказывать самое убійственное вліяніе на дѣтскій умъ, о развитіи котораго китайцы и не заботятся, такъ какъ главная цѣль ихъ обученія есть—знаніе, усвоиваемое учениками сперва механически, а потомъ разъясняемое нѣсколько учителемъ. Путь совершенно обратный тому, по которому естественно идетъ развитіе человѣческаго духа!.. Механизмъ китайскаго преподаванія лучше всего виденъ на методѣ обученія чтенію и письму. При первомъ прежде всего самъ учитель читаетъ первую строчку учебника, ученики же, слѣдуя за словами пальцемъ, повторяютъ за нимъ до тѣхъ поръ, пока они замѣтятъ произношеніе каждаго знака (іероглифа) и будутъ въ состояніи прочесть эту строчку безъ помощи учителя. Затѣмъ переходятъ точно также ко второй строчкѣ, къ третьей и т. д., пока не будетъ прочитана и выучена на память вся книга. Вспомнимъ, что самое свойство китайскихъ письменъ уже значительно препятствуетъ развитію мышленія, такъ какъ они состоятъ изъ знаковъ, выражающихъ не звуки, а отдѣльныя понятія. Заучиваніе массы этихъ знаковъ требуетъ гораздо болѣе труда, чѣмъ это бываетъ у народовъ, имѣющихъ фонетическую азбуку. При обученіи письму ученикъ вначалѣ получаетъ пропись съ простѣйшими по начертанію знаками, а потомъ — съ болѣе сложными; пропись эту онъ подкладываетъ подъ бумагу, на которой долженъ писать, и обрисовываетъ знаки кисточкой; только послѣ долгаго упражненія въ такомъ обрисовываніи онъ, наконецъ, начинаетъ писать свободно, отъ руки. Большинство въ своемъ образованіи нейдетъ далѣе умѣнья писать и читать заученные учебники. Обученія счету, географіи, исторіи, естествовѣдѣнію и даже религіи вовсе не существуетъ для массы китайскаго юношества: послѣдній предметъ замѣняетъ чтеніе сборниковъ нравственнаго содержанія и знакомство съ ученіемъ Кон-фуце (жилъ около 480 г. до Р. Х.) и его послѣдователя Мен-це. Посвящающіе себя высшему образованію юноши обучаются особенными, экзаменованными правительствомъ учителями, изучаютъ основательно классиковъ, преимущественно названныхъ двухъ философовъ, и упражняются въ умѣньи писать стихи и сочиненія на темы. Впрочемъ, даже въ этомъ высшемъ образованіи на столько преобладаетъ механизмъ, что духъ учащихся вовсе не достигаетъ гармоническаго развитія: развивается только память и отчасти разсудокъ, свойственный самой природѣ китайца, и выражающійся въ его практической сноровкѣ въ житейскихъ дѣлахъ. Китайцы есть народъ разсудочный по преимуществу. Умственная независимость, свободное творчество въ поэзіи и искусствѣ, не имѣютъ и никому не даютъ у нихъ значенія. Къ этому присоединяется еще и другая черта китайской образованности — совершенная зависимость отъ правительства какъ науки, такъ и всего образованія, подчиненныхъ его распоряженію точно также, какъ мѣры и вѣсы. Умственный капиталъ народа не составляетъ у нихъ общественнаго имущества, которымъ каждый имѣетъ право свободно пользоваться и наслаждаться. Правительство точно опредѣляетъ предметъ и способъ преподаванія, заказываетъ книги, подвергаетъ всѣхъ лицъ, посвятившихъ себя ученому поприщу, частымъ испытаніямъ, и доставляетъ имъ, какъ ученымъ, то мѣсто и то значеніе въ обществѣ, которое въ европейскихъ государствахъ зависитъ единственно отъ мнѣнія образованныхъ людей. Военные, также какъ и гражданскіе чиновники, подвергаются безпрестанно экзамену; строго опредѣленными статьями закона весь ученый міръ раздѣляется на степени или разряды, изъ которыхъ ни одинъ не можетъ быть обойденъ. Первый, положившій прочное основаніе этому направленію, былъ Кон-фуце: вотъ почему его творенія остаются главнымъ предметомъ преподаванія, и на экзаменахъ обращается вниманіе на то, чтобы экзаменующіеся умѣли подражать не только его взглядамъ и образу мыслей, но даже и самой манерѣ изложенія.

Подобно образованію, религія также подчинена исключительно государственнымъ цѣлямъ, поэтому въ Китаѣ можетъ держаться всякая религія, склоняющаяся предъ государствомъ и подходящая къ китайскому быту. Но по той же причинѣ, тамъ не могло укорениться христіанство,—религія, по самому существу своему требующая самостоятельности. Въ заключеніе не забудемъ однако упомянуть, что въ Китаѣ всѣ граждане считаются равными другъ другу по рожденію; что поэтому каждый имѣетъ право на образованіе, каково бы оно ни было, и что въ наукѣ китайской являются первые проблески философіи, стремящейся постигнуть сущность всѣхъ вещей. Уваженіе къ дѣтской природѣ уже простирается до того, что одинъ китайскій императоръ въ книгѣ своей говоритъ, обращаясь къ родителямъ: «Улыбка дитяти наполняетъ родителей радостью, а слезы его опечаливаютъ. Когда оно начинаетъ ходить — они слѣдятъ за малѣйшимъ его движеніемъ, не теряя изъ виду ни одного его шага. Захворало оно — они забывают о покоѣ и пищѣ. Они питают дитя, учат его, пока образуют из него человѣка; потом устроивают его бракъ, дают ему дом, всячески пекутся о нем, чтобы только обезпечить свое дитя всѣм необходимым к существованію. Так расточают они на него всю силу любви своей. Доблесть отца и матери поистинѣ безконечна, как безконечно высочайшее небо». И не смотря на все это, родительская любовь не воспрещает продавать дѣтей своих, — не в рабство, но в другое семейство.

### Воспитаніе у индійцев.

Совершенно иной характер имѣют индійцы — древнѣйшіе представители родственной нам индо-европейской группы народов кавказской расы. Как китайцы — народ односторонній, у котораго преобладает разсудок; так индійцы — народ фантазіи и чувства. Способность наблюденія, пониманія и практичности у них самая ограниченная; но за то, с другой стороны, они обладают высоким поэтическим чувством и наклонностью ко всему загадочному, мистическому, а потому индійцы создали обширную миѳологію и подпали под власть жрецов. Распаденіе на четыре касты произошло таким образом, что одна часть народа, превосходящая массу умом и силою, подчинила ее и заставила служить себѣ. Чтобы сдѣлать свое владычество наслѣдственным, и обезпечить его от возмущеній, эта часть націи стала увѣрять остальную, что такой порядок выражает собою волю божества. Религію старалась она обогатить миѳами, умножила богослужебные обряды, и облекла завѣщанное стариной глубокое ученіе о Богѣ в форму образных представленій. Она окружила себя ореолом высшаго знанія, святости и исключительнаго права на священство, и в религіозном ученіи, которое проповѣдывала народу, провозглашала власть свою божеским установленіем. Подчиненіе науки и искусства религіи, и зависимость их от высшей касты не давали простора свободной мысли и творческой фантазіи художника (Шлоссеръ).

Въ Индіи каждый по рожденію своему принадлежитъ къ одной изъ четырехъ кастъ, въ которой онъ и долженъ вращаться впродолженіе всей своей жизни. Вся задача воспитанія заключается въ томъ, чтобы каждый основательно зналъ права и обязанности своей касты, и строго соблюдалъ обычныя внѣшнія церемоніи, которыми опутана вся жизнь индійца. Женщина 7 или 8 лѣтъ уже можетъ быть отдана въ бракъ, и лишена всѣхъ правъ на образованіе: умѣнье писать считается даже позорнымъ для женщины; только танцовщицы и баядерки (посвященныя Богу жрицы) были нѣсколько обучаемы. Четвертая каста также остается внѣ всякаго образованія; ей запрещается, какъ тяжкій грѣхъ, не только читать, но даже и слушать священныя книги Ведъ. Вторая же и третья, если и могутъ читать священныя книги, то не иначе, какъ подъ руководствомъ жрецовъ. Земледѣльцы и ремесленники изучаютъ въ дѣтствѣ правила о времени и условіяхъ посѣва, искусство мѣрять и вѣсить и т. д.; будущіе воины упражняются въ умѣньи владѣть оружіемъ. Брамины, главное призваніе которыхъ, по книгѣ законовъ Ману, заключается въ чтеніи и толкованіи богослужебныхъ книгъ и обрядовъ, не платятъ подати и могутъ прибѣгать ко всевозможнымъ занятіямъ: земледѣлію, скотоводству, торговлѣ; нерѣдко становятся также купцами, воинами, врачами, должностными лицами; занимаются изученіемъ и преподаваніемъ наукъ. Государь получаетъ самое высшее образованіе: онъ долженъ быть знакомъ съ ученіемъ Ведъ, уголовнымъ судопроизводствомъ, государственною мудростью, логикою, метафизикой и теологіей, сельскимъ хозяйствомъ, торговлей и т. д.

Элементарное обученіе состоитъ въ чтеніи, письмѣ и счетѣ. Учитель, носящій трость въ рукѣ, обыкновенно имѣетъ еще помощника съ розгами. Обученіе производится передъ домомъ подъ деревьями, или, въ дурную погоду, подъ навѣсомъ, и мальчики почтительно сидятъ вокругъ своего учителя. На умѣнье считать у индійцевъ обращалось вообще мало вниманія. Письмо при обученіи тѣсно соединялось съ чтеніемъ, и производилось сперва на пескѣ — пріемъ, который можетъ быть названъ вполнѣ педагогическимъ! Потомъ писали желѣзнымъ штифтомъ на листьяхъ пальмы, и, наконецъ, на листьяхъ платана — особаго рода чернилами. Ученики показываютъ другъ другу; старшіе спрашиваютъ младшихъ — и обученіе идетъ взаимное. Но особенными заботами окружены высшія школы браминовъ, и всѣ тѣ воспитательныя предписанія, которыми такъ богаты законодательныя книги индійцевъ, относятся исключительно къ симъ послѣднимъ. Въ ученыхъ школахъ Бенареса, Трипцура и Нуддеи экзотерики (низшее отдѣленіе), къ числу которыхъ могли также принадлежать члены изъ второй и третьей касты, обучались грамматикѣ, просодіи и математикѣ, а старшіе ученики-эзотерики, кромѣ того — поэзіи, исторіи, философіи, астрономіи, медицинѣ и праву. Впродолженіе пяти лѣтъ учащійся долженъ былъ только слушать, а потомъ ему позволялось высказывать учителю свои мысли и сомнѣнія, и принимать участіе въ диспутаціяхъ. Все время ученія продолжается у индійцевъ высшей касты отъ 12 до 20 лѣтъ; все это время ученикъ непремѣнно живетъ у своего учителя — жреца, который обыкновенно владѣетъ богатымъ приходомъ и можетъ держать у себя отъ 6 до 12 учениковъ. Брать плату за обученіе считается позорнымъ и даже преслѣдуется закономъ; но за то учитель и семейство его могутъ принимать отъ учениковъ различные подарки (напр. земли, золото, драгоцѣнные камни, корову, лошадь, зонтикъ, платье, туфли, скамью, хлѣбъ зерновый, овощи и т. под.) и пользоваться ученическими услугами, оказываемыми какъ бы изъ любви. Манера обученія, по закону, должна быть кроткая, и переходить въ строгую только въ крайнемъ случаѣ. Ману именно говоритъ: «Хорошее обученіе не должно причинять ученику непріятныхъ ощущеній, и изъ устъ учителя, почитающаго добродѣтель, должны исходить только сладкія, кроткія слова. Если учащійся совершилъ проступокъ, учитель можетъ наказать его сперва рѣзкимъ словомъ, выговоромъ, и пригрозить ему, сказавъ, что при слѣдующемъ проступкѣ онъ получитъ наказаніе ударами; если же проступокъ совершенъ при холодной погодѣ,—учитель можетъ облить мальчика холодной водой».

Высшее и главнѣйшее образованіе браминовъ состоитъ, какъ мы сказали, въ изученіи Ведъ. Законъ даетъ въ этомъ отношеніи слѣдующія предписанія: «Достойный учитель, опоясавъ своего ученика шнуркомъ, прежде всего наставляетъ его въ омовеніяхъ, въ добрыхъ обычаяхъ, въ обхожденіи со священнымъ огнемъ, и въ священныхъ церемоніяхъ утра, полудня и вечера. Ученикъ, приступающій къ чтенію Ведъ, долженъ прежде всего омыться, обратившись лицомъ къ полночи. Затѣмъ онъ долженъ надѣть чистое нижнее платье, сдѣлать предписанное закономъ привѣтствіе, принять должное положеніе — и тогда внимать ученію. При началѣ и по окончаніи каждаго урока долженъ онъ обнять обѣ ноги своего учителя, и потомъ читать со сложенными благоговѣйно руками: это именно и называется должнымъ привѣтствіемъ. Руки слѣдуетъ при этомъ слагать крестомъ одну на другую, такъ чтобы лѣвою рукою обнять лѣвую ногу учителя, а правою рукою — правую. При началѣ ученія внимательный учитель непремѣнно долженъ сказать: «открой, читай!» а при концѣ — «отдохни!» Браминъ долженъ также послѣ омовенія, совершаемаго передъ началомъ и по окончаніи ученія о Ведахъ, произносить про себя слогъ «Омъ»; ибо если онъ не произнесетъ его передъ обученіемъ, его ученость оставитъ его; а если не произнесетъ послѣ, то все обученіе его будетъ не прочно. Только тотъ, чья рѣчь и сердце чисты и всегда открыты, можетъ наслаждаться полными плодами изученія Ведъ; только тотъ, кто по мѣрѣ силъ своихъ ежедневно читаетъ Веды,—совершаетъ высшій молитвенный подвигъ всѣмъ существомъ своимъ до конца ногтей своихъ, хотя бы онъ даже до того преданъ былъ чувственности, что носилъ вѣнокъ изъ самыхъ благоухающихъ цвѣтовъ. Подобно тому, какъ глубоко роющій заступомъ, открываетъ источникъ воды; такъ точно а покорный ученикъ открываетъ тѣ знанія, которыя глубоко таятся въ душѣ его учителя. Если же кто пріобрѣтаетъ знаніе Ведъ безъ разрѣшенія своего наставника, тотъ совершаетъ кражу и будетъ ввергнутъ за это въ страну печалей». Философія индійцевъ, какъ и религія, проникнута высокимъ поэтическимъ элементомъ: до того богато надѣлила природа этотъ народъ, который еще въ глубокой древности обнаружилъ задатки мощнаго развитія. Священныя книги Ведъ, сложившіяся еще въ то время, когда первобытная религія индійцевъ была чужда грубаго идолопоклонства, полны неисчерпаемыми сокровищами истины и красоты; но жрецы эгоистически скрывали эти сокровища отъ массъ, превративъ всю религію въ форму безсмысленныхъ церемоній и обрядовъ. По философскому понятію индійскихъ мудрецовъ, цѣль усилій человѣка состоитъ въ освобожденіи отъ страстей черезъ познаніе истины; а истина есть та первобытная субстанція, изъ которой исходитъ все, подобно тому, какъ искры исходятъ изъ пламени, или какъ нисходятъ на землю дрожащія на лотосѣ капли воды, чтобы потомъ снова возвратиться къ своему первому источнику. Угожденіе Богу требуетъ добрыхъ дѣлъ, нравственныхъ подвиговъ. По отношенію къ людямъ всѣми должна руководить любовь. Въ обращеніи съ женщинами, стоящими, однако, ниже мужчины, священныя книги требуютъ уваженія и кротости: «гдѣ женщины уважаются, тамъ божіе благоволеніе; а гдѣ презираются, тамъ тщетны всѣ религіозные подвиги»,—такъ говорятъ Веды; степень же уваженія къ женщинѣ у извѣстнаго народа есть лучшее мѣрило той высоты, на которой стоитъ воспитаніе дѣтей, зависящее прежде всего отъ женщины. Бракъ у индійцевъ является уже божественнымъ установленіемъ. Родителямъ предписывается любить своихъ дѣтей, какъ Брама, ихъ общій отецъ, любитъ всѣхъ людей; однако матери могутъ бросать своихъ дѣтей, особенно дѣвочекъ, въ священныя воды Ганга, посвящая ихъ Богу, или вѣшать въ корзинахъ на деревьяхъ—въ пищу священнымъ птицамъ. Сынъ, уважающій мать, награждается въ здѣшнемъ мірѣ, а уважающій отца — въ среднемъ мірѣ; уважающій же своего духовнаго отца, брамина, получаетъ отъ Брамы небесное царство. Отношенія между ученикомъ и учителемъ въ Индіи считаются выше отношеній между сыномъ и отцомъ, тогда какъ въ Китаѣ — наоборотъ. Религіозно-философскія воззрѣнія индійцевъ, какъ мы сказали, отличаются значительной высотой; но непреодолимыя преграды, положенныя развитію личности кастическимъ устройствомъ, суевѣріями и обрядностью, привели народную жизнь къ изнѣженности, чувственности и лѣнивому покою. Хотя въ отношеніи къ другимъ народамъ религія связываетъ всѣ касты въ одно цѣлое; но между собою онѣ до такой степени разъединены взаимными предразсудками, презрѣніемъ высшихъ къ низшимъ кастамъ и ненавистью низшихъ къ высшимъ, что невозможно и думать о соглашеніи интересовъ, объ одинаковыхъ и дружныхъ стремленіяхъ къ общимъ цѣлямъ въ жизни и въ воспитаніи. Такимъ образомъ, въ Индіи для высшихъ классовъ жизнь всегда была пріятнымъ сномъ, а для низшихъ — колебаніемъ между тяжелымъ трудомъ и чудовищной чувственностью. Какъ бы ни были высоки воззрѣнія законодателей на воспитаніе, но оно всегда останется такимъ, какова сама жизнь въ ея обыденныхъ формахъ и условіяхъ. Гдѣ въ жизни существуетъ духовное рабство, тамъ нѣтъ свободы для личности, нѣтъ и раціональнаго воспитанія

*Воспитаніе у египтянъ.*

Бытъ древнихъ египтянъ, причисляемыхъ нынѣ также къ кавказской расѣ, обусловливается особенностями страны болѣе, чѣмъ бытъ всѣхъ остальныхъ народовъ. Отсюда объясняется и характеръ ихъ образованности, безъ сомнѣнія древнѣйшей изъ извѣстныхъ исторіи. Замкнутость, отрѣшенность — вотъ преобладающее географическое свойство Египта, и роковая участь его когда-то роскошной цивилизаціи. Свой символъ, свой идеалъ египетскій народъ нашелъ въ муміи: не движеніе и развитіе, а неподвижность, непрерывный застой — вотъ цѣль всѣхъ стремленій египтянина съ тѣхъ незапамятныхъ временъ, когда онъ создалъ свою цивилизацію и потомъ замеръ въ ней. Всѣ идеалы его лежатъ не въ будущемъ, а въ прошедшемъ, которое онъ любитъ болѣе всего; и его славнѣйшій національный памятникъ — пирамида — есть могильный памятникъ. Только символами неподвижнаго прошедшаго окружилъ себя этотъ меланхолическій народъ, или, вѣрнѣе сказать, окружили его хитрые жрецы. Пренебреженіе родственниковъ къ памяти умершихъ считалось самымъ ужаснымъ грѣхомъ. Даже пиры египтянъ часто сопровождались обыкновеніемъ, доказывающимъ, до какой степени этотъ народъ свыкся съ мыслію о смерти, и какъ серьозно смотрѣлъ онъ на жизнь: въ самомъ разгарѣ пира обыкновенно проносили мимо гостей мумію, чтобы напомнить имъ объ умѣренности.

Жрецы и воины составляли двѣ первыя и знатнѣйшія касты; остальныя двѣ заключали въ себѣ всю массу трудящагося народа. Одна только жреческая каста обладала всѣми тайнами религіи, знаніями науки и искусства. Занимая кромѣ того всѣ судебныя мѣста и высшія должности по всѣмъ отраслямъ управленія, и составляя въ то же время верховный совѣтъ сильно зависящаго отъ нихъ государя, жрецы, такимъ образомъ, давали направленіе всей общественной жизни и воспитанію. Жреческимъ саномъ у египтянъ могли быть также облечены и женщины изъ жреческой касты или царской фамиліи — это уже огромный шагъ въ исторіи развитія правъ женщины! Вообще здѣсь женщины пользовались большею независимостью и свободою, чѣмъ на остальномъ востокѣ: даже примѣры многоженства были рѣдки, и женщины могли также являться въ обществѣ вмѣстѣ съ мужчинами. Религія имѣла характеръ исключительно эмблематическій, символическій. Хотя инымъ ученѣйшимъ жрецамъ и былъ понятенъ ея внутренній, глубокій смыслъ, но они умышленно скрывали отъ народа истину и развили въ немъ страшное суевѣріе; религія исказилась, наконецъ, до того, что стала предметомъ отвращенія даже для языческихъ народовъ древности, и совершенно утратила свою первоначальную чистоту, обратившись въ самое грубое идолопоклонство.

Отъ этихъ условій религіозной и соціальной жизни египтянъ прямо зависѣлъ и характеръ воспитанія: оно было различно, смотря по различію главныхъ кастъ и ихъ дальнѣйшихъ подраздѣленій. Для жрецовъ и воиновъ существовали особыя ученыя школы въ Ѳивахъ, Мемфисѣ и Геліополисѣ. Воспитывавшееся въ нихъ юношество распадалось на два отдѣленія: одно состояло изъ эксотериковъ, т. е. такихъ молодыхъ людей, которые не готовились къ высшему познанію наукъ, и другое — изъ эзотериковъ, въ число которыхъ принимались исключительно жреческія дѣти, тогда какъ въ первое могли вступать юноши изъ другихъ двухъ высшихъ сословій. Учителями были только жрецы. Учебными предметами полагались: языкознаніе, математика, геометрія, астрономія, естествовѣдѣніе, музыка и религія. Царскіе сыновья воспитывались у самыхъ знаменитыхъ по своей учености жрецовъ, и могли имѣть товарищами только благовоспитанныхъ жреческихъ сыновей, и то не моложе 20 лѣтъ: этимъ думали устранить отъ нихъ все неблагородное, могущее зародиться въ нихъ отъ одного соприкосновенія съ рабами. Воспитаніе и обученіе народа и всего женскаго пола стояло на самой низшей степени, — хотя въ учебныхъ заведеніяхъ вообще не было большаго недостатка. По свидѣтельству Платона, читать всѣ дѣти египтянъ учились вмѣстѣ, въ голосъ, — пріемъ, который еще рѣдокъ и въ наше педагогическое время. «Читать и писать — говоритъ Діодоръ Сикулъ — учатся не долго и далеко не всѣ, но преимущественно только тѣ, которые посвящаютъ себя свободнымъ искусствамъ». За то остальнымъ недоставало средствъ для домашняго воспитанія, на которое у египтянъ обращалось болѣе вниманія, чѣмъ у другихъ восточныхъ народовъ. Греческіе путешественники именно разсказываютъ, что простой народъ учился у своихъ отцовъ и родныхъ тѣмъ занятіямъ, которыя ожидали его въ жизни. Дѣти содержались въ школахъ самымъ простымъ образомъ: ихъ пища состояла изъ печеной на золѣ сердцевины папируснаго тростника, изъ корней и стволовъ разныхъ съѣдобныхъ водныхъ растеній, которыя употреблялись или сырыми, или жареными. Обученіе не изобиловало средствами. Для письма служили: папирусъ и черныя или красныя чернила. При обученіи чтенію и письму въ начальныхъ школахъ, вѣроятно, уже выступало кастическое раздѣленіе дѣтей.

Изъ трехъ родовъ письма — демотическаго, гіеротическаго и гіероглифическаго, — которые изучались послѣдовательно одинъ за другимъ, послѣдній могъ преподаваться вѣроятно только членамъ жреческой касты. Эти три рода образовались послѣдовательно, одинъ изъ другаго. Первоначальное гіероглифическое письмо было рисованіемъ и состояло изъ фигуръ предметовъ, о которыхъ шла рѣчь. Въ сохранившихся египетскихъ письменахъ насчитываютъ до 800 такихъ фигуръ. Гіеротическое письмо было только сокращеніемъ гіероглифическаго и первымъ переходомъ египтянъ отъ рисованія къ письму: вмѣсто того, чтобы рисовать цѣлую фигуру, стали ограничиваться одною только частью ея; напр. вмѣсто цѣлаго льва изображали только заднюю часть его тѣла. Демотическое письмо есть, въ свою очередь, сокращеніе гіеротическаго; оно возникло вслѣдствіе необходимости имѣть для обыденнаго употребленія болѣе скорый видъ письма. Знаки были не только упрощены, но и число ихъ значительно сокращено по сравненію съ двумя первыми родами. Необходимость заставила египтянъ къ начертательнымъ, аллегорическимъ знакамъ прибавить также фонетическіе. Чрезъ это начертательные и аллегорическіе знаки предметовъ превратились въ начальныя буквы словъ, которымъ они соотвѣтствуютъ, напр. знакъ орла (по егип. назыв. «агомъ») обращенъ былъ въ букву $A$.

Изученіе нѣсколькихъ родовъ письма должно было убійственно дѣйствовать на умъ, обременяя память учащихся. На счисленіе, къ которому приводили египтянъ самыя свойства обитаемой ими природы, обращалось особенное вниманіе, и математика всюду преподавалась пространно и весьма основательно. Но, по замѣчанію Платона, изучение ея вообще мало имѣло благодѣтельнаго вліянія на ходъ домашняго и государственнаго хозяйства, или на свободное развитіе и усовершенствованіе разныхъ искусствъ. Не смотря на знакомство съ математикой, египтянинъ не могъ выйти изъ предѣловъ своей ограниченности во взглядахъ на жизнь и природу. По свидѣтельству того же Платона, метода обученія счету была превосходная. «Дѣти свободныхъ сословій первоначально должны были учиться всему тому же, что преподавалось и дѣтямъ простаго народа — этой огромной толпы, а именно: элементамъ чтенія, письма и счета. Обученіе счету происходитъ здѣсь сначала въ соединеніи съ играми и удовольствіями, сообразно способности дѣтскаго пониманія. Такъ напр. мальчики получаютъ яблоки или вѣнки, по возможности въ извѣстныхъ числовыхъ соотношеніяхъ; затѣмъ, при распредѣленіи и выполненіи разныхъ военныхъ игръ съ перемѣнными мѣстами, или при размѣнѣ золотыхъ, серебряныхъ, мѣдныхъ и другихъ чашечекъ, дѣти необходимо дѣлаютъ въ тоже время различныя относящіяся сюда счисленія. Этимъ способомъ учащіеся пріучаются и къ мирнымъ занятіямъ, и къ веденію войны, и къ домашнему хозяйству; вообще болѣе возбуждаются и скорѣе воспитываются быть полезными членами государства». Замѣчателенъ этотъ первый проблескъ педагогическаго приноровленія къ дѣтской природѣ, который въ то время могъ быть подмѣченъ только образованнымъ грекомъ. «Такъ какъ во всемъ, — продолжаетъ онъ далѣе, что относится къ измѣренію длины, широты и глубины, людямъ свойственно смѣшное и постыдное невѣжество по отношенію къ природѣ; — по этому египтяне всячески стараются освободиться отъ этого недостатка.»

Отсюда — происхожденіе астрономіи и другихъ естественно-математическихъ наукъ у древнихъ египтянъ. Гимнастика и музыка были исключены изъ сферы общаго образованія. «Научать палестру и музыку — разсказываетъ Діодоръ — въ Египтѣ вовсе не въ обычаѣ, и даже полагаютъ, что первая вредна для юношества, послѣдняя же (музыка) не только безполезна, но и опасна, такъ какъ она ослабляетъ духъ мужества.» Однако, въ иныхъ мѣстахъ, напр. въ Хеммисѣ, преподавалась гимнастика и изучалась музыка въ примѣненіи къ религіознымъ цѣлямъ. На основаніи этого исключенія Діодоръ и могъ сказать, что «дѣти воиновъ обучаются военному дѣлу у своихъ отцовъ», тогда какъ Геродотъ повѣствуетъ, что въ Хеммисѣ основатель гимнастическихъ игръ Персей имѣлъ даже храмъ, въ которомъ подъ руководствомъ жрецовъ происходили разныя гимнастическія битвы. Также и относительно музыки Геродотъ замѣчаетъ, что египтяне крѣпко держатся музыкальныхъ обычаевъ своихъ предковъ. Платонъ съ похвалою отзывается о египтянахъ за то, что они, по видимому, еще въ глубокой древности уже сознавали, что для блага государства юношество должно быть развито и со стороны хорошихъ формъ, и со стороны хорошаго пѣнія. «Послѣднее предписывается при отправленіи праздниковъ; относительно же перваго (пластическаго искусства) живописцамъ и другимъ художникамъ запрещено вводить что-либо новое, и вообще вымышлять. Это запрещеніе существуетъ и до нашего времени какъ относительно всѣхъ искусствъ, такъ и музыки». Въ этихъ характеристикахъ египетской жизни и воспитанія уже всюду просвѣчиваетъ новый, свободный взглядъ эллина, который принялъ отъ египтянина и науку, и искусство, уничтожилъ ихъ жреческій, т. е. мертвенный характеръ, и вдохнулъ въ нихъ новую жизнь. Въ этомъ все значеніе Египта во всемірной исторіи: онъ служитъ связующимъ звеномъ между востокомъ и западомъ; онъ внесъ плоды своей цивилизаціи не только въ Грецію, но и въ Іудею, и, передавъ ихъ, умеръ, какъ бы свершивъ свою историческую миссію.

*Воспитаніе у персовъ.*

Персидскій народъ, принадлежащій къ той же группѣ индо-европейскихъ народовъ, хотя и носитъ на себѣ общія черты восточнаго характера, но во многомъ рѣзко отличается и отъ индійцевъ, и отъ египтянъ. Религія персов состояла, главным образом, в поклонении верховному божеству, стихией котораго был свѣт, и огню, как его символу, а также в признаніи другаго высшаго существа — божества мрака или зла. А извѣстно, что народы, имѣвшіе эту религію, уже рано достигли извѣстной степени цивилизаціи. По чистому и простому ученію Зороастра, геніальнаго реформатора этой высокой религіи, какою она является в книгѣ Зендъ-Авеста (т. е. живаго слова), человѣк должен явиться сторонником Бога свѣта — Ормузда в борьбѣ его с богом тьмы — Ариманом и подвластными ему злыми духами. Таким образом, сама религія персов побуждает человѣка к дѣятельности, и задачу жизни его ставит в борьбѣ, в одушевленном подвигѣ, — в противоположность тупому самозабвенію индійца. Суевѣрные обычаи, распространившіеся впослѣдствіи у персов, как напр. гаданіе по звѣздам, толкованіе снов, употребленіе талисманов, объясняются вредными вліяніями вавилонян и египтян. До Кира персы еще сохраняли свои простые, но не грубые нравы, и отличались любовью к правдѣ. Колѣна, на которыя раздѣлялась нація, считались неравными по достоинству; но у персов никогда не существовало той непреодолимой преграды между людьми, какую мы видим в общественном устройствѣ Индіи и Китая. Жизнью управлял обычай, а не своенравная воля магов, которые пріобрѣли огромное значеніе уже в період упадка персидской монархіи. Персы легко перенимали чужіе нравы, чужіе добродѣтели, а также — и пороки. Женщина уже пріобрѣла сравнительно много прав, и было время, когда вліяніе жен в Персіи стало господствующим обычаем и дѣлом совершенно законным: царским женам, и даже наложницам, дарились цѣлые округи или области.

Персы сознавали себя, как единый народ, и мужественно противоставляли себя другим народам; они достигли верховнаго владычества в передней Азіи и коснулись своим оружіем Европы, приведя в содраганіе классическую Грецію, с исторіей которой на нѣкоторое время сливается ихъ собственная исторія. Конь и оружіе, война и подвиги — вотъ призваніе древняго перса. Сообразно съ этимъ призваніемъ воспитывалось и юношество: оно принадлежало государству и должно было готовиться къ его защитѣ и возвышенію. На этомъ основаніи физическое воспитаніе впервые выступаетъ здѣсь на ряду съ духовнымъ, а школы, называемыя «школами справедливости» — открытымъ общественнымъ учрежденіемъ. Каждый персъ могъ посылать въ нихъ дѣтей своихъ, такъ какъ каждому одинаково открытъ былъ путь къ высшимъ должностямъ и почестямъ.

Національное воспитаніе персовъ обнимало первые 24 года жизни каждаго гражданина. До седьмаго года воспитаніе мальчиковъ оставалось въ рукахъ матерей: «до шести мѣсяцовъ берегите собакъ, и до семи лѣтъ — дѣтей» — говоритъ законъ. Тотчасъ по рожденіи ребенку вливался въ ротъ особый цѣлебный сокъ (хаома), прежде чѣмъ онъ получалъ молоко матери. Вслѣдъ за тѣмъ ему мыли руки, а потомъ и все тѣло. Астрономъ опредѣлялъ по звѣздамъ его будущую судьбу и нарѣкалъ ему имя, обыкновенно переносимое на него отъ одного изъ изедовъ (подвластнымъ Ормузду духовъ) или особенно знатныхъ персовъ. До пяти лѣтъ ребенку не слѣдовало говорить, что такое добро и зло: «Все, что совершитъ онъ злаго, падаетъ на родителей, которые должны до этого времени оберегать его только относительно тѣла, а въ случаѣ сдѣланныхъ имъ промаховъ — говорить ему: впредь не дѣлай этого!» Такъ человѣчно относился законъ къ неразумной дѣтской природѣ. Все, что должно было возбудить и развить въ ребенкѣ въ этотъ нѣжный періодъ его жизни, это — крѣпкую привязанность къ матери и чувство стыдливости. До достиженія семилѣтняго возраста обычай строго запрещалъ бить дитя.

Съ семи лѣтъ начиналось собственно общественное воспитаніе. Во всѣхъ болѣе значительныхъ городахъ находились государственныя учебныя заведенія, въ которыхъ мальчики росли вмѣстѣ со своими сверстниками, получая самое простое содержаніе, и пріучались особенно къ правдивости, справедливости и самообладанію, а также — въ верховой ѣздѣ и умѣнью стрѣлять въ цѣль. Учили также читать и писать, но какимъ образомъ — объ этомъ нѣтъ точныхъ свѣдѣній. Учителями и надзирателями были персы не моложе 50 лѣтъ, могущіе служить примѣромъ для юношества. До 10 или 15 лѣтъ мальчики должны были, главнымъ образомъ, изучать молитвы и божественное ученіе подъ руководствомъ жрецовъ, вслѣдъ за чѣмъ на учащихся возлагали, послѣ различныхъ обрядовъ, (напр. омовенія бычачьей урипой) священный поясъ, который непремѣнно долженъ былъ состоять изъ 72-хъ нитей верблюжьей или овечьей шерсти, и, какъ охрана противъ девовъ, не могъ сниматься ни днемъ, ни ночью. При этомъ молодой персъ, прочитавъ исповѣданіе вѣры своей, давалъ трижды обѣтъ — слѣдовать закону Зороастра. Пятнадцатый годъ считался срокомъ вступленія въ собственно юношескій возрастъ. Всякая связь между родителями и дѣтьми теперь прерывалась; юноша уже совершенно выходилъ изъ своихъ семейныхъ отношеній, и, становясь собственностью государства, отдавался приготовленію къ охотѣ и войнѣ, высшимъ нравственнымъ и физическимъ упражненіямъ. Съ достиженіемъ 25-лѣтняго возраста, молодой персъ становился уже мужемъ и гражданиномъ своего государства. Онъ принималъ на себя всѣ общегражданскія обязанности въ мирѣ и войнѣ, и долженъ былъ нести ихъ до 50-лѣтняго возраста; а потомъ его обязанностью становилось — заботиться объ общемъ благѣ чрезъ воспитаніе и руководство подростающаго юношества. Если воспитатели обвиняли юношу въ оскорбленіи закона, старцы изгоняли его изъ своей среды: это почиталось высшимъ безчестіемъ. Только при такомъ способѣ наказанія, дѣйствующаго на самолюбіе, могли питомцы, по понятію персовъ, получить стремленіе взбираться потомъ по лѣстницѣ почестей.

Высшій идеалъ персидскаго воспитанія художественно рисуетъ намъ Ксенофонтъ въ своей «*Κυροπαιδία*,» разсказывая своимъ соотечественникамъ о воспитаніи Кира. «Въ большей части государствъ — говоритъ онъ — каждому предоставлено право воспитывать своихъ сыновей какъ ему угодно, а потомъ взрослое юношество совершенно предоставлено самому себѣ. Обыкновенно ему просто приказывается государствомъ: не красть, не грабить, не вторгаться силою въ чужой домъ, никого не бить понапрасну, не нарушать брака, не оказывать непослушанія начальству. Совершилъ кто преступленіе,—государство подвергаетъ его наказанію. Персидскіе законы, напротивъ того, предупреждаютъ это, заботясь, чтобы граждане уже съ дѣтства не были такими людьми, которые могутъ потомъ совершить какое нибудь злое или постыдное дѣло. Объ этомъ они заботятся слѣдующимъ образомъ: они учреждаютъ общественную площадь, называемую у персовъ свободною. Часть этой площади, примыкающая къ судилищамъ, дѣлится на четыре части, изъ которыхъ первая служитъ мѣстопребываніемъ для мальчиковъ, вторая—для юношей, третья—для мужей, и четвертая—для старцевъ. Каждый долженъ находиться только въ опредѣленной для него части, куда мальчики и мужи обязаны явиться съ началомъ дня, тогда какъ старцы могутъ приходить когда имъ угодно, за исключеніемъ извѣстныхъ дней. Юноши же, если они еще не женаты, обязаны ночевать въ вооруженіи около судилищъ. Такъ какъ персы дѣлятся на 12 колѣнъ, то каждое отдѣленіе площади имѣетъ 12 надзирателей, изъ которыхъ надзиратели мальчиковъ должны отличаться ученостью, а—юношей должны быть способными вести ихъ къ добродѣтели. Руководители мужей особенно наблюдаютъ за тѣмъ, чтобы законы и главнѣйшія постановленія соблюдались во всей силѣ. За старцами также наблюдаютъ, чтобы и они не уклонялись отъ своихъ обязанностей. Мальчики посѣщаютъ школы, имѣющія цѣлью—возбудить и укрѣпить въ нихъ чувство справедливости; поэтому начальники этихъ школъ проводятъ весь день преимущественно въ томъ, что производятъ судъ надъ мальчиками, которые, подобно взрослымъ, приносятъ другъ на друга жалобы въ воровствѣ, насиліи, обманѣ, ругательствѣ и т. п. При этомъ наказываются не только виновные, но и ложные обвинители. Съ особенною строгостью наказывается неблагодарность, так как персы полагают, что неблагодарные не могут любить ни богов, ни родителей, ни отечество, ни друзей, что съ неблагодарностью всегда соединяется безстыдство, а безстыдство есть главный источник всѣхъ пороковъ». Чувство справедливости было развиваемо въ мальчикахъ особеннымъ способомъ. Когда Мандана, мать Кира, привела своего 12-лѣтняго сына ко двору дѣда его Астiага, она спросила мальчика: «Ну какъ хочешь ты, дитя мое, при этомъ деспотическомъ дворѣ учиться справедливости, тогда какъ учителя твои оставили тебя?» — «Мать моя, отвѣчалъ на это Киръ, я самъ хорошо знаю, что такое справедливость: такъ какъ я обнаружилъ себя очень любознательнымъ, то учитель часто ставилъ меня судьею надъ другими. При этомъ я получилъ однажды удары за то, что судилъ несправедливо, а именно это было такъ: одинъ большой мальчикъ, имѣя узкое платье, спалъ съ маленькаго его просторное платье, и, надѣвъ его на себя, отдалъ ему свое. Я разсудилъ, что имъ обоимъ будетъ лучше, когда каждый будетъ владѣть тѣмъ платьемъ, которое ему впору. Тогда я получилъ удары и наставленіе, что рѣшеніе мое было бы справедливо, если бы вопросъ былъ въ томъ, кому платье впору; но такъ какъ вопросъ былъ въ томъ, кто есть полный хозяинъ платья, то я долженъ былъ обратить вниманіе, кому именно оно принадлежитъ по праву, и какъ оно пріобрѣтено: взято ли силой, приготовлено ли самимъ, или куплено?» Къ этому Киръ еще прибавилъ: «Все законное — справедливо; все насильственное — противозаконно! Судья долженъ сообразовать свое рѣшеніе съ закономъ.» «Къ умѣренности, — продолжаетъ Ксенофонтъ, мальчики пріучаются преимущественно тѣмъ, что они видятъ, какъ умѣренно проводятъ цѣлый день ихъ родители. Повиновеніе предписанному внушается также тѣмъ, что они видятъ образецъ его въ своихъ родителяхъ. Изъ дому мальчики приносятъ только хлѣбъ, крессъ и сосудъ, чтобы черпать воду. Юноши спятъ около судилищъ, съ цѣлью охранять городъ, сохранять себя въ нравственной чистотѣ и укрѣплять въ умѣренности; днемъ же несутъ службу по отношенію къ своему начальству. Отправляясь на охоту, они берутъ съ собой только обѣденный хлѣбъ, нѣсколько въ большемъ количествѣ, чѣмъ отроки. На охотѣ же они ѣдятъ только тогда, когда приходится спокойно выжидать дичь, или уже подъ вечеръ; при этомъ два дня считаются за одинъ, такъ какъ они въ это время обѣдаютъ только однажды. Добыча должна составлять прибавку къ продовольствію,— въ противномъ случаѣ они довольствуются однимъ крессомъ. Дома они упражняются въ стрѣльбѣ изъ лука и въ метаніи копья; кромѣ того устраиваются также открытыя состязанія и раздаются награды».

Хотя Ксенофонтъ, разсказывая о воспитаніи у персовъ, примѣшиваетъ множество чисто греческихъ воззрѣній на это дѣло;—но нельзя не признать, что у этого народа уже сложилась болѣе или менѣе опредѣленная система воспитанія, которое съ національной точки зрѣнія было вполнѣ цѣлесообразнымъ. Хотя, по обычаю, женщины и не получали общественнаго воспитанія, но въ иныхъ случаяхъ дѣвушки могли посѣщать школу: такъ Низами въ одномъ романѣ разсказываетъ, что Лейла полюбила Меджнуна еще въ школѣ. Воспитаніе дѣтей высшихъ классовъ, по Ксенофонту, отличалось еще нѣкоторыми своими особенностями. «Сыновья знатныхъ персовъ воспитываются въ царскомъ дворцѣ, гдѣ каждый можетъ хорошо пріучить себя къ самообладанію, и притомъ не видитъ и не слышитъ ничего непристойнаго. Здѣсь мальчики замѣчаютъ, кто заслуживаетъ отъ царя уваженіе или неуваженіе, и смотря поэтому сами учатся и управлять, и повиноваться». По разсказамъ, недостовѣрно приписываемымъ Платону, царскій сынъ послѣ 7 лѣтъ поручается четыремъ избраннымъ воспитателямъ изъ знатнѣйшихъ персовъ, изъ которыхъ одинъ признается мудрѣйшимъ, второй—справедливѣйшимъ, третій—умѣреннѣйшимъ и четвертый—храбрѣйшимъ. Каждый изъ нихъ старается усвоить за питомцемъ эти главнѣйшія добродѣтели. Во всякомъ случаѣ Зендъ-Авеста подтверждаетъ, что ядромъ древне-персидскаго воспитанія было—закалить тѣло гимнастикой и развить духъ въ нравственной чистотѣ и правдивости; что индивидуальность не была подавляема ни властолюбіемъ жреческой касты, ни отрѣшенностью отъ культурнаго вліянія другихъ народовъ. Уваженіе предъ закономъ, любовь къ отечеству, чувство справедливости и отвращеніе ко лжи—вотъ высокія задачи персидскаго воспитанія. Какъ ни много примѣшивается къ нему младенческаго, чисто восточнаго, однако уже замѣтна и нѣкоторая зрѣлость педагогической мысли; но замѣчательно, что развитіе способности мышленія еще не входитъ въ кругъ этой мысли, а отсюда объясняется и недостатокъ должныхъ задатковъ для будущаго истинно-человѣческаго развитія. Персъ, поглощенный государствомъ, еще не можетъ освободиться ни отъ темныхъ традицій своей жизни, ни отъ вредныхъ иноземныхъ вліяній. Исключительно завоевательное направленіе также содѣйствовало гибели великаго персидскаго государства. Сдѣлавъ обширныя завоеванія, и деспотически относясь къ побѣжденнымъ, персы сами развратились, и вмѣстѣ съ древней простотой своихъ нравовъ, навсегда утратили все, что было добраго и благороднаго въ ихъ племени. Не смотря на весь блескъ своего величія, они подверглись такой же печальной участи, какъ и покоренные ими народы. Въ громадномъ персидскомъ государствѣ, простиравшемся при Даріѣ I отъ Инда до границъ Ѳессаліи и Египта, и отъ Персидскаго и Аравійскаго заливовъ до прикаспійскихъ степей и Кавказа, вмѣстѣ съ распространеніемъ роскоши и праздности скоро исчезало всякое національное чувство и вообще всякое стремленіе къ высшимъ цѣлямъ какъ въ жизни, такъ и въ воспитаніи. По выраженію историка нашего времени, «все населеніе обширной персидской манархіи стало походить на стадо овецъ, которое паслось на привольномъ лугу, пока, наконецъ, не сдѣлалось добычею волковъ».

## Воспитаніе у древне-классическихъ народовъ.

Переходя къ народамъ классическимъ — грекамъ и римлянамъ, мы вступаемъ въ совершенно иной міръ, давшій такъ много для нынѣшней европейской образованности. Въ Греціи и Римѣ уже значительно устранены условія, столь подавлявшія отдѣльную личность на востокѣ. Здѣсь человѣкъ уже высвобождается отъ господства надъ нимъ природы, сознаетъ себя, и противопоставляетъ свою дѣятельность природѣ, стараясь подчинить ее своей волѣ и своему творчеству. На востокѣ истинное существованіе свое человѣкъ видитъ въ одномъ пассивномъ подчиненіи своей личности господству естественныхъ и, въ его глазахъ, высшихъ силъ природы; у классическихъ народовъ, напротивъ того, духъ стремится овладѣть этими силами и свободно отдаться своей дѣятельности. Правда, и здѣсь личность еще стѣснена оковами государственности и національности, лежащими на всемъ воспитаніи; однако у грековъ воспитаніе уже усиливается, кромѣ этихъ двухъ цѣлей, достигнуть еще третьей — художественнаго развитія индивидуальныхъ силъ человѣка, а у римлянъ — практическаго примѣненія этихъ силъ къ дѣятельности.

*Художественное воспитаніе у древнихъ грековъ.*

Греки перенесли изъ Азіи въ Европу сцену всемірныхъ событій, а потому съ появленіемъ греческаго народа на историческомъ поприщѣ начинается новый періодъ въ жизни и воспитаніи человѣчества. Греки вызвали новыя формы жизни и новый характеръ человѣческаго развитія, и это измѣненное ими направленіе осталось господствующимъ и во всѣ послѣдующія времена. Возвышеніе греческой націи именно было знакомъ, что уже миновало время восточнаго порядка вещей, восточнаго быта и воспитанія, оставшихся неподвижными. Только два восточныхъ народа — евреи и арабы, пріобрѣли потомъ значеніе для всего человѣчества. Когда началось историческое развитіе грековъ, между черными племенами юга распространено рабство и грубая чувственность, навсегда оставшіяся ихъ удѣломъ; у народовъ сѣвера и запада господствуютъ нераздѣльно пламенная любовь къ свободѣ и воинственный духъ, но на ряду съ ними ощущается недостатокъ образованности, отсутствіе мягкихъ нравовъ и духа организаціи. Востокъ, впавшій въ умственную односторонность и ограниченность, сдѣлался жертвой грубаго идолопоклонства и всеподавляющаго деспотизма. Вотъ общая картина тогдашняго человѣчества, и среди подобной-то обстановки греки съумѣли вступить на путь совершенно другаго развитія. Они первые создали свободное, независимое искусство, потому что стали заниматься искусствомъ ради его самого, и, такимъ образомъ, дали человѣчеству новое важное средство къ возвышенію и облагороженію себя; греки первые создали самостоятельную философію, отличивъ стремленія мыслящей силы отъ чисто-религіозной потребности, и, слѣдовательно, открыли разуму человѣка предѣлы высшаго и безконечнаго, до тѣхъ поръ доступные только одному его чувству. Они же первые признали въ жизни истинную науку, сдѣлавъ изысканія разума независимыми отъ произвола отдѣльнаго сословія и отъ служенія матеріальнымъ потребностямъ; они дали новое и чрезвычайно высокое развитіе богатому элементу образованности, заключающемуся въ языкѣ. Они не только создали многія совершенно новыя формы поэзіи, и до совершенства выработали свой языкъ; но изобрѣли еще искусство писать прозой, несуществовавшее на востокѣ. Наконецъ, греки прежде всѣхъ другихъ народовъ создали настоящую государственную жизнь, предоставивъ каждой отдѣльной личности полное участіе въ общественныхъ дѣлахъ, и возвысивъ голосъ массы до значенія общественнаго мнѣнія. Вотъ неоспоримыя заслуги древнихъ грековъ для всемірной образованности, а слѣдовательно и для воспитанія, построеннаго ими на прочныхъ, цѣлесообразныхъ началахъ.

Натура грека была художественная по преимуществу. Онъ стремился къ полной гармоніи съ самимъ собой и природой; соразмѣрность и стройность проникали всю его дѣятельность; гармоническое развитіе личности и направленіе ея ко всему прекрасному и доброму — вотъ задача и цѣль всего греческаго воспитанія. Идеаломъ этого воспитанія была $καλοκἀγαθία$, т. е. наружное и внутреннее совершенство, гармоническое развитіе всѣхъ тѣлесныхъ и духовныхъ силъ и способностей, — наружно и внутренно совершенный человѣкъ. Воспитаніе у грековъ является не абстрактнымъ, не исключительно семейнымъ, какъ въ Китаѣ, не кастическимъ — какъ въ Индіи и Египтѣ, не національно-завоевательнымъ — какъ въ Персіи, но — національнымъ на столько, чтобы каждый чувствовалъ себя грекомъ, и въ то же время признавалъ различіе племенныхъ свойствъ и особенностей. Кромѣ того греческое воспитаніе и образованіе не были привилегіей извѣстнаго сословія: храмъ науки былъ открытъ каждому изъ народа; каждый могъ направить свои силы по свободно-избранному имъ пути; каждый имѣлъ право умножать умственныя сокровища своей націи, и въ соревнованіи съ другими находить поддержку для своей неутомимой дѣятельности. Въ Греціи впервые находимъ мы много такихъ задатковъ истиннаго воспитанія, которые еще и въ наше время не достигли своего полнаго развитія и примѣненія. Если греки не создали того всесторонне-совершеннаго воспитанія, идеалъ котораго болѣе и болѣе опредѣляется въ наше время; — за то они значительно пополнили прежній, обогативъ его многими, вѣчно-истинными чертами, и нашли средства, соотвѣтствующія его воплощенію въ дѣйствительности. Средства эти могутъ быть названы *гимнастическо-художественными*, и къ разсмотрѣнію ихъ намъ слѣдуетъ теперь-же обратиться.

### *Гимнастика.*

Гимнастическое воспитаніе имѣло въ виду соразмѣрность и гармоническую законченность человѣческаго тѣла, съ цѣлію сдѣлать его полнымъ и чистымъ отраженіемъ духа. Въ началѣ гимнастика считалась средствомъ только для образованія тѣла; — но потомъ греки пришли къ убѣжденію, что она также существенно содѣйствуетъ развитію духа, что она не только закаляетъ человѣка, дѣлая его сильнымъ, крѣпкимъ и ловкимъ; но также предохраняетъ его духъ отъ разслабленія, наполняя его мужествомъ, ведетъ къ воздержности, самообладанію и рѣшительности, развиваетъ чувство дружбы и любви къ отечеству. Грекъ понималъ потомъ гимнастику какъ такое искусство, которое вмѣстѣ съ гармоническимъ образованіемъ тѣла оживляетъ и душу, а слѣдовательно вообще содѣйствуетъ процвѣтанію общественной жизни. Поэтому гимнастика у грековъ не была только однимъ воспитательнымъ средствомъ для юношества, но вмѣстѣ и образовательнымъ занятіемъ для всего народа. Самый видъ изящно развитаго тѣла содѣйствовалъ возбужденію изящнаго чувства въ зрителяхъ, и возвышалъ въ нихъ степень пониманія красоты. Въ ежедневныхъ упражненіяхъ въ палестрѣ пластика могла свободно выбирать для себя изъ богатства прекрасныхъ, подвижныхъ формъ тѣла самыя идеальныя нормы и лучшій матеріалъ для композиціи. «Для насъ, грековъ, недовольно, говоритъ Солонъ (у Лукіяна), оставаться такимъ, какимъ создала природа; но у насъ для каждаго необходимо еще гимнастическое образованіе, чтобы отъ природы хорошія дарованія сдѣлать еще лучшими, и чтобы облагородить менѣе счастливыя способности. Въ этомъ случаѣ образцомъ для насъ служатъ поселяне, которые охраняютъ и защищают растенія, пока они молоды и слабы; когда же дерево окрѣпнетъ, они обрѣзаютъ лишніе отпрыски, и предоставляя дерево вѣтрамъ и бурямъ, дѣлаютъ его еще крѣпче». По словамъ Платона — «общая связь, существующая между тѣломъ и духомъ, не позволяетъ упражнять тѣлесныя силы безъ духовныхъ и духовныя безъ тѣлесныхъ».

Гимназіи или палестры были особыя мѣста для упражненій. Въ старину онѣ были у грековъ очень просты, напр. въ Спартѣ устроивались прямо на берегу рѣки; а потомъ, по мѣрѣ развитія образованности и благосостоянія городовъ, онѣ стали украшаться прекрасными постройками, и сдѣлались любимѣйшими мѣстами общественной и ученой жизни. Собственно гимнастическое заведеніе состояло изъ большаго четыреугольнаго двора, который былъ окруженъ колоннадами и просторными залами для философовъ, ораторовъ и ученыхъ. На одной сторонѣ этого двора находились крытыя помѣщенія собственно для упражненій, залы для разныхъ сложныхъ движеній строемъ, мѣста для платья, для натиранія тѣла масломъ или пескомъ, для игръ и т. д. За этимъ центральнымъ заведеніемъ слѣдовалъ второй просторный дворъ, съ галлереями и помѣщеніями для разнаго назначенія, съ садомъ и множествомъ ходовъ; наконецъ, все это заключалось четыреугольнымъ продолговатымъ пространствомъ, примыкавшимъ ко второму двору, и предназначавшимся для бѣганья. Передъ началомъ упражненій все платье снималось; тѣло натиралось масломъ и посыпалось пескомъ. Первое дѣлалось съ цѣлью придать тѣлу болѣе гибкости, а движеніямъ — болѣе силы и быстроты; песокъ же не позволялъ тѣлу скользить и способствовалъ твердому обхватыванію; онъ также задерживалъ потъ, противодѣйствовалъ вліянію вѣтра и сохранялъ экономію силъ. Древнѣйшимъ и наиболѣе уважаемымъ греками упражненіемъ было бѣганье, производимое по глубокому песку, и обнимавшее отъ одной до 24 стадій (стадія — 600 футовъ), смотря потому, требовалась ли отъ бѣжавшаго быстрота, или продолжительность. Этимъ средствомъ старались достигнуть, главнымъ образомъ, проворства и выдержки. Метаніемъ диска, т. е. чечевицеобразнаго мѣднаго кружка, производимымъ вдаль и вверхъ, думали укрѣпить плечи и силу напряженія въ переднихъ частяхъ ногъ. Прыганье въ высоту или въ длину, или съ соединеніемъ обоихъ этихъ условій, производилось большею частію на открытомъ воздухѣ, и должно было возвысить какъ крѣпость, такъ и ловкость тѣла. При метаніи копья строго соблюдались: правильная постановка тѣла и ногъ, твердая, мужественная походка, свобода и благородство движеній; это упражненіе должно было также возбудить во всемъ существѣ человѣка рѣшительность, увѣренность и бодрость. Наконецъ единоборство возбуждало самую всестороннюю дѣятельность: тутъ приходилось и схватывать, и увертываться, и крѣпко держаться на ногахъ, и отважно прыгать, и настойчиво наступать, и ловко уклоняться; тутъ требовались: и выдержка, и сила, и быстрота, однимъ словомъ, — самое гармоническое сочетаніе всѣхъ гимнастическихъ условій. Эти пять упражненій, называемыхъ *πένταθλον*, составили ядро всей гимнастики, и Аристотель сообщаетъ, что пентаθли, т. е. люди, съ успѣхомъ прошедшіе весь этотъ курсъ и достигшіе въ немъ пальмы первенства, отличались высокой красотой.

Но такъ какъ греческая гимнастика не была продуктомъ научнаго пониманія этого дѣла, то она не всегда удерживалась въ приличныхъ своей сущности границахъ: у нѣкоторыхъ греческихъ племенъ она переходила въ кулачный бой, и въ соединеніи съ состязаніемъ въ другихъ упражненіяхъ, образовала такъ называемое *παγκράτιον* т. е. многоборство, которое въ иныхъ мѣстностяхъ Греціи также достигло высокаго совершенства, и занимало потомъ почетное мѣсто на главныхъ національныхъ праздникахъ. Однако оба эти вида упражненій требовали такъ много отъ каждаго, принимавшаго въ нихъ участіе, что онъ уже не могъ болѣе отдаваться всѣмъ пяти главнымъ упражненіямъ, а посвящалъ себя исключительно двумъ послѣднимъ. Это вызвало происхожденіе атлетики, обратившейся потомъ въ ремесло, приносившее выгоды на праздничныхъ играхъ.

Любовь къ гармоніи и красотѣ, выражавшаяся въ гимнастикѣ грековъ, послѣдовательно привела къ безкорыстному и внѣчувственному обожанію отроческой красоты, или къ такъ называемой педофиліи. Отношенія эти, столь странныя для нашего времени, могли возникнуть только на почвѣ такой широкой общественной жизни, какою она является въ Греціи, гдѣ мужчина вращался болѣе въ палестрѣ и на городской площади, чѣмъ въ своей семейной сферѣ съ ея неразлучнымъ аттрибутомъ — женщиной. По выраженію Павзанія, «педофилія есть чистѣйшая любовь небеснаго эроса. Вдохновенные ею обращаются къ красотѣ мужской, одаренной отъ природы и физически, и духовно; стремятся всю жизнь не разлучаться со своимъ возлюбленнымъ, котораго они избрали за достоинства его души, и стараются еще болѣе усовершенствовать эти достоинства». Вдохновенный любовью былъ по отношенію къ своему любимцу и другомъ, и учителемъ, и отцомъ, во всемъ служилъ ему постояннымъ примѣромъ, наблюдалъ за нимъ въ гимназіи, наставлялъ его во всѣхъ познаніяхъ и требованіяхъ общественной жизни, являлся его представителемъ въ народномъ собраніи, въ каждой борьбѣ былъ на его сторонѣ, возбуждалъ его къ храбрости, шелъ впереди его въ битвѣ, и, если нужно, погибалъ за него. Любимецъ съ своей стороны также былъ связанъ со своимъ покровителемъ самыми тѣсными узами любви и искренности. «Однажды эфоры, разсказываетъ одинъ греческій писатель, строго наказали нѣкоего юношу, который предпочелъ богатаго покровителя — одному честному бѣдняку. Но они наказали также и этого послѣдняго за то, что онъ не съумѣлъ заставить юношу полюбить въ немъ его достоинства и постараться усвоить ихъ за собою... За всѣ проступки юноши-любимца наказывается его покровитель, такъ какъ онъ долженъ наблюдать за всѣми его дѣйствіями».

Потребность гимнастики оставалась у грека и по выходѣ изъ школы, впродолженіе всей жизни. Этой потребности гимнастической гармоніи и красоты отвѣчали разныя народныя игры и праздники грековъ. Относительно игры существовали въ Греціи особые законы и были особые учители; сами боги называются нерѣдко «друзьями игры». Философъ Анаксагоръ въ своемъ завѣщаніи не требуетъ для себя никакихъ почестей, кромѣ только одной:— чтобы въ день его смерти юношество могло устроить игры. Мѣста для игръ — игрища — соединялись съ гимназіями и купальнями; и здѣсь также все было окружено красотою и гармоніей формъ. Большая часть самыхъ употребительныхъ игръ произошла отъ гимнастики; но любимѣйшею изъ нихъ, въ которой принимали участіе даже старцы и философы, была — игра въ мячикъ, въ соединеніи съ бѣганіемъ, прыганіемъ и метаніемъ. Особенно любили также такія игры, которыя соединялись съ мимикой подъ поэтическій ритмъ, или съ танцами, при чемъ внутреннее содержаніе пѣсни воспроизводилось внѣшнимъ, нагляднымъ образомъ. Такъ спартанскіе юноши заключали свои гимнастическія упражненія, особенно бурное единоборство,— мирнымъ танцемъ съ самыми разнообразными передвиженіями и сочетаніями рядовъ и хоровъ; при этомъ одинъ изъ нихъ сидѣлъ въ срединѣ и сопровождалъ танецъ игрой на флейтѣ и выбиваніемъ такта. Ряды танцующихъ извивались, сходились, расходились, и стройно, подъ тактъ, изображали разныя картины: то гимнастическія, то воинственныя, то комическія. Праздники грековъ были душею общинной и племенной ихъ жизни; они находили свое основаніе также въ гимнастикѣ, и въ соединенныхъ съ нею разныхъ орхестическихъ, художественныхъ, музыкальныхъ, ученыхъ и др. отправленіяхъ греческой жизни. На общественныхъ праздникахъ каждый чувствовалъ себя грекомъ, и весь народъ — единымъ греческимъ народомъ, въ противоположность всѣмъ не-грекамъ — варварамъ. Здѣсь, на подобныхъ праздникахъ, возвышалось и укрѣплялось національное чувство, сознаніе единства, и возбуждалась любовь къ своему народу; здѣсь же эстетически примѣнялась къ прославленію боговъ и отечества та внутренняя и внѣшняя гармонія человѣческой природы, которая достигалась прежде всего гимнастикой. Въ главныхъ мѣстахъ такихъ праздниковъ — Олимпіи, Истмѣ, Немеѣ и Дельфахъ — превзошедшій всѣхъ другихъ своею тѣлесно-духовною красотой получалъ въ награду пальмовую вѣтвь, миртовый или лавровый вѣнокъ. Съ безмолвнымъ, но жаднымъ вниманіемъ слѣдилъ грекъ за мужествомъ состязающихся юношей, за красотою обнаженнаго ихъ тѣла и всего ихъ дивно-прекраснаго образа, за ихъ необыкновенною ловкостью, за необоримою силою, за смѣлостью ихъ и достоинствомъ, за ихъ пламеннымъ стремленіемъ къ побѣдѣ и почести, — пока, наконецъ, имя побѣдителя и его родины не оглашало весь народъ зрителей. Тогда все разражалось кликами и ликованіями; увѣнчаннаго побѣдителя принимали на плечи; славные поэты, какъ Пиндаръ и Симонидъ, прославляли его побѣду въ своихъ безсмертныхъ пѣсняхъ, а пластическіе художники увѣковѣчивали потомъ его имя и образъ въ мѣди или мраморѣ. Побѣдитель въ бѣганьи въ Олимпіи считался главнымъ, и по его имени называли олимпіаду. Такимъ образомъ гимнастика и гимназіи носили въ Греціи не школьный, а общенародный, широко-общественный характеръ. Какъ далеко уступаетъ грекамъ наше многоученое, но бѣдное жизненными силами время! какъ блѣдно въ сравненіи съ ними наше надорванное юношество!

*Изящныя искусства.*

Художественное воспитаніе въ собственномъ смыслѣ находилось подъ покровительствомъ музъ, богинь всего того, что, въ противоположность обыденной практикѣ, относится къ красотѣ и обусловливаетъ наслажденіе жизнью. Сами музы были подчинены Аполлону — богу возвышенной красоты. Такія требованія художественности отъ воспитанія прямо вытекали изъ характера грековъ и ихъ религіознаго міросозерцанія. Житель сѣвера былъ мраченъ, какъ его небо, и потому земная жизнь представлялась ему преимущественно со стороны своего ничтожества и своих лишений. Отсюда в нем являлось суровое презрѣніе къ жизни, и мысль о томъ, что только въ иномъ мірѣ, уготованномъ героямъ, человѣкъ можетъ найти истинную жизнь и продолжительное наслажденіе. Напротивъ того грекъ, подъ своимъ сіяющимъ небомъ, считалъ истинною жизнью именно ту, которую онъ проводилъ на землѣ подъ веселыми лучами солнца; онъ искалъ въ жизни наслажденія, и прежде всего эстетическаго наслажденія. Жизнь подземнаго міра, даже самая блаженная, казалась ему только тѣнью этой жизни; а потому онъ ревниво любилъ жизнь и всегда считалъ смерть бѣдствіемъ. Религія грековъ никогда не была замкнутой системой. Греки представляли себѣ небо, или скорѣе, подымающуюся въ небо вершину горы Олимпа, населенную существами, которыя и по внѣшнему виду, и по природѣ своей походили на людей, обладая лишь способностью невидимо оказывать силу и вліяніе на земное. Жизнь боговъ, по понятію греческой массы, вообще сходна съ человѣческою, отличаясь отъ нея только бо́льшимъ изяществомъ и высшими радостями. Съ этимъ художественнымъ антропоморфизмомъ боговъ соединилась также мысль, что они вмѣстѣ съ тѣмъ представляютъ собою естественныя силы и явленія природы. Собственно жрецовъ, кромѣ прорицателей, въ героическій періодъ у грековъ даже вовсе не было. Въ этой націи, полной силъ и энергіи, мы ничего не видимъ дикаго и буйнаго; сами военные герои грековъ не имѣютъ ничего грубаго въ своемъ характерѣ. Причину, и вмѣстѣ, слѣдствіе такого характера надо искать въ воспитаніи, которое можетъ быть названо художественнымъ по преимуществу. Поэзія, пѣніе и музыка всюду сопровождаютъ греческаго юношу и проникаютъ всю его натуру. Впослѣдствіи сюда присоединилась не только грамматика и графика, но и вообще наука въ ея различныхъ отрасляхъ, такъ что обученіе могло содѣйствовать всестороннему развитію духа. Такъ какъ по понятію грека между душею и тѣломъ не было никакой абстрактной противоположности; то въ воспитаніи греческомъ на сколько гимнастика содѣйствовала духовной красотѣ человѣка, — на столько же художественность просвѣтляла и облагороживала его тѣлесную красоту. Гимнастика и искусство взаимно проникали и пополняли другъ друга въ воспитаніи, какъ это отражается даже въ представленіи грековъ о богахъ. Гермесъ почитался изобрѣтателемъ какъ палестры, такъ и китары, учителемъ въ искусствѣ вообще, и въ ораторскомъ въ частности. Аѳина была богинею войны и вмѣстѣ науки: вскорѣ по рожденіи своемъ она занимается воинственнымъ танцемъ, изобрѣтаетъ игру на флейтѣ и украшаетъ жизнь разными искусствами. Аполлонъ, неизмѣнно правильно разъѣзжающій на своей лучезарной колесницѣ, почитается также творцемъ лиры, распорядителемъ въ танцахъ музъ, побѣдителемъ Геркулеса въ единоборствѣ и Гермеса въ бѣгѣ и т. д. Какъ гимнастика стремится придать тѣлу внѣшнее совершенство; такъ искусства имѣютъ назначеніемъ — параллельно вести совершенствованіе духа, чтобы онъ могъ свои внутреннія достоинства вполнѣ проявить во внѣшности. Поэтому художественное, какъ и гимнастическое воспитаніе не имѣетъ своей исключительной цѣли, а одну общую: цѣльную, законченную, всесторонне совершенную личность человѣка. Возвысить человѣка надъ обыденными потребностями и надъ пошлой житейской практикой, придать ему благородство и самостоятельность — вотъ главная задача греческаго воспитанія. Благодаря незначительной населенности страны и существованію рабства, бывшаго удѣломъ иноплеменниковъ, жизнь свободныхъ людей была легка и чужда мелочныхъ заботъ. Большая часть націи была совершенно незнакома съ низкими и тяжелыми работами, — и потому грекъ чрезъ воспитаніе свое могъ становиться выше всего пошлаго и мелочнаго въ жизни. Вторая задача для него заключалась въ томъ, чтобы облагороженная, возможно-совершенная личность питомца была способна впослѣдствіи къ самоотверженному служенію своему государству и народу. На этомъ основаніи у подобнаго художественнаго народа, какимъ были греки, главную роль въ воспитаніи играютъ именно тѣ изъ искусствъ, которыя требуютъ наиболѣе самостоятельности и обладаютъ наибольшимъ вліяніемъ на человѣческую душу — а именно: музыка и поэзія.

Искусства эти занимали самое почетное мѣсто въ жизни воинственныхъ греческихъ племенъ, и были неразлучны съ ихъ пирами, праздниками и военными предпріятіями. Музыкальными инструментами героическаго періода были — лира, флейта и рожокъ; послѣдніе два употреблялись преимущественно пастухами и земледѣльцами. Трубы вошли въ употребленіе уже впослѣдствіи. Лира, напротивъ, была инструментомъ поэтовъ и пѣвцовъ; на ней часто играли цари и благородные, и звуками ея постоянно сопровождалось пѣніе, предметомъ котораго обыкновенно служили подвиги живыхъ и умершихъ героевъ. Музыка разсматривалась какъ истинная гимнастика не для однихъ только внѣшнихъ чувствъ и способностей, напр. слуха, голоса и тона; но и — для самого духа. Грекъ считалъ оскорбительнымъ для музыки полагать, будто ея задача состоитъ въ одномъ умѣньи владѣть струнами или флейтой, а не въ нравственномъ усовершенствованіи духа, не въ смягченіи страстей посредствомъ мелодіи и гармоніи. Музыка почиталась воспитательницей всего высокаго, благороднаго и прекраснаго, матерью всѣхъ добродѣтелей. По взгляду грека, музыкальное произведеніе, какъ образъ и выраженіе движеній прекрасной души, непремѣнно вносило красоту и въ душу того, кто усвоивалъ его за собою. Въ этомъ смыслѣ греки даже называли музыку философіей; Сократъ же, въ свою очередь, почиталъ философію лишь совершеннѣйшею музыкой. Музыка была прирождена существу грека: она не была занятіемъ отдѣльныхъ личностей, но основнымъ элементомъ всей греческой жизни, главной принадлежностью всего греческаго народа. Она совершенно сливалась со всѣмъ бытомъ грека и глубоко входила во всѣ его государственныя и жизненныя отправленія. Съ ея измѣненіемъ или паденіемъ грекъ соединялъ идею объ измѣненіи или паденіи всей своей государственной и соціальной жизни. Не любить музыку, не понимать ея, — въ его глазахъ было признакомъ варварской грубости и внутренней испорченности. Греческая музыка имѣла опредѣленный, объективный характеръ, и ея стройная и веселая мелодичность служила общимъ выраженіемъ нравственнаго чувства всего греческаго народа; только вмѣстѣ съ разложеніемъ греческой жизни стала преобладать лидійская музыка съ ея причудливымъ, болѣе субъективнымъ характеромъ. Основаніемъ для музыки въ Греціи служили законы гармоніи и ритма. Лира, имѣвшая три, четыре или семь струнъ съ восьмой октавной, воспроизводила самыя разнообразныя мелодіи въ фригійскомъ, дорическомъ, іоническомъ, эолическомъ или лидійскомъ стилѣ, отличавшихся каждый своеобразнымъ характеромъ. Установленіе музыкальной теоріи для лиры приписываютъ Терпандру (678 до Р. Х.). Немного спустя, Олимпосъ придалъ такое же значеніе флейтѣ. Пѣніе, аккомпанировавшее игрѣ на лирѣ, было болѣе рецитаціей, такъ какъ для греческаго духа было очень важно ритмическое паденіе слова. Мелодія составляла душу музыки, выражая прекрасныя движенія чувства. Впрочемъ, по причинѣ своего чисто гимнастическаго значенія и строгой опредѣленности формъ, музыка у грековъ была гораздо менѣе самостоятельнымъ искусствомъ, чѣмъ въ наше время. Она главнымъ образомъ служила сопровожденіемъ для игры, танцевъ и пѣнія, т. е. была въ непосредственномъ соединеніи съ гимнастикой. Такъ произошла орхестика, въ которой грекъ, по свойству своей художественной природы, въ движеніяхъ тѣла и звука выражалъ то, что заключалось въ его душѣ, въ его внутреннемъ чувствѣ. Музыка и орхестика были принадлежностью всѣхъ греческихъ государствъ, связывавшею ихъ въ одно цѣлое; государство, имѣвшее наилучшіе хоры, почиталось и храбрѣйшимъ, и совершеннѣйшимъ въ ряду другихъ греческихъ государствъ. Такимъ образомъ, въ пониманіи соціальнаго и педагогическаго значенія музыки, и вообще тоническаго искусства, греки стоятъ недосягаемо выше насъ, и должны служить намъ поучительнымъ примѣромъ.

Какъ музыка есть выраженіе прекрасныхъ движеній души, такъ поэзія создаетъ образъ внутренняго и внѣшняго міра въ ихъ гармоническомъ единствѣ,—а потому образовательность ея также высоко цѣнилась греками. Поэтическое искусство возсоздаетъ всю жизнь природы и человѣка въ новомъ идеальномъ свѣтѣ. Оно есть плодъ внутренней гармоніи человѣка, и матеріалъ, которымъ оно пользуется—слово,—наиболѣе способенъ выразить весь міръ, одухотворенный высшей идеей. Эстетическое образованіе грека было бы неполно безъ этого совершеннѣйшаго искусства. Эпосъ естественно долженъ былъ служить главной пищей для пластической натуры грека, тѣмъ болѣе, что въ эпосѣ греческомъ отразилась первобытная жизнь народа, и что онъ служилъ какъ бы его поэтической исторіей въ то время, когда еще только занималась заря греческой жизни послѣдующаго цвѣтущаго времени. Пѣвцы вложили въ эпосъ, съ его спокойной ясностью и объективностью, общія созерцанія и чувства всего народа. Потому-то Иліада и Одиссея были истинно-эллинскими національными произведеніями, такъ какъ онѣ въ совершенствѣ, съ эпическимъ спокойствіемъ, представляютъ свѣжесть греческаго духа при его жизненномъ и радостномъ пробужденіи; такъ какъ онѣ изображаютъ греческую жизнь съ ея собственной идеальной стороны, въ ея высшихъ, божественныхъ правахъ. У гимнастическихъ дорянъ особенно выступаетъ наиболѣе гимнастическій родъ поэзіи—лирика, гармонически выражающая внутренній міръ человѣка, жизнь души, обнаруживающая въ музыкальномъ словѣ все то, что волнуетъ сердце, просвѣтляетъ и возвышаетъ чувство. Народная пѣснь входила во всю жизнь грека, проникала все его существованіе; все, что только было въ его душѣ высшаго и прекраснѣйшаго, непремѣнно изливалось въ пѣсни. Вслѣдствіе этого греческая лирика была также и музыкой, и орхестикой, выражаясь какъ въ пѣсни, такъ и въ музыкальномъ аккомпаниментѣ, въ танцѣ, въ мимической игрѣ. Въ этомъ поэтическо-музыкальномъ соединеніи лежитъ также начало и совершеннѣйшаго проявленія поэзіи—драмы, возникшей изъ хоральнаго пѣнія на праздникахъ Діонисія. Драма гармонически соединила въ себѣ и богатую внѣшнимъ выполненіемъ объективную эпику іонянъ, и субъективную глубину лирики дорянъ. Она выразила собой нравственную идею греческаго народа въ самый цвѣтущій періодъ его жизни, и выступила въ полной силѣ въ то время, когда наивное міросозерцаніе грековъ уже миновало, и когда они вступили въ періодъ мужественной зрѣлости. Драма служила наилучшимъ воспитательнымъ средствомъ для греческаго народа, такъ какъ она, соединяя въ себѣ всѣ поэтическіе элементы и всю нравственную силу народа во внѣшнемъ выраженіи, полнѣе всего олицетворяла тотъ идеалъ, который заключался въ одномъ словѣ *Καλοκαγαθία*.

Полнѣйшимъ, идеальнѣйшимъ завершеніемъ всего художественнаго образованія грека служила *философія*. Гимнастика и музыка съ поэзіей были только подготовкой къ этому высочайшему изъ всѣхъ искусствъ. Ихъ цѣлью было только — положить основаніе философскому мышленію, которому должно было предшествовать гармонизированіе и одухотвореніе всей индивидуальной жизни, укрѣпленіе и равномѣрное соглашеніе всѣхъ способностей души: чувства, воли и познанія. Кромѣ того къ философіи подготовляло еще изученіе математики, служившей къ упражненію и развитію мышленія. Такимъ образомъ, въ кругу собственно-художественнаго воспитанія она являлась уже наукой, но такой, спеціяльная цѣль которой — мѣра также входила въ общую цѣль греческаго воспитанія, для которой также работали и другія воспитательныя средства грековъ, какъ гимнастика, музыка и поэзія. Греки сознавали, что духъ нашъ, изучая мѣру въ ея взаимныхъ соотношеніяхъ, самъ усвоиваетъ за собой образъ того, чѣмъ онъ быть долженъ, и приходитъ къ соразмѣрности и самообладанію, къ гармоніи и свободѣ; что пройдя такую школу, духъ нашъ пріобрѣтаетъ мѣрило для познанія міра внѣшняго, для пониманія природы, которая также покоится на законѣ соразмѣрности. Познаніе законовъ этой соразмѣрности пробуждаетъ въ человѣкѣ чувство уваженія къ идеѣ вообще, раскрытіе которой составляетъ задачу философіи, у грековъ вовсе не отрѣшенной отъ жизни самаго народа. Стоитъ вспомнить только, что изреченія мудрости исходили у грековъ отъ священныхъ оракуловъ, что оракулъ Аполлона самъ назвалъ имена семи мудрецовъ греческихъ, что совѣтъ амфиктіоновъ Греціи написалъ изреченіе «познай самого себя» на храмѣ Аполлона въ Дельфахъ, что даже позднѣйшая философія Пиѳагора и Платона отразилась въ произведеніяхъ народной поэзіи грековъ; стоитъ вспомнить все это, чтобы убѣдиться, насколько воспитательна была для всѣхъ грековъ ихъ философія, душею которой было стремленіе къ усовершенствованію нравственной и государственной жизни народа.

Послѣднею, высшею цѣлью всего гимнастическаго и художественнаго воспитанія грековъ, кромѣ облагороженія личности вообще, было *нравственное* ея совершенство, отъ котораго зависѣло совершенство и всей политической жизни. Главную задачу для каждаго грека составляло желаніе—проявить собственную личность въ государствѣ, и тотъ, кто не принималъ дѣятельнаго участія въ жизни и развитіи государства, былъ въ его глазахъ человѣкомъ безнравственнымъ. Внѣ государства и гражданскихъ правъ стояли только рабы, существованіе которыхъ было, по тогдашнимъ понятіямъ, необходимо для того, чтобы доставить свободному человѣку время и досугъ посвящать себя общественной жизни. Самъ Аристотель утверждалъ необходимость рабства, опираясь на природное отличіе грековъ отъ варваровъ, и сознавая, что существованіе свободной греческой демократіи основано на сословіи рабовъ. Свободный человѣкъ, въ противоположность рабу, долженъ быть дѣятелемъ въ государствѣ, его представителемъ, и обязанъ быть жертвовать собою для его интересовъ. Жизнь грека вращалась въ общественныхъ мѣстахъ — въ гимназіяхъ, въ судахъ, на рынкѣ; тамъ сглаживалось всякое различіе сословій; тамъ каждый имѣлъ случай встрѣтиться съ знатнѣйшими и образованнѣйшими людьми своего времени, слушать ихъ, поучаться у нихъ, но не уничтожая собственной личности, составлявшей неотъемлемую принадлежность каждаго истиннаго грека. Воздержность въ мирѣ, храбрость на войнѣ, участіе въ походахъ — вотъ высшіе моменты нравственной жизни грека въ государствѣ. Греческій гражданинъ былъ убѣжденъ, что безъ самообладанія невозможно, немыслимо участіе всѣхъ въ государственной жизни, и что потому оно прежде всего необходимо для осуществленія государственной идеи. Сама война, кромѣ силы, ловкости, закала, пріобрѣтаемыхъ въ гимназіи, точно также опирается на самообладаніи, — а потому греческая храбрость состояла въ спокойной рѣшимости. Въ походахъ, въ этихъ праздничныхъ проявленіяхъ греческой жизни, вполнѣ раскрывалась сила и гармонія греческой натуры, какъ результатъ всего гимнастическо-художественнаго воспитанія, обнимавшаго и внѣшнія, и внутреннія способности человѣческой природы въ ихъ взаимной связи и противоположности, и доводившаго до высшихъ предѣловъ гармоническаго развитія: это и дало ему то идеальное значеніе въ педагогической теоріи, которое навсегда останется за нимъ. Но, тѣмъ не менѣе нельзя не признать, что эстетическая идея не исчерпываетъ всего содержанія человѣческаго духа: истинно-всестороннее воспитаніе также должно имѣть въ виду идею пользы и совершеннѣйшее примѣненіе нравственно-религіозной идеи, — тогда какъ для грека вся нравственность ограничивалась сферой политической, и кромѣ эстетическаго не было другаго, высшаго религіознаго воззрѣнія.

*Героическій періодъ греческаго воспитанія.*

Указавъ на общій характеръ греческаго воспитанія въ періодъ высшаго развитія греческой образованности, мы не должны забыть ту историческую послѣдовательность, съ которою выработывался этотъ воспитательный идеалъ, завѣщанный греками другимъ народамъ — преемникамъ. Такъ въ героическій періодъ Греціи, переживавшей еще время своей юности, воспитаніе было чисто практическимъ, и значительно одностороннимъ. Воспитывала и учила непосредственно сама жизнь; ребенка развивалъ почти одинъ собственный опытъ. Къ этому присоединялись: знаніе правилъ житейской мудрости, пѣніе и игра на струнахъ, довершавшія дѣло нравственнаго воспитанія. Обученіе состояло въ усвоеніи необходимыхъ техническихъ производствъ, въ заучиваніи наизусть и исполненіи общелюбимыхъ пѣсней греческаго народа. Къ этому присоединялись еще свѣдѣнія о цѣлебныхъ травахъ, и о простѣйшихъ правахъ и обязанностяхъ гражданской жизни. Преимущественное вниманіе обращалось на развитіе тѣлесныхъ силъ посредствомъ гимнастическихъ упражненій, выполненіе которыхъ предоставлялось самому юношеству. Миѳическій типъ стариннаго греческаго воспитателя можно видѣть въ Хиронѣ: говорятъ, что его обученіе обнимало: упражненія въ охотѣ и войнѣ, знаніе цѣлебныхъ травъ и способовъ леченія, пѣніе, игру на струнахъ, гаданье, ученіе о правѣ, религіозныя предписанія, и житейскія правила. Однако во всѣ эти науки посвящались одни знатные и благородные.

Греческіе законодатели позднѣйшаго времени сознавали вліяніе воспитанія и обученія на развитіе государства. Дорянинъ Ликургъ соединилъ поэтому тѣснѣйшимъ образомъ дѣло воспитанія съ организаціей всего государства; аѳинянинъ Солонъ въ своемъ законодательствѣ также не упустилъ изъ виду школу, постановивъ напр., чтобы школы никогда не открывались до восхожденія солнца и не закрывались до его захожденія; чтобы никто изъ взрослыхъ, подъ страхомъ смертной казни, не входилъ въ школьную комнату во время обученія и т. п. Благодаря этому вниманію законодательства, школы вскорѣ потомъ распространились по всей Греціи; въ нихъ не было недостатка даже въ деревняхъ; такъ по историческому свидѣтельству софистъ Протагоръ началъ свою учительскую карьеру въ одной деревнѣ. По Теофрасту (за 300 л. до Р. Х.) у всѣхъ греческихъ племенъ, исключая Спарты, воспитаніе было одинаково уважаемо. У митиленцевъ лишеніе дѣтей права учиться считалось наказаніемъ за отпаденіе отъ союза, такъ какъ они полагали, что невѣжество и необразованность есть самое тяжкое бѣдствіе. Однако разсказываютъ также, что когда Геродотъ хотѣлъ основать въ Ѳивахъ школу, онъ былъ удержанъ отъ этого архонтами, вслѣдствіе ихъ ненависти къ образованію; о віотійскомъ же сфинксѣ Діогенъ выразился, что онъ есть ничто иное, какъ невѣжество, враждебное всякой наукѣ. Но, тѣмъ не менѣе извѣстно, что віотяне учили своихъ сыновей въ элементарныхъ школахъ, и такъ какъ послѣднія были крайне плохи, то знатнѣйшіе и благоразумнѣйшіе изъ родителей посылали своихъ дѣтей въ Аѳины для образованія. Элементарныя школы, въ которыхъ учили чтенію, письму и счету, по видимому, были вообще дурно устроены, и учителя, которыми, по Платону, не могли быть люди старше сорока лѣтъ,—дурно оплачиваемы. При высшемъ обученіи читали и учили на память поэтовъ; науку излагали философы и софисты, упражнявшіе юношество также въ ораторскомъ краснорѣчіи, и получавшіе относительно высокое вознагражденіе: такъ Аристиппъ получалъ 1000 драхмъ. По этой причинѣ бѣдные, но любознательные юноши, желавшіе получить высшее ученое образованіе, по ночамъ работали въ садахъ, на мельницахъ и т. п. въ качествѣ поденьщиковъ, чтобы имѣть возможность днемъ посѣщать школы философовъ. Доходы учителя вообще соразмѣрялись съ состояніемъ и количествомъ учениковъ. Опредѣленнаго жалованья имъ не полагалось, и платилось имъ, кажется, только за собственно-учебное время. Число учениковъ опредѣляется въ законодательствѣ Солона не свыше 60 человѣкъ: это, по крайней мѣрѣ, соблюдалось въ Астипалейской школѣ.

Древнѣйшія свѣдѣнія о воспитательномъ дѣлѣ грековъ съ достовѣрностью относятся къ о. Криту и Спартѣ. Въ Критѣ старались посредствомъ охоты, бѣганья, голода и т. п. средствъ пріучить юношество къ перенесенію военныхъ трудностей и лишеній. Мальчики обыкновенно участвовали при пирахъ взрослыхъ гражданъ, гдѣ старики разсказывали про геройскіе подвиги храбрѣйшихъ изъ предковъ, и гдѣ въ юношествѣ возбуждался жаръ къ подобнымъ же предпріятіямъ. Кромѣ того, они изучали законы мелодіи и гимны въ честь боговъ и отечественныхъ героевъ. По достиженіи 18-лѣтняго возраста юноши соединялись въ одно общество, вмѣстѣ ѣли и спали, вмѣстѣ упражнялись въ гимнастическихъ играхъ, въ стрѣляньи изъ лука, въ военныхъ танцахъ, давали небольшія примѣрныя битвы, при чемъ раздавались воинственные звуки лиры и флейты, а кулаки и деревянные или желѣзные аппараты служили оружіемъ. Подобныя воспитательныя средства были особенно въ ходу въ томъ государствѣ, которое было основано на той мысли, что каждый гражданинъ долженъ свои частные интересы безусловно и добровольно приносить въ жертву благу цѣлаго государства—въ Спартѣ.

*Воспитаніе у спартанцевъ.*

Здѣсь господство государства надъ каждымъ изъ его членовъ начиналось вмѣстѣ съ первымъ дыханіемъ ребенка. Спартанскій мальчикъ, который нерѣдко и рождался на щитѣ съ приложеннымъ къ нему копьемъ, при первомъ появленіи своемъ на свѣтъ привѣтствовался словами: «или со щитомъ, или на щитѣ!» Тотчасъ потомъ новорожденнаго купали въ винѣ, въ той увѣренности, что такую ванну могутъ выдержать только сильные и здоровые младенцы; болѣзненные же — должны умереть. Затѣмъ старѣйшины племени все-таки держали общій совѣтъ въ герусіи о томъ, жить или не жить младенцу. Здоровому и крѣпкому мальчику немедленно давалось право гражданства; больной же и хилый бросался въ Тайгетскую пропасть. Государство могло извлечь пользу только изъ здоровыхъ дѣтей, и потому только такихъ стоило труда воспитывать. До 7-лѣтняго возраста дитя принадлежало матери, которая обязана была воспитать его крѣпкимъ какъ тѣломъ, такъ и духомъ. Въ древности спартанская мать непремѣнно сама кормила свое дитя; со времени же персидскихъ войнъ въ знатныхъ домахъ уже встрѣчаются кормилицы и няньки, нанимаемыя изъ сословія періэковъ. Эти женщины въ Спартѣ отличались особеннымъ усердіемъ и способностью къ воспитанію, и потому весьма цѣнились иноземными народами. Дитя не повивали пеленками, чтобы не стѣснять его членовъ, и черезъ то—не препятствовать его естественному росту. Къ колыбели ставили свѣтильникъ, чтобы дитя уже рано привыкало къ свѣту; пищи давали ему мало, и часто оставляли одного въ-потемкахъ, съ цѣлью закалить его тѣло и предупредить робость. Отъ крика, по возможности, воздерживали дѣтей, такъ какъ спартанецъ вообще не долженъ былъ кричать и плакать.

На седьмомъ году законные сыновья гражданъ поручались эфорами особо приставленному къ нимъ воспитателю и руководителю — *педоному*, и подчинялись всѣмъ правиламъ публичнаго воспитанія, расходы на которое покрывались отчасти на счетъ всѣхъ свободныхъ гражданъ, отчасти доходами съ государственныхъ имуществъ и съ платившихъ подати періэковъ. Такимъ образомъ думали возбудить въ свободномъ по происхожденію юношествѣ чувство равенства, товарищества и преданности государству. Спартанское юношество воспитываемо было въ общихъ воспитательныхъ заведеніяхъ, съ особыми помѣщеніями для гимнастики, музыки, спанья. Въ подобныхъ заведеніяхъ вмѣщалось по крайней мѣрѣ до 8 или 9 тысячъ питомцевъ, и только наслѣдникъ престола исключался изъ этого правила, тогда какъ прочіе царскіе сыновья подчинялись ему наравнѣ съ другими. Сыновья людей, неимѣвшихъ полнаго гражданства, допускались въ такія заведенія лишь въ особенныхъ случаяхъ, напр. за особенныя доблести и военныя заслуги ихъ родителей; а сыновья иностранцевъ, — если они навсегда оставались въ Спартѣ. Но за то ни одинъ спартанецъ не могъ быть воспитываемъ въ чужомъ государствѣ. Принятые государствомъ на воспитаніе мальчики распредѣлялись по разнымъ отдѣленіямъ ($ἴλη$), изъ которыхъ нѣсколько вмѣстѣ составляли одинъ отрядъ ($βούη$). Старшіе и лучшіе мальчики назначались въ руководители младшихъ и слабѣйшихъ, особенно въ гимнастикѣ, и стояли во главѣ отдѣленій и отрядовъ въ качествѣ иларховъ и вуагоровъ.

Эти старшіе были отвѣтственны только предъ педономомъ, который, съ своей стороны, никому не отдавалъ отчета, наказывалъ мальчиковъ за нарушеніе закона на самомъ мѣстѣ преступленія и опредѣлялъ, чему именно они должны учиться, напр. — басни, разсказы и т. п.

При распредѣленіи питомцевъ на различныя группы и классы имѣлся въ виду главнымъ образомъ возрастъ. Такъ до вступленія въ юношескій возрастъ они дѣлились на три класса: отъ 7 до 12, отъ 12—15 и отъ 15—18 лѣтъ. Начиная съ юношескаго возраста до мужества, т. е. до 30-лѣтняго возраста, надо было также проходить по крайней мѣрѣ черезъ три класса. Тотчасъ по вступленіи въ заведеніе мальчикамъ коротко стригли волосы. Постель ихъ состояла просто изъ сѣна или соломы, даже безъ одѣяла, а съ 15 лѣтъ — изъ камыша, который они должны были сами, безъ помощи ножа, собирать по берегамъ Курота. Какъ лѣтомъ, такъ и зимой, они ходили безъ обуви и въ легкой простой одеждѣ изъ шерсти; а въ юношескомъ возрастѣ — безъ нижняго платья, въ плащѣ, состоявшемъ изъ четыреугольнаго небольшаго куска холста, который накидывался на лѣвое плечо, потомъ отъ спины шелъ подъ правое плечо, и опять закидывался на лѣвое. Съ цѣлью пріучить питомцевъ къ перенесенію голода, напр. въ военное время, пища давалась имъ самая скудная и грубо приготовленная; а чтобы приспособить ихъ къ умѣнью перехитрить непріятеля и найтись въ случаѣ нужды, имъ дозволялось красть себѣ необходимое къ жизни, но съ условіемъ — не попадаться при этомъ. Поймавшій мальчика на подобномъ воровствѣ въ домѣ или въ полѣ обязанъ былъ наказать его, или довести объ этомъ до свѣдѣнія педонома, который въ такомъ случаѣ поручалъ сопровождавшимъ его мастигофорамъ (розгоносцамъ) высѣчь виновнаго. Главною же цѣлью было — пристыдить мальчика въ томъ, что онъ былъ недостаточно хитеръ и остороженъ; стыдъ отъ уличенія былъ сильнѣе, чѣмъ отъ ударовъ, такъ какъ на нихъ смотрѣли только какъ на средство къ закалу и къ пріученію выносить боль. На этомъ же основаніи мальчики подвергались испытанию бичеваньемъ, и на ежегодныхъ праздникахъ Артемиды Орѳійской юношество сѣкли до крови. При этомъ присутствовали сами родители и увѣщевали своихъ дѣтей быть твердыми и мужественными,—и послѣднія бодро и весело, безъ крика боли, выносили удары; за то иные, правда, падали мертвыми подъ взмахами мастигофоровъ, но—не издавъ ни единаго звука.

Подъ руководствомъ иларховъ и вуагоровъ, и подъ наблюденіемъ педонома, мальчики проходили гимнастическій курсъ. Гимнастическія упражненія стояли въ Спартѣ на первомъ планѣ, какъ главное образовательное средство. Доряне уважали ихъ съ незапамятныхъ временъ, и Ликургъ, одинъ изъ основателей олимпійскихъ игръ, установилъ гимнастику закономъ. Она не имѣла задачей образовать атлетовъ, но посредствомъ всесторонняго развитія тѣла придать ему гибкость и красоту. Преобладающая у спартанцевъ точка зрѣнія на это опредѣлялась военными потребностями, для которыхъ гимнастика была вполнѣ цѣлесообразна. Упражненія въ Спартѣ происходили въ особыхъ гимнастическихъ заведеніяхъ по утрамъ—до обѣда и по вечерамъ—до ужина; а послѣ того, какъ у Орсиппа упалъ при бѣганьи поясъ,—въ нагомъ видѣ, до тѣхъ поръ, пока не задолго до времени Платона стало считаться неприличнымъ, и даже смѣшнымъ, видѣть мужчинъ обнаженными. Упражненія эти состояли главнымъ образомъ: въ бѣганьи, прыганьи, фехтованьи, конной ѣздѣ, плаваньи, мѣтаньи вверхъ и вдаль, и въ охотѣ. У младшихъ мальчиковъ къ упражненію въ бѣганьи присоединяли также прыганье; кромѣ того игра въ мячикъ должна была содѣйствовать укрѣпленію рукъ. Въ старшихъ классахъ уже шли военныя эволюціи, единоборство, мѣтаніе диска и копья. Кулачный бой и панкратическая борьба исключались изъ гимнастическаго курса, отчасти потому, чтобы не подвергать опасности жизнь спартанскаго гражданина, которому въ подобномъ упражненіи угрожала ежеминутная опасность, отчасти—чтобы щадить красоту формъ, которая могла быть обезображена въ кулачномъ бою или въ общей схваткѣ. Рядомъ съ гимнастическими упражнениями или орхестическія. Главнѣйшими видами танца, употреблявшимися въ Спартѣ, были военные. Сперва мальчики учились ходить подъ тактъ китары и духовыхъ инструментовъ, и вскорѣ затѣмъ начиналось обученіе военному танцу — пиррихію, который былъ перенесенъ Ѳалесомъ изъ Крета въ Спарту, и который представлялъ собой всевозможныя движенія при уклоненіи отъ натиска и ударовъ врага, или при нападеніи на него, прыжки въ сторону, отступленіе, наклоненіе къ землѣ и выскакиваніе изъ засады. Пиррихій исполнялся также въ вооруженіи и массами: тогда движенія при нападеніи или оборонѣ исполнялись всей массой подъ музыкальной ритмъ. Кромѣ этого военнаго танца не было также недостатка въ хоровыхъ, служившихъ культу, изображавшихъ мистическіе обряды и вообще выражавшихъ религіозное настроеніе души. Дѣвушки ежегодно исполняли каріатическій танецъ въ честь Діаны; въ нѣкоторыхъ танцахъ участвовали также мальчики и дѣвочки вмѣстѣ, и дѣлали разные своеобразные прыжки и повороты.

    Духовное образованіе достигалось въ Спартѣ существенно и исключительно посредствомъ музыки. Она должна была возжечь въ душѣ храбрость и любовь къ отечеству, и предохранить отъ всякаго развращенія. Существованіе богослужебныхъ гимновъ и приличныхъ имъ мелодій доказываетъ, что она служила также къ прославленію божества. Мальчики и юноши учились, кромѣ того, употребленію китары и пѣнію хоромъ или въ одиночку. Одобренные эфорами хоралы въ мужественномъ дорическомъ вкусѣ должны были (по замѣчанію Дункера) насадить въ сердцахъ молодыхъ людей сѣмена нравственности спартанской, мужество и дисциплину, благородную гордость, презрѣніе ко всему низкому и рабскому, истинную скромность и вмѣстѣ честолюбивое стремленіе къ доблести. Юноши заучивали и пѣли также Ликурговы законы, положенные Терпандеромъ на музыку. Вообще спартанцы старались сохранить за музыкой ея достоинство, сообразность и силу. Когда однажды, послѣ персидскихъ войнъ, пришелъ въ Спарту лесбійскій музыкантъ Фриній съ новой девятиструнной китарой, эфоръ счелъ долгомъ отрѣзать у нея двѣ струны. Точно также и отъ ученика его Тимоѳея Милетскаго отобрана была спартанскими эфорами его одиннадцатиструнная китара, и вывѣшена въ музыкальномъ заведеніи на рынкѣ: до того строго держались спартанцы дорическаго мызыкальнаго стиля и семиструнной китары Терпандера.

Чтеніе и письмо не входили въ систему спартанскаго воспитанія, хотя и не было никому запрещено имъ учиться. Грамматическое обученіе, во всякомъ случаѣ, существовало въ Спартѣ, и книгой для чтенія служили, вѣроятно, гомеровскія пѣсни. Другія же учебные предметы и науки, за исключеніемъ умственнаго счисленія, необходимаго въ видахъ практической жизни, вовсе не были допущены, и если со времени Пелопонезской войны встрѣчаются грамматисты и риторы;—то, съ другой стороны, сохранилось преданіе, вѣрное или нѣтъ, но во всякомъ случаѣ весьма характеристическое, что Кефизофъ былъ изгнанъ изъ города только за то, что увѣрялъ народъ, будто можетъ цѣлый день говорить о любомъ предметѣ. Ораторское искусство вовсе было отвергнуто въ Спартѣ. Трегедіи и комедіи были также запрещены. Наука и всякая ученая дѣятельность не пользовались уваженіемъ. Практическое направленіе ума, искусство кратко и ясно выражать свои мысли, способность быстро схватывать сущность каждой вещи, умѣнье прямо и скоро достигать цѣли, прибѣгая къ хитрости и лукавству, гдѣ они нужны — вотъ къ чему стремилось военное воспитаніе спартанцевъ. Въ этомъ духѣ должны были опытные мужи вести юношество, объясняя ему, какъ надо понимать вещи, какъ ими пользоваться, и предлагая ему вопросы для краткихъ и быстрыхъ отвѣтовъ, и въ наше время извѣстныхъ подъ именемъ «лаконическихъ». Въ подобномъ же духѣ и каждый покровитель долженъ былъ воспитывать своего любимца, самъ служа ему примѣромъ во всемъ.

Вообще любовь къ отрокамъ (педофилія) считалась въ Спартѣ главнымъ воспитательнымъ средствомъ. Ксенофонтъ говоритъ, что законодатель считаетъ поэтому наилучшимъ такое воспитаніе, которое проникнуто чистою любовью, когда доблестный мужъ любитъ въ мальчикѣ именно его душу, и бываетъ связанъ съ нимъ безпорочной дружбой; влеченіе же къ тѣлесной красотѣ мальчика законодатель объявляетъ постыднымъ и желаетъ, чтобы такіе покровители въ Лакедемонѣ были не менѣе воздержны въ отношеніи къ мальчикамъ, какъ родители къ дѣтямъ или братья къ братьямъ. Подобныя отношенія между взрослыми и мальчиками въ Спартѣ, гдѣ воспитаніе такъ рано выходило изъ семейной сферы, должны были вознаградить недостатокъ родительскаго вліянія на дѣтей. Законъ дозволялъ опекуну стоять какъ можно ближе къ своему любимцу, обнаруживать предъ нимъ знаки самаго искренняго участія; но и мальчикъ, съ своей стороны, по словамъ Эліана, не долженъ былъ оставаться равнодушнымъ ко всему этому. Въ случаѣ нарушенія подобныхъ отношеній, послѣдняго ожидалъ стыдъ, перваго же—безчестіе, наказаніе и даже смерть. Къ столь искусственнымъ средствамъ всегда приходитъ воспитаніе, когда оно уклоняется отъ своей нормальной, самой природой опредѣленной ему сферы — семейства! Его воспитательной силы не можетъ замѣнить для дѣтей никакая иная сила, и всѣ попытки и предупрежденія самого законодательства въ большинствѣ случаевъ оказываются тщетными.... По достиженіи 18-лѣтняго возраста юноши были помѣщаемы уже отдѣльно отъ мальчиковъ. Теперь они уже могли отпускать волосы и бороду, и учились преимущественно владѣть оружіемъ, устраивая примѣрныя битвы. Отъ 20 лѣтъ, когда они вступали уже въ совершенный юношескій возрастъ и назывались «киренами», и до 30 лѣтъ включительно, они жили въ отдѣльныхъ казармахъ, гдѣ состояли подъ надзоромъ пяти помощниковъ педонома (по одному на каждую часть города), и продолжали предписанныя тѣлесныя упражненія, между которыми игра въ мячикъ также занимала важное мѣсто. Отличнѣйшіе юноши принимались въ особенный трехсотенный отрядъ всадниковъ, состоявшій въ мирное время въ распоряженіи эфоровъ, а въ военное время, раздѣленный на сотни, сопровождавшій государей.

Все, чему училось юношество по гимнастикѣ и музыкѣ, было примѣняемо къ отправлянію извѣстныхъ праздниковъ, предъ лицомъ всего народа. Такъ ежегодно на островѣ Платанистѣ, образуемомъ двумя потоками и покрытомъ тѣнистыми платановыми деревьями, юноши 18 — 20-лѣтняго возраста давали битву. Въ августѣ, во время карнейскаго праздника въ честь Аполлона, все юношество показывало свое гимнастическое, орхестическое и музыкальное искусство, какъ результатъ всего образованія. На особомъ мѣстѣ городской площади молодые люди устраивали танцы въ честь Аполлона; здѣсь же звучали хоралы Ѳалета и Алкмана; здѣсь же, предъ глазами царей и всѣхъ властей Спарты, исполнялись юношествомъ гимнастическія игры. При подобныхъ праздничныхъ случаяхъ хоръ старцевъ пѣлъ: «И мы были когда-то полными силы мужами!» На это отвѣчалъ имъ хоръ мужей: «Таковы мы теперь, испытай, если хочешь!» — «Мы далеко превзойдемъ васъ мужествомъ!» — возражалъ имъ тогда хоръ отроковъ. Воспитаніе въ Спартѣ вообще было открытое, общественное. Каждый взрослый почитался какъ-бы учителемъ мальчика; каждый юноша долженъ былъ уважать въ мужѣ и старцѣ своего учителя. Мужъ и старецъ имѣли не только право, но и обязанность замѣтить юношѣ или мальчику его проступокъ, и даже наказать его тростью на самомъ мѣстѣ преступленія—будь то на улицѣ или въ гимназіи. Мальчикъ или юноша, оказавшій сопротивленіе наставленію старшаго, получалъ выговоръ и удвоенное наказаніе. Вообще старшинство возраста пользовалось безпримѣрнымъ въ исторіи уваженіемъ. Младшій въ отношеніи къ старшему былъ нравственно обязанъ послушаніемъ, подражаніемъ, и почтеніемъ. Онъ долженъ былъ непремѣнно стоять передъ нимъ, и на улицѣ уступать ему дорогу. «Только въ Спартѣ пріятно старѣться!» — могъ по справедливости воскликнуть одинъ иностранецъ, видѣвшій эту почтительность юношей передъ старшими. «Другіе греки только знаютъ о приличіи: одни спартанцы выполняютъ его»—сказалъ одинъ старецъ, который въ Олимпіи и въ Аөинахъ ни отъ кого не встрѣтилъ почтенія, и даже многими былъ осмѣянъ, и предъ сѣдинами котораго всѣ почтительно вставали въ Спартѣ. Надо, впрочемъ, признать, что желѣзный скипетръ управлялъ спартанскимъ юношествомъ, начиная отъ 7—и до 30 лѣтняго возраста. Тѣлесное наказаніе было господствующимъ, и каждый мальчикъ, каждый юноша дрожалъ предъ тростью каждаго спартанскаго гражданина, и ежечастно ждалъ воспитательнаго наказанія то отъ педонома, который со своими розгоносцами обходилъ городскія улицы и кружки молодежи, то отъ его помощниковъ — «видіесвъ». Кромѣ того эфоры чрезъ каждые десять дней дѣлали смотръ юношеству, повѣряя, согласны ли съ предписаніями закона: платье, спальни и другія помѣщенія, соотвѣтствуетъ-ли видъ и ростъ мальчиковъ—ихъ должному развитію, и не надо-ли подвергнуть бичеванію того, кто растолстѣлъ такъ, что вышелъ изъ опредѣленной мѣры. За каждый проступокъ, за каждую неисправность мальчика слѣдовали трости и бичеванья, ибо спартанцы полагали, что одинъ страхъ создаетъ доблестныхъ гражданъ.

*Воспитаніе спартанской женщины.*

Женское воспитаніе въ Спартѣ, подобно мужскому, было также общественное. Чтобы сдѣлать дѣвушекъ способными и пригодными къ рожденію хорошихъ дѣтей,—что и считалось главнѣйшимъ призваніемъ благородныхъ женщинъ,—въ государственныхъ интересахъ дѣвушкамъ также предписывался гимнастическій курсъ. Онѣ упражнялись на особо устроенныхъ для этого плацахъ, раздѣленныя на различные классы, смотря по различію возрастовъ. Такими упражненіями были: скаканье, бѣганье на пяткахъ, борьба, прыганье, метанье копья или диска. Подобно мальчикамъ, онѣ также носили шерстяную легкую одежду, хотя нѣсколько длиннѣе; но при упражненіяхъ въ гимнастикѣ платье подымалось до бедра, почему поэты и придавали имъ эпитетъ «бедрообнаженныхъ». Кромѣ того онѣ учились многимъ музыкальнымъ мелодіямъ. Въ извѣстные праздники юноши и дѣвушки исполняли хорическіе танцы и вмѣстѣ пѣли хоралы. Дѣвушки являлись съ открытымъ лицомъ и полуобнаженными не только на гимнастическомъ плацѣ или при публичныхъ процессіяхъ, но также и на рынкѣ, и часто даже въ сопровожденіи юношей. Такъ росли онѣ среди укрѣпляющихъ здоровье занятій, бодрыми и сильными, постоянно на солнцѣ и на чистомъ воздухѣ, живя болѣе подъ открытымъ небомъ, чѣмъ подъ душной кровлей, такъ что у Аристофана одна аѳинянка, увидя спартанку, дѣйствительно могла воскликнуть: «Какъ ты прекрасна, какъ цвѣтуща твоя кожа, какъ волнисто твое тѣло, какая у тебя грудь! ты могла бы укротить вола!» Не смотря на эту мужественность развитія, спартанки были преданными супругами, но — плохими хозяйками. Онѣ не были мастерицами искусно прясть и ткать, — что предоставлялось рабынямъ; — за то онѣ умѣли управлять домомъ, и, сознавая себя членами государства, могли смѣло и свободно разсуждать съ мужами о всѣхъ общественныхъ дѣлахъ. Одѣваясь въ простыя, не роскошныя платья, и послѣ замужества выходя изъ дому не иначе, какъ подъ покрываломъ, онѣ были проникнуты пониманіемъ государственныхъ потребностей, и оказывали сильное, глубокое вліяніе на своихъ сыновей и супруговъ. Ихъ мнѣнія уважали, ихъ порицанія боялись, ихъ похвалы ревниво искали мужчины. Мысль о своей супругѣ воодушевляла мужа, воспоминаніе о матери возбуждало сына ко всему, что было возвышенно для спартанца. Спарта не мало произвела также женщинъ-героевъ, которыя въ храмахъ даже благодарили боговъ, когда ихъ мужья и сыны съ честью умирали въ битвѣ за отечество. Бывали примѣры, что мать собственной рукой убивала сына, если онъ, какъ трусъ, оставлялъ битву. Супруга Леонида—Горго, вручая своему сыну щитъ передъ битвой, сказала вошедшія въ поговорку слова: «Или съ нимъ, или на немъ!»—Въ одномъ мѣстѣ Плутархъ говоритъ: «Когда хорошъ корень, выростетъ и плодъ хорошiй» и затѣмъ задаетъ вопросъ: «Почему и у людей также нельзя цѣнить достоинство породы, какъ у собакъ и лошадей?»

Таково своеобразное, достойное удивленiя воспитанiе въ Лакедемонѣ, и вообще у дорическаго племени: оно абсолютно, тираннически подавляетъ личность, и вмѣстѣ предоставляетъ ей ту свободу, какъ понимали ее греки; оно требуетъ безусловнаго подчиненiя личной воли — опредѣленной закономъ воли общей. Предъ свободой цѣлаго народа исчезала свобода личная, или, лучше сказать, въ общей свободѣ находила свою свободу и каждая отдѣльная личность. Самый городъ Спарта не былъ обнесенъ стѣнами: ихъ замѣняли мужество и воинственный духъ его жителей. Какъ средневѣковый рыцарь, — говоритъ Шлоссеръ — проникался возвышенными чувствами подъ влiянiемъ религiи, обрядовъ и поэзiи; такъ и спартанецъ вдохновлялся немногими переданными ему свѣдѣнiями и запечатлѣнными въ памяти творенiями могучей народной поэзiи. Кругъ его мыслей былъ тѣсенъ; но въ этомъ тѣсномъ кругу душа, удаленная воспитанiемъ и привычкой отъ всякой пошлости и разврата, сохраняла все свое первобытное благородство, пока, наконецъ, и въ Спартѣ долго державшiеся нравы не уступили дѣйствiю всеуничтожающаго времени. Просвѣтляющимъ элементомъ спартанской жизни являлись искусства, поэзiя, музыка и перiодическiя нацiональныя торжества, гдѣ, подъ защитой родныхъ божествъ, собирался для поклоненiя имъ весь народъ, властители и подвластные, всѣ — кромѣ бѣдняковъ илотовъ. Сознанiе своей силы и превосходства надъ другими народами, мысль, что властители Спарты, эти почтенные старцы, выбраны изъ ихъ же народной среды — наполняла всѣхъ спартанцевъ одинакой гордостью, одинаковымъ презрѣнiемъ ко всѣмъ низкимъ цѣлямъ и занятiямъ, ко всякой пошлости и трусости, и тѣмъ благороднымъ духомъ, который долго держался въ нихъ, пока искушенiя не сдѣлались чаще, а всѣмъ намъ врожденная чувственность не взяла верхъ надъ добрыми старыми обычаями и закономъ.

*Воспитаніе у аѳинянъ.*

У аѳинянъ, въ противоположность Спартѣ, въ воспитаніи преобладала индивидуальная сторона. Здѣсь уже является народъ, проникнутый уваженіемъ къ утонченнымъ нравамъ и къ искусству, одаренный интеллектуальнымъ богатствомъ и чувствомъ личнаго достоинства. Къ развитію всего этого и стремилось аѳинское воспитаніе.

Первоначальныя заботы о новорожденномъ дитяти лежали на матери, кормилицѣ и нянькѣ. Въ цвѣтущее время Аѳинскаго государства содержаніе кормилицъ было всеобщимъ обыкновеніемъ. Свободной гражданкѣ запрещалось закономъ отдаваться такому неприличному занятію, какъ первоначальное воспитаніе младенца, а потому оно по обычаю поручалось рабынямъ, которыя, однако, будучи призваны къ такому дѣлу, считались какъ бы свободными членами благороднаго семейства. Знатные и богатые аѳиняне охотнѣе всего брали кормилицъ изъ Спарты, желая доставить своимъ дѣтямъ здоровую и питательную пищу. Дѣтской колыбелью служили простыя корыта или висячія корзины. Когда кормилицѣ оканчивался срокъ, обыкновенно черезъ годъ или полтора года, къ ребенку приставлялась особая нянька и воспитательница, по большей части старушка. Она уже заботилась о дѣтской пищѣ, которая приготовлялась изъ меду и подобныхъ нѣжныхъ и сладкихъ веществъ; она же выносила дитя на воздухъ, и сопровождала съ нимъ мать при разныхъ посѣщеніяхъ и во время особыхъ торжественныхъ случаевъ. Кромѣ того ребенка старались подвергать вліянію луннаго свѣта, чтобы привлечь на него милость божества; надѣляли его разными амулетами для предохраненія отъ злыхъ чаръ, и освящали разными таинственными мистеріями, особенно въ бѣднѣйшихъ семействахъ. Чтобы дитя заснуло, его укачивали подъ разныя колыбельныя пѣсни; одна изъ такихъ пѣсенъ, которую пѣли близнецамъ Гираклу и Ификлу, сохранилась у Ѳеокрита:

«Сладко спите, дѣтки мои, спите спокойно до пробужденья!
Спите, душки мои, родные братцы, славныя дѣтки!
Спите въ сладкомъ покоѣ, весело утромъ проснитесь» и проч.

При этомъ для усыпленія дѣтей были также въ ходу изобрѣтенныя пиѳагорейцемъ Архитомъ дѣтскія гремушки, или же мячики, сказки и разсказы о циклопахъ и т. п. Первыя попытки ходить предоставлялись самому ребенку, при чемъ только вблизи наблюдали за нимъ. По мѣрѣ роста ребенка — и игры его становились сложнѣе и осмысленнѣе. Гремушки замѣняла уже лошадка; сюда присоединялась еще игра въ кубики и въ волчекъ дома или на открытомъ воздухѣ. Нѣсколько лѣтъ спустя наступало время игры въ черепки, состоявшей въ томъ, что небольшіе, плоскіе камешки дѣти бросали по поверхности воды и считали ихъ прыжки; къ этому же періоду обыкновенно относились игры въ «слѣпую коровку», въ веревочку съ узломъ, въ обручъ, мячикъ и т. под. Дѣти съ раннихъ лѣтъ уже носили обувь. Ихъ волосы завивались въ красивые локоны и закалывались по верхъ головы дорогимъ гребнемъ. Все это зависѣло, конечно, отъ желанія родителей, отъ тона и обычаевъ дома, которые, въ свою очередь, опредѣлялись характеромъ и строемъ общественной жизни всего народа. Относительно дѣвушекъ рано заботились о стройности ихъ тѣла, чему служилъ корсетъ; при томъ же аѳиняне вообще не любили въ женщинѣ широкихъ плечъ и слишкомъ высокой груди.

Съ семилѣтнимъ возрастомъ оканчивался собственно періодъ игры. Мальчики и дѣвочки съ этого времени принимались въ число гражданъ. Отецъ утверждалъ клятвой предъ извѣстными властями, что онъ прижилъ свое дитя въ законномъ бракѣ съ извѣстной гражданкой, и имя новаго члена общества въ удостовѣреніе этого заносилось въ списокъ «бѣлой табели». Теперь мѣсто няньки уже заступалъ *педагогъ*, руководитель мальчика; за исключеніемъ немногихъ случаевъ онъ не занимался его обученіемъ, но только нравственнымъ надзоромъ за нимъ дома и внѣ дома. Обязанностью педагога было — всюду сопровождать своего питомца, внимательно наблюдать за всѣми его поступками и поведеніемъ, и отводить его къ учителямъ грамматистамъ и педотрибамъ. Такая обязанность обыкновенно поручалась даже рабу, если онъ былъ къ тому способенъ, а иногда не смотря на его грубость и необразованность, или если онъ по старости или слабости былъ неспособенъ ни къ какимъ другимъ обязанностямъ. Слѣдствіемъ этого естественно было то, что благородный мальчикъ мало уважалъ подобнаго педагога, и часто даже портился чрезъ это въ своемъ характерѣ, нравственности и вообще привычкахъ.

Какимъ именно наукамъ долженъ былъ обучаться мальчикъ, — это совершенно предоставлялось волѣ отца. Законъ обязывалъ его только учить сына гимнастикѣ и музыкѣ. Воспитаніе и обученіе были частнымъ дѣломъ, но сама жизнь аѳинянъ придавала имъ общественный характеръ: «семья воспитывала мальчика для государства, а государство для семьи», такъ что обѣ эти стороны уравновѣшивались. Обученіе было по преимуществу частнымъ, равно какъ и всѣ учебныя заведенія были результатомъ частной предпріимчивости. Однако, тѣмъ не менѣе они подлежали не только извѣстному нравственному контролю, но во многихъ отношеніяхъ также и надзору государства въ лицѣ надлежащихъ властей. Сама природа аѳинскаго народа была, впрочемъ, такова, что каждый ревностно стремился усвоить за собой и своими близкими главнѣйшія черты своей народной образованности. Легче всего было достигнуть этого, по замѣчанію Платона, людямъ богатымъ, такъ какъ они имѣли возможность рано начинать обученіе своихъ дѣтей. Дѣти низшихъ классовъ народа должны были прежде всего удовлетворять своимъ трудомъ необходимымъ жизненнымъ потребностямъ, и такъ какъ для ремесленныхъ и промышленныхъ занятій болѣе важна техническая сторона, чѣмъ ученое образованіе, то большинство народа оставалось при скудныхъ познаніяхъ. Элементарный учитель, съ его крѣпкой тростью, не шелъ съ бѣдными дѣтьми далѣе складовъ и плохаго чтенія. Кто хотѣлъ считаться настоящимъ свободнымъ человѣкомъ, благороднымъ, тотъ обязанъ былъ проходить гимнастическій курсъ у педотриба (учителя гимнастики) въ палестрѣ, общій музыкальный курсъ у китариста и учебный — у грамматиста (элементарнаго учителя).

Художественный, или музійскій курсъ въ собственномъ смыслѣ, распадался на литературный и на музыкальный. Въ первомъ дѣти учились у грамматиста, сидя на расположенныхъ ступенями скамьяхъ, и упражняясь въ чтеніи, письмѣ и счетѣ. Чтеніе начиналось заучиваніемъ и сочетаніемъ заученныхъ буквъ, потомъ переходило къ складыванію простыхъ и, наконецъ, многосложныхъ словъ. «Учась грамматикѣ — разсказываетъ Діонисій Галикарнасскій — мы запоминаемъ сперва названіе буквъ, потомъ ихъ форму и начертаніе; далѣе идутъ слоги, слова, части рѣчи и ихъ измѣненія, какъ напр. склоненіе, число, словопроизведеніе, удареніе, положеніе словъ въ рѣчи. Послѣ этого уже мы начинаемъ читать и писать, сперва по складамъ и медленно, пока не пріобрѣтется должный навыкъ, а потомъ слитно и сообразно теченію мысли. Когда ученикъ умѣетъ читать, онъ приступаетъ къ упражненію въ излищномъ чтеніи, соблюдая долготу и краткость слоговъ, удареніе, повышеніе и пониженіе голоса, съ сохраненіемъ мелодіи и ритма, выразительно». Книгой для чтенія обыкновенно служилъ Гомеръ; потомъ переходили къ Гезіоду, Ѳеогнису, Фоциліду и Солону; читали Эзоповы басни и вообще такія стихотворенія, въ которыхъ — какъ говоритъ Протагоръ у Платона — заключается много наставленій и указаній, которыя прославляютъ доблестныхъ мужей, чтобы мальчики учились удивляться имъ и стремились къ подражанію ихъ примѣру. Уже рано было положено начало сборникамъ образцовыхъ поэтическихъ произведеній, необходимыхъ при обученіи, или такъ называемымъ христоматіямъ и антологіямъ. Лучшія произведенія, особенно Гомера, Гезіода и Ѳеогниса, служили къ упражненію въ свободной, изустной декламаціи, чрезъ что съ одной стороны укрѣплялась память и развивалась воспріимчивость, съ другой стороны глубоко запечатлѣвались въ душѣ возвышенные образы прошедшаго и здравыя начала нравственности и гражданской доблести. Обычай присоединять къ изученiю классиковъ также грамматическiя объясненiя законовъ языка появился, вѣроятно, только со временъ софистовъ. Для письма съ давнишнихъ временъ служили натертыя воскомъ дощечки и стиль (грифель), а потомъ уже и чернила. Мальчикамъ, еще не умѣвшимъ писать, сперва линовали, и дѣлали пропись, которую они и срисовывали черту за чертой. Чтенiе и письмо были довольно распространены у аѳинянъ; за то ариѳметика, по видимому, оставалась незнакомой многимъ, даже изъ наиболѣе образованныхъ. Обученiе ариѳметикѣ слѣдовало за умѣньемъ предварительно считать по пальцамъ, важнымъ въ обыденной жизни.

Музыкальный курсъ, имѣвшiй въ виду облагороженiе нрава, и выполнявшiйся у аѳинянъ съ большою строгостью, долженъ былъ научить юношество владѣть музыкальными инструментами, а именно—лирой и китарой. Нѣкоторое время преподавалась также и игра на флейтѣ; но Плутархъ разсказываетъ, что Алкивiадъ отказался играть на флейтѣ, отчасти потому, что она искажаетъ естественныя формы лица, отчасти потому, что играющiй на ней не можетъ ни говорить, ни пѣть; такимъ образомъ Алкивiадъ и въ другихъ вызвалъ отвращенiе къ этому инструменту, который впослѣдствiи впалъ въ общее презрѣнiе. Занимаясь музыкой, мальчики изучали также законы стихосложенiя, ритмики и мелодики; все это прiучало ихъ слухъ къ чувству соразмѣрности, и вообще такъ настраивало ихъ духъ, что вся ихъ рѣчь становилась ритмическою и гармоническою. При этомъ выучивалось наизустъ также множество пѣсней и прiобрѣтался навыкъ исполнять цѣлыя народныя драмы и застольныя пѣсни, заключавшiя въ себѣ, по словамъ Бернгарди, простыя, но сильныя чувства и возвышенныя изреченiя, патрiотическое одушевленiе и жизненную мудрость. Въ музыкѣ предпочитался дорическiй стиль, такъ какъ онъ, говоритъ Якобсъ, наилучшимъ образомъ выражалъ важное спокойствiе, и носилъ на себѣ преимущественный характеръ силы и мужества. При обученіи китаристъ сперва прочитывалъ дѣтямъ простыя пѣсни, которыя онѣ должны были запомнить и пересказать наизусть; а затѣмъ показывалъ ихъ напѣвъ и хоровое исполненіе. Одною изъ первыхъ изучаемыхъ дѣтьми пѣсенъ была слѣдующая: «Паллада, грозная разрушительница городовъ, богиня, возбуждающая бранный шумъ, величественная, страшная врагамъ дочь Зевса, тебя призываю и, укротительница коней, благороднѣйшая дѣва!» Аѳиняне вовсе не думали сдѣлать изъ мальчиковъ виртуозовъ въ пѣніи или въ игрѣ на китарѣ; но — лишь на столько развить въ нихъ музыкальный навыкъ, чтобы впослѣдствіи каждый юноша или взрослый мужъ могъ принимать участіе въ хорахъ, застольныхъ пѣсняхъ и т. п. Далѣе этого не шло обученіе у китариста.

Когда организмъ мальчика достаточно укрѣплялся и мускулы пріобрѣтали довольно упругости, приблизительно на восьмомъ году жизни, начинались гимнастическія упражненія у педотриба, для которыхъ легкія игры въ родительскомъ домѣ служили мальчику нѣкоторой подготовкой. Обязанность педотриба состояла собственно въ передачѣ ему отдѣльныхъ упражненій. Нравственный надзоръ лежалъ на софронистѣ; алейпты наблюдали за діэтетическимъ ходомъ дѣла и натирали сами или смотрѣли за натираніемъ тѣла масломъ у гимнастирующихъ мальчиковъ. Самыя упражненія, имѣвшія у аѳинянъ цѣлью — сообщить тѣлу стройность и сдѣлать его совершеннымъ выраженіемъ прекрасной души, производились въ палестрахъ или въ гимназіяхъ: первыя назначались именно для мальчиковъ, послѣднія — для взрослыхъ юношей и мужей. Гимнастическія школы были многочисленны и содержались отчасти на общественный счетъ. Въ упражненіяхъ строго соблюдался постепенный переходъ отъ легчайшаго къ труднѣйшему, и имѣлось въ виду всестороннее развитіе тѣла соотвѣтственно каждому возрасту. Мальчики обыкновенно раздѣлялись на два или на три отдѣленія, изъ которыхъ каждое проходило всѣ многоразличныя упражненія, доступныя возрасту; отдѣленія сосдинялись вмѣстѣ только на празднествахъ, особенно въ честь Гермеса. Въ курсѣ сначала шли веселыя игры, и именно въ мячикъ, и упражненія въ плаваніи, на которое аѳиняне рано обращали вниманіе. Къ прочимъ начальнымъ упражненіямъ принадлежали: стояніе на пальцахъ (на цыпочкахъ) въ соединеніи съ извѣстными быстрыми движеніями рукъ, скаканье на плацу съ сильнымъ подбрасываніемъ ногъ назадъ, качанье и лазанье на веревкѣ, быстрыя движенія руками и подыманіе тяжестей, обыкновенное бѣганье, фехтованье просто на рукахъ и т. п. Послѣ достаточной подготовки слѣдовали уже полныя упражненія въ пяти главныхъ гимнастическихъ играхъ; къ многоборству же приступали съ 10-лѣтняго возраста. Въ гимнастическихъ школахъ большое вниманіе также обращалось на приличное поведеніе мальчиковъ, но на удары здѣсь также скупились, какъ и въ школахъ китаристовъ. Чтобы не давать пищи страстному чувству къ мальчикамъ (педофиліи), Солонъ запретилъ взрослымъ доступъ въ подобныя гимнастическія заведенія, за исключеніемъ развѣ сыновей и братьевъ педотриба. Послѣ утреннихъ упражненій въ школѣ слѣдовалъ завтракъ; подъ вечеръ мальчики вторично посѣщали палестру, и только послѣ закрытія ея, при захожденіи солнца, приступали къ ужину; при этомъ дѣти иногда показывали своимъ родителямъ успѣхи въ орхестихѣ и музыкѣ, и потомъ отходили ко сну.

Достигшіе юношескаго возраста молодые люди не посѣщали болѣе палестры, но продолжали свое образованіе въ гимназіяхъ подъ руководствомъ гимнастовъ и другихъ учителей. Тѣлесныя упражненія не прекращались и для взрослыхъ мужей, и были почти тѣ же, какъ для мальчиковъ и юношей. Въ отношеніи взрослыхъ учителями являлись уже поэты, но не оставлялись также и гимназіи; а во время общенародныхъ (папаѳенейскихъ) праздниковъ устраивались при жертвоприношеніяхъ гимнастическія состязанія. Въ Аѳинахъ отъ мужчины требовалось, чтобы кожа его носила на себѣ слѣды солнечнаго загара и песку, и чтобы тѣло его не имѣло той бѣлизны, какая встрѣчается лишь у изнѣженныхъ женщинъ и мужчинъ, выросшихъ подъ тѣнью домашней кровли.

Въ связи съ гимнастикой стояла также орхестика, которая у аѳинянъ изстари развивалась не столько въ особыхъ учебныхъ заведеніяхъ, сколько при жертвоприношеніяхъ и празднествахъ въ общественныхъ собраніяхъ, въ храмахъ и театрѣ. Тщательно обучаемые хоры мальчиковъ вырабатывали въ послѣднихъ чувство приличія, тактъ, грацію и утонченность, къ чему аѳинянинъ имѣлъ отъ природы большія способности, такъ что онъ во всемъ этомъ не только примыкалъ къ жизни и нравамъ другихъ греческихъ племенъ, но и превосходилъ ихъ въ обхожденіи, вѣжливости, умѣньи держать себя съ достоинствомъ и граціей, даже принадлежа къ числу бѣдныхъ, обыкновенныхъ гражданъ.

Этическое образованіе молодаго аѳинянина опредѣлялось полной гармоніей всего прекраснаго и добраго. Обдуманность поступковъ, сознаніе личнаго достоинства, благородная, утонченная учтивость, вѣжливость, скромность, внимательность—требовались отъ каждаго юноши. По свидѣтельству Платона, къ этому стремилось все домашнее образованіе. Какъ только мальчикъ начиналъ понимать вещи, кормилица, педагогъ, мать и отецъ—всѣ заботились объ его нравственномъ усовершенствованіи; при каждомъ его словѣ, при каждомъ поступкѣ, они старались дать ему понять, что справедливо или несправедливо, что прекрасно или постыдно, священно или недостойно. Въ крайнемъ случаѣ прибѣгали также къ угрозамъ и ударамъ. Въ такой зависимости отъ семьи молодой человѣкъ находился до 18-лѣтняго возраста. Если онъ впродолженіе этого времени не оказывалъ должнаго повиновенія, его обвиняли въ дурномъ поведеніи предъ властями города. За нравственнымъ образомъ жизни молодыхъ людей слѣдилъ представитель закона—ареопагъ, который въ случаѣ ихъ дурнаго поведенія и проступковъ требовалъ ихъ къ отвѣту, преслѣдовалъ въ юношахъ наклонность къ праздности, и вообще противодѣйствовалъ ихъ нравственному извращенію. При свободѣ общественнаго воспитанія юношества подобный контроль за нимъ брала на себя и вся общественная жизнь, не говоря уже объ учебныхъ заведеніяхъ съ ихъ грамматистами, китаристами и гимнастами. Характеръ всей дисциплины и въ школѣ, и дома былъ вообще строгій и суровый. За столомъ дѣти не должны были приниматься за пищу раньше родителей, или касаться такихъ приправъ, какъ рѣдистка, укропъ, сельдирей и т. под. Рыбы и мяса также обыкновенно не давали мальчикамъ. Отъ нихъ требовалось приличнаго сидѣнья за столомъ и не позволялось закидывать ногу на ногу. Отъ 18 лѣтъ мальчики объявлялись вступившими въ юношескій возрастъ (ἔφηβοι); но воспитательныя строгости и надъ ними не прекращались. За обѣдомъ они должны были скромно принимать пищу, умѣренно употребляя соль, двѣ щепотки которой они могли класть только на хлѣбъ, мясо и рыбу. По улицамъ имъ вмѣнялось въ обязанность ходить спокойно и прилично, съ опущенными глазами, руки подъ плащомъ. Посѣщать рынокъ имъ вообще не дозволялось. Отъ 18 до 20-лѣтняго возраста они, кромѣ гимнастическихъ занятій, несли также военную службу въ качествѣ патрулей на границахъ и по улицамъ, а отъ 20 лѣтъ за отличіе принимались въ гражданскія должности въ фратріи своего племени наравнѣ съ другими совершеннолѣтними гражданами, и съ правомъ голоса; но предварительно они должны были дать воинскую клятву въ храмѣ Аѳины. Эта клятва оружіемъ заключала слѣдующее: «Я не стану безчестить священнаго оружія и оставлять товарища въ строю, кто бы онъ ни былъ. Стану одинъ биться съ каждымъ за святыню и законы. Я желаю оставить послѣ себя отечество не въ худшемъ, а въ лучшемъ состояніи. Охотно, во всякое время я готовъ подчиниться судьямъ и законнымъ уставамъ, и не попущу, что бы другіе оскорбляли ихъ или не слѣдовали имъ. Я готовъ одинъ биться со множествомъ, и стану чтить отечественное богослуженіе. Боги да будутъ въ томъ свидѣтели!»

*Воспитаніе женщины у аѳинянъ.*

Образованіе женщины въ Аѳинахъ было очень ограниченно, и ея познанія — скудны. Мѣстопребываніемъ для нея служили самыя отдаленныя части дома; ея общество составляли дѣти и рабыни. Главный предметъ материнскихъ заботъ составляла красота дочери. Чтобы не утратить стройности роста, дѣвушка должна была мало ѣсть. Станъ ея тщательно шнуровался съ помощію широкой ленты; волосы красились; брови сурмились. Костюмъ дѣвушекъ состоялъ изъ длинной, бѣлой, спадающей внизъ мантіи, которая поддерживалась поясомъ. Голову онѣ украшали вѣнками. При національныхъ празднествахъ дѣвушки составляли процессіи и предводительствовали хорами. Ежегодно въ такъ называемый праздникъ медвѣдицы (созвѣздія) въ числѣ жертвъ Артемидѣ посвящалось нѣсколько дѣвочекъ отъ 5 до 10-лѣтняго возраста при чтеніи извѣстнаго мѣста изъ Иліады: это посвященіе должно было служить символическимъ напоминаніемъ чистой дѣвственности молодыхъ аѳинянокъ. Дѣвушки вообще были прикованы въ Аѳинахъ къ домашнему быту, и потому по большей части имѣли слабый, блѣдный видъ. Матери обучали ихъ работамъ сообразно съ ихъ женскимъ призваніемъ: прясть, шить, ткать, вязать и т. под. У особыхъ учительницъ, къ которымъ провожали дѣвушекъ рабыни, ихъ, вѣроятно, нѣсколько учили читать и писать, пѣть и играть на лирѣ. Особенныя заботы прилагались къ нравственному воспитанію дѣвушекъ: честность, кротость и нравственная чистота почитались главнѣйшими женскими добродѣтелями; а бережливость и умѣнье вести хозяйство — лучшими женскими качествами. Утонченность и замкнутость воспитанія аѳинской женщины нерѣдко переходили въ изнѣженность, и вообще оно не имѣло тѣхъ здоровыхъ элементовъ, которыми могла по праву гордиться Спарта. Аѳинянка была изящной личностью, удовлетворявшей аристократическимъ инстинктамъ мужчины, — но за то плохой гражданкой въ сравненіи съ нѣсколько грубой тѣломъ, но нравственно возвышенной спартанкой.

Воспитаніе у аѳинянъ было вообще религіозно-нравственное, а такъ какъ у нихъ божественныя силы были олицетворены въ искусствѣ, преимущественно въ поэзіи, — то вслѣдствіе этого обогащеніе памяти, возбужденіе интеллектуальной способности къ воспринятію поэтическихъ идей и образовъ, и образованіе вкуса опредѣляли характеръ всего духовнаго воспитанія аѳинянъ. Къ этому присоединялась еще нравственная сила умѣренности, самообладанія и преданности общему благу. Красота духа должна была, такимъ образомъ, гармонировать съ красотою тѣла.

Дѣло греческаго воспитанія, наилучшія стороны котораго мы старались отмѣтить въ исторіи, развивалось естественно только до тѣхъ поръ, пока греческій народъ не утратилъ своихъ силъ и не остановился въ собственномъ развитіи. Со времени политическаго паденія Греціи, когда утратилось въ ней чувство красоты и мѣры, искусства и науки перестали быть общею потребностью всего народа и перешли въ тѣсныя рамки одного школьнаго обученія. Послѣ Александра Великаго обученіе юношества опредѣлялось особымъ энциклопедическимъ курсомъ, который въ *Александріи* установился окончательно и состоялъ изъ *семи* наукъ: грамматики, риторики, философіи съ діалектикой, ариѳметики, музыки, геометріи и астрономіи. Эти семь наукъ должны были изучаться всѣми, кто искалъ высшаго образованія. При обиліи накопившагося матеріала отдѣльныя науки естественно были изучаемы только поверхностно; особенное вниманіе обращалось на одну философію, такъ какъ она по премуществу сообщала формальное образованіе. Первое мѣсто въ курсѣ для взрослаго юношества занимали: грамматика, риторика и философія. Иностранные языки при этомъ не входили въ систематическій курсъ: они изучались лишь тѣми, кто чувствовалъ особенный къ нимъ интересъ, или для кого они нужны были съ практическою цѣлью, напр. чтобы имѣть возможность совершить путешествіе въ чужую страну, или отправиться въ качествѣ посланника или оратора въ иностранное государство, или, наконецъ, чтобы служить переводчикомъ. Древнегреческіе классическіе писатели въ такихъ высшихъ школахъ тщательно изучались и истолковывались: на мѣсто поэтовъ и философовъ выступали уже филологи. Особенно высоко стояла риторика; однако школы риторовъ теперь уже не развивали прежняго простаго, но мужественнаго краснорѣчія, которое извратилось въ безсильное и безсодержательное словоизверженіе, не приводившее слушателя ни къ какому заключенію, и заботившееся только о томъ, чтобы произвести пріятное ощущеніе чувства. Риторическія школы обращали болѣе вниманія на усвоеніе учащимися техническихъ, школьныхъ формъ рѣчи, чѣмъ на развитіе живаго краснорѣчія. Гимнастика и теперь считалась необходимымъ элементомъ юношескаго образованія для всѣхъ возрастовъ, и даже во времена римскихъ императоровъ каждый городъ имѣлъ свою гимназію, свою палестру. Нравственная сторона воспитанія часто совершенно упускалась изъ виду, и Цицеронъ долженъ былъ такъ выразиться о современныхъ ему грекахъ: «Этотъ народъ никогда особенно не отличался добросовѣстностью въ показаніяхъ, на которую можно бы было положиться; да и вообще онъ не понимаетъ, насколько придается этому нравственнаго значенія и важности».

### *Значеніе греческихъ поэтовъ и мыслителей для исторіи воспитанія.*

Важнѣйшимъ и древнѣйшимъ учителемъ Греціи, сопровождавшимъ ее на всѣхъ ступеняхъ развитія, былъ *Гомеръ*. Этотъ поэтическій отголосокъ Греціи, отразившій всю жизнь греческаго народа въ его юношескій періодъ съ такой пластикой, какая никогда и никѣмъ болѣе не достигалась. Вотъ почему Гомера можно назвать какъ бы божествомъ, которое духовно создало грековъ. Пѣсни его построены на глубочайшихъ, основныхъ началахъ человѣческой природы:—на чувствѣ сыновней или супружеской любви, на преданности отечеству, его славѣ и т.

под. Его боги и люди, проникнутые духовнымъ и нравственнымъ благородствомъ, обнаруживаютъ истинную естественность и вмѣстѣ идеальное совершенство. Его герои являлись удивленнымъ глазамъ грека высшими лучезарными образами и побуждали духъ его къ благоговѣнію и подражанію. Оба главные героя гомеровскихъ пѣсенъ — Ахиллесъ и Одиссей — суть истинные выразители обѣихъ преобладающихъ сторонъ греческаго духа — грозной храбрости и красорѣчивой хитрости. Всѣ слѣдующіе поэты Греціи стоятъ на гомеровской почвѣ: изъ Гомера берутъ образовательныя искусства свои идеалы; пѣсни Гомера служатъ основаніемъ религіозныхъ представленій грековъ; онѣ же даютъ матеріалъ для исторіи и юридическаго права. Гомеровскія пѣснопѣнія встрѣчали мальчика на порогѣ его воспитанія, и оставались настольною книгой впродолженіе всего обученія. Юношу воспламеняли они къ великимъ предпріятіямъ и воодушевляли къ подвигамъ; для мужа и старика они были также вѣрными спутниками, приводившими къ эстетическому наслажденію и нравственному освѣженію. Въ Гомерѣ заключается истинный базисъ для всѣхъ временъ и народовъ, самое прочное основаніе для здоровья человѣческаго духа, — искусство и наука. Гомеръ воспиталъ поколѣнія не однихъ своихъ соотечественниковъ, но и безчисленныя генераціи другихъ народовъ, наслѣдовавшихъ плоды греческой цивилизаціи. Его произведенія до сихъ поръ можно съ пользой предложить и отроку, и юношѣ, и старцу.

Но если Гомеръ безсознательно сдѣлался столь высокимъ воспитателемъ для всего человѣчества, то представители греческой философіи сознательно останавливали свою мысль прямо на воспитательныхъ вопросахъ, отъ рѣшенія которыхъ зависитъ болѣе или менѣе жизненная участь всѣхъ и каждаго. «Философія, говоритъ Швеглеръ, это — размышленіе. Но размышляя, человѣкъ относится къ вещамъ также и въ практической дѣятельности, когда онъ расчитываетъ средства для достиженія извѣстной цѣли. Такой же размышляющій характеръ имѣютъ и всѣ другія науки, даже тѣ, которыя не относятся къ философіи въ тѣсномъ смыслѣ. Чѣмъ же отличается отъ этихъ наукъ философія, напр. отъ астрономіи, медицины, юриспруденціи? Конечно, не содержаніемъ своимъ. Содержаніе философіи тоже, что и наукъ эмпирическихъ: устройство и порядокъ вселенной, составъ и дѣятельность человѣческаго организма, собственность, право и государство:—всѣ эти предметы на столько же относятся къ философіи, на сколько и къ другимъ, спеціальнымъ наукамъ; данныя, получаемыя изъ опытовъ, составляютъ также и содержаніе философіи, ибо мы ничего не знаемъ, не имѣя основаній въ опытѣ. И такъ философія отличается отъ наукъ эмпирическихъ не содержаніемъ, но только формою, своимъ методомъ, т. е. особеннымъ способомъ познаванія.» Такова она, дѣйствительно, и была у греческаго народа. Греки понимали значеніе философіи въ юношескій періодъ жизни каждаго, посвящающаго себя наукамъ, и потому ею завершалось тогдашнее высшее образованіе. Философская мысль, изслѣдуя связь и причину вещей, у греческихъ мыслителей любила также останавливаться на воспитаніи, и старалась установить его какъ можно прочнѣе. Каковы бы ни были результаты, но для исторіи педагогики важны и эти попытки пробуждающагося человѣческаго разума найти для педагогическаго дѣла высшія цѣли и опредѣлить наилучшія средства для ихъ достиженія. Притомъ же нѣкоторые изъ греческихъ философовъ были и сами учителями, давъ начало различнымъ методамъ, сохранившимъ значеніе и въ современной педагогикѣ.

*Пиѳагоръ* (род. въ 570 г.) имѣлъ огромное вліяніе на греческое воспитаніе чрезъ основанную имъ философскую школу, въ ученіи которой, однако, трудно отличить: что принадлежитъ самому учителю, и что—его послѣдователямъ. Преданія о жизни Пиѳагора, о его путешествіяхъ, его политическомъ вліяніи на города нижней Италіи и т. п. такъ перемѣшаны съ сагами, сказками и очевидными вымыслами, что нѣтъ возможности допскаться здѣсь до прочной исторической почвы. Достовѣрно, что родомъ онъ былъ изъ Самоса, а въ позднѣйшее время мѣстомъ его жительства былъ Кротонъ, въ великой Греціи. Основною идеею у пиѳагорейцевъ была идея мѣры и гармоніи; для нихъ эта идея служила принципомъ практической жизни, равно какъ и высочайшимъ закономъ вселенной. Космологія пиѳагорейцевъ представляла вселенную, какъ симметрически устроенное цѣлое, въ которомъ гармонически соединяются всѣ различія и противоположности бытія. Количественныя отношенія вещей: протяженіе, величина, форма, ихъ разчлененіе, разстояніе и т. д.—все опредѣляется посредствомъ чиселъ. Вообще всѣ формы и мѣры вещей сводятся къ числамъ; слѣдовательно, полагали пиѳагорейцы, число есть принципъ самыхъ вещей и того порядка, въ какомъ они представляются въ мірѣ. Въ практической жизни Пиѳагоръ и его школа стремились посредствомъ мудрости и добродѣтели достигнуть совершеннаго счастія, возвыситься до истинной нравственности, и пластически осуществить то, что есть божественнаго во внутренней природѣ человѣка.

Основанная Пиѳагоромъ школа должна была держаться на гармоніи мышленія, чувствованія и желанія, представляя какъ бы одно большое семейство, утвержденное на началахъ нравственнаго равновѣсія. На этомъ основаніи онъ строго испытывалъ принимаемыхъ въ нее учениковъ; онъ не признавалъ необходимости сообщать науку каждому, не обращая вниманія на то, способенъ онъ или нѣтъ къ ея воспріятію. Пиѳагоръ не принималъ въ свою школу никого, не изслѣдовавъ предварительно, со вниманіемъ, его головы и всей наружности, не вызнавъ изъ его поведенія и поступковъ—его характера, духовныхъ дарованій и способности къ образованію. Когда ученикъ послѣ испытанія оказывался способнымъ, онъ долженъ былъ тогда впродолженіе трехъ лѣтъ проходить степени приготовительнаго курса. Это было время молчанія, время душевнаго очищенія. Проходившіе такое испытаніе молча слушали поученія своего учителя, и должны были только изучать предлагаемое имъ, воздерживаясь при этомъ отъ всякихъ вопросовъ. Въ этотъ періодъ исключительно акроаматическаго обученія они совершенно были лишены возможности личнаго сношенія съ учителемъ, и въ часы поученія имъ даже не дозволялось смотрѣть ему въ лицо. По этой причинѣ онъ предлагалъ имъ ученіе заочно, отдѣленный отъ нихъ особой занавѣсью, и окруженный непосредственно лишь группою своихъ болѣе зрѣлыхъ учениковъ. Если Пиѳагоръ оставался доволенъ такимъ эсотерикомъ за все время его подготовительнаго испытанія, тогда наступалъ для него давно-желанный, радостный день принятія въ тѣсный кружокъ ближайшихъ учениковъ философа — эсотериковъ. Питомецъ объявлялся совершеннолѣтнимъ, могъ записывать то, что слышалъ отъ своего учителя, выражать ему свои собственныя мысли, говорить съ нимъ о своихъ ученыхъ занятіяхъ и просить у него объясненій непонятаго. Мудрость, которую усвоивалъ ученикъ, состояла въ строгомъ правоученіи (этикѣ), изложенномъ въ формѣ изреченій (афоризмовъ); все ученіе о нравственности носило на себѣ исключительный религіозный характеръ. Пиѳагоръ съ помощію религіи желалъ преобразовать нравственную жизнь человѣческаго общества, и именно съ этой цѣлью основалъ свою школу, стараясь насадить въ ней сѣмена скромности и строгости нравовъ, умѣренности, мужества, порядка, повиновенія закону и властямъ, вѣрности дружбѣ, честности и всѣхъ тѣхъ добродѣтелей, которыя должны составлять принадлежность истиннаго грека. По той же причинѣ онъ придавалъ также огромную воспитательную важность *музыкѣ*, такъ какъ она укрощаетъ страсти, очищаетъ и просвѣтляетъ чувство и правъ человѣка, — равно какъ и *математикѣ*, которая пріучаетъ юношескій духъ къ строго-ученой работѣ, дисциплинируетъ его. Такимъ образомъ, Пиѳагоръ выступилъ не только какъ учитель новой мудрости, но и какъ провозвѣстникъ новаго богослуженія и новой жизни, какъ человѣкъ, посвящавшій своихъ учениковъ служенію чистѣйшему божеству — божеству гармоніи. Главною цѣлью

Пиѳагора и его послѣдователей было — гармоническое настроеніе души, стремленіе выйти изъ хаотическаго многообразія пестрой жизни, и достигнуть единства и внутренняго покоя. Къ осуществленію этой цѣли были направлены всѣ ихъ ежедневныя занятія. Каждымъ утромъ они совѣщались о томъ что, должны они были совершить впродолженіе дня, и каждымъ вечеромъ повѣряли, исполнили-ли они предположенное и какъ исполнили. «Въ чемъ я ошибся, въ чемъ поступилъ вѣрно, въ чемъ нарушилъ свой долгъ?»—вотъ тѣ вопросы, которые они взаимно предлагали себѣ. Вставали пиѳагорейцы вмѣстѣ съ восходомъ солнца и воздавали должное поклоненіе лучезарному божеству дня. При этомъ прочитывались избранныя мѣста изъ Гомера и другихъ поэтовъ, или исполнялось какое нибудь музыкальное произведеніе, чтобы пробудить дремлющія силы духа и предрасположить его ко всему высокому и святому. Затѣмъ долгое время посвящалось прилежному занятію наукой. Послѣ слѣдовавшаго затѣмъ краткаго отдыха всѣ отправлялись на общую прогулку въ смиренномъ раздумьи, или ведя поучительную бесѣду. По возвращеніи, передъ обѣдомъ, наступали гимнастическія упражненія. Обычный обѣдъ состоялъ изъ хлѣба, меду и воды. Послѣобѣденное время посвящалось разнымъ общественнымъ и домашнимъ занятіямъ, взаимнымъ совѣщаніямъ, купанью, религіознымъ обязанностямъ и самоиспытанію. Между собою члены этого общества жили въ тѣснѣйшей дружбѣ, и младшіе слѣдовали наставленіямъ старшихъ. Они не должны были даже въ шутку обманывать другъ друга, такъ какъ «нашъ другъ — говоритъ Пиѳагоръ — это — наше второе я». Внутренній строй жизни братства долженъ былъ уподобиться жизни вселенной и состоять въ высочайшемъ согласіи, совершеннѣйшемъ единствѣ, въ чистѣйшей гармоніи; любовь и благожелательство должны были имѣть въ немъ господство; вражда и огорченіе — оставаться въ недоступной дали. Гармонія между тѣломъ и духомъ, гармонія между разумомъ, чувствомъ и волей, гармонія между родителями и дѣтьми, гармонія между всѣми людьми, въ духѣ любви и дружбы, наконецъ, гармонія между людьми богами, — вотъ что было предметомъ желаній для Пиѳагора.

Пиѳагоръ со своей школой дѣйствовалъ преимущественно въ Кротонѣ, откуда его идеи распространялись по Греціи. Аѳины избралъ поприщемъ для своей дѣятельности другой великій грекъ, который своей жизнью и дѣлами еще болѣе всколебалъ духовную жизнь Греціи. Потрясенная Пелопонезской войной, она стала ареной страстей и своекорыстій. Каждый ставилъ свой частный интересъ выше государственнаго, и дѣлалъ мѣриломъ всего своего мышленія, всѣхъ своихъ поступковъ, — личный произволъ и личную выгоду. *Софисты* создали цѣлую теорію, оправдывавшую подобный порядокъ вещей: они выдавали себя за учителей мудрости, за людей, способныхъ и другихъ сдѣлать мудрыми. Основной принципъ софистовъ — «человѣкъ есть мѣра всѣхъ вещей». Подъ *человѣкомъ* же понималось не то разумное существо, которое опредѣляется этимъ общимъ понятіемъ, а только субъективный произволъ, субъективное мнѣніе каждой отдѣльной личности. По ученію софистовъ, вещи существуютъ такъ, какъ онѣ представляются для наблюдателя, общей же истины нѣтъ и не можетъ быть. На этомъ-то, вновь открытомъ поприщѣ, кружились софисты, наслаждаясь съ дѣтскою самоувѣренностью обнаруженіемъ силы своей субъективности, и разрушая съ помощію субъективной діалектики всѣ объективныя опредѣленія. Софистъ сознаетъ свое высшее субъективное достоинство относительно предметнаго міра, особенно же относительно законовъ государства, религіозныхъ преданій, обычаевъ и народныхъ вѣрованій; онъ съ своей личной точки зрѣнія пытается предписывать законы внѣшнему, предметному міру, и вмѣсто того, чтобы въ явленіяхъ человѣческаго общества видѣть историческое развитіе разума, видитъ во всемъ только — бездушную матерію, подчиненную его произволу. Софистика въ Греціи была умственнымъ направленіемъ цѣлой эпохи, которое дробилось на разнообразныя вѣтви, и коренилось во всемъ нравственномъ, политическомъ и религіозномъ характерѣ тогдашней аѳинской жизни.

Имѣя значеніе, какъ философская система, софистика, отрицавшая возможность общей, объективной истины, уничтожала и себя своимъ собственнымъ оружіемъ. Выражая собою философское стремленіе къ субъетивной свободѣ человѣческой личности, она вредно отразилась на ходѣ общественной жизни. И въ самомъ дѣлѣ: между тѣмъ какъ теоретическій принципъ софистики состоитъ въ признаніи безусловнаго значенія эмпирическаго субъекта, т. е. въ ученіи, что всякая личность можетъ опредѣлять по своему произволу истинное, справедливое и доброе,—на практикѣ этотъ самый принципъ выступаетъ, какъ безпредѣльный эгоизмъ во всѣхъ областяхъ тогдашней государственной и частной жизни Греціи. Постоянная борьба партій, изъ за разныхъ своекорыстныхъ цѣлей, потрясая въ это время Аѳины, притупила и подавила всякое нравственное чувство; выгоды государственнаго и общественнаго блага были забыты для невѣрнаго блага своей собственной личности, для личной пользы, такъ часто противорѣчащей пользѣ общей (Швеглеръ). Софисты уничтожали своимъ ученіемъ возможность общей науки и всѣ вѣчные принципы общественной нравственности. Заслуги ихъ для греческаго образованія заключаются лишь въ томъ, что они возбудили еще болѣе стремленіе къ теоретическому познанію, къ логическому изслѣдованію, распространили въ народѣ массу общихъ свѣдѣній, и открыли просторъ каждому отдаваться тому или другому занятію соотвѣтственно собственному призванію. Такъ Протагоръ разработалъ ученіе о добродѣтели; Горгій былъ риторъ и политикъ; Продикъ былъ грамматикъ и синонимикъ; Эвтидемъ и Діонизодоръ — учители въ военномъ искусствѣ. Науки болѣе спеціализировались, и стала свободнѣе обнаруживаться личная иниціатива каждаго. Ниспровергая общія начала воспитанія, снова возстановленныя впослѣдствіи, софисты принесли для него ту пользу, что дали начало методической обработкѣ многихъ отраслей знанія и практически содѣйствовали развитію дара слова и краснорѣчія. Ихъ заслуги въ области воспитанія были тѣмъ значительнѣе, что они, ведя бродячій образъ жизни по городамъ и селамъ Греціи, всѣмъ предлагали за деньги свое ученіе о мудрости, собирали вокругъ себя богатыхъ юношей, и обучали ихъ въ частныхъ и общественныхъ зданіяхъ. Слѣдовательно, заслуга софистовъ для воспитанія и образованности была болѣе косвенная, такъ какъ они возбуждали пытливость мысли, которая потомъ должна была непремѣнно прійти къ положительному знанію.

Противъ ложнаго въ основаніи мнѣнія софистовъ о превосходствѣ случайнаго, личнаго мнѣнія надъ законами общаго разума и выступилъ *Сократъ*. Новое философское начало также является въ Сократѣ, какъ его личный характеръ и личное настроеніе. Его философская дѣятельность запечатлѣна чертами, вполнѣ индивидуальными: жизнь и ученіе нераздѣльны у него. Поэтому полное изображеніе его философіи въ сущности совпадаетъ съ его біографіей. Сократъ родился въ 469 г. до Р. Х. Отецъ его Софронискъ былъ ваятель, а мать, Фенарета—повивальная бабка. Въ своей молодости онъ занимался ваяніемъ подъ руководствомъ отца и пріобрѣлъ въ этомъ искусствѣ извѣстную ловкость. Относительно исторіи его дальнѣйшаго образованія намъ извѣстно немного. Онъ пользовался наставленіями Продика и музыканта Дамона, но не былъ въ личныхъ связяхъ съ философами, славившимися извѣстностью до него и въ его время. Онъ обязанъ единственно самому себѣ тѣмъ, чѣмъ онъ сдѣлался, и именно вслѣдствіе этого-то онъ составляетъ главную поворотную точку въ древней философіи. Древніе, однако, называютъ его ученикомъ Анаксагора и физика Архелая; но ложность этого доказана. Онъ не имѣлъ и не искалъ другихъ средствъ къ образованію, кромѣ тѣхъ, какія представлялъ ему его родной городъ. За исключеніемъ одного праздничнаго путешествія и нѣсколькихъ военныхъ походовъ онъ никогда не оставлялъ Аѳинъ.

Когда именно Сократъ посвятилъ себя воспитанію юношества—мы достовѣрно не знаемъ. Хотя дельфійскій оракулъ назвалъ его «мудрѣйшимъ изъ смертныхъ», но его мудрость заставляла его постоянно сознавать лишь то, что онъ *ничего не знаетъ*. Руководствуясь яснымъ убѣжденіемъ, что основательное улучшеніе общества зависитъ отъ хорошаго воспитанія юношества, Сократъ до конца жизни оставался вѣренъ избранному имъ призванію. Его усилія, однако, часто не удавались: ихъ встрѣчали горькою насмѣшкою; за нихъ платили ненавистью и неблагодарностью. Къ возрастающему поколѣнію онъ относился какъ настоящій грекъ: онъ охотно называлъ себя ревнивѣйшимъ эротикомъ. Настоящимъ грекомъ онъ является и въ томъ, что въ противоположность съ этими свободными отношеніями дружбы, связывавшей его съ юношествомъ, онъ вовсе не заботился о семейной жизни. Нигдѣ онъ не оказываетъ особеннаго вниманія къ своей женѣ и къ своимъ дѣтямъ; а пресловутая, хотя и преувеличенная злость Ксантипны заставляетъ насъ предполагать, что онъ не наслаждался полнымъ семейнымъ счастіемъ. Какъ человѣка, какъ практическаго мудреца, всѣ писатели изображаютъ Сократа самыми свѣтлыми красками. «Онъ былъ такъ благочестивъ,— говоритъ Ксенофонтъ,— что никогда ничего не дѣлалъ безъ совѣта боговъ; такъ справедливъ, что никого не обижалъ даже въ самомъ ничтожномъ дѣлѣ; на столько обладалъ собою, что никогда не предпочиталъ пріятнаго доброму; былъ такъ разуменъ, что никогда не ошибался, отличая лучшее отъ худшаго». Однимъ словомъ, «онъ былъ лучшій и благополучнѣйшій человѣкъ, какой только могъ существовать». Но особенную привлекательную силу сообщаетъ его личности счастливое смѣшеніе и гармоническое соединеніе въ ней всѣхъ характеристическихъ сторонъ, соединеніе совершенствъ натуры стойкой и вполнѣ индивидуальной. Алкивіадъ, въ своей похвальной рѣчи Сократу, характеризуетъ въ немъ эту всестороннюю виртуозность, эту силу, которая примиряетъ и соединяетъ въ гармоническое цѣлое самыя противоположныя и самыя несоединимыя качества, эту побѣдоносную возвышенность Сократа надъ человѣческою слабостью. Въ этомъ — его крайняя оригинальность. Въ изображеніи Ксенофонта мы видимъ въ Сократѣ истиннаго классическаго человѣка, отличающагося самымъ утонченнымъ общественнымъ образованіемъ, аттическою гражданственностью, человѣка, далекаго отъ всякаго мрачнаго и мучительнаго аскетизма. Сократъ является намъ одинаково храбрымъ и на полѣ битвы, и на веселой пирушкѣ; всегда онъ владѣетъ собой и никогда не забывается; всегда онъ дѣйствуетъ съ самою полною свободою. Это—совершенный образецъ аѳинянина счастливѣйшихъ временъ республики! Нѣтъ въ немъ ни угрюмости, ни надорванности, ни судорожной сосредоточенности позднѣйшихъ людей: это чистый и спокойный идеалъ истинной человѣческой доблести. Одно наружное безобразіе—вздернутый носъ, выдающійся лобъ, плѣшивая голова и толстое брюхо, бывшее предметомъ насмѣшекъ многихъ современниковъ Сократа,— не гармонировало съ его внутренней, душевной красотой..

Задачей жизни Сократа было—изслѣдованіе добродѣтели, стремленіе чрезъ сознаніе придти къ истинному знанію. Главнымъ же предметомъ его философскаго созерцанія было самопознаніе. «Не знать самого себя, и полагать, что мы знаемъ то, чего въ самомъ дѣлѣ *не знаемъ*— вотъ что ближе всего граничитъ съ безуміемъ»—говоритъ онъ. Для самостоятельнаго достиженія этой цѣли онъ, врагъ всякой лжи и всякаго ослѣпленія, не признавалъ ничего, въ чемъ не убѣждался самъ, чего не изслѣдовалъ съ помощію собственнаго разума. На этомъ же основаніи онъ и другимъ ничего не предлагалъ готоваго и внѣшняго, не развивъ истины извнутри, изъ ихъ собственнаго духа. Такимъ образомъ онъ преобразилъ повивальное искусство своей матери въ духовно-развивающую, *эвристическую* методу обученія. «Мое повивальное искусство, говаривалъ онъ, отличается тѣмъ отъ искусства моей матери, что оно облегчаетъ роды мужамъ, а не женамъ, и оказываетъ помощь въ родахъ душѣ, а не тѣлу. Въ нашемъ искусствѣ выше всего то, что оно въ состояніи опредѣлить: предстоитъ ли душѣ юноши родить нѣчто безобразное и ложное, или нѣчто прекрасное и истинное. Я похожъ на повивальныхъ бабокъ еще и тѣмъ, что самъ ничего не рождаю мудраго, и меня многіе упрекали въ томъ, что я только другихъ выспрашиваю, самъ же ни о чемъ не даю положительнаго отвѣта; но я и не съумѣлъ бы ничего отвѣтить умнаго: въ этомъ меня упрекаютъ по справедливости. Причина этого состоитъ въ томъ, что божество принуждаетъ меня оказывать только родильную помощь, самому же рождать мнѣ не суждено имъ. Поэтому я самъ вовсе не свѣдущъ, и не могу предложить другимъ ничего, что было бы продуктомъ моего собственнаго духа. Но всѣ тѣ, которымъ судило божество входить въ сношеніе со мною, вначалѣ оказывались въ высшей степени навѣжественными, а при постоянномъ воздѣйствіи моемъ оказывали невѣроятные успѣхи, какъ кажется и имъ самимъ, и другимъ. По крайней мѣрѣ несомнѣнно вѣрно то, что они собственно отъ меня никогда ничему нисколько не научались, но только сами открывали въ самихъ себѣ чрезвычайно много прекраснаго и упрочивали его за собой». Способъ обученія Сократа былъ вполнѣ непринужденный, разговорный, исходившій отъ ближайшаго и простѣйшаго, всегда заимствовавшій нужные примѣры изъ самаго обыденнаго круга; а потому современники упрекали его въ томъ, что онъ всегда говоритъ о вьючныхъ ослахъ, кузнецахъ, сапожникахъ и кожевникахъ. Мы видимъ его постоянно на площади, въ гимназіяхъ и мастерскихъ; съ утра до вечера онъ занятъ бесѣдою съ юношами и стариками, разсуждая съ ними о цѣли и назначеніи жизни, изобличая ихъ въ незнаніи, и возбуждая въ нихъ дремлющее влеченіе къ знанію. «То, что мы знали, разрушено»—вотъ конецъ большей части разговоровъ Сократа, котораго недальновидные современники нерѣдко смѣшивали съ софистами. Во всякой человѣческой дѣятельности, относилась ли она къ общественной жизни, или къ домашнему хозяйству, къ промышленности, наукѣ или искусству,—вездѣ Сократъ, какъ мастеръ оказывать пособіе при родахъ мысли, умѣлъ найти поводъ къ тому, чтобы постоянными вопросами, діалектическимъ разложеніемъ прежде сложившихся представленій, вызвать въ своихъ собесѣдникахъ новыя, еще не сознанныя ими мысли, и помочь имъ при новыхъ родахъ духа.

Сократовская метода имѣла собственно двѣ стороны: къ первой относилась отрицательная, знаменитая такъ называемая *сократовская иронія*; она состояла въ томъ, что философъ прежде всего представляетъ себя незнающимъ и, повидимому, ищетъ поученія со стороны тѣхъ, съ кѣмъ бесѣдуетъ. При этомъ онъ безпрестанными вопросами, неожиданными, послѣдовательными выводами изъ ихъ мнѣній, и противорѣчіями, въ которыхъ они сами запутываются, разбиваетъ ихъ мнимое знаніе. Собесѣдникъ ясно приходитъ затѣмъ къ убѣжденію, что онъ не знаетъ того, что почиталъ уже извѣстнымъ, становится недовѣрчивымъ къ собственнымъ представленіямъ, принимаемымъ имъ за несомнѣнныя истины, и сознаетъ лишь то, что онъ ничего не знаетъ. «Ибо какъ врачи, говоритъ Сократъ, держатся того мнѣнія, что тѣло можетъ не раньше переварить пищу, пока кто нибудь не устранитъ въ немъ препятствія къ тому; точно также и тѣ, которые очищаютъ засоренную душу, полагаютъ, что она можетъ не раньше извлечь пользу изъ предлагаемыхъ ей знаній, пока не обличатъ ея стыдомъ, пока не освободятъ ея отъ мнѣній, стоящихъ на пути къ знанію, пока не совершенно очистятъ ее, такъ чтобы она вѣрила лишь въ то, что знаетъ дѣйствительно. Въ этомъ заключается счастливѣйшее и мудрѣйшее свойство духа, и потому-то такое испытующее обличеніе можетъ быть названо самымъ лучшимъ, самымъ дѣйствительнымъ очистительнымъ средствомъ (слабительнымъ)». Положительная сторона сократической методы—*меэвтика*, состоящая въ индукціи, въ наведеніи отъ частныхъ представленій къ понятію и къ строгому его опредѣленію. Сократу,—говоритъ Аристотель,—можно съ справедливостью приписывать двѣ вещи: способъ доказательства чрезъ индукцію, т. е. нахожденіе высшихъ понятій съ помощію низшихъ, и способъ общаго опредѣленія понятій. Отправляясь именно отъ отдѣльныхъ, конкретныхъ вещей, онъ сравниваетъ ихъ между собою, отдѣляетъ при этомъ случайное отъ существеннаго, приводитъ въ сознаніе общую истину, и такимъ образомъ развиваетъ и опредѣляетъ ея сущность и содержаніе. Такъ, чтобы найти понятіе справедливости, Сократу надо было отправляться отъ различныхъ единичныхъ примѣровъ справедливости, отвлекать отъ нихъ ея общіе признаки, и затѣмъ опредѣлить ее на столько, чтобы удержать одно общее, составляющее логическое единство ея различныхъ проявленій. Вотъ почему Сократъ возвращался всегда къ понятію каждой отдѣльной добродѣтели, будучи убѣжденъ, что ясное усвоеніе понятій есть важнѣйшій руководитель при каждомъ отдѣльномъ случаѣ, что всякій нравственный поступокъ долженъ исходить сознательно изъ общаго понятія. И такъ, сократическая метода, противоположная акроаматической, употребляемой при первомъ обученіи Пиѳагоромъ, состоитъ въ виртуозномъ умѣньи пользоваться бесѣдою съ учениками, и изъ суммы данныхъ однородныхъ явленій находить путемъ индукціи точное понятіе и его логическое опредѣленіе. Она необходимо предполагаетъ признаніе, что сущность вещей познаваема мышленіемъ, что сознаніе истины и божества прирождено природѣ человѣка, и только находитъ въ немъ предметное выраженіе (персонифицируется). Каждая душа, по мнѣнію Сократа, существуетъ уже раньше своего земнаго воплощенія, и въ этомъ довременномъ состояніи своемъ обладаетъ вѣрными, истинными понятіями, которыя потомъ подавляются огромнымъ числомъ временныхъ явленій, но которыя снова могутъ быть вызваны и развиты искусными вопросами, такъ что каждый опять вспоминаетъ врожденную ему истину.

Съ помощію этой превосходной методы, чрезъ которую Сократъ сдѣлался отцомъ катехетики въ обученіи, а также благодаря силѣ своего геніальнаго духа, онъ производилъ такое многостороннее впечатлѣніе на своихъ слушателей, что привлекъ къ себѣ разнообразное множество знаменитыхъ людей своего времени; напримѣръ: Херефона, которому именно и открылъ оракулъ, что Сократъ есть мудрѣйшій изъ людей; брата его Херекрата, Аристиппа—сына богатаго купца, и бѣднаго сапожника

Симона, одушевленнаго послѣдователя своего учителя; въ каждомъ изъ нихъ была затронута индивидуальная сторона, и индивидуально развита Сократомъ по системѣ его собственнаго духа. Съ сѣвера и съ юга, отъ Чернаго моря и отъ африканской Кирены,—отовсюду стекались къ Сократу его преданные ученики. «Я никогда собственно не былъ ничьимъ *учителемъ*,—говоритъ онъ;—но если кто имѣлъ охоту слушать мои разговоры, и отдавался моимъ занятіямъ, я никогда не препятствовалъ ему въ этомъ, будь онъ юноша или старикъ. Я училъ не потому только, чтобы получать за это деньги: я одинаково готовъ спрашивать какъ бѣднаго, такъ и богатаго, и всякій, кто хочетъ, можетъ спрашивать и слушать меня. Станетъ ли кто отъ этого лучше, или нѣтъ, я не отвѣчаю за это, потому что ничего никому не обѣщалъ, и не давалъ наставленій. Если же кто полагаетъ, что онъ что-нибудь слышалъ отъ меня, или чему нибудь научился, особенно такому, чего не слыхали и другіе,—то знайте, что онъ говоритъ неправду».

Сократъ обнаруживалъ самую преданную привязанность къ своимъ ученикамъ. Онъ былъ одушевленъ безкорыстною любовью къ истинѣ, и въ немъ мы видимъ первый въ исторіи образецъ свободнаго обученія, безъ малѣйшаго насилованія личности, права которой Сократъ безконечно уважалъ. Его жизнь и ученіе гармонически соединялись въ его собственной личности, и единство это онъ запечатлѣлъ своей геройской смертью. Сократъ палъ вслѣдствіе смѣшенія его стремленій съ стремленіями софистовъ; вслѣдствіе попытки патріотовъ возстановить въ Греціи старинный общественный порядокъ и старинные нравы насильственными средствами. Когда ему было уже 70 лѣтъ, нѣсколько ничтожныхъ людей, однако, кажется, не имѣвшихъ къ нему личной ненависти, позвали его къ суду и обвинили въ томъ, что онъ не признаетъ народныхъ боговъ, вводитъ новыя божества, и развращаетъ юношество. Затѣмъ послѣдовало осужденіе Сократа на смерть. Ему было дозволено еще 30 дней бесѣдовать съ учениками въ темницѣ; все представляло благопріятныя средства для побѣга, къ которому и старались склонить его ученики. Однако мудрецъ гнушался этой мыслью, и, повинуясь волѣ народной въ лицѣ ея законныхъ представителей, выпилъ чашу цикуты въ 399 году до Р. Х.

### Ученіе Платона о воспитаніи.

Платонъ (429—348) привелъ въ систему философскія воззрѣнія Сократа и придалъ нѣкоторую теоретическую обработку собственно педагогическимъ идеямъ. Родившись въ годъ смерти Перикла, потомокъ знатнаго рода, Платонъ получилъ соотвѣтственное воспитаніе въ центрѣ греческой образованности и промышленности—Аѳинахъ. Не смотря на свое знатное происхожденіе, онъ еще юношей избралъ скромную философскую карьеру вмѣсто политической. Видя начавшуюся порчу и усиливающееся политическое гніеніе своего отечества, имѣя слишкомъ много гордости для того, чтобы заискивать расположеніе демократіи, онъ скорѣе предпочелъ избрать науку своею жизненною задачею вмѣсто того, чтобы выступить патріотомъ, безуспѣшно бороться съ неизбѣжными препятствіями, и сдѣлаться мученикомъ своихъ политическихъ убѣжденій. Онъ считалъ Аѳинское государство уже погибшимъ, и, при неизбѣжности его паденія, не хотѣлъ увеличивать собою число безполезныхъ жертвъ.

Двадцатилѣтнимъ юношей пришелъ Платонъ къ Сократу и жилъ въ его обществѣ восемь лѣтъ. Онъ постигъ въ своемъ учителѣ идеалъ совершеннѣйшаго мудреца, а въ его ученіи и жизни открылъ плодоноснѣйшія философскія сѣмена. Все свое ученіе, несравненно болѣе развитое, онъ влагаетъ поэтому въ уста своему учителю, какъ главному лицу въ его діалогахъ и мудрому руководителю бесѣды. По смерти Сократа онъ поселился въ Мегарѣ, и отсюда совершилъ большое путешествіе по Греціи, Египту, Сициліи. Возвратившись въ отечество, онъ училъ въ одной гимназіи въ окрестностяхъ Аѳинъ, гдѣ владѣлъ доставшимся ему отъ отца садомъ. Такъ какъ

Платонъ обладалъ многостороннимъ образованіемъ, то въ немъ отразилась вся духовная жизнь Греціи, все ея міросозерцаніе въ свойственныхъ ей границахъ. Такъ у него все морально-религіозное образованіе опредѣляется однимъ искусствомъ; полезное переходитъ въ прекрасное, а вредное—въ безобразное. Женщина у него стоитъ ниже мужчины, но въ то же время допускается къ участію во всѣхъ занятіяхъ и, свободная отъ затворничества, предназначается къ служенію общественнымъ и государственнымъ интересамъ. Въ своей «государственной педагогикѣ» Платонъ даетъ первообразъ греческаго государства, который въ главныхъ чертахъ напоминаетъ Спарту. Основной принципъ этого государства есть уничтоженіе личности предъ государственными цѣлыми. Рабы и ремесленники стоятъ въ немъ внѣ правъ на образованіе; для воиновъ оно требуетъ общности въ имуществѣ и семействѣ; учители и воспитатели избираются въ немъ изъ числа лучшихъ гражданъ, которымъ естественно приличествуетъ руководство молодымъ поколѣніемъ.

Для Платона нѣтъ ничего выше и божественнѣе дѣла воспитанія, ибо если юношество правильно и хорошо воспитано, то будетъ счастливъ и весь жизненный путь всѣхъ и каждаго. «Болѣе всѣхъ другихъ требованій,—говоритъ онъ,—надо уважать одно наивысшее, относящееся къ воспитанію, сохраненію и развитію дѣтей, и кто не пренебрагаетъ этимъ наиважнѣйшимъ призваніемъ, тотъ будетъ доблестнымъ мужемъ и во всѣхъ своихъ другихъ обязанностяхъ. Только чрезъ воспитаніе можетъ все государственное устройство найти вѣрную точку отправленія, и будетъ рости подобно кругу, такъ какъ отъ совершенныхъ натуръ будутъ рождаемы и воспитываемы еще совершеннѣйшія». Воспитаніе Платонъ опредѣляетъ какъ введеніе юношества въ предписанный закономъ и испытанный лучшими мужами образъ жизни, который вызываетъ въ юношествѣ такія наклонности, которыя оно, возмужавъ, признаетъ дѣйствительно хорошими, и убѣдится, что его пріучили еще прежде, чѣмъ развился его собственный разумъ, любить или ненавидѣть то, что дѣйствительно заслуживаетъ любви или ненависти.

По педагогической теоріи Платона, дитя тотчасъ по рожденіи требуетъ вниманія къ своему физическому и духовному развитію; но прежде всего и преимущественно—въ физическомъ отношеніи, такъ какъ матеріяльный ростъ имѣетъ наибольшее значеніе для каждаго живаго существа. При этомъ всѣ части тѣла должны быть внимательно совершенствуемы и укрѣпляемы. Матери слѣдуетъ образовывать свое дитя, пока оно нѣжно и мягко подобно воску, и впродолженіе двухъ лѣтъ пеленать его свивальникомъ. Ношеніе дитяти на рукахъ продолжается три года. Движеніе для дѣтей, которыя все это время какъ-бы находятся на кораблѣ, необходимо и днемъ, и ночью. Движеніе на чистомъ воздухѣ дѣйствуетъ особенно укрѣпляющимъ образомъ. Нравственный уходъ долженъ быть тѣмъ тщательнѣе, что дѣти въ первое время своей жизни особенно глубоко воспринимаютъ всѣ впечатлѣнія. Баловство дѣлаетъ ихъ плаксивыми, капризными, раздражительными и чувствительными къ каждой мелочи; въ случаѣ же большой строгости и принудительности они становятся малодушными, рабскими и несвободными въ обхожденіи съ людьми. Въ особенности ихъ должно предохранять отъ боли, отъ страшныхъ представленій, и вообще отъ всего мрачнаго, чтобы сохранить въ нихъ веселость нрава и ясность души. Свобода внѣшнихъ воздѣйствій (аффектовъ) ведетъ къ свободѣ тѣла и духа.

Отъ трехъ—до шестилѣтняго возраста надо позволять мальчикамъ и дѣвочкамъ отдаваться игрѣ, которая въ этомъ возрастѣ совершенно естественна, и охотно изобрѣтается самими дѣтьми, какъ только они сходятся вмѣстѣ. При этомъ, однако, также надо избѣгать баловства, но и не прибѣгать къ позорнымъ и унизительнымъ наказаніямъ, ибо въ первомъ случаѣ является изнѣженность и своевольство, въ послѣднемъ же зарождается въ дѣтской душѣ ожесточеніе. Игры представляютъ, между прочимъ, и ту выгоду, что съ помощію ихъ можно узнать и поддержать въ дѣтяхъ ихъ наклонности къ будущему ихъ призванію: будущій архитекторъ долженъ еще мальчикомъ строить игрушечные дома; будущій плотникъ обращаться съ мѣркою и т. п. Поэтому воспитывай дѣтей болѣе всего свободной игрой: тогда ты можешь и лучше наблюдать, къ чему каждый способенъ въ жизни. При обученіи надо прежде всего стараться возбудить охоту; а это достигается именно тогда, когда обученіе начинается игрой. Во время игры ребенку уже можно сообщать разныя познанія и умѣнья, въ особенности относящіяся къ военному дѣлу и геометріи. Наконецъ, игра образуетъ также характеръ, когда постоянно удерживаются одни и тѣ же игры, ибо если дѣти привыкаютъ къ однимъ законнымъ играмъ,—изъ нихъ выйдутъ потомъ и уважающіе законъ люди. Художественное развитіе дѣтей совершается прежде всего съ помощію сказокъ и пѣсенъ, но только такихъ, въ которыхъ божество изображается не въ ложномъ видѣ; принадлежатъ ли онѣ эпическимъ, лирическимъ или драматическимъ поэтамъ—это все равно. Нравственное воспитаніе въ это время основывается преимущественно на авторитетѣ, на уваженіи къ духовному и нравственному превосходству обучающей личности. На этомъ основаніи учащій долженъ пріобрѣсти вѣсъ въ глазахъ учениковъ. Наказаніе ударами допускается только въ случаѣ неуваженія дѣтей къ старшимъ или—нарушенія какого нибудь важнаго воспитательнаго закона. Чувство стыда и самолюбія должно быть возбуждаемо возможно рано: родители обязаны оставить въ наслѣдство своимъ дѣтямъ не груды золота, а нравственныя сокровища стыда и боязни порока.

По достиженіи шестилѣтняго возраста, дѣти раздѣляются по полу, и каждый переходитъ къ изученію опредѣленныхъ для него предметовъ, такъ какъ женскій полъ также нуждается въ приличномъ обученіи. Дѣвочки должны участвовать въ тѣлесныхъ упражненіяхъ наравнѣ съ мальчиками, и для своего художественнаго образованія въ особенности заниматься музыкой, которая болѣе ведетъ къ мѣрѣ во всемъ, къ скромности и кротости. Вообще гимнастика и изящныя искусства, вмѣстѣ съ другими учебными предметами, должны входить въ кругъ обученія дѣтей, начиная съ шести лѣтъ. Музыку и гимнастику необходимо соединять при обученіи, чтобы вызвать силу и рѣшительность воли. Первая степень гимнастическаго курса опредѣляется возрастомъ отъ 7 до 10 лѣтъ; при этомъ надо исходить изъ той точки зрѣнія, что не столько здоровое тѣло обусловливаетъ своимъ совершенствомъ совершенство души, сколько, наоборотъ, прекрасная душа содѣйствуетъ образованію прекраснаго тѣла, такъ какъ душа существуетъ раньше тѣла, которое образуется уже послѣ, и по своей природѣ естественно должно подчиняться душѣ. Истинная гимнастика проста, и требуетъ, чтобы питомецъ привыкалъ въ упражненіяхъ къ перенесенію усталости, съ цѣлію возбудить въ себѣ болѣе мужество, чѣмъ силу. Художественное обученіе надо начинать съ языка и его элементовъ, и притомъ не раньше 10-лѣтняго возраста. Изученіе буквъ должно совершаться съ помощію зрѣнія и слуха, чтобы не нарушать ихъ взаимной связи; уже при начальномъ чтеніи слѣдуетъ возбуждать мыслительныя способности съ помощію сравненія, и отъ извѣстнаго переходить къ неизвѣстному. Значеніе собственно музыки важно въ обученіи отъ 14 до 16-лѣтняго возраста: цѣль ея вовсе не одно удовольствіе, но — направленіе души къ доброму и прекрасному. «Когда мальчики учатся игрѣ на китарѣ, — говоритъ Платонъ, — они знакомятся также съ пѣснями лучшихъ лирическихъ поэтовъ, принаравливаютъ свой голосъ къ звуку струны, и усвоиваваютъ мелодіи; при этомъ они привыкаютъ къ правильной мѣрѣ, къ стройному порядку, и вообще вносятъ этотъ навыкъ и въ свою рѣчь, и въ свои поступки». Начальными науками для собственно духовнаго развитія являются математика и астрономія, служа подготовкой къ высшей наукѣ — діалектикѣ, которая прочно устанавливаетъ понятія и раскрываетъ сущность и внутреннюю связь вещей. Однако, при чисто-умственномъ образованіи надо твердо помнить, что незнаніе еще не есть само по себѣ большое зло, и что многознаніе, при дурномъ воспитаніи, гораздо опаснѣе совершеннаго незнанія. Поэтому юношество не слѣдуетъ загромождать слишкомъ большой массой свѣдѣній, но преимущественно заботиться о наибольшей ясности и живой наглядности, и пріучать юношей къ порядку и правильному пользованію временемъ.

*Нравственное* (этическое) образованіе обнимаетъ всего человѣка и всѣ отдѣльные учебные предметы, ставя справедливость высшею цѣлью въ воспитаніи каждой личности. Высшій принципъ правоученія (этики), по Платону, состоитъ въ томъ, чтобы мы какъ можно ближе уподоблялись святѣйшему и совершеннѣйшему существу — Богу, творцу всѣхъ вещей. Богъ желаетъ, чтобы вселенная и, преимущественно, смертныя существа — люди, были совершенны, или стремились къ совершенству, а потому онъ вложилъ въ ихъ души еще до соединенія ихъ съ тѣломъ тѣ первообразы, по которымъ все создано на землѣ, и въ особенности — высшія идеи справедливаго и добраго. Но вмѣстѣ съ паденіемъ души въ матеріальный міръ затемняются въ ней эти первообразы или идеи, и находятся какъ-бы въ спящемъ состояніи. Душа должна стараться разбудить ихъ и привести въ прежнюю ясность, ибо, восходя къ познанію высшей идеи — идеи добра, душа болѣе и болѣе уподобляется Богу, который есть добро само по себѣ. Чтобы достигнуть этого, мы должны сдѣлать въ себѣ свободною божественную способность разума, и предоставить ему господство надъ всѣми другими способностями. Кто совершилъ это, тотъ достигъ и высшей нравственности или справедливости, которая составляетъ высшее благо въ жизни, такъ какъ — на сколько къ ней стремимся, на столько мы и достигаемъ истиннаго счастія. Справедливъ тотъ, кто управляетъ всѣми живущими въ его душѣ способностями, у кого надъ ними господствуетъ разумъ, который есть сама мудрость, и который печется о всей душѣ; справедливъ тотъ, чье мужество и нравственное чувство находятся въ связи съ разумомъ и служатъ ему; при этомъ въ ихъ отношеніяхъ является гармонія, такъ что должное соединеніе музыки и гимнастики первую способность развиваетъ съ помощію прекрасной рѣчи, другую же успокоиваетъ и облагороживаетъ съ помощію мелодіи; справедливъ тотъ, у кого, наконецъ, обѣ эти способности — мужество и чувство — преобладаютъ надъ желаніемъ и ограничиваютъ его въ неумѣренности или излишествѣ, не давая человѣку погрязнуть въ однихъ тѣлесныхъ наслажденіяхъ. На этомъ основаніи, справедливость заключается не въ однихъ внѣшнихъ поступкахъ, зависящихъ отъ произвола человѣка, но въ его внутреннихъ отношеніяхъ къ самому себѣ, когда онъ не допускаетъ ни одной способности своей души извратиться или вступить во взаимное замѣшательство, но постоянно употребляетъ каждую по ея назначенію, владѣетъ и управляетъ собой, становится другомъ самого себя; когда онъ приводитъ въ согласіе всѣ три главныхъ способности своей души: разумъ, чувство и волю (мужество), какъ три главныхъ струны музыкальной гармоніи. Справедливость есть высшее назначеніе человѣка, и потому по ней долженъ поступать каждый. Само божество также любитъ справедливость и ненавидитъ неправду, а потому боги никогда не оставятъ того, кто стремится къ справедливости и къ уподобленію въ ней самому божеству — на сколько это доступно человѣку. Истинные гимнасты, которые до конца пробѣгаютъ назначенное имъ поприще, получаютъ на играхъ награду, и увѣнчиваются. Такой же исходъ бываетъ обыкновенно и для справедливаго: по окончаніи каждаго дѣла и, наконецъ, цѣлой жизни, онъ получаетъ отъ людей заслуженную награду. Но это еще ничто въ сравненіи съ величіемъ той награды, которая ждетъ его послѣ смерти, — какъ извѣстно это изъ священныхъ миѳовъ о жизни въ иномъ мірѣ. Все время жизни нашей, отъ младенчества и до старости, безконечно кратко въ сравненіи съ вѣчностью, даже совершенно ничтожно, и рискъ представляется слишкомъ опаснымъ, если кто пренебрегалъ своею душею, для которой послѣ смерти человѣка нѣтъ болѣе спокойнаго убѣжища и благополучія, какъ только въ томъ случаѣ, когда она была здѣсь, на землѣ, возможно доброю и разумною. Вотъ почему надо болѣе всего стараться о томъ, чтобы каждый изъ насъ, заботясь о пріобрѣтеніи всевозможныхъ знаній, не забывалъ этого главнаго; чтобы каждый умѣлъ различать хорошій образъ жизни отъ дурнаго; хорошъ же тотъ образъ жизни, въ которомъ соблюдается справедливость, а не хорошъ тотъ, въ которомъ она пренебрегается.

За это ученіе Платонъ, отецъ философскаго идеализма, пріобрѣлъ въ исторіи право называться первымъ христіаниномъ до Христа. Какъ образецъ аллегоричности съ которою Платонъ излагаетъ свое ученіе, напр. о душѣ, облеченное у него въ живыя, поэтическія формы, приведемъ отрывокъ изъ его знаменитой рѣчи «Федра» о состояніи души до ея воплощенія, и о такъ называемой платонической любви:

Существо божественной и человѣческой души у него сравнивается съ окрыленной колесницей. «Пара коней у боговъ принадлежитъ къ высшей, благородной породѣ; у людей же къ этой породѣ принадлежитъ только одинъ конь, а другой происходитъ отъ низкой, упрямой породы, такъ что возницѣ крайне трудно править своей колесницей и слѣдовать по пути за богами. Зевсъ, великій владыка неба, ѣдетъ впереди другихъ на своей крылатой колесницѣ, чтобы всюду водворять порядокъ и обо всемъ заботиться. За нимъ слѣдуетъ толпа боговъ и демоновъ девятью стройными рядами; въ домѣ же боговъ остается одна Гестія. Отдѣльно ѣдутъ другіе боги, принадлежащіе къ двѣнадцатому ряду, также въ опредѣленномъ для каждаго порядкѣ. Много дивно-прекраснаго видно на этомъ пути въ небесныхъ сферахъ, куда боги направляютъ свои колесницы, совершая что приличествуетъ каждому изъ нихъ. Имъ слѣдуетъ каждый, кто пожелаетъ, ибо зависть далека отъ ихъ божественныхъ родовъ. Отправляясь же на пиръ или обѣдъ, они ѣдутъ на небо прямымъ, стремнистымъ путемъ; ихъ колесницы запряженныя послушными конями, легко несутся вверхъ; другія же колесницы едва успѣваютъ слѣдовать за ними, ибо одинъ изъ ихъ коней, низкой породы, все тянетъ къ землѣ и упрямо влечетъ ихъ книзу, — если только возница недовольно ловко имъ правитъ; а потому для души наступаетъ теперь упорная борьба, постоянная битва.

Безсмертные, достигнувъ вершины неба, оборачиваются и потомъ твердо стоятъ на его тверди. Затѣмъ ихъ увлекаетъ поворотъ круга — и они видятъ все, что есть за предѣлами неба. Но это наднебесное мѣсто еще не воспѣлъ ни одинъ поэтъ, да и не будетъ никогда достоинъ возвыситься до него; а такъ какъ я хочу повѣдать всю истину, то и долженъ осмѣлиться описать и его по всей правдѣ. Оно таково: это — безцвѣтная, безформенная, нематеріальная, въ истинѣ пребывающая сущность, которую видитъ только одинъ духъ, водитель души; вокругъ же этого существа — все, что относится къ истинной наукѣ. И такъ какъ божественный духъ живетъ чистымъ разумомъ и наукой, и такъ какъ каждой душѣ опредѣлено взять отъ нихъ надлежащую ей часть; то всѣ души радуются вновь увидѣть это истинно-сущее, и питаются созерцаніемъ истиннаго, и наполняются веселымъ мужествомъ, — пока новый поворотъ круга не возвратитъ ихъ на прежнее мѣсто. Во время этого полета можно также увидѣть и справедливость, и умѣренность, и науку, — но не ту, которая возникаетъ во времени и подраздѣляется на многія отдѣльныя науки, по различнымъ дѣйствительно извѣстнымъ намъ предметамъ, а науку объ истинно-сущемъ. Такимъ образомъ, душа также видитъ истинное бытіе, лежащее въ основаніи всѣхъ вещей, и, усладившись имъ, вновь опускается внизъ во внутренность неба, и возвращается обратно домой. По возвращеніи возница ведетъ коней къ яслямъ, даетъ имъ амврозіи, и поитъ ихъ нектаромъ. Таковъ образъ жизни боговъ. Изъ другихъ душъ та, которая лучше другихъ успѣваетъ слѣдовать за несущимися впереди богами, можетъ вознести чело возницы до наднебеснаго мѣста, и совершить вмѣстѣ съ богами поворотъ; однако и тутъ замедляемая конемъ, она едва въ состояніи увидѣть сущее. Иная изъ душъ уже совсѣмъ поднимается, но вдругъ падаетъ внизъ, и при бѣшенствѣ коней одно увидитъ, а другаго нѣтъ. Всѣ же прочія души хотя также стремятся кверху и стараются поспѣть, однако въ изнеможеніи остаются позади, задерживаются внизу, толкаются и бьются между собою, — при чемъ каждая усиливается опередить другихъ. Тутъ возникаетъ шумъ, споръ и страхъ; многія по винѣ возницы бываютъ изранены, а ихъ перья испорчены; но всѣ онѣ послѣ напрасныхъ усилій возвращаются назадъ, не видавъ сущаго, и бываютъ должны довольствоваться одной призрачной пищей истины.

Съ этого времени возгорается въ нихъ пламенное желаніе видѣть равнины истины, ибо на тѣхъ лугахъ находится лучшій кормъ для всего благороднѣйшаго въ душѣ; отъ него снова растетъ сила перьевъ, съ помощію которыхъ душа опять возносится вверхъ, и законъ Адрастеи именно гласитъ, что та изъ душъ, которая въ сопутствѣ съ богами увидѣла истинное, не потерпитъ никакого вреда до слѣдующей поѣздки, и если ей постоянно удается совершить это, она остается вѣчно невредимою. Но если она, не будучи въ состояніи поспѣть за богами, не увидитъ ничего, и, постигнутая неудачей, предается забвенію и слабости въ своемъ паденіи,—тогда она совсѣмъ лишается перьевъ и падаетъ на землю. Въ это время она должна при первомъ рожденіи воплотиться — не въ тѣло животнаго, но, въ случаѣ если она хоть что нибудь видѣла при полетѣ,—въ тѣло мужа, долженствующаго потомъ сдѣлаться другомъ мудрости, красоты, музъ или любви; другая—въ тѣло законнаго государя или завоевателя; третья— въ тѣло государственнаго человѣка или хорошаго правителя своимъ домомъ и своимъ ремесломъ; четвертая— въ тѣло человѣка, который посвящаетъ себя гимнастикѣ или врачебному дѣлу; пятая поведетъ человѣка къ жизни предсказателя или посвященнаго въ таинства; шестая станетъ душею поэта; седьмая изберетъ жизнь, посвященную землемѣрству или ручному труду; осьмая сдѣлается душею софиста или льстиваго демагога; девятая воплотится въ тирана. Изъ всѣхъ этихъ людей достигнетъ лучшей доли тотъ, кто справедливъ, а худшей — кто несправедливъ. Туда же, откуда пришла каждая душа, она возвратится обратно никакъ не раньше 10,000 лѣтъ, ибо скорѣе ни одна не можетъ получить перьевъ, исключая развѣ той души, которая отдается чистой философіи или посвящаетъ себя философской любви. Такая душа въ третій тысячелѣтній періодъ, если она притомъ три раза избираетъ тотъ же родъ жизни, т. е. черезъ 3,000 лѣтъ, можетъ, снова оперившись, возвратиться домой. Прочія же, пройдя первый періодъ жизни, призываются къ суду, послѣ котораго однѣ отправляются въ подземныя мѣста переносить свое наказаніе, а другія, будучи освобождены отъ него,—въ небесныя мѣста, гдѣ имъ воздается за жизнь, которую онѣ вели въ человѣческомъ видѣ. Но, по прошествіи тысячи лѣтъ, обоего рода душамъ опять предоставляется удѣлъ и выборъ второй жизни; каждая избираетъ по своему желанію. Тогда человѣческая душа можетъ также перейти и въ животное, и потомъ, бывши прежде въ человѣкѣ, снова изъ животнаго обратиться въ человѣка. Но человѣческаго вида уже никогда не можетъ принять та душа, которая никогда не видала истины, ибо человѣкъ долженъ постигать идею вещей, т. е. то, что изъ хаоса чувственныхъ впечатлѣній приводитъ къ единству. Все это, однако, есть только воспоминаніе о томъ, что видѣла прежде душа, когда она слѣдовала путями боговъ, и, возвысивъ чело свое до сущаго, созерцала то, что мы считаемъ теперь за дѣйствительное. Потому-то по праву окрыляется только духъ философовъ. При разсмотрѣніи вещей его душа сохраняетъ сколь можно болѣе свои воспоминанія, созерцаніе которыхъ и ведетъ къ божеству. Только тотъ мужъ можетъ быть совершенъ въ истинѣ, который всѣми чувствами отдается этимъ воспоминаніямъ и постоянно посвящаетъ себя истинѣ. Воздерживаясь отъ человѣческихъ увлеченій, и живя только для божественнаго, человѣкъ бываетъ осуждаемъ людьми, какъ безумецъ; то же, чѣмъ его наполняетъ божественное вдохновеніе, остается скрытымъ отъ толпы.

Здѣсь наша рѣчь подошла именно къ четвертому виду безумія, которымъ бываетъ одержима душа того, кто при созерцаніи земной красоты вспоминаетъ о той, истинной, и черезъ это вновь окрыляется, и съ новыми крыльями опять порывается кверху, но, не будучи въ силахъ подняться, только смотритъ туда подобно птицѣ, не обращая вниманія на то, что происходитъ здѣсь внизу. Это-то и есть высочайшее изъ всѣхъ вдохновеній, обнаруживающее свое благороднѣйшее происхожденіе какъ въ томъ, кто имъ обладаетъ, такъ и въ томъ, которому оно сообщается; человѣкъ, который становится причастенъ такому безумію, исполненный любви къ красотѣ, называется влюбленнымъ. Ибо, какъ сказано, душа каждаго человѣка по природѣ своей должна хоть разъ видѣть истинно-сущее, безъ чего она не могла бы и принять человѣческаго вида, и при созерцаніи земныхъ вещей вспоминать о небесномъ; но это подъ силу не каждой душѣ; это нелегко той, которая только кратковременно видѣла сущее тамъ вверху; это нелегко и той, которую во время паденія постигла злая участь, такъ что она, искаженная дурнымъ вліяніемъ, впадаетъ потомъ въ несправедливость и въ забвеніе всего видѣннаго ею, святаго и божественнаго. Такимъ образомъ, остается лишь немного такихъ, въ которыхъ живетъ могучее воспоминаніе. Когда онѣ видятъ подобіе божественнаго, онѣ смущаются и не владѣютъ собою, или, при встрѣчѣ съ нимъ, не узнаютъ его, ибо оказываются недостаточно проницательными. Это происходитъ оттого, что земные образы справедливости, умѣренности и всѣхъ другихъ доблестей души не имѣютъ никакого блеска, и ихъ истинную сущность могутъ съ трудомъ узнать своими смущенными органами лишь тѣ немногіе, которые близко подходятъ къ этимъ образамъ. Красота блистаетъ лишь подъ ихъ наружнымъ видомъ, и мы только свѣтлѣйшимъ изъ нашихъ органовъ созерцаемъ ея яркое блистанье. Зрѣніе есть острѣйшее изъ всѣхъ нашихъ чувственныхъ воспріятій; оно не можетъ созерцать лишь одной мудрости, ибо тогда возникла бы уже слишкомъ пламенная любовь, если бы отъ мудрости нашъ глазъ воспринималъ столь же яркій свѣтъ, какъ и отъ всего другаго, достойнаго любви. Это остается удѣломъ одной красоты, которая и является поэтому самою лучезарною и восхитительною для любви. Тотъ, въ комъ не живетъ болѣе воспоминаніе, кто уже совершенно испортился,—тотъ болѣе не увлекается красотой, встрѣчая здѣсь то, что носитъ ея имя, а потому онъ приближается къ ней не съ благоговѣніемъ, а безстыдно преслѣдуетъ ее съ дикою и низкою чувственностью. Въ комъ же еще сохранилась святая свѣжесть, и кто созерцалъ красоту еще прежде, тотъ, встрѣтивъ богоподобный образъ, въ тѣлесномъ видѣ представляющій совершенную красоту, сперва содрагается и ощущаетъ страхъ, какъ прежде; потомъ онъ молится ей, взирая на нее какъ на божество, не страшится нарѣканія въ безуміи и приноситъ любимой красотѣ жертвы, какъ божеству. При ея видѣ страхъ мгновенно обращается въ необыкновенный жаръ. Онъ проникается весь этимъ жаромъ, воспринимая глазами лучи льющейся на него красоты, отъ вліянія которой ростутъ крылья его души. Этотъ жаръ расплавляетъ то, что задерживало зародыши перьевъ и ихъ ростъ; къ нимъ притекаетъ новая пища, развиваются перья, и ими вновь обростаетъ когда-то окрыленная душа. И такъ какъ каждый еще неиспорченный стремится здѣсь изъ всѣхъ силъ подражать божеству, къ сонму котораго онъ принадлежалъ прежде; по этому онъ и избираетъ здѣсь любимую красоту, какъ бы она была самимъ божествомъ, образуетъ и украшаетъ ее, чтобы поклоняться ей, какъ священному образу. Постоянно стараясь постигнуть природу своего божества, онъ, по необходимости, постоянно созерцаетъ само истинное божество, и крѣпко сохраняя его въ памяти, онъ вдохновенно принимаетъ его стремленія и обычаи, на сколько возможно принять ихъ человѣку, и то, что онъ приписываетъ любимой красотѣ, переходитъ еще болѣе на него самого. Чрезъ это онъ ближе и ближе уподобляется самому божеству».

### Ученіе Аристотеля о воспитаніи.

Ученикъ Платона Аристотель (род. въ 385 г. до Р. X.), развившій философское ученіе, совершенно противоположное взглядамъ своего учителя, по широтѣ своего міросозерцанія, по глубокой учености и громадному вліянію, принадлежитъ уже не одной Греціи, а всему человѣчеству. Отецъ его, Фракіецъ Никомахъ, былъ врачъ и другъ Македонскаго царя Аминты,—и это обстоятельство не могло не имѣть вліянія на призваніе его сына, ставшаго во главѣ реальнаго направленія въ философіи и въ наукѣ вообще. Рано лишившись родителей, онъ на семнадцатомъ году своей жизни пришелъ въ Аѳины къ Платону, въ обществѣ котораго онъ и оставался въ продолженіи цѣлыхъ 20-ти лѣтъ. Его упрекаютъ вообще въ неблагодарности къ своему учителю, ибо въ его сочиненіяхъ отражается его нерасположеніе къ платонизму; но это совершенно понятно психологически: ихъ взгляды были слишкомъ несходны, чтобы могло быть въ нихъ примиреніе. Впослѣдствіи, когда Аристотелю было уже 40 года, Филиппъ Македонскій пригласилъ его взять на себя воспитаніе 13-ти лѣтняго его сына Александра. Это дало философу еще болѣе возможности посвятить себя ученымъ занятіямъ и постигнуть всю важность воспитанія. Кромѣ того есть свидѣтельства, что Аристотель по утрамъ читалъ болѣе серьозныя части науки уже подготовленнымъ ученикамъ, слѣдуя акроаматической методѣ, а послѣ полудня преподавалъ огромной массѣ слушателей другія науки, имѣющія въ виду общее образованіе. Разсказываютъ, что онъ при преподаваніи имѣлъ обычай ходить взадъ и впередъ,—откуда получила названіе и вся его философская школа «перипатетиковъ». По смерти Александра Македонскаго, у котораго онъ въ послѣднее время впалъ въ немилость послѣ 13-ти лѣтняго преподаванія философіи въ лицеѣ, Аристотель былъ обвиненъ аѳинянами въ оскорбленіи боговъ, и добровольно оставивъ городъ, удалился въ Халкиду, гдѣ и умеръ въ 322 г.

Философія у Аристотеля теряетъ свой національно-эллинскій характеръ. Вмѣсто поэтическаго діалога Платона — у него является сухая проза; вмѣсто миѳовъ и поэтическихъ покрововъ — выступаетъ твердый, трезвый, научный языкъ; непосредственное умосозерцаніе учителя замѣняется у его ученика рефлексіей и отвлеченностью понятій. Отвергая платоническое единство всякаго бытія, Аристотель съ особенною любовью обращаетъ свой взглядъ на разнообразіе явленій, и ищетъ идеи только въ ея частномъ, конкретномъ проявленіи. Для развитія высшихъ, болѣе общихъ идей онъ всегда нуждается въ фактахъ и тщательно изучаетъ ихъ, будутъ ли они относиться къ области природы, исторіи, или внутренней жизни человѣка. Вся его философія основывается на данныхъ, исходитъ изъ опыта, и приходитъ къ синтезу осторожнымъ путемъ индукціи. Какъ Платонъ можетъ быть названъ крайнимъ идеалистомъ, выходящимъ всегда изъ общей апріористической идеи, такъ Аристотель—крайнимъ эмпирикомъ, уважающимъ прежде всего непосредственный опытъ, анализъ каждаго частнаго факта въ общемъ мірѣ явленій. У него всюду является критическій элементъ и осторожность въ построеніи общей системы. Такова его и метафизика, и политика, въ которой онъ касается и собственно педагогическихъ вопросовъ.

Платонъ принимаетъ идею воспитанія во всей ея идеальной возвышенности; Аристотель относится къ ней съ практическимъ, но глубокимъ пониманіемъ. У Платона личность какъ бы сгараетъ въ свѣтѣ общей идеи; у Аристотеля она признается въ дѣятельности анализирующаго ума. Признавая необходимость существованія рабовъ, Аристотель къ нимъ менѣе строгъ, чѣмъ Платонъ: онъ предписываетъ также заботиться о ихъ нравственномъ и духовномъ воспитаніи. Платонъ ставитъ математическія науки очень высоко въ обученіи, такъ какъ онѣ отвлекаютъ отъ чувственнаго и ведутъ къ духовному; Аристотель ставитъ ихъ при обученіи очень низко, такъ какъ въ нихъ нѣтъ пищи для нравственнаго чувства, столь необходимаго въ практической жизни. Онъ не противится, подобно Платону, изученію произведеній поэзіи и искусства только потому, что они предлагаютъ намъ вмѣсто истины одинъ безсодержательный призракъ и представляютъ опасность привести юношество къ поверхностному многознанію; но признаетъ пользу психологическаго объясненія художественнаго творчества и анализируетъ законы самаго искусства и психическую дѣятельность души. Далѣе, въ противоположность Платону, Аристотель высоко ставитъ исторію и вообще историческое знаніе, какъ образовательное средство для духа, стараясь при этомъ дать также указанія: какими методическими средствами можно легче достигать усвоенія учебнаго матеріала. Какъ представитель греческаго взгляда, Платонъ считаетъ педофилію существеннѣйшимъ воспитательнымъ дѣломъ для народа; Аристотель же, провозвѣстникъ новыхъ міровыхъ истинъ, отвергаетъ ее въ своемъ государствѣ. Наконецъ, Аристотель существенно отличается отъ Платона въ отношеніи къ нравственному воспитанію юношества: между тѣмъ какъ послѣдній говоритъ о началѣ добра въ человѣческой дѣятельности, дедуктивно подводя его подъ метафизическую идею добра, и не допускаетъ сообщенія добродѣтели посредствомъ воспитанія и обученія, такъ какъ она, по его мнѣнію, есть даръ неба для ищущихъ ее; Аристотель, напротивъ того, признаетъ въ своей этикѣ нравственное начало только въ сферѣ человѣческой жизни, а не какъ міровую идею добра, и старается объяснить образованіе добродѣтели съ помощію ясныхъ понятій ума.

Понятіе о добродѣтели гражданина Аристотель, въ своей «политикѣ», опредѣляетъ именно слѣдующими типическими чертами: «Какъ матросъ на кораблѣ есть членъ цѣлаго корабельнаго общества, такъ точно и гражданинъ въ государствѣ. Матросы же по своему назначенію неодинаковы между собою въ общемъ дѣлѣ: такъ одинъ изъ нихъ гребецъ, другой — кормчій, третій — его помощникъ и т. д. Ясно, такимъ образомъ, что точнѣйшее опредѣленіе добродѣтели каждаго изъ нихъ должно быть сообразно съ личной задачей каждаго; но въ то же время должно быть для всѣхъ ихъ и нѣкоторое общее опредѣленіе, сообразное съ ихъ общей задачей, которая есть — благополучіе плаванія. Подобнымъ образомъ, какъ бы ни были неодинаковы между собою граждане, цѣлость той формы общежитія, которою они пользуются, составляетъ общее ихъ дѣло, а та или другая форма политическаго устройства и есть форма ихъ общежитія. Поэтому добродѣтель гражданина должна быть опредѣляема по отношенію къ данному политическому устройству. Понятіе о хорошемъ человѣкѣ слагается изъ понятія о двухъ добродѣтеляхъ, каковы: благоразуміе и справедливость. Да и самая добродѣтель хорошаго человѣка, какъ подчиненнаго, и какъ свободнаго, очевидно, также не одинакова; такъ напр. справедливость имѣетъ виды, изъ которыхъ одинъ приличествуетъ ему на столько, на сколько онъ управляетъ, а другой — на сколько онъ подчиняется. Такъ точно благоразуміе и мужество мужчины и женщины различны: мужчина, конечно, оказался бы робкимъ, если бы былъ такъ мужественъ, какъ мужественна женщина; а женщина, въ свою очередь, показалась бы очень свободною, если бы была только такъ скромна, какъ прилично это мужчинѣ. Такимъ образомъ, Аристотель всюду воздерживается отъ общихъ опредѣленій. Понятія объ общечеловѣческой нравственности, отыскать которое старается Платонъ, у него не могло быть: это понятіе дало впервые человѣчеству только христіянство, сдѣлавъ человѣка гражданиномъ міра, а не только — извѣстнаго народа.

Ученіе о воспитаніи у Аристотеля стоитъ въ зависимости отъ его государственной теоріи. По мнѣнію Аристотеля, законодатель всего болѣе долженъ заботиться о воспитаніи юношества, потому что отъ невниманія къ этому дѣлу страдаетъ само политическое устройство государства. Характеръ моральнаго воспитанія того или другаго общества служитъ обыкновенно охраною его политическаго устройства, опредѣляя собою ту или другую форму его быта, такъ что наилучшее нравственное настроеніе общества всегда условливаетъ собою и наилучшую форму его политическаго состоянія. Если во всякомъ знаніи, во всякомъ искусствѣ есть нѣчто такое, что напередъ должно быть усвоено посредствомъ обученія и навыка для того, чтобы дѣйствовать въ предѣлахъ этого искусства; то ясно, что такое приготовленіе необходимо и для добродѣтельной дѣятельности. А такъ какъ цѣль государства, по мнѣнію Аристотеля, одна, то и воспитаніе всѣхъ гражданъ, очевидно, должно быть одно; слѣдовательно, оно должно быть дѣломъ общественнымъ, а не частнымъ, какъ это бываетъ теперь, когда каждый по своему заботится о своихъ дѣтяхъ, уча ихъ чему вздумается. Образованіе общественныхъ дѣятелей должно быть дѣломъ общественнымъ, и никто изъ гражданъ не долженъ считать себя принадлежащимъ себѣ самому; но всѣ, напротивъ, должны считать себя принадлежащими государству; и если каждый гражданинъ есть только часть государства, то попеченіе о каждой части цѣлаго, естественно, должно идти рука объ руку съ попеченіемъ о цѣломъ. Въ этомъ отношеніи Аристотель не можетъ довольно нахвалиться на лакедемонянъ за то, что они прилагаютъ столь большое попеченіе о дѣтяхъ, и притомъ пекутся о нихъ общими усиліями.

Касаясь вопроса о томъ, чему должно учиться юношество какъ для развитія въ себѣ добродѣтели, такъ и просто для наилучшей практической жизни, Аристотель прибавляетъ: «До сихъ поръ не выяснено: собственно ли въ развитіи мышленія должно состоять воспитаніе, или—въ развитіи нравственности? По существующей системѣ воспитанія, вообще трудно, составить понятіе о его истинной задачѣ, такъ какъ до сихъ поръ не ясно даже и то, въ чемъ должно упражнять юношей: въ томъ ли, что полезно собственно для жизни, или въ томъ, что ведетъ къ добродѣтели, или, наконецъ въ томъ, что выше интересовъ текущей жизни? А между тѣмъ и тѣ, по мнѣнію которыхъ цѣль воспитанія состоитъ въ развитіи добродѣтели, расходятся между собою въ средствахъ для достиженія этой цѣли»! Личность человѣка, по педагогической теоріи Аристотеля, опредѣляется природою, пріученіемъ и обученіемъ. Собственно воспитаніе состоитъ именно въ пріученіи и обученіи, которыя должны всегда идти неразлучно, но при томъ такъ, что пріученіе начинается всего раньше. Обученіе имѣетъ свою внутреннюю цѣль, такъ что для благородныхъ и свободныхъ натуръ неприлично спрашивать о пользѣ того, чему учатъ. Воспитаніе должно приготовить душу для воспріятія ученія о нравственномъ, подобно тому, какъ приготовляется почва прежде, чѣмъ кидаются въ нее сѣмена. Только когда душа приготовлена къ добру,—можно съ пользою предлагать ей ученіе о нравственности, ибо только послѣ усвоенія ею хорошихъ привычекъ нравственныя правила могутъ имѣть на нее облагораживающее вліяніе. Но при этомъ надо всегда имѣть въ виду конечную цѣль природы — образованіе разума, и самое воспитаніе должно всегда быть только развитіемъ, расширеніемъ природы человѣка. Душа въ ея собственномъ смыслѣ обладаетъ пятью способностями (энтелехіями): питанія, ощущенія, желанія, движенія и мышленія, составляющаго вѣнецъ человѣческой природы.

Въ первые пять лѣтъ жизни не слѣдуетъ дитя ни учить, ни занимать тяжелой работой, потому что чрезъ это задерживается его естественный ростъ. Но тѣмъ не менѣе уже и въ это время надо предохранить дѣтей отъ праздности. Наиболѣе сообразную для нихъ дѣятельность составляетъ *игра*. Дѣтскія игры должны быть, по большей части, подражаніемъ тому, что впослѣдствіи будетъ призваніемъ дитяти. Столь же заботливое вниманіе надо обращать на разсказы и сказки, которыя приличны этому возрасту. Все мрачное, низкое слѣдуетъ изгонять изъ дѣтской сферы; на этомъ основаніи дѣти должны по возможности рѣже оставаться съ рабами, чтобы не видѣть и не слышать ничего такого, что неприлично свободному человѣку. Человѣкъ есть наиболѣе склонное къ подражанію животное: эта наклонность врождена ему, и этимъ именно онъ отличается отъ всѣхъ другихъ существъ. Точно также всѣ непристойныя картины и сочиненія должны быть удалены отъ юношества. Дитя надо вести преимущественно такимъ образомъ, чтобы оно ощущало радость отъ добродѣтели, доставляющей истинное наслажденіе, и чтобы, наоборотъ, испытывало непріятность отъ того, что вслѣдствіе частыхъ аффектовъ можетъ обратиться въ неискоренимую привычку. Истинное наслажденіе нераздѣльно съ добродѣтелью.—По прошествіи пяти лѣтъ жизни дѣти въ продолженіи двухъ лѣтъ должны только присматриваться и прислушиваться къ тому, чему имъ предстоитъ потомъ учиться. Но при обращеніи съ дѣтьми надо принимать въ разсчетъ природное различіе ихъ по поламъ, такъ какъ женщина въ отношеніи добродѣтели вообще слабѣе, и вслѣдствіе робости своей болѣе нуждается въ покровительствѣ; мужчина же по своей силѣ и мужеству назначенъ для обороны. Поэтому женщину надо пріучать въ особенности ко всему, что содѣйствуетъ красотѣ и благородству ея наружности, и что ведетъ ея душу къ умѣренности и благородному труду.... Замѣтимъ кстати, что здѣсь Аристотель остается слишкомъ вѣренъ своему времени и что только христіянство уравняло права женщины въ призваніи ея къ добродѣтели наравнѣ съ мужчиной, причемъ и самое понятіе «добродѣтели» много измѣнилось въ пользу болѣе духовнаго, субъективнаго значенія.

Начиная съ 7-го года начинается уже собственно обученіе. Оно продолжается до самаго времени мужества и сопровождается тѣлесными упражненіями. Слѣдующіе за тѣмъ три года идетъ обученіе лишь музыкѣ и учебнымъ предметамъ; потомъ, до 21 года,—труднѣйшая гимнастика и опредѣленная умѣренность въ пищѣ, отчасти съ цѣлью противодѣйствовать половымъ влеченіямъ, отчасти съ цѣлью сдѣлать юношей способными къ войнѣ и разнымъ матеріальнымъ лишеніямъ. Задача обученія, какъ и воспитанія, состоитъ въ томъ, чтобы дѣтей, какъ существъ несовершенныхъ, воспитать совершенными гражданами, такъ какъ они должны впослѣдствіи принимать участіе въ жизни гражданскаго общества, и такъ какъ государство безъ образованія отдѣльныхъ личностей само не можетъ достигнуть совершенства. Цѣль воспитанія — такъ образовать дѣтей и вообще людей на различныхъ ступеняхъ ихъ возраста, чтобы они были способны отдаться всему, преимущественно прекрасному: вести жизнь въ войнѣ, заниматься дѣлами въ мирѣ, наслаждаться досугомъ и дѣлать все, что необходимо и полезно. Это образованіе въ благоустроенномъ государствѣ должно быть для всѣхъ одинаково, ибо у всѣхъ одно общее назначеніе — сдѣлаться гражданами. Смотря по различію человѣческихъ дарованій, и по зависящему оттого различію добродѣтелей, воспитаніе состоитъ въ интеллектуальномъ и нравственномъ пріученіи. Интеллектуальное воспитаніе, достигаемое посредствомъ обученія, не должно быть отдѣляемо отъ физическаго, такъ какъ духовное развитіе основывается на тѣлесномъ. Поэтому прежде всего слѣдуетъ обучать юношество гимнастикѣ, вовсе не задаваясь мыслью — придать тѣлу атлетическія качества, ибо и у животныхъ, и у народовъ храбрость является принадлежностью вовсе не самыхъ дикихъ, но — самыхъ рѣшительныхъ, львиныхъ характеровъ: гимнастическій призъ приличенъ прекрасному, а не животно-дикому подвигу. Изъ искусствъ надо обучать музыкѣ по преимуществу передъ другими. Она принадлежитъ къ числу совершеннѣйшихъ искусствъ, пріучая душу не только къ жизненному усвоенію внутренняго, духовнаго міра, но и къ облагороженію внѣшнихъ поступковъ. Цѣль ея изученія не есть одно удовольствіе, но также—достойное препровожденіе часовъ досуга. Естественно, что при воспитаніи музыкальное обученіе должно лишь на столько вводить въ область этого искусства, на сколько это необходимо, чтобы развить чувство смѣлости и ритма. Очевидно также, что дѣти не должны быть допускаемы къ занятію такими искусствами, которыя дѣлаютъ ихъ простыми ремесленниками: сюда относятся такія занятія, которыя или тѣло, или душу, или мышленіе людей свободныхъ дѣлаютъ неспособными къ добродѣтельной жизни. Таковы всѣ промысловыя и ремесленническія занятія (ванавсическія), такъ какъ они ухудшаютъ тѣло и дѣлаютъ мысль человѣка тупою, неспособною къ ученію. Такимъ образомъ, Аристотель дорожитъ формальною стороною обученія, но какъ реалистъ, не ограничивается одною ею.

Далѣе, важнѣйшими учебными предметами являются у него грамматика и риторика: въ грамматическомъ отношеніи полезно читать поэтовъ преимущественно, такъ какъ у нихъ представляются событія, какъ они *могли* совершаться, чѣмъ поэты существенно и отличаются отъ историковъ, изображающихъ дѣйствительно совершившееся. Кромѣ того, для юношества полезно начертательное искусство (графика), научающее вѣрной оцѣнкѣ художественныхъ произведеній пластики; чрезъ это также развивается и изощряется чувство тѣлесной, пластической красоты. Между такъ называемыми науками въ собственномъ смыслѣ — математика по своему образовательному значенію для юношества занимаетъ лишь второстепенное мѣсто: она не принимаетъ во вниманіе понятій добраго и злаго; притомъ же она въ дѣйствительности вовсе не даетъ ничего строго прямаго и округленнаго, какъ это принимаютъ геометры; наконецъ, математика не особенно возвышаетъ и чувство прекраснаго. Діалектика важна собственно для упражненія разсудка, а также въ отношенію къ другимъ людямъ, которыхъ надо въ чемъ либо убѣдить, и еще болѣе важна при изученіи философскихъ наукъ, давая навыкъ легко различать истинное и ложное. Философія же есть средство для достиженія высшаго гуманно-политическаго образованія, и для внутренняго благополучія; она господствуетъ надъ всѣми другими науками, научая человѣка уразумѣнію всѣхъ явленій, всего добраго и лучшаго въ природѣ и жизни. Высшая изъ всѣхъ практическихъ наукъ есть наука о государствѣ (политика), — на сколько цѣлью для нея служитъ высшее благо и счастіе; но она не можетъ служить предметомъ изученія для юношества, такъ какъ оно еще слишкомъ подчинено страстности и неопытно въ житейской, практической дѣятельности. Конечную цѣль воспитанія составляетъ нравственное развитіе: безъ развитой нравственности человѣкъ является самымъ дикимъ, самымъ вреднымъ изъ всѣхъ созданій, ибо онъ, при безнравственности, уже по природѣ своей обладаетъ самымъ страшнымъ оружіемъ — умомъ, которымъ онъ можетъ пользоваться для самыхъ отвратительныхъ цѣлей. Нравственное воспитаніе должно образовать въ питомцѣ добродѣтель: она состоитъ въ разумной, привычной, постоянной дѣятельности, которая притомъ не противорѣчитъ природѣ. И такъ для того, чтобы образовать добраго человѣка, необходимы три условія: природныя способности, пріученіе или образованіе нрава и обученіе. Конечная цѣль всего воспитанія, къ которой надо преимущественно стремиться, есть — богоподобіе.

Этимъ Аристотель сказалъ тѣ высшія истины, какія только могло постигнуть дохристіянское время. Съ одной стороны онъ остался вѣренъ эллинской государственной жизни: онъ опредѣляетъ понятіе добродѣтели полною способностью къ выполненію гражданскихъ правъ и обязанностей, и признаетъ воспитаніе лишь въ примѣненіи къ благороднымъ мальчикамъ, ставя уже на второй планъ женщину и рабочіе классы народа, и оставляя почти безъ вниманія рабовъ. Но, съ другой стороны, у него уже высказываются требованія чисто-человѣческой добродѣтели, въ отличіе отъ добродѣтели гражданской. Высшею цѣлью общечеловѣческаго образованія онъ уже ставитъ уподобленіе божеству. Онъ также даетъ прочныя начала для сообразной съ природой педагогики, признавая воспитаніе человѣка: какъ члена семейства, гражданина своего государства, и, наконецъ, какъ разумно-нравственнаго существа, воспитаніе — съ помощію равномѣрнаго, постепеннаго развитія тѣлесныхъ и духовныхъ способностей. Основныя начала своей педагогики Аристотель испробовалъ также практически при воспитаніи Александра Великаго и въ своемъ лицѣ. Еще никогда прежде столь великій учитель не образовалъ столь великаго ученика, направленіе котораго, однако, естественно зависѣло отъ духа того дохристіянскаго времени: какъ учитель завоевалъ себѣ весь тогдашній духовный міръ, — такъ ученикъ подчинилъ себѣ своими побѣдами весь тогдашній реальный міръ. Такъ какъ Аристотель вполнѣ образовалъ богато-одаренную личность своего ученика, то и понятно, что этотъ ученикъ, достигнувъ полнаго самосознанія и полной самостоятельности, освободившись отъ всякихъ узкихъ, ограниченныхъ плановъ, пришелъ къ великой мысли: соединить весь тогдашній міръ въ одно общественное цѣлое. Къ той же мысли приходили и всѣ позднѣйшіе геніальные люди, различаясь только въ средствахъ ея выполненія, опредѣляемыхъ духомъ времени. У Александра Великаго также было живое стремленіе уничтожить различіе между греками и варварами, и ему уже приписывается изреченіе міровой идеи, что Богъ есть общій отецъ всѣхъ людей, изъ которыхъ лучшіе сдѣлаются и его любимѣйшими дѣтьми. Аристотель принялъ на себя воспитаніе Александра уже послѣ того, какъ у него были учителями Леонидъ, отличавшійся самымъ твердымъ характеромъ, и заботливый Лизимахъ, обучавшій его по греческой системѣ. Аристотель ввелъ его въ изученіе Иліады, переработанной имъ самимъ для своего ученика, и до того вдохновилъ его греческимъ эпосомъ, что Александръ въ всѣхъ своихъ походахъ возилъ съ собою творенія Гомера въ особомъ золотомъ ящикѣ. Уваженіе къ поэтическому искусству было до того живо возбуждено въ государѣ, что онъ при разрушеніи Ѳивъ велѣлъ пощадить жилище Пиндара, пѣвца праздничныхъ побѣдъ. По музыкѣ Александръ умѣлъ превосходно играть на струнахъ и пѣть, оказывалъ также большое уваженіе музыкальнымъ артистамъ и устраивалъ музыкальныя состязанія. Доказательствомъ того, что Александръ дѣятельно занимался гимнастикой, служитъ симметрически развитое его тѣло и благородная, величавая наружность, быстрота его бѣга и выносливость среди самой напряженной дѣятельности. Онъ, вѣроятно, изучалъ также и графику, и былъ коротко знакомъ съ величайшимъ живописцемъ того времени — Апеллесомъ. Достовѣрно также, что Аристотель прилагалъ собенное стараніе къ развитію въ своемъ ученикѣ дара краснорѣчія: онъ желалъ образовать въ немъ внутреннюю ясность мысли, и всепокоряющую, побѣдоносную красоту ея внѣшней формы — рѣчи. Геометрію Александръ изучалъ лишь на столько, чтобы знать о величинѣ земли, только малѣйшая часть которой досталась ему въ удѣлъ. Политикѣ Аристотель училъ его, какъ будущаго государя, отступивъ въ этомъ случаѣ отъ своего основнаго положенія, что политика не для юношей,—или, можетъ быть, уже придя къ этому убѣжденію впослѣдствіи, послѣ неудачныхъ опытовъ надъ своимъ ученикомъ. Наконецъ, онъ ввелъ его также въ этику и въ глубокія тайны метафизики. На сколько Аристотель заинтересовалъ Александра естествознаніемъ можно видѣть изъ того, что государь во время походовъ своихъ черезъ Грецію и Азію назначилъ до тысячи человѣкъ для собиранія разныхъ замѣчательныхъ произведеній природы и для отсылки ихъ своему любимому учителю.—Но все это, однако, не помѣшало всемірному завоевателю разойтись со своимъ учителемъ, который впослѣдствіи впалъ у него въ немилость и долженъ былъ оставить Аѳины.... Въ Аристотелѣ эллинскій народъ выразилъ все, что было суждено ему выразить и передать преемственно другимъ народамъ.

*Практическое воспитаніе у римлянъ.*

Римское воспитаніе опредѣляется характеромъ самого римскаго народа. Отличительную черту этого характера, въ періодъ высшаго развитія республиканской жизни Рима, составляетъ уваженіе къ семейной жизни и признаніе правъ женщины въ сферѣ семейства. Спартанская простота и строгость нравовъ сохранялись въ Римѣ и тогда, когда аристократія должна была уступить мѣсто новымъ плебейскимъ фаміліямъ, тѣмъ болѣе, что римское государство имѣло чисто военный характеръ. Основаніями всего національнаго быта были: война, земледѣліе, и простота всѣхъ отношеній жизни; только любовь къ отечеству, мужество и военные подвиги считались заслугами и могли доставить общее уваженіе. Чѣмъ болѣе Римъ преобразовывался въ совершенно новое, республиканское государство, и принималъ чисто воинственный характеръ,—тѣмъ проще и суровѣе становилась общественная жизнь, а вмѣстѣ съ тѣмъ и воспитаніе. Только въ періодъ царей и преобладанія аристократіи эта суровая простота древняго римскаго быта была нѣсколько нарушена, но въ первыя же времена республики—вновь возстановлена. Безпрерывныя войны поддерживали этотъ складъ римской жизни. У римлянъ каждый гражданинъ былъ воиномъ, и всѣ высшіе сановники избирались изъ высшихъ военначальниковъ. Поэтому лагерные нравы съ самаго начала получили перевѣсъ надъ стремленіями къ роскоши, начинавшими обнаруживаться при послѣднихъ царяхъ; а всемогущій примѣръ новаго высшаго класса, вышедшаго изъ плебеевъ, имѣлъ благодѣтельное вліяніе на низшія сословія. Только женщинамъ дозволялась нѣкоторая роскошь въ частной жизни; мужчины же сдѣлались еще грубѣе и суровѣе отъ постоянныхъ войнъ. Земледѣліе и военная служба были главными занятіями римлянина и считались единственными почетными отраслями дѣятельности. Война сдѣлалась для римлянъ тѣмъ же, чѣмъ для народовъ средне-вѣковыхъ была охота: — игрою, вошедшею въ привычку, развлеченіемъ, потребностью, основанною на обычаѣ и условіяхъ всего быта. Охотой нельзя было заняться на густо-населенной и прекрасно-воздѣланной территоріи римскаго государства, и потому она не могла сдѣлаться страстью, какъ у сѣверныхъ народовъ. Патріотизмъ и любовь къ славѣ заставляли каждаго римлянина, по окончаніи войны, желать новаго похода. Даже самое увеличеніе числа рабовъ, т. е. военно-плѣнныхъ, не имѣло сначала вреднаго вліянія на духъ и нравы римскаго народа. Рабы, употребляемые преимущественно для земледѣльческихъ работъ, и занимавшіеся ими вмѣстѣ со своимъ господиномъ и его семействомъ, находились тогда въ совершенно другихъ отношеніяхъ къ своимъ владѣльцамъ, чѣмъ впослѣдствіи.

Семейная жизнь въ Римѣ была гораздо чище и благороднѣе, чѣмъ въ Греціи: она долго была вполнѣ сельскою, строго нравственною и умѣренною. Знатные римляне, исключая сенаторовъ, жили преимущественно въ своихъ имѣніяхъ, пріѣзжая въ городъ только на время, и возвращаясь назадъ по окончаніи своихъ дѣлъ. Дѣти жили у отца, или по сосѣдству, точно также, какъ и кліенты, находившіеся къ своему патрону въ такихъ же отношеніяхъ, какъ и дѣти. Отецъ былъ не только главою, но господиномъ и владыкою всего семейства, и государство не вмѣшивалось рѣшительно ни во что, происходившее въ нѣдрахъ семейства. Отецъ, не подвергаясь никакой отвѣтственности, могъ бросить своего новорожденнаго ребенка, присвоить себѣ все имущество сыновей, трижды продавать ихъ въ рабство, и даже—лишать ихъ жизни. Съ перваго взгляда покажется, что подобное право должно было повести за собою самую страшную тираннію;—но на дѣлѣ, замѣчаетъ Шлоссеръ, естественное чувство бываетъ всегда гораздо могущественнѣе, гораздо лучше всякаго покровительства законовъ. Хотя въ Римѣ и встрѣчались иногда случаи злоупотребленія родительскою властью, но, вообще, они были весьма рѣдки, и въ древнѣйшую эпоху семейная власть имѣла то преимущество, что дѣлала почти ненужными суды и письменные законы. Серьознымъ, суровымъ и практическимъ римлянамъ была совершенно чужда исполненная удовольствій и чувственныхъ наслажденій жизнь грековъ; за то они были свободны и отъ той геніальной легкомысленности, которая обнаруживается во всѣхъ проявленіяхъ греческой жизни и высказывается нерѣдко въ распущенности ихъ женщинъ и слабости брачныхъ узъ. Настоящими національными развлеченіями римлянъ были конскіе скачки и военныя игры, начало которыхъ восходитъ до самыхъ отдаленныхъ временъ; напротивъ того все, что имѣло какое нибудь отношеніе къ искусству и технической ловкости, вначалѣ было имъ совершенно чуждо. Игры гладіаторовъ, возникшія впослѣдствіи, вполнѣ соотвѣтствовали грубому характеру римлянъ, и потому, тотчасъ по своемъ появленіи въ Римѣ, сдѣлались, вмѣстѣ съ травлями звѣрей, любимымъ развлеченіемъ народа. Но и здѣсь, точно также, какъ въ танцахъ и введенныхъ впослѣдствіи театральныхъ представленіяхъ, первобытныя національныя воззрѣнія сохранили всю свою силу, и всякій, являвшійся въ этихъ зрѣлищахъ дѣйствующимъ лицомъ, былъ предметомъ всеобщаго презрѣнія. Музыка римлянъ была шумная или веселая, и никогда не испытывала значительныхъ усовершенствованій. Нѣкоторыя торжественныя жертвоприношенія, совершавшіяся съ аккомпанементомъ музыки, постоянно сопровождались неистовыми плясками и прыганьемъ. Пѣніе и игра на флейтѣ, употребительныя на пирахъ, никогда не подвергались такимъ усовершенствованіямъ, какъ греческая музыка. Но за то у римлянъ съ самаго начала сталъ распространяться самый низкій видъ роскоши — роскошь стола, для ограниченія которой принуждены были издать особый законъ. Такова была жизнь римскаго общества, среди котораго развивалась воспитательная практика до того времени, пока греческія воззрѣнія не проникли въ Римъ и не произвели рѣшительнаго переворота во всей римской образованности.

Центромъ воспитанія, какъ мы сказали, служило семейство, которое всегда и вездѣ зиждется на женщинѣ. Имѣя много рабынь, исполнявшихъ всѣ домашнія работы, жена римлянина вовсе не вмѣшивалась во многія отрасли домашняго хозяйства, которыя въ наше время, за отсутствіемъ рабства, должны лежать непремѣнно на обязанности самой хозяйки. Римскія женщины не были, подобно греческимъ, (за исключеніемъ Спарты) удалены отъ всякой общественной и государственной жизни, не были ограничены однимъ семейнымъ и домашнимъ кругомъ. Имъ не было чуждо и общее мужское образованіе, которое у грековъ было доступно только гетерамъ; а потому исторія римской образованности, въ противоположность греческой, представляетъ намъ примѣръ сильнаго вліянія женщинъ на развитіе націи. Замужняя римлянка имѣла очень почетное положеніе въ обществѣ, была образована, и принимала участіе въ общественной жизни мужчинъ. Расторженіе брака въ цвѣтущій періодъ римскаго государства хотя и было доступно для мужчины, но въ жизни являлось чѣмъ-то неслыханнымъ. Въ родномъ семействѣ дѣти, какъ мальчики, такъ и дѣвочки, рано пріучались къ опрятности, рѣшительности, простотѣ и благородному приличію. Качества эти еще болѣе укрѣплялись въ юношествѣ подъ вліяніемъ общественной жизни и славныхъ преданій отечественной исторіи, отпечатлѣвались неизгладимыми чертами въ юношескомъ характерѣ. Эти доблести и составляли задачу римскаго воспитанія. «У грековъ — говоритъ Цицеронъ — одни всей душой предаются поэзіи, другіе — геометріи, третьи — музыкѣ; иные же, какъ напр.

діалектики, открываютъ для себя особенный кругъ дѣятельности, и все свое время, всю свою жизнь посвящаютъ искусствамъ и изобрѣтеніямъ, чтобы съ помощію ихъ образовать юношескій духъ на началахъ гуманности и добродѣтели. Дѣти же римлянъ воспитываются для того, чтобы они впослѣдствіи могли быть *полезны* отечеству, а потому ихъ должно образовывать въ видахъ государственнаго блага и вести въ обычаяхъ предковъ. Отечество дало намъ жизнь и воспитаніе лишь для того, чтобы мы потомъ посвятили его пользѣ всѣ главныя и лучшія силы нашего духа, нашего таланта, нашего ума; а потому мы должны изучать только такія искусства, которыя выгодны для государства: въ этомъ нахожу я и высочайшую мудрость, и высочайшую доблесть». Такимъ образомъ, цѣлью для римскаго воспитанія служила практическая и патріотическая дѣятельность, какъ опредѣляетъ ее Цицеронъ, отзывы котораго о греческомъ воспитаніи скорѣе относятся, впрочемъ, уже къ періоду упадка Греціи.

Воспитательныя средства въ древнѣйшія времена Рима были тѣ же, изъ которыхъ въ Греціи возникли впослѣдствіи и науки, и искусства; но въ Римѣ эти зародыши развивались въ совершенно иномъ направленіи.... Римскій мальчикъ учился управлять конемъ и колесницей, отчасти упражнялся въ охотѣ, и, главное — готовился быть хорошимъ воиномъ: въ этомъ заключались первые элементы гимнастики. Въ праздничныхъ гимнахъ, въ пѣсняхъ въ честь предковъ, въ маскарадныхъ фарсахъ лежали основы для различныхъ отраслей музыки и поэзіи, какъ важныхъ образовательныхъ средствъ. Но этимъ задаткамъ искусства не суждено было достигнуть того правильнаго развитія, какое мы видимъ у грековъ. Тѣлесное воспитаніе не выработало идеи художественнаго усовершенствованія тѣла и, вообще, дѣло художественнаго образованія у римлянъ не вытекало изъ ихъ національнаго характера и не принесло никакихъ плодовъ: эллинская любовь къ искусству казалась имъ чѣмъ-то недостойнымъ. Еще Корнелій Непотъ полагалъ, что пѣніе непристойно гражданину, какъ члену государства, и Горацій прямо смѣется надъ тѣми изъ своихъ современниковъ, которые мастерски играли на цитрѣ. Только съ той поры, когда римскій характеръ измѣнилъ своей первобытной сущности, проникла въ Римъ греческая образованность съ ея наукой и искусствомъ. Однако римляне никогда не достигали истиннаго пониманія греческихъ воспитательныхъ средствъ, ибо этого пониманія нельзя было ожидать отъ народа, который не уважалъ ничего, что не имѣло прямаго примѣненія къ жизни въ ея обыденномъ, практическомъ смыслѣ. Римлянинъ стремился и во всей своей могучей дѣятельности, и въ воспитаніи осуществить идею одной пользы; грекъ, напротивъ того, желалъ посредствомъ воспитанія образовать прекрасную личность, достигшую идеальнаго совершенства. У грековъ идея прекраснаго и добраго проникала все воспитательное дѣло; — у римлянъ на первомъ планѣ стояла идея практическаго и полезнаго, на которой строилось и все воспитаніе. Первые стремились водворить эстетическій элементъ въ жизни; — вторые — разсудочный. Грекъ благоговѣлъ предъ духовными стремленіями человѣка, выражающимися въ наукѣ и искусствѣ, ради ихъ самихъ, дѣлая это по влеченію собственной природы; — римлянинъ удовлетворялся въ своей дѣятельности только тѣмъ, что служило благу государства. Воспитаніе грековъ и воспитаніе римлянъ взаимно исключали другъ друга; но на поприщѣ всемірной исторіи они дополняли другъ друга, расширяя воспитательный идеалъ, восполняя его новыми чертами, и потому содѣйствуя его всестороннему развитію. Задачею истиннаго воспитанія для насъ уже не можетъ служить ни исключительно греческій образецъ, ни исключительно римскій, — а ихъ соединеніе, или гармоническое развитіе какъ чувственнаго, такъ и духовнаго человѣка, развитіе какъ художественныхъ, такъ и практическихъ способностей его многосторонней природы.

Обращаясь непосредственно къ семейному воспитанію, столь строго охраняемому римлянами въ древнѣйшій и наступившій за тѣмъ цвѣтущій (республиканскій) періодъ ихъ исторіи, мы видимъ, что отецъ принимаетъ ближайшее участіе въ воспитаніи своихъ дѣтей. Когда новорожденное дитя было признано отцемъ, поднявшимъ его на руки, какъ свое законное, и чрезъ то обязавшимся заботиться о немъ, ему давалось имя: дѣвочкѣ на восьмой, а мальчику на девятый день послѣ рожденія. День этотъ торжественно праздновался; приглашались родственники и друзья дома; приносились жертвы домашнимъ богамъ, и исполнялись различныя религіозныя церемоніи, имѣвшія цѣлью — предохранить дитя отъ враждебныхъ чаръ, подъ защитой божества. Послѣ того оно поручалось попеченію матери: отъ ея распоряженій и благоразумія зависѣло его тѣлесное воспитаніе; ближайшею помощницею ея являлась кормилица (nutrix), а въ богатыхъ домахъ — и другія служанки. Нянька, избираемая изъ служанокъ или изъ подругъ дома, занимала потомъ мѣсто педагога, и особенно при воспитаніи дочерей оказывала существенное вліяніе на ихъ нравственное поведеніе, предохраняя ихъ отъ вредныхъ внѣшнихъ условій. Главнѣйшее же значеніе при нравственномъ воспитаніи не только дѣвочекъ, но и мальчиковъ, оставалось на сторонѣ матери во все время процвѣтанія римскаго государства. Необузданный Коріоланъ, котораго ничто не могло преклонить къ согласію удалить свои кровожадныя толпы отъ стѣнъ его роднаго города, ничто, кромѣ умоляющаго вида его престарѣлой матери Ветуріи, есть не единственный примѣръ того прочнаго нравственнаго вліянія, которое пріобрѣтали римскія матроны надъ своими воинственными сынами. Стоитъ также вспомнить доблестную мать Гракховъ, благородную Корнелію, одну изъ образованнѣйшимъ римскихъ женщинъ, имѣвшую такое огромное вліяніе на своихъ обоихъ сыновей — образцовъ истинно-римской гражданской доблести. Простота, воздержность и умѣренность — вотъ тѣ основныя качества, запечатлѣть которыя въ нравахъ дѣтей стремилось римское семейство, дѣйствуя на нихъ не столько словомъ, сколько примѣромъ.

Домашняя дисциплина была чрезвычайно строга. Въ присутствіи дѣтей не должно было ни говорить, ни дѣлать что либо неприличное. Однажды М. П. Катонъ, въ бытность свою цензором, изгналъ Манлія изъ сената за то, что онъ днемъ, въ присутствіи дочери, цѣловалъ свою супругу. Отцы никогда не купались вмѣстѣ съ сыновьями, точно также какъ дяди съ племянниками, чтобы не оскорбить въ дѣтяхъ чувства стыдливости—начала всякой добродѣтели по понятіямъ римлянъ. Рабамъ, женщинамъ и свободно-рожденнымъ юношамъ до 30-лѣтняго возраста запрещалось пить вино; нарушеніе же этого со стороны женскаго пола наказывалось наравнѣ съ важнѣйшими проступками. Отецъ никогда не обѣдалъ безъ сына внѣ дома, чтобы оба во взаимномъ присутствіи не могли позволить себѣ никакихъ излишествъ. При такой осмотрительности старшихъ, стыдливо относившихся къ юношеству, послѣднее, конечно, также сохраняло чувство стыдливости и уваженія передъ старшими. Съ пировъ родители возвращались домой не иначе, какъ въ сопровожденіе своихъ сыновей. Не встать предъ сѣдиною старца считалось преступленіемъ. Вообще, скромная стыдливость у римлянъ уважалась не менѣе, какъ и у спартанцевъ, и составляла лучшее украшеніе римскаго юношества. Извѣстная поговорка Катона «я лучше люблю тѣхъ, которые краснѣютъ, нежели тѣхъ, которые блѣднѣютъ, ибо краска стыдливости есть цвѣтъ добродѣтели»—была общею поговоркою между римлянами. Кромѣ тѣхъ нравственныхъ вліяній, которыя оказывалъ на юношескій духъ непосредственно весь складъ римской семейной жизни, той же цѣли служили разсказы о простотѣ и доблести предковъ, долженствовавшіе воодушевить юношество ко всему доброму и благородному. Въ семейномъ кругу было въ обычаѣ разсказывать о разныхъ замѣчательныхъ событіяхъ изъ лагерной и военной жизни, о знаменитыхъ битвахъ съ врагами отечества; все это возбуждало и питало патріотическое чувство въ младшихъ членахъ семейства. На пирахъ каждый взрослый по очереди разсказывалъ другимъ что нибудь въ похвалу своихъ доблестныхъ предковъ; мальчики также пѣли при этомъ, иногда съ аккомпанементомъ флейты, во славу лучшихъ гражданъ отечества; въ душѣ ихъ и другихъ слушателей воспламенялось чувство удивленія къ праотцамъ и желаніе подражать имъ въ собственной дѣятельности. Въ прежнія времена Рима, отцы иногда брали съ собой сыновей, находившихся еще въ отроческомъ возрастѣ (praetextati), въ сенатъ, считая его лучшей школой практической мудрости; но этотъ обычай былъ впослѣдствіи отмѣненъ, и допускался развѣ въ видѣ исключенія: такъ молодой Папирій получилъ позволеніе посѣщать сенатъ и послѣ запрещенія этого обычая потому, что онъ прежде, при распросахъ своей любопытной матери, желавшей знать, что дѣлалось въ сенатѣ, доказалъ свое умѣнье «не только хорошо говорить, но и хорошо молчать».

Когда мальчикъ снималъ отроческое платье (toga praetexta), ему тотчасъ стригли длинные волосы, которые онъ носилъ до того времени, и надѣвали на него toga virilis: теперь для юноши наступало годичное испытаніе, впродолженіе котораго онъ занимался труднѣйшими тѣлесными упражненіями, и вращался въ обществѣ взрослыхъ мужей. За все это время онъ, въ знакъ своей скромности, носилъ руки подъ плащемъ, и если успѣвалъ обнаружить въ себѣ такія качества, какъ серьезность, умѣренность, порядочность въ хозяйствѣ и строгая нравственность; — то при вступленіи въ мужескій возрастъ онъ уже пріобрѣталъ себѣ хорошую репутацію, однако безъ особенныхъ похвалъ и поощреній. Напротивъ того, тотъ, который не обладалъ подобными достоинствами, не могъ избѣгнуть общаго презрѣнія. Такимъ образомъ, главныя воспитательныя средства въ этотъ періодъ имѣли одинъ нравственный характеръ. Тѣмъ не менѣе, римскій юноша обязывался строгимъ послушаніемъ, такъ какъ римляне полагали, что только умѣющій слушаться будетъ потомъ умѣть и повелѣвать. Съ этой цѣлью юноша долженъ былъ жить въ лагерѣ и отправлять опредѣленныя обязанности. Здѣсь онъ часто бывалъ въ преторіи, состоя въ распоряженіи военноначальника, и приготовлялся быть впослѣдствіи опытнымъ воиномъ и искуснымъ полководцемъ. Если молодой человѣкъ готовился потомъ къ гражданскимъ должностямъ, онъ долженъ былъ присутствовать въ собраніяхъ куріи, какъ простой зритель, но не могъ принимать въ нихъ прямаго участія. Ближайшимъ учителемъ его при этомъ былъ самъ отецъ; въ случаѣ смерти отца имъ руководили старѣйшіе изъ гражданъ и поучали его примѣрами изъ ежедневной жизни римскаго форума. Кромѣ того, усердно посѣщая форумъ, молодой римлянинъ могъ пріобрѣтать знакомство знаменитыхъ юристовъ, напр. сопровождая ихъ во время прогулокъ, могъ обращаться къ нимъ съ вопросами, и просить ихъ указаній въ извѣстныхъ случаяхъ. Существеннѣйшимъ элементомъ въ образованіи римлянина, при вступленіи его въ свое призваніе, былъ самъ обычай (usus); вся подготовка совершалась практическимъ путемъ; духъ развивался подъ вліяніемъ самой жизни. Такъ практически-образованный, богатый собственнымъ опытомъ отецъ, самъ велъ воспитаніе своего сына, или даже внука. Римлянинъ, подобно спартанцу, учился жить въ самой жизни; все воспитаніе его носило на себѣ здоровый, реальный характеръ, устранявшій всякую искусственность.

Главной цѣли Римскаго воспитанія — приготовленіе къ практической жизни въ сферѣ государства—соотвѣтствовало и обученіе въ собственномъ смыслѣ. Оно находилось въ тѣсной связи съ дисциплиной, которая стояла даже и первомъ планѣ, такъ что долгое время все обученіе ограничивалось однимъ необходимѣйшимъ — умѣньемъ читать и писать. Затѣмъ къ элементарному обученію постепенно присоединялось чтеніе и объясненіе старинныхъ писателей и поэтовъ. Тѣлесное развитіе стояло внѣ воспитательной задачи: къ гимнастикѣ вовсе не прибѣгали, а заботились только о сохраненіи и укрѣпленіи здоровья, о физическимъ закалѣ. Если же нѣкоторые римляне, какъ напр. Папирій Курзоръ, и были искусны въ нѣкоторыхъ отдѣлахъ греческой гимнастики, преимущественно же и бѣганьи; — то они достигали этого благодаря своимъ природнымъ способностямъ, и не могли придать своему искусству никакого общественнаго значенія, какъ это было у грековъ. Дѣвушки римскія и подавно не знали никакихъ гимнастическихъ упражненій. Даже танцамъ учились только мальчики, и то лишь для того, чтобы умѣть хорошо держаться и сохранять извѣстное римское decorum. Пѣнію обучали потому, что оно служитъ къ увеселенію. Особенное вниманіе обращалось на то, чтобы мальчики знали на память законы «двѣнадцати таблицъ», такъ какъ содержаніе ихъ было важно для каждаго дѣловаго человѣка. Наконецъ, вмѣстѣ съ пѣніемъ стиховъ, мальчики рано пріучались къ произнесенію похвальныхъ рѣчей въ честь славныхъ подвиговъ отечественныхъ героевъ.

Начало учрежденія школъ перешло къ римлянамъ отъ этрусковъ. Первыя школы въ Римѣ были дѣломъ частной предпріимчивости. По свидѣтельству Тита Ливія, въ 449 году до Р. Х. въ Римѣ на форумѣ, между различными лавочками, находилась одна элементарная школа, которая посѣщалась взрослыми дѣвушками. Тѣмъ же историкомъ упоминается существовавшая во время Камилла школа для мальчиковъ въ городѣ Валеріяхъ, учитель которой собиралъ къ себѣ сыновей знатнѣйшихъ гражданъ города, чтобы свободно занимать ихъ разными полезными упражненіями. Упоминается также, что когда Камиллъ неожиданно вторгнулся въ Тускулумъ (377 г.) въ школахъ поднялся крикъ находившихся въ нихъ учениковъ. Особенное развитіе получило школьное образованіе у римлянъ, кажется, со времени Спурія Карвилія — въ 225 г. до Р. Х. Первоначальнымъ обученіемъ (prima literatura) занимался обыкновенно literator, самъ человѣкъ малообразованный, который гдѣ нибудь подъ крышей долго занимался съ учениками за ничтожную плату, или обучалъ in ludo publico — въ общественной школѣ. Отъ обыкновенія, по которому дѣти учились открыто на улицахъ (in triviis) на разныхъ перекресткахъ и площадяхъ, произошло и позднѣйшее названіе «тривіальныхъ школъ»; отсюда же ведетъ свое начало и средневѣковое trivium, обозначавшее три обыкновенные учебные предмета: грамматику, діалектику и риторику; замѣчательно, что уже Квинтиліанъ обыкновенныя школьныя познанія опредѣляетъ выраженіемъ «trivialis scientia». Самыя школы у римлянъ назывались ludi (игры, забавы), какъ бы съ цѣлью — привлекать въ нихъ юношество заманчивостью самаго ихъ названія; кромѣ того въ этомъ названіи можно видѣть намекъ на то, что занятіе наукой и искусствомъ, въ противоположность практической дѣятельности, есть игра для духа и отдохновеніе. Сообразно съ этимъ и учителя назывались ludi magistri.

*Вліяніе Греціи на римское воспитаніе.*

Послѣ завоеванія Римомъ Греціи, греческій геній произвелъ совершенный переворотъ и въ жизни, и въ воспитаніи римлянъ, не смотря на то, что греческая образованность послѣ Александра Великаго перешла уже въ *александрійскую*, т. е. значительно пала. Время это, предшествовавшее эпохѣ римскаго владычества, по характеристикѣ Шлоссера, было временемъ промышленнаго развитія и ученыхъ занятій по преимуществу. Это былъ одинъ изъ тѣхъ періодовъ жизни народовъ, когда всѣ стремленія общества направляются на предметы полезные и употребительные въ матеріяльной жизни, а умъ, утративъ пониманіе истинно высокаго и добраго, находитъ для себя удовольствіе въ чтеніи, и чувствуетъ потребность разнообразить утонченныя чувственныя наслажденія умственными занятіями и научнымъ диллетантизмомъ. Въ такую эпоху могутъ процвѣтать только тѣ изъ наукъ и научныхъ занятій, которыя имѣютъ прямое примѣненіе въ практической жизни: математика, механика, физика, медицина. Собираніе и объясненіе матеріаловъ, или безплодное мудрствованіе занимаютъ мѣсто истинной научной дѣятельности, основывающейся на одушевленіи; все чисто умственное лишается своего внутренняго содержанія и падаетъ въ той же мѣрѣ, въ какой возвышаются утилитарныя науки. Изнѣженный умъ человѣка бываетъ слишкомъ безсиленъ, слишкомъ преданъ чувственности и далекъ отъ естественности, чтобы любить истинное и прекрасное только для нихъ самихъ. Въ подобныя эпохи искусство и наука дѣлаются только средствами для внѣшнихъ, матеріяльныхъ цѣлей, и, какъ рабыни, служатъ роскоши, промышленности и развлеченіямъ. А таковъ былъ весь бытъ, все умственное направленіе грековъ въ названную эпоху, придавшее особенный характеръ тогдашней греческой, или точнѣе, александрійской образованности. Правда, успѣхи реальныхъ наукъ составляютъ самую свѣтлую, самую важную для позднѣйшихъ поколѣній сторону александрійской образованности, тѣмъ болѣе, что именно около этого времени познакомились съ нею римляне, стремившіеся по самому складу своего ума ко всему практическому, реальному, и къ осуществленію идеи всемірнаго владычества. За то во всѣхъ прочихъ отношеніяхъ александрійская эпоха представляетъ собою печальную картину застоя, упадка и испорченности. Мѣсто свободнаго, энергическаго умственнаго движенія заступила безцвѣтная, тщеславная и пустая дѣятельность ума; литература обратилась или въ пустую болтовню, или въ безплодную ученость, праздное мудрствованіе, поверхностное и самодовольное многознаніе. Простота и естественность воззрѣній, пониманіе высокаго и живое участіе ко всему человѣческому—исчезли, и источникомъ мудрости, вмѣсто самой жизни, сдѣлалась мертвая книга. Тѣмъ не менѣе, греческій геній и въ это время оказалъ обаятельное вліяніе на своихъ побѣдителей, — и вліяніе это, вмѣстѣ со многимъ хорошимъ, привило къ римскому обществу не мало и вреднаго, вызывая нерѣдко энергическую реакцію со стороны римскихъ патріотовъ, защитниковъ прежней простоты, прежней естественности какъ въ жизни, такъ и въ воспитаніи.

Греческій языкъ и греческая литература стали теперь въ Римѣ главными предметами обученія, оттѣснивъ на второй планъ отечественные: такъ Ливій Андроникъ читалъ со своими учениками греческихъ поэтовъ; Кратосъ Маллосскій, посланникъ короля Аттола, когда сломалъ въ Римѣ ногу, то во время своего лѣченія читалъ лекцію о грамматикѣ греческаго языка, и такимъ образомъ первый ввелъ въ Римѣ изученіе ея. Тогда же, подъ вліяніемъ греческихъ образцовъ и греческой философіи, стало изучаться римлянами ораторское искусство, къ которому они имѣли природное дарованіе. Мало по малу метода обученія съ греческаго языка была перенесена и на латинскій. Всеобщее духовное движеніе, обнаружившееся въ высшихъ слояхъ римскаго общества, отозвалось и на низшихъ, среди простаго народа и даже между рабами съ этого времени распространилась охота учиться читать, писать и считать. Кромѣ общаго народнаго образованія между римлянами возникло еще особенное образованіе, опредѣляемое словомъ «humanitas», котораго искали исключительно сыновья знатныхъ родителей, готовавшіеся къ высшимъ государственнымъ должностямъ. Такіе молодые люди изучали греческій языкъ, римское право, и упражнялись въ ораторскомъ искусствѣ: безъ подобнаго образованія въ Римѣ нельзя уже было надѣяться имѣть какое нибудь участіе въ дѣлахъ государственнаго управленія. Луцій Эмилій Павелъ былъ одинъ изъ первыхъ, который призналъ за греческою цивилизаціею всемірное значеніе. Не отвергая необходимости національнаго воспитанія, онъ воспитывалъ своихъ дѣтей по греческой системѣ: на греческой литературѣ, миѳологіи, риторикѣ и философіи; греческіе живописцы и скульпторы постоянно находились въ его свитѣ и довершали художественное (музійское) образованіе его дѣтей. Такое же воспитаніе, какъ въ домѣ Эмилія Павла, распространилось и во всемъ высшемъ римскомъ обществѣ, такъ что греческій языкъ еще съ этихъ далекихъ временъ ведетъ свое привилегированное значеніе, только на время позабытое въ средніе вѣка. Греческіе учителя толпами отправлялись въ Римъ въ качествѣ знатоковъ греческаго языка, греческой литературы и вообще греческаго образованія; въ римскихъ дворцахъ и лакеи и философы набирались преимущественно изъ грековъ. По свидѣтельству современниковъ, этимъ щеголяли римскіе богачи, и за хорошаго знатока греческой литературы, какъ за раба, платили до 200,000 сестерцій,—что составитъ около 50,000 руб. на наши деньги. Уже въ 161 г. до Р. Х. въ Римѣ существовало нѣсколько особыхъ учебныхъ заведеній, въ которыхъ упражняли въ греческой декламаціи; обученіе греческимъ наукамъ входило, какъ существеннѣйшая часть, въ систему тогдашняго римскаго образованія. Всѣ значительные римляне занимались греческою литературою; знатные люди держали у себя въ домахъ греческую прислугу, греческихъ секретарей, греческихъ ученыхъ, и между молодыми людьми считалось хорошимъ тономъ говорить лучше по-гречески, нежели по-римски. Самъ Тиверій Гракхъ пригласилъ къ себѣ въ домъ одного извѣстнаго греческаго философа. Сципіонъ младшій былъ другомъ многихъ греческихъ ученыхъ. Люцій Крассъ имѣлъ обычай чаще говорить на греческомъ, нежели на своемъ родномъ языкѣ. Аттикъ описалъ консульство Цицерона такимъ изящнымъ греческимъ языкомъ, что можно бы было подумать, что родиной его были сами Аѳины. Цицеронъ не только посѣтилъ Аѳины, но и былъ усерднѣйшимъ слушателемъ философовъ и грамматиковъ, пріѣзжавшихъ въ его время въ Римъ.

Такимъ образомъ, параллельно съ греческимъ высшимъ обученіемъ развилось и собственно римское. Уже Андроникъ и Энній вмѣстѣ съ греческимъ языкомъ обучали также латинскому. Чѣмъ болѣе затѣмъ развивалась римская литература, тѣмъ болѣе римскій языкъ и наука входили въ кругъ тогдашняго высшаго образованія, какъ учебныя средства. Такія сочиненія римскихъ писателей, какъ «пуническая война» — Невія, хроника Эннія, позже стихотворенія Луцилія, въ извѣстные дни читались сначала предъ избраннымъ кругомъ слушателей, а потомъ и публично: этимъ юношество вводилось въ пониманіе классической латинской литературы. Самый латинскій языкъ съ этого времени получаетъ ученую обработку: Варронъ написалъ особое сочиненіе о латинскомъ языкѣ, а Юлій Цезарь составилъ латинскую грамматику. Тогда же, около 100 г. до Р. Х., такіе ученые римляне, какъ Варронъ и Цицеронъ, читали въ кругу молодыхъ людей сочиненія Плавта и произносили рѣчи на родномъ языкѣ; для высшаго національнаго образованія устроились, наконецъ, особыя, правильно организованныя учебныя заведенія съ хорошо оплачиваемыми учителями. Самое обученіе тотчасъ же раздѣлилось, подобно греческому, также на два курса: сперва научно преподавалась латинская литература, а потомъ шли упражненія въ искусномъ сочиненіи похвальныхъ, политическихъ и юридическихъ рѣчей. Первую литературную школу въ Римѣ открылъ Севій Никаторъ, около 100 г. до Р. Х., а первую спеціальную школу для изученія латинской риторики—Луцій Плотій Галлъ, около 90 г. до Р. Х. И чѣмъ болѣе приближалась къ своему паденію римская республика, тѣмъ болѣе распространялась въ ней греко-римская образованность. Даже гимнастическія упражненія были переняты отъ грековъ и начинались точно также игрой въ мячикъ, бѣганьемъ и фехтованьемъ, а потомъ переходили въ состязанія по всѣмъ правиламъ гимнастическаго искусства. Въ знатныхъ римскихъ домахъ и помѣстьяхъ подлѣ купальни непремѣнно устроивалась и палестра. Но, тѣмъ не менѣе, гимнастика у римлянъ никогда не служила сама себѣ цѣлью, какъ это было у грековъ: римская гимнастика служила только приготовленіемъ къ войнѣ, и даже такъ называемая Троянская игра, т. е. торжественное состязаніе въ большомъ циркѣ, изображавшее Троянскую войну, у римлянъ превратилась въ простую военную игру, которая исполнялась ежегодно при участіи сыновей знатныхъ патриціевъ, состязавшихся въ верховой ѣздѣ, единоборствѣ, метаніи диска, плаваньи и т. под. Въ стратегическихъ видахъ особенное значеніе придавали искусству плавать, въ которомъ были искусны даже женщины, напр. знаменитая Элелія. Пѣніе теперь было также въ употребленіи; но оно постоянно соединялось съ танцами, противъ которыхъ возставалъ еще Цицеронъ, и въ особенности Сципіонъ Африканскій. «Сыновей и дочерей нашихъ знатныхъ гражданъ—сѣтовалъ послѣдній—учатъ разнымъ пустымъ и непристойнымъ искусствамъ: они посѣщаютъ школы комедіантовъ вмѣстѣ съ танцорами, музыкантами и пѣвцами. Я едва могу вѣрить этому, но я самъ видѣлъ въ одной танцовальной школѣ до 500 мальчиковъ и дѣвочекъ, и въ числѣ ихъ одинъ 12-ти лѣтній мальчикъ исполнялъ такой танецъ, котораго постыдился бы даже самый отверженный рабъ».

Въ послѣдніе годы республики эллинская система образованія была уже вполнѣ примѣнена къ обученію римскаго юношества,—нравственная же сторона воспитанія была забыта. Правовѣдѣніе, агрономія и военныя науки сдѣлались изъ общихъ наукъ спеціальными. Къ прежнему грамматическо-риторическо-философскому курсу присоединился еще новый, состоявшій изъ геометріи, ариѳметики, астрономіи и музыки. Въ энциклопедіи Катона составными частями общаго, а не спеціальнаго образованія принимаются: правоученіе (этика), ораторское искусство, агрономія, право, военная наука и медицина; у Варрона же въ систему общаго образованія входятъ какъ общеобразовательные предметы: грамматика, астрономія, музыка, медицина и архитектура.

Одновременно съ упадкомъ нравственно-воспитательной части, учебная постоянно развивается, и число школъ растетъ. По приговору Вебера и всѣхъ другихъ историковъ, у римлянъ, точно также, какъ и у грековъ, высшая цивилизація шла рядомъ съ наибольшимъ нравственнымъ разложеніемъ общества. Науки и искусства находили себѣ пріютъ и поощреніе во дворцахъ богачей; торговля и ремесла процвѣтали; благосостояніе и образованность привели къ наслажденію жизнью; красивыя постройки многолюдныхъ городовъ производили впечатлѣніе общаго счастія; и въ Римѣ, и въ другихъ большихъ городахъ возвышалось множество учебныхъ заведеній, распространявшихъ знанія. Но такъ какъ вся образованность римская была лишь чуждымъ, экзотическимъ растеніемъ; то ей недоставало внутренней одушевляющей и возвышающей силы: она только полировала поверхность, но не проникала внутрь, въ сердце человѣка. Строгость нрава, благородство души, сила характера — признавались и цѣнились столь же мало, какъ и геніяльность въ изобрѣтеніи и творчествѣ. Всѣ стремленія каждаго были направлены къ наслажденію въ жизни, къ роскоши, которыя вели римское общество къ неизбѣжной гибели. Этотъ разладъ между образованіемъ и воспитаніемъ увеличился еще болѣе во время имперіи;—но прежде, нежели перейти къ нему, необходимо бросить взглядъ на учебное дѣло, такъ какъ оно, развившись въ это время и выработавъ болѣе опредѣленныя системы и методы, имѣло огромное значеніе впослѣдствіи, сдѣлавшись достояніемъ среднихъ вѣковъ съ ихъ схоластическою ученостью.

Обученіемъ дѣтей завѣдывали грамматисты. До шестаго или седьмаго года дитя оставалось въ родительскомъ домѣ, на попеченіи матери или кормилицы, а потомъ—педагога, который теперь точно также, какъ у грековъ, являлся ближайшимъ руководителемъ мальчика. Элементарное обученіе начиналось только по седьмому году и переходило въ руки *литератора*, который преподавалъ prima literatura въ открытой школѣ — ludus publicus. У него дѣти учились прежде всего читать. Употреблявшаяся при этомъ метода была силлабическая, державшая дѣтей долго на складахъ; при этомъ названіе и порядокъ буквъ заучивались прежде, чѣмъ учащіеся узнавали ихъ начертаніе и значеніе. Затѣмъ къ чтенію присоединялось письмо. Упражненія въ письмѣ производились или по предложеннымъ прописямъ, при чемъ учитель сперва водилъ руку учащагося, или прямо на вощаныхъ дощечкахъ, на которыхъ учитель проводилъ стилемъ глубокія черты, и потомъ давалъ ученику самому обводить ихъ. По пріобрѣтеніи ученикомъ должнаго навыка въ чтеніи и письмѣ буквъ, слѣдовали упражненія въ правильномъ произношеніи словъ. Прочитывался какой нибудь разсказъ, а потомъ разбирался по содержанію и по языку. Поучительныя поговорки и сентенціи заучивались на память. Такъ постепенно доходили, наконецъ, до чтенія и объясненія болѣе легкихъ поэтическихъ произведеній, и при этомъ главное вниманіе обращалось на правильное удареніе и благозвучное произношеніе. Рядомъ съ этимъ грамматическимъ курсомъ шло обученіе счету. Дѣти считали по пальцамъ, на камешкахъ или на аспидной доскѣ. Счетъ по пальцамъ былъ, кажется, чѣмъ то въ родѣ умственнаго счисленія: каждый палецъ, даже каждый сгибъ пальца соотвѣтствовалъ извѣстному числу; ученикъ долженъ былъ внимательно слѣдить за пальцами учителя, ихъ сгибами и движеніями, и потомъ угадывать сумму. Кромѣ того дѣти считали на доскахъ, на камешкахъ и мелкихъ монеткахъ, которые они приносили съ собою въ школу въ особыхъ коробкахъ. Эти камешки служили еще къ тому, что раскладывались въ извѣстномъ порядкѣ на разлинованной доскѣ, и дѣти, вѣроятно, учились на нихъ четыремъ ариѳметическимъ дѣйствіямъ. При обученіи литераторъ поручалъ старшимъ ученикамъ имѣть за другими полицейскій надзоръ, или просматривать диктовки, спрашивать заданные уроки. Методы у различныхъ учителей были различны, смотря по личности каждаго изъ нихъ, равно какъ и школьная дисциплина, которая была то болѣе, то менѣе строга, но вообще соотвѣтствовала серьезному и военному характеру римлянъ, отличаясь болѣе строгостью, чѣмъ кротостью.

Когда ученикъ прошелъ съ успѣхомъ школу литератора, онъ переходилъ, приблизительно по 12-му году, къ особому учителю, который назывался literatus, чтобы проходить съ нимъ ученіе о языкѣ и слогѣ, и заниматься объясненіемъ писателей, преимущественно поэтовъ. Обученіе это относилось какъ къ латинскому, такъ и греческому языку, и состояло главнымъ образомъ въ усвоеніи этимологической части грамматики; изъ синтаксиса же проходилось только самое существенное — объ употребленіи частицъ (греческихъ), о словосочиненіи и составѣ предложенія. Греческіе писатели читались и переводились; поэтическая мысль пересказывалась прозой; разбиралось построеніе стиха; обращалось вниманіе на барбаризмы, тропы, фигуры, поэтическіе пріемы и т. п. Къ этому присоединялись также разныя историческія, физическія и астрономическія поясненія. Особеннымъ вниманіемъ пользовалось все историческое, такъ что дѣти близко знакомились съ дѣяніями своихъ предковъ: другъ Цицерона Аттикъ былъ, говорятъ, до того свѣдущъ въ римской исторіи, что не было ни одного закона, ни одного мира, ни одной войны, ни одного сколько нибудь замѣчательнаго событія, котораго онъ не зналъ бы во всѣхъ подробностяхъ, и потому съ поразительною легкостью выводилъ генеалогію всѣхъ знаменитѣйшихъ мужей Рима. Съ цѣлію развитія дара слова существовали особыя упражненія. Въ школѣ грамматика изучались вообще всѣ тѣ науки, которыя у римлянъ и у грековъ подходили подъ названіе «грамматики», какъ то: поэзія и ораторское искусство, исторія и основанія философіи, толкованіе писателей по извѣстнымъ правиламъ, основательное знаніе латинскаго и греческаго языковъ и т. д.

Въ періодъ императоровъ школьное дѣло продолжало свое дальнѣйшее развитіе, не смотря на то, что время это, по выраженію историковъ, было временемъ наслажденія и крови, когда Римъ походилъ на гладіатора, который, побѣдивъ всѣхъ своихъ противниковъ, вонзилъ мечъ въ собственную грудь; когда все божественное и нравственное утратилось въ обществѣ; когда литература и національная жизнь вошли въ полный разладъ другъ съ другомъ. Чѣмъ болѣе слабѣла въ римлянахъ сила дѣла, тѣмъ болѣе росла сила слова, и возбуждался интересъ къ наукѣ и литературѣ. Въ царствованіе Адріана было учреждено много публичныхъ школъ, которыя вообще становились тѣмъ многочисленнѣе, чѣмъ сильнѣе разлагалась общественная и семейная жизнь Рима, и чѣмъ болѣе старались съ помощію школы поднять падающій духъ народа. Прежде воспитателями въ Римѣ были семья и общество: изъ рукъ этихъ воспитателей вышло не мало мужей и женъ, достойныхъ римскаго имени. Теперь школа взяла на себя — воспитывать на критикѣ и образовывать на формахъ: но первая, изощряя умъ, не развивала воли; вторыя же вели къ многознанію и учености, а не къ образованію. Изученіе греческаго языка въ школахъ совершалось въ ущербъ отечественному, и основывалось преимущественно на модѣ. Силу красворѣчія прежнихъ временъ риторы превратили въ пустое, звучное фразерство, и диспутаціи о разныхъ неприличныхъ предметахъ, убивъ старинную цѣломудренную стыдливость римлянъ, породили одну наглость.

Элементарныя школы особенно умножились въ царствованіе Августа, но вообще мало пользовались уважепіемъ; онѣ, будучи дѣломъ частнымъ, помѣщались обыкновенно въ глухихъ закоулкахъ города и состояли въ распоряженіи учителей, которые, какъ говорится, потерпѣвъ въ жизни крушеніе, видѣли въ нихъ послѣднее для себя пристанище. При императорахъ элементарныя и другія школы возникали и въ провинціяхъ, особенно въ Галліи. Учителя низшихъ школъ, не пользовавшіеся особеннымъ уваженіемъ со стороны родителей, такъ называемые literatores, обучали, какъ умѣли, чтенію, письму и счету. Чтеніе по прежнему преподавалось по силлабической методѣ, въ одиночку или хоромъ; было въ ходу взаимное обученіе; кромѣ старшихъ учениковъ — аудиторовъ существовали еще младшіе учителя — помощники. При обученіи чтенію главное вниманіе обращалось на ясность, правильность и отчетливость произношенія; при этомъ сперва произносилъ учитель или старшій ученикъ, а младшіе должны были вслушиваться и повторять. Отъ отдѣльныхъ буквъ постепенно переходили къ слогамъ и ихъ составленію, потомъ къ цѣлымъ словамъ, отъ словъ къ предложеніямъ и, наконецъ, къ стихамъ. Стихи заучивались на память и разбирались по метру: это служило подготовкой къ чтенію поэтовъ. Иногда также самъ учитель читалъ предъ учениками произведенія лучшихъ поэтовъ, и разбиралъ ихъ со стороны формы и содержанія. При письмѣ учитель, по прежнему, дѣлалъ грифелемъ на вощаной дощечкѣ пропись по строчкамъ, — ученикъ-же копировалъ прописанныя буквы и слова между этими строчками; затѣмъ написанное могло снова заглаживаться обратной, тупой стороной грифеля (стиля). Если письмо не должно было стираться, то ученикамъ давалась бумажная charta, или membrana изъ пергамента, при чемъ писалось только на одной внутренней сторонѣ. Упражненія въ счетѣ играли, какъ и прежде, важную роль въ обученіи, и Горацій упоминаетъ напр. о дѣленіи асса на сто частей. Также обучали дѣтей геометріи и географіи, въ пособіе которой уже употреблялись раскрашенныя карты. Во время позднѣйшихъ императоровъ въ кругъ учебныхъ предметовъ вошли также рисованіе и музыка. Гимнастическія упражненія и теперь оставались частными занятіями отдѣльныхъ лицъ, не входя въ общую систему обученія, и государство ни предписывало, ни запрещало ихъ. Ученики обыкновенно дѣлились на различные классы, смотря по способностямъ и познаніямъ. Шумъ и безпорядокъ строго преслѣдовались въ школѣ, и отъ учениковъ требовалось смирное сидѣнье на мѣстѣ и внѣшняя почтительность къ учителю. Дисциплина также была строга и послѣдовательна, а повиновеніе — безусловно обязательно для учащихся. Обыкновенными наказаніями были не одни строгіе выговоры, но также удары тростью по пальцамъ и по рукамъ; при болѣе важныхъ проступкахъ употреблялась и плеть, которая собственно назначалась для однихъ рабовъ. Существовали и награды: такъ Веррій Флаккъ назначалъ преміей разныя старинныя и дорогія книги, полученіе которыхъ вызывало соревнованіе между учащимися.

Такому элементарному обученію подвергали своихъ дѣтей почти всѣ родители, и когда возникшій въ Римѣ и Константинополѣ пролетаріатъ грозилъ опасностью, что дѣти многихъ будутъ лишены всякаго обученія, Нерва издалъ законъ, по которому дѣти бѣдныхъ родителей въ городахъ Италіи получали образованіе на общественный счетъ; а Траянъ, ревностнымъ подражателемъ котораго былъ впослѣдствіи щедрый Адріанъ, при восшествіи своемъ на престолъ оказалъ призрѣніе 5,000 бѣдныхъ дѣтей, и кромѣ того роздалъ 245 законнорожденнымъ мальчикамъ по 16 сестерцій (около 10 руб.) и 34 законнорожденнымъ дѣвочкамъ — по 12 сестерцій. Антонинъ Шій учредилъ въ честь супруги своей Фаустины одно воспитательное заведеніе для бѣдныхъ дѣвочекъ. Антонинъ Философъ и Александръ Северъ также оказали не мало подобныхъ благодѣяній въ пользу просвѣщенія бѣдныхъ классовъ народа. Однако всѣ эти благотворительныя учрежденія для бѣдныхъ и покинутыхъ дѣтей имѣли цѣлью увеличить число преданныхъ своимъ благотворителямъ воиновъ и гражданъ; о правильной же организаціи народнаго образованія въ видахъ частной и общей, государственной пользы въ это время никто не заботился. Элементарное обученіе въ школахъ, численность которыхъ такъ быстро росла, лишено было всякой воспитательной силы, которая не находила себѣ поддержки ни со стороны семейства, ни со стороны общества. Хотя воспитаніе мальчика—говоритъ Бернгарди—вращалось повидимому и въ старыхъ формахъ, но въ нихъ не было уже стараго духа. Это происходило подъ вліяніемъ всеобщей испорченности нравовъ, которая прежде всего разрушила семейную жизнь. Теперь мальчикъ рѣдко росъ на глазахъ своей матери, какъ это было прежде, а обыкновенно поручался какому нибудь бездарному рабу, который рано посвящалъ его во всѣ соблазны свѣта, въ кровавыя зрѣлища цирка и борьбу партій. Школа уже не могла, да и не умѣла внести въ нравы учениковъ то, чего не укореняло въ нихъ болѣе ни семейство, ни общество.

Еще менѣе воспитательнаго значенія можно было требовать отъ высшихъ школъ, въ которыхъ учили literati. Ихъ посѣщали лишь тѣ, которые думали посвятить себя наукѣ, искусству, законовѣдѣнію, государственной службѣ. Преподаваніе шло въ аудиторіяхъ грамматиковъ, риторовъ и философовъ, какъ на латинскомъ, такъ и на греческомъ языкахъ, и обнимало всѣ такъ называемыя artes liberales. Грамматики занимались собственно объясненіемъ поэтовъ, при чемъ избранныя мѣста заучивались на память; сюда же присоединялось изученіе метрики, упражненія въ слогѣ, и критика темныхъ или недостовѣрныхъ мѣстъ текста. Чтеніе классиковъ начиналось, какъ и въ послѣднее время республики, съ Гомера и Виргилія. Ученики занимались переводами съ латинскаго на греческій, и съ греческаго на латинскій языкъ. Исторія и древности особенно тщательно изучались юношествомъ, которое многіе старались ввести въ духъ древней римской жизни, чтобы хотя отчасти противодѣйствовать начинавшемуся разложенію жизни современной. Но все же главною цѣлью обученія оставалось одно хорошее усвоеніе свѣдѣній и развитіе краснорѣчія, къ которому должна была подготовить школа грамматика. Отсюда юношество спѣшило наполнить аудиторіи риторовъ. Declamare и studere было теперь главнымъ призваніемъ какъ для даровитыхъ, такъ и для бездарныхъ юношей. Изученіе риторики въ блестящій періодъ ея развитія было двоякое: сперва оно состояло въ постоянномъ чтеніи авторовъ, съ тою разницею, что теперь читали не поэтовъ, какъ дѣлалось у грамматика, а преимущественно историковъ и ораторовъ. По прочтеніи рѣчи слѣдовало обратиться къ разбору ея частей и прослѣдить ея inventio и elocutio. Иногда преднамѣренно избирались для чтенія и испорченныя рѣчи, чтобы учащіеся сами находили въ нихъ ошибки и исправляли, при чемъ учитель постоянными вопросами наводилъ ихъ на изслѣдованіе текста. Вторая степень изученія риторики состояла въ томъ, что переходили непосредственно къ краснорѣчію на самой практикѣ. Риторъ излагалъ правила риторики и руководилъ своихъ учениковъ въ декламаціи, т. е. въ написаніи и произнесеніи формально-правильныхъ и законченныхъ разсужденій. Вначалѣ онъ самъ декламировалъ и только требовалъ повторенія своей декламаціи, потомъ задавалъ тему, указывалъ расположеніе (dispositio), предоставлялъ учащимся ея выполненіе, и исправлялъ ихъ изустныя или письменныя работы. Иногда онъ давалъ только тему ученикамъ, а диспозиція разсужденія отыскивалась при общемъ участіи. Наконецъ, онъ предоставлялъ свободный выборъ темъ и рѣчей. Въ первое время для подобныхъ упражненій брались философскія вопросы, или важнѣйшія историческія событія, или практическіе вопросы изъ жизни. Но чѣмъ далѣе, тѣмъ болѣе превращались эти упражненія въ одни пустыя хитросплетенія, и чѣмъ болѣе съуживалось внѣшнее поприще для краснорѣчія, тѣмъ сильнѣе старались развить его искусственными средствами, чтобы блестящей формой прикрыть недостатокъ нравственнаго содержанія. Главнымъ въ рѣчи считалось: художественность обработки и богатство поэтическихъ оборотовъ, имѣвшихъ цѣлью увлечь слушателя обаятельной красотой слова. Подобныя декламаціи дѣлились на три вида; 1) laudativae или demonstrativae; 2) suasoriae или deliberativae, и 3) controversiae. Оба первые вида писались на болѣе легкія темы, требовавшія меньшей обработки; введеніе въ нихъ было кратко, развитіе просто, и содержаніе заимствовалось преимущественно изъ греческой исторіи. Они назначались для младшихъ и слабѣйшихъ учениковъ. Содержаніе рѣчей послѣдней категоріи было разнообразнѣе и труднѣе: онѣ должны были служить подготовкой къ непосредственной практической дѣятельности, заимствуя содержаніе изъ области морали и трактуя о такихъ предметахъ, какъ похищеніе дѣвушекъ, отцеубійство, нарушеніе брака и т. п. Риторы учили въ театрахъ, купальняхъ, храмахъ и подобныхъ мѣстахъ; диспутаціями они занимались на прогулкахъ, въ музеяхъ, библіотекахъ, галлереяхъ; учащееся у нихъ взрослое юношество произносило пробныя рѣчи также въ театрахъ и храмахъ, или, наконецъ, на улицахъ, на рынкѣ и даже въ частныхъ домахъ. Школы риторовъ не только извратили греческое ораторское искусство, и не только исказили языкъ, но льстивымъ и изысканнымъ характеромъ такихъ заказныхъ рѣчей, имѣвшихъ назначеніемъ вліять на рѣшеніе судебныхъ приговоровъ, возбудили въ юношествѣ надменную притязательность, кичливость многознаніемъ и страсть къ пустой фразеологіи. Въ рѣчахъ этихъ, говоритъ Бернгарди, не смотря на всю прелесть ихъ отдѣлки и правильность построенія, не смотря на всю выработанность техники, не доставало оригинальности и внутренней силы убѣжденія, потому что качествъ этихъ недоставало въ личностяхъ самихъ ораторовъ, въ которыхъ высота образованія не уравновѣшивалась возвышенностью характера.

По мѣрѣ того, какъ теоретическое знаніе въ Римѣ болѣе и болѣе вытѣсняло преданіе, прежде переходившее изъ рода въ родъ и сообщавшее воспитанію прочныя національныя основы, — теорія воспитанія стала разработываться и слагаться въ систему, не оказывая, однако, особеннаго вліянія на падающую жизнь общества. Можно сказать, что теорія эта, даже при всѣхъ своихъ достоинствахъ, явилась уже поздно и оказалась въ изолированномъ положеніи, такъ какъ не вытекала изъ жизни и не возвращалась къ ней, хотя и была вызвана сознаніемъ лучшихъ людей того времени, что воспитательная практика нуждается въ улучшеніи и обновленіи.

*Ученіе Цицерона о воспитаніи.*

Такъ Маркъ Туллій Цицеронъ (род. въ 106 году Р. Х.), въ своихъ философскихъ и ораторскихъ сочиненіяхъ (de legibus, de officiis, de finibus и др.) обращаетъ особенное вниманіе на сущность и задачи воспитанія. Хотя римляне не принимали самостоятельнаго участія въ развитіи философіи, но нѣкоторыя философскія системы грековъ, особенно эпикурейская (Лукрецій) и стоическая (Сенека) также находили себѣ въ Римѣ приверженцевъ, начиная съ той эпохи какъ Греція сдѣлалась римской провинціей. Будучи основательно знакомъ съ греческой философіей, Цицеронъ относился къ ней какъ эклектикъ, и не создалъ собственной системы. Дожилъ до такого переходнаго времени, каковымъ было время Юлія Цезаря, онъ умѣлъ сохранить въ себѣ независимость убѣжденій и нравственную чистоту характера, причинившихъ ему не мало страданій и, наконецъ, удалился отъ общественныхъ дѣлъ, въ которыхъ онъ игралъ прежде столь блестящую роль, какъ консулъ и спаситель отечества. Вліяніе Цицерона на современниковъ, какъ даровитѣйшаго изъ ораторовъ, и на ходъ историческаго развитія образованности, какъ классическаго писателя, неоспоримо; а потому взгляды его на воспитаніе необходимо должны имѣть мѣсто въ его исторіи.

Воспитаніе, по мнѣнію Цицерона, есть усовершенствованіе дарованныхъ человѣку отъ природы способностей. Оно тѣмъ болѣе необходимо, что человѣкъ есть совершеннѣйшее изъ созданій природы, обладая высшими духовными преимуществами, въ особенности разумомъ, на развитіи котораго и должно основываться развитіе добродѣтели посредствомъ воспитанія. Поэтому наибольшую услугу государству оказываетъ тотъ, кто посвящаетъ труды свои дѣлу образованія юношества. Чѣмъ разнообразнѣе личности и мнѣнія людей вообще, тѣмъ настоятельнѣе необходимость какъ можно раньше пробуждать въ дѣтяхъ зародыши добра и подавлять зародыши зла, въ особенности же — наклонность къ удовольствіямъ, противодѣйствіемъ которой должно служить пріученіе къ серьезному труду.

Учитель долженъ обращаться со своими учениками кротко, строго и вмѣстѣ справедливо. Наказывать дѣтей можно словомъ или дѣломъ, и дисциплина не должна переходить ни въ слишкомъ слабую, ни въ слишкомъ суровую. Нѣжность обращенія съ ними не должна препятствовать соблюденію необходимой строгости, и притомъ наказанія, какъ словесныя, такъ и тѣлесныя, не должны имѣть въ себѣ ничего унизительнаго. Наказаніе надо всегда соразмѣрять съ проступкомъ, такъ чтобы за одинаковыми проступками всегда слѣдовали и одинаковыя наказанія (?). Особенно надо воздерживаться наказывать въ гнѣвѣ, такъ какъ при разгоряченномъ состояніи духа трудно найти счастливую средину между излишнею строгостью и излишнею слабостью наказанія. Даже при выговорѣ, произносимомъ въ рѣзкомъ тонѣ, надо остерегаться отъ горячности, вслѣдствіе которой и проступокъ, и упреки являются въ преувеличенномъ видѣ. Мы должны прибѣгать къ наказаніямъ точно также, какъ хорошій врачъ — къ выжиганію или операціи у своего больнаго, т. е. неохотно, рѣдко, только въ самыхъ необходимыхъ случаяхъ, когда всѣ предварительныя мѣры уже оказались безплодными. Паціентъ долженъ убѣдиться, что все горькое и непріятное, къ чему мы рѣшаемся наконецъ прибѣгнуть, намъ самимъ стоило трудной внутренней борьбы, и что только ради его пользы мы избираемъ эти крайнія мѣры.

Въ интересахъ развитія нравственной жизни наибо́льшее значеніе надо отдать религіи. Крѣпкое соблюденіе ея даетъ крѣпость и государству, и граждане должны какъ можно раньше убѣдиться въ томъ, что боги управляютъ всѣми нашими дѣлами, видятъ поступки, мысли и чувства каждаго человѣка. Когда въ умѣ запечатлѣны эти начала, человѣкъ будетъ предохраненъ отъ безумнаго высокомѣрія при созерцаніи божественной мудрости, проявляющейся въ міровомъ порядкѣ, и страхъ божественнаго наказанія будетъ воздерживать смертнаго отъ преступленія и гордыни. На этомъ основаніи, нравственно-религіозное воспитаніе должно начинаться съ ранняго дѣтства. Вначалѣ кажется, будто младенецъ лишенъ духовной жизни; но скоро и быстро пробуждается въ немъ человѣческій смыслъ. Дитя поднимаетъ голову, начинаетъ пользоваться своими руками, узнаетъ своихъ окружающихъ, потомъ льнетъ къ своимъ сверстникамъ, любитъ различныя забавы, напряженно стремится къ игрѣ, такъ что никакія наказанія не въ силахъ удержать его отъ игръ, болѣе или менѣе ласково относится къ другимъ дѣтямъ, обнаруживаетъ первыя попытки въ размышленіи, начинаетъ болѣе и болѣе отличать себя отъ другихъ существъ, находитъ въ себѣ чувство самосознанія, и тѣмъ сильнѣе чувствуетъ влеченіе къ дѣятельности, чѣмъ счастливѣе его природныя дарованія, чѣмъ сообразнѣе его воспитаніе, которое уже въ эту пору можетъ ослабить въ немъ излишнюю наклонность къ чувственному наслажденію. При разумномъ воспитаніи ребенку надо предоставлять лишь такія игры, которыя могутъ имѣть для него образовательное значеніе. Особенно важна окружающая его обстановка, такъ какъ ребенокъ одаренъ чрезвычайною живостью и впечатлительностью, на которыя столь мало обращается вниманія, между тѣмъ какъ ребенокъ замѣчаетъ и воспринимаетъ все, что онъ видитъ, слышитъ, все, что его окружаетъ.

При дальнѣйшемъ развитіи дитяти слѣдуетъ прилагать особенное стараніе къ укрѣпленію его памяти: съ этою цѣлью ему полезно заучивать на память избранныя мѣста изъ греческихъ и римскихъ писателей. Если дѣтям еще и недостает нужной для их полнаго понимания зрѣлости; но все же не безполезно, когда въ ушахъ ихъ раздаются изреченія мудрѣйшихъ мужей, и когда они уже знаютъ отдѣльныя поэтическія мѣста, обогащающія ихъ умъ прекрасными образами, и рѣчь — прекрасными выраженіями. Въ это время надо примѣнять къ дѣтямъ полезные совѣты и указанія мнемоники, ибо если это и не придастъ имъ новой творческой силы, то во всякомъ случаѣ окажетъ содѣйствіе укрѣпленію памяти, напомнивъ учителю напр., о томъ, что чувственныя впечатлѣнія, особенно отъ зрѣнія, прочнѣе всего удерживаются въ воспоминаніи; а потому весьма ошибаются тѣ, которые полагаютъ, что масса представленій и живыхъ образовъ можетъ обременять и подавлять память.

Когда мальчикъ перешелъ въ юношескій періодъ развитія, онъ долженъ опредѣлить соотвѣтствующее своимъ наклонностямъ призваніе, и не оставаться въ заблужденіи на счетъ самого себя. Первое и главное правило — не дѣлать ничего, что противно человѣческой природѣ вообще; второе правило — слѣдовать своей индивидуальной природѣ въ ея лучшихъ качествахъ. Послѣднее до того важно, что въ случаѣ, если мы замѣчаемъ въ другомъ какое нибудь преимущество, то и тогда мы не должны тотчасъ же передѣлывать себя по видѣнному нами образцу, но прежде соображаться съ нашею собственною природою. Только то вполнѣ удается каждому, что составляетъ особенное свойство его личности. И такъ, прямая обязанность каждаго — тщательно изслѣдовать природныя способности собственнаго духа, сдѣлаться справедливымъ судьею собственныхъ достоинствъ и недостатковъ, хорошихъ и дурныхъ сторонъ своего нрава, и затѣмъ уже развивать въ себѣ первыя и бороться съ послѣдними. Въ противномъ случаѣ, мы будемъ и въ серьезныхъ вещахъ дѣлать такіе же промахи, какіе дѣлаетъ неблагоразумный актеръ даже въ пустой игрѣ. Хорошіе актеры выбираютъ для себя не тѣ роли, которыя прекрасны сами по себѣ, а только тѣ, которыя сообразны съ ихъ собственнымъ талантомъ; такъ точно и намъ должно избирать главнымъ занятіемъ для себя только то, къ чему есть у насъ отъ природы наибольшія дарованія. Будемъ ли мы государями, правителями, богачами и сановниками, благодаря своимъ наслѣдственнымъ правамъ, — все это зависитъ отъ случая и опредѣляется условіями нашего рожденія, а потому не зависитъ отъ насъ. Все же то, что сдѣлаемъ мы изъ себя при независящихъ отъ насъ условіяхъ рожденія: какому посвятимъ себя призванію, по какимъ правиламъ устроимъ свой образъ жизни и до какой степени нравственной доблести возвысимся — зависитъ отъ нашего собственнаго рѣшенія. А потому-то одни по праву отдаются философіи, другіе — юриспруденціи, третьи — ораторской дѣятельности, и, соображаясь со своими достоинствами, одни стараются отличиться въ одномъ, другіе — въ другомъ. При этомъ должно только постоянно имѣть въ виду все честное и пристойное, крѣпко держась принципа, что все пристойное нравственно, и все непристойное безнравственно. И такъ, каждый долженъ по возможности оставаться вѣрнымъ собственному характеру, но — только въ его достоинствахъ, а не недостаткахъ. Никогда не можетъ быть удачно то, что предпринимается противъ воли Минервы, т. е. противъ собственной природы, вопреки ея призванію.

Юноши особенно должны во всемъ остерегаться неумѣренности, уважать добрые нравы и старшихъ по возрасту, избирать изъ нихъ только лучшихъ и справедливѣйшихъ, и тогда поручать себя ихъ совѣту и руководству. Болѣе всего надо держать юношество вдали отъ чувственныхъ наслажденій, и какъ можно болѣе упражнять духъ и тѣло юношей въ перенесеніи напряженія и въ терпѣніи, чтобы они могли быть потомъ бодры и дѣятельны какъ на военномъ, такъ и на гражданскомъ поприщѣ. «Возбужденіе самолюбія и славолюбія надо считать главнымъ воспитательнымъ средствомъ для тѣхъ, которые предназначаются впослѣдствіи для занятія высшихъ государственныхъ должностей» — и это было справедливо съ той аристократической точки зрѣнія, съ которой смотрѣлъ Цицеронъ на воспитаніе. Для оратора кромѣ природныхъ дарованій или таланта, онъ требуетъ еще возможно-основательнаго образованія; по отношенію же къ другимъ призваніямъ достаточно человѣку хорошенько понять умомъ и усвоить памятью предметъ изученія. Здѣсь уже не спрашивается ни подвижности языка, ни ясности произношенія, ни наружности, мины, благозвучія, однимъ словомъ — не спрашивается ничего такого, чего мы не въ силахъ придать себѣ. Отъ оратора, напротивъ того, требуется и остроуміе діалектика, и глубина мысли философа, и художественность выраженія поэта, и память юриста, и голосъ трагика, и жестикуляція даровитѣйшаго актера. Вотъ почему на свѣтѣ нѣтъ ничего рѣже совершеннаго оратора. Искусственное развитіе здѣсь можетъ вызвать только то, что уже лежитъ въ глубинѣ самой природы, въ талантѣ человѣка. Такъ высоко ставилъ призваніе оратора Цицеронъ, самъ ораторъ, отвергалъ то общепринятое мнѣніе, по которому poëtae nascuntur — oratores fiunt. «Ораторское образованіе, — справедливо замѣчаетъ онъ изъ противодѣйствія безплодному риторству, — надо давать только такимъ юношамъ, которые отъ природы одарены нужными талантами, хотя бы они вначалѣ и били въ нихъ черезъ-чуръ бурнымъ ключемъ. Какъ въ виноградникахъ гораздо лучше только обрѣзать тѣ лозы, которыя забѣгаютъ ужъ слишкомъ далеко, чѣмъ иногда безплодно ухаживать за такими, которыя лишены внутренней силы; такъ точно я охотнѣе готовъ умѣрять и направлять въ юношѣ уже проявившіяся дарованія, чѣмъ возбуждать ихъ. Въ даровитомъ юношѣ, особенно при его благородствѣ, я усердно поощряю стремленіе къ образованію; тогда какъ такого, который при всемъ стараніи не обѣщаетъ ничего, кромѣ посредственности, я предоставляю его собственнымъ наклонностямъ, и только тогда указываю ему на то или другое призваніе, когда онъ обнаруживаетъ требуемыя для него дарованія.» Будущій ораторъ долженъ немедленно начинать подготовительныя упражненія. Въ этомъ отношеніи важно также — прилежно заниматься письменнымъ изложеніемъ мыслей, такъ какъ только чрезъ это вполнѣ выясняется точка зрѣнія на предметъ и достигается та законченность въ развитіи мыслей, въ размѣщеніи словъ и выраженій, которая требуется отъ каждаго оратора. Главнымъ условіемъ для будущаго оратора надо считать то, чтобы онъ еще въ дѣтскіе года пользовался свободнымъ и благороднымъ воспитаніемъ, обладалъ живымъ рвеніемъ въ дѣлѣ, находилъ поддержку своимъ природнымъ способностямъ и рано упражнялся въ точномъ и всестороннемъ разъясненіи обыкновенныхъ спорныхъ вопросовъ. Затѣмъ онъ долженъ избирать для изученія и подражанія изящнѣйшія произведенія писателей и ораторовъ. Тогда онъ не будетъ прибѣгать къ своему учителю съ подобными вопросами: какъ, напр. расположить и произносить слова въ рѣчи? тогда онъ безъ руководителя, самостоятельно, только благодаря пробужденнымъ въ немъ дарованіямъ, съумѣетъ облекать вѣрную мысль въ вѣрное слово и правильно строить цѣлое.

Цицеронъ въ теоріи своей старался устранить одну внѣшнюю, формальную дрессуру, къ которой такъ часто прибѣгали извращающіе и молодежь, и искусство риторы. Кромѣ развитія природныхъ дарованій, ораторъ, по его мнѣнію, долженъ быть основательно знакомъ съ правомъ, исторіей и философіей. Созерцаніе высокихъ образцовъ доблести должно возвысить и образовать въ немъ духъ, облагородить сердце, укрѣпить волю и направить ее къ высшимъ цѣлямъ. Знаніе римской исторіи необходимо тѣмъ болѣе, что государственное зданіе, по Цицерону, покоится не на платоническомъ принципѣ субъективности, но—на прочныхъ практическихъ основахъ. Философія въ его глазахъ составляетъ главный предметъ изученія: она есть лучшая школа добродѣтели. «Клянусь богами! Что можетъ быть желаннѣе мудрости?—восклицаетъ онъ. Что лучше, что достойнѣе ея для человѣка? Когда духъ нашъ ищетъ отдыха и успокоенія отъ житейскихъ заботъ, какая другая наука выдержитъ сравненіе съ философіей, которая всегда изслѣдуетъ что нибудь такое, что указываетъ путь къ счастію въ жизни? Если мы остановимся на такихъ средствахъ, какъ умѣренность въ жизни и добродѣтель, то внѣ ихъ и нѣтъ другихъ путей къ счастію; а потому если и есть школа добродѣтели, то искать ее надо именно въ этой наукѣ. Затѣмъ огромную важность для оратора придаетъ Цицеронъ изученію греческаго языка. На этомъ основаніи онъ предлагалъ сыновьямъ своимъ ученіе о красноречіи на греческомъ языкѣ, и совѣтовалъ имъ соединить греческій языкъ съ латинскимъ не только въ философіи, но и въ ораторскомъ искусствѣ, пользу чего онъ испыталъ на самомъ себѣ. Пользы естественныхъ наукъ занятый одними государственными интересами римлянинъ естественно не могъ понять, вслѣдствіе чего Цицеронъ считаетъ недостаточнымъ и несовершеннымъ познаніе, почерпнутое изъ природы, такъ какъ оно не переходитъ въ дѣло. «Кто страстно отдается изученію природы,—говоритъ онъ,—тотъ не оставитъ своихъ изысканій даже въ томъ случаѣ, когда ему вдругъ скажутъ, что его отечество, его отецъ или другъ на краю гибели; если только онъ занятъ въ это время такими учеными вопросами, какъ число звѣздъ на небѣ или величина вселенной,—онъ не тронется съ мѣста и станетъ продолжать считать звѣзды или мѣрить вселенную». Предубѣжденіе Цицерона противъ естественныхъ наукъ будетъ понятно, если вспомнить, что въ древности отношеніе къ природѣ вытекало изъ натуръ-философскаго или метафизическаго взгляда на нее, и не имѣло реально-практическаго характера нашего времени.

Изученіе политики Цицеронъ, согласно съ Пиѳагоромъ, Платономъ и особенно съ Аристотелемъ, полагаетъ возможнымъ только по завершеніи всего образованія, когда юношескій періодъ развитія уже минуетъ для человѣка, и онъ будетъ способенъ вполнѣ серьезно отнестись къ столь серьезной наукѣ. Въ противномъ случаѣ, юношѣ предстоитъ не мало опасностей, такъ какъ въ этомъ морѣ самыхъ бурныхъ вопросовъ только истинно-мудрый можетъ благополучно обойти всѣ подводные камни. «Люди, обыкновенно столь доступные ослѣпленію, даже стремясь къ превосходнымъ цѣлямъ, но не зная, гдѣ и какъ ихъ достигнуть, нерѣдко съ одной стороны содѣйствуютъ падению своего государства, съ другой—устроиваютъ и собственную гибель.» Цицеронъ отвергаетъ въ воспитаніи гимнастику, столь выродившуюся въ его эпоху. «Какъ нелѣпы были упражненія юношества въ гимназіяхъ!— восклицаетъ онъ. Какъ далеко заходила въ нихъ терпимость непристойныхъ и даже любовныхъ отношеній! Я уже не говорю объ элейцахъ и ѳиванцахъ: у нихъ между благородными не сдерживались и не запрещались самыя сладострастныя наклонности. Даже лакедемоняне, у которыхъ въ педофиліи допускалось все, кромѣ нарушенія воспитательной дисциплины, представляютъ лишь незначительное исключеніе въ этомъ отношеніи, такъ какъ у нихъ дозволены были обниманья.» Этотъ пуризмъ знаменитаго оратора также объясняется испорченностью общественныхъ нравовъ, которая уже существовала въ его время, и негодностью большинства греческихъ учителей-выходцевъ, искавшихъ въ Римѣ лишь карьеры и обогащенія.

### *Ученіе Квинтиліана о воспитаніи.*

Еще съ большею полнотою развилъ теорію ораторскаго образованія Маркъ Фабій Квинтиліанъ (род. въ 42 г. по Р. Х.), который также высказываетъ много важныхъ замѣчаній относительно какъ первоначальнаго воспитанія вообще, такъ и обученія съ дисциплиной въ особенности. Онъ былъ родомъ изъ Испаніи, получилъ образованіе въ лучшихъ ораторскихъ школахъ и потомъ при Веспасіанѣ началъ свою дѣятельность въ Римѣ, какъ professor eloquentiæ, которой оставался вѣренъ въ продолженіе 20 лѣтъ. Потомъ Домиціанъ поручилъ ему воспитаніе своего племянника, такъ что Квинтиліанъ не былъ однимъ теоретикомъ, хотя вся воспитательная система его имѣетъ въ виду главнымъ образомъ приготовленіе совершеннѣйшаго оратора, который долженъ быть, однако, и совершеннѣйшимъ человѣкомъ. Основываясь на идеяхъ Платона, онъ тѣмъ не менѣе остается въ своей теоріи воспитанія настоящимъ римляниномъ, который все сводитъ къ потребностямъ практической жизни. На этомъ основаніи онъ требуетъ, чтобы духовное образованіе начиналось не съ седьмаго года, а съ самаго ранняго возраста, и шло постепенно, согласно съ постепенностью дѣтскаго развитія. При этомъ, разумѣется, дѣтей не слѣдуетъ обременять занятіями, которыя въ такомъ случаѣ могутъ поселить въ нихъ потомъ отвращеніе къ наукѣ, и которыя должны въ этотъ возрастъ начинаться и сопровождаться игрой. Онъ совѣтуетъ особенную осторожность въ выборѣ нянекъ, въ которыя обыкновенно берутъ гречанокъ. Здѣсь главное дѣло въ ихъ нравственномъ характерѣ, такъ какъ впродолженіе цѣлыхъ трехъ лѣтъ имъ приходится оказывать вліяніе не на одно тѣлесное, но и на духовное развитіе поручаемыхъ имъ дѣтей; онѣ должны быть поэтому разумны и предусмотрительны во всемъ. На выговоръ ихъ надо обращать тѣмъ большее вниманіе, что дитя прежде всего подражаетъ имъ, а отъ этого зависитъ его умѣнье владѣть языкомъ. Первыя впечатлѣнія дѣтства, и именно дурныя, упрочиваются навсегда. Точно также и сверстники мальчика, съ которыми онъ будетъ играть, не должны ни своимъ языкомъ, ни своимъ поведеніемъ дурно дѣйствовать на него—лучшую надежду родителей и отечества. Педагоги (въ смыслѣ нашихъ дядекъ), если они люди неученые, должны по крайней мѣрѣ сознавать свою неученость,—хотя и желательно, чтобы они были возможно болѣе образованы. Первые воспитатели должны по меньшей мѣрѣ быть въ состояніи начать обученіе языку, и именно греческому; но, чтобы не пострадалъ родной языкъ, надо какъ можно скорѣе приступать и къ нему,—иначе явится односторонность и излишняя привычка къ чужимъ звукамъ. Нельзя не замѣтить, что въ этомъ пристрастіи къ греческому языку Квинтиліанъ платилъ дань обычаямъ своего времени.

Обученіе, по его мнѣнію, должно начинаться какъ можно раньше, хотя бы и въ видѣ игры, потому что первые элементы всякаго знанія особенно прочно ложатся въ свѣжей дѣтской памяти. При началѣ чтенія дѣтямъ полезно одновременно замѣчать и начертаніе, и названіе буквъ, не заучивая сперва на память всего алфавита, такъ какъ недостатокъ наглядности можетъ ихъ потомъ только сбивать. При этомъ главное — не спѣшить, и не раньше приступать къ чтенію словъ, пока ученикъ не будетъ ясно различать буквы и соединять ихъ въ слоги; въ противномъ случаѣ происходитъ робость, заиканье, повтореніе и т. п. дурныя привычки. Прежде всего важна твердость, а бѣглость уже сама собою явится впослѣдствіи отъ упражненія. При обученіи письму лучше всего давать дѣтяти обводить вырѣзанныя на доскѣ буквы, не водя его руку и не избѣгая трудныхъ буквъ. Потомъ надо писать слоги по порядку, и, наконецъ, слова и предложенія, но такія, въ которыхъ заключались бы не пустыя фразы, а важнѣйшія нравственныя сентенціи. Должно рано заботиться о возбужденіи въ дѣтяхъ чувства чести, и съ этою цѣлью поощрять его; въ случаѣ же ихъ неохоты къ ученію возбуждать соревнованіе. Несправедливо жалуются, что только немногія дѣти бываютъ отъ природы одарены хорошими способностями, и что по отношенію къ большинству дѣтей лишь напрасно теряются время и трудъ по причинѣ ихъ лѣности и неспособности. Напротивъ того, большинство обнаруживаетъ способность къ мышленію и охоту къ ученію. Какъ птицѣ прирождена способность летать, лошади — бѣгать, хищному животному — приходить въ ярость; такъ человѣку прирождена наклонность къ мышленію и къ умственной дѣятельности. Различіе здѣсь только въ степени, которая сама много зависитъ отъ степени и количества упражненій. Главнѣйшій признакъ даровитости въ дѣтяхъ есть воспріимчивость памяти, которая скоро и прочно усвоеваетъ впечатлѣнія, и легко ихъ воспроизводитъ. Второй признакъ — подражательность и дѣятельность; лѣность же является уже вслѣдствіе дурнаго обученія. Впрочемъ, ранняя страсть къ ученію и къ многознанію опасна, и развитіе ребенка въ такомъ случаѣ можетъ впослѣдствіи рано остановиться. Когда учитель достаточно изслѣдовалъ способности своего ученика, онъ долженъ найти соотвѣтствующія имъ средства развитія. Одни ученики нуждаются въ возбужденіи, другіе не выносятъ повелительнаго тона; однихъ страхъ подавляетъ, другимъ придаетъ мужество; одни отъ постояннаго напряженія изнемогаютъ, другіе, напротивъ, пріобрѣтаютъ бодрость и крѣпость въ трудѣ. «Я люблю личности, которыхъ похвала воодушевляетъ, честь приводитъ въ восторгъ, и которыя плачутъ отъ сознанія своей ошибки, а не отъ наказанія: тогда честолюбіе поддерживаетъ прилежаніе, а наказаніе возбуждаетъ его.» При обученіи надо особенно быть внимательнымъ къ наклонностямъ учениковъ: одни чувствуютъ влеченіе къ исторіи, другіе къ поэзіи, третьи къ праву; инымъ же бываетъ лучше возвратиться къ плугу. Каждая природная хорошая черта требуетъ поддержки; но главное вниманіе должно быть обращено на укрѣпленіе того, что слабо. При этомъ, однако, надо болѣе всего остерегаться двухъ вещей: не задаваться невозможнымъ и не навязывать ученику того, къ чему онъ не чувствуетъ никакого призванія, помимо дѣйствительно существующаго въ немъ. Малоспособныхъ надо вести лишь до тѣхъ поръ, пока въ нихъ хватаетъ способностей и охоты, такъ какъ тогда они будутъ всегда хороши въ своемъ дѣлѣ, которое имъ по силамъ. Другое дѣло съ даровитыми, особенно съ такими, которые обѣщаютъ быть ораторами: здѣсь уже нельзя дѣлать послабленія въ требованіяхъ. Особенно важно при обученіи соблюдать мѣру, такъ какъ при излишествѣ труда порождается отвращеніе къ ученію, а при послабленіи — праздность. При этомъ необходимъ отдыхъ, такъ какъ стремленіе къ ученію заключается въ волѣ, которая не терпитъ насилія. Охота къ игрѣ есть признакъ бодраго состоянія ученика, какое именно и нужно для ученія, тогда какъ тоскливое уныніе и вялость ручаются, что обученіе не будетъ возуждать его духъ. Игра можетъ даже изощрять умъ, напр. когда она имѣетъ характеръ загадки; кромѣ того въ игрѣ обнаруживается и формируется характеръ. Бить дѣтей вовсе не значитъ направлять ихъ къ доброму и справедливому, а только — воздерживать отъ нарушенія ихъ. Но если удары и могутъ дѣйствовать на дѣтей, то они оказываются непримѣнимыми къ юношеству, на которое страхъ уже не дѣйствуетъ. Во всякомъ случаѣ бить есть то же, что подавлять въ душѣ чувство стыда и вызывать въ ней робость. Кого уже не можетъ исправить выговоръ, того тѣлесное наказаніе можетъ скорѣе ухудшить и сдѣлать изъ него раба; вообще оно есть слѣдствіе небрежности учителей, которое устраняется бдительностью съ ихъ стороны надъ занятіями учащихся.

Квинтиліанъ высказываетъ самыя строгія требованія относительно нравственной личности учителя, который заступаетъ мѣсто отца для своихъ учениковъ. Образъ дѣйствій его вполнѣ опредѣляется ролью отца. При внимательности къ силамъ и способностямъ каждаго изъ учениковъ, онъ долженъ быть кротокъ и ласковъ, находиться въ откровенныхъ отношеніяхъ съ ними, воздерживаться отъ вспыльчивости и гнѣва—изъ боязни нарушить справедливость, избѣгать обидныхъ насмѣшекъ и охотно отвѣчать на всѣ даже наивные вопросы своихъ учениковъ. Особенно заблуждаются тѣ, которые полагаютъ, что для начальнаго обученія пригоденъ и плохой учитель: въ такомъ случаѣ послѣдующимъ учителямъ будетъ вдвое труднѣе, а иногда и вовсе невозможно исправлять испорченность въ ученикахъ и заново переучивать ихъ. Каждому учителю необходимо знать теорію обученія, чтобы умѣть спуститься до степени пониманія дѣтей, и потомъ постепенно, шагъ за шагомъ поднимать ихъ на высоту знанія. Преподаваніе пріобрѣтаетъ ясность только тогда, когда самъ учитель обладаетъ ясными знаніями въ своемъ дѣлѣ, такъ что вообще можно положить, что чѣмъ образованнѣе учитель, тѣмъ лучше будетъ его обученіе какъ для даровитыхъ, такъ и для слабыхъ, какъ для благовоспитанныхъ, такъ и для испорченныхъ учениковъ,—если только онъ будетъ добросовѣстно относиться къ своимъ занятіямъ. Такія отношенія между учителемъ и учениками, опредѣляемыя словомъ pietas, непремѣннымъ послѣдствіемъ будутъ имѣть: вѣру учениковъ въ авторитетъ своего учителя, боязнь предъ нимъ и въ то же время довѣріе, охоту къ ученію, прилежаніе въ трудѣ и нравственность поведенія, наградою за которыя будетъ служить одно довольство учителя.

Послѣ хорошаго домашняго образованія дитя необходимо передать общественной школѣ и общественнымъ учителямъ. Хотя нерѣдко домашнее воспитаніе ставятъ выше, такъ какъ при немъ есть возможность ближе слѣдить за развитіемъ питомца, который не смѣшивается въ школѣ съ пестрой толпой другихъ дѣтей; но въ послѣднемъ случаѣ если иногда и портится нравственность, то не надо забывать, что это на столько же возможно и при домашнемъ воспитаніи, которое обыкновенно поручается плохимъ учителямъ и рабамъ. Вообще здѣсь все зависитъ отъ способностей каждаго питомца и отъ обхожденія съ нимъ. Уединеніе, отрѣшенность отъ другихъ дѣтей представляетъ не менѣе возможности для порчи характера. Лучше всего соединить частное воспитаніе съ общественнымъ, а гдѣ это невозможно, то и тамъ свѣтъ хорошей школы надо предпочитать темному одиночеству семейной жизни, такъ какъ въ школѣ уже самая многочисленность учениковъ возвышаетъ учителя; потому-то слабѣйшіе изъ учителей предпочитаютъ заниматься съ однимъ, не пренебрегая даже обязанностью дядьки (педагога). Ученикъ дома учится только тому, что предлагаютъ ему одному, въ школѣ же—тому, чему учатся и другіе; при этомъ похвала и порицаніе, обращенныя къ другимъ, и ему приносятъ не меньшую пользу. Особенно возбуждаетъ школа чувство самолюбія, которое хотя бываетъ иногда источникомъ пороковъ,—но нерѣдко вызываетъ и доблести. При исключительности, при замкнутости домашняго образованія питомецъ если и пріобрѣтаетъ знанія, то, вступая въ жизнь и въ общество другихъ, обыкновенно не умѣетъ примѣнить ихъ и спотыкается при каждомъ новомъ шагѣ, затрудняется при каждомъ новомъ условіи. Бываетъ также, что одиночество въ семьѣ совершенно усыпляетъ его духъ, или—наполняетъ его пустымъ высокомѣріемъ, такъ какъ здѣсь ему не съ кѣмъ себя сравнивать.

За чтеніемъ и письмомъ должно начаться грамматическое образованіе и основательное изученіе не только содержанія литературныхъ произведеній, но и ихъ формы, ихъ языка. Разборъ писателей не долженъ обращаться въ пустую критику, но также заключать въ себѣ философскій элементъ, такъ какъ многія мѣста даже у поэтовъ заключаютъ въ себѣ глубокій смыслъ. Музыкальное образованіе нужно уже для того, чтобы развить чувство метра, ритма и гармоніи, — что особенно важно для оратора. Изученіе писателя требуетъ также знакомства съ теоріей звуковъ, ихъ раздѣленіемъ и сродствомъ, съ слогами, словами, частями рѣчи, съ ихъ склоненіемъ или спряженіемъ, возвышеніемъ и пониженіемъ голоса, пунктуаціей и т. п. При чтеніи теперь важнѣе всего декламація, которая, будучи исполнена силы и гармоніи, не должна однако переходить въ произношеніе на распѣвъ. Хорошее, художественное чтеніе производитъ впечатлѣніе не только на нѣжныя, воспріимчивыя души, но и на грубую, невѣжественную толпу, пробуждая въ ней чувство прекраснаго, столь сродное съ нравственнымъ чувствомъ вообще. Читать слѣдуетъ и эпическихъ, и лирическихъ, и драматическихъ поэтовъ; — но съ лирическими надо обходиться осторожнѣе, дѣлая изъ нихъ строгій выборъ, такъ какъ ихъ пѣсни нерѣдко черезъ-чуръ свободны. Таковъ, напр. Горацій и тѣ элегическіе поэты, которые поютъ страданія любви или приводятъ слишкомъ ѣдкія насмѣшки. Комики, преимущественно старинные, могутъ быть полезны юношеству, такъ какъ возвышенный языкъ драмы у нихъ пріобрѣтаетъ тонкую, граціозную легкость, аттическую красоту. При чтеніи поэтовъ надо указывать на смыслъ и оттѣнки словъ, на ихъ удачное или неудачное употребленіе, а также — на планъ и расположеніе частей въ цѣломъ произведеніи, которое весьма полезно пересказывать, по возможности съ сохраненіемъ красотъ подлинника. Затѣмъ должны уже слѣдовать упражненія въ стилѣ; для начала лучше всего могутъ служить Эзоповы басни, столь близкія по характеру своему къ разсказамъ нянюшекъ и старушекъ; а потомъ можно переходить къ упражненію въ историческихъ, нравственныхъ и поэтическихъ разсказахъ въ письменномъ ихъ изложеніи.

Прежде нежели мальчикъ начнетъ посѣщать школы риторовъ, онъ долженъ закончить такъ называемое энциклопедическое образованіе, въ которое входятъ: музыка, геометрія, ариѳметика, гимнастика и танцы. Для грамматика собственно главное—достигнуть свободы, ясности и чистоты рѣчи, такъ чтобы ученики не проглатывали послѣднихъ слоговъ въ словахъ и умѣли управлять голосомъ и взглядомъ соотвѣтственно содержанію рѣчи. Послѣднее лучше всего достигается посредствомъ комедій и заучиванья образцовъ на память. Все это необходимо для подготовки будущаго оратора, который завершаетъ свое образованіе въ школѣ риторовъ. Здѣсь главный предметъ составляетъ изученіе образцовыхъ рѣчей, ихъ обстоятельный и всесторонній анализъ, и самостоятельное упражненіе... Теорія ораторскаго красворѣчія, равно какъ и ораторскаго образованія, развито Квинтиліаномъ до такой полноты, что онъ до сихъ поръ остается авторитетомъ по этому вопросу. Такъ какъ хорошую память онъ признаетъ одною изъ главнѣйшихъ способностей для оратора, то на средство укрѣпленія ея у него обращается особенное вниманіе. Однимъ изъ лучшихъ средствъ онъ считаетъ заучиванье наизустъ лучшихъ, основательно разобранныхъ образцовъ. Память, по его выраженію, это — сокровищница красворѣчія. Она крѣпнетъ отъ обогащенія духа идеями и образами. Когда мы, напр. посѣщаемъ прежде видѣнную нами мѣстность, то не только узнаемъ ее, но и припоминаемъ каждый отдѣльный предметъ, который насъ поразилъ,—хотя бы его и не было опять на лицо. Намъ вновь вспоминаются бывшія здѣсь съ нами личности, даже возникаютъ бывшія при этомъ мысли и рѣчи, какъ бы опять возвращаясь въ нашу душу послѣ долгаго отсутствія. Эти-то остатки отъ предметовъ и словъ составляютъ въ нашемъ духѣ то стройное зданіе, которое слагается изъ многихъ отдѣльныхъ частей, какъ бы комнатъ, мебели, посуды, которыя мы можемъ разбирать по порядку, и изъ которыхъ каждую можемъ хранить въ своемъ мѣстѣ. При упражненіи памяти мы какъ бы вновь проходимъ это зданіе, и находимъ въ немъ нужную для насъ вещь или мысль. Если нужно запомнить нѣчто сложное, напр. цѣлое произведеніе, то хорошо по этому разлагать его по частямъ, а также запоминать и другія побочныя условія, напр. бумагу, на которой оно было написано, расположеніе строкъ и т. п., такъ что, когда мы станемъ его произносить, то наше духовное око вновь читаетъ эту рукопись, и строки ея быстро пробѣгаютъ въ нашемъ воображеніи. Учить тихо, про себя, было бы хорошо, если бы при этомъ не тѣснились въ душу постороннія мысли: поэтому лучше учить громко, и чувству зрѣнія приводить на помощь еще чувство слуха. Второе средство для укрѣпленія памяти есть частое, но не сплошное повтореніе, и списываніе того, что надо запомнить. Ритмически выраженная мысль запоминается также легче, какъ и вообще все стройное и гармоническое. При обученіи обыкновенно ничто такъ не ослабляется, какъ память, вслѣдствіе незнанія законовъ мнемоники.

Но, прибавляетъ Квинтиліанъ, ни хорошая память, ни обширное образованіе, ни развитый вкусъ и даръ слова еще не дѣлаютъ ораторомъ: для этого — нужна добродѣтель. По выраженію мудрецовъ, повторяемому всѣми даже необразованными, дурной человѣкъ есть безумецъ; безумецъ же никогда не можетъ быть истиннымъ ораторомъ. Ничто такъ не вредно и для частнаго, и для общественнаго блага, какъ когда даромъ красснорѣчія обладаетъ дурная личность и злоупотребляетъ имъ. Кто желаетъ быть хорошимъ ораторомъ, тотъ долженъ тщательно изучить философію и слѣдовать ея путямъ. Знаніе нужно всюду, даже въ ремеслѣ; но добродѣтель уподобляетъ человѣка безсмертному божеству и пріобрѣтается не столь легко, и не каждымъ. Такъ можетъ ли кто имѣть самообладаніе, если онъ не знаетъ, въ чемъ оно состоитъ? Можетъ ли кто быть храбрымъ, если онъ не побѣдилъ въ своемъ чувствѣ суевѣрный страхъ смерти? Да и какъ бы ничтожна была добродѣтель, если бы она была такъ доступна, и если бы ей можно было научиться, какъ всякому ремеслу... Такимъ образомъ, Квинтиліанъ въ своей педагогической теоріи совершеннаго оратора считаетъ идеаломъ человѣка, а ораторское искусство—высшею цѣлью всего воспитанія и обученія, которая достижима только для немногихъ, даровитѣйшихъ натуръ.

### Мнѣнія Плутарха о воспитаніи.

Плутархъ (50—120 г. по Р. Х.), современникъ Тацита, былъ родомъ изъ Херонеи. Онъ усвоилъ себѣ всю ученость того времени и пріобрѣлъ высокое положеніе въ государствѣ. Адріянъ, на котораго онъ имѣлъ огромное вліяніе, назначилъ его намѣстникомъ Греціи. Люди, какъ Плутархъ, руководившіе общественною жизнью въ качествѣ государственныхъ сановниковъ, пользовавшіеся большимъ уваженіемъ, какъ писатели, и, наконецъ, какъ друзья императора, произвели въ духѣ своихъ современниковъ рѣзкую перемѣну, вызвавшую на развалинахъ греко-римскаго міра иныя начала жизни. Благодаря ихъ содѣйствію, въ скоромъ времени распространились взгляды, вполнѣ понятные при настроеніи духа южныхъ народовъ и нравственномъ разслабленіи высшаго класса, но совершенно противоположные древнему міросозерцанію, сообщившему такое государственное величіе Риму и Греціи. Новое ученіе о терпѣливомъ повиновеніи и о грѣховности практической дѣятельности, вышедшее изъ стоицизма и перешедшее въ мистицизмъ, проникло повсемѣстно и много содѣйствовало успѣхамъ христіянства въ разлагавшемся римскомъ мірѣ.

Плутархъ оставилъ послѣ себя много философскихъ и историческихъ сочиненій, въ которыхъ онъ, какъ напр. въ сочиненіи «de puerorum educatione», вмѣстѣ съ другими благороднѣйшими современниками своими, старается противодѣйствовать приближающемуся паденію Рима и строитъ, въ видахъ поднятія воспитательной практики, строгую теорію воспитанія, основанную на старинныхъ греческихъ началахъ мѣры и гармоніи. Самою главною цѣлью воспитанія онъ также ставитъ пріученіе дѣтей ко всему прекрасному и удаленіе ихъ отъ всего низкаго и безобразнаго. Совершеннѣйшими людьми онъ считаетъ тѣхъ, въ которыхъ высокое, философское образованіе соединяется съ полезной общественной дѣятельностью. Въ воспитаніи, точно также, какъ въ искусствѣ, наукѣ и добродѣтели, въ сферѣ которыхъ оно вращается, все сводится къ тремъ главнымъ условіямъ: природѣ, обученію и пріученію (упражненію). Одна природа человѣка безъ образованія слѣпа; обученіе безъ природы недостаточно; упражненіе безъ содѣйствія природы и обученія несовершенно. Какъ при земледѣліи необходимы: хорошая почва, хорошій земледѣлецъ и хорошія сѣмена—точно также и при воспитаніи. Хорошія способности (почва) должны найти хорошаго учителя (земледѣльца) и воспринять хорошее ученіе и направленіе (сѣмена). Отъ природы зависятъ способности, отъ обученія—ихъ развитіе, отъ упражненія—ихъ практическое примѣненіе; все же это вмѣстѣ составляетъ высшее, совершеннѣйшее образованіе человѣка, и если при этомъ недостаетъ хотя одного условія, то недостигнуто будетъ и совершенство человѣка, который, такимъ образомъ, не усвоитъ истинной доблести. Легкомысленное отношеніе къ питомцу можетъ погубить и хорошія способности: такъ дичаетъ отъ природы хорошее, но заброшенное поле; стараніе, напротивъ того, такъ же могущественно, какъ могущественна капля, пробивающая камень; въ искусныхъ рукахъ и желѣзо приноситъ пользу;—но сломанное колесо уже никогда не можетъ получить прежней правильности. Характеръ человѣка есть не болѣе, какъ укоренившійся навыкъ.

Матерямъ необходимо самимъ кормить своихъ дѣтей, какъ указываетъ сама природа: онѣ дѣлаютъ это гораздо охотнѣе кормилицъ и тѣмъ скорѣе возбуждаютъ въ дѣтяхъ ихъ дѣтскую любовь. Если же слабое здоровье и т. п. причины не позволяютъ матери исполнить этотъ долгъ, то слѣдуетъ, по крайней мѣрѣ, выбирать добронравныхъ кормилицъ. Душа ребенка подобна воску, на которомъ легко отпечатлѣваются уроки мудрости и добродѣтели, а когда онъ уже затвердѣетъ, то такъ же трудно стираются, какъ трудно воспринимаются имъ всякія новыя впечатлѣнія. Затѣмъ оказывается не менѣе важнымъ, чтобы хорошо подготовленные мальчики, вполнѣ владѣющіе греческимъ языкомъ, избирались въ товарищи къ питомцу, или даже воспитывались съ нимъ. Въ воспитатели должны избираться только такіе люди, которые вмѣстѣ съ нравственностью соединяли бы знанія и должную опытность: какъ виноградарь ставитъ возлѣ молодыхъ лозъ сошки, по которымъ бы направлялось ихъ развитіе, — такъ учитель поддерживаетъ дѣтей добрыми примѣрами и совѣтами. Хорошее воспитаніе, въ соединеніи съ соотвѣтственнымъ обученіемъ, представляетъ главное и единственное средство, чтобы привести юношество къ добродѣтели и счастію; всѣ же остальныя блага, какъ богатство, знатное происхожденіе и т. п., оказываются ничтожными въ сравненіи съ такимъ воспитаніемъ и потому не могутъ быть для него цѣлью.

Съ ранней юности должно пріучать дѣтей вести простой образъ жизни, устраняя изнѣженность, подавлять въ себѣ гнѣвъ и не злоупотреблять ни языкомъ, ни руками. Смолчать кстати лучше и труднѣе, чѣмъ кстати сказать, ибо какъ рѣдко приходится сожалѣть, что смолчалъ, и какъ часто — что проговорился! Однако молодыхъ людей должно съ особеннымъ стараніемъ пріучать говорить правду, никогда не забывая, что ложь есть низость и влечетъ за собою общее презрѣніе. Вообще должно предохранять юношество отъ сношенія съ дурными людьми, пороки которыхъ всегда оказываютъ извѣстную долю вліянія. Тоже самое можно сказать и о дурныхъ товарищахъ. Отцы не должны быть слишкомъ суровы къ своимъ сыновьямъ и, помня собственную юность, снисходительно относиться къ ихъ увлеченіямъ, хотя и не оставляя ихъ вовсе безъ вниманія. Какъ врачи горькія лекарства смѣшиваютъ съ сладкими веществами и, заботясь о здоровьѣ своихъ паціентовъ, дѣлаютъ непріятное пріятнымъ; такъ точно отцы строгость наказанія должны соединять съ кротостью, иногда предоставляя просторъ порывамъ своихъ сыновей, иногда сдерживая ихъ; должны постоянно оказывать снисхожденіе къ ихъ наивнымъ промахамъ, и никогда не приступать къ исправительнымъ мѣрамъ раньше, чѣмъ утихнетъ чувство гнѣва. Часто бываетъ даже необходимо ставить себя въ такое положеніе, будто не замѣчаешь тѣхъ или другихъ проступковъ дѣтей. Точно такъ напр. мы пропускаемъ безъ вниманія недостатки и ошибки нашихъ друзей. Слѣдуетъ ли по этому осуждать себя за то, что мы иногда смотримъ сквозь пальцы на ошибки дѣтей? Несомнѣнно, что дѣйствуя такимъ образомъ, даже скорѣе сдержишь пылкую юность, чѣмъ постоянною строгостью, безпрерывнымъ вмѣшательствомъ. Здѣсь самое важное, чтобы отцы сами давали хорошій примѣръ своимъ сыновьямъ, избѣгая всякихъ ошибокъ и строго соблюдая свои обязанности: тогда дѣти уже будутъ видѣть въ нихъ, какъ въ зеркалѣ, отраженіе всѣхъ нравственныхъ правилъ, нарушеніе которыхъ станетъ возбуждать въ юношескомъ чувствѣ стыдъ и раскаяніе. Отцы, позволяющіе себѣ то, за что они наказываютъ сыновей своихъ, являются собственными обличителями; сами живя порочно, они имѣютъ столь же мало права наказывать своихъ сыновей, какъ и ихъ рабы.

Къ прилежному занятію науками надо побуждать дѣтей увѣщаніями, а не ударами и не жестокимъ обращеніемъ; подобными средствами можно породить въ нихъ только лѣность и отвращеніе къ труду. Порицаніе и похвала должны, по мѣрѣ надобности, смѣнять другъ друга, но такъ, чтобы первое не приводило дѣтей въ отчаяніе, а вторая не вызывала въ нихъ самодовольства и высокомѣрія. Какъ растеніе улучшается отъ умѣренной поливки, но можетъ разбухнуть и погибнуть отъ излишества воды; такъ точно духовныя силы дитяти возрастаютъ при умѣренной работѣ, но слабѣютъ отъ преувеличенныхъ требованій. Не слѣдуетъ отказывать дѣтямъ въ необходимомъ отдыхѣ потому, что сама природа раздѣлила всю нашу жизнь на двѣ составныя части: дѣятельность и отдыхъ. Такъ точно опускаютъ тетиву на лукѣ и струны на мѣрѣ, чтобы потомъ можно было натянуть ихъ снова. Такъ какъ тѣлесная крѣпость въ юности служитъ ручательствомъ здоровья и въ зрѣломъ возрастѣ, поэтому не слѣдуетъ оставлять безъ вниманія тѣлесныхъ упражненій дѣтей, — лишь бы только они не изнуряли ихъ до неспособности къ ученію. Мальчикъ благороднаго происхожденія не долженъ миновать ни одной изъ такъ называемыхъ энциклическихъ наукъ, или оставаться съ неразвитымъ даромъ слова до самаго вступленія въ мужескій возрастъ. Въ отношеніи слога слѣдуетъ держаться средины, такъ чтобы онъ не переходилъ ни въ надутый и изысканный, ни въ сухой и безцвѣтный. Какъ тѣло должно быть не только здоровымъ, но и хорошо сложеннымъ; такъ и рѣчь не только должна быть свободна отъ ошибокъ, но также обладать внутренней силой и энергіей. Въ особенности вредно заставлять юношество говорить экспромтомъ, такъ какъ это не только бываетъ причиной неясности и неточности пониманія предмета, но даже производитъ въ характерѣ неувѣренность, нетвердость и легкомысліе, остающіяся на всю жизнь; дозволять мальчикамъ произносить необдуманныя рѣчи, значитъ — полагать начало пустому фразерству. Произведенія древнихъ писателей юношество должно близко знать и такъ же умѣть обращаться съ ними, какъ земледѣлецъ — съ полевыми орудіями, ибо не обладаніе книгами, а употребленіе ихъ есть путь къ учености. За тѣмъ молодые люди должны такъ же обращаться съ знаніемъ, какъ со вкусною пищею, т. е. слушать и читать съ умѣренностью и осторожностью, избирая лишь одно доброе и полезное. Все безнравственное, встрѣчающееся у того или другаго поэта, не должно служить оправданіемъ ихъ собственныхъ слабостей, а потому къ читаемому надо относиться съ строгою критикой. При руководствѣ чтеніемъ само дурное можетъ вызывать въ молодыхъ читателяхъ естественное чувство добра и красоты: тогда они, подобно пчеламъ, извлекающимъ и изъ дикихъ или покрытыхъ шипами цвѣтовъ наилучшій медъ, и изъ дурнаго содержанія будутъ извлекать полезные для себя уроки.

Философія должна завершать собою все воспитаніе. Проѣхать множество городовъ, конечно, пріятно;—но полезно пожить только въ лучшихъ изъ нихъ. Философія для души тоже самое, что медицина и гимнастика для тѣла; только она учитъ насъ познавать, что прекрасно и отвратительно, что истинно и ложно, что должно принимать и чего избѣгать; въ особенности же она учитъ насъ не предаваться высокомѣрію въ счастіи, и не падать духомъ въ несчастіи.

Сохранять благородство въ счастіи есть удѣлъ мужества; не возбуждать зависти — удѣлъ скромности; силою разума побѣждать сладострастіе — удѣлъ мудрости; владѣть собой въ гнѣвѣ — удѣлъ самыхъ избранныхъ людей. Каждое начало дается трудно: такъ напр. занятія на лирѣ или въ палестрѣ сперва требуютъ особеннаго напряженія; но потомъ, при постепенномъ успѣхѣ, при возрастающей ловкости, каждое новое дѣло становится для насъ и легче, и пріятнѣе; тоже самое и въ занятіи философіей. Но, съ другой стороны, какъ ростокъ чѣмъ моложе, тѣмъ легче пробивается и растетъ, а потомъ, дѣлаясь стеблемъ, встрѣчаетъ не мало затрудненій и задержекъ;—такъ тѣ, которые вначалѣ спѣшатъ въ изученіи философіи, потомъ, не находя явнаго приращенія своихъ знаній, впадаютъ въ унылое бездѣйствіе. Кто же идетъ твердою поступью и прямою дорогою, кто мужественно борется со встрѣчными трудностями, тотъ какъ бы получаетъ крылья и летитъ на нихъ къ божеству, которое управляетъ міромъ подобно тому, какъ божественный даръ человѣка — разумъ управляетъ низшими побужденіями человѣческой природы. Въ Богѣ, какъ источникѣ всего добраго, нѣтъ ни гнѣва, ни ненависти; человѣку, напротивъ того, прирождена грѣховность, которая проявляется при первой же къ тому возможности, когда разумъ не подавляетъ страсти, а самъ ею подавляется. Потому-то человѣкъ, чтобы стать чистымъ и добродѣтельнымъ, долженъ уподоблять себя божеству, постепенно освобождая отъ зла, просвѣщать разумомъ ($\lambda \acute{o} \gamma o \varsigma$) неразумную часть своей души, и чрезъ самопознаніе стремиться къ самосовершенствованію.

Въ самомъ важномъ изъ своихъ произведеній — въ «Біографіяхъ знаменитѣйшихъ грековъ и римлянъ» Плутархъ желаетъ оживить въ юношахъ любовь къ древности и возвысить духъ молодаго поколѣнія. Несомнѣнно, что онъ самъ не утратилъ еще симпатіи къ славной старинѣ Рима и Греціи, стараясь идеализировать ее при помощи поэзіи и вымысла. Не смотря на анекдотичность своихъ біографій, онъ сообщаетъ много типичности изображаемымъ характерамъ, и тѣмъ придаетъ разсказамъ своимъ болѣе наглядности и занимательности. Благодаря всему этому, разсказы его могли оказывать образовательное вліяніе на юношество, и дѣйствительно пріобрѣли обширную извѣстность.

Но всѣ единичныя попытки образованнѣйшихъ людей Рима не могли поддержать падающій языческій міръ. Даже у самыхъ лучшихъ умовъ того времени, искавшихъ въ стоицизмѣ нравственной опоры для себя, нерѣдко слово расходилось съ дѣломъ, и высокія философскія или педагогическія идеи ихъ такъ и оставались идеями, не переходя въ жизнь. Примѣромъ можетъ служить Луцій Анней *Сенека*, воспитатель Нерона, приверженецъ стоицизма и въ тоже время низкій льстецъ. Онъ былъ родомъ изъ Испаніи (род. во 2 г. по Р. Х.), сынъ знаменитаго ритора Сенеки, который, говорятъ, обладалъ такою памятью, что однажды слышавши, могъ потомъ рецитировать 200 стиховъ. Громадное честолюбіе заставляло молодаго Сенеку искать образованія и карьеры. Достигнувъ при Клавдіѣ высокаго положенія при дворѣ, онъ принужденъ былъ потомъ удалиться въ изгнаніе въ Корсику, пока снова не былъ вызванъ ко двору матерью Нерона Агриппиной, чтобы, наконецъ, при опять перемѣнившемся счастіи, добровольно лишить себя жизни (65 г. по Р. Х.). Какъ жизнь перваго основателя стоицизма Зенона соотвѣтствовала строгимъ принципамъ его философіи,— такъ жизнь Сенеки, человѣка тщеславнаго и корыстолюбиваго, противорѣчила ей.

Человѣкъ, по ученію стоиковъ, долженъ стремиться только къ мудрости, къ познанію божественнаго и человѣческаго, располагая всю свою жизнь сообразно съ этой мудростью. Высшее благо, высшая цѣль нашихъ стремленій состоитъ именно въ томъ, чтобы мы приспособляли нашу жизнь къ общему, міровому закону, и жили сообразно съ гармоніей вселенной. «Слѣдуй природѣ, живи согласно съ природой»—вотъ нравственный принципъ стоиковъ; это значитъ: живи согласно съ твоей разумной природой—насколько она не сдѣлалась искусственной или фальшивой, а сохранилась въ своей естественной простотѣ; будь въ твоемъ знаніи и въ твоей волѣ тѣмъ, чѣмъ создала тебя природа т. е. разумною частью разумнаго цѣлаго. Ты долженъ быть самимъ разумомъ и находиться въ общеніи съ разумнымъ міровымъ цѣлымъ, а не слѣдовать безразсудству и собственному произволу. Этимъ ты приготовишь себѣ жизнь, которая будетъ течь спокойнымъ и прекраснымъ потокомъ... Удовольствіе, какъ усыпленіе нравственной энергіи, въ которой единственно и заключается счастіе, есть въ глазахъ стоика зло, одна помѣха для счастливой жизни. Удовольствіе не есть дѣятельность, но страдательное состояніе души. Добродѣтель есть единственная цѣль и высшее благо человѣка, а потому для нравственной, т. е. для счастливой жизни безразличны всѣ внѣшнія блага: здоровье, богатство, слава и т. п. Они могутъ быть употребляемы какъ разумно, такъ и неразумно, служа источникомъ какъ добра, такъ и зла; слѣдовательно, они сами по себѣ не составляютъ никакого блага. Добродѣтельный человѣкъ не будетъ несчастливъ, не имѣя внѣшнихъ благъ или лишившись ихъ: съ нимъ будетъ внутреннее благо—добродѣтель, а съ нею — и внутреннее счастіе. Добродѣтель есть разумность, правильный образъ дѣйствій, сообразный съ природой вещей; порокъ есть противоположность разуму, природѣ и истинѣ. Добродѣтеленъ тотъ, кто владѣетъ всѣми добродѣтелями безъ исключенія; слѣдовательно, всѣ хорошіе поступки одинаково правильны и хороши, и всѣ дурные—одинаково неправильны и дурны; а потому нѣтъ степеней въ хорошемъ и дурномъ, въ добродѣтели и порочности, между которыми находится абсолютная противоположность.

Проникнутый высокими принципами этого ученія, Сенека искренно желалъ возрожденія римскаго общества, которое могло быть поднято только посредствомъ лучшаго воспитанія молодыхъ поколѣній. Находясь въ изгнаніи, онъ писалъ трогательное письмо къ своей матери: «Тебя не коснулась, говоритъ онъ ей, страшная болѣзнь нашего времени — нравственная распущенность. Тебя ослѣпляли не драгоцѣнные камни и богатства, а высшія человѣческія доблести. Тебя, воспитанную въ строгихъ и добрыхъ правилахъ старины, не совращала съ пути страсть къ подражанію опасной новизнѣ. Тебѣ нечего было стыдиться предъ своими дѣтьми, подобно другимъ тщеславнымъ и бездушнымъ женщинамъ. Твоимъ лучшимъ украшеніемъ всегда была добродѣтель». Какъ ни высоки были нравственныя и воспитательныя начала, изложенныя имъ въ его сочиненіяхъ de animi tranquilitate, de clementia, de brevitate vitae и др., они не могли найти примѣненіе при воспитаніи ученика его Нерона, какъ по недостатку нравственнаго характера въ самомъ воспитателѣ, такъ и по неблагопріятности условій окружающей жизни. Стоитъ вспомнить, что до Сенеки единственными воспитателями Нерона были, — танцовщикъ и цирюльникъ, и что мать его отравила своего мужа, когда сыну ея, будущему императору, было всего 17 лѣтъ.

Такимъ образомъ, уровень нравственности, а вмѣстѣ и воспитанія, падалъ въ римскомъ обществѣ въ то самое время, когда оно достигало высшей степени умственнаго развитія, и когда лучшіе люди брались за обработку воспитательныхъ теорій. Но развращеніе нравовъ, замѣчаетъ Шлоссеръ, вовсе не бываетъ слѣдствіемъ цвѣтущаго состоянія образованности, какъ это нерѣдко думаютъ, а представляетъ только одновременное и параллельное ей явленіе, происходящее отъ однѣхъ съ нею причинъ. Возрастаніе народнаго богатства, какое мы видимъ въ Римѣ, произвело неравенство состояній и умножило средства къ наслажденіямъ; а разумно-естественная простота, о которой взывали стоики, постепенно исчезла и изъ жизни и изъ воспитанія. Обновленіе римскаго общества могло совершиться не иначе, какъ въ совершенно иныхъ формахъ, принятіе которыхъ подготовляли приверженцы стоицизма и неоплатонизма — въ формахъ христіанства.

## Воспитаніе у народа израильскаго.

Великое семитическое племя, къ которому принадлежатъ и евреи, есть по преимуществу племя религій, назначенное быть источникомъ ихъ рожденія и распространенія. Всѣ три религіи, до сихъ поръ игравшія самую важную роль въ исторіи и отличающіяся особенною живучестью, плодовитостью и прозелитизмомъ, — еврейская, христіанская и мусульманская — всѣ онѣ произошли между народами семитическими, главнѣйшимъ представителемъ которыхъ является *израильскій* народъ. Своими ярко-оригинальными чертами онъ выдѣляется изъ числа другихъ дохристіянскихъ народовъ, и если во многомъ еще носитъ на себѣ печать востока, за то съ другой стороны во многомъ превосходитъ не только востокъ, но даже Грецію и Римъ. Все міросозерцаніе этого теократическаго народа выходитъ изъ внутреннихъ потребностей духа, обращеннаго къ высшимъ нравственнымъ цѣлямъ жизни. Мысль о единомъ Богѣ, а чрезъ него и—о единомъ человѣчествѣ, впервые была съ такой энергіей заявлена и проведена въ исторіи именно евреями. «Слыши Израилю — говорится въ V книгѣ Моисея — Господь Богъ нашъ, Господь единъ есть». Строгій монотеизмъ евреевъ дѣлаетъ ихъ представителями новаго, общечеловѣческаго принципа; но вмѣстѣ съ тѣмъ онъ-же придаетъ ихъ религіи нѣсколько исключительный характеръ. Евреи внесли въ исторію и жизнь самый существенный элементъ — подчиненіе всего единому Богу. Такимъ образомъ, отличительнѣйшими чертами Израиля являются: глубина и искренность религіознаго чувства и религіознаго познанія, высота нравственныхъ воззрѣній, мудрое признаніе человѣческаго достоинства и высоты человѣческаго назначенія.

Какъ вся жизнь евреевъ была проникнута строго религіозными началами и построена на божественныхъ заповѣдяхъ, такъ и воспитаніе было строго-религіозное. Законъ, данный Богомъ своему народу, опредѣлялъ весь бытъ его; а потому внѣ этого закона не могло быть другихъ воспитательныхъ требованій. Какъ Егова воспитывалъ въ Законѣ избранный народъ свой; такъ и отецъ воспитывалъ дитя свое, стараясь запечатлѣть въ его душѣ этотъ дарованный свыше Законъ, а вмѣстѣ съ нимъ — безусловное повиновеніе, страхъ и полную преданность Еговѣ, постоянно напоминая дитяти объ этихъ обязанностяхъ, и самъ старался прежде всего соблюдать Законъ въ собственномъ семействѣ. Дитя почиталось, какъ священный даръ Божій, — а это обязывало родителей воспитывать его въ Богѣ и для Бога. Отецъ долженъ былъ въ своей семьѣ поступать такъ же, какъ Егова поступаетъ со своимъ народомъ. Онъ былъ для нея священникомъ и представителемъ божественной воли: подобно Еговѣ распредѣлялъ наказанія, чтобы заблудившихся вновь наставить на истинный путь, и, подобно Ему, съ строгостью наказанія соединялъ отеческую любовь и милость. «Начало премудрости есть страхъ Божій» — вотъ основной принципъ воспитанія у евреевъ, которое по существу своему было исключительно семейное. Почерпая въ нѣдрахъ семьи всѣ самыя прочныя нравственныя начала, воспитаніе у народа израильскаго получало въ то же время характеръ замкнутости, подавляло общественный смыслъ и служило причиной тому, что еврей былъ скорѣе хорошимъ семьяниномъ, чѣмъ хорошимъ гражданиномъ.

Такъ какъ семейныя отношенія уподоблялись отношеніямъ Еговы къ своему народу, поэтому отъ юношества строго требовалось почтеніе къ родителямъ. «Чти отца твоего и матерь твою, да благо ти будетъ, и да долголѣтенъ будеши на земли» — эта заповѣдь рано глубоко напечатлѣвалась въ душѣ дитяти. Родители какъ бы заступали для него мѣсто самого Бога, и почтительность предъ родителями сливалась съ благовѣніемъ и страхомъ предъ Богомъ: «Око, оскорбившее отца и ослушавшееся мать выклюютъ вороны при источникѣ и пожрутъ молодые орлы». Произнесшій хулу на отца или мать всенародно подвергался проклятію и осуждался на смертную казнь; такая же участь постигала и того, кто осмѣливался ударить отца или мать. Почтеніе и страхъ дѣтей предъ родителями переносились вообще и на отношенія младшихъ къ старшимъ, ибо, по словамъ Іова, у дѣдовъ—мудрость, и у старцевъ—разумъ. Съ предписаніемъ почитать родителей тѣсно связывалось другое предписаніе: «Предъ лицемъ сѣдаго возстани и почти лице старче.» Все воспитаніе у народа израильскаго, по аналогіи съ отношеніями его къ Еговѣ, основаніемъ которыхъ служитъ страхъ Божій, основывалось также на страхѣ: трость и лоза были его постоянными спутниками. Родительскій авторитетъ сохранялся надъ дѣтьми до самого вступленія ихъ въ бракъ. Отецъ могъ по собственному выбору не только назначать мужа своей дочери, но при извѣстныхъ условіяхъ—и жену своему сыну. Дочерей можно было продавать, но только кому нибудь изъ своего же народа, и притомъ вслѣдствіе бѣдности. (Исходъ гл. XXI). Женщина, вообще, не была совершенно свободна: ея свобода обусловливалась множествомъ восточныхъ требованій и обычаевъ. Обыкновенной формой вступленія въ замужество была продажа, такъ какъ отецъ могъ вполнѣ располагать судьбой своей дочери. Впрочемъ, по отношенію къ Еговѣ, женщина была вполнѣ самостоятельна и несла предъ нимъ такую же отвѣтственность, какъ мужчина. (Исх. XXI. 7—П. Быт. III. 16). Хотя дочери въ домѣ отца своего и предоставлялось право давать обѣты, но они получали значеніе только тогда, когда отецъ допускалъ ихъ и тѣмъ придавалъ имъ силу; даже съ замужней женщины мужъ могъ снять всѣ данныя ею обѣты, нимало не нанося вреда дѣлу спасенія ея души. Многоженство допускалось вначалѣ, однако со времени патріарховъ оно уже вышло изъ обыкновенія и закономъ было опредѣлено, чтобы напр. первосвященникъ бралъ за себя только одну жену, такъ что моногамія на дѣлѣ преобладала.

Обученіе по преимуществу состояло въ усвоеніи Закона и въ познаніи тѣхъ благодѣяній, которыя Егова оказалъ своему народу, и воспоминанія о которыхъ сохранились въ его первобытной исторіи. Пѣніе и танцы (послѣдніе въ особенности для дѣвушекъ и женщинъ) признавались лишь во славу Еговы; а такъ какъ дѣти могли принимать самостоятельное участіе въ отправленіи богослуженія, поэтому они, вѣроятно, рано уже учились читать и отчасти писать. Отецъ кромѣ того училъ сына своему ремеслу, которое по обычаю переходило преемственно изъ рода въ родъ, и упражнялъ его въ умѣньи владѣть оружіемъ, потому что каждый еврей по достиженіи 20-лѣтняго возраста обязывался военной службой. Дочери учились у своей матери печь и варить кушанья, кроить и шить платье и т. п., и кромѣ того брали уроки въ пѣніи, игрѣ на струнномъ инструментѣ и въ танцахъ. Эти общія основы еврейскаго воспитанія съ теченіемъ времени развивались далѣе и достигли высшей степени своего развитія преимущественно въ періодъ судей, много заботившихся объ образованіи своего народа. Нравы сложились окончательно и окрѣпли до того, что впослѣдствіи ни напоръ времени, ни вліяніе различныхъ цивилизацій не были въ состояніи совершенно сломить ихъ.

Сообразно высшему значенію мужчины у евреевъ, рожденіе мальчика привѣтствовалось съ большею радостію, чѣмъ рожденіе дѣвочки. Новорожденное дитя тотчасъ купали въ соленой водѣ и повивали. Надъ мальчиками на восьмой день совершалось обрѣзаніе, и затѣмъ онъ признавался гражданиномъ своего теократическаго государства, въ которомъ не было другихъ законовъ, кромѣ божественнаго Закона Еговы. При этомъ новорожденное дитя получало имя, которое часто зависѣло отъ случайныхъ обстоятельствъ, а иногда заключало въ себѣ высокій религіозный смыслъ. Выборъ имени зависѣлъ, кажется, болѣе отъ отца, чѣмъ отъ матери, которая и принимала на себя первыя заботы о новорожденномъ, нося его по обычаю на груди впродолженіе цѣлыхъ трехъ лѣтъ. На ея-же попеченіи лежало — возбудить религіозное чувство въ ребенкѣ и научить его заповѣдямъ. Когда половое различіе опредѣлялось достаточно рѣзко, мальчики отдѣлялись отъ дѣвочекъ, и воспитаніе тѣхъ и другихъ принимало различныя направленія. Дочь оставалась подъ руководствомъ матери, которая продолжала развивать въ ней религіозность и хозяйственность, и кромѣ того должна была сообщить ей извѣстное художественное образованіе. Послѣднее считалось необходимостью не только для знатныхъ, но и для всѣхъ сословій вообще; оно состояло изъ музыки (напр. игра на кастаньетахъ), пѣнія и танцевъ. Танцы изучались не для удовольствія только, не изъ угожденія одному сладострастію; но — для прославленія Еговы при извѣстныхъ торжественныхъ случаяхъ. Воспитаніе не допускало ни роскоши, ни наслажденія, которыя были почти изгнаны изъ жизни израильскаго народа. Богъ Израиля — Богъ грозный и ревнивый, которому должно было поклоняться въ страхѣ и трепетѣ; онъ оберегалъ свой народъ, гремѣлъ громомъ и молніей, когда являлись у него первыя побужденія предаться роскошному идолопоклонству востока съ его соблазнительной символикой природы. Фантазія поэтому не могла пуститься въ игру миѳологическими образами, а безпрекословно должна была обращаться къ единому, грозно-карающему Богу. На этомъ основаніи самыя искусства, входившія въ кругъ женскаго образованія, должны были соединяться съ благоговѣйно-религіознымъ чувствомъ, служа только выраженіемъ его и подчиняясь строгому культу.

Сынъ, достигнувъ отроческаго возраста, нѣсколько выходилъ изъ тѣсной семейной сферы и поступалъ подъ ближайшее руководство отца. Отецъ обучалъ его земледѣлію или скотоводству, охотѣ или рыбной ловлѣ, иногда также горшечному, валяльному, красильному ремеслу, или плотничьему и кузнечному. Систематическаго обученія гимнастикѣ не было: оно замѣнялось упражненіями на оружій, а также—въ музыкѣ и танцахъ, съ тѣмъ же примѣненіемъ ихъ, какъ и у дѣвушекъ. Дальнѣйшее образованіе состояло, главнымъ образомъ, въ изученіи Моисеевыхъ книгъ и вообще исторіи израильскаго народа. На знаніе Закона обращалось особенное вниманіе. Мальчику строго запрещалось мучить животныхъ, разорять птичьи гнѣзда и т. п. При умѣренности во всемъ, особенно въ пищѣ, требовалась опрятность;—но главнымъ предметомъ отцовскихъ попеченій было возбужденіе въ сынѣ религіознаго чувства и пріученіе его къ религіознымъ обычаямъ и праздникамъ. На праздникѣ кущей мальчики пѣли «Осанну» и махали особо приготовляемыми къ этому торжеству пучками, состоящими изъ извѣстныхъ растеній; они принимали также участіе въ отправленіи пасхи, и передъ субботой должны были приготовлять яства. Наконецъ, ихъ брали въ ежегодно отправляемое праздничное путешествіе къ скиніи, а потомъ къ Іерусалимскому храму,—чтобы въ сердцахъ ихъ прочно на всю жизнь запечатлѣвались отрадныя воспоминанія о томъ, какъ въ этихъ праздничныхъ караванахъ собирались во славу Еговы всѣ семейства, гдѣ снова радостно встрѣчались всѣ родные и друзья, гдѣ всѣ сливались въ одинъ народъ во имя своей общей святыни. Такимъ образомъ воспитаніе у евреевъ было вмѣстѣ и обученіемъ, которыя жизненно проникали другъ друга, при чемъ все воспитаніе получало національно-историческій характеръ. Въ праздничныхъ церемоніяхъ, процессіяхъ и т. п. узнавалъ молодой еврей: что сотворилъ Богъ для своего избраннаго народа отъ самаго начала его существованія, и какъ прославилъ Онъ и наградилъ достойнѣйшихъ его представителей.

Общественныхъ школъ долго совершенно не существовало у евреевъ. Высшее образованіе, состоявшее изъ искусства писать, изъ піитики, медицины, начатковъ философіи и глубокаго изученія Закона, сыновья знатнѣйшихъ фамилій получали отъ священниковъ, или отъ особыхъ домашнихъ учителей; дѣти же пророковъ и священниковъ—въ отдѣльныхъ школахъ. Такія школы которыя существовали уже при Самуилѣ, и которыя, благодаря ему, достигли цвѣтущаго состоянія, находились во многихъ городахъ, напр. въ Габсѣ, Рамѣ, Виѳлеемѣ, Іерихонѣ, Гилгалѣ и др. Въ нихъ юноши, а нерѣдко и взрослые, жили вмѣстѣ со своими учителями, иногда въ числѣ нѣсколькихъ сотъ человѣкъ; нѣкоторые изъ учениковъ содержались на общественный счетъ. Здѣсь изучалась также музыка и поэзія, имѣвшая у евреевъ особый, своеобразный характеръ, вытекающій изъ ихъ религіознаго міросозерцанія. Такъ какъ у евреевъ не было миѳологіи съ ея многобожіемъ, то это обстоятельство сдѣлало положительно невозможнымъ возникновеніе эпоса, потому что героическая эпопея немыслима безъ видимыхъ, осязательныхъ боговъ, дѣйствующихъ лично и опредѣляющихъ участь людей. Точно также чувство совершенной зависимости отъ Еговы не позволило развиться еврейской драмѣ, которая требуетъ свободнаго дѣйствія, самостоятельной личности; а въ сознаніи евреевъ существовала только одна самостоятельная личность — личность Бога, обладающаго абсолютной свободой. Оттого производительная сила евреевъ все болѣе удалялась внутрь, все болѣе сосредоточивалась въ чувствѣ. Не смотря на этотъ кругъ, ограниченный лиризмомъ, еврейская литература развиваетъ удивительное могущество и силу; она, по выраженію Шерра, вырывается какъ потокъ крови изъ сердца страдальческаго народа, который прошелъ черезъ школу несчастія, лишь изрѣдка обращался къ свѣтлой сторонѣ жизни, и съ робкимъ вопросомъ останавливался предъ темной завѣсой, закрывавшей отъ него тайны бытія. Веселый, жадный къ наслажденію сенсуализмъ востока хотя и прорывался иногда, но его неумолимо подавлялъ строгій спиритуализмъ евреевъ, отвращавшійся отъ земли съ ея опасными обольщеніями и неотступно стремившійся къ соединенію съ Богомъ въ духовномъ мірѣ. Эта воинственная, неусыпная борьба противъ сильнаго своимъ обаяніемъ чувственнаго міросозерцанія и придастъ еврейской поэзіи то до глубины души дѣйствующее могущество рѣчи, тотъ гремящій гнѣвъ и сильное рвеніе, наконецъ, ту роскошь образовъ, которыхъ краски, по удачному сравненію Форт-ляге, врѣзываются въ фантазію и долго горятъ тамъ, какъ горячіе цвѣта въ оконной живописи старыхъ готическихъ храмовъ. Естественно, что изученіе своей національной поэзіи неотразимо дѣйствовало на воспитаніе еврейскаго юношества, для котораго кромѣ того было обязательно тщательное изученіе Закона, какъ главнаго и высшаго предмета. Все это имѣло цѣлью—вызвать и укрѣпить въ юношѣ истинно-теократическій духъ, пріучивъ его къ сосредоточенному размышленію, къ изслѣдованію писанія, къ молитвѣ и прославленію Бога, къ религіозному настроенію, къ воздержному самообладанію. Отъ юноши требовали: кротости, покорности, мудрости, мужества, твердости воли и обращенія всѣхъ помысловъ къ небу.

Особенно цвѣтущаго состоянія достигли эти религіозныя школы, бывшія обыкновенно частными учрежденіями, въ царствованіе Давида, которому также столь обязаны были своимъ развитіемъ поэзія и музыка евреевъ съ ихъ глубоко-религіознымъ характеромъ. Давидъ (около 1030 г. до Р. Х.) самъ создавалъ свои возвышенные псалмы, самъ пѣлъ ихъ и сопровождалъ ихъ пѣніе дивною игрою на арфѣ. Онъ образовалъ въ свое царствованіе 4,000 пѣвцовъ изъ сословія левитовъ. По отношенію къ воспитанію онъ самъ является учителемъ и совершеннѣйшимъ образцомъ для своего народа, подавая ему примѣръ пламенной вѣры въ Бога, въ его великое милосердіе, попеченіе, снисходительность и долготерпѣніе. Псалмы Давида—это, безспорно, самое поэтическое выраженіе духа народа израильскаго. Въ нихъ звучитъ полный чувства тонъ религіи Еговы «свѣтящей, какъ уголь среди ночи, въ отуманенной горестью душѣ, которую только изрѣдка освѣщаетъ солнце счастія.» Лирика псалмопѣвца, неудержимо увлекающая сердце слушателя, то элегически жалобная, то возвышенная, перенеслась потомъ изъ іудейства въ христіянство и осталось образцомъ церковной поэзіи. Въ своихъ псалмахъ Давидъ выразилъ весь духъ своего народа, и тѣмъ могущественно подвинулъ его образованіе и упрочилъ коренныя свойства его природы. Кромѣ того, Давидъ собственной жизнью доказалъ, что счастіе прямо зависитъ отъ внутренняго состоянія души человѣка, отъ его нравственной силы; что жизнь есть непремѣнно борьба, въ которой каждый долженъ остерегаться паденія. Въ блестящее время царствованія Соломона, любившаго роскошь и великолѣпіе, еврейское воспитаніе подверглось радикальному измѣненію. Распространившееся вліяніе языческихъ нравовъ пошатнуло внутреннюю жизнь израильскаго народа, такъ что уже при царѣ Іосафатѣ, около 900 лѣтъ до Р. Х. необходимо было разсылать по Іудеѣ священниковъ и левитовъ для возстановленія падающаго богослуженія Еговы. Царство Израильское стало распадаться и внѣшнимъ, и внутреннимъ образомъ; въ 588 г. до Р. Х. палъ и былъ разграбленъ великолѣпный Іерусалимъ, горько оплаканный Іереміею, и евреямъ оставалось только, сидя на рѣкахъ вавилонскихъ, плакать о своей утраченной свободѣ. Народъ еще продолжалъ свое существованіе, но оно было уже совершенно иное, а слѣдовательно—стало инымъ и еврейское воспитаніе.

Главнымъ несчастіемъ для народа израильскаго было то, что, потерявъ свою политическую независимость, онъ вмѣстѣ прекратилъ и свое самостоятельное духовное развитіе. Находясь въ плѣну у халдеевъ, евреи усвоили себѣ много новыхъ, религіозныхъ представленій и вѣрованій, и у нихъ возникла особая, апокрифическая литература. Древняя чистота вѣры и нравовъ значительно нарушилась, смѣшавшись съ чуждыми элементами. Но тѣмъ сильнѣе старались евреи, по возвращеніи своемъ изъ плѣна, строго соблюдать древній Законъ и его правильное толкованіе. Они ревниво стали охранять свое священное писаніе отъ всякой новизны, строго придерживаясь буквѣ, и съ ортодоксальною боязнью слѣдили за уклоненіями установленнаго пониманія своего Закона. Это дѣло охраненія его впослѣдствіи взяло на себя особое ученое сословіе, члены котораго принимали почетное названіе раввиновъ, т. е. учителей, желавшихъ возвратить религіозное міросозерцаніе своего народа ко временамъ Эздры, или даже самого Моисея. Ученость этихъ книжныхъ людей обнимала все, относящееся къ Закону, и получила исключительный теолого-юридическій характеръ. Они сообщали желающимъ истинный, сокровенный смыслъ Закона; они разъясняли въ немъ разныя сомнительныя мѣста, особенно по отношенію къ вопросамъ практической жизни; они сообщали народу служебные приговоры и рѣшенія синедріона, въ засѣданіяхъ котораго иногда принимали участіе; они также завѣдывали учебными заведеніями для юношей, приготовлявшихъ себя къ званію раввиновъ; многіе даже занимались частною дѣятельностью, въ нужныхъ случаяхъ являясь въ качествѣ юрисконсультовъ. Главнымъ занятіемъ ихъ, однако, было: изученіе священныхъ книгъ, ихъ переписываніе и исправленіе, истолкованіе библіи на основаніи древнихъ авторитетовъ, поученіе народа въ синагогахъ, возникавшихъ вслѣдствіе отдаленности храма, образованіе взрослаго юношества, завѣдываніе текущей гражданской и религіозной литературой, равно какъ разными публичными чтеніями, корреспонденціей и т. п. Законъ они окружили массою традиціонныхъ понятій, такъ что онъ болѣе и болѣе превращался изъ «религіи духа» какъ называлъ его Гегель, въ пестрое множество разныхъ внѣшнихъ, пустыхъ формальностей и церемоній. О ненарушимомъ сохраненіи этихъ традицій ученые книжники заботились съ такимъ же рвеніемъ, какъ о богодарованномъ Законѣ, и этимъ рвеніемъ успѣли до того возвыситься надъ необразованною массою, пріобрѣли въ ея глазахъ такое уваженіе, что ихъ авторитетъ сталъ не только выше родительскаго, но даже началъ считаться непогрѣшимымъ почти наравнѣ съ авторитетомъ богодарованныхъ заповѣдей. Для еврея не было, наконецъ, высшаго призванія, какъ сдѣлаться раввиномъ. Въ одномъ изъ ученыхъ трактатовъ того времени (у Хорайота) именно говорится: «Священникъ по своему сану стоитъ выше левита; левитъ выше прочихъ сыновъ Израиля; обыкновенный израильтянинъ выше мамзера (т. е. происшедшаго отъ нарушенія брака или отъ кровосмѣшенія); по крайней мѣрѣ это такъ, если всѣ названныя личности равны между собой и въ прочихъ отношеніяхъ. Но въ случаѣ, если мамзеръ былъ ученикомъ мудрецовъ, а первосвященникъ не проходилъ школы у раввиновъ; то такой мамзеръ имѣетъ преимущество передъ такимъ первосвященникомъ. Кто отдастъ дочь свою въ замужество за раввина, или удѣлитъ ему часть изъ своего имущества, тотъ уподобится тѣмъ, которые находятся въ общеніи съ Божествомъ. Кто оспариваетъ своихъ учителей, тотъ говоритъ противъ Божества. Кто входитъ въ разладъ со своимъ учителемъ, тотъ входитъ въ разладъ съ Божествомъ. Кто порицаетъ своего учителя, тотъ порицаетъ Божество.»

На образованіе народа это ученое направленіе привилегированнаго класса не имѣло никакого вліянія. Все воспитаніе евреевъ и теперь оставалось по прежнему исключительно семейнымъ. Чтобы обезпечить пребываніе массы народа въ границахъ Закона и преданій, молодыя поколѣнія воспитывались на буквѣ, и притомъ чисто-механически: это произвело въ школахъ особенный родъ еврейской схоластики. Первая школа для дѣтей была основана Іисусомъ, сыномъ Ямлы, вскорѣ послѣ разрушенія Іерусалима (70 г. по Р. Х.); вслѣдъ затѣмъ школы стали возникать во множествѣ, такъ какъ еврей получилъ вѣру, что онъ не наслѣдуетъ вѣчной жизни, если не отдастъ дѣтей своихъ на обученіе. «Каждый городъ и каждое мѣстечко, неимѣющія школы — говорилось въ узаконеніи — будутъ подвергнуты отлученію; а если и это не поможетъ, то будутъ разрушены, ибо они противорѣчатъ раввинскому изрѣченію, по которому: дыханіемъ дѣтскихъ устъ въ школѣ — держится міръ.» Для 25 дѣтей опредѣлялся особый учитель; для 40 — ему назначался помощникъ; для 50 — было два учителя. Они должны были держать ввѣренныхъ имъ дѣтей въ страхѣ и любви; ученики не смѣли пропускать времени, назначеннаго для ученія, чтобы не навлечь на себя гнѣва и проклятія Іереміи. Еврейскій учитель не имѣлъ права брать плату за свой трудъ, ибо самъ великій учитель — Моисей трудился безвозмездно. Плату онъ могъ брать не собственно за обученіе, но лишь за потраченное время. Раввины завѣдывали не только народными школами, но также и синагогами, и наказывали каждаго, кто не въ ихъ духѣ и смыслѣ толковалъ Законъ, пророковъ и вообще ветхозавѣтныя книги.

Ученыя школы находились преимущественно въ *Александріи*, гдѣ получила цвѣтущее развитіе іудейско-александрійская религіозная философія; затѣмъ—въ *Вавилонѣ*, гдѣ около втораго вѣка по Р. Х. раввиномъ Акиба была отчасти собрана, отчасти сочинена каббала, представлявшая фантастическое смѣшеніе философскихъ мыслей и религіозныхъ представленій, перепутанныхъ съ разнородными суевѣріями и раввинскоми вымыслами; и, наконецъ,—въ *Іерусалимѣ*, ученая школа котораго внѣшнимъ образомъ стояла выше другихъ, находясь въ центрѣ верховнаго управленія и богослуженія, внутри же была раздираема духомъ честолюбія, властолюбія и зелотизма. Вообще съ теченіемъ времени еврейская религія, вмѣстѣ съ прочими началами еврейской національности, падала все болѣе и болѣе. Образовалось множество философскихъ сектъ, и изъ различныхъ ученій ихъ, изъ азіятскаго мистицизма, греческихъ философовъ и древнихъ народныхъ сказаній именно и сложилось тайное ученіе каббалистики. Другая мало по малу образовавшаяся секта состояла изъ талмудистовъ, т. е. приверженцевъ новаго толкованія. Въ ученыхъ школахъ раввины объясняли ветхій завѣтъ на основаніи новѣйшихъ воззрѣній на него, смѣшанныхъ со старинными преданіями, изъ чего впослѣдствіи и возникъ талмудъ (наставленіе), имѣвшій своихъ послѣдователей и приверженцевъ какъ въ Палестинѣ (въ Яффѣ и Тиверіадѣ) такъ и въ Вавилоніи (въ самомъ Вавилонѣ, Зарѣ др.). Первымъ собирателемъ талмуда былъ Іегуда святой, стоявшій во второмъ вѣкѣ по Р. Х. во главѣ Тиверіадской академіи. Толкованіе первой части талмуда — мишны (т. е. «повторенія» стараго закона въ новой формѣ) было предметомъ обученія въ высшихъ школахъ. Впослѣдствіи всѣ эти комментаріи были записаны, и изъ нихъ въ третьемъ вѣкѣ въ Палестинѣ возникла вторая часть—гемара (т. е. совершенное объясненіе). Со временемъ она получила въ Вавилонѣ новую сокращенную обработку, и этотъ вавилонскій текстъ, также заключавшій много постороннѣй примѣси, въ VI вѣкѣ сложился окончательно, такъ что подъ именемъ талмуда разумѣютъ именно эту послѣднюю его редакцію, въ которой онъ продолжалъ существовать и въ среднie вѣка. Тогдашніе раввины продолжали его изученіе въ томъ же строго-націoнальномъ направленіи.

Въ раввинскихъ школахъ такіе предметы какъ: математика, естествознаніе, исторія и политика, исключались изъ круга преподаванія. Эти науки были не только въ презрѣніи, но даже формально запрещались. Изучались главнымъ образомъ теологическія и юридическія науки, имѣвшія своимъ основаніемъ Законъ, причемъ комментаторы ихъ терялись во множествѣ софистическихъ тонкостей, и придерживались мертвой буквы, ища въ ученыхъ сочиненіяхъ разныхъ авторитетовъ особаго, тайнаго смысла. Учитель никогда не спрашивалъ ученика; ученикъ же, напротивъ того, имѣлъ право обращаться къ нему съ частыми вопросами. Въ изложеніи и доказательствахъ преобладалъ символизмъ. Учащіеся сидѣли предъ раввиномъ на землѣ и сперва могли только слушать, стараясь запомнить слышанное а потомъ уже спрашивать. Проучившись такимъ образомъ много лѣтъ, отличнѣйшій ученикъ удостоивался возложенія и принимался въ классъ Хаберима, гдѣ онъ сидѣлъ на низкомъ стулѣ подлѣ каѳедры раввина. Теперь онъ долженъ былъ при каждомъ изрѣченіи присоединять свой голосъ, и обязывался не говорить и не распространять ничего, кромѣ того, что онъ усвоилъ отъ своего учителя. Пройдя Хаберимъ, ученикъ, наконецъ, самъ получалъ званіе раввина. «Ты теперь учитель!» говорилъ ему раввинъ, возлагая руку на его голову, и передавая ему ключъ и книгу, какъ символы права—толковать писаніе. Въ качествѣ раввина, онъ могъ теперь отъ своего собственнаго имени выражать свое мнѣніе въ поученіяхъ, но въ тоже время обязанъ былъ учить другихъ въ смыслѣ книги Халаха т. е. придавать Закону лишь то значеніе, какое было установлено въ ученыхъ школахъ перваго и втораго столѣтія.

Раввины служатъ представителями того сухаго, мертваго, извращеннаго и измельчавшаго, мистическаго іудаизма, который и понынѣ сохранился въ необразованныхъ классахъ этого скитальческаго народа. Благодаря упругости своего характера и своему стремленію къ знанію, этотъ «народъ безъ отечества» заимствовалъ знаніе всюду гдѣ могъ; у грековъ, римлянъ, персовъ, арабовъ и христіанъ, пока, наконецъ, не нашелъ себѣ втораго отечества во всемірной и всепримиряющей гуманности христіанства. По своимъ дарованіямъ онъ заслуживаетъ нашего полнаго участія, тѣмъ болѣе, что онъ, навсегда утративъ свой историческій геній, уже не принадлежитъ болѣе къ исторической жизни современныхъ народовъ и напоминаетъ собою какъ бы печальную руину когда-то высокаго и великолѣпнаго зданія. Прогрессъ какъ въ общемъ дѣлѣ цивилизаціи, такъ и въ воспитаніи, для его разсѣянныхъ представителей возможенъ на столько, на сколько они будутъ сливаться съ другими народами въ духѣ всемірныхъ христіанскихъ началъ.

*Заключеніе дохристіанскаго періода.*

Такимъ образомъ, изъ исторіи педагогики въ дохристіанское время видно, что какъ у греко-римскихъ народовъ, такъ и у евреевъ, внутреннее, духовно-нравственное образованіе перешло подъ конецъ во внѣшнюю, схоластическую ученость и въ ней замерло. Національный элементъ, на которомъ держалось у нихъ все дѣло воспитанія, постепенно изсякъ. Религія подверглась разложенію и не оказала въ самый критическій періодъ народной жизни ни поддержки, ни утѣшенія. Философія тщетно старалась замѣнить ее, ища гармонію между міромъ, человѣкомъ и божествомъ, и не находя ея ни въ душѣ человѣка, лишившейся своего внутренняго содержанія, ни въ мистическомъ созерцаніи абсолютнаго. Искусство поступило на службу пользѣ и удовольствію, нисколько не расширяя царства идеаловъ. Физическое и духовное воспитаніе потеряло связь, распалось, и въ александрійскій періодъ замѣнилось модною ученостью. Общественная и семейная жизнь стала искать однихъ утонченныхъ наслажденій и чувственности. Можно сказать, что древній міръ потерялъ центръ тяжести и не могъ долѣе держаться; послѣдній часъ этого отжившаго общества долженъ былъ пробить. Зародышемъ новаго была *христіянская идея*. И дѣйствительно, христіянство покорило старый міръ возвышенностью своего нравственнаго ученія. Оно было предназначено самой исторіей, какъ необходимая духовная реакція противъ неукротимой, грубой чувственности и крайняго эгоизма. Человѣчество нуждалось въ печальномъ, но цѣлительномъ постѣ, чтобы отдохнуть отъ шумныхъ оргій, отъ одуряющей борьбы страстей и своекорыстія. Здѣсь повторилось тоже явленіе, какое происходитъ всегда, когда новый принципъ выступаетъ противъ стараго со всею свѣжестью, рѣзкостью и энергичностью своей юношеской силы. «Христіянство — говоритъ Жанъ-Поль Рихтеръ — какъ будто въ судный день истребило весь чувственный міръ со всѣми его прелестями; снесло его въ одинъ надгробный холмъ, сдѣлало изъ него ступень небесной лѣствицы, а на мѣсто его воздвигло міръ духовный: настоящее, земное принесено было въ жертву будущему — небесному.» Однако все общечеловѣческое, все существенное было спасено при этомъ міровомъ переворотѣ, и изъ дохристіянскаго времени постепенно проросло въ христіянское, продолжая свое дальнѣйшее развитіе.

Когда греческое воспитаніе при Птолемеяхъ получило ученый, внѣшне-блестящій характеръ, востокъ вошелъ въ общеніе съ западомъ, и восточныя сокровища знанія получили новую обработку въ греческомъ духѣ. Тоже повторилось и съ римскою образованностью, когда она при императорахъ, одновременно съ паденіемъ народныхъ началъ Рима, сдѣлалась достояніемъ другихъ народовъ, получившихъ права гражданства, и уравнивалъ людей въ духѣ общей гуманности. Іудаизмъ въ своихъ ученыхъ школахъ также постепенно объединялъ въ себѣ всѣ элементы языческой цивилизаціи, и въ сферѣ науки отчасти сливался съ язычествомъ (паганизмомъ). Пророки народа израильскаго своими откровеніями прокладали путь новому гуманно-христіанскому воспитанію. Даже древнѣйшіе историческіе народы востока не остались безъ вліянія въ дѣлѣ развитія воспитательныхъ идеаловъ. Китайцы послѣдовательно провели принципъ семейнаго воспитанія съ его безусловнымъ послушаніемъ. Кастическіе индійцы и воинственные персы первые доказали важное значеніе обученія и воспитательной дисциплины, которыя не менѣе уважались и у преданныхъ символизму жрецовъ Египта. Затѣмъ начала воспитанія нашли свое дальнѣйшее примѣненіе и развитіе въ систематическихъ упражненіяхъ грековъ, стремившихся къ гармоническому развитію тѣла и духа, а послѣ нихъ — въ семейно-практическомъ направленіи римской образованности, чтобы завершиться строго-религіозными требованіями у народа израильскаго. Такъ дохристіанское воспитаніе прошло всѣ фазы въ границахъ національности, которая, наконецъ, потеряла уже значительную долю своей исключительности въ послѣднія времена Рима съ его широкою гражданственностью, приготовивъ этимъ путь вступающему въ міръ христіанству, сдѣлавшему человѣка гражданиномъ всего міра, а всѣхъ людей — братьями. Національный принципъ воспитанія не погибъ, но только сталъ на второй планъ; но съ тѣмъ большею силою выступилъ принципъ индивидуальности, нашедшей въ христіанской идеи свое полное освобожденіе. На этомъ основаніи дохристіанскій періодъ исторіи педагогики не является случайнымъ, изолированнымъ, а входитъ, какъ существенный моментъ, въ исторію дальнѣйшаго гуманно-христіанскаго воспитанія, также прошедшаго въ своемъ развитіи много новыхъ фазъ.

# Христіянская эпоха гуманнаго воспитанія.

*Ззначеніе христіянства для воспитанія.*

Новая христіянская образованность (а не религія сама по себѣ) родилась вначалѣ изъ смѣшенія іудейскихъ и христіянскихъ понятій, идей и преданій съ падавшею языческою поэзіею, древнимъ краснорѣчіемъ, превратившимся въ безсодержательное фразерство, и съ греко-римскою философіею, исказившеюся въ діалектику и мистицизмъ. Всѣ болѣе жизненные элементы древней языческо-еврейской цивилизаціи получили новую окраску и переработались подъ вліяніемъ всеобъемлющей христіянской идеи, заключающейся въ откровенной религіи Христа и въ твореніяхъ главнѣйшихъ отцовъ церкви. Христіянство — это религія вочеловѣчившагося Бога и обожествленнаго человѣка, религія искупленія и примиренія человѣчества съ Божествомъ въ духѣ вѣчной, абсолютной истины. Въ постиженіи этой истины заключается вся сущность отношеній между Богомъ и человѣкомъ. Истинное познаніе какъ міра, такъ и самого себя, начинается познаніемъ единства божественной и человѣческой природы, и значенія воплощенія Бога, какъ вѣчной истины. Точно также и принципъ истиннаго воспитанія можетъ быть понятъ лишь тогда, когда должнымъ образомъ понятъ будетъ человѣкъ въ его достоинствѣ и значеніи. Въ язычествѣ человѣкъ значилъ только какъ средство для другихъ, посторонне-практическихъ цѣлей, какъ напр. для государства, и уважался лишь настолько, на сколько онъ былъ полезенъ для государства, отечества, касты, сословія и т. д. По христіанской же идеѣ, напротивъ того, абсолютное достоинство человѣка заключается прежде всего въ немъ самомъ, такъ какъ въ человѣкѣ, созданномъ по образу и подобію Божію, непрестанно пребываетъ самъ Богъ; такъ какъ онъ, по божественному происхожденію своему, ближайшею задачею себѣ ставитъ сознательное уподобленіе себя Богу, къ которому онъ относится, какъ любящее и послушное чадо — къ благому и справедливому отцу. Соединиться съ Богомъ — вотъ главное назначеніе для каждаго человѣка, которое олицетворилъ въ себѣ Христосъ, открывшій человѣчеству эту новую божественную религію, и которое Онъ поставилъ, какъ требованіе по отношенію къ каждому, сказавъ: «Будьте же вы совершенны, какъ совершенъ Отецъ вашъ небесный» (Матѳ. V. 48). Въ этой основной истинѣ христіанства заключается признаніе и оправданіе безконечнаго достоинства каждой человѣческой личности: здѣсь выражено равенство и братство всѣхъ людей въ Богѣ, какъ это объяснено откровеннымъ словомъ Божіимъ. По духу этой истины человѣкъ имѣетъ право на уваженіе уже потому, что онъ человѣкъ, сознаваемый въ качествѣ самостоятельной, Богомъ признанной личности, и все человѣчество является единымъ нравственнымъ цѣлымъ, члены котораго взаимно связаны между собою узами любви и справедливости. Вмѣстѣ съ этимъ, въ силу той же истины, должны пасть всѣ формы жизни, основанныя на одномъ своекорыстіи, ведущемъ ко враждѣ и насилію. Предъ Богомъ, какъ предъ общимъ Отцемъ, всѣ люди-дѣти равны: этимъ уничтожается рѣзкая противоположность между господиномъ и рабомъ, мужемъ и женой и т. д., такъ какъ эти естественныя различія не опредѣляютъ болѣе истиннаго достоинства человѣка, какъ самостоятельной личности.

Сообразно съ этимъ христіанскимъ принципомъ, вмѣстѣ съ жизнью глубже понимается и воспитаніе, измѣнившееся соотвѣтственно своей истинной сущности. У всѣхъ дохристіянскихъ народовъ, какъ мы видѣли, задача воспитанія опредѣлялась вообще національностью; въ христіянствѣ — ея общимъ опредѣленіемъ служитъ *человѣчность*. Главная цѣль, которую поставляетъ себѣ христіянская педагогика, есть подражаніе и послѣдованіе Христу, одинаково обязательное и одинаково доступное для всѣхъ націй и состояній, и для обоихъ половъ. Христіянство заключаетъ въ себѣ тотъ духовно-жизненный принципъ, который по своей общности находитъ примѣненіе ко всѣмъ отношеніямъ и условіямъ, и обнимаетъ собою всѣ истинныя стремленія духа въ наукѣ, искусствѣ и жизни.

Въ откровенной религіи Христо глубочайшимъ и совершеннѣйшимъ образомъ выражается внутренняя природа человѣка; а потому христіянская педагогика ставитъ себѣ задачей приблизить человѣка къ Богу, пользуясь при этомъ всѣмъ, что представляетъ лучшаго какъ наука — такъ и искусство, какъ природа — такъ и жизнь человѣческаго общества, и стараясь вызвать въ тѣлесно-духовномъ организмѣ питомца полную гармонію всѣхъ силъ и способностей, такъ чтобы мышленіе его направлялось къ истинѣ, воля — къ свободѣ и благу, чувство — къ любви, при постоянномъ участіи разума. Но для этого конечный духъ человѣка долженъ познать міръ въ его ничтожествѣ прежде, чѣмъ онъ будетъ въ состояніи познать самую истину и въ ней — Бога; естественный человѣкъ долженъ сознать себя въ своей грѣховности прежде, чѣмъ онъ можетъ стать совершеннымъ человѣкомъ и возвыситься къ Богу. Вслѣдствіе этого христіянство сперва становится во враждебное отношеніе къ міру, но только для того, чтобы побѣдить его истиной и привести его къ ней. Потому-то человѣку необходимо было сперва аскетически отринуть чувственный міръ, и въ пламенномъ порывѣ вѣры возлетѣть къ небу, чтобы потомъ принести на землю все небесное, истинное, совершенное,—все, что принимаетъ въ свое лоно и охраняетъ вселенская церковь.

Въ этомъ заключается весь глубокій смыслъ, вся побѣдоносная сила христіянства, которая привела его къ торжеству въ борьбѣ съ многоучеными и блестяще-образованными защитниками язычества, прибѣгавшими также ко всевозможнымъ кровавымъ насиліямъ языческаго фанатизма и языческой нетерпимости. Эти защитники, въ родѣ напр. Юліана, при всемъ своемъ образованіи, не понимали природы человѣка; они не могли побѣдить ея, не могли удовлетворить ея высшимъ потребностямъ, какъ удовлетворила имъ новая религія Христа. Чтобы оживить умиравшія національныя вѣрованія, софисты падающаго древняго міра старались замѣнить простой смыслъ древней и чувственной религіи мечтаніями неоплатонизма; простому ученію Христа, доступному всякому, они противопоставляли отвлеченную религіозную систему, принципы которой были понятны только ученымъ и оставались тайною для непосвященныхъ. Они не понимали различія между христіянскимъ ученіемъ, самый аллегоризмъ котораго былъ необходимъ и полезенъ для того времени, и чисто научною системою мистическихъ философовъ-неоплатониковъ, которая была безполезна для жизни, ничего не говоря уму, будучи непонятна для простаго здраваго смысла, и безплодна для дѣятельной любви. Такъ напрасны усилія нѣкоторыхъ римскихъ императоровъ разными полицейскими мѣрами ввести у язычниковъ благотворительныя учрежденія, подобныя христіянскимъ, ясно показываютъ, что не помощи правительства и не искуству духовенства обязано было христіянство своимъ преобладаніемъ, а что, напротивъ, возвышенное ученіе о безкорыстной любви и равенствѣ всѣхъ предъ Богомъ какъ нельзя болѣе соотвѣтствовало обстоятельствамъ того времени и вѣчнымъ потребностямъ человѣческой природы. Однимъ же изъ могущественнѣйшихъ средствъ водворенія между людьми новаго, лучшаго ученія было, какъ и есть, воспитаніе подростающихъ поколѣній, слѣдуя примѣру божественнаго Учителя. Такого высокаго примѣра не завѣщала людямъ языческая древность; а имъ-то именно и были сильны новые христіянскіе воспитатели.

*Іисусъ Христосъ, какъ учитель и воспитатель человѣчества.*

Іисусъ Христосъ, Богъ и вмѣстѣ совершеннѣйшій человѣкъ, стоитъ во главѣ всего созданнаго имъ новаго, христіанскаго времени. Онъ представляетъ собою то, чѣмъ долженъ быть каждый человѣкъ:—единство мыслей, чувствъ и дѣйствій въ Богѣ. Онъ же даровалъ и вѣчный идеалъ для воспитанія: каждый христіанинъ долженъ, смотря по прирожденнымъ ему способностямъ, стараться уподобиться Христу, т. е. побѣдить въ себѣ своекорыстную природу и образовать изъ себя свободную личность, стоящую въ сознательныхъ и разумныхъ отношеніяхъ къ Богу, людямъ и природѣ. Это требованіе Христосъ осуществилъ въ собственной жизни и утвердилъ примѣромъ, какъ истинный учитель и воспитатель человѣчества. Онъ открылъ людямъ самую глубокую мудрость, что Богъ есть Духъ, которому и поклоняться должно духомъ и истиною, возвѣстилъ самую высокую истину, что Богъ существенно живетъ въ человѣкѣ, и указалъ самое достойное призваніе: «Возлюби Господа Бога твоего всѣмъ сердцемъ твоимъ и всею душею твоею, и всею крѣпостію твоею, и всѣмъ разумѣніемъ твоимъ,—это первая и большая заповѣдь; вторая подобна ей: возлюби ближняго твоего, какъ самого себя» (Луки X. 27). Это—абсолютная истина, ученіе для всѣхъ временъ, усвоеніе и примѣненіе котораго опредѣляетъ назначеніе для всего человѣчества. Христосъ, совершеннѣйшій образецъ учителя какъ человѣчества, такъ и каждаго отдѣльнаго человѣка, есть вмѣстѣ и идеалъ для воспитанія развивающагося человѣка-дитяти; въ примѣрѣ Его мы видимъ образецъ для правильнаго развитія дитяти. (Лук. II. 40. 52). Исторія Его дѣтства именно показываетъ, что истинно почитающій Бога непремѣнно чтитъ и своихъ родителей, и въ то же время съ самоотверженіемъ служитъ общей нравственной цѣли жизни. Онъ, еще будучи отрокомъ, обнаружилъ живое сознаніе того, что царство Божіе выше семейныхъ узъ: «Или вы не знали, что мнѣ должно быть въ томъ, что принадлежитъ Отцу моему?» (Луки II. 49). Но, не смотря на то, Онъ подчинялъ свой свободной духъ родительской волѣ, когда она вызвала его изъ храма, гдѣ хотѣлось ему помедлить. Посѣщеніемъ храма Онъ освятилъ это дѣло религіи; пребываніемъ между учителями — почтилъ науку; послушаніемъ родителямъ — призналъ покорность сыновней любви; сперва выслушивая и потомъ вопрошая — Онъ указалъ путь, по которому идетъ и всегда должно идти раскрытіе и усвоеніе всякой живой истины. Такъ «Іисусъ преуспѣвалъ въ премудрости, и возрастѣ, и въ любви у Бога и человѣковъ» (Луки II. 52). Достигнувъ даже наивысшей степени богочеловѣческаго развитія, Онъ никогда не забывалъ тѣхъ, на груди которыхъ провелъ свое младенчество: среди предсмертныхъ мукъ на крестѣ, Онъ поручилъ Матерь свою любимѣйшему изъ учениковъ своихъ.

Дѣтскій возрастъ съ его естественностью долженъ быть идеальнымъ міромъ и для каждаго истиннаго учителя. Іисусъ Христосъ долженъ служить для него образцомъ совершеннаго учителя и по мудрости, и по любви, и по вѣрѣ въ свое ученіе, и по его осуществленію. Глубочайшую мудрость Онъ выражалъ всегда въ самой доступной и вмѣстѣ въ самой совершенной формѣ. Привлекательно, понятно, ясно и убѣдительно было его ученіе для дѣтски-чистыхъ душъ его слушателей, такъ какъ оно отвѣчало сущности человѣка. Примѣры свои Онъ черпаетъ изъ природы — этого вѣрнаго отраженія всего вѣчнаго и родственно-близкаго для человѣка; доказательства свои Онъ основываетъ на законахъ и требованіяхъ человѣческаго разума. Своими сравненіями и образами Онъ дѣйствуетъ прямо на сердце, и чрезъ него направляетъ волю своихъ учениковъ. Въ поученіяхъ своихъ Онъ заимствуетъ содержаніе непосредственно изъ самой жизни, а потому и вліяетъ ими прямо на жизнь. Его слово духовно и жизненно: оно могущественно возбуждаетъ дремлющія силы души и устремляетъ ихъ къ самоотверженной нравственно-религіозной дѣятельности. Какова цѣль ученія — таковы были и Его средства, если совершенство учителя можно измѣрять числомъ и достоинствомъ его учениковъ, — то и въ этомъ отношеніи Христосъ является совершеннѣйшимъ и вѣчнымъ Учителемъ человѣчества, число послѣдователей котораго быстро росло, постоянно растетъ и вѣчно будетъ расти на землѣ. Проповѣдуя всѣмъ вѣрующимъ людямъ приближеніе царства Божія, Христосъ предъ всѣми чистыми, воспріимчивыми сердцами раскрываетъ и свое сердце, и, замѣчая въ своихъ слушателяхъ самоотверженную любовь и преданность, посвящаетъ ихъ въ глубочайшія тайны своей религіи. И не всѣмъ въ одинаковой формѣ предлагаетъ Онъ свое ученіе: предъ народомъ говоритъ Онъ въ притчахъ; предъ тѣснымъ же кружкомъ испытанныхъ учениковъ своихъ Онъ ограничивается одними краткими изреченіями. Но даже и лучшимъ ученикамъ онъ сообщаетъ не все вдругъ, а каждый разъ лишь столько, сколько могутъ воспринять они духомъ; оканчивая бесѣду съ ними, онъ, конечно, могъ бы еще много сказать имъ, но — они не были бы въ состояніи усвоить массу новыхъ истинъ, пока не созрѣли въ душѣ уже слышанныя.

Въ ученіи и въ дѣлахъ этого совершеннѣйшаго Учителя вообще заключаются всѣ вѣчныя основы педагогики, которымъ въ будущемъ предстоитъ лишь дальнѣйшее развитіе и примѣненіе. Такъ какъ назначеніе свое Христосъ видѣлъ не въ уничтоженіи прежняго закона, а въ его усовершенствованіи; поэтому Онъ не только не пошатнулъ основанія нравственной жизни и воспитанія — брака, но, напротивъ того, сдѣлалъ значеніе его изъ внѣшне-формальнаго — внутренне-духовнымъ. «Я говорю вамъ, что всякій, кто смотритъ на женщину съ вожделѣніемъ, уже прелюбодѣйствовалъ съ нею въ сердцѣ своемъ.» (Мѳ. V. 28). «Оставитъ человѣкъ отца своего и мать свою, и прилѣпится къ женѣ своей, и будутъ двое одна плоть.» (Ефес. V, 31). Въ отношеніи дѣтей онъ требуетъ высокаго уваженія и признанія ихъ личнаго достоинства. «Истинно говорю вамъ: кто не приметъ царства Божія, какъ дитя, тотъ не войдетъ въ него.» «И обнявъ ихъ, возложилъ руки на нихъ, и благословилъ ихъ.» Марк. X, 15. И онъ сказалъ: «кто прииметъ одного изъ малыхъ сихъ въ Мое имя, тотъ Меня прииметъ; а кто соблазнитъ одного изъ малыхъ сихъ, вѣрующихъ въ Меня, тому лучше было бы, если бы жерновный камень повѣсили ему на шею, и бросили его въ море.» Марк. IX, 42. «Смотрите, не презирайте ни одного изъ малыхъ сихъ, ибо сказываю вамъ, что ангелы ихъ на небесахъ всегда видятъ лице Отца Моего небеснаго.» Мѳ. XVIII, 10. Дѣти съ ихъ преданностью и покорностью, съ ихъ безпритязательной простотой и невинностью, съ ихъ простосердечіемъ и любовью, съ ихъ откровенною прямотою и воспріимчивостью ко всему прекрасному и божественному, являются въ глазахъ Христа образцомъ высочайшаго совершенства, какого только можетъ сознательно достигнуть человѣкъ,—тогда какъ дѣти обладаютъ этимъ совершенствомъ безсознательно. Поэтому Онъ взываетъ къ своимъ ученикамъ о томъ, чтобы они опять сдѣлались такими, какъ дѣти, освободились отъ всякаго тщеславія и честолюбія; поэтому же на вопросъ ихъ: кто будетъ изъ нихъ большій въ царствѣ Божіемъ?—Онъ отвѣчаетъ: «Кто умалится, какъ это дитя, тотъ и будетъ большій въ царствѣ небесномъ.» Мѳ. XVIII, 4. Родителямъ Христосъ проповѣдуетъ о преданной любви въ дѣлѣ воспитанія ихъ дѣтей и указываетъ на отца, который даже блуднаго сына по его возвращеніи принимаетъ радостно въ свои объятія. Но въ то же время, остерегая отъ ложной любви къ дѣтямъ, которая ради нихъ забываетъ о высшей цѣли для человѣка, Онъ напоминаетъ, что любящій сына или дочь свою болѣе Его, недостоинъ Его. Мѳ. X, 37. Христосъ признаетъ всю важность тѣлесно-духовнаго воспитанія дѣтей, однако воспитаніе духа въ Его глазахъ выше и важнѣе развитія тѣла и пріобрѣтенія вещественныхъ сокровищъ: ибо «какая польза человѣку, если онъ пріобрѣтетъ весь міръ, а душѣ своей повредитъ?» Мѳ. XVI, 26. «Не собирайте себѣ сокровищъ на землѣ, гдѣ моль и ржа истребляютъ, и гдѣ воры подкапываютъ и крадутъ. Но собирайте себѣ сокровища на небѣ, гдѣ ни моль, ни ржа не истребляютъ, и гдѣ воры не подкапываютъ и не крадутъ. Ибо гдѣ сокровище ваше—тамъ будетъ и сердце ваше.» Мѳ. VI, 19—21. «Ищите же во первыхъ царства Божія и правды Его — и все это (земное) приложится вамъ.» Мѳ. VI, 33. Но какъ же достигается это царство? «Царство Божіе не пища и питіе, но—праведность, и миръ, и радость во св. Духѣ.» «Вотъ свѣтъ живой, который просвѣщаетъ всякаго человѣка, идущаго въ міръ!» Рим. XIV, 17. На этихъ основаніяхъ установилъ Христосъ вѣчно-истинное понятіе о воспитаніи: его принципъ и цѣль. Воспитаніе человѣка по духу Евангелія есть извлеченіе его изъ низменности и чувственности, и возвышеніе его къ божественному совершенству чрезъ развитіе въ человѣкѣ истины, свободы и любви въ ихъ гармоническомъ единствѣ. Этотъ христіянскій принципъ, не различающій ни національностей, ни состояній, ни половъ, стоитъ въ главѣ всевозможныхъ воспитательныхъ теорій, такъ какъ онъ совпадаетъ съ стремленіемъ человѣческаго духа къ свободѣ и самобытности, находитъ полное примѣненіе въ практикѣ, подходя ко всевозможнымъ условіямъ, и не отвергаетъ никакихъ духовныхъ потребностей, выражающихся въ искусствѣ и наукѣ; онъ, этотъ принципъ, исключаетъ лишь то, что враждебно и опасно правственной свободѣ человѣческаго духа.

*Евангельская педагогика.*

Новозавѣтная исторія наглядно представляетъ намъ картину первоначальнаго состоянія и распространенія христіянства. Древнѣйшая христіянская община была въ глазахъ язычниковъ только новой сектой среди іудейства, которая вѣрила въ уже пришедшаго, Богомъ обѣтованнаго Мессію, искупившаго родъ человѣческій. Апостолъ Іоаннъ, и затѣмъ апостолъ Павелъ, обладавшій всею ученостью тогдашняго времени и правами римскаго гражданина, особенно ясно развили въ своихъ твореніяхъ всемірное значеніе новой откровенной религіи, въ противоположность іудейскому партикуляризму, и показали новымъ христіанамъ, что ихъ божественный Учитель пострадалъ ради спасенія *всего* человѣчества. Такимъ образомъ христіанство явилось въ глазахъ людей тѣмъ, чѣмъ оно и должно было быть, т. е. всеобщей, всемірной религіей, въ которой примиреніе человѣка съ Богомъ возможно единственно чрезъ Христа, т. е. чрезъ неуклонное послѣдованіе Ему въ духѣ истины, свободы и любви. Но кромѣ этого субъективнаго условія необходимо еще объективное — милость и благость Божія къ людямъ, ниспославшая имъ Искупителя, такъ что небесная награда за гробомъ не зависитъ отъ одной воли человѣка, но — отъ божественной воли. Человѣкъ, по ученію боговдохновеннаго апостола Павла, будучи созданъ по образу и подобію Божію, стоитъ во главѣ творенія и представляетъ собою микрокосмъ. Сотворенный изъ земли и одушевленный духомъ Божіимъ, онъ обладаетъ вѣчно-живою душею, которая служитъ связью между духомъ и матеріею. Она находится въ крови, источникѣ физической жизни; духовная же дѣятельность ея сосредоточивается въ сердцѣ и головѣ. Жизнь духа существенно обнаруживается въ мышленіи, желаніи и чувствованіи; мышленіе направляется къ познанію Бога и всѣхъ вещей, пробуждаетъ чувство и опредѣляетъ волю.

На этой именно теологіи и антропологіи Евангелія основывается и новая евангельская педагогика. Она начинается вновь установленными понятіями о бракѣ, какъ о таинствѣ, преобразующемъ союзъ Христа со своею общиной, т. е. церковью. Моногамія навсегда признана и освящена. Мужъ, оставаясь главою семьи, подобно Христу — главѣ церкви, является въ семьѣ не владыкою, а защитникомъ и попечителемъ: «мужья, возлюбите своихъ женъ, какъ и Христосъ возлюбилъ церковь (собраніе вѣрующихъ) и предалъ себя за нее.» Эфес. V, 25. Отношеніе родителей къ дѣтямъ должны быть подобны отношенію Бога къ людямъ т. е. основываться на любви и справедливости. Дѣти только поручаются отъ Бога на попеченіе родителей, которые поэтому отвѣтственны за ихъ душевное развитіе. Въ обхожденіи съ дѣтьми, даже въ самыхъ наказаніяхъ, предписывается кротость и любовь: «И вы, отцы, не раздражайте дѣтей вашихъ, но воспитывайте ихъ въ ученіи и наставленіи Господнемъ.» (Эфес. VI, 4.) За это дѣти обязываются повиновеніемъ и почтеніемъ къ родителямъ, не изъ одного страха наказанія, не изъ расчета только, но—изъ любви и страха Божія: «Вы, дѣти, почитайте родителей вашихъ, ибо это легко вамъ.» Воспитатель и учитель призванъ отъ Бога, ибо заповѣдь «паси овцы моя!» относится и къ нему. «Повинуйтесь наставникамъ вашимъ — говорится къ обучаемымъ — и будьте покорны, ибо они неусыпно пекутся о душахъ вашихъ, какъ обязанные дать отчетъ.» (Евр. XIII, 17.) Но истинный воспитатель долженъ прежде воспитать самого себя въ истинѣ и добродѣтели: «Ты учишь другихъ, а не учишь себя самого; ты проповѣдуешь, что не должно красть, а самъ крадешь.» Отъ учителя и воспитателя требуется самоотверженіе и вѣра въ свое дѣло и въ высшую помощь. «Я потрудился болѣе всѣхъ — говоритъ апостолъ Павелъ, — но не столько я, сколько благодать Божія, пребывающая во мнѣ.» Христіянскіе апостолы и проповѣдники, подобно древнимъ пророкамъ, ходили по селамъ и городомъ и, собирая вокругъ себя тѣсный кругъ учениковъ, учили юношей и взрослыхъ, образуя изъ нихъ будущихъ учителей, и посылая ихъ или во вновь образующіяся общины, или къ іудеямъ и язычникамъ на дѣло проповѣди. Такимъ образомъ, они практически осуществляли новозавѣтные принципы духовно-нравственнаго воспитанія, и притомъ съ тѣмъ успѣхомъ, который всюду сопровождалъ первоначальное распространеніе христіянства и упрочилъ его въ возраждающемся человѣчествѣ.

*Характеръ воспитанія въ первыхъ христіянскихъ общинахъ.*

Къ концу перваго столѣтія послѣдователи новаго ученія уже были разсѣяны по Малой Азіи, Греціи, Италіи, по островамъ Средиземнаго моря и по сѣверному берегу Африки, а около 200 года—уже по всѣмъ провинціямъ Римскаго государства. Черезъ 300 лѣтъ по Р. Х. половина населенія Римской имперіи уже была христіанска, и тысячи христіанъ собирались въ крѣпкія общины и пограничныхъ съ нею земляхъ. Безотрадная пустота отжившаго язычества съ одной стороны, и внутренняя сила христіянской истины съ другой, достаточно объясняютъ побѣду этой новой, спасительной религіи. Тѣмъ высокимъ правамъ, которыя предоставляла она человѣку, какъ гражданину всего человѣчества, не могли быть противопоставлены права и преимущества римскаго гражданства, ея духовную силу не могла побѣдить внѣшняя, матеріальная сила ея гонителей. Среди крѣпкихъ духомъ христіанскихъ общинъ развивалась дивная, небывалая жизнь. Ея граждане были счастливы своими нравами еще въ иномъ, неземномъ царствѣ, и ихъ пламенное одушевленіе не могло быть охлаждено ничѣмъ земнымъ. У нихъ нерѣдко не было частной собственности, столь часто порождающей вражду и эгоизмъ, но все было общее; и хотя многіе изъ нихъ принадлежали къ бѣднымъ и низшимъ классамъ общества, однако между ними никто не терпѣлъ матеріальной нужды, такъ какъ люди богатые продавали свои дома и поля и слагали имущество свое въ общую кассу — достояніе бѣдныхъ и неимущихъ. Принципъ солидарности здѣсь впервые выступилъ въ исторіи съ такимъ величіемъ и выполнялся съ такою послѣдовательностью, стремясь къ своему дальнѣйшему развитію; мѣсто прежняго начала разъединенія въ интересахъ здѣсь заступило начало дружнаго, гармоническаго соединенія. Въ этихъ необыкновенныхъ для тогдашняго міра общинахъ практически, съ упорною энергіею проводилась мысль — «всѣ для каждаго, и каждый для всѣхъ, какъ въ нравственномъ, такъ и въ матеріальномъ отношеніяхъ», ибо каждый отвѣчалъ предъ Богомъ за душу своего ближняго, котораго онъ могъ спасти, какъ и свою собственную. Своекорыстіе не могло развиваться тамъ, гдѣ всѣхъ соединяла воедино братская любовь,—

вышедшая изъ основной христіанской идеи о сыновнихъ отношеніяхъ человѣка къ Богу.

Семейная жизнь, столь же воспитательно дѣйствовавшая на юношество въ духѣ новыхъ началъ, устроилась на подобіе храма Божія. Общее духовное пѣніе и общее чтеніе священнаго писанія входили въ кругъ ежедневныхъ занятій христіанской семьи. Отношенія между мужемъ, женою и дѣтьми уравнивались также одинаковостью отношеній ихъ къ Богу. Прежнее отверженіе собственныхъ дѣтей, ихъ корыстная продажа или хладнокровное умерщвленіе стали теперь невозможны и преступны. Даже сироты и подкидыши нашли убѣжище въ чужихъ семействахъ, какъ въ родныхъ, или — во вновь устроенныхъ благотворительныхъ учрежденіяхъ, несуществовавшихъ въ язычествѣ даже въ цвѣтующую пору его цивилизаціи. Церковные соборы прямо вмѣнили въ обязанность епископамъ, діаконамъ и священникамъ, стоявшимъ въ главѣ общинъ, принимать къ себѣ такихъ безпріютныхъ дѣтей, поручать опекунамъ или даже воспитывать на счетъ церкви. Число сиротскихъ домовъ для сиротъ и найдышей впослѣдствіи постоянно росло; въ IV столѣтіи былъ учрежденъ первый воспитательный домъ въ Константинополѣ, а въ VIII — уже въ Миланѣ. Въ дитяти уважались его человѣческія права, его человѣческая личность, отражающая въ себѣ образъ Божій. Женщина-мать видѣла для себя высочайшій образецъ въ Богоматери Маріи. Самыя слуги въ домѣ разсматривались не какъ рабы, а какъ ближніе, и обязывались также содѣйствовать дѣлу воспитанія дѣтей. Естественное чувство материнской любви нашло себѣ самое идеальное выраженіе, самую крѣпкую нравственную поддержку, только въ христіанствѣ, когда женщина получила преобладающее вліяніе на нравственное воспитаніе подростающихъ поколѣній. То, что прежде было исключеніемъ, въ христіанствѣ стало основнымъ принципомъ, и воспитательная роль матери стала даже выше мужской. Мать-христіанка благоговѣла предъ природой дитяти, которую превознесъ и возвеличилъ самъ божественный Учитель своимъ словомъ и примѣромъ. Она вѣрила, что къ ея ребенку самимъ Богомъ назначенъ особый Ангелъ-Хранитель, и потому тѣмъ самоотверженнѣе отдавалась своему призванію — раскрыть образъ Божій въ своемъ дитяти, т. е. привести его къ всестороннему совершенству. Вслѣдствіе этого предметомъ первыхъ ея попеченій было не мертвое наученіе буквѣ закона, но напечатлѣніе христіянскаго благочестія и христіянской любви въ сердцѣ дитяти.

Весь внутренній бытъ первоначальной христіянской семьи былъ крайне простъ, въ противоположность прежней языческой роскоши. Мать, даже при богатомъ состояніи, сама кормила дѣтей своихъ; если же она сама погибала на дѣлѣ мученичества, она была увѣрена, что дитя ея не останется безъ призрѣнія со стороны общины. Попеченіе о сиротахъ считали своимъ особеннымъ призваніемъ христіянскія дѣвушки. И въ пищѣ, и въ одеждѣ, и во всей обстановкѣ пріучали дѣтей къ простотѣ, стараясь внушить имъ, что все внѣшнее имѣетъ значеніе лишь на столько, на сколько оно служитъ выраженіемъ внутренняго. Дѣвочки учились у матерей домашнему хозяйству и благотворительности; сыновья обучались отцами ремесламъ и мужественному служенію идеѣ. Примѣры частаго мученичества и добровольныхъ христіянскихъ подвиговъ глубже дѣйствовали на юношескую волю, чѣмъ всѣ увѣщанія и наказанія. Особенно въ обыкновеніи было дѣло посѣщенія больныхъ и заключенныхъ, по дарованной Христомъ заповѣди. Вообще семейное воспитаніе нашло самыя твердыя основанія и достигло самаго полнаго развитія только въ христіанствѣ; все оно построилось теперь на любви и уваженіи къ дѣтской природѣ, и слѣдовательно — и на уваженіи къ свободному развитію человѣческой личности. Чистѣйшимъ источникомъ этихъ началъ служитъ Евангеліе. «Педагогъ — говоритъ Пальмеръ, — знающій наизусть и Руссо съ Дистервегомъ, и Нимейера съ Шварцемъ, и Песталоцци съ Фрёбелемъ, еще далеко не стоитъ на прямой дорогѣ, если онъ не узналъ и не оцѣнилъ высокихъ началъ новозавѣтной педагогики.»

*Школы въ первые вѣка христіянства.*

Апостолы и первые послѣдователи Христа были преимущественно заняты проповѣдью Евангелія взрослымъ, избирая мѣстомъ для этого и іудейскія синагоги, и языческія аудиторіи, и городскія площади, и улицы. На дѣтей они желали дѣйствовать посредствомъ родителей. Но такъ какъ крещеніе каждаго предполагало знаніе вѣры, а потомъ и священнаго писанія, читать которое стало теперь необходимостью; то это обстоятельство вызвало въ христіянствѣ возникновеніе особенныхъ школъ, существовавшихъ одновременно, рядомъ съ языческими. По свидѣтельству лучшихъ писателей древности, ученые въ періодъ упадка Римской имперіи все болѣе и болѣе проникались духомъ ремесла и пошлостью низшихъ классовъ общества, и не только утратили самостоятельность воззрѣній и сознаніе своего личнаго достоинства, но стали терять даже свое внѣшнее значеніе въ обществѣ. Ставъ въ полную зависимость отъ публики и отъ своихъ учениковъ, учителя начали заботиться не о самомъ знаніи, а лишь о томъ вліяніи, какое оно можетъ доставить; ученики же, занятые одною формою, не обращали вниманія на самое содержаніе. Главною цѣлью домашняго воспитанія сдѣлалось даже не образованіе ума и изящнаго вкуса, а одно пріобрѣтеніе средствъ къ жизни. Наконецъ образовался взглядъ на науку, какъ на что-то замкнутое само въ себѣ. Переставъ быть источникомъ истиннаго, внутренняго образованія, и главнымъ элементомъ внутренней жизни, наука сдѣлалась сухою школьною мудростью, дѣломъ одной памяти. Общество удовлетворялось собираніемъ однихъ матеріяловъ; всѣ знанія были заключены въ энциклопедіи и учебники. Подобное состояніе науки и ученаго сословія неизбѣжно должно было отразиться и на воспитаніи юношества. Вліяніе христіянской литературы на образованость начинается нѣсколько позже появленія книгъ Новаго Завѣта. Но какъ скоро христіянство проникло въ высшія сословія, сама собою возникла потребность защищать новую религію отъ обвиненій, взводимыхъ на нее язычниками, въ особенности учеными,— а это имѣло послѣдствіемъ, что христіанское ученіе, прежде доступное одному сердцу, стали поддерживать также логическими доводами. Такимъ образомъ, христіанское ученіе вошло въ тѣсную связь съ научными понятіями и философіей древности, и потому понадобились школы, какъ для образованія пастырей и учителей, такъ и для апологической борьбы съ учеными его противниками. (Шлоссеръ).

Первымъ, главнѣйшимъ потребностямъ новой христіанской образованности вначалѣ удовлетворялъ *катихуменамъ*—учрежденіе, предназначавшееся на первое время не только для дѣтей, но также для лицъ всевозможныхъ возрастовъ, національностей, сословій и степеней образованія, и имѣвшее цѣлью не одно обученіе, но и введеніе своихъ членовъ въ новый христіанско-аскетическій строй жизни. Катихумены, т. е. оглашаемые, наставляемые въ вѣрѣ въ Отца, Сына и Духа святаго, и упражнявшіеся въ христіанскомъ образѣ жизни, дѣлились сперва на два, а впослѣдствіи на четыре класса. Классы эти обозначали тѣ степени, которыя они должны были проходить прежде, чѣмъ допускались къ крещенію. Смотря на степени познаній и христіанскаго развитія катихуменовъ, они или вовсе не допускались къ участію въ церковномъ назиданіи, или были только слушателями при чтеніи священнаго писанія и проповѣди на церковныхъ собраніяхъ, но предъ началомъ совершенія таинствъ удалялись. Перешедшіе въ классъ «припадающихъ» уже могли присутствовать при чтеніи извѣстныхъ церковныхъ молитвъ, а особенно читаемыхъ за нихъ, но должны были стоять при этомъ на колѣнахъ; затѣмъ они, принявъ рукоположеніе, уже совершенно принимались въ общину взрослыхъ, въ качествѣ кандидатовъ на принятіе крещенія. Впродолженіе этого приготовленія къ христіанству все обученіе состояло въ усвоеніи существенныхъ особенностей христіанской религіи, главнымъ образомъ въ формѣ выучиваемыхъ на память вопросовъ и отвѣтовъ (катихизиса).

Кромѣ катихуменатовъ другихъ школъ въ первыя времена христіанства вовсе не существовало. Если родители не могли сами научить своихъ дѣтей читать, писать и считать, и не имѣли средствъ содержать для нихъ особаго учителя, въ такомъ случаѣ они посылали ихъ въ публичныя языческія школы. Христіанскіе юноши въ первые вѣка христіанства также посѣщали высшія ученыя заведенія язычества и изучали языческихъ классиковъ; многіе даже старались основательно усвоить себѣ все формальное образованіе и ораторское искусство грековъ и римлянъ. Сами духовныя лица, какъ напр. Григорій Богословъ и Василій Великій, находились въ дружественныхъ отношеніяхъ съ софистами. Когда же прекратились преслѣдованія на христіанъ, получившихъ такимъ образомъ возможность спокойно продолжать свое внутреннее развитіе, когда христіанская религія стала терпима въ Римѣ (325) при Константинѣ Великомъ, который, наконецъ, самъ на смертномъ одрѣ принялъ крещеніе; — тогда нѣкоторые представители возстали противъ обученія дѣтей у язычниковъ, и требовали полнаго и основательнаго христіанскаго образованія для христіанскаго юношества. Это и было первымъ поводомъ къ учрежденію новыхъ, самостоятельныхъ христіанскихъ школъ. Уже въ концѣ II столѣтія извѣстенъ Протогенъ, который въ качествѣ учителя успѣшно занимался высшимъ образованіемъ христіанскихъ юношей. Въ возникшихъ потомъ у христіанъ собственныхъ начальныхъ школахъ учебными предметами были: чтеніе, письмо, пѣніе псалмовъ и изученіе на память текстовъ священнаго писанія, что тогда было необходимо для соблюденія его въ чистотѣ, сохранить которую было трудно по недостатку книгъ и по самой новизнѣ его среди языческой жизни и образованности.

Въ высшемъ, ученомъ образованіи въ первые вѣка христіанства языческіе и христіанскіе элементы, какъ видно, тѣсно соприкасались и входили другъ въ друга.

Но вскорѣ явилось стремленіе точнѣе опредѣлить отношеніе этихъ двухъ факторовъ образованности и соединить ихъ, въ чемъ можно, внутреннимъ, органическимъ образомъ. Эту задачу примиренія язычества и христіанства въ высшемъ образованіи, въ наукѣ, приняли на себя: знаменитая *Школа катихетовъ* въ Александріи и потомъ отвергнутые церковью гностики. И дѣйствительно, Александрія была самымъ удобнымъ мѣстомъ для сближенія греческой науки и христіанства, такъ какъ здѣсь былъ главный центръ древнеклассической учености; здѣсь іудей Филонъ старался гармонически согласовать ученіе Моисея съ философіей Платона; здѣсь язычники и іудеи, философы и риторы, духовные и свѣтскіе,— всѣ общими силами стремились разработать науку до возможной глубины и многосторонности. Этой-же цѣли отчасти стала служить и школа катихетовъ. Сначала она была устроена только для взрослыхъ язычниковъ, желавшихъ перейти въ христіанство, и потому нуждавшихся въ основательномъ ознакомленіи съ нимъ. Но мало по малу въ ней начали открывать ученыя чтенія о христіянствѣ, наконецъ присоединили къ этому основательное преподаваніе философскихъ наукъ, стараясь также привлечь въ школу какъ христіанскихъ юношей, такъ и молодыхъ языческихъ ученыхъ, которыхъ желали приготовить и обратить въ христіанство, вступившее теперь на путь ученой пропаганды. Такимъ способомъ, школа катихетовъ превратилась въ собственно-теологическую академію, гдѣ ученымъ образомъ истолковывалось священное писаніе. Но вмѣстѣ съ тѣмъ она обнимала и всѣ другія христіанско-воспитательныя цѣли, соединяя христіанскую образованность съ изученіемъ пригоднаго для нея матеріяла изъ языческой литературы: такъ здѣсь занимались и классической филологіей, которая и ведетъ отсюда свое начало въ нашихъ теологическихъ школахъ, и тогдашней эклектической философіей неоплатонизма, пользуясь всею этою ученостью къ защищенію христіянства противъ язычества, равно какъ и къ критическому очищенію источниковъ христіанскаго вѣроученія, къ его экзегетическому истолкованію

По этой-же причинѣ изъ языческихъ писателей установился особый выборъ, опредѣляемый христіанской точкой зрѣнія на нихъ, такъ что одни изъ классиковъ заняли первое мѣсто въ кругѣ тогдашняго учено-христіанскаго образованія, другіе же отодвинулись на второй планъ. «Свѣтскія науки, говоритъ Василій Великій, подобны листьямъ, которые служатъ украшеніемъ для древа христіанскаго познанія и охраною для плодовъ его.» На этомъ основаніи Александрійская школа катихетовъ считала для себя главнымъ предметомъ — истолкованіе священнаго писанія, но вмѣстѣ съ тѣмъ принимала въ кругъ преподаванія: философію, геометрію, грамматику и риторику. Учители ея, не занимавшіе никакихъ особенныхъ церковныхъ должностей, не получавшіе никакого опредѣленнаго жалованья, кромѣ вознагражденія со стороны слушателей, могли добровольно выступать на эту дѣятельность, или назначать себѣ помощниковъ. Метода обученія ихъ вначалѣ состояла въ вопросахъ и отвѣтахъ, въ катихизированіи; отсюда — и названіе ихъ «школы катихетовъ», и названіе ихъ науки — «катихетики.» Искусство христіанской проповѣди, которая имѣла цѣлію назиданіе простой, необразованной массы, и требовала поэтому особой обработки формы, также простой и общедоступной, теоретически изучалось въ гомилетикѣ. Такъ вначалѣ подъ катихетикой ($\varkappa \alpha \tau \eta \chi \varepsilon \tilde{\iota} \nu$ — обучать) разумѣлось только извѣстное обученіе, необходимое для того, чтобы сообщить катихуменамъ начальное познаніе основныхъ догматовъ христіанской религіи и приготовить ихъ къ принятію христіанства, послѣднимъ результатомъ котораго было крещеніе; теперь же понятіе катихетики получило въ Александріи самое обширное значеніе, обнимавшее весь кругъ ученаго и практическаго образованія христіанскаго юношества. Учители катихетовъ брали на себя обязанность какъ христіанско-философскаго образованія свѣтскихъ людей, такъ и приготовленія будущихъ духовныхъ учителей вѣры къ ихъ церковному призванію. Для послѣднихъ знаніе философіи почиталось тѣмъ необходимѣе, что она признавалась полезнѣйшимъ средствомъ для должнаго, основательнаго знанія и пониманія христіанской религіи.

*Вліяніе отцевъ церкви на христіанскую педагогику.*

Теоретической педагогики въ собственномъ смыслѣ въ первые вѣка христіанства вовсе не существовало. Размышленія главнѣйшихъ отцевъ церкви о воспитаніи не представляли строгой, опредѣленной системы. Они состояли изъ отдѣльныхъ требованій и поясненій о сущности воспитанія, одинаково необходимыхъ для выполненія со стороны каждаго христіанина въ его ближайшемъ кругу. Всѣ требованія эти сводились къ сохраненію христіанской религіи, такъ какъ она исключительно занимала духъ ея пламенныхъ послѣдователей; всѣ же свѣтскія науки и искусства сами по себѣ въ ихъ глазахъ не имѣли никакого значенія. Иные, какъ мы видѣли, признавали ихъ служебную пользу по отношенію къ христіянству; иные же, напротивъ того, рѣзко противополагали христіанскую науку языческой и осуждали на погибель все языческое, все свѣтское.

*Оригенъ, Іоаннъ Златоустъ и Василій Великій.*

Блестящимъ представителемъ перваго, примирительнаго направленія былъ *Оригенъ* (родился въ 185 году) знаменитый александрійскій учитель, основнымъ принципомъ котораго было — не учить ничему такому, чего онъ самъ не старался бы осуществить въ собственной жизни, чтобы вліять на своихъ учениковъ сколько словомъ, столько же и примѣромъ. Оригенъ много трудился надъ распространеніемъ христіанства, имѣлъ вліяніе даже при римскомъ дворѣ, и въ дѣйствіяхъ своихъ вообще руководствовали принципами стоической философіи. Онъ, при громадныхъ дарованіяхъ, обладалъ обширною ученостью того времени и вмѣстѣ съ учителемъ своимъ Климентомъ Александрійскимъ избралъ своею задачею — сблизить древнюю поззію и философію съ христіанствомъ, и представить послѣднее въ научной формѣ, чтобы доказать его истину ученому и высшему сословію того времени, уже наклонному къ мистицизму. Оригенъ, дѣйствительно, приблизилъ христіанское ученіе къ духу тогдашняго общества, ставъ творцомъ новой науки и новаго искусства. На христіанство онъ смотрѣлъ, какъ на единственную истинную философію и поэзію, какъ на ученіе, скрытое въ произведеніяхъ всѣхъ лучшихъ мыслителей и поэтовъ древности; а потому онъ значительно ослабилъ общедоступность ученія Христа, совершенно яснаго здравому смыслу и сердцу каждаго. Эта примѣсь поэтическаго и философскаго элемента не вполнѣ согласовалась съ направленіемъ церкви, но, во всякомъ случаѣ, Оригенъ угадалъ здѣсь потребность тогдашняго образованнаго общества и расположилъ его въ пользу христіанства. Направленіе это перешло даже въ средніе вѣка, съ ихъ символизмомъ, мистицизмомъ и наклонностью къ аллегоріи и мечтательности.

Преподаваніе Оригена было отчасти акроаматическое, отчасти діалогическое. За свое религіозное обученіе онъ никогда не бралъ вознагражденія отъ учениковъ, сколько бы труда оно ему ни стоило, и вообще довольствовался самыми скудными средствами къ жизни. Такъ извѣстно, что онъ составилъ собраніе классиковъ, имъ самимъ прекрасно переписанныхъ, и продалъ его за сумму, изъ которой получалъ по 4 обола (около 20 коп.) ежедневно, проживъ такимъ образомъ много лѣтъ беззаботно и независимо. Одинъ изъ его современниковъ, Григорій Тавматургъ, въ своей похвальной рѣчи въ честь великаго учителя, такими чертами изображаетъ способъ его обученія: Прежде чѣмъ Оригенъ приступалъ къ самому обученію своихъ учениковъ, онъ испытывалъ ихъ съ помощію извѣстныхъ вопросовъ и старался устранить въ нихъ замѣченные недостатки. Этимъ онъ предварительно располагалъ и подготовлялъ ученика къ принятію истины, и затѣмъ уже, какъ земледѣлецъ, своевременно сѣялъ въ хорошо обработанную и тучную почву, которая обѣщала богатый плодъ. Потомъ онъ преподавалъ своему ученику діалектику—съ цѣлью упражнять въ немъ логическую силу сужденія; но не ту діалектику, какая преподавалась обыкновенными учителями, а ту, которая была одинаково необходима для всѣхъ: для грековъ и варваровъ, для образованныхъ и необразованныхъ, короче — для каждаго человѣка, какое бы онъ ни избралъ себѣ призваніе въ жизни. Съ діалектикой онъ соединялъ естествовѣдѣніе, но такимъ образомъ, что онъ разчленялъ каждый отдѣльный предметъ, какъ-бы разлагая его, и съ помощію яснаго толкованія приводя къ его первымъ элементамъ; онъ обращалъ вниманіе на отдѣльныя части предмета, всѣ вмѣстѣ и каждую порознь, на всѣ его измѣненія и соотношенія, поступая такъ съ тою цѣлью, чтобы ясностью изложенія и изслѣдованіемъ основаній каждаго явленія вызвать въ ученикѣ вмѣсто неразумнаго — разумное удивленіе предъ вселенной и предъ высочайшимъ совершенствомъ природы. Далѣе въ системѣ Оригена слѣдовали: геометрія, какъ самое прочное основаніе для другихъ учебныхъ предметовъ, и астрономія, которая, изучая надземный міръ, ведетъ человѣка къ возвышенному, небесному. Послѣ этихъ подготовительныхъ наукъ ученикъ знакомился съ правоученіемъ (этикой), причемъ Оригенъ собственною личностью доказывалъ всѣмъ божественную красоту добродѣтели и скромности. Въ особенности старался онъ обратить духъ ученика къ внутреннему самопознанію, пріучить его заботиться прежде всего о собственномъ духовномъ совершенствѣ и искать блаженства въ Богѣ. Затѣмъ Оригенъ читалъ съ ученикомъ произведенія древнихъ философовъ и поэтовъ, за исключеніемъ однако тѣхъ, которые отвергали Бога или провидѣніе, и потому могли осквернить молодую душу. Впрочемъ онъ все таки желалъ, чтобы ученики его познакомились со всевозможными философскими воззрѣніями; имъ потомъ дозволялось изслѣдовать все съ полною свободою, чтобы они могли всесторонне расширить область своего духа и въ избыткѣ наслаждаться всѣми духовными сокровищами. Самъ онъ зорко слѣдилъ за развитіемъ своихъ учениковъ и руководилъ ими, когда имъ, какъ бы во время путешествія, встрѣчалось что нибудь превратное, обманчивое и ложное. Онъ дѣлалъ это, какъ искусный мастеръ, которому въ философской области нѣтъ уже ничего новаго или незнакомаго, который самъ постоянно находится въ спокойной безопасности, и только подаетъ руку помощи тѣмъ, которымъ грозитъ опасность утонуть въ заблужденіи. Вся система обученія у Оригена заканчивалась толкованіемъ священнаго писанія, съ которымъ связывалась христіанская гностика. Здѣсь онъ выходилъ изъ божественности священнаго писанія, которое онъ разсматривалъ, какъ совершенное, гармоническое созданіе, отдѣльныя части котораго звучатъ, какъ струны на псалтырѣ пророка Давида. Въ священномъ писаніи, съ его кажущимися противорѣчіями, онъ различалъ троякій смыслъ: буквальный, нравственный и духовный, по аналогіи съ тройственностью человѣческой природы — тѣломъ, душею и духомъ. Буквальный смыслъ доступенъ и весьма полезенъ для наивной массы вѣрующихъ; заключающійся въ словахъ нравственный смыслъ благотворно дѣйствуетъ на душу вѣрующаго; внутренній же, мистическій смыслъ заключаетъ въ себѣ идеи, требующія глубочайшаго пониманія. Каждое отдѣльное мѣсто писанія носитъ въ себѣ этотъ сокровенный, духовный смыслъ; но не каждое можетъ быть понято буквально: часто буква, форма сама по себѣ не имѣетъ значенія и получаетъ его только какъ оболочка для идеальнаго содержанія. «Во всемъ надо искать этого божественнаго, сокровеннаго смысла, и объяснять аллегорически все, что на первый взглядъ кажется непонятнымъ и невозможнымъ.»

Въ томъ же направленіи, хотя не съ такими же крайностями старался пользоваться языческою ученостью св. *Іоаннъ*, прозванный за свое красновѣчіе *Златоустомъ* (род. въ 347 г.). Отецъ его былъ главнокомандующимъ римскаго войска въ Сиріи, и умеръ вскорѣ послѣ рожденія Іоанна, который сталъ предметомъ попеченій безмѣрно-любившей его матери. Она поручила образованіе его лучшимъ наставникамъ того времени, и въ томъ числѣ извѣстному языческому ритору Либанію. По окончаніи воспитанія Іоаннъ углубился въ чтеніе священныхъ книгъ и посвятилъ себя христіанству. Мысли свои о воспитаніи онъ изложилъ въ своихъ «гомиліяхъ» (бесѣдахъ) и въ извѣстномъ сочиненіи «о монашествѣ». Образецъ воспитательной дѣятельности онъ видѣлъ въ примѣрѣ Іисуса Христа, который снизошелъ до человѣчества, чтобы возвести его до Божества. «Поэтому-то и высшее искусство воспитанія—говоритъ онъ—состоитъ въ томъ, чтобы сперва спуститься до пониманія воспитываемаго, а потомъ уже возвышать его. Есть большая польза въ снисхожденіи во всемъ. Такъ, напр. учимся мы и искусствамъ, не все вдругъ воспринимая отъ учителя; а потому не удивляйся, если это условіе имѣетъ вообще столь большую силу въ житейскихъ дѣлахъ, ибо и въ дѣлахъ духовныхъ можно видѣть все значеніе этой мудрости приниженія. Точно такъ Іудеи могли лишь мало по малу входить въ образованіе и освобождаться отъ языческаго служенія. Точно также послѣ появленія Христа, когда пришло время для распространенія его ученія, этому способу слѣдовали всѣ апостолы, не тотчасъ проповѣдуя о самыхъ высокихъ предметахъ». «Христосъ не вдругъ раскрылъ свое божество и сперва былъ признанъ только пророкомъ или святымъ человѣкомъ, а потомъ уже словомъ и дѣломъ обнаружилъ вполнѣ то, чѣмъ Онъ былъ.» «Смотри, какъ Христосъ всегда раскрывалъ не все вдругъ, но сначала ставилъ своего слушателя въ затрудненіе, чтобы онъ самъ доискивался смысла сказаннаго; и затѣмъ, не умѣя помочь себѣ, тщетно напрягая свой разумъ, онъ съ гораздо большимъ рвеніемъ принималъ искомое, когда оно раскрывалось ему, и тѣмъ болѣе возбуждался къ внимательному слушанію. Такимъ же образомъ поступай и при воспитаніи. Когда родилось на свѣтъ дитя, слѣдуй примѣру Анны: она тотчасъ принесла своего сына въ храмъ. Которая изъ матерей не пожелала бы скорѣе, чтобы сынъ ея, хотя однажды, сдѣлался Самуиломъ, нежели сталъ тысячу разъ обладателемъ всей римской имперіи? Вѣра и пламенное рвеніе матери могутъ все сдѣлать. Старайся не о томъ, чтобы образовать изъ твоего сына искуснаго оратора, но воспитывай его въ духѣ христіанской мудрости. Здѣсь все зависитъ отъ характера, отъ поступковъ, а не отъ словъ; только одинъ характеръ можетъ сдѣлать его достойнымъ царства Божія и обогатить его истинными благами. Не языкъ его упражняй, а очищай его душу. Говорю это не съ тѣмъ, чтобы запрещать тебѣ сообщить своему сыну литературное образованіе, но только хочу предупредить тебя, чтобы не одно оно было предметомъ твоей заботливости. Не думай, что съ помощію писанія долженъ образовывать себя одинъ монахъ, ибо въ подобномъ образованіи по преимуществу нуждаются тѣ мальчики, которые предназначаются для мірской дѣятельности. Какъ въ искусствѣ кормчаго нуждается не столько тотъ, кто всегда стоитъ въ гавани, сколько тотъ, кто постоянно носится по морю; такъ же точно можно сказать по отношенію къ монаху и къ мірскому человѣку. Первый находится въ свободной отъ бурь гавани; второму же приходится много бороться съ бурями и теченіями, и если даже ему самому не грозитъ никакая опасность, то онъ долженъ быть всегда готовъ другихъ привести чрезъ писаніе къ тихому пристанищу. Поэтому безумно полагать, будто обученіе религіи еще не нужно для дѣтей: этотъ возрастъ въ особенности нуждается въ немъ, такъ какъ онъ легко воспринимаетъ все, что слышитъ, и на юной душѣ все отпечатлѣвается, какъ печать на воскѣ. Жизнь ребенка уже съ перваго момента начинаетъ наклоняться или къ добру, или ко злу; если же на самомъ порогѣ жизни станемъ охранять дитя отъ дурнаго, и направлять на лучшій путь,—добро сдѣлается его внутреннимъ качествомъ и станетъ какъ бы его природою, такъ что онъ самъ добровольно не перейдетъ ко злу. «Все злое возникаетъ въ дѣтяхъ вслѣдствіе нашего нерадѣнія, когда мы съ самаго начала не возбуждаемъ въ нихъ страха Божія. Такъ мы нерѣдко допускаемъ дѣтямъ посѣщать зрѣлища, но не ведемъ ихъ въ церковь; а если иногда мальчикъ и идетъ въ неё, то безъ цѣли и пользы, для одного препровожденія времени или развлеченія. Не такъ это должно быть. Вѣдь спрашиваемъ же мы, чему учились дѣти въ школѣ: точно такъ же должны мы поступать, посылая ихъ въ церковь, или, что еще лучше, ведя ихъ туда съ собою. Но всего этого мы не исполняемъ, и на нужнѣйшія наши обязанности смотримъ, какъ на побочныя. Если же кто и обращается къ нашей душѣ съ напоминаніемъ, мы только смѣемся ему; а потому неудивительно, что все идетъ превратно, и мѣсто родителей нерѣдко должны заступать власти».

Со всею ревностью проповѣдывалъ Златоустъ объ обязанности родителей воспитывать своихъ дѣтей, и особенно рѣзко и сильно говорилъ противъ роскоши и театральныхъ зрѣлищъ, которыя служили продолженіемъ языческаго богослуженія, праздно губили время и имущество зрителей, часто подавали поводъ къ распрямъ и убійствамъ, развращали нравы и разрушали семейную нравственность. Главныя заботы о воспитаніи онъ возлагалъ на мать, такъ какъ отца отвлекаютъ отъ этого разныя дѣла, путешествія, форумъ и разныя общественныя обязанности. Женщина же, свободная отъ подобныхъ заботъ, можетъ тѣмъ полнѣе отдаваться своему педагогическому призванію. Рядомъ съ семействомъ важными мѣстами христіанскаго воспитанія служатъ для того времени монастыри, рано вводившіе мальчиковъ въ новый, христіанскій образъ жизни. «Въ монастыряхъ, говоритъ Іоаннъ Златоустъ, всѣ ведутъ такую жизнь, которая достойна неба: въ нихъ всѣ живутъ подобно ангеламъ, въ постоянномъ мірѣ, въ непрерывномъ покоѣ, въ неизмѣнной радости. Тамъ не говорятъ о «моемъ» и «твоемъ»: тамъ все общее. Какъ высоко стоятъ монастыри съ ихъ обученіемъ и воспитаніемъ въ сравненіи съ языческими школами! Въ послѣднихъ наблюдается, чтобы дѣти сперва ознакомились съ науками, а потомъ уже съ воздержнымъ, аскетическимъ образомъ жизни. Но кто знаетъ, успѣваютъ ли они достигнуть зрѣлаго возраста? И что пользы посылать ихъ къ такимъ учителямъ, у которыхъ они пріобрѣтутъ скорѣе тяжелый грузъ, чѣмъ истинную науку, и въ погонѣ за ничтожнымъ утратятъ самое важное? Но не слѣдуетъ ли изъ этого, что должно ниспровергнуть разсадники науки? Я не говорю этого. Я требую только, чтобы не ниспровергалась добродѣтель. Когда душа добродѣтельна, то для нея безвредно незнаніе науки; если же душа порочна, то она потерпитъ вредъ, не смотря на все краснорѣчіе языка. Когда приложена уже забота о самомъ необходимомъ для дѣтей, тогда можно позаботиться и о наставленіи ихъ въ наукахъ». Поборники христіянства вообще заботились о томъ, чтобы поднять чисто-воспитательный элементъ, почти не существовавшій ни въ семьѣ, ни въ школѣ въ періодъ упадка классической образованности.

Идеи Златоуста о воспитаніи развивалъ также св. *Василій Великій*, нѣсколько отдѣливъ аскетическое понятіе отъ педагогическаго, находившіяся у его предшественника въ безразличномъ соединеніи. Василій былъ сынъ достаточныхъ родителей, родомъ изъ Каппадокіи, и въ дѣтствѣ находился подъ сильнымъ вліяніемъ сестры своей Макрины. Любовь къ просвѣщенію привлекла его потомъ въ Аѳины, гдѣ онъ встрѣтился и тѣсно сблизился съ Григоріемъ Назіанзиномъ. Оба они жили во время императора Юліана, получили высшее тогдашнее образованіе въ школѣ языческихъ софистовъ и воспользовались имъ для искренняго служенія дѣлу христіянства. Эта искренность отличаетъ ихъ отъ софистовъ, которые часто не вѣрили въ то, о чемъ говорили, и заботились прежде всего о внѣшности и эффектѣ. Печальныя событія того времени, когда христіяне еще преслѣдовались, и когда между ними развилось аскетическое направленіе, проповѣдывавшее умерщвленіе чувственности, не могли не оказать особеннаго вліянія на Василія, сочиненія котораго весьма важны для изученія внутренняго состоянія тогдашней эпохи. Наклонность къ созерцательной жизни и монашеству преобладала между христіянами, и богословскіе интересы занимали собою людей всѣхъ половъ, возрастовъ и состояній. Василій путешествовалъ съ благочестивою цѣлью по Египту и Палестинѣ, и потомъ удалился въ прекрасное уединенное мѣсто въ Понтѣ — для аскетическихъ подвиговъ. Впослѣдствіи онъ занималъ самыя высокія должности въ церковной іерархіи, уже начинавшей враждовать между собою, и оставилъ послѣ себя много сочиненій (умеръ въ 378 г.). Энергическою дѣятельностью своею онъ много содѣйствовалъ распространенію византійскихъ понятій и увеличенію вліянія духовенства на государственную и семейную жизнь, въ особенности же на низшіе классы народа.

Василій Великій не отрицалъ пользы языческой учености, къ которой относился съ такою-же любовью и одушевленіемъ, какъ и къ монашеству. Въ словѣ своемъ «къ христіанскимъ юношамъ», онъ именно требуетъ отъ нихъ любви къ грекамъ. «Не удивляйтесь — обращается онъ къ нимъ — если я скажу вамъ, что не смотря на то, что вы ежедневно посѣщаете учителей и обращаетесь съ превосходнѣйшими изъ древнихъ мужей, живущихъ въ оставленныхъ ими произведеніяхъ, — я все таки нашелъ для васъ нѣчто, еще полезнѣйшее. Я пришелъ сюда именно съ цѣлью сообщить вамъ это, и посовѣтовать вамъ, чтобы вы не отдавали разъ навсегда вашего духа этимъ мужамъ, какъ корабль отдается кормчему, и не слѣдовали за ними всюду, куда бы они ни повели васъ, но черпали изъ нихъ только полезное для себя, зная, на чемъ остановиться, и что пройти мимо. Христіанинъ долженъ искать сокровищъ будущей жизни, къ которой ведетъ священное писаніе, посвящающее насъ въ сокровеннѣйшія таинства. Но пока мы бываемъ слишкомъ молоды, чтобы понимать его глубокій смыслъ, мы упражнемъ въ себѣ силу духовнаго зрѣнія разными другими сочиненіями, какъ бы его тѣнями и отраженіями. Въ это время мы бываемъ похожи на тѣхъ, которые упражняются въ военной школѣ, и когда пріобрѣтутъ нужную ловкость въ движеніи рукъ и въ прыганьи, потомъ въ битвѣ пользуются плодами этой игры. Намъ же, какъ должно полагать, предстоитъ величайшая изъ всѣхъ битвъ, къ которой мы должны готовиться изъ всѣхъ силъ, и ради которой должны познакомиться и съ поэтами, и съ историками, и съ ораторами, и, наконецъ, со всемъ, что только можетъ оказать пользу нашей душѣ. Ибо какъ красильщики сперва тщательно приготовляютъ то, что имъ предстоитъ выкрасить, и уже потомъ наводятъ блестящій пурпуръ или иной цвѣтъ; такъ мы, не смотря на то, что пламя добродѣтели должно неугасимо горѣть въ нашей душѣ, должны прежде усвоить себѣ эту внѣшнюю науку язычества, чтобы потомъ отдаться вполнѣ изученію священнаго, откровеннаго ученія Христа; ибо только привыкнувъ видѣть солнце въ зеркалѣ воды, можемъ мы поднять взоръ нашъ къ самому источнику свѣта. Такъ я слышалъ отъ одного мужа, основательно знакомаго со смысломъ поэтовъ, что всѣ поэтическія произведенія Гомера представляютъ немолчную хвалебную пѣснь добродѣтели, къ которой приводитъ въ Гомерѣ все, что не относится къ постороннимъ вещамъ. И такъ, если въ наукахъ (христіянской и языческой) имѣется какая либо родственная связь, то намъ знаніе ихъ становится особенно полезно; если же и нѣтъ ея, то уже самое сознаніе различія между ними, вытекающее изъ ихъ взаимнаго сравненія, можетъ не мало содѣйствовать укрѣпленію истины.»

Василій Великій вмѣняетъ монахамъ въ особенную обязанность воспитаніе дѣтей. Монашескую жизнь онъ старается обрисовать поэтическими красками. «Выйти изъ міра вовсе не значитъ удалиться изъ изъ него тѣломъ, но—освободить душу свою отъ порабощенія заботами житейскими. Занятіе отшельника есть подражаніе ангеламъ. Восходитъ ли солнца — и онъ встаетъ для труда, не прерывая умственной молитвы, или размышляя надъ чтеніемъ священнаго писанія, чтобы пріобрѣсти добродѣтель. Разговоры инока должны быть чужды всякаго пустословія и спора: скромны, тихи и привѣтливы. Смиреніе его обнаруживается въ осанкѣ, поступи, потупленномъ взорѣ, самой простой одеждѣ, едва достаточной, чтобы прикрыться отъ холода и жара. Въ пищѣ надо искать только удовлетворенія голода. Изъ 24 часовъ дня одинъ только пусть отдается заботамъ житейскимъ; сонъ же да будетъ кратокъ, легокъ, и полночь для отшельника должна быть какъ утро для прочихъ,—чтобы въ безмолвіи природы еще съ бо́льшимъ вниманіемъ можно было предаваться размышленіямъ и т. д.» Монастырское воспитаніе Василій Великій назначаетъ преимущественно для сиротъ, а также допускаетъ къ нему и другихъ, по желанію родителей. Для такихъ дѣтей назначается особое помѣщеніе; образъ жизни долженъ соотвѣтствовать ихъ возрасту; надзоръ слѣдуетъ поручать пожилымъ, опытнымъ людямъ, испытаннымъ въ терпѣніи. Если питомецъ провинился, оскорбилъ кого нибудь словомъ, солгалъ, и вообще сдѣлалъ недозволенное,—его должно исправлять постомъ и молчаніемъ. Если онъ обнаружилъ гнѣвъ противъ кого нибудь, то долженъ не только испросить у него прощеніе и примириться, но и оказать ему изъ любви разныя услуги, смотря по степени оскорбленія. Если онъ вкусилъ пищу не въ урочное время, то лишается половины своей дневной порціи; а если за трапезой жадно глотаетъ, то долженъ голоднымъ смотрѣть, какъ другіе дѣлаютъ это съ пристойностью. Помѣщеніе для мальчиковъ и дѣвочекъ должно быть отдѣлено отъ монашескаго жилища, чтобы поддержать въ дѣтяхъ чувство уваженія къ наставникамъ, ибо въ отсутствіи взрослыхъ они скорѣе увлекаются дурными наклонностями или предаются самодовольству, считая себя лучше другихъ. По мнѣнію Василія Великаго надо наблюдать за дѣтьми издали и во время приходить съ наставленіемъ и наказаніемъ. Въ воспитательной системѣ его уже есть зародыши того крайняго, аскетически-суроваго направленія, которое развилось потомъ въ средневѣковомъ католицизмѣ.

Въ одной изъ бесѣдъ своихъ Василій Великій высказываетъ утѣшеніе одной матери, потерявшей единственнаго сына: здѣсь мы видимъ вырабатывавшійся тогда христіанскій взглядъ на отношеніе родителей къ дѣтямъ и къ располагающему ихъ судьбою общему отцу—Богу. »Былъ у тебя сынъ-юноша,—говоритъ онъ къ плачущей матери,—единственный преемникъ имѣнія, утѣшеніе старости, украшеніе рода, цвѣтъ сверстниковъ, подпора дома,—и онъ-то похищенъ смертію въ самомъ прелестномъ возрастѣ.

«Возможно ли, спросишь ты меня, возможно ли въ такой скорби не предаваться слезамъ и отчаянію? возможно ли приносить въ это время благодареніе Богу?» — «Возможно, если разсудишь, что ближайшій отецъ твоему сыну, разумнѣйшій попечитель и строитель жизни — Богъ. Почему же разумному Владыкѣ не дозволяемъ мы распоряжаться своимъ достояніемъ, но досадуемъ, какъ бы лишаемые собственности, и сожалѣемъ объ умершихъ, какъ будто имъ дѣлается обида? Но ты разсуждай такъ, что дитя не умерло, а только отдано назадъ, что другъ не скончался, но отправился въ путь, и ушелъ отъ тебя впередъ по той же дорогѣ, по которой и намъ идти будетъ надобно. Когда въ первый разъ извѣстили тебя о рожденіи сына, то если бы кто тогда спросилъ у тебя: что такое родилось? — не сказала ли бы ты, что родился человѣкъ? А если человѣкъ, то, конечно, и смертный. Что же тутъ необыкновеннаго, если смертный умеръ? Что изъ окружающаго насъ постоянно? Что въ природѣ неподвижно и неизмѣнно? Возведи взоръ на небо, посмотри на землю — и они не вѣчны. Чтожь удивительнаго, если мы, составляя часть міра, испытываемъ то, что свойственно всему міру?»

### *Блаженный Іеронимъ и св. Августинъ.*

Мы видѣли, что со стороны Іоанна Златоуста и Василія Великаго языческая наука была терпима рядомъ съ христіянствомъ, по отношенію къ которому они ставили её въ служебную роль. Св. Іеронимъ и Августинъ, напротивъ того, ставятъ её въ рѣшительную противоположность къ христіянству и осуждаютъ на конечную гибель.

*Блаженный Іеронимъ* (умеръ въ 420 г.) изложилъ свой строгій взглядъ на воспитаніе, поставляемое имъ вмѣстѣ съ другими отцами церкви выше обученія, въ письмѣ своемъ къ *Лэтѣ*, которой онъ даетъ совѣты относительно малолѣтней дочери ея Павлы. Главною задачею воспитанія онъ ставитъ страхъ Божій, и совѣтуетъ пріучать дѣтскій языкъ пѣть псалмы. Въ женскомъ воспитаніи, по его мнѣнію, надо дѣйствовать особенно осторожно, удаляя изъ общества дѣвочки рѣзвыхъ мальчиковъ; даже сверстницы-подруги опасны для нея, такъ какъ могутъ привить къ ней свѣтскія привычки. Обученіе, однако, надо начинать игрой, давая буквы изъ воску или слоновой кости и называя ихъ, но не придерживаясь алфавита. «Смѣшивай чаще буквы между собою—говоритъ онъ,—такъ чтобы дитя узнавало ихъ не столько по тону, произнося наизусть, сколько по формѣ. Въ видѣ поощренія надо соединять ихъ потомъ въ слоги, что очень нравится этому возрасту. При обученіи должно допускать сверстниковъ для возбужденія соревнованія. Въ случаѣ лѣности дитяти надо не бранить его, но возбуждать его духъ ободреніемъ, ибо оно такъ же радуется, когда одерживаетъ надъ собою побѣду, какъ и унываетъ въ случаѣ неудачи. Болѣе всего надо остерегаться, чтобы обученіе не надоѣло ему: въ противномъ случаѣ возникаетъ отвращеніе, которое, укоренившись въ дѣтскомъ возрастѣ, остается и послѣ. Самыя имена, избираемыя обыкновенно при обученіи складамъ, должно брать не случайно, но со вниманіемъ, и преимущественно пользоваться именами пророковъ и апостоловъ. Въ учители слѣдуетъ избирать человѣка зрѣлаго, съ испытанною нравственностью и съ познаніями, и я не полагаю, чтобы свѣдущій человѣкъ могъ стыдиться принять на себя такую же обязанность въ отношеніи родственной и благородной дѣвушки, какую принялъ Аристотель въ отношеніи сына царя Филиппа, съ цѣлью— собственно лично сообщить дитяти основанія всякаго знанія, прибѣгая къ помощи развѣ одного переписчика книгъ. Безъ уваженія этого малаго въ дѣлѣ образованія невозможно достигнуть и ничего большаго и важнѣйшаго. Самый тонъ въ сообщеніи первыхъ звуковъ и первоначальныхъ правилъ у образованнаго учителя будетъ уже иной, чѣмъ у необразованнаго. Поэтому ты должна обращать вниманіе, чтобы дочь твоя вслѣдствіе вздорной болтовни съ няньками не пріучилась къ дурному произношенію словъ, или чтобы она не играла золотомъ и пурпуромъ: первое вредитъ языку, второе — характеру; вообще она не должна привыкать въ нѣжномъ возрастѣ ни къ чему такому, отъ чего ей придется отвыкать впослѣдствіи. Даже въ одеждѣ и во всѣхъ внѣшнихъ условіяхъ дитя должно сознавать, кому оно посвящено. Не надѣвай ей серегъ; не украшай посвященный Христу образъ ея никакими бѣлилами и румянами; не стѣсняй ея шеи ни золотомъ, ни жемчугомъ; не отягощай ея головы драгоцѣнными камнями и не крась ей волосъ, — чтобы не приготовить ея къ геенѣ огненной. Пусть она будетъ обладать другаго рода перлами, за которыя купитъ потомъ единственный, драгоцѣннѣйшій перлъ». «Когда же дочь твоя станетъ подобно жениху своему возрастать въ мудрости, зрѣлости и милости у Бога и людей, — тогда пусть идетъ она вмѣстѣ съ родителями своими въ храмъ истиннаго Отца своего, и потомъ уже не оставляетъ его. Не пускай ее никогда ходить по улицамъ; не позволяй ей открыто вкушать пищу, хотя бы это было на пиру въ родительскомъ домѣ, чтобы она не видала лакомыхъ для себя яствъ. Не смотря на то, что многіе полагаютъ, будто высшая добродѣтель состоитъ въ презрѣніи видимаго богатства, я все-таки полагаю, что воздержаніе будетъ вѣрнѣе, когда мы вовсе не видимъ предметовъ нашихъ желаній. Въ періодъ достиженія болѣе зрѣлаго возраста слишкомъ строгое воздержаніе вредно: въ это время, смотря по необходимости, можно пользоваться ваннами, умѣренно употреблять вино для пищеваренія и укрѣплять себя мясной пищей, чтобы не ослабить своихъ ногъ прежде, чѣмъ онѣ научатся ходить. Высказываю это только какъ дозволеніе, но не какъ предписаніе, ибо я скорѣе боюсь слабости, чѣмъ учу роскоши». «Къ музыкѣ дочь твоя должна быть глуха: она даже знать не должна, для чего дѣлаются флейты, лиры и цитры. Ежедневно заставляй её говорить уроки, изъ которыхъ она, какъ изъ цвѣтовъ, должна вить себѣ вѣнокъ знанія священнаго писанія. Греческому стихосложенію она должна учиться, но тотчасъ же приступать и къ изученію отечественнаго языка (латинскаго); въ противномъ случаѣ, если нѣжный ротъ ея не будетъ пріученъ къ нему во время, ея языкъ будетъ искаженъ чуждыми звуками и оборотами. Ты сама должна быть для нея лучшей учительницей; тебѣ прежде всего должно удивляться неопытное дитя. Отъ своей матери и отъ своего отца она не должна перенимать ничего грѣховнаго. Безъ тебя дочери твоей не слѣдуетъ ходить ни въ церкви мучениковъ, ни въ собраніи. Ни одинъ юноша, ни одинъ мущина съ завитыми волосами не долженъ играть съ ней взглядами. Для этого её надо поручить пожилой дѣвушкѣ, испытанной вѣрности, честности и стыдливости, которая бы дѣйствовала на неё собственнымъ примѣромъ и пріучала её по ночамъ вставать на молитву и пѣніе псалмовъ, а по утрамъ — на хвалебные гимны. Въ 3-мъ, 6-мъ и 9-мъ часу она, какъ воительница Христа, должна выходить на поле битвы, и, зажегши лампаду, приносить вечернюю жертву. Такъ пусть минуетъ для нея день; такъ пусть въ трудѣ застанетъ её и ночь. Чтеніе пусть смѣняется молитвой, молитва — чтеніемъ. Время будетъ быстро проходить для нея, когда оно будетъ наполнено столь разнообразною дѣятельностью. Она станетъ учиться приготовлять волну, вязать сѣти, плести корзинки, крутить веретено и выводить нити, и привыкнетъ, напротивъ того, презирать шелковыя ткани, дорогіе платки, и затканное золото. Пусть приготовляетъ она лишь такія ткани, которыя грѣютъ тѣло, а не украшаютъ его. Пищей для нея пусть служатъ овощи и иногда рыба; но я отвергаю, особенно для юношескаго возраста, слишкомъ строгій и продолжительный постъ, такъ какъ бываетъ, что жиръ и даже овощи должны запрещаться по цѣлымъ недѣлямъ». «Вмѣсто драгоцѣнныхъ камней и шелковыхъ тканей пусть полюбитъ она божественныя заповѣди. Прежде всего она должна учить псалтырь, а потомъ, оставивъ его пѣсни, — перейти къ притчамъ Соломона. У духовнаго пастыря она должна научиться попирать ногами все то, что принадлежитъ міру сему. Пусть она соревнуетъ Іову въ добродѣтели и терпѣніи, а за тѣмъ переходитъ къ Евангелію, которое она никогда не должна выпускать изъ своихъ рукъ; дѣянія и посланія апостольскія слѣдуетъ ей усвоить съ особеннымъ стараніемъ. Когда же она наполнила сердце свое этими сокровищами, ей слѣдуетъ запечатлѣть въ своей памяти: пророковъ, пятикнижіе Моисея, книги царей и также книгу Эздры. Въ заключеніе она можетъ читать возвышенную пѣснь пѣсней, въ которой она не поняла бы, если бы стала читать вначалѣ, скрытый въ словахъ внутренній смыслъ, и даже понесла бы вредъ». Пользоваться средствами и пособіями, завѣщанными классическимъ міромъ, Іеронимъ не считалъ необходимымъ при христіанскомъ воспитаніи.

Здѣсь мы уже встрѣчаемъ тѣ враждебные наукѣ элементы, которые развила въ себѣ впослѣдствіи западная церковь, и которые еще чужды главнѣйшимъ представителямъ собственно восточной церкви: Іоанну Златоусту и Василію Великому съ Григоріемъ Назіанзиномъ. Въ дѣятельности и вліяніи Амвросія изъ Медіолана (Милана) и Августина это направленіе выступаетъ еще рѣзче и весьма ясно отзывается на воспитаніи католическаго юношества послѣ раздѣленія церквей. Амвросій, какъ могущественный епископъ, иногда оказывалъ вліяніе на свѣтскаго представителя государства и умѣлъ пользоваться своихъ значеніемъ въ народѣ для достиженія своихъ церковныхъ цѣлей. Западная іерархія уже давно подготовляла преобладаніе духовенства въ государствѣ и обществѣ. Амвросій въ своихъ сочиненіяхъ подчиняетъ политическій элементъ богословскому, перемѣшиваетъ мораль Цицерона съ христіанскими разсужденіями, и, вмѣсто примѣровъ изъ жизни греческихъ и римскихъ героевъ—приводитъ событія изъ ветхозавѣтной исторіи. Онъ всюду проводитъ ту же мысль, которая была подготовлена его предшественниками, а именно, что во всякомъ чувственномъ проявленіи надо искать сверхчувственнаго значенія, и непонятное буквально — понимать аллегорически. Въ повѣствованіи книгъ ветхаго и новаго завѣта онъ всегда находитъ особенную философію и поэзію, нерѣдко вдаваясь въ мистицизмъ. Вообще сочиненія его, столь распространенныя въ среднiе вѣка, не удаляя людей отъ священнаго писанiя и отчасти облегчая его пониманiе, сильно дѣйствовали на ихъ чувство и воображенiе. Но примѣръ того, какъ обособлялась христiянская образованность, болѣе и болѣе принимая на западѣ клерикальный характеръ, и какъ влiяла она на тогдашнее воспитанiе, лучше всего можно видѣть на сочиненiяхъ Августина, которыя впродолженiе цѣлыхъ вѣковъ были главными источниками христiянской философiи и богословiя, могущественно дѣйствуя на ходъ литературы и, даже на политическую исторiю новыхъ народовъ.

*Св. Августинъ* (род. въ Африкѣ въ 353 г.) былъ сынъ знатнаго отца-язычника, управлявшаго Галлiей, получилъ самое тщательное воспитанiе подъ влiянiемъ матери, учился въ Римѣ, и потомъ управлялъ нѣсколькими областями въ Верхней Италiи. По принятiи христiянства онъ скоро достигъ епископскаго сана и отличался особенною ревностью въ пользу своей новой религiи, пользуясь большимъ влiянiемъ при римскомъ дворѣ (при Валентинiанѣ и Өеодосiи Великомъ), а также при дворахъ франковъ и маркоманновъ. Одно изъ главныхъ сочиненiй Августина «о градѣ Божiемъ» (de civitate Dei), составленное по образцу сочиненiя Платона «о государствѣ», основывается на той главной мысли, что человѣчество состоитъ изъ двухъ частей: изъ рабовъ своей плоти, осужденныхъ на проклятiе, и изъ людей, живущихъ духомъ и предназначенныхъ къ блаженству. Отсюда онъ выводитъ понятiе о существованiи въ мiрѣ двухъ царствъ, изъ которыхъ одно погибнетъ въ день страшнаго суда. Царствомъ гибели управляютъ дьяволъ и философы; главное основанiе его — эгоизмъ, приводящiй человѣка къ забвенiю Бога. Другое, свѣтлое царство, находящееся подъ управленiемъ Бога и духовенства, основывается на любви и приводитъ къ забвенiю самого себя. Человѣческую природу Августинъ признавалъ испорченною, и всякую внѣшнюю дѣятельность, самую игру дѣтей — грѣховною. По мнѣнiю его, весь древнiй Римъ, какъ грѣховное земное государство, находится подъ властью дьявола;

истинное-же, прочное счастіе обрѣтается только въ государствѣ Бога. Во всей римской исторіи и жизни онъ видитъ одинъ непрерывный рядъ несправедливостей и жестокостей, упуская изъ виду героическій и политическій характеръ древней исторіи. При печальномъ положеніи имперіи во время Августина, при грубости среднихъ вѣковъ, взглядъ его естественно находилъ себѣ особенное сочувствіе и сдѣлался потомъ господствующимъ, опредѣляя воззрѣнія средневѣковаго христіянскаго общества на язычество, его религію, философію и исторію.

Другое замѣчательное и весьма распространенное въ средніе вѣка сочиненіе Августина, имѣющее педагогическій интересъ, есть его «Признанія», въ которыхъ онъ изображаетъ ходъ своего внутренняго развитія отъ юности до совершившейся въ немъ перемѣны и перехода въ христіянство (въ 400 году). Сочиненіе это рисуетъ намъ также картину тогдашняго воспитанія, нравственное состояніе общества и характеръ ученыхъ школъ. Изъ него-же мы узнаемъ, что отецъ Августина, Патрицій, былъ человѣкъ пылкій и чувственный, а мать его, Моника—кроткая, любящая и благочестивая женщина, которая впродолженіе всей своей жизни съ изумительною заботливостью, съ энергіею и самоотверженіемъ старалась внушить своему сыну понятія объ истинной вѣрѣ и объ истинномъ Божествѣ. Памяти своей матери онъ посвящаетъ цѣлый рядъ очаровательныхъ главъ, и проситъ своихъ читателей не забывать въ молитвахъ его родителей. Августинъ, наслѣдовавъ огненную натуру своего отца, сначала отдался честолюбію и чувственности со всѣмъ пыломъ юности, чтобы потомъ съ ужасомъ и отвращеніемъ отъ своей прежней жизни перейти въ ту область свѣта и покоя, на которую постоянно указывала ему его мечтательная мать. «Еще ребенкомъ—разсказываетъ онъ въ своихъ признаніяхъ—я крикомъ вымогалъ себѣ все вредное для себя, и неисполнявшихъ моихъ прихотей старался принудить силой. Только слабость моего дѣтскаго организма не позволила мнѣ приводить въ исполненіе мои злыя желанія; но дѣтская душа моя была уже осквернека. Я самъ видѣлъ однажды капризнаго младенца, который еще не умѣлъ говорить, но уже съ злой, ѣдкой миной смотрѣлъ на своего брата, питавшагося грудью матери. Матери и няньки, конечно, скажутъ, что это потомъ проходитъ съ годами; но можно ли объяснить это невинностью, когда младенецъ уже не выноситъ своего сверстника еще на лонѣ питающей его матери?». «Но вотъ я вступилъ въ отроческій возрастъ. Теперь я былъ уже не безъязыкимъ младенцемъ, но болтливымъ мальчикомъ. Все это я еще помню, и я наблюдалъ потомъ, какъ я училея говорить. Взрослые не учили меня этому такъ, какъ учили меня многому другому впослѣдствіи. Съ помощію дарованной мнѣ Тобою, Боже, силой старался я плачемъ и подобными звуками или жестами выразить мои потребности. Но такъ какъ я не могъ выразить все, чего желалъ, тогда какъ другіе могли это, то я произносилъ въ моей памяти то слово, которымъ они называли извѣстный предметъ, и если они при этомъ словѣ обращались къ чему нибудь, я замѣчалъ, что это именно и долженъ быть тотъ предметъ, который они полагали. Я пріучалъ мой ротъ къ подобнымъ же звукамъ и, наконецъ, выговаривалъ слово. Такъ шелъ я далѣе въ шумной жизни, завися отъ личности моихъ родителей и отъ поступковъ взрослыхъ людей». «Затѣмъ отдали меня въ школу, чтобы ознакомить меня съ науками, пользы которыхъ я, бѣдный, не понималъ, получая въ то же время удары за лѣность въ ученіи. Родители одобряли это, и многіе, избиравшіе еще до насъ ту-же участь, приготовили для насъ этотъ тернистый путь; мы должны были проходить его съ трудомъ и мученіемъ, которыя были столь умножены (въ школѣ) для сыновъ Адамовыхъ. Но Ты, Господи, сподобилъ насъ встрѣтить людей, которые къ Тебѣ взывали, и отъ нихъ-то научились мы, какъ могли, познавать Тебя, великаго Бога; и Ты услышалъ насъ и пришелъ на помощь не смотря на то, что чувства наши были прежде далеко отъ Тебя. Будучи еще мальчикомъ, я сталъ прибѣгать къ Тебѣ, моей защитѣ и убѣжищу, и постарался разрѣшить узы языка моего;

недостойный съ немалымъ усердіемъ молилъ Тебя, чтобы мнѣ не получать болѣе ударовъ въ школѣ. И такъ какъ Ты не услышалъ меня, ибо это привело бы меня лишь къ суемудрію; то другіе взрослые люди, и даже сами мои родители, не желавшіе мнѣ ничего дурнаго, смѣялись надъ моими страданіями, надъ моимъ тогдашнимъ великимъ и тяжкимъ горемъ. Какъ есть люди, которые, горя рвеніемъ къ Тебѣ, смѣются надъ тѣми, которые слишкомъ боятся разныхъ орудій пытки и молятъ объ уничтоженіи ихъ; такъ родители наши смѣялись надъ мученіями, какія причиняли намъ мальчикамъ учителя наши. И мы не менѣе боялись этихъ мученій и молили отвратить ихъ отъ насъ, но все таки часто оказывались виновными, когда писали, или читали, или размышляли при обученіи менѣе, чѣмъ отъ насъ требовалось. Нельзя сказать, чтобы намъ не хватало памяти или разсудка, ибо и тѣмъ и другимъ Ты, Господи, обильно наградилъ насъ по нашимъ лѣтамъ; но насъ забавляла игра, и за нее-то карали насъ тѣ, которые сами непристойно предавались тому же самому. Но развлеченія взрослыхъ обыкновенно называютъ занятіями; когда же дѣлаютъ это мальчики, ихъ наказываютъ за это. Я перенесъ розги за то, что любилъ играть въ мячикъ и тѣмъ отвлекался отъ заучиванія свѣдѣній, которыми я долженъ былъ потомъ играть еще сквернѣйшимъ образомъ. И сѣкъ меня тотъ, кто самъ мучился завистью и досадой, когда другой ученый побѣждалъ его въ какомъ нибудь спорѣ, точно такъ же, какъ сердился я, когда товарищи побѣждали меня въ игрѣ мячикомъ». «Но я согрѣшилъ, Господи Боже мой, и противъ родителей и учителей! Ибо я былъ непослушенъ имъ не потому, что я нашелъ для себя нѣчто лучшее, но потому лишь, что я любилъ игру, что мнѣ пріятна была въ игрѣ гордость побѣды, что я охотно ласкалъ мой слухъ разными лживыми сказками; и чѣмъ больше я чувствовалъ влеченія ко всему этому, тѣмъ сильнѣе завлекало меня опасное любопытство къ зрѣлищамъ и къ разговорамъ старшихъ. Часто я, побѣждаемый суетнымъ исканіемъ превосходства, обманомъ добывалъ себѣ побѣду въ игрѣ;

и когда я другихъ ловилъ на томъ же, что дѣлалъ самъ, — я не хотѣлъ простить имъ этого и былъ неукротимъ; если же другіе меня обличали, я готовъ былъ скорѣе поссориться, чѣмъ уступить. И это ли — дѣтская невинность? Нѣтъ, Господи Боже мой! а скорѣе именно то, что начинаясь отъ воспитателей и учителей, отъ орѣховъ, мячиковъ и воробьевъ, выражается потомъ въ начальникахъ и князьяхъ, въ золотѣ, добычѣ и рабахъ. Впослѣдствіи, въ зрѣломъ возрастѣ, за первымъ точно такъ же слѣдуетъ послѣднее; какъ за розгами — еще жесточайшія наказанія.» «При обученіи Виргилій былъ моимъ любимцемъ. Съ наслажденіемъ слѣдилъ я за странствованіями Энея; съ жаркими слезами оплакивалъ я смерть Дидоны, которая изъ любви умертвила себя. Моимъ представленіямъ рукоплескали; во мнѣ видѣли будущаго поэта. Учиться по-гречески, однако, я не чувствовалъ никакой охоты: такъ милъ былъ мнѣ Виргилій; Гомеръ же былъ несносенъ для меня. Я полагаю, что и греческимъ мальчикамъ Виргилій понравился бы точно также, какъ мнѣ Гомеръ, когда бы имъ пришлось изучать его по нашему: ибо трудности, сопряженныя вообще съ изученіемъ чуждаго языка, отравили бы горечью всю сладость греческихъ басенъ. Я не понималъ самыхъ словъ, а меня страхомъ, жестокостію и наказаніемъ, настойчиво принуждали заучивать ихъ. Такимъ же образомъ «дважды одинъ — два, дважды два — четыре», было для меня отвратительной пѣсней».

Изъ этого достаточно видно, что Августинъ былъ врагъ всего чисто-формальнаго въ образованіи, врагъ филологіи и математики. Чувство влекло его ко всему живому, ко всему, что давало пищу для воображенія и сердца. «Не слова собственно обвиняю я, ибо они всегда одинаково останутся избранными и драгоцѣнными сосудами, но — то вредное въ нихъ вино, которымъ поили насъ сами опьяненные имъ учителя, однако я самъ сталъ потомъ охотно пить его. Я, несчастный, даже радовался этому, и меня называли за это полнымъ надеждъ мальчикомъ. Право, не дымъ ли и вѣтеръ было все это? Развѣ не существовало многаго другаго, на чемъ можно было бы упражнять мой умъ и мой языкъ? Хвала Тебѣ, Господи! Ты священымъ писаніемъ воздѣлалъ потомъ ниву сердца моего и поднялъ ея слабый ростокъ; но мнѣ еще рано было предаваться тщеславному бездѣлью, мнѣ, постыдной добычѣ суетнаго прошедшаго. Да, не однимъ только способомъ можно приносить жертвы падшимъ ангеламъ!... Увы мнѣ! Кто могъ противостоять тебѣ, потокъ людскаго обычая? И скоро ли ты совершенно изсякнешь? Долго ли ты будешь уносить сыновъ Евы въ то обширное, ужасное море, переплыть которое не посиламъ даже на утлой ладьѣ счастія?... Посмотри, Господи Боже, съ Твоимъ долготерпѣніемъ, какъ тщательно соблюдаютъ сыны человѣческіе всѣ правила языка,— но какъ пренебрегаютъ они вѣчными законами вѣчнаго спасенія. Доходитъ до того, что когда ученикъ или учитель говоритъ противъ грамматическихъ правилъ, онъ болѣе обращаетъ на себя общее вниманіе, чѣмъ когда онъ дѣйствуетъ противъ Твоихъ заповѣдей, болѣе—чѣмъ человѣкъ, ненавидящій своего ближняго». Ставъ юношей, Августинъ со всею страстностію этого возраста кинулся въ чувственную любовь, которую онъ не отличалъ отъ истинной, чистой любви къ женщинѣ, и въ которой онъ горько раскаявается въ своихъ Признаніяхъ. «Я становился все порочнѣе, чтобы не заслужить порицанія отъ моихъ заблудшихъ сверстниковъ, и даже когда не имѣлъ случая подражать имъ, я лгалъ на себя, чтобы казаться тѣмъ порочнѣе, чѣмъ чище былъ я на дѣлѣ». Въ одномъ изъ сочиненій своихъ онъ даетъ поэтому слѣдующіе совѣты юношамъ: «Должно соблюдать строгую осторожность въ выборѣ людей, съ которыми мы желаемъ обращаться; всего же лучше имѣть обращеніе со старцами испытанной добродѣтели. Обращеніе съ сверстниками, конечно, пріятнѣе; но со старшими — безопаснѣе. Подъ руководствомъ ихъ нравы юношей дѣлаются кроткими и укрѣпляются въ добродѣтели. Какъ незнающій мѣстности обыкновенно пускается въ путь съ знающими ее; такъ и юноши должны вступать въ новый для нихъ путь жизни въ сопровожденіи старцевъ, и имѣть ихъ наставниками и свидѣтелями своей жизни». Другой совѣтъ: «Храните, дѣти мои, дружество съ ближними, ибо нѣтъ ничего на свѣтѣ прекраснѣе дружбы: она — утѣшеніе жизни, когда имѣешь кому открыть свое сердце; сообщить тайное и повѣрить сокровенное, когда имѣешь вѣрнаго собрата, который сочувствуетъ твоему счастію, состраждетъ несчастію, подаетъ совѣты въ опасности. Перенесите за друга, если нужно, и горе: дружба снискивается не деньгами, но любовью, не цѣною, но доброжелательствомъ. Богатые часто бываютъ безъ друзей, тогда какъ бѣдняки не имѣютъ въ нихъ недостатка, ибо гдѣ хитрая лесть, тамъ нѣтъ истинной дружбы».

Знакомство съ произведеніями Цицерона привело его отъ сладострастной, бурной жизни къ философскому созерцанію безсмертной истины. Слова «Гортензія», опредѣляющія высоту и достоинство философіи, пробудили дремлющія чувства Августина къ новой жизни. Добро и истина стали теперь предметомъ его внутреннихъ стремленій, и все, что прежде занимало и забавляло его, показалось ему ничтожнымъ. «Но я не нашелъ въ этомъ произведеніи, говоритъ онъ, имени Христа, тогда такъ имя это проникло въ мое дѣтское сердце вмѣстѣ съ молокомъ матери. Девять лѣтъ я тщетно искалъ его (въ манихейскомъ ученіи), вводилъ другихъ въ заблужденіе, былъ то гордъ, то суевѣренъ, и ничтоженъ во всемъ. То искалъ я суетной славы предъ народомъ, какъ актеръ; то вновь старался очистить свою душу». Наконецъ Августинъ сталъ отчаяваться отыскать ту истину, которая удовлетворила-бы его, и послѣ тяжелой внутренней борьбы перешелъ на сторону новой тогдашней академіи. Неоплатоникъ вновь увлекъ его пылкій духъ, освободившійся отъ мучительнаго скептицизма, и, весь проникнутый платоновскимъ идеализмомъ, Августинъ приступилъ, наконецъ, къ объясненію христіанскаго ученія, которому онъ отдался всецѣло. «Но мнѣ недоставало еще главнаго, что только и можетъ сообщить истинное пониманіе христіянства, и безъ чего каждый приметъ одну скорлупу безъ зерна — недоставало основанной на смиреніи любви». Философія Платона надѣлила его идеалами, восхитившими его духъ, но не могла сообщить ему силы побѣдить въ себѣ матерію. Она не освободила его, не уничтожила въ немъ того внутренняго разлада, которымъ страдала его жизнь, со всѣми ея колебаніями. Посланія апостола Павла, за изученіе которыхъ онъ взялся, разрѣшили ему загадку его природы, обративъ его къ вѣрѣ, ибо «вѣра предшествуетъ разуму» (fides praecedit intellectum). Къ знанію Августинъ перешелъ теперь уже отъ вѣры. «Что это люблю я, когда люблю Бога? Я спросилъ землю, и она отвѣчала мнѣ: «Это не я, что ты любишь»; я спросилъ море и его пучины, и всѣхъ живыхъ существъ, и они отвѣчали мнѣ: «Не мы твой Богъ: ищи его надъ нами». Я спросилъ вѣющій воздухъ,—и все воздушное пространство, со всѣми его обитателями, сказало: «ты заблуждаешься, я не Богъ твой!» Я спросилъ небо, солнце, мѣсяцъ и звѣзды: «И мы не Богъ твой, котораго ты ищешь!»—отвѣчали они. Тогда спросилъ я всѣ вещи, которыя только могли входить въ кругъ моего зрѣнія: «Скажите же мнѣ, не вы ли Богъ мой, и что вы можете сказать объ Немъ?»—и они воскликнули всѣ громкимъ голосомъ: «Онъ создалъ насъ!» Мой вопросъ—это мое невѣдомое влеченіе; а ихъ отвѣтъ—ихъ бытіе и красота».

Въ своихъ Признаніяхъ Августинъ раскрываетъ намъ цѣлую психологію человѣческаго сердца, изъ которой педагогъ можетъ почерпнуть болѣе, чѣмъ изъ множества теоретическихъ разсужденій о воспитаніи. Они обнаруживаютъ всю силу первыхъ впечатлѣній дѣтства, все могущество материнскаго вліянія на ребенка. Они раскрываютъ далѣе внутренюю борьбу человѣческаго духа, ищущаго для себя прочныхъ основъ. Они показываютъ также, какъ единое слово, единая мысль, высказанная кѣмъ-либо изъ великихъ мыслителей прошедшаго, встрѣчаясь съ дремлющими въ душѣ человѣка идеями, можетъ проложить ей совершенно новый путь, когда мысль эта вдругъ приводитъ въ сознаніе то, что прежде было предметомъ одного неопредѣленнаго влеченія, и вдругъ разрушаетъ все, что прежде признавалъ и любилъ человѣкъ. Они показываютъ нам, наконец, как природа человѣка послѣ періода дѣтской наивности переходит в період внутренняго раздвоенія и мучительной борьбы, и как внутреннія силы духа бушуют тѣм сильнѣе, чѣм богаче и подвижнѣе природа человѣка, пока он, наконец, утомленный бурями, не бросит якоря в спокойной пристани вѣры.

### Ход воспитанія в восточной церкви.

Послѣ Августина римское общество получило совершенно теологическое направленіе. Умственные, научные и вообще духовные интересы отступают на задній план. Не смотря на усиливающееся господство церкви, жизнь наполняется насиліем и управляется метеріальными потребностями, вызывающими аскетическую реакцію в немногих избранных натурах. В бурном движеніи «переселенія народов» падают в прах школы грамматистов, грамматиков и риторов. Церковный клир в IV, V и VI столѣтіях остается единственным носителем образованія и заводит школы, которыя также принимают исключительный теологическій характер как на западѣ, так отчасти и на востокѣ. Всѣ науки перерабатываются в интересах вѣры и становятся в служебное отношеніе к теологіи, утратив всякую свободу и самостоятельность изслѣдованія.

В Византійской имперіи забота о воспитаніи и обученіи массы народной уступает научным стремленіям немногих покровительствуемых императорами ученых, лишенных, однако, всякаго творческаго таланта. К научным спорам примѣшивается страстное раздраженіе. Однако на востокѣ, и в лонѣ православной церкви, никогда не переставали поддерживать остатки классическаго знанія и творчества, тогда так на западѣ современем явилась извѣстная отговорка ученых: «græca sunt — non leguntur» (это по-гречески — не читается). Юношество, готовящееся к государственной службѣ, в Византіи знакомилось и с Гомеровскими пѣснями, и с польтическими сочиненіями греческихъ мыслителей. Здѣсь писали не одни духовные, но также и свѣтскіе люди, императоры, государственные мужи, даже женщины,—и писали именно на греческомъ языкѣ. Здѣсь греческая философія изучалась даже въ монастыряхъ съ ихъ школами; здѣсь положено было основаніе христіянскому искуству, въ особенности музыкѣ и зодчеству. Въ восточной имперіи не совершенно исчезли и императорскія школы, какъ это было на западѣ при переселеніи народовъ. Отсюда, напротивъ того, занесены были идеи гражданскаго права на западъ во время крестовыхъ походовъ съ ихъ торговыми интересами (Болонья). Вообще въ Византійской церкви, наслѣдницѣ древнеклассическихъ сокровищъ, сохранялась, не смотря на зарождающуюся теологію, чистая, безкорыстная, объективная любовь къ наукамъ. Но школы все таки не получили должнаго развитія, такъ какъ онѣ не были продуктомъ внутренней потребности, но возникали и падали по прихоти своихъ высокихъ защитниковъ; такъ какъ онѣ не стояли во взаимной связи съ жизнью, но ограничивались извѣстнымъ кругомъ диллетантовъ и меценатовъ; такъ какъ, наконецъ, содержаніемъ ихъ не всегда была эллинская жизнь, но также — формализмъ и своего рода схоластика. Какъ бы однако ни было, при всемъ консерватизмѣ константинопольской церкви, крѣпко державшейся установленной догмы и обряда, духъ нетерпимости, односторонней исключительности и властолюбія какъ въ сферѣ политической жизни, такъ и воспитанія, былъ чуждъ ей сравнительно съ церковью римской, овладѣвшей всѣми отправленіями жизни тогдашняго западнаго, еще варварскаго человѣчества. Государственная власть въ Византіи обладала могуществомъ и окружена была великолѣпіемъ и роскошью (Юстиніанъ). Византійскія школы были поддерживаемы императорами, которые снабжали ихъ учителями и библіотеками на счетъ государственной казны. Сообщаемое этими школами образованіе основывалось на христіянствѣ съ его литературой и на греческихъ классикахъ. Однако въ обученіи преобладалъ мертвый формализмъ. Учрежденія эти, говоритъ Бернгарди, еще существовавшія даже въ VIII столѣтіи, представляются огромнымъ зданіемъ, помѣщавшимся между императорскою сокровищницею и Софійскимъ храмомъ, и снабженнымъ библіотекою. Здѣсь собиралась коллегія или факультетъ изъ 12 духовныхъ лицъ — въ качествѣ учителей наукъ; въ ихъ главѣ стоялъ императорскій директоръ, который вмѣстѣ съ подчиненными ему учеными имѣлъ рѣшительный голосъ въ придворной сферѣ. Предметами изученія служили: грамматика, риторика и философія. Что касается грамматики, то она была низведена на степень сжатаго, сокращеннаго ученія о формахъ, и заключалась въ компендіяхъ, въ сухихъ извлеченіяхъ изъ разныхъ ученыхъ сочиненій, напр. изъ Геродіана. Дальнѣйшая научная разработка ея была невозможна, такъ какъ новыхъ самостоятельныхъ изслѣдованій въ этой области болѣе не существовало. Точно также риторика ограничивалась одними болѣе или менѣе сухими и отвлеченными комментаріями къ такимъ писателямъ, какъ Гермогенъ и Афтоній, и сопровождалась довольно однообразными упражненіями, имѣвшими ничтожное практическое вліяніе на стиль. Наконецъ, философія, отклонившаяся отъ Платона, была поставлена въ служебную роль по отношенію къ догматикѣ, и основывалась на парафразахъ и комментаріяхъ къ Аристотелю. Слѣдовательно и въ этой области знанія былъ полный застой. Изъ классиковъ предметомъ обученія и чтенія у людей образованныхъ служили прежде всего: Гомеръ, Гезіодъ, Пиндаръ, а также нѣкоторыя, усердно переписываемыя драмы Эсхила, Софокла и Эврипида; затѣмъ — Аристофанъ, отчасти Менандръ и другіе комики; изъ александрійскихъ поэтовъ — идиллики Ѳеокритъ и даже Ликофронъ; сочиненія Діонисія Періегета употреблялись, какъ учебная книга для юношества. Изъ прозаиковъ были въ ходу: Фукидидъ и отчасти Геродотъ, Демосѳенъ съ его политическими рѣчами, и въ нѣкоторой степени Либаній; также высоко цѣнились біографіи Плутарха и произведенія Діона Кассія. Однако весь этотъ классицизмъ своеобразно перемѣшивался съ христіанско-церковными элементами. Потребностямъ чтенія большинства, не получавшаго ученаго образованія, удовлетворяла библія съ твореніями главнѣйшихъ отцевъ церкви. Отсюда развилась привычка къ ихъ формамъ, оборотамъ и словамъ, и произошелъ тотъ двойственный складъ византійской рѣчи, въ которой яркій восточный тонъ, заимствованный изъ ветхозавѣтныхъ книгъ, сливается, и притомъ не всегда гармонически, съ тонкимъ изяществомъ аттическаго стиля. Всѣ прочія науки, за исключеніемъ филологіи, существовали съ самомъ искаженномъ видѣ. Римская исторія превратилась въ собраніе сказокъ, и самое римское право было уже обезображено еще при Юстиніанѣ, такъ какъ его наемные юристы, начиная съ Трибоніана, выпускали изъ этого памятника римской юриспруденціи все, что напоминало собою принципы древней свободы, и оставляли только то, что было сообразно съ новыми понятіями о правахъ верховной власти. Математика уважалась не какъ наука, а только только ради ея практическаго примѣненія. Медицина находила множество компиляторовъ, но была лишена того эмпирическаго метода, при отсутствіи котораго, конечно, не могли существовать и естественныя науки вообще.

Собственно народное образованіе въ Византіи, какъ мы сказали, стояло на самой низкой степени. Главная задача при воспитаніи ребенка состояла въ пріученіи его къ воздержанію, и все обученіе сводилось къ интересамъ вѣры, такъ какъ жизнь человѣка имѣла значеніе лишь на столько, на сколько она посвящалась небу; въ дѣйствительной же земной жизни, тѣмъ менѣе преобладала грубость, какъ плодъ невѣжественности и неразвитости массы. У монаховъ были въ употребніи картины, которыми они пользовались при обученіи дѣтей и неграмотныхъ христіанской религіи, и которыя назывались «книгами малолѣтнихъ». Священное писаніе изучалось обыкновенно буквально и на память. Вообще говоря, какъ во всей жизни народовъ, входившихъ въ составъ Византійской имперіи, такъ и въ воспитаніи преобладалъ застой, которому, однако, были обязаны своимъ сохраненіемъ остатки древняго классицизма, и главное — догматы и формы первобытной апостольской церкви, закрѣпленныя вселенскими соборами. Греко-восточная церковь, не препятствуя своимъ авторитетомъ внутреннему развитію образованности, несостоявшемуся по другимъ причинамъ, все таки была, съ ея монастырями, библіотеками и школами, ревностною хранительницею античныхъ сокровищъ, которыя въ свое время должны были перейти въ достояніе возродившагося къ новой жизни запада. Она же передала свято сбереженное ею христіанство другимъ, сѣверовосточнымъ народамъ, чтобы призвать и ихъ къ дѣлу развитія христіянской цивилизаціи, смотря по степени ихъ природныхъ дарованій и по условіямъ ихъ собственной исторической жизни. Но, исполняя эту миссію, сама Византія политически и умственно замерла, отчасти вслѣдствіе внутреннихъ государственныхъ неурядицъ и страшныхъ злоупотребленій власти, отчасти подъ ударами нахлынувшихъ на нее тюркскихъ племенъ, а за ними — пламенно-фанатическихъ поклонниковъ Магомета. Кромѣ того, судьба Византійской имперіи, всегда остававшейся вѣрной христіанству, равно какъ и судьба средневѣковаго запада, ясно показываютъ, что для истиннаго человѣческаго прогресса недостаточно было одной вѣры, которая безъ знаній можетъ обратиться въ суевѣріе и формализмъ, уживаясь даже съ варварской грубостью правовъ; точно такъ же, какъ павшій классическій міръ, лишившись вѣры, а вмѣстѣ съ нею и нравственной силы, не могъ развиваться далѣе на одномъ знаніи. Истинный прогрессъ и истинное воспитаніе возможны только при гармоническомъ развитіи человѣчества, какъ въ умственномъ, научномъ, такъ и въ религіозно-нравственномъ отношеніяхъ, между которыми необходимо то же равновѣсіе, какое необходимо между умомъ и чувствомъ каждаго отдѣльнаго человѣка.

*Значеніе арабовъ въ исторіи образованности и воспитанія.*

На движеніе западной образованности одновременно съ греко-восточной церковью имѣли также огромное вліяніе

ніе арабы съ ихъ научно-религіозными стремленіями. Когда изъ государства аравитянъ возникъ новый магометанскій міръ, востокъ снова пріобрѣлъ важное значеніе для всемірной цивилизаціи и еще разъ сталъ во главѣ человѣчества на пути развитія наукъ, искусствъ и просвѣщенія. Эта новая восточная культура, возникшая среди даровитѣйшаго изъ семитическихъ племенъ — арабскаго, послѣ крестовыхъ походовъ привилась и къ европейскимъ народамъ, наслѣдовавшимъ римскую образованность. По своему происхожденію и основному характеру она сама не была чисто арабскою, а произошла въ то время, когда въ Азіи, Африкѣ и Испаніи литература арабовъ слилась съ греческою, и когда къ нимъ перешли отъ персовъ и индійцевъ философія, астрономія и поэзія. Главнымъ же виновникомъ движенія арабско-магометанской образованности, разлившейся потомъ далеко за предѣлами Аравіи, былъ геніальный Магометъ (род. въ 571 г. по Р. Х.). Онъ выступилъ также съ идеею единаго Бога, и потому соединилъ множество арабскихъ племенъ въ одинъ народъ, который и былъ возведенъ имъ на степень первенствующаго на востокѣ. Не смотря на односторонность и исключительность мусульманской религіи, принаровленной къ духу и потребностямъ восточныхъ народовъ, она вначалѣ возбудила ихъ къ новой духовной жизни. Въ покоренной арабами Испаніи (въ 711 г.), въ особенности при Омеядахъ, утвердившихъ свой тронъ въ самой Кордовѣ, науки и искусства подъ вліяніемъ усвоенныхъ арабами греческихъ образцовъ достигли высокаго, цвѣтущаго состоянія; самымъ просвѣщеннымъ покровительствомъ наукамъ отличались, какъ извѣстно, Аббасиды, и величайшій изъ нихъ — Гарунъ-аль-Рашидъ.

Въ то же время разцвѣли и арабскія школы, ставшія выше тогдашнихъ собственно-европейскихъ по своему научному направленію. Высшія школы пользовались покровительствомъ власти наравнѣ съ другими общеобразовательными заведеніями для народа. При каждой мечети непремѣнно находилась школа. Въ ней преподавались вмѣстѣ съ чтеніемъ и письмомъ также начала грамматики, изучались произведенія старыхъ и новѣйшихъ національныхъ поэтовъ, и заучивались на память правила корана, столь богатаго поэтическимъ элементомъ. Вообще арабы были одарены вкусомъ къ литературнымъ занятіямъ. Уже во времена Пророка страсть къ изученію языка и поэзіи въ нихъ была такъ сильна, что многія племена занимались собираніемъ своихъ національныхъ пѣсенъ съ такимъ же стараніемъ, какъ и генеалогіей своихъ вождей и благородныхъ коней. Коранъ, всецѣло выразившій духъ арабовъ, только закрѣпилъ ихъ національныя особенности, и при обученіи въ народныхъ школахъ занималъ главное мѣсто. Въ сѣверной Африкѣ, по разсказамъ путешественниковъ, до сихъ поръ сохранился обычай, по которому мальчики должны прочитать весь коранъ, и тотъ изъ нихъ, кто первый выполнилъ эту задачу, торжественно, при знакахъ общаго одобренія водится по всему городу; при этомъ поютъ и просятъ о наградѣ отличившемуся, на что вся процесія хоромъ отвѣчаетъ утвердительнымъ «аминь»! Въ другихъ мусульманскихъ странахъ родители возятъ своего отличившагося въ знаніи корана сына на богато-убранномъ конѣ, въ сопровожденіи музыки и съ священною книгою въ рукахъ. Какъ ни изыскано это поощреніе, но оно доказываетъ высокое уваженіе арабовъ къ дѣлу религіознаго образованія. При обученіи въ школахъ испанскихъ мавровъ, особенно при упражненіяхъ въ изустномъ и письменномъ изложеніи или въ грамматикѣ, преподаваніе шло въ строгой системѣ и методически. Даже на различіе звуковъ въ словахъ обращалось большое вниманіе, и для доказательства подбирались нужные примѣры или заучивались подходящіе сюда стихи.

Когда юношество прошло такую школу, достигши 14-15 лѣтняго возраста, молодые люди въ остальное время, приблизительно до вступленія въ 20-лѣтній возрастъ, для дальнѣйшаго своего образованія предпринимали путешествія и посѣщали знаменитыхъ ученыхъ, которые обыкновенно читали свои лекціи публично. Лекціи эти относились къ научной грамматикѣ, къ теологіи или юрипруденціи съ ихъ вспомогательными науками, къ церковномому праву, къ логикѣ, философіи, діалектикѣ, къ толкованію корана и священныхъ преданій и т. д. Впослѣдствіи молодые арабы вступали въ особыя академіи, большая часть которыхъ предназначалась для такихъ наукъ, какъ теологія, юриспруденція, филологія и философія. Для естественныхъ наукъ существовали отдѣльныя учрежденія; медицину было принято изучать въ больничныхъ домахъ. Профессора и студенты жили вмѣстѣ, въ одномъ зданіи. Лекціи или читались свободно, или диктовались, а слушатели записывали. Эти арабскія академіи въ Испаніи были также посѣщаемы западными христіанами, и отсюда вышло то научное направленіе, которое благодѣтельно отразилось и на наукѣ, въ особенности — философіи, математикѣ, медицинѣ, и на всей внутренней жизни возрождающагося запада. Изъ сочиненія одного арабскаго ученаго, о которомъ умоминаетъ въ своей исторіи Шлоссеръ, отчасти видѣнъ методъ изученія корана и схоластической теологіи въ высшихъ духовныхъ школахъ халифата. Для пониманія корана ученый этотъ, вѣроятно самъ бывшій профессоромъ арабской академіи, требуетъ изученія не менѣе 25 предметовъ, а именно: грамматическаго производства словъ, долготы слоговъ и знанія буквъ; умѣнья исправлять ошибки переписчиковъ; твердаго знанія числа суръ, главъ, стиховъ словъ, и буквъ, содержащихся въ коранѣ; такого же знанія важнѣйшихъ мѣстъ его текста; умѣнья отличать сходныя слова по смыслу и по правописанію; знанія комментаріевъ, архаизмовъ, и вообще малоупотребительныхъ оборотовъ рѣчи, и грамматической конструкціи или словосочиненія; умѣнья правильно произносить слова, не измѣняя буквъ, если различно произносимыя буквы придаютъ слову различный смыслъ; знанія всѣхъ варіантовъ корана, или подробной исторіи его текста; объясненія точнаго и переноснаго значенія словъ, аллегорій и сравненій; пониманія изящества и красоты рѣчи съ указаніемъ на все оригинальное, возвышенное или изящное въ смыслѣ и языкѣ корана; умѣнья тотчасъ же указать родъ этихъ красотъ, не задумываясь въ приисканіи подобныхъ имъ примѣровъ; способности находить въ самомъ коранѣ доказательства его божественнаго происхожденія; знанія искусства полемики; готовности указать связь между отдѣльными строфами корана; знанія хронологіи божественныхъ откровеній; умѣнья отличать обрешавшее само по себѣ отъ уничтоженнаго духовными властями; объясненія видимыхъ противорѣчій; знанія историческихъ фактовъ, къ которымъ относится каждый стихъ; знанія этики или нравственной философіи корана; знакомства съ преданіями, а также знанія: логики, метафизики, магометанскаго церковнаго права и, наконецъ, мистическаго, аллегорическаго и теологическаго смысла словъ, въ отличіе отъ обыкновеннаго. Исторія возникшихъ и развившихся у арабовъ наукъ, ведущихъ свое начало изъ высшихъ школъ Византійской имперіи (въ Низибѣ, Антіохіи, Эдессѣ) интересна въ томъ отношеніи, что ею объясняется направленіе и составъ западно-европейскихъ наукъ въ періодъ схоластики и отчасти въ эпоху возрожденія.

Научной педагогики у арабовъ не существовало точно также, какъ и въ греко-восточной церкви. Замѣчателенъ однако одинъ арбскій писатель *Ибнъ-Тофаилъ* (умеръ въ 1190 г. въ Севильѣ), который за свое сочиненіе «Сынъ природы» (Хай-ибнъ-Токданъ) можетъ быть названъ арабскимъ Руссо. Сочиненіе это было впослѣдствіи признано образцовымъ у всѣхъ образованнѣйшихъ магометанскихъ народовъ и тщательно комментируемо, было переведено на европейскіе языки, и нѣсколько разъ — на англійскій, откуда перешло, наконецъ, и въ нѣмецкую литературу (Эйхгорнъ, 1782 г.). Основаніемъ его служитъ та мысль, что человѣкъ, выросшій внѣ человѣческаго испорченнаго общества, и не получившій никакого знакомства съ положительной религіей, можетъ въ совершенствѣ достигнуть познанія Бога изъ природы. Ученіе положительной религіи, напротивъ того, есть ничто иное, какъ «приноровленіе къ понятіямъ толпы». Ученіе это по своей сущности, конечно, не разнится отъ истины и не можетъ быть отрицаемо; но оно облекается въ чувственные образы и обращаетъ слишкомъ много вниманія на внѣшніе формы и обряды, угрожая наказаніемъ или обѣщая награду, такъ что оно имѣетъ въ виду преимущественно дурныхъ людей, которые иначе не могутъ быть обузданы, такъ какъ имъ недоступна истина сама по себѣ. Отъ природы же человѣкъ чистъ, а слѣдовательно можетъ самъ познать божественную истину во всей ея чистотѣ и непосредственности.

На этихъ идеальныхъ началахъ желаетъ Ибнъ-Тофаилъ воспитать своего «сына природы». Это — мальчикъ, который былъ рожденъ на одномъ изъ острововъ Индѣйскаго океана царскою сестрою, заключенною въ башнѣ за свою любовь. Тотчасъ по рожденіи онъ былъ положенъ въ ящикъ и брошенъ въ море; но волны выкинули его на одинъ необитаемый островъ, гдѣ лань вскормила его своимъ молокомъ. Живя въ вмѣстѣ съ животными и птицами, мальчикъ, побуждаемый инстинктомъ самосохраненія, научился многому, такъ что на седьмомъ году уже самъ съумѣлъ приготовить себѣ одежду. Съ этого времени его чувства и мысли развивались все болѣе и болѣе, пока онъ не достигнулъ «трижды-семилѣтняго» возраста. Разсматривая и изучая организацію растеній, животныхъ и камней, онъ пришелъ къ познанію высочайшаго существа, созерцанію котораго онъ отдался съ пламеннымъ экстазомъ. Смотря по степенямъ его возраста, идетъ постепенно и его развитіе, начиная съ самаго наивнаго познанія вещей и — до наивысшаго. Самыя первыя его познанія исходятъ непосредственно отъ внѣшнихъ чувствъ: физика была первой открытой имъ наукой. Мало по малу отъ частнаго переходитъ онъ къ общему, отъ явленій — къ причинамъ. Первое, что вошло въ область его уже духовнаго созерцанія была форма предметовъ, такъ какъ формы суть тѣ силы, которыя внутренно пребываютъ въ нихъ, и которыя предрасполагаютъ ихъ къ свойственной имъ дѣятельности. Всякое дѣйствіе исходитъ отъ формы, тогда какъ матерія играетъ только страдательную роль, и все разнообразіе формъ сводится къ одной начальной причинѣ, дѣйствующей во всѣхъ вещахъ въ ихъ совокупности. Такъ «сыну природы» ясно раскрылось то, о чемъ гласитъ изреченіе корана: «Я есмь его слухъ, которымъ онъ слышитъ, и его зрѣніе, которымъ онъ видитъ». Однако онъ еще сомнѣвается: существуетъ ли одна только причина всего сущаго, или ихъ множество. Онъ углубляетъ свою мысль въ созерцаніе всей природы съ ея звѣзднымъ міромъ. Ему становится очевиднымъ, что весь чувственный міръ долженъ имѣть предѣлы, ибо въ вещественной природѣ все ограничено. Разсматривая форму всѣхъ предметовъ, онъ находитъ ее сферическою, и во всемъ открываетъ внутреннюю, взаимную связь. Онъ замѣчаетъ движеніе небеснаго свода, и не сомнѣвается, что вселенная такъ живетъ, какъ и всякое другое живое существо. Результатомъ его размышленій является тогда увѣренность, что для объясненія единства во всемъ вещественномъ мірѣ надо предположить единую причину, единаго виновника, который не связанъ ни съ однимъ отдѣльнымъ предметомъ — и вмѣстѣ присущъ каждому предмету; который находится ни внѣ, ни внутри видимаго міра; который пребываетъ въ простотѣ и необходимости, свободенъ отъ всякаго несовершенства и неизмѣненъ самъ въ себѣ. Теперь «сынъ природы» въ цѣлесообразности міра видитъ всюду слѣды божественнаго духа. Его сердце, его разумъ, отвлекшись отъ внѣшняго, чувственнаго міра, совершенно обращаются къ міру внутреннему, сверхчувственному, духовному. Вмѣстѣ съ этимъ онъ начинаетъ размышлять о своемъ собственномъ мышленіи, погружается въ самого себя. Онъ постигаетъ, что его внѣшнія, матеріальныя чувства не въ силахъ были открыть сверхчувственную, нематеріальную истину, ибо матеріальнымъ можно соприкасаться только съ матеріей, и только духомъ — обнимать истину. Самая сила воображенія, способная воспроизводить въ насъ одни чувственные образы, также не можетъ познать сверхъ-естественнаго, каковымъ является нематеріальная истина. Мы можемъ и должны безъ помощи нашихъ тѣлесныхъ органовъ чувствъ, сущностью нашего мыслящаго духа проникать въ высшій, духовный міръ, отсюда слѣдуетъ заключить, что эта сущность нашего духа сама нетѣлесна, и что все, воспринимаемое нами отъ тѣлеснаго, еще не составляетъ нашей истинной сущности. Матерія измѣнчива и ничтожна. Сдѣлаться свободнымъ отъ ея разрушительныхъ вліяній, какъ свободны отъ нихъ звѣзды — это стало теперь высшей задачей для «сына природы», къ разрѣшенію которой онъ направилъ всѣ силы своего духа. Тѣлесное, полагалъ онъ, есть основаніе разнообразія и разъединенія; въ нашей же простой, нетѣлесной, познавательной силѣ и познающее, и познаваемое есть едино, — и въ этомъ уподобляемся мы тѣмъ небеснымъ, блаженнымъ свѣтиламъ. Потребностямъ своего тѣла онъ удовлетворяетъ только въ самомъ простомъ, естественномъ и необходимомъ. Чувственность и фантазія подчиняются разуму. Онъ стремится отвлечь себя отъ познанія одного внѣшняго и созерцать лишь свою внутреннюю сущность. Онъ старается какъ бы исчезнуть самъ въ себѣ, чтобы его мысль о совершеннѣйшемъ не была уже ничѣмъ смущаема. И онъ слышитъ въ себѣ внутренній вопрошающій голосъ: кому же принадлежитъ, наконецъ, высшее господство надъ всѣмъ? — и получаетъ отвѣтъ: Единому, всемогущему Богу. Погрузившись въ это созерцательное состояніе, онъ видитъ и слышитъ то, чего не видѣло ничье око, чего не слышало ничье ухо, и что не входило еще ни въ чье человѣческое сердце. Онъ постигаетъ безразличіе, тождество своей сущности съ сущностью высочайшаго существа. Въ Богѣ раскрывается ему все. Божественный свѣтъ разливается всюду; различными существами воспринимается онъ различно, смотря по ихъ воспріимчивости, и только чистыми — во всей его чистотѣ; и не смотря на то, онъ всегда остается все тѣмъ же свѣтомъ. Теперь «сынъ природы» своимъ духовнымъ окомъ видитъ образъ божественнаго существа, самъ не различаясь отъ Бога, и въ то же время не будучи совершенно единой съ нимъ сущности, которая есть духъ, обитающій въ высшихъ надзвѣздныхъ сферахъ, красота и величіе. Созерцая съ этой высоты, на которую онъ вознесся, весь остальной міръ, «сынъ природы» видитъ во всемъ — и въ небесныхъ свѣтилахъ, и въ разнообразіи предметовъ природы, и въ душѣ человѣка—одно лишь отраженіе этого чистѣйшаго, безсмертнаго духа или Бога... Нѣтъ сомнѣнія, что Ибнъ-Тофаилъ былъ знакомъ съ ученіемъ александрійскихъ философовъ, которымъ онъ слѣдовалъ въ своемъ психологическомъ романѣ. Впрочемъ, большинство арабскихъ ученыхъ придерживалось Аристотеля, какъ онъ понимался въ періодъ схоластики. Теорія Кордовскаго араба Аверроэса (Эбнъ-Рошда) по вопросу объ отношеніи души къ тѣлу, составленная имъ по Аристотелю, принята была даже въ христіанскихъ школахъ и господствовала до XIV столѣтія.

Когда фанатизмъ христіянъ уничтожилъ арабовъ въ Европѣ, а дикія орды сломили политическое могущество ихъ въ Азіи, тогда погибла и высокая культура этого даровитаго народа, процвѣтавшая въ многочисленныхъ школахъ, подъ покровительствомъ умныхъ государей, сохранившись развѣ въ однѣхъ библіотекахъ, но оставивъ послѣ себя замѣтный слѣдъ въ образованности не только востока, но и запада.

# Воспитаніе подъ абсолютнымъ авторитетомъ западной церкви.

## Германцы.

Средневѣковой западъ, не смотря на феодализмъ и католическое господство надъ жизнью, не смотря на кулачное право и схоластику, все же остается представителемъ духовнаго прогресса въ то время, когда Востокомъ окончательно овладѣлъ азіятскій застой. Главная роль въ поступательномъ движеніи тогдашней духовной жизни безспорно принадлежитъ германскому генію. Пережилъ періодъ переселенія, утвердившись на занятой ими классической территоріи, и создавъ себѣ политическія и соціальныя формы, германскія племена съ большой энергіей отдались новой христіянской религіи и стали усердно усвоивать и переработывать остатки древне-классической образованности, внеся въ нее много новыхъ, свѣжихъ элементовъ, на присутствіе которыхъ еще указывалъ своимъ развращеннымъ соотечественникамъ геніяльный историкъ Рима—Тацитъ.

Личная свобода, признаваемая одинаково за всѣми и каждымъ, была основаніемъ въ жизни и правахъ древнихъ германцевъ; она же опредѣляла характеръ и направленіе и всего древнегерманскаго воспитанія. Дѣти, отреченіе отъ которыхъ могло имѣть мѣсто только при самыхъ крайнихъ обстоятельствахъ, напр. при голодѣ, искони были на попеченіи матери. Вмѣстѣ съ ея молокомъ они всасывали тотъ смѣлый, свободный духъ, который одинаково отличалъ какъ мальчиковъ, такъ и дѣвочекъ, какъ мущину, такъ и женщину. Патріархальная простота, доходившая до суровости, преобладала во всемъ бытѣ. Дѣти господъ и рабовъ росли вмѣстѣ, на полномъ просторѣ; даже о ихъ одеждѣ и опрятности мало заботились, такъ что они рано предоставлялись сами себѣ и рано пріобрѣтали самостоятельность. Только дочь долѣе оставалась подъ вліяніемъ матери, и въ случаѣ необходимости готова была идти вмѣстѣ съ нею на всѣ опасности. Женщина у древнихъ германцевъ не считалась рабою и не была лишена правъ на образованіе: такъ она училась читать руны, писать,—тогда какъ мущина-воинъ пренебрегалъ подобными занятіями, считая ихъ даже болѣе приличными женщинѣ. Вообще наука и искусства еще не имѣли твердой почвы; духъ искалъ удовлетворенія единственно въ религіозномъ созерцаніи природы, и всѣ измѣненія видимаго міра находили объясненіе въ миѳологическихъ представленіяхъ о разныхъ божествахъ. Лѣченіе основывалось на однихъ симпатическихъ средствахъ, на суевѣрномъ колдованіи, и даже цѣлебныя силы растеній объяснялись таинственными вліяніями: непонятая природа еще держала въ оковахъ нераскрывшійся и непобѣдившій ее духъ. — Знатные родители имѣли обычай поручать своихъ дѣтей, достигшихъ семилѣтняго возраста, на воспитаніе родственникамъ или друзьямъ: на сѣверѣ мальчиковъ чаще отдавали ихъ дядямъ съ материнской стороны. Гимнастика и музыка у древнихъ германцевъ имѣли тоже образовательное значеніе въ жизни и воспитаніи, какъ у грековъ въ ихъ героическій періодъ; однако музыка стояла на первомъ планѣ. Мальчикъ училcя владѣть липовымъ щитомъ, натягивать тетиву на лукѣ, приготовлять стрѣлы, мѣтко попадать въ цѣль, справляться съ копьемъ, ловко ѣздить на конѣ, биться на мечахъ. По достиженіи зрѣлаго возраста, онъ признавался въ народномъ собраніи «способнымъ носить оружіе», т. е. совершеннолѣтнимъ. Съ этой поры и впродолженіе всей жизни онъ уже не разставался съ оружіемъ — короткимъ кожьемъ для нападенія, и огромнымъ щитомъ для обороны. Съ ними шелъ германецъ въ битву, полуобнаженный, большею частію пѣшій, но иногда и на конѣ. Тутъ же, за боевыми рядами, стояла и его жена съ дѣтьми, поддерживая въ немъ мужество и воспламеняя къ побѣдѣ. Война, охота, народное собраніе и судъ—вотъ та сфера, въ которой вращалась и имѣла значеніе свободная личность древняго германца.

Искони проникнутые этимъ національнымъ принципомъ свободы, германцы тѣмъ способнѣе были принять религію Христа, и особенно въ то время, когда они, отчасти утративъ подъ римскимъ вліяніемъ свои старинные добрые нравы и обычаи, не находили болѣе удовлетворенія въ своихъ прежнихъ воззрѣніяхъ, въ своемъ патріархальномъ бытѣ. Уже страдая внутренней душевной пустотой, лишившись твердыхъ правственныхъ основъ, германцы встрѣтили въ христіянскомъ принципѣ какъ-бы свой прежній первобытной принципъ, но еще въ большой чистотѣ и абсолютности. Сущность христіянства гармонировала съ ихъ простой, еще несовершенно испорченной природой, и имъ не трудно было сознательно принять то ученіе, по которому человѣческая личность уже сама по себѣ имѣетъ безконечное достоинство, отражая въ себѣ божественную сущность. Теперь призваніемъ германскаго духа стало — направлять свои силы къ усвоенію римско-христіянской образованности. Но неблагопріятныя историческія условія помѣшали правильному развитію дорогихъ задатковъ свободнаго германскаго воспитанія. Римско-католическая церковь и императорская власть содѣлались тѣмъ средоточіемъ, около котораго стала вращаться жизнь германскаго народа. Оба эти центра—клерикальный и политическій — стремились къ исключительному господству: церковь искала водворенія въ обществѣ идеальнаго единства; государство — реальнаго. Отсюда произошло одно разъединеніе, и борьба церкви съ государствомъ, разъединившая всю общественную жизнь запада, отозвалась и на воспитаніи. Мѣсто германскаго единства заступилъ полный ожесточенія разладъ: властолюбивое папство старалось отторгнуть отъ императора его вассаловъ; императоры, съ своей стороны, обороняли непокорныхъ епископовъ отъ папскаго гнѣва и проклятія. Каждая сторона желала пріобрѣсти какъ можно больше сторонниковъ; вѣрнѣйшимъ средствомъ для достиженія этой цѣли естественно оказалось воспитаніе юношества. Клерикальная партія, обладавшая высшей нравственной силой и составлявшая въ то время интеллигенцію, избрала религію своимъ орудіемъ, и построила на ней всю систему воспитанія и обученія. Христіянство, съ его высочайшими началами свободы и любви, было мало помалу низведено до служенія іерархическимъ интересамъ римско-католическаго двора съ его роскошью и развратомъ. Такъ было до того времени, пока энергическое протестантство, съ Евангеліемъ въ рукахъ, не начало своего протеста, само впавши въ противоположную крайность философской абстракціи въ религіи.

*Періодъ клерикально-схоластическаго воспитанія.*

На всемъ этомъ періодѣ въ исторіи воспитанія европейскаго человѣчества, за исключеніемъ большей части славянскихъ племенъ, лежитъ печать папскаго и церковнаго вліянія, какъ и на всемъ духовномъ развитіи тогдашняго общества. Самостоятельной науки, которая была или подавлена, или забыта, не существовало вовсе. Въ школахъ, находящихся въ завѣдываніи духовенства, всѣ предметы изученія опредѣлялись тѣмъ тѣснымъ кругомъ, въ который входили такъ называемыя свободныя искусства (artes liberales), т. е. шесть перешедшихъ изъ древности наукъ (disciplinæ liberales): грамматика, риторика, ариѳметика, геометрія, музыка и астрономія,—и три собственно философскихъ науки древности (disciplinæ philosophicæ), а именно: логика, физика и этика, сокращенныя въ одну, седьмую, принаровленную къ школьному употребленію. Физика слишкомъ напоминала язычество, чтобы считаться пригодною для христіанской школы; этика вполнѣ могла быть замѣнена христіанскимъ ученіемъ о нравственности (sacra pagina); одна логика съ діалектикой была допущена въ кругъ школьныхъ наукъ — по своей безвредности. Эти artes такимъ образомъ были признаны, и то ради теологіи, по отношенію къ которой они разсматривались въ качествѣ прислужницъ (ancillae). Кромѣ того, самый составъ этихъ *семи* учебныхъ предметовъ имѣлъ священное символическое значеніе: храмъ Божій покоился на семи столпахъ (священники, діаконы, поддьяконы, аколиты, эксорцисты, учители и привратники); нравственная жизнь утверждалась на 7 добродѣтеляхъ: трехъ теологическихъ (trivium) и четырехъ философскихъ (quadrivium), которымъ соотвѣтствовали 7 таинствъ, такъ что вѣрѣ соотвѣтствовало крещеніе, надеждѣ — муропомазаніе, любви — причащеніе; затѣмъ справедливости — покаяніе, постоянству — элеосвященіе, мудрости — священство, умѣренности — бракъ. Собственно школьное trivium, т. е. грамматика, діалектика и риторика, почиталось необходимымъ для каждаго образованнаго человѣка; quadrivium, напротивъ того, обнимавшее музыку, ариѳметику, геометрію и астрономію, проходили лишь тѣ, которые уже прошли trivium и желали получить высшее образованіе. Вся метода обученія была крайне формальною, механическою. Она состояла: въ диктовкѣ, повтореніи со словъ учителя, въ связномъ разсказѣ, диспутированіи и заучиваніи; не рѣдко переходила въ одну внѣшность, въ буквоѣдство, въ погоню за натянутыми опредѣленіями, въ крайнюю изысканность объясненій; однимъ словомъ, вся школьная мудрость состояла въ безсвязномъ, безтолковомъ многознаніи, въ пустомъ, надутомъ схематизмѣ. Обученіе начиналось латинской грамматикой, составленной Донатомъ; потомъ слѣдовали латинскіе классики, подъ которыми разумѣлись, впрочемъ, одни жалкіе компиляторы и комментаторы знаменитыхъ римскихъ писателей; для чтенія во всѣхъ школахъ по преимуществу употреблялась книга Боэція «de consolatione», считавшаяся впродолженіе всѣхъ среднихъ вѣковъ лучшей послѣ библіи. Это сочиненіе Боэція «о философскомъ утѣшеніи», написанное имъ въ темницѣ, имѣло форму разговора между заключеннымъ и олицетворенной философіей, и состояло отчасти изъ стиховъ, отчасти въ риторической прозы. Астрономія заключалась въ 24 стихахъ, сложенныхъ Циціаномъ Янусомъ, и выучиваемыхъ молодыми людьми на память. Въ музыку входили псалмы, церковныя пѣсни и т. под. Учиться и говорить было принято только по-латыни. Другими школьными книгами служили, напр. четыре книги двустишій—Катона, заключавшія краткія нравственныя изреченія относительно почтенія къ Богу, къ родителямъ, родственникамъ, учителямъ и т. д.; Сатириконъ—Капеллы, представлявшій собою сборникъ или христоматію; книга о семи наукахъ—Кассіодора; энциклопедіи Исидора, Бэды, Рабана Мавра. Большая часть учебныхъ книгъ для облегченія памяти писалась обыкновенно, а потомъ даже исключительно стихами. Такъ одна грамматика, явившаяся около 1212 года, заключала въ себѣ 10,560 стиховъ. Даже содержаніе ветхаго и новаго завѣта предлагалось ученикамъ не въ подлинникѣ, а въ латинскихъ гекзаметрахъ. Изъ латинскихъ писателей читались преимущественно церковные; но тамъ и сямъ, въ монастыряхъ, еще сохранился вкусъ къ Виргилію, Овидію, Горацію, Цицерону, Саллюстію, Сенекѣ, Лукану, Теренцію, и др. За то греческіе писатели были почти позабыты. Кромѣ латинскаго языка въ средневѣковыхъ церковныхъ школахъ отчасти изучали еще еврейскій, и въ нѣкоторой степени греческій, и притомъ исключительно грамматическимъ способомъ. Такъ по-латыни ученики прежде всего упражнялись въ чтеніи, потомъ проходили о количествѣ слоговъ, и главнымъ образомъ изучали формы склоненій и спряженій со всѣми ихъ неправильностями и исключеніями. При чтеніи писателей обращалось вниманіе на удареніе, размѣръ, этимологію, орфографію, аналогію, тропы, барбаризмы и т. под. Каждый стихъ писателя разсматривался въ грамматическомъ, метрическомъ и историческомъ отношеніяхъ. Схоластическая мелочность доходила до того, что нѣкто Теренціанъ Мавръ въ книгѣ своей «de litteris et syllabis carmen sotadicum» въ стихахъ изобразилъ дѣятельность рта при произношеніи каждой буквы. Убійственнѣе всего было то, что всѣ правила, какъ въ грамматикѣ, такъ и во всѣхъ другихъ наукахъ, сообщались ученикамъ для заучиванія въ готовой, догматической формѣ, а не извлекались ими самостоятельно изъ собственной практики. Мышленіе оставалось при этомъ незатронутымъ: работали однѣ пассивныя способности учениковъ. Самыя диспутаціи производились заученнымъ образомъ, на мертвомъ латинскомъ языкѣ.

Старшій учитель въ монастырскихъ и каѳедральныхъ школахъ носилъ разныя названія: схоластика, схолястера, шульмейстера, дидаскала или магнисколы (въ Италіи). Такой учитель преподавалъ взрослымъ юношамъ, жившимъ въ особыхъ алюмнатахъ или воспитательныхъ институтахъ, разныя схоластическія науки, философію и теологію, языки и литературу. Впослѣдствіи, когда число готовящихся къ церковнымъ обязанностямъ слишкомъ увеличилось, схоластикъ только наблюдалъ за ходомъ обученія, разсматривалъ и утверждалъ учебныя программы, производилъ экзамены, и поставлялъ себѣ помощниковъ или младшихъ учителей, наблюдалъ за переписчиками, исправлялъ книги, по субботамъ производилъ школьную расправу и занималъ учениковъ назидательнымъ чтеніемъ церковныхъ писателей. Доходы схоластика были значительны, составлялись изъ подарковъ учениковъ, и онъ пользовался высокимъ почетомъ и уваженіемъ. Люди даже знатнаго происхожденія стремились къ занятію такой должности. Схоластикъ или схоластеръ былъ вмѣстѣ прелатомъ и носилъ цвѣтную мантію; помѣщался онъ въ одной изъ курій монастыря, въ лучшихъ покояхъ. Ему подчинялся ректоръ — rector sholarium, ludi rector, ludi magister, — учитель въ собственномъ смыслѣ. Ближайшею обязанностью его было — сообщить ученикамъ тривіяльныя познанія, особенно чтеніе, письмо, счисленіе и латинскую грамматику. Но такъ какъ схоластеръ обыкновенно самъ почти не занимался обученіемъ; то ректоръ училъ и другимъ высшимъ наукамъ. На немъ же лежала обязанность наблюдать, чтобы въ хорѣ, въ школѣ, въ процессіяхъ, на улицахъ и т. д.

ученики говорили между собою не иначе, какъ по-латыни. Во время праздничныхъ и разныхъ торжественныхъ церемоній онъ шелъ во главѣ школы. За схоластеромъ и ректоромъ слѣдовалъ канторъ, который обучалъ пѣнію, указывалъ матеріалъ для чтенія въ праздничные дни, составлялъ церковный календарь, и, смотря по своимъ познаніямъ и дарованіямъ, преподавалъ разные учебные предметы. Въ преподаваніи помогали учителямъ, особенно въ многочисленныхъ школахъ, такъ называемые циркаторы, т. е. старшіе изъ учениковъ, которые и въ школѣ, и внѣ ея должны были имѣть строгій надзоръ за подчиненными имъ товарищами. За отличіе учители, не смотря на ихъ степени происхожденія, могли достигать званія епископа и пріобрѣтать большія поземельныя владѣнія.

Ученики такихъ церковныхъ школъ обыкновенно избирали себѣ потомъ духовное званіе. Для простаго, трудящагося народа главнымъ мѣстомъ обученія служила церковь; феодальные владѣтели вообще считали лишнимъ учить своихъ подвластныхъ читать и писать. Только со времени Карла Великаго, по его настоянію, монастыри стали заботиться объ образованіи народной массы; но епископы не находили въ этомъ особеннаго интереса для себя. Дѣтямъ знатныхъ родителей были, однако, вполнѣ доступны монастырскія и каѳедральныя школы; но и въ нихъ все обученіе, его объемъ и направленіе зависѣли отъ благоусмотрѣнія духовенства. Для принцовъ дѣлали исключеніе: они занимались еще гимнастикой и изучали законы; съ географіей они знакомились въ путешествіяхъ, бывшихъ въ придворныхъ обычаяхъ того времени. Впрочемъ, и сынъ знатныхъ родителей обыкновенно выносилъ изъ школы не болѣе, какъ умѣнье читать, знаніе наизусть нѣкоторыхъ церковныхъ пѣсенъ, нѣкоторое знакомство съ монашеской литературой и, въ особенности, высокое благоговѣніе предъ духовнымъ сословіемъ и его главой — папой. Духовенство заботливо пополняло свои ряды лучшими силами: когда иной мальчикъ обнаруживалъ охоту и способность къ ученію и могъ быть пригоденъ для духовнаго званія, — его тотчасъ брали на воспитаніе, въ случаѣ же бѣдности даже на полное иждивеніе церквей и монастырей, тщательно обучая и воспитывая его сообразно будущему призванію. Папа Иннокентій III назначилъ бѣднымъ ученикамъ, оказавшимъ нравственные и ученые успѣхи, хорошія стипендіи и разрѣшилъ имъ долѣе обыкновеннаго оставаться въ школахъ, чтобы они могли «послѣ трудныхъ занятій, посвящаемымъ свободнымъ искусствамъ, побольше отдыхать въ церкви».

Знатныя дѣвушки по обычаю поручались воспитательницѣ, заботившейся о всемъ ея образованіи. Она учила свою воспитанницу приличіямъ, наставляла въ нравственности и пріучала вести хозяйство, ткать, прясть и т. под. Иногда для образованія дѣвушки приглашался особый учитель изъ духовнаго званія, обыкновенно монахъ; или ее совершенно отдавали въ монастырскую школу. Такими школами были женскія монастыри, бравшія на себя воспитаніе и обученіе дочерей знатныхъ лицъ. Главными предметами обученія считались: назидательныя легенды, молитвы, библейскія исторіи, а также разныя утонченныя женскія рукодѣлья, отъ которыхъ требовалось изящество. Иногда дѣвушкамъ давалось въ руки и Евангеліе, но еще въ большее распоряженіе предоставлялся имъ псалтырь. Однако чтенію и письму обыкновенно ихъ не учили: этими искусствами считалось приличнѣе заниматься уже замужней женщинѣ. Исторія сохранила имена многихъ знатныхъ женщинъ, неумѣвшихъ читать и писать. Въ VIII столѣтіи въ женскихъ монастыряхъ уже стали учить по-латыни; дочь Карла Великаго не только основательно знала латинскій языкъ, но даже греческій, преподавателемъ котораго былъ къ ней назначенъ одинъ евнухъ. Дочь Генриха I Баварскаго могла читать Горація и Виргилія. Впослѣдствіи многія монахини знали по-латыни, и въ одномъ средневѣковомъ романѣ выводится француженка Дорама, знавшая языки: латинскій, ломбардскій, романскій, бретонскій и др., всего до 14. Мущины знакомились съ живыми иностранными языками во время походовъ и путешествій, которыя вообще считались полезными для молодыхъ людей, особенно у скандинавовъ.

Женщина, напротивъ того, оставалась замкнутою въ семейной жизни; для нея считались полезными только знанія костюмовъ, приличій, хозяйства, и отчасти религіозныхъ обрядовъ. Неотъемлемыми принадлежностями, символами благовоспитанной женщины даже въ знатныхъ домахъ были — веретено и ключи.

Воспитательная дисциплина въ средневѣковыхъ школахъ, заправляемыхъ духовенствомъ, была одинаково сурова и строга въ отношеніи какъ богатыхъ, такъ и бѣдныхъ дѣтей, нося на себѣ мрачный, монастырскій характеръ. Розги служили общепринятымъ исправительнымъ средствомъ. Въ С. Галленѣ существовалъ между духовенствомъ обычай, по которому каждый провинившійся, хотя бы онъ былъ и взрослый, раздѣтый привязывался къ столбу и бичевался. Настоятель монастыря могъ виновнаго брата заставить впродолженіе восьми дней ѣсть на землѣ съ собаками. Робертъ Сарбонскій разсказываетъ, что въ Парижѣ палка примѣнялась какъ къ исправленію учениковъ, такъ и младшихъ учителей (parvi magistri) въ низшихъ школахъ, когда ихъ ученики по субботамъ дурно отвѣчали на вопросы повѣрявшаго ихъ начальника, который назывался «magnus magister». И не смотря на всю строгость, даже жестокость дисциплинарно-исправительныхъ мѣръ, цѣль далеко не достигалась. Юношество коснѣло въ грубости и отличалось неукротимой дикостью. Между старшими и младшими учениками часто происходили такія побоища, что оканчивались смертью или увѣчьемъ. Такъ извѣстенъ фактъ, что въ 865 г. малолѣтній ученикъ Фульбертъ въ монастырской школѣ св. Петра былъ до смерти убитъ доской однимъ изъ его товарищей. Когда въ 937 г. С. Галленскіе ученики должны были подвергнуться строгому взысканію за шалости, совершенныя ими на праздникѣ св. Марка, одинъ ученикъ старшихъ классовъ, изъ страха розогъ и для спасенія своихъ товарищей отъ истязанія, подкинулъ огонь и сжегъ монастырь со всѣми его книгами. Въ Бернѣ городская стража обязана была прекращать уличные безпорядки, производимые мальчиками, и имѣла право въ крайнемъ случаѣ убивать ослушниковъ.

Но бывали иногда и такіе дни, когда запуганное, забитое юношество могло отдаваться забавамъ и развлеченію. Такъ ученикамъ монастырскихъ школъ дозволялось играть въ мячикъ въ особо-устроенныхъ для того помѣщеніяхъ, бѣгать въ запуски, вступать въ единоборство съ обнаженными и намазанными масломъ руками; перетягиваться на палкѣ, раздѣлившись на двѣ отдѣльныя партіи; перекидываться камнями подъ защитою панцыря и т. п. Кромѣ того справлялись разные школьные праздники, напр. на пасхѣ, въ новый годъ, на святкахъ, въ день св. Георгія; въ эти дни ученики составляли также разныя процессіи, наряжаясь воинами, ремесленниками, поселянами, или изображая собою семь свободныхъ искусствъ, для чего допускались даже маски. На такихъ праздникахъ обыкновенно были и драмматическія представленія, содержаніе для которыхъ встарину бралось изъ Теренція, или изъ церковныхъ драматурговъ; на сцену выводились разныя библейскія и историческія личности, или даже аллегорическія и отвлеченныя понятія, какъ вѣра, надежда, любовь и т. п. Драмы имѣли нравственное содержаніе, которому соотвѣтствовали и ихъ названія, напр. «Награжденная скромность благочестивыхъ дѣвъ». Форма и расположеніе въ подобныхъ драмахъ заимствовались у языческихъ поэтовъ древности.

*Школы клерикально-схоластическаго періода.*

Приходскія и общинныя школы если и существовали въ это время, то далеко не имѣли твердаго основанія. Народъ не имѣлъ никакого влеченія къ знанію, а духовенство — къ обученію народной массы, не смотря на то, что папы стали рано заботиться объ учрежденіи школъ при церквахъ. Главнымъ мѣстомъ образованія служили, какъ было упомянуто, школы при монастыряхъ и каѳедральныхъ соборахъ. Первымъ ихъ основателемъ былъ Бенедиктъ изъ Мурсіи, основавшій (въ 529 г.) въ Калабріи на горѣ Казино свой орденъ, который развился до того, что въ XV столѣтіи насчитывалъ поразительно-огромное число вышедшихъ изъ его школъ духовныхъ лицъ, а именно: 4,000 епископовъ, 1,600 архіепископовъ, 200 кардиналовъ, 24 папы и 15,700 настоятелей; передъ французской революціей орденъ этотъ владѣлъ 37,000 домовъ. Въ бенедиктинскихъ монастыряхъ нашли себѣ надежный пріютъ «семь свободныхъ искуствъ» и отсюда распространились черезъ Италію и Сицилію — по Галліи, Испаніи, Англіи, Франціи и Германіи. Законъ строго опредѣлялъ строй жизни и воспитанія принадлежащихъ къ ордену членовъ; главнѣйшими его основаніями были: постоянное затворничество, общее имущество, добровольное воздержаніе, нищета, цѣломудріе, безусловное повиновеніе старшимъ, безпрерывная дѣятельность, молитвенныя упражненія, занятіе полезными ремеслами и чтеніе душеспасительныхъ книгъ. Настоятель или отецъ игуменъ, какъ бы заступающій въ монастырѣ мѣсто Христа, долженъ былъ и въ рѣчахъ, и въ поступкахъ служить образцомъ для своихъ подчиненныхъ, которые должны были безпрекословно исполнять его приказанія, хотя бы они казались имъ несправедливыми, и опущеннымъ къ землѣ взоромъ, наклоненной головой выражать постоянную скорбь о своей грѣховности. Покорность — вотъ что требовалось прежде всего, ибо «унижающій себя возвысится, а возвышающійся униженъ будетъ». Все время, всѣ занятія дня и ночи опредѣлялись точно и до малѣйшей подробности; порядокъ наблюдали до того, что даже книги изъ библіотеки выдавались для чтенія не иначе, какъ по порядку, и прочитывались непремѣнно отъ начала до конца. Воскресные дни посвящались преимущественно ученымъ занятіямъ. Это направленіе монашеской жизни рано и старательно прививалось къ дѣтямъ, которыя назывались «pueri oblati», т. е. посвященными Богу. Уклоненія ихъ отъ исправности и порядка, ошибки въ чтеніи и пѣніи, невѣжливость, лѣность, непочтительность — наказывались розгами; за болѣе важными проступками слѣдовало бичеваніе. Все это примѣнялось къ дѣтямъ отъ 5 и 7 — до 15 лѣтъ, безъ различія ихъ состоянія, званія и возраста. Изъ общепринятыхъ въ то время школьныхъ наукъ въ бенедиктинскихъ школахъ обращалось наибольшее вниманіе на составленіе, изученіе и переписку разныхъ хроникъ, анналовъ, біографій и некрологовъ, — такъ что для исторіи бенедиктинцы оказали важныя услуги.

Вначалѣ въ монастыряхъ св. Бенедикта учились только pueri oblati, предзначавшіеся для духовнаго званія; но потомъ, вслѣдствіе тогдашней потребности и недостатка въ школахъ, вслѣдствіе преобладающаго въ то время въ самомъ обществѣ стремленія удаляться отъ міра съ его грѣхомъ и посвящать себя исключительно дѣлу спасенія души; наконецъ, вслѣдствіе вліянія этого ордена на общественную жизнь, связь съ которой у него не прерывалась, — многіе спѣшили поручать бенедиктинцамъ воспитаніе сыновей. Въ школы ихъ вступали дѣти знатныхъ рыцарей, бароновъ и князей — будущіе государственные люди; для такихъ дѣтей, непосвящавшихъ себя монашеству, были устроены даже особыя помѣщенія, и былъ опредѣленъ отдѣльный учебный курсъ (scholæ interiores et exteriores). Въ VIII столѣтіи школы ордена уже пользовались обширною и высокою извѣстностью, тогда какъ школы при приходахъ (parochi), заправляемыя бѣлымъ духовенствомъ, считались свѣтскими и мало уважались за грубость и невѣжество, которыя въ нихъ преобладали. Это побудило епископа города Меца — Хродеганга (умеръ 766 г.) ввести въ подобныя школы, находившіяся при главныхъ церквахъ и соборахъ, бенедиктинскій монастырскій уставъ (canon), бенедиктинскую систему въ воспитаніи и обученіи юношества. Императоръ Карлъ Великій и знаменитый германскій ученый Рабанъ-Мавръ, а потомъ саксонскіе короли, ревностно поддерживали эти школы. Они также приготовляли своихъ питомцевъ какъ къ духовному, такъ и къ свѣтскому поприщу, и отличались такимъ же мрачнымъ, суровымъ, монастырскимъ характеромъ; единственная ихъ заслуга состоитъ въ томъ, что онѣ все же содѣйствовали распространенію знанія внѣ монастырскихъ стѣнъ, преимущественно въ большихъ городахъ. Здѣсь уже изучались нѣкоторые древне-классическіе писатели, какъ римскіе, такъ отчасти и греческіе, и сочинялись въ подражаніе имъ стихи на двухъ мертвыхъ языкахъ; математика и даже физика включались въ кругъ учебныхъ предметовъ; изъ искусствъ были въ употребленіи пѣніе, музыка и живопись. Знаменитый Бруно ревностно занимался въ Утрехтѣ преподаваніемъ греческаго языка и литературы. Въ небольшихъ городахъ возникли особые институты или семинаріи, сперва близкія къ церковнымъ, а послѣ крестовыхъ походовъ давшія начало свободнымъ городскимъ школамъ, вступившимъ въ состязаніе съ первыми. Для монастырскихъ, каѳедральныхъ и приходскихъ школъ этого времени особыя услуги оказали: въ Англіи Беда (Venerabilis, умеръ 735 г.) и Алкуинъ, призванный потомъ Карломъ Великимъ и пользовавшійся огромнымъ вліяніемъ при его дворѣ; въ Германіи, — епископъ Бонифацій, разлившій образованіе по Тюрингіи, и въ особенности Рабанъ-Мавръ, прозванный за свою учено-педагогическую дѣятельность «primus præceptor Germaniæ».

Заботы Карла Великаго о школахъ, въ распространеніи которыхъ онъ видѣлъ лучшій залогъ для крѣпости и величія своего государства, заставили этого мудраго государя искать содѣйствія у всѣхъ лучшихъ людей его времени, которыми онъ окружилъ свой дворъ. Онъ первый сталъ энергически заботиться объ учрежденіи школъ для простаго народа, который въ нихъ наиболѣе нуждался, но, подавленный житейскими нуждами, не имѣлъ достаточно средствъ, досуга и умѣнья для ихъ водворенія. Замѣчательно, что не глава церкви — папа, а глава государства первый обратилъ безкорыстное вниманіе на образованіе народа въ особыхъ, принаровленныхъ къ его потребностямъ *народныхъ школахъ*. Древнѣйшая и знаменитѣйшая изъ высшихъ школъ, независимыхъ отъ церкви, была также учреждена великимъ государемъ франковъ; это — его «придворная школа» (schola palatina), въ которой учились его собственные сыновья вмѣстѣ съ сыновьями его сановниковъ, и которая обнимала всѣ тогдашнія науки, начиная грамматикой, и оканчивая астрономіей. Для распространенія искусствъ, особенно пѣнія и церковной музыки, Карлъ Великій открылъ особыя семинаріи. Самъ онъ также любилъ заниматься науками, былъ большой почитатель древнихъ греческихъ и римскихъ классиковъ, и вообще стоялъ впереди своего вѣка. Онъ уважалъ призваніе духовенства, но уже понималъ всю его испорченность: его властолюбіе, корыстолюбіе, ханжество, продажность, коварство и другія качества, успѣвшія такъ глубоко укорениться въ лонѣ католицизма. Въ одномъ изъ своихъ послѣднихъ капитуларіевъ, вообще свидѣтельствующихъ о его обширной дѣятельности на пользу государства и народнаго образованія, онъ предлагаетъ епископамъ слѣдующій вопросъ: «Состоитъ ли отреченіе отъ міра исключительно въ томъ, чтобы не носить оружія и не вступать въ битву? Отрекся ли отъ міра тотъ, кто только и думаетъ день и ночь объ увеличеніи своего богатства, и для достиженія этой цѣли угрожаетъ адомъ или обѣщаетъ царство небесное, заставляя, такимъ образомъ, простодушныхъ бѣдняковъ и богачей отдавать себѣ свое законное наслѣдство, а потомъ пускаться на воровство и разбой? Отрекся ли отъ міра тотъ, кто изъ корыстолюбія прибѣгаетъ къ подкупу, чтобы заставить другихъ быть клятвопреступниками и лжесвидѣтелями, — кто, побуждаемый жадностью къ деньгамъ, для управленія свѣтскими дѣлами своего епископства избираетъ человѣка несправедливаго, безбожнаго, жестокаго и корыстолюбиваго? и т. д.» Не смотря на то, что англосаксъ Алкуинъ, другъ и сотрудникъ Карла Великаго, не былъ монахомъ, онъ назначилъ ему доходы со многихъ богатыхъ монастырей. Сочиненія Алкуина о методѣ преподаванія, въ которыхъ онъ излагаетъ нѣкоторые предметы въ формѣ разговора, доказываютъ сколько огромную схоластическую ученость этого человѣка, столько же и умѣнье его принаровиться къ духу и понятіямъ того времени. Самъ Карлъ называлъ его своимъ любезнымъ учителемъ во Христѣ, а сыновья, дочери, сестры этого государя носили имена сыновей и дочерей Алкуина, дружбою котораго онъ болѣе гордился, чѣмъ всѣмъ своимъ необъятнымъ государствомъ. Алкуинъ побудилъ Карла основать изъ его ученыхъ друзей общество для усовершенствованія наукъ, имѣвшее устройство ордена, въ которомъ каждый членъ назывался именемъ какого нибудь древняго писателя или другаго знаменитаго человѣка. Но усилія Карла Великаго распространить образованіе въ народѣ не находили поддержки въ сочувствіи тогдашнихъ епископовъ и аббатовъ; въ одномъ изъ своихъ указовъ, въ большинствѣ случаевъ не достигавшихъ цѣли, онъ самъ прибавляетъ: «учителями должно назначать только тѣхъ, которые имѣютъ охоту и способность учиться сами и желаніе учить другихъ». Одной императорской власти, очевидно, недоставало государю для водворенія его добрыхъ намѣреній,—хотя однажды онъ могъ приказать духовенству признать вѣрнымъ исправленный имъ самимъ текстъ одной книги. Онъ старался также самъ написать нѣмецкую грамматику. Другими учеными сотрудниками Карла были: Павелъ Діаконъ, Петръ Пизанскій, Этигардъ и аббатъ Адельгардъ — большею частью иностранцы, пересаживавшіе на германскую почву плоды чужой, высшей цивилизаціи. Хотя преемники Карла не умѣли поддержать его начинаній въ его распавшейся имперіи, однако въ IX и X столѣтіяхъ Германія уже принадлежала къ числу образованнѣйшихъ странъ Европы. Братъ Оттона I — Бруно снова открылъ «придворную школу», а такіе писатели древности, какъ Виргилій, Горацій, Овидій, Теренцій, Цицеронъ, Саллюстій — стали основательнѣе изучаться даже въ монастырскихъ школахъ. Ученое направленіе шло въ Германію изъ Италіи и Англіи. Извѣстно, что сами папы были часто поборниками науки, хотя и схоластической: такъ Сильвестръ II (Гербертъ) обладалъ обширнымъ литературнымъ образованіемъ, занимался астрономіей, вычислялъ движеніе земли и другихъ планетъ, изготовлялъ глобусы, солнечные часы, и трудился надъ медициной. Въ Англіи для народнаго образованія много сдѣлалъ Альфредъ Великій, заботившійся одинаково о развитіи всѣхъ классовъ общества. Для людей свѣтскихъ онъ велѣлъ перевести множество латинскихъ сочиненій на англійскій языкъ, и учредилъ множество не только латинскихъ школъ, но и такихъ, въ которыхъ всѣ учились читать и писать на родномъ языкѣ. Для англійской науки оказалъ много услугъ тотъ же Алкуинъ до переселенія своего во Францію: въ отечествѣ онъ былъ начальникомъ знаменитой высшей школы въ Іоркѣ, которая обладала одною изъ немногихъ библіотекъ, существовавшихъ тогда на западѣ, и въ которой преподаваніемъ занимались почти всѣ лучшіе тогдашніе ученые по части высшихъ наукъ и преимущественно теологіи.

Однако монастырскія, каѳедральныя и вообще церковныя школы, бывшія въ исключительномъ завѣдываніи духовенства, скоро распались какъ въ Англіи, такъ и въ Германіи, и притомъ почти одновременно. Школы эти съ теченіемъ времени сдѣлались весьма богаты, а вмѣстѣ съ тѣмъ учителя ихъ — монахи слишкомъ лѣнивы и небрежны. Начальники домовъ (соборовъ) просто высасывали своихъ богатыхъ учениковъ при всякомъ удобномъ случаѣ. Вмѣсто схоластика стали употреблять ректора, вмѣсто кантора — сукцентора (помощника), и, наконецъ, открыто занялись продажей учительскихъ мѣстъ. Этому упадку клерикальныхъ школъ въ особенности содѣйствовали францисканцы и доминиканцы, выступившіе на сцену въ XIII столѣтіи. Обративъ особенное вниманіе на образованіе народной массы, эти монахи стали дѣйствовать преимущественно на грубую, чувственную фантазію низшихъ классовъ, не заботясь объ ихъ умственномъ развитіи, и привязавшись къ внѣшнему, хотя и великолѣпному формализму, подъ которымъ погибъ живой духъ знанія и религіи. Школы орденовъ св. Франциска и св. Доминика дѣлились на собственно орденскія, воспитывавшія юношество въ интересахъ этихъ орденовъ (scholæ claustri), и каноническія, доступъ въ которыя былъ открытъ всѣмъ желающимъ. Метода обученія и въ тѣхъ и въ другихъ была крайне-схоластическая; въ низшихъ школахъ все состояло въ заучиваніи «Отче нашъ», символа вѣры и др. молитвъ, церковныхъ мелодій и латыни; только въ рѣдкихъ случаяхъ ученики францисканцевъ и доминиканцевъ знакомились съ такъ называемыми artes logicales et naturales, т. е. самой убійственной схоластической философіей, подавлявшей всякую свободу мышленія. Единственная заслуга этихъ «школъ памяти» заключается въ томъ, что онѣ помѣщались въ самыхъ городахъ, отличаясь своею общедоступностью, и что учители ихъ монахи сочинили немало популярныхъ учебниковъ. Изъ нихъ же вышли впослѣдствіи бродячіе хоры учениковъ (scholares vagantes et medicantes) и распространилась особая монашеская латынь, страсть къ стихотворной наукѣ и т. п., весьма характерическія особенности тогдашней средневѣковой образованности. Съ этими схоластическими, мертвящими элементами, укоренившимися на почвѣ западной школы, рано или поздно должна была начаться борьба: и она дѣйствительно началась, продолжаясь отчасти до настоящаго времени.

*Характеръ и значеніе рыцарскаго воспитанія.*

Со времени крестовыхъ походовъ, когда впервые возникло въ средневѣковомъ человѣчествѣ новое, болѣе жизненное ученое направленіе, обнаруживаются и первыя попытки освобожденія жизни и школы отъ вліянія папства, или вѣрнѣе — католицизма. Коренные принципы древне-германской свободы такъ или иначе должны были заявить себя и проложить себѣ путь къ дальнѣйшему развитію. Хотя клерикальныя школы еще продолжали свое существованіе, но въ нихъ не было жизненнаго начала: оно лежало въ новыхъ, свѣтскихъ школахъ, отъ которыхъ зависѣло обновленіе жизни и воспитанія. Наука и методы ея преподаванія въ этихъ независимыхъ отъ католическаго духовенства школахъ вначалѣ были тѣ же разсудочно-схоластическія; но принципъ индивидуальнаго мышленія былъ здѣсь ранѣе признанъ, обѣщая дальнѣйшее усовершенствованіе всего воспитательнаго дѣла. Явленіе это вытекло не изъ предвзятой идеи, но изъ самихъ условій феодальной жизни, которыя были далеко иныя, чѣмъ въ средѣ католическаго духовенства съ его школами. Порывъ прежде окованнаго ими духа былъ, правда, односторонній; чувство и фантазія, вырвавшись на просторъ, еще неуспѣли найти себѣ должной нормы; въ науку и религію внесся поэтическій, мечтательный, отчасти сентиментальный элементъ: но это былъ первый порывъ, крайность, вызванная другою крайностью. Однако надо замѣтить, что и самъ романтизмъ среднихъ вѣковъ, представителемъ котораго является рыцарство, не вполнѣ былъ свободенъ отъ вліянія католицизма, и во многихъ отношеніяхъ только въ немъ находитъ свое объясненіе, особенно на югѣ Европы. Тамъ христіянская религія въ ея католическихъ формахъ обратилась въ религію чувственную, которая, соотвѣтствуя пылкому темпераменту южныхъ племенъ, создала себѣ цѣлую миѳологію. Она воспользовалась, говоритъ Шерръ, языческими преданіями, поставила во главѣ своей миѳологіи Мадонну, продолжала языческіе обычаи и праздники подъ христіянскими именами, и если не освящала, то допускала наслажденіе жизнью до такой степени, что даже грѣшнику открывала путь въ небесное царство чрезъ широкія врата церковной молитвы — покупаемой деньгами. Но рядомъ съ этимъ естественно шелъ и самый суровый аскетизмъ. Надо также признать, что католицизмъ умѣлъ пріобрѣсти и сочувствіе народа: съ одной стороны онъ избавлялъ народъ отъ голодной смерти, учреждая для него благотворительныя заведенія, а съ другой — избавлялъ его отъ феодальной тиранніи и отъ совершеннаго огрубленія, доставляя ему эстетическое наслажденіе пышнымъ церемоніаломъ своего богослуженія. Стараясь дѣйствовать на чувство и воображеніе необразованной массы, стоявшей далеко отъ его школъ, католицизмъ обратилъ свои церкви въ театры, представляя въ нихъ разныя религіозныя мистеріи. Онъ же породилъ христіянское искусство: живопись, скульптуру и музыку, поступившія на служеніе церкви. Романтизмъ, проникнутый католическимъ мистицизмомъ и сохранившимися элементами древней свободы, основываетъ какъ бы особый культъ любви, средоточіемъ котораго дѣлаетъ женщину, занявшую теперь совершенно другое положеніе, чѣмъ въ античномъ мірѣ. Въ рыцарствѣ любовь къ Богу и женщинѣ соединяется съ страстью къ независимости и геройскимъ подвигамъ — а все это не могло не отозваться на воспитаніи тогдашняго «благороднаго» юношества.

Хотя средневѣковой рыцарь получалъ свое образованіе также въ зависящихъ отъ духовенства школахъ; но для него кромѣ семи «artes» существовали еще семь особыхъ предметовъ обученія (probitates — отсюда homo probus, preud homme), а именно: верховая ѣзда, плаванье, стрѣльба изъ лука, фехтованье, охота, шахматная игра и искусство писать стихи. Эти предметы служили для будущаго воина необходимой гимнастическо-военной подготовкой и были извѣстны среди германскихъ племенъ еще до ихъ знакомства съ христіанскими народами юга. Впослѣдствіи эти гимнастическія искусства получили при дворахъ герцоговъ и королей западной Европы огромное значеніе и блестящее развитіе, которому ни мало не препятствовало христіанство. Такимъ образомъ, въ воспитаніе рыцарскаго сословія входилъ тотъ важный, здоровый элементъ, отсутствіемъ котораго такъ страдали собственно-клерикальныя школы.

Первыя семь лѣтъ дѣти рыцаря оставались на попеченіи матери, ближайшими помощницами которой были кормилица и нянька. Главная забота прилагалась къ тому, чтобы ребенокъ развилъ въ себѣ даръ слова и усвоилъ хорошія манеры. Мальчики въ своихъ играхъ рано пріучались къ турнирамъ и вообще рыцарскимъ подвигамъ, а дѣвочки, пройдя періодъ игры, перенимали отъ своей матери искусство прясть, ткать, вязать, шить, кроить и хозяйничать въ домѣ. Тутъ же въ замкѣ обыкновенно содержался особый законоучитель (Burgpfaff), который кромѣ религіи преподавалъ дѣтямъ чтеніе и письмо. Относительно дѣвушекъ заботились, чтобы глубже укоренить въ нихъ тѣ мысли и чувства, подъ вліяніемъ которыхъ онѣ будутъ жить впослѣдствіи: такъ отъ нихъ вовсе не скрывали, что значитъ «любовь» (Minne, l'amour), и даже въ школахъ на своихъ доскахъ онѣ много писали о значеніи и святости любви. Дѣвушка должна была учиться также иностраннымъ языкамъ: изъ живыхъ особенно важнымъ почитался въ Германіи французскій, а изъ мертвыхъ — латинскій. Далѣе дѣвушкѣ необходимо было умѣть пѣть, играть на арфѣ, и въ особенности быть искусной въ рукодѣльяхъ, какъ напр. въ приготовленіи ковровъ, панцырей и рыцарскаго платья вообще. Часто дѣвушка отправлялась ко двору или въ замокъ какого нибудь знатнаго и богатаго рыцаря, чтобы усвоить здѣсь хорошія манеры и научиться, какъ должно держать себя въ каждомъ случаѣ: дома, на улицѣ, за столомъ, въ игрѣ и танцахъ, какъ обращаться съ высшими и низшими, съ мущинами и женщинами; здѣсь же она должна была проникнуться чувствомъ гордости, научиться дорожить своимъ происхожденіемъ и своими славными предками. Находясь при дворѣ, она постоянно жила въ обществѣ хозяйки дома, которая слѣдила за ея воспитаніемъ и нравственностью, стараясь образовать изъ нея личность кроткую, пріятную, спокойную и разумную, и отучая её отъ болтливости и необдуманности въ поступкахъ.

Еще больше заботъ посвящалось сословному образованію мальчика. По достиженіи семи лѣтъ, когда въ немъ уже нѣсколько складывался характеръ («baz—versan» —по тогдашнему выраженію), его обыкновенно также передавали въ чужое благородное семейство для усвоенія всего благороднаго, рыцарскаго. Чѣмъ выше было происхожденіе мальчика, тѣмъ въ знатнѣйшій домъ отдавали его родители, стараясь устроить его по возможности къ княжескому или королевскому двору. Такъ въ Испаніи остготскіе магнаты отсылали своихъ сыновей въ Толедо, гдѣ находился дворъ короля. Но главнымъ средоточіемъ, около котораго собиралось знатное юношество, былъ великолѣпный дворъ франкскихъ королей, и въ «придворной школѣ» Карла Великаго вмѣстѣ съ его сыновьями получало образованіе все, что было знатнѣйшаго въ тогдашнемъ рыцарствѣ. Такимъ образомъ, высокіе замки феодальныхъ владѣтелей служили для дворянства главными разсадниками образованности, мѣстами рыцарскихъ игръ и тѣлесныхъ упражненій, отличаясь интеллектуальнымъ и политическимъ превосходствомъ надъ всѣми другими сословіями — кромѣ духовенства. Они были, замѣчаетъ Крамеръ, тѣми свѣтящимися точками, отъ которыхъ распространялась новая, своеобразная образованность, тѣми сборными пунктами, къ которымъ стекались поэты и пѣвцы; они были высшими школами для тогдашняго благороднаго юношества. Такъ было въ особенности въ XI столѣтіи, въ то время, когда король Альфонсъ Кастильскій, при содѣйствіи французскихъ рыцарей, одержалъ рѣшительную побѣду надъ маврами. Духовное и общественное развитіе, въ особенности поэзія и пѣсни побѣжденныхъ арабовъ Испаніи, возбудили удивленіе въ ихъ побѣдителяхъ, — и они перенесли съ собою «веселую науку» (gaya scienza) въ свою родину. Самое утонченное образованіе, проникнутое поэтическими элементами арабовъ, получило особенное значеніе въ южной Франціи: это было естественно при богатствѣ этой страны, при огненномъ, подвижномъ характерѣ ея жителей. Этотъ энтузіазмъ, перешедшій изъ Франціи также въ Германію и Англію, вызвалъ къ жизни героическія сказанія, интересъ къ сказкамъ и баснямъ, поэтическія состязанія и изобрѣтеніе пѣсенъ. Съ рыцарскими турнирами, къ которымъ такъ тщательно готовились юноши, соединялись пріятныя заботы «дворовъ любви» и «судовъ любви»: все это смягчало нравы и давало изящную форму общественной жизни. Какъ въ ученыхъ школахъ того времени происходили диспуты о предметахъ схоластической философіи, такъ и на рыцарскихъ праздникахъ дамы, рыцари и трубадуры разбирали разные вопросы о любви, напр. можетъ ли существовать настоящая любовь между мужемъ и женой? Которую даму больше любимъ, присутствующую или отсутствующую? Что скорѣе возбуждаетъ любовь: глаза или сердце? и т. п.

Такой же характеръ приняла рыцарская образованность и въ Германіи при энергическомъ правленіи Гогенштауфеновъ, особенно Фридриха Барбароссы; свѣтское начало, представителемъ котораго было рыцарство, также высвободилось изъ подъ исключительнаго вліянія духовенства, и снова получило вѣсъ и значеніе. Рыцарство, оставаясь въ основѣ своей чисто-христіанскимъ учрежденіемъ, и здѣсь скоро стало во враждебное отношеніе къ религіозному аскетизму, который проповѣдывала римско-католическая церковь. Рыцарство настоятельно требовало для себя блеска и наслажденія въ жизни; крестовые походы сближали между собою европейскія народности и уничтожали въ нихъ исключительность въ жизни и въ воспитаніи. Средоточіемъ рыцарской образованности здѣсь стала преимущественно Тюрингія съ ея знаменитыми миннезингерами и поэтическими турнирами. Когда вмѣстѣ съ норманнами пришли въ Англію и труверы, образованность и поэзія англійскаго рыцарства приняли тотъ же романтическій характеръ, который былъ господствующимъ въ Испаніи, Италіи, Франціи и Германіи. Въ то время, когда англосаксонскіе монахи писали въ тиши келій свои латинскія книги,—минстрели уже пѣли на новомъ языкѣ, изъ котораго образовался нынѣшній англійскій, и народная баллада сдѣлала своимъ содержаніемъ баснословные подвиги рыцарей.

Рыцарскому юношеству предстояло усвоивать и продолжать эту новую образованность, далеко отклонившуюся отъ охватившей-было западъ католической схоластики. Его ожидали уже не трудные подвиги монашескаго аскетизма, а подвиги храбрости, вызываемые чувствомъ любви къ Богу и женщинѣ. Съ семи лѣтъ, поступивъ ко двору и постоянно живя въ замкѣ, мальчикъ носилъ названіе garzuni, garçon, page, въ Германіи — Jungherrelin или Bube. Его ближайшею обязанностью было—находиться въ услуженіи своего господина и госпожи дома, пріучаясь къ хорошимъ нравамъ, труду и повиновенію. Онъ сопровожалъ рыцаря на охотѣ и въ путешествіи, употреблялся для посылки съ письмами и приказаніями, прислуживалъ за столомъ, принималъ коней отъ пріѣзжавшихъ къ его господину рыцарей, поддерживалъ стремя, когда садился рыцарь на коня. Госпожа дома или другая знатная дама учила его христіанской религіи и искусству любить. Впрочемъ, все обученіе и вообще образованіе мальчика велось не теоретически, какъ въ монастырскихъ школахъ, а свободно, подъ вліяніемъ примѣра и совѣта старшихъ. Чувство собственнаго достоинства, уваженіе къ своему званію—вотъ что старались прежде всего возбудить въ душѣ пажа. Въ часы, свободные отъ своихъ служебныхъ обязанностей за столомъ, на охотѣ или въ конюшнѣ, пажъ обучался разнымъ видамъ турнира, подъ руководствомъ особаго учителя, и уже въ игрѣ принимался за копье и самострѣлъ. Иногда толпа сверстниковъ, загородивъ путь другой толпѣ такихъ же маленькихъ воиновъ, старалась мужественно отбить всѣ ихъ нападенія; битва и побѣда рано начинали воспламенять дѣтскій духъ мальчика, между тѣмъ какъ соразмѣрно съ возрастомъ и рыцарскія игры усложнялись для него съ возрастающею трудностью. Большая часть рыцарей далѣе и не шла въ своемъ образованіи; желавшіе же болѣе ознакомиться съ науками вступали въ клерикальныя школы и принимались за грамматику. Но собственно-рыцарское образованіе этимъ далеко не оканчивалось, и знатнаго пажа обыкновенно ожидала еще новая, высшая ступень.

Съ 14-лѣтняго возраста будущій рыцарь становился оруженосцемъ и назывался въ разныхъ странахъ различно: armigeri, damoiseau, Knappe, Jungherr, Edelknecht, Wappner и т. д. Посвященіе его въ это новое званіе совершалось торжественно. Одѣтый въ бѣломъ, съ горящими восковыми свѣчами въ рукахъ, подводился онъ родителями къ алтарю, гдѣ священникъ вручалъ ему шпагу и шарфъ для нея, надѣваемый черезъ плечо; вмѣстѣ съ этимъ юноша пріобрѣталъ также лестное право носить серебряныя шпоры. Въ Германіи при этомъ обрядѣ онъ получалъ еще пощечину: это значило, что малодой человѣкъ уже выходилъ изъ періода тѣлесныхъ наказаній, и съ этого времени, въ крайнихъ случаяхъ, могъ подвергнуться лишь удару мечемъ со стороны своего разгнѣваннаго господина. Дальнѣйшія права и обязанности оруженосца опредѣлялись тогдашнимъ «ordre de chevalerie», въ которомъ между прочимъ говорится: «Сыну рыцаря приличествуетъ, чтобы онъ, сдѣлавшись оруженосцемъ, учился ходить за лошадьми; чтобы онъ, прежде чѣмъ станетъ самъ господиномъ, былъ сперва подчиненнымъ: въ противномъ случаѣ онъ никогда не будетъ господиномъ, сознающимъ всѣ преимущества своей власти». Или далѣе: «Какъ тотъ, кто желаетъ сдѣлаться портнымъ или плотникомъ, долженъ прежде учиться у мастера этого ремесла; такъ точно каждому благородному, желающему быть впослѣдствіи добрымъ рыцаремъ, должно прежде самому имѣть своимъ учителемъ рыцаря». Вступивъ въ званіе оруженца, молодой человѣкъ долженъ былъ всюду, подобно тѣни, слѣдовать за своимъ рыцаремъ и всегда быть готовымъ по его знаку или по желанію его жены отправлять при дворѣ обязанности, названія которыхъ отчасти сохранились до сихъ поръ, какъ напр.—форшнейдера, штальюнкера, штальмейстера и т. под. Оруженосцу дозволялся свободный доступъ къ своему господину и къ своей госпожѣ; онъ ревностно старался заслужить ихъ милость, ихъ благосклонность, понравиться ихъ знатнымъ гостямъ, и вообще всѣмъ придворнымъ лицамъ; всѣмъ рыцарямъ и оруженосцамъ, пріѣзжавшимъ ко двору его господина, онъ обязывался оказывать услуги и почести. Говорить съ утонченною вѣжливостью, отвѣчать свободно и съ достоинствомъ, ловко и во время умѣть занять гостей— это составляло для молодаго человѣка главную задачу, разрѣшенію которой учила его сама жизнь, служившая для него наилучшей, самой практической школой. На особенной обязанности его также лежало—объѣзжать боевыхъ и другихъ коней рыцаря. Самыя трудныя игры, сообщавшія его тѣлу и нужную ловкость, и военный закалъ, состязаніе на конѣ въ верховой ѣздѣ и въ умѣньи владѣть копьемъ, наука и искусство охоты и тому подобныя упражненія служили для него дальнѣйшей подготовкой къ турнирамъ. Послѣдніе, въ свою очередь, были только слабымъ подобіемъ битвы, въ которую онъ, привыкнувъ наконецъ къ трудамъ и опасностямъ, долженъ былъ сопровождать своего государя-рыцаря, и тогда уже получалъ возможность испытать свои собственныя силы, доказавъ на дѣлѣ: способенъ ли онъ бросаться на все смѣлое, трудное и опасное.

Пройдя степень оруженосца, юноша достигалъ высшей точки, которой только могъ достигнуть человѣкъ свѣтскій и благородный по происхожденію. Ударъ мечомъ отъ руки его государя сообщалъ ему рыцарское достоинство, — и съ этого времени его жизнь всецѣло посвящалась дѣлу чести, истины и церкви. Онъ давалъ клятвенное обѣщаніе: во 1-хъ, съ благоговѣніемъ чтить Бога и служить ему, всѣми силами стоять за святую вѣру и быть готовымъ скорѣе принять тысячу смертей, чѣмъ измѣнить христіянству; во 2-хъ, вѣрно и послушно служить своему феодальному государю, и храбро сражаться за него и за отечество; въ 3-хъ, всегда защищая справедливость, быть внимательнымъ къ уважительнымъ жалобамъ и просьбамъ слабыхъ, беззащитныхъ, обиженныхъ, въ особенности вдовъ, сиротъ и дѣвушекъ; въ 4-хъ, самому никого не оскорблять и не посягать на чужое добро; въ 5-хъ, никогда ничего не предпринимать изъ низкихъ побужденій зависти, корысти и награды, служа исключительно славѣ и доблести; въ 6-хъ, безкорыстно бороться за общественное благо, за общую пользу; въ 7-хъ, предъ цѣлымъ свѣтомъ сохранять безупречно свою честь, и особенно — честь своихъ товарищей; въ 8-хъ, самому уважать и любить своихъ товарищей, всегда будучи готовымъ оказать имъ помощь и защиту; въ 9-хъ, давъ обѣтъ служить своей дамѣ, — будь она замужняя или дѣвушка — охранять ее отъ всѣхъ опасностей, отъ всякихъ оскорбленій, и ради ея спасенія жертвовать всѣмъ, даже самой жизнью и проч.» Съ этой христіанско-идеальной точки зрѣнія смотрѣлъ на жизнь истинный рыцарь, для котораго, кромѣ военной и вообще практической дѣятельности, важнымъ предметомъ являлась еще поэзія: ей нерѣдко посвящали себя знатнѣйшіе изъ средневѣковыхъ рыцарей и государей. Пѣвцы странствовали повсюду, распѣвая каждый на своемъ родномъ нарѣчіи, а роскошные турниры, свадьбы и другіе многолюдные праздники рыцарей часто соединяли въ одномъ мѣстѣ всѣхъ пѣвцовъ различныхъ нарѣчій. Дама царила на этихъ праздникахъ, и ея одобреніе считалось выше всѣхъ наградъ для рыцаря. Многіе отдавались также религіозному энтузіазму, вступая въ различные духовные ордена. Но, не смотря на всю эту роскошь, на богатство жизни въ средѣ утонченнаго, блестящаго рыцарства, здѣсь все еще не было главнаго, самаго жизненнаго элемента, безъ котораго не мыслимъ истинный прогрессъ — здѣсь не было ни науки, ни школы; а потому рыцарство, само по себѣ, точно также, какъ и духовенство съ его схоластикой, не представляло вѣрныхъ залоговъ для развитія европейской образованности.

Вмѣстѣ съ рыцарствомъ должна была пасть и его воспитательная система, хотя обветшалые отрывки отъ нея продолжаютъ еще свое существованіе даже до настоящаго времени. Рыцарство оказало единственную заслугу только въ томъ отношеніи, что дало отпоръ всеподавляющему господству римско-католической церкви и своими свободными элементами укрѣпило на борьбу съ нею государство. Послѣ изобрѣтенія пороха, радикально измѣнившаго военное дѣло, послѣ возвышенія богатаго и образованнаго городскаго сословія, принявшаго подъ свою защиту интересы науки и гражданства, исключительно-военное, узко-сословное воспитаніе оказалось болѣе ненужнымъ и скорѣе вреднымъ, чѣмъ полезнымъ для жизни. Рыцарское обожаніе дамы также не дало женщинѣ нужныхъ правъ, служа болѣе ея красотѣ, чѣмъ ея общечеловѣческимъ интересамъ. По мѣрѣ возвышенія средняго сословія, рыцарство постепенно вырождалось и, наконецъ, дошло до того, что рыцарь нерѣдко не умѣлъ самъ писать, считая это искуство даже ниже своего достоинства. Въ необходимыхъ случаяхъ, напр. при заключеніи договоровъ, гордый своею безграмотностью рыцарь ограничивался однимъ приложеніемъ своей гербовой печати, которая всегда вырѣзывалась на рукояткѣ его шпаги, или просто прикладывалъ къ бумагѣ свою обмоченную въ чернила руку, или, наконецъ, поручалъ расписаться отъ своего имени какому нибудь капеллану или писцу, съ присоединеніемъ общеупотребительной тогда формулы: «ибо самъ, вслѣдствіе своего рыцарскаго достоинства, писать не умѣю». Въ XVI столѣтіи въ средѣ дворянства уже не оказывалось ни однаго ученаго, ни одного художника, ни кого, кто бы сколько нибудь отличался знаніемъ агрономическаго, торговаго или промышленнаго дѣла. За то предшествовавшее этой эпохѣ время кулачнаго права и открытаго грабежа (XIII — XIV ст.) нашло въ рыцарскомъ сословіи самыхъ горячихъ поборниковъ насилія и варварства. Въ особенности много страдало отъ рыцарскихъ подвиговъ сословіе крестьянъ, цѣлыя деревни которыхъ безнаказанно грабились или до тла выжигались. Одни города могли оказывать сопротивленіе произволу буйнаго и невѣжественнаго дворянства среднихъ вѣковъ, — а потому и воспитаніе, и образованность нашли въ нихъ болѣе надежное для себя пристанище.

До какой степени выродилось знатное средне-вѣковое дворянство, до какого низкаго уровня упала его образованность, — это прекрасно видно изъ записокъ одного именитаго силезскаго рыцаря, который откровенно разсказываетъ о ходѣ своего воспитанія. Приведемъ отрывокъ изъ этого разсказа.

«Когда мнѣ пошелъ 9 годъ — повѣствуетъ баронъ Гансъ фонъ Швейнихенъ — и когда я сталъ нѣсколько понимать вещи, съ 1561 года началъ я ходить къ одному деревенскому писарю, чтобы впродолженіе двухъ лѣтъ учиться у него читать и писать. По возвращеніи изъ школы я долженъ былъ пасти гусей. Скоро мнѣ надоѣло бѣгать за ними; я завязывалъ имъ всѣмъ носы, такъ что они стали очень смирны и скоро начинали чувствовать жажду: за это изобрѣтеніе матушка подарила мнѣ шпилингъ; но затѣмъ мнѣ болѣе не поручали пасти гусей. Теперь я получилъ другую обязанность — отыскивать по конюшнямъ и сараямъ снесенныя курами яйца, и матушка поощряла мое усердіе. Между тѣмъ я уже началъ нѣсколько читать, хотя и заикаясь; могъ даже писать буквы, хотя и каракулями; а потому въ слѣдующемъ году мой любезный батюшка отправилъ меня въ Лигницъ ко двору Фридриха III, съ молодымъ сыномъ котораго я долженъ былъ продолжать свое образованіе у особаго домашняго учителя. Нашъ præceptor имѣлъ отдѣльную комнату, сидя въ которой мы проходили Rosarium, учились также читать по-латыни, и ежедневно выучивали по 4 вокабулы, а въ концѣ недѣли повторяли. Учитель держалъ насъ строго; но такъ какъ матушка часто присылала мнѣ геллеры, то я часто откупался у учителя: бѣднякъ любилъ молодыхъ дѣвушекъ, а денегъ у него не было. При немъ за все время меня высѣкли не болѣе двухъ разъ. Я учился читать и писать по-нѣмецки и по-латыни, кромѣ того заучивалъ на память катихизисъ и заповѣди, и принималъ дѣятельное участіе въ придворныхъ развлеченіяхъ. Когда мнѣ исполнилось 14 лѣтъ, отецъ послалъ меня еще учиться въ Гольдбергъ. Здѣсь я учился годъ съ четвертью, повторяя старое и упражняясь въ латинскомъ разговорѣ — что было для меня особенно мучительно. Однако за все это время я не получалъ ни шиллинга, получая лишь удары отъ наставника моего Барта, который, впрочемъ, очень уважалъ меня и билъ прутомъ по рукамъ за то, что я не умѣлъ читать Теренція; при этомъ онъ приговаривалъ: выучи въ другой разъ — не то я спущу тебѣ штаны! Но такъ какъ я больше любилъ верховую ѣзду, чѣмъ книги, и все таки не могъ вырваться изъ Гольдберга; то я скоро захворалъ и вернулся домой. Вернувшись, я въ 14 дней забылъ все, чему учился годъ съ четвертью, и съ большей охотой занялся верховой скачкой и другими заботами, которыя раздѣлялъ съ отцомъ, упражняясь иногда и въ нѣмецкомъ письмѣ. Съ 1567 г. отецъ въ первый разъ купилъ мнѣ мечъ и разрѣшилъ мнѣ пить вино, за которое я усердно принялся вмѣстѣ съ наѣзжавшими къ намъ гостями и т. д.»

*Воспитаніе и обученіе въ городскихъ школахъ.*

Въ противоположность рыцарскому идеализму, послѣ крестовыхъ походовъ возникло въ обществѣ особое, реалистическое направленіе, которое было гораздо плодотворнѣе для жизни, чѣмъ романтизмъ съ его мечтательностью. Самая здоровая, самая дѣятельная часть общества стала всѣми силами высвобождаться изъ положенныхъ ей стѣсняющихъ границъ и направилось къ свободному, самостоятельному развитію. Представителемъ этого новаго реалистическаго направленія явилось, какъ уже было упомянуто, сословіе горожанъ или гражданъ, состоявшее преимущественно изъ ремесленниковъ и купцовъ. Оно взяло на себя тѣ задачи, которыя не были разрѣшены ни духовенствомъ, ни рыцарствомъ, и образовало такъ такъ назыв. tiers-état, dritten Stand. — Въ XIII и XIV столѣтіяхъ это третье сословіе уже достигло цвѣтущаго состоянія, почти одновременно въ Италіи, Франціи и Германіи. Развившееся въ городахъ богатство, въ соединеніи съ уваженіемъ къ наукѣ и къ искусству, вызвало къ жизни и особыя школы, приспособленныя къ нуждамъ и потребностямъ гражданъ.

Въ городскихъ школахъ, конечно, не могла вдругъ рухнуть схоластика, замѣнить которую было нечѣмъ: учебные предметы, учителя и методы обученія остались почти тѣ же, что и въ клерикальныхъ школахъ; но католическое духовенство уже не имѣло здѣсь прежняго авторитета. Чтеніе и письмо стали здѣсь преподавать на родномъ языкѣ; въ обученіе невольно вошли историческіе и географическіе элементы, знаніе которыхъ было прямо примѣнимо къ практической жизни. Въ Миланѣ, Брешіи, Флоренціи и другихъ итальянскихъ городахъ городскія общины еще въ первой половинѣ XII столѣтія обратили большое вниманіе на лучшее обученіе юношества; спустя не много времени стали возникать городскія школы и въ Германіи: въ Любекѣ (1161), Гамбургѣ (1187), Штетинѣ (1390), Лейпцигѣ (1395) и другихъ, преимущественно торговыхъ городахъ. Первоначально онѣ назывались просто «школами письменности» (Schriefscholen), въ которыхъ юношество училось писать и вести торговую корреспонденцію, упражняясь также въ счетѣ и знакомясь нѣсколько съ исторіей и географіей, знаніе которыхъ необходимо въ торговомъ дѣлѣ. Обученіе происходило на отечественномъ языкѣ. Изъ этихъ школъ впослѣдствіи и образовались французскія collèges и нѣмецкія Bürgerschulen; но вначалѣ онѣ были не болѣе, какъ элементарныя или подготовительныя школы, изъ которыхъ дѣти могли прямо переходить въ такъ назыв. латинскія школы, принимавшія дѣтей отъ 7 — 8 лѣтъ свободно, безъ различія званія и состоянія. Приблизительно въ тоже время города положили основаніе и отдѣльнымъ женскимъ школамъ, которыя не задолго до реформаціи уже существовали напр. въ Любекѣ и Нюрнбергѣ. Центромъ преподаванія здѣсь служила грамматика и религія; все обученіе вращалось на диктовкѣ и заучиваніи на память; книги еще въ XV ст. были до того дороги, что ученикамъ было не подъ силу покупать ихъ; даже обученіе письму часто задерживалось дороговизною бумаги. Чтенію и письму, какъ можно предполагать, въ это время стали обучать уже одновременно. Каждый учитель въ своемъ методѣ былъ независимъ: его не стѣсняли никакія предписанія, такъ какъ методологической теоріи еще не существовало вовсе. Вслѣдствіе этого даровитые учителя свободно располагали пріемами обученія и выработывали много хорошаго; за то большинство, состоявшее изъ людей бездарныхъ и невѣжественныхъ, производило на дѣтей убійственное вліяніе. Хотя многія школы, обставленныя хорошими учителями, пріобрѣли блестящую извѣстность въ свое время; но въ большей части вся дисциплина держалась на палкѣ и розгѣ, которыми и пріучали дѣтей къ порядку, вниманію и прилежанію.

Скоро города вступили въ открытую борьбу съ католическимъ духовенствомъ за свои школы, такъ какъ оно настойчиво требовало сохраненія въ нихъ установленной прежде, рутинной системы, которая называлась тогда «ars clericalis». Вообще тогдашнее духовенство еще полагало, что только оно имѣетъ право заводить и содержать школы для народа. Въ городахъ съ каѳедральными церквами схоластикъ все еще считался главнымъ наблюдателемъ надъ школами и учителями, давалъ имъ инструкціи, постоянно отъ времени до времени посѣщалъ учебныя заведенія, и даже распредѣлялъ наказанія какъ ученикамъ, такъ и учителямъ. Такая ревность тогдашнихъ схоластиковъ-инспекторовъ объясняется тѣмъ, что они по обычаю пользовались извѣстнымъ доходомъ со школъ, и потому самостоятельность послѣднихъ могла невыгодно отозваться на матеріяльныхъ средствахъ патрона. Между тѣмъ городскіе магистраты оказывали сопротивленіе подобному, не всегда полезному вмѣшательству церковной іерархіи въ ихъ дѣла, и за это были обыкновенно обвиняемы духовенствомъ въ распространеніи революціонныхъ началъ среди юношества,—какъ видно изъ процессовъ того времени между городскими магистратами и церковными властями. Какъ бы ни было, однако на дѣлѣ городскія школы еще въ XIV столѣтіи были подчинены схоластеру дома (собора): схоластеръ не только имѣлъ главный надзоръ за ними, но и нерѣдко бралъ изъ ихъ кассы часть денегъ на собственныя надобности. Если же гдѣ патронатъ находился въ рукахъ мѣстнаго свѣтскаго владѣтеля (въ Германіи—Landesherr), городскія власти откупались отъ него или разными личными услугами, или даже значительными суммами денегъ. Такимъ образомъ патронатъ постепенно переходилъ въ руки магистратовъ, а послѣдніе поручали надзоръ за школами обыкновенно также духовному лицу, къ которому питали довѣріе, или — одному изъ своихъ болѣе опытныхъ членовъ. Въ маленькихъ городахъ, однако, такимъ школьнымъ инспекторомъ былъ чаще всего приходскій священникъ, такъ какъ онъ превосходилъ другихъ по образованію.

Большая часть городскихъ школъ вообще имѣла ремесленно-цеховое направленіе, и кромѣ учителя въ нихъ полагался еще ректоръ. Учительскія должности занимали преимущественно францисканскіе или доминиканскіе монахи, неужившіеся въ своихъ монастыряхъ, неудавшіеся студенты, выгнанные клерики (причетники) и вообще разные авантюристы. Плату получали они самую ничтожную, и хотя мало годились къ дѣлу воспитанія, но за то знали латынь, грамматику и церковное пѣніе, и даже могли читать Виргилія. Ректоръ опредѣлялъ штатныхъ учителей, провизоровъ (locati) и собственно учителей азбуки (stampuales). За свои церковныя обязанности учителя получали особое вознагражденіе; но ихъ доходы во всякомъ случаѣ были ниже, тѣмъ у духовенства: старшій учитель въ городской школѣ получалъ 40 гульденовъ въ годъ, канторъ — 25, а помощникъ — даже 20! Недостающее приходилось пополнять разными сборами съ учениковъ: собственно за обученіе, потомъ на квартиру, дрова и т. под. нужды учителю, который, впрочемъ, долженъ былъ еще дѣлиться своимъ доходомъ съ ректоромъ. Иногда ректоры, шульмейстеры и канторы получали отъ города даровыя квартиры при школѣ, — но это бывало рѣдко. Такъ какъ постоянныя мѣста были по большей части непрочны, то въ Германіи постепенно образовался особый классъ «странствующихъ учителей», нанимавшихся по свободному договору съ общиной или родителями учить дѣтей на извѣстный срокъ. Учительство обратилось въ ремесло, и бродячіе шульмейстеры, учившіе сегодня здѣсь, завтра—тамъ, исполняли свои обязанности, конечно, однимъ внѣшнимъ образомъ и мало заботились объ образовательности и методахъ обученія. Кромѣ того, эта наклонность многихъ учителей къ бродячей жизни вызывалась еще духомъ того времени, когда общество само не имѣло должнаго спокойствія вслѣдствіе еще неуспѣвшаго сложиться гражданскаго порядка.

*Странствующіе школяры.*

Между тѣмъ потребность образованія всѣми живо чуствовалась; все стремилось къ живому знанію. Мальчики и юноши по всему свѣту искали науки, перенося всевозможныя лишенія, и нерѣдко извлекая изъ своихъ странствованій одинъ вредъ: правильнаго обученія, нравственнаго надзора за молодыми людьми не было никакого, и къ нимъ прививалась грубость, одичалость, страсть къ приключеніямъ, и вообще испорченность. За недостаткомъ вѣрныхъ средствъ къ жизни, и бродячимъ учителямъ, и ученикамъ-странникамъ обыкновенно приходилось просить милостыню и всячески выманивать грошъ или кусокъ хлѣба. Молодые люди ходили цѣлыми толпами, и назывались «Scholares vagantes» или бакхантами, изъ которыхъ старшіе смотрѣли на младшихъ, какъ на своихъ подчиненныхъ вассаловъ. Послѣдніе обязывались жизнью и смертью: вѣрно служить своимъ старшимъ товарищамъ, исправлять въ отношеніи къ нимъ всѣ обязанности прислуги въ качествѣ Knappen или Knechten, въ случаѣ нужды нищенствовать или воровать для нихъ, и всячески забавлять и развлекать ихъ. Этотъ родъ воровства, въ отличіе отъ обыкновеннаго, въ охотничьемъ уставѣ, сложившемся въ средѣ такихъ бакхантовъ, назывался «стрѣльбой,» вслѣдствіе чего народъ и самихъ странствующихъ школяровъ часто называлъ «стрѣлками» (ABCSchützen). Но какъ ни мало при этомъ выигрывала собственно наука, и вообще какъ ни плохо подобный порядокъ вещей соотвѣтствовалъ воспитательному идеалу, — явленіе это ясно доказывало, что средневѣковое человѣчество уже болѣе не довольствовалось тѣсной монастырской кельей; что та суровая строгость, съ которою монахи подавляли юношескій духъ, вызвала въ немъ реакцію, порывъ къ безграничной свободѣ; что, наконецъ, замиравшая схоластическая наука ощутила потребность сближенія къ жизни, — хотя и не умѣла сразу достигнуть этой цѣли. Главнымъ стимуломъ, побуждавшим юношество к странствованию, было желание слышать преподавание многих учителей, составивших себе известность в тогдашнем ученом мире. Одним словом, брожение это, не смотря на все его крайности, увлечения и искажения, было признаком новых духовных стремлений, продуктом новой, свободной науки, старавшейся выбиться из наложенных на нее католицизмом схоластических оков.

Замечательно, что общественная благотворительность, направленная прежде к обогащению церквей и монастырей, теперь направилась преимущественно к удовлетворению настоятельной потребности знания и образования. Городские магистраты и зажиточные граждане в Германии наперерыв старались оставить по себе добрую память разными пожертвованиями и стипендиями в пользу бедного учащагося юношества, предлагая ему или бедным родителям, особенно вдовам: безплатныя жилища, даровой стол, платье и т. под. Этому стремлению общества к образованию обязаны своим происхождением особые приюты для воспитания бедных или осиротевших детей. Первыя учреждения в этом роде известны: в Брюгге (1290), в С. Бертене, в некоторых местах Бургундии. Нередко также и высшия духовныя лица поддерживали это дело общественной благотворительности; напр. епископ камбрейский, учредивший дом для бедных детей в 1374 г. Теперь на то же дело выступают и *женщины* — в качестве благотворительниц, воспитательниц и учительниц юношества, искавшаго знания, но не имевшаго достаточных к тому средств, и история сохранила не мало имен как таких достойных женщин из знатнаго и вообще богатаго сословия, так и выведенных ими образованных деятелей в науке и жизни; таковы: Agnès Bernauer, Philippine Welser, Ottile Clantes и др. дамы, вышедшия из средняго сословия. В этом отношении отличились раньше других в особенности нидерланския дамы, которыя еще в XI столетии образовали особыя «женския общества» для распространения образования, развившияся еще более в XIII столѣтій. Около того же времени появились подобныя общества въ Швейцаріи; въ Брюсселѣ встрѣчаемъ уже особыя школы для дѣвочекъ, имѣвшія ревностныхъ учительницъ. Всѣ эти общества, получившія свое начало въ кругу свѣтскаго класа, основаны были на чистыхъ религіозныхъ принципахъ и въ устройствѣ своемъ имѣли характеръ ордѣновъ, члены которыхъ носили званіе «сестеръ» и «братьевъ». Въ передовыхъ членахъ общества было вообще замѣтно желаніе возстановить жизнь на тѣхъ же началахъ, на которыхъ она держалась въ древнѣйшихъ, первобытныхъ христіанскихъ общинахъ.

Общимъ стремленіемъ къ распространенію и улучшенію образованія объясняется и появленіе книги извѣстнаго своей ученостью *Винцента Бовэ* (Beauvais † 1264)—«Утѣшеніе души». Книга эта, снабженная также картинами, представляетъ первый опытъ теоретической педагогики въ средніе вѣка. По мнѣнію Винцента, языческіе писатели должны быть исключены изъ круга учебныхъ предметовъ; но его собственные педагогическіе взгляды, заимствованные, очевидно, изъ древнихъ классическихъ писателей, противорѣчатъ его требованію и отличаются большою ясностью и глубиною. При обученіи — говоритъ онъ — требуются три главныхъ условія: дарованіе, упражненіе и воспитательная дисциплина. Дарованіе предполагаетъ отъ природы хорошія умственныя способности и хорошую память въ дѣтяхъ. Упражненіе изощряетъ духъ, дѣлаетъ его тонкимъ, гибкимъ, такъ сказать шлифуетъ его и предохраняетъ отъ ржавчины. Воспитательное воздѣйствіе на ученика приводитъ усваиваемую имъ науку въ согласіе съ жизнью. При обученіи питомецъ долженъ стараться усвоивать за собою слѣдующія качества: чувство преданности, чистоту стремленій, любовь къ истинѣ, спокойный, трезвый взглядъ на жизнь и охоту къ скромному научному изслѣдованію. Только такое обученіе будетъ дѣйствовать вполнѣ образовательно на юношество и будетъ примѣнимо ко всякому роду жизни. При распредѣленіи разнаго учебнаго матеріала должно обращать вниманіе, чтобы каждый читалъ или изучалъ только то, что соотвѣтствуетъ его возрасту и будущему призванію. Каждое искусство, каждое знаніе должно содѣйствовать познанію Божественнаго существа. Занятіе наукой не исключаетъ заботы о тѣлѣ, которое также нельзя забывать съ тою цѣлью, чтобы оно могло надлежащимъ образомъ служить душѣ человѣка. Вмѣстѣ съ образованіемъ ума слѣдуетъ тѣснѣйшимъ образомъ соединять образованіе сердца, ибо знаніе безъ добродѣтели, безъ хорошей нравственности, не только не полезно, но скорѣе вредно. Мудрость состоитъ именно въ соединеніи знанія съ добродѣтелью. Чтобы мальчикъ достигъ этой мудрости, его надо не силой приводить къ добрымъ поступкамъ, не ради ханжества, но — возбуждать и укрѣплять въ немъ естественное чувство добра ради его самого. Для этой цѣли существуютъ въ воспитаніи только два самыя надежныя средства, входящія въ область дисциплины: отученіе отъ злаго и пріученіе ко всему доброму путемъ привычки и убѣжденія.

### Значеніе университетовъ въ учебно-воспитательномъ отношеніи.

Въ періодъ, когда христіанско-мавританская образованность изъ Испаніи и Италіи стала распространяться по остальной западной Европѣ; когда изъ феодальнаго порядка вещей начало возникать и возвышаться постоянное государство, и когда города, выдѣлившись изъ остальной общественной жизни, стали въ оппозицію и къ римско-католическому духовенству, продолжавшему развивать схоластику, и къ рыцарству съ его романтическими подвигами, въ этотъ замѣчательный періодъ безкорыстнаго стремленія къ знанію, на югѣ Европы возникли и первые университеты. Съ перваго же своего появленія, относящагося еще къ концу XI и началу XII столѣтія, эти замѣчательныя, своеобразныя учрежденія заявили себя стремленіемъ къ чистому знанію, къ распространенію науки между всѣми призванными, къ какому бы состоянію и званію они ни принадлежали. Ихъ назначеніе было — разсѣять мало по малу средневѣковой мракъ и, по выраженію Велькера, принять подъ свою защиту свободную образованность и дѣло научнаго развитія всей европейской культуры. Таковы дѣйствительно были вначалѣ тѣ раввинскія школы, распространенныя по сѣверной Африкѣ, Испаніи и Франціи, и въ особенности тѣ блестящія школы арабовъ, которыя такъ рано стали возвышаться надъ клерикально-схоластическими школами тогдашняго европейскаго человѣчества, и которыя отчасти передали это направленіе образовавшимся подъ ихъ вліяніемъ христіянскимъ университетамъ. Но сложное зданіе университета построилось не вдругъ: въ новомъ научномъ духѣ начали свою дѣятельность сперва факультетскія школы въ Италіи и Франціи, еще не имѣвшія права на громкое названіе «universitas litterarum»; это названіе могли онѣ принять уже нѣсколько позже.

Университеты возникли сами собою, безъ содѣйствія власти духовной или свѣтской, и представляли свободные союзы (корпораціи) ученыхъ мужей и любознательныхъ юношей. Въ нихъ собирались всѣ тѣ, которые не предназначали себя къ боевой жизни, такъ какъ устное преподаваніе и записываніе лекцій было единственнымъ средствомъ въ эту эпоху, когда книгъ не было, а существовавшія добывались съ трудомъ. Знаменитый учитель дѣлался центромъ умственнаго движенія, — какъ это можно видѣть на примѣрѣ Абеляра († 1142) и его возлюбленной Элоизы, распространившихъ философское направленіе среди французскаго юношества. Главѣ католической церкви не нравилось новое научное стремленіе юношества, и книги ученыхъ не только запрещались, но и торжественно сожигались вслѣдствіе шедшихъ изъ Рима распоряженій. Однако эти мѣры и преслѣдованія были напрасны: тѣмъ тѣснѣе соединялись члены новыхъ ученыхъ корпорацій, вступленіе въ которыя сопровождалось извѣстными формами и обязательствами. Преслѣдуемый ученый могъ когда угодно оставить свою каѳедру и перѣхать въ другое мѣсто, будучи увѣренъ, что ученики его всюду послѣдуютъ за нимъ. Составъ школы того или другаго свободнаго учителя бывалъ самый разнообразный: къ нему стекались и молодые, и взрослые люди, изъ всевозможныхъ странъ и государствъ, изъ всевозможныхъ званій и сословій; — но большинство состояло изъ бѣдняковъ, которымъ нечего было терять въ случаѣ гоненій и преслѣдованій со стороны еще могущественнаго тогда католическаго духовенства. Государи, ища себѣ поддержки въ этихъ сильныхъ своею интеллигенціею корпораціяхъ противъ римскаго авторитета, стали, наконецъ, поддерживать ихъ своимъ вліяніемъ и средствами. Такъ, когда въ Болоньи образовалась подобная высшая школа, имѣвшая преимущественно характеръ юридическаго факультета, и когда число учениковъ въ ней постоянно росло, Фридрихъ I (въ 1158 г.) даровалъ ей значительныя права и привилегіи. Уже къ концу XII столѣтія въ Болонскомъ университетѣ насчитывалось до 12,000 студентовъ, большинство которыхъ собиралось сюда издалека. Не менѣе знаменита была такая же школа въ Салерно, (schola Salernitana), основанная еще въ концѣ XI столѣтія однимъ крещенымъ евреемъ Константиномъ Африканскимъ (изъ Карѳагена), и имѣвшая главнымъ предметомъ изученія медицину. Сюда стекались отовсюду тысячи студентовъ для изученія врачебнаго дѣла, и множество знатныхъ и богатыхъ больныхъ — для полученія изцѣленія. Салерно и Болонья именно и были тѣми первыми учеными пунктами, изъ которыхъ стала развиваться средневѣковая христіянская наука свободно, независимо отъ церковныхъ интересовъ и къ неудовольствію католической іерархіи. Около того же времени возникла обширная ученая школа въ Парижѣ, имѣвшая сначала видъ монастырской, но почти свободная отъ оковъ монашескаго духа. Скоро она сама собою превратилась въ университетъ, когда въ ней собрались представители разныхъ наукъ со своими школами или аудиторіями, и образовали одно цѣлое. Въ общемъ въ ней преобладало теологическое направленіе; во главѣ другихъ наукъ и искусствъ стояла теологія; большинство учащихъ и учащихся принадлежало къ духовному сословію. Парижскій университетъ пріобрѣлъ такую ученую извѣстность, что въ него, какъ въ величайшій храмъ науки, спѣшили юноши изъ всѣхъ частей западной Европы: здѣсь были неаполитанцы, нидерландцы, шотландцы, ирландцы, англичане, нѣмцы, поляки, чехи и другіе иностранцы. Каждая народность держалась вмѣстѣ, и студенты жили въ особыхъ домахъ, смотря по своему національному происхожденію.

Тѣ же потребности времени вызвали появленіе университетовъ и въ Германіи, основываемыхъ отчасти свѣтскими или духовными государями, отчасти городскими магистратами. Явленіе это было общимъ и въ другихъ странахъ: Франціи, Испаніи, Португаліи, Англіи, покрывшихся университетами по образцу Парижскаго, и усвоившихъ тотъ же духъ, то же направленіе, лишь съ незначительными національными оттѣнками. Западные славяне также рано приняли участіе въ этомъ всеобщемъ духовномъ движеніи, и славянскій университетъ въ Прагѣ, основанный чешскимъ королемъ Карломъ IV (въ 1347), превосходитъ старшинствомъ всѣ собственно-нѣмецкіе. Привилегіи Пражскаго университета были утверждены и папою, и нѣмецкимъ императоромъ; въ устройствѣ своемъ онъ былъ полнымъ снимкомъ съ Парижскаго. Въ Прагѣ два профессора преподавали государственное и церковное право, одинъ — медицину, три — философію и «свободныя искусства». Этотъ составъ расширился только впослѣдствіи. Вслѣдъ затѣмъ явились университеты въ Вѣнѣ (1365), въ Гейдельбергѣ (1386), въ Кёльнѣ (1388), въ Эрфуртѣ (1392), въ Вюрцбургѣ (1403), въ Лейпцигѣ (1409) и т. д. Къ концу XV столѣтія въ одной Германіи уже было до пятнадцати университетовъ, изъ которыхъ почти всѣ устроились по образцу Пражскаго: только Тюбингенскій, подражаніемъ которому былъ потомъ Виттенбергскій и Хельмштедскій — по образцу Болонскаго.

Исторія науки, впослѣдствіи преобразовавшейся въ университетахъ на новыхъ свободныхъ началахъ, не входитъ непосредственно въ исторію воспитанія, хотя нельзя не признать, что она имѣла прямое вліяніе на ходъ обученія. Замѣтимъ только, что кругъ наукъ, составлявшихъ предметъ тогдашняго преподаванія, дѣлился: на собственно науки, (scientiae), подъ которыми разумѣлась теологія съ ея различными отраслями, и на искусства (artes), т. е. на знанія, необходимыя для общаго образованія. Центромъ академическаго изученія все еще была по преимуществу схоластика, занимавшая современные умы. Формальному образованію служили: логика, діалектика и догматика; богословскія науки, какъ и всѣ другія, большею частью состояли изъ мертвой массы безсвязныхъ фактовъ, отдѣльныхъ положеній. Съ самой библіей мало кто былъ знакомъ. Самостоятельными науками, нашедшими себѣ пріютъ въ университетахъ, выступаютъ: юриспруденція и медицина, имѣвшія ближайшее примѣненіе къ жизни и могущественно содѣйствовавшія общественному прогрессу. Въ основаніе юриспруденціи легло римское право, а потомъ — и каноническое. Медицина получила свое начало отъ остатковъ греческой и арабской учености, и хотя близко граничила съ магіей, но все же раскрывала болѣе правильный взглядъ на природу, которая прежде казалась средневѣковому человѣку ужасной сферой нечистыхъ, враждебныхъ стихій.

О свободномъ изслѣдованіи въ наукѣ, о развитіи ума посредствомъ науки еще не было мысли: многоученые мужи могли думать и говорить только словами авторитетовъ — in verbis magistri. Ученикъ записывалъ и буквально заучивалъ текстъ, продиктованный учителемъ, и потомъ излагалъ ему эту мудрость его же словами. Сама наука была загромождена хламомъ ненужныхъ мелочей, изысканныхъ тонкостей. Впослѣдствіи ближайшее знакомство съ Аристотелемъ придало много умственной жизни университетамъ и содѣйствовало появленію въ нихъ такихъ наукъ, какъ физика, хотя и она страдала крайне-умозрительнымъ направленіемъ. Исторія все еще состояла или изъ нелѣпыхъ сказокъ, или изъ голыхъ именъ и чиселъ. Даже отечественнымъ языкомъ университетское сословіе вовсе не занималось: все говорило и писало только по-латыни, исказивъ латинскій языкъ невольными вліяніями на него языка живаго, отечественнаго, и сдѣлавъ его даже неудобопонятнымъ (кухонная латынь).

Таково было это средневѣковое studium universale; но все же эта ревность къ наукѣ, вызвавшая собою появленіе ея хранилищъ — университетовъ, не прошла безслѣдно для европейской образованности. Духъ былъ возбужденъ. Даже споръ номиналистовъ и реалистовъ, представлявшій, по видимому, одни пустыя пренія о логическихъ тонкостяхъ, оказывается знаменательнымъ фактомъ въ то время, когда 65 книгъ считались замѣчательною библіотекою, а собраніе въ 200 томовъ — неслыханной рѣдкостью; когда все остальное человѣчество жило вооруженнымъ, или находилось подъ тяжелымъ гнетомъ то свѣтскаго, то духовнаго господства, и когда лишь небольшой кружокъ людей заботился о философскомъ изслѣдованіи законовъ природы и жизни. Споръ шелъ именно о томъ, слѣдуетъ ли предполагать, вмѣстѣ съ Платономъ, что идеи предшествуютъ вещамъ и составляютъ ихъ сущность, и что не должно ли поэтому приписывать бытіе одной идеи, которая доступна человѣку только во внѣшнемъ проявленіи (реалисты); — или, напротивъ того, вещи (res) и понятія (nomina) существуютъ вмѣстѣ и не отдѣлимы одно отъ другаго, какъ полагалъ еще Аристотель (номиналисты), т. е. проще: прирождены ли идеи, или образуются потомъ изъ внѣшнихъ ощущеній? Впрочемъ, весь этотъ ожесточенный споръ имѣлъ тогда значеніе только по примѣненію къ теологіи, и именно къ вопросу о св. Троицѣ (Ансельмъ и Росцелинъ).

По отношенію къ университетскому юношеству наука дѣйствовала не вполнѣ воспитательно: нравы были грубы; вражда раздѣляла учащихся на множество лагерей; но и это неулегшееся броженіе въ средѣ свободной молодежи было по своимъ послѣдствіямъ плодотворнѣе прежняго оцѣпенѣлаго застоя монастырскихъ школъ съ ихъ суровою, всеподавляющею дисциплиною. Не смотря на то, что большинство студентовъ не принадлежало къ дворянскому или рыцарскому сословію, обычаи рыцарства явно отразились на ихъ бытѣ, который вмѣстѣ съ тѣмъ имѣлъ еще сходство съ развившимися въ тогдашнихъ городахъ цеховыми корпораціями. Жизнь студенчества носила печать замкнутости и часто возмущалась страстью молодыхъ людей къ похожденіямъ и удальству. Всѣ члены университетской коллегіи — разсказываетъ Дольхъ, — и учащіе и учащіеся in corpore, составляя нѣчто цѣлое, въ тоже время дѣлились между собою по принципу національности, и кромѣ общихъ собраній и праздниковъ, имѣли еще свои частныя, національныя. Такъ въ Парижѣ въ 1206 году все университетское сословіе дѣлилось: на франковъ, норманновъ, пикардійцевъ и алеманновъ. Нѣмецкая нація занимала въ иноземныхъ университетахъ этого времени младшее, послѣднее мѣсто, но скоро пріобрѣла и большое уваженіе, и важныя права, напр. право наравнѣ съ другими всегда носить при себѣ шпагу или кинжалъ. Въ Болоньи нѣмецкая нація стала потомъ избирать себѣ своего особаго ректора; а въ Падуи между 25-ю различными націями заняла одно изъ первыхъ мѣстъ: имѣла два голоса на общихъ собраніяхъ и не платила пошлинъ; въ Сіеннѣ студенты изъ нѣмцевъ уже имѣли собственный судъ. Въ половинѣ XIII столѣтія въ Парижѣ явился новый принципъ дѣленія на три факультета (теологическій, юридическій и философскій), и началъ борьбу съ прежнимъ національнымъ, надолго, однако, удерживавшимъ свои права. Особенно вѣрною хранительницею старинныхъ, средневѣковыхъ нравовъ студенчества явилась Германія. Пражскіе студенты дѣлились на четыре главныя націи: богемскую, венгерскую, польскую и баварскую, изъ которыхъ въ каждую входило еще нѣсколько близкихъ народностей; такъ къ польской націи принадлежали: поляки, силезцы, литовцы и, по свидѣтельству историковъ, даже русскіе. Въ собственно-нѣмецкихъ университетахъ студенты дѣлились также и по факультетамъ, и по племенному происхожденію, болѣе отражавшемуся въ ихъ внутреннемъ бытѣ. Для удобства и дешевизны студенты стали жить въ особо учрежденныхъ для нихъ со стороны властей коллегіяхъ или *бурсахъ*. Сначала бурсами назывались въ

Парижѣ собственно стипендіи, а потомъ это названіе перенеслось и на самыя учрежденія, члены которыхъ— bursati — были мало по малу подчинены строгому надзору: они по закону не смѣли выходить изъ дому безъ позволенія, проводить ночь внѣ бурсы, измѣнять форму платья, или говорить на иномъ языкѣ, кромѣ латинскаго. Наконецъ, содержаніе молодыхъ людей, особенно изъ богатыхъ семействъ, обратилось во Франціи, и еще болѣе въ Германіи, въ выгодный промыселъ: начальники бурсъ усердно бѣгали по площадямъ, шинкамъ и постоялымъ дворамъ, чтобы вербовать себѣ нахлѣбниковъ. По уставамъ того времени, bursarius не могъ имѣть при себѣ оружія и денегъ; игра, знакомство съ дурными женщинами и т. п. наказывались денежнымъ штрафомъ, тюремнымъ заключеніемъ или изгнаніемъ изъ коллегіи. Содержаніе въ бурсахъ было скудно, предписанія и надзоръ стѣснительны. Между тѣмъ законъ, желавшій ограничить буйство и распущенность молодежи, постановлялъ, что тотъ, кто не жилъ въ бурсѣ, не былъ буршемъ,— не имѣлъ права числиться членомъ университетскаго сословія и пользоваться его привилегіями. Въ большинствѣ случаевъ студенты, между которыми бывали люди довольно пожилые, не могли выносить всей строгости предписаній, подававшихъ, такимъ образомъ, поводы къ безпорядкамъ, возмущеніямъ и вообще неуваженію закона. Современники называютъ бурсы «жилищемъ праздности и пороковъ». Дѣйствительно, большинство студентовъ проводило болѣе времени въ погребкахъ и на улицахъ, чѣмъ въ коллегіи, расточало время и деньги. Нападенія на домы гражданъ, злоупотребленіе оружіемъ, грабежъ, воровство, дикій крикъ на улицахъ и даже въ аудиторіяхъ,— были явленіями обыкновенными, тѣмъ болѣе, что въ подобныхъ занятіяхъ и развлеченіяхъ упражнялись не одни студенты, на нихъ только порѣзче отражались общія черты средневѣковаго общества. Отличительной чертой академическаго быта были разные праздники и церемоніи, общія или частныя по факультетамъ и національностямъ; участіе въ нихъ принимали всѣ академическіе граждане: и профессора, и студенты. На святкахъ студенты давали также театральныя представленія, маскарады, — и ихъ разгулъ подъ маской принималъ еще опаснѣйшіе размѣры, вызывая строгія преслѣдованія со стороны гражданъ и властей.

При вступленіи въ корпорацію каждый новичекъ долженъ былъ давать всѣмъ пиръ. Всеобщая расточительность студентовъ впослѣдствіи доходила до того, что купцамъ подъ строгимъ штрафомъ запрещалось давать имъ въ кредитъ болѣе положеннаго maximum; главнымъ же предметомъ роскоши было платье. Студенческій костюмъ вначалѣ былъ подраженіемъ придворному или рыцарскому, и стоилъ очень дорого. Такъ называемые «Plüderhosen» у нѣмецкихъ студентовъ въ XV столѣтіи часто бывали такъ роскошны, что на нихъ требовалось до 100 аршинъ тонкой матеріи; а потому противъ нихъ издавались эдикты государей, и духовенство проповѣдывало противъ нихъ съ церковной каѳедры. Пестрота и яркость цвѣтовъ играли главную роль въ студенческомъ костюмѣ среднихъ вѣковъ, — и это нерѣдко также преслѣдовалось закономъ какъ по отношенію къ студентамъ, такъ и — къ ихъ портнымъ. Разные способы пить пиво и вино съ странными обрядами и церемоніями составили, наконецъ, цѣлый уставъ, свято соблюдаемый нѣмецкими студентами. То же самое можно сказать о дуэляхъ, бывшихъ остатками рыцарскихъ турнировъ. Обрядъ принятія въ корпорацію сопровождался такими унизительными требованіями отъ новичковъ (пенналовъ, бакхантовъ, фуксовъ), что впослѣдствіи родители заблаговременно (отъ 3-хъ лѣтъ) отсылали своихъ дѣтей на трудную, но неизбѣжную депозицію, такъ какъ съ малолѣтными обходились милосерднѣе. Старшіе товарищи (schoristen, absoluti) страшно эксплоатировали младшихъ и даже заставляли ихъ воровать для себя, — что отчасти мы уже видѣли на примѣрѣ странствующихъ школяровъ: между студентами, за немногими свѣтлыми исключеніями, нравы были нелучше. Такимъ образомъ, университетская среда дѣйствовала не вполнѣ воспитательно на тогдашнее юношество, и ни эдикты, ни карцеры, никакія административно-полицейскія мѣры не могли подавить въ немъ той грубости и испорченности, которыя стали по немногу исчезать лишь подъ вліяніемъ развившейся въ университетахъ и распространяшейся въ обществѣ науки.

## Эпоха возрожденія классицизма.

Въ концѣ средневѣковаго періода, предъ началомъ новой исторіи, какъ вся жизнь, такъ и воспитаніе европейскаго человѣчества носятъ на себѣ характеръ переходнаго времени, когда старыя, отжившія формы еще перемѣшаны съ нарождающимися новыми. Городскія школы, вызванныя жизненными потребностями общества и уже носившія въ себѣ задатки дальнѣйшаго самобытнаго развитія въ будущемъ, все еще не совершенно свободны отъ клерикальнаго вліянія и схоластическаго метода. Университеты являются представителями отчасти рыцарскихъ традицій, отчасти цеховаго мѣщанства, и потому также опутаны разными условіями средневѣковаго формализма; громко заявивъ собою стремленіе къ свободѣ въ наукѣ и жизни, они еще не въ силахъ отрѣшиться отъ прошедшаго и выступить на прямой, открытый путь. Въ это знаменательное время начинавшагося общественнаго броженія и первыхъ робкихъ попытокъ воскресаетъ отверженная и почти позабытая римско-католическимъ христіанствомъ языческая старина, чтобы обновить своимъ дыханіемъ уснувшій-было человѣческій духъ, которому, послѣ усвоенія высочайшихъ христіянскихъ принциповъ, предстояло окончательно усвоить за собой сокровища древнеклассической цивилизаціи, почти исчезнувшей въ морѣ средневѣковаго варварства. Сокровища эти сберегала до сего времени одна восточная половина распавшейся римской имперіи — Византія, какъ бы для того, чтобы въ критическую минуту своей гибели, когда палъ подъ оружіемъ оттомановъ и роскошный Константинополь (1453 г.), окончательно передать ихъ западу. Великіе учители классической науки и классическаго искусства должны были вновь научить человѣчество пониманію достоинства и красоты жизни, въ противоположность католическому аскетизму и католической схоластикѣ. Земная жизнь, представлявшаяся средневѣковому человѣку «юдолью плача и страданій» должна была явиться и явилась въ новомъ, обольстительномъ свѣтѣ подъ вліяніемъ древняго, классическаго міросозерцанія, увлекши своею красотою и отраженіемъ ея — искусствомъ самихъ представителей римско-католической церкви — папъ. Наступило время реакціи всему старому, время увлеченія всемъ еще болѣе старымъ, но — возродившимся къ новой жизни. Новые идеалы, замѣчаетъ Раумеръ, къ осуществленію которыхъ стало страстно стремиться западное человѣчество еще начиная съ XIV столѣтія, поставивъ новыя задачи, потребовали иныхъ средствъ и въ воспитаніи.

*Педагоги переходнаго времени.*

Теперь всѣ даровитѣйшіе, всѣ недовольные прежнимъ, кинулись на изученіе классицизма, — но уже не по схоластическимъ учебникамъ, а по первымъ источникамъ, непосредственное знакомство съ которыми потребовало знакомства съ заброшеннымъ прежде греческимъ языкомъ. Притомъ же и точка зрѣнія на науку и на искусство древнихъ теперь стала совершенно иная, которая болѣе не опредѣлялась интересами одной теологіи. Старинный греческій принципъ «наука ради науки, и искусство ради искусства» опять получилъ всю силу и естественно граничилъ съ другимъ, вовсе не противорѣчащимъ ему принципомъ «ради жизни», такъ какъ наука и искусство сами должны входить въ жизнь, какъ ея существеннѣйшій элементъ, — если подъ жизнью не разумѣть одну ея утилитарную сторону. Этотъ переворотъ, давшій начало новой исторіи, конечно, совершился не вдругъ. Средневѣковой деспотизмъ, сковывавшій разумъ, чувство и волю человѣка, ранѣе всего былъ потрясенъ въ Италіи. Здѣсь уже въ XIV столѣтіи въ лицѣ Петрарки и Боккачіо начинается борьба прекраснаго древне-классическаго міра съ средневѣковою схоластикою, относительныя заслуги которой, наравнѣ съ заслугами рыцарства и католицизма, безпристрастно признаны современною исторіей. Петрарка съ своей стороны разрушилъ сухой схоластическій методъ, и плодомъ его занятій классицизмомъ явилось основанное имъ искусство живаго краснорѣчія, такъ какъ онъ смотрѣлъ на слово, какъ на непосредственное выраженіе души, и въ то же время стремился къ возстановленію чистой латинской прозы. Въ томъ же направленіи дѣйствовалъ и Боккачіо: ревностно собиралъ и переписывалъ классиковъ, изучалъ греческій языкъ и наслаждался Гомеромъ. Ученые выходцы изъ Греціи, бѣжавшіе въ Италію отъ турецкаго ига, нашли здѣсь поэтому уже нѣсколько подготовленную почву. Разные итальянскіе государи, равно какъ и республиканскія правительства, также принимали большое участіе въ дѣлѣ распространенія возрождавшейся образованности: Висконти и Сфорца — въ Миланѣ, Медичи — во Флоренціи, Альфонсъ — въ Неаполѣ, фамилія Гонзага — въ Мантуи и др. считали за честь — содѣйствовать изученію древности и покровительствовать ученымъ, имена которыхъ съ уваженіемъ вспоминаетъ исторія.

Увлеченіе греческимъ языкомъ было такъ велико, что извѣстный ученикъ Петрарки — *Витторино-да-Фельтре* (род. 1378 г.) считалъ его въ образованіи важнѣе латинскаго, которому онъ долженъ поэтому предшествовать въ школѣ. Дѣло воспитанія являлось въ глазахъ Витторино важнѣйшимъ средствомъ усовершенствованія всей общественной жизни. «Достоинство, награда и божественность учительскаго призванія — говоритъ онъ — заключается въ любви. Лучшее украшеніе человѣка составляютъ только мудрость и добродѣтель; все же прочее —

мнимый блескъ и мишура, и, слѣдовательно, вовсе не входитъ въ цѣль воспитанія». Когда принцъ Франческо Гонзага предложилъ успѣвшему составить себѣ извѣстность Витторино мѣсто наставника при своихъ дѣтяхъ, онъ явился къ нему съ смѣлою, открытою рѣчью: «Хотя я твердо рѣшился — говорилъ онъ — всегда удаляться отъ блеска двора, гдѣ такъ часто господствуетъ роскошь, изнѣженность и придворная спѣсь, вовсе несогласныя съ моимъ взглядомъ на вещи; но я надѣюсь, государь, что мой образъ мыслей найдетъ опору въ твоемъ просвѣщенномъ умѣ. Послушный призыву, я явился и останусь при особѣ твоей до тѣхъ поръ, пока ты пребудешь добродѣтельнымъ и не потребуешь отъ меня чего либо, недостойнаго насъ обоихъ». — «Твоя ученость и извѣстная всѣмъ нравственность — отвѣчалъ этотъ замѣчательный принцъ — побудили меня поручить тебѣ воспитаніе и образованіе моихъ дѣтей; я передаю ихъ въ твое полное распоряженіе, оставляя себѣ только имя отца и отеческую любовь къ нимъ». Ободренной надеждой осуществить составленную имъ педагогическую систему, за достоинство которой ручался также авторитетъ его классическихъ учителей, Витторино поселился въ Мантуанскомъ дворцѣ, великолѣпіе котораго поразило, но не ослѣпило скромнаго философа. Воздушныя галлереи, богатое убранство комнатъ, картины, всюду золото, серебро и мраморъ, роскошный столъ, многочисленность прислуги — все это обѣщало одно вредное вліяніе на молодыхъ принцевъ и не укрылось отъ вниманія итальянскаго педагога. Онъ рѣшился ввести новый порядокъ, соотвѣтствовавшій его системѣ: удалилъ лишнюю прислугу, допускалъ къ своимъ питомцамъ только неиспорченныхъ сверстниковъ, упростилъ столъ, платье, и обратилъ главное вниманіе на здоровое физическое воспитаніе, отъ котораго столь много зависитъ здоровье духа. Витторино сознавалъ, что схоластика монастырскихъ школъ съ ихъ угнетающей дисциплиной, убивая тѣло, убивала вмѣстѣ и духъ дѣтей. Закаляя своихъ питомцевъ разнообразной гимнастикой и пріучая ихъ къ простотѣ, онъ говаривалъ: «Надо заранѣе приготовить себя ко всѣмъ неудобствамъ жизни: кто знаетъ, какая судьба ожидаетъ насъ въ будущемъ?» Заботясь объ улучшеніи методовъ преподаванія, Витторино вмѣстѣ съ другими образованными людьми своего времени считалъ тогдашнія школы «тюрьмами юношества». Также Понтанье говоритъ объ нихъ слѣдующее: «Если бы родители или лица правительственныя посѣтили школы во время уроковъ, они увидѣли бы гнѣвныя физіогноміи наставниковъ, неумѣющихъ обуздывать своихъ страстей, и услышали бы громкіе вопли наказываемыхъ. Неужели мѣры строгости способны возбудить въ робкомъ дитяти охоту къ ученію? Неужели наставники должны быть вооружены бичами? Какое ложное, безчеловѣчное понятіе!» Витторино, проникнутый греческими идеалами, былъ однимъ изъ первыхъ практическихъ реформаторовъ средневѣковой системы воспитанія.

Знаменитый филологъ *Гуарино*, у котораго учился по-гречески самъ Витторино-да-Фельтре, былъ замѣчательнѣйшимъ изъ гимназическихъ учителей того времени, и, согласно съ духомъ и потребностями своей эпохи, проводилъ мысль, что греческій и латинскій языки должны служить центромъ преподаванія въ ученыхъ школахъ. Павелъ Вергеріусъ занимался вопросомъ о нравственномъ воспитаніи дѣтей и въ сочиненіяхъ своихъ требовалъ, чтобы оно обнимало какъ духъ, такъ и тѣло питомца, чтобы обращалось вниманіе на индивидуальное призваніе каждаго, и, считая необходимымъ для юношества знаніе философіи, риторики, исторіи и музыки, въ то же время полагалъ, что естествовѣдѣніе болѣе всего сообразно съ потребностями развивающагося ума. Наконецъ, *Матѳей Веціусъ* (род. 1407 г.) составилъ довольно полную систему воспитанія и обученія, построенную на новыхъ началахъ распространявшагося тогда въ Италіи гуманизма. Сознавая всю важность физическихъ условій развитія, онъ уже высказываетъ ту мысль, что воспитаніе должно начинаться одновременно съ зарожденіемъ младенца въ утробѣ матери, такъ какъ всѣ усилія сообщить естественное развитіе новорожденному не принесутъ много пользы, если дитя родилось уже такимъ, что нельзя или очень трудно правильно вести его воспитаніе: точно такъ садовникъ, бросивъ на землю дурное сѣмя, при всемъ своемъ стараніи уже никогда не получитъ отъ него хорошаго плода. Поэтому мать по зарожденіи должна видѣть въ своей комнатѣ только прекрасные, а не безобразные предметы; должна употреблять въ пищу не слишкомъ острую или возбудительную пищу, и притомъ — въ умѣренномъ количествѣ; должна беречься отъ сильныхъ ощущеній и стараться сохранять спокойное состояніе духа. Діэтетика Begіуса требуетъ, чтобы послѣ рожденія ребенка мать непремѣнно сама кормила его, ибо отъ качества первой пищи также отчасти зависитъ ходъ тѣлесно-духовнаго развитія ребенка. Вообще, основнымъ принципомъ воспитанія служитъ «золотая середина» во всемъ. Опытъ показываетъ, что дѣти, воспитанныя на угрозахъ и побояхъ, всегда обнаруживаютъ рабскія наклонности, дѣлаются мрачными, унылыми, или, напротивъ, пріобрѣтаютъ наглыя привычки. Чтобы предохранить дѣтей отъ всего дурнаго и пріучить ихъ ко всему хорошему, — для этого прежде всего необходимо знаніе дѣтской природы, тщательное изученіе всѣхъ свойствъ и способностей духа: тогда мы будемъ въ состояніи для устраненія разныхъ недостатковъ прибѣгать къ разнымъ, и притомъ соотвѣтствующимъ средствамъ; поступая точно также, какъ поступаетъ врачъ при леченіи различныхъ болѣзней. То же самое и въ нравственомъ отношеніи... Послѣ семи лѣтъ дитя передается на руки наставнику, котораго не должно часто перемѣнять: какъ растеніе, безпрестанно пересаживаемое, легко портится, — точно также исказится и молодой умъ подъ вліяніемъ на него различныхъ пріемовъ, различныхъ школъ и учителей.

Уже изъ этихъ немногихъ примѣровъ видно, какъ измѣнились взгляды и требованія классически-образованныхъ людей относительно воспитанія, отъ котораго стало требоваться болѣе естественности и свободы. Человѣческая мысль начала расширяться, а вкусъ — очищаться. Какъ бы ни было, но при тогдашнемъ страстномъ увлеченіи вновь открытою древностью, многіе не умѣли остаться справедливыми въ отношеніи прежнихъ формъ и основъ жизни; многіе, очарованные античными образцами, какъ бы отдались язычеству. Протестъ противъ стараго, какъ и всегда въ переходныя эпохи, былъ иногда слишкомъ рѣзокъ и нерѣдко переходилъ въ кощунство самыми священными предметами, предъ которыми благоговѣло средневѣковое человѣчество. Даже преемникъ св. Петра папа Левъ X былъ увлеченъ моднымъ направленіемъ: «Вѣдь всему свѣту извѣстно, — сказалъ онъ однажды къ Бембо, — какъ выгодна была для насъ эта басня о Христѣ!» Боккачіо называлъ Христа «сыномъ Юпитера, побѣдившимъ царство Плутона».

Германія съ Нидерландами также пережила этотъ общій кризисъ, подготовившій реформацію римско-католической церкви. Въ этомъ отношеніи особенно замѣчательны: Рейхлинъ и Эразмъ Роттердамскій. Извѣстна характерическая поговорка перваго, достаточно опредѣляющая его стремленія: «Я почитаю св. Іеронима, какъ ангела; уважаю также и угодника Николая, какъ великаго учителя; но истинѣ поклоняюсь, какъ Богу»! *Эразмъ*, самый ревностный защитникъ классическаго знанія, которое онъ водворилъ въ Германіи, занимался педагогическими вопросами. «Когда положено уже достаточное основаніе знанію языка (греческаго), — требовалъ онъ, — должно тотчасъ переходить къ знанію самихъ вещей; лучшимъ же источникомъ, изъ котораго почерпаются науки, должны служить греческіе писатели. Цѣль грамматики вовсе не въ томъ заключается, чтобы соперничать съ Цицерономъ въ чистотѣ слога. Читая, ты долженъ все основательно продумывать, чтобы прочитанное обратилось въ твою плоть и кровь, а не было сложено въ одной памяти, какъ въ какомъ нибудь индексѣ; надо, чтобы духъ твой, напитавшись разнообразной духовной пищей, рождалъ свободную, самобытную рѣчь, которая была бы украшена не разными сборными цвѣтами и травами, но свойствами и стремленіями твоего собственнаго чувства, такъ чтобы читатель нашелъ въ твоемъ произведеніи не одни сшитые отрывки изъ Цицерона, а отраженіе твоего собственнаго духа, наполненнаго разнородными знаніями. Пчелы собираютъ медъ не изъ одного цвѣтка, а съ поразительнымъ рвеніемъ облетаютъ всевозможные цвѣты и травы, и не находятъ въ нихъ готоваго меду, но вырабатываютъ его своимъ ртомъ и внутренностями, производя его изъ самихъ себя, такъ что въ немъ не узнаешь потомъ ни запаха, ни вкуса отдѣльныхъ цвѣтовъ, съ которыхъ онъ собранъ ими». Такъ первые провозвѣстники классицизма, въ свое время дѣйствительно служившаго главнымъ источникомъ знанія и науки, относились къ нему совершенно иначе, чѣмъ привязанные къ буквѣ схоластики, не развивавшіе, а убивавшіе молодую мысль и естественное чувство своихъ учениковъ, для которыхъ древность являлась не съ своей прекрасно-жизненной, а съ сухой, мертвой стороны, ибо слово важно не само по себѣ, а только какъ «сосудъ мысли и чувства человѣка».

Стараніями Рейхлина и Эразма въ Германіи уже было потрясено зданіе схоластической теологіи, такъ какъ ученые эти обратились непосредственно къ Евангелію, и съ помощію еврейскаго языка — непосредственно къ ветхому завѣту. Защитники старой системы, называемые тогда «артистами» (отъ слова artes), вступили въ ожесточенную борьбу съ представителями новой системы, прозванными «поэтами» и «юристами». Въ школы всюду проникъ новый классицизмъ (гуманизмъ), стараясь вытѣснить схоластику; свѣдущіе учители и хорошія книги стали высоко цѣниться въ обществѣ. Но учителей было мало: они сами должны были, если могли, переучиваться заново, ближе знакомясь съ этимологіей и синтаксисомъ древнихъ языковъ, особенно греческаго. Наибольшей новизной оказался позабытый Цицеронъ, научившій отличать чистую латынь отъ «кухонной»; многіе изъ современныхъ прогрессистовъ, изъ пристрастія къ древнимъ языкамъ, перекрещивали себя латинскими и греческими именами, такъ что напр. изъ Descartes выходилъ Cartesius, изъ Schwarzland — Melanchton, изъ Hausleuchte— Oekolampadius и т. п.

Движеніе это, однако, коснулось сперва только однихъ верхнихъ слоевъ общества, и особенно отразилось на учащейся молодежи. Дѣло поэтизированія веселаго разгула по университетамъ принадлежитъ, главнымъ образомъ, гуманистамъ, вступившимъ въ рѣшительное состязаніе съ средневѣковыми аскетическими понятіями, и студенты, кинувшись на чтеніе классиковъ въ подлинникахъ, въ тоже время жестоко преслѣдовали отсталыхъ профессоровъ и старались въ самой жизни осуществить эту новую эмансипацію. Крайности и увлеченія сдѣлались общимъ явленіемъ, когда старыя нравственныя основы рушились, а другихъ, лучшихъ, еще не было найдено. Университетскія лѣтописи за это время полны разсказами о несчастныхъ случаяхъ отъ разгула, буйства и пьянства; говорятъ, что самъ Рейхлинъ принадлежалъ къ одному обществу пьянства, носившему названіе «Trinkreich». Для собственно народнаго образованія гуманисты не оказали особенныхъ услугъ: объ этомъ дѣлѣ впослѣдствіи позаботились протестанты и ихъ противники—іезуиты. Выиграли однѣ ученыя школы, которымъ Меланхтонъ успѣлъ дать новую, крѣпкую организацію, еще болѣе удаливъ ихъ отъ народа. Само христіанское образованіе стало въ тѣснѣйшую зависимость отъ школы, въ которой Аристотель почти занялъ мѣсто Христа: такъ одинъ тюбингенскій лиценціатъ, во время ученой дѣятельности Меланхтона въ ихъ университетѣ, высказалъ мысль, что если бы вдругъ пропали всѣ книги ветхаго и новаго завѣта, то настоящее содержаніе ихъ могло бы быть вполнѣ замѣнено извлеченіями изъ этики Аристотеля. Епископъ Іоаннъ VI (изъ Заальгаузена) въ 1504 году приказывалъ ректорамъ школъ и ихъ помощникамъ, чтобы они въ своихъ школахъ занимались не объясненіемъ св. писанія, а изученіемъ «свободныхъ искусствъ». Но ни городскія школы, ни университеты, ни гуманисты этого времени еще не могли создать полной системы школьнаго образованія, вызвавъ пока одинъ разладъ между церковью и школою, так как для их полнаго возрожденія и примиренія недоставало національнаго элемента, забытаго въ погонѣ за классицизмомъ съ одной стороны, и въ оборонѣ схоластики — съ другой. Дѣло это довершилъ геніальный реформаторъ — Лютеръ; тому же содѣйствовали и многія другія благопріятныя условія, сопровождавшія начало новой исторіи. Лютеръ опять придалъ силу позабытому въ средніе вѣка принципу, что задача христіанской педагогики одна и та же для всѣхъ сословій, званій и половъ, для всѣхъ временъ и народовъ, и что задача эта опредѣленно поставляется Евангеліемъ. Послѣ изобрѣтенія пороха (1354 г.) пали остатки рыцарства, представлявшаго собою одну изъ стѣнъ сословнаго разъединенія. Еще благодѣтельнѣе отозвалось на ходѣ образованности изобрѣтенное Гуттенбергомъ книгопечатаніе (1452 г.), уничтоживъ ученую касту, наполнявшуюся преимущественно духовенствомъ. Наконецъ, открытіе *новаго свѣта* (1492 г.) еще болѣе расширило область человѣческаго духа, который сталъ сознательнѣе ощущать свою силу и стремиться къ самодѣятельности.

*Вліяніе реформаціи на ходъ западнаго воспитанія.*

Главная задача, на разрѣшеніе которой затрачены были всѣ интеллектуальныя силы средневѣковаго человѣчества, состояла въ томъ, чтобы усвоить за выступившими на историческое поприще романо-германскими племенами христіянскія начала, дѣло водворенія которыхъ приняла на себя римско-католическая церковь, воспользовавшись для этой цѣли также наукой и превративъ ее въ схоластику. Средневѣковое воспитаніе имѣетъ значеніе хотя неудавшагося, но тѣмъ не менѣе поучительнаго опыта въ примѣненіи религіи, науки и искусствакъ школѣ. Оно не поняло истинной, многосторонней природы человѣка ни самой по себѣ, ни по отношенію ея къ остальному внѣшнему міру, который еще оставался не разгаданнымъ: отсюда вытекли всѣ крайности и противорѣчія; отсюда же—и та реакція, которая началась смутнымъ броженіемъ и, наконецъ, разрѣшилась реформаціей. Но тѣже среднiе вѣка и ихъ представительница — церковь подготовили многіе нужные элементы для будущаго развитія: они создали приходскія и латинскія школы; имъ же обязаны своимъ происхожденіемъ и университеты. Въ средніе вѣка также нѣсколько установилось содержаніе учебной системы, въ которую вошли: религія, древніе и отчасти новые языки, а сословное воспитаніе, сперва клерикальное, а потомъ рыцарское, уже начало переходить въ общечеловѣческое. Крестовые походы сблизили народности и проложили путь къ водворенію наивысшаго, христіанско-гуманнаго принципа въ воспитаніи.

Послѣдней цѣли оказала особенно важную услугу *реформація*, благотворное вліяніе которой на педагогическое дѣло не подлежитъ ни малѣйшему сомнѣнію. Стремясь къ освобожденію человѣка отъ тяготѣвшаго надъ нимъ господства римской церкви съ ея формализмомъ и развратившеюся іерархіей, реформація содѣйствовала и освобожденію школы отъ рутины, сотканной схоластикой, отъ гнета, насиловавшаго нравственную личность дѣтей. Она старалась вновь освѣтить потускнѣвшую въ католицизмѣ христіанскую идею свободы и любви, отвлечь человѣка отъ мертвой буквы, отъ внѣшней формы, и привести его къ сознанію истины, которая одна способна сдѣлать человѣка вполнѣ свободнымъ. Вслѣдствіе этого, реформація вызвала энергическую дѣятельность разума въ наукѣ и придала ему такую смѣлость, что онъ, наконецъ, внесъ раціоналистическое начало въ саму религію, внѣшнее проявленіе которой въ протестантизмѣ утратило много своихъ существеннѣйшихъ, необходимѣйшихъ сторонъ. Боясь злоупотребленія формой, реформаторы вдались въ философскую абстракцію, недоступную для большинства и вызвали въ западномъ обществѣ не мало такихъ недоразумѣній, исторія которыхъ отмѣчена кровью... Но, какъ бы ни было, начатая Лютеромъ реформа значительно опредѣлила должное отношеніе между государствомъ, церковью и школой, за которой были, наконец, признаны права самостоятельнаго учрежденія, интересы котораго должны быть внутренно, органически связаны съ интересами церкви — представительницы религіознаго, и государства — представителя практическаго начала общественной жизни.

Духъ протестантизма всецѣло выражается въ словахъ, высказанныхъ еще Юстиномъ: «Христосъ есть вѣчный разумъ, которому можетъ содѣлаться причастенъ весь родъ человѣческій; а потому тѣ, которые живутъ по законамъ этого вѣчнаго разума, суть христіане». Источникомъ чистѣйшаго, божественнаго разума служитъ Евангеліе, благую вѣсть котораго первые протестанты противъ католическаго формализма спѣшили распространить между людьми, и средствомъ для этой цѣли избрали кромѣ церковной проповѣди также воспитаніе вообще, и школу въ особенности. Въ то время, какъ католицизмъ продолжалъ воздвигать свои готическіе храмы, протестантизмъ сталъ усердно строить школы, требуя отъ каждаго христіанина знанія и пониманія своей религіи. Кромѣ того, признавая ту истину, что многоразличныя нужды и призванія жизни составляютъ только разное выраженіе и распредѣленіе царства Божія на землѣ, приверженцы протестантскаго ученія послѣдовательно пришли къ убѣжденію, что школа можетъ и должна удовлетворять всѣмъ многоразличнымъ потребностямъ практической жизни и существовать одинаково для всѣхъ, смотря по ихъ способностямъ и призванію. Принципъ сословности въ воспитаніи и обученіи теоретически былъ окончательно разрушенъ протестантизмомъ, тогда какъ до него каждое сословіе: духовное, военное (рыцарское), ученое и др. считали образованіе исключительно своей привилегіей и понимали его каждое по своему. Вслѣдствіе этого, въ основаніе всего общечеловѣческаго воспитанія должна была лечь непосредственно послѣ семьи *народная школа*, хотя формы ея еще не выработались, продолжая вырабатываться вплоть до настоящаго времени. Отвергая то притязательное господство церкви надъ школой и наукой, примѣромъ котораго служитъ католицизмъ, протестанты требуют от школы и вообще от воспитания строгаго соблюденія религіознаго принципа, но так, чтобы он гармонировал с естественным влеченіем человѣка к реальному знанію, чтобы чувство находилось в равновѣсіи с разумом, ибо первое находит удовлетвореніе в вѣрѣ, а второй — в наукѣ; воля же должна быть направлена к осуществленію того блага, к которому ведет человѣка продуманное чувство, и прочувствованное знаніе, и котораго осуществленіе доставляет человѣку высшее нравственное наслажденіе. В виду такого требованія, протестантизм почти уничтожил значеніе духовенства, как сословія, и, давая каждому в руки библію, возвѣстил, что каждый может читать ее на собственном, родном языкѣ, и понимать ее по своему крайнему разумѣнію; что в этом отношеніи каждый сам для себя священник; — но он удержал в богослуженіи музыку и пѣніе, на которыя обратил особенное вниманіе, сдѣлав их одним из главных предметов народной школы. Точно также для поддержанія чистоты вѣры протестантизм признал необходимость точнаго изученія ея догматов: сам Лютер, создавшій язык своей національной церкви, написал катихизис как для учителей, так и для дѣтей, для которых лучшей «книгой для чтенія» он опредѣлил библію. С этого времени стали появляться иллюстрированныя изданія библіи, принаровленныя к потребностям массы и народной школы (biblia pauperum). С тою же цѣлью, в интересах той же народной школы, среди протестантов началась дѣятельная разработка учебников и метод по разным предметам общаго обученія, пока, наконец, не вызвано было появленіе геніальнаго Песталоцци, вліяніем котораго запечатлѣна вся педагогика новѣйшаго времени. Но первый толчек, приведшій в движеніе педагогическое дѣло, был дан все таки реформаціей: в этом-то — ея главная заслуга, оцѣнить которую должна исторія.

Что касается вопроса о *среднихъ* (латинских) школах, непосредственно слѣдовавших за народными; то средства ихъ вслѣдствіе реформаціи значительно увеличились на счетъ отнятыхъ отъ духовенства церковныхъ и монастырскихъ имѣній. Классицизмъ, ненужный для массы общества, занялъ въ нихъ важное мѣсто, и самъ Лютеръ находилъ, что безъ знанія древнихъ языковъ, этихъ единственныхъ въ то время проводниковъ науки, высшіе интересы церкви и государства не могутъ быть достаточно поняты и уважены. Въ городскихъ, правительственныхъ и отчасти въ монастырскихъ школахъ, равно какъ въ академическихъ гимназіяхъ, классическіе языки, особенно латинскій, сдѣлались послѣ религіи главнѣйшими предметами преподаванія. Новый видъ школы — *гимназія*, заимствовавшая самое названіе свое изъ классической древности, вмѣстѣ съ разными «лицеями, атенеями, педагогіями, пропилеями», была именно продуктомъ увлеченія гуманизмомъ, исторія котораго тѣсно связана съ исторіей реформаціи. Первая попытка въ построеніи новой системы гимназическаго образованія принадлежитъ Меланхтону, котораго граждане Нюрнберга пригласили устроить у нихъ гимназію въ 1526 году. Ея курсъ, по мысли Меланхтона, обнималъ всѣ начальные предметы до риторики включительно. Черезъ 12 лѣтъ Страсбургъ, недовольный своимъ духовенствомъ, которое превратило соборъ въ трактиръ и съ особеннымъ цинизмомъ торговало отпущеніемъ грѣховъ, призвалъ къ себѣ изъ Парижа знаменитаго филолога, друга Эразма и Мелахтона, — Штурма, поручивъ ему возстановить уроненное духовенствомъ образованіе городскаго юношества. Штурмъ основалъ въ Страсбургѣ гимназію, планъ которой подробно изложенъ имъ въ книгѣ «de litterarum ludis recte aperiendis». Вскорѣ подобныя же учрежденія стали всюду распространяться вмѣстѣ съ протестантизмомъ, вводя юношей въ исчезнувшій, но прекрасный міръ Греціи и Рима. Цѣлью изученія классицизма, для пониманія котораго языки служили только средствомъ, было: пріученіе юношескаго духа къ соразмѣрности, стройности и гармоніи, къ пластикѣ слова и логикѣ мысли. Приверженцы классицизма, вводя его въ новыя школы, самымъ именемъ своимъ напоминавшія эллино-римскій міръ, какъ бы желали воскресить и опять водворить его на землѣ; они старались преслѣдовать въ этихъ школахъ тѣ же образовательныя цѣли, которыя были сознаны и осуществлены въ жизни древнихъ. Но при этомъ недоставало лишь одного условія — живой жизни, ибо въ Греціи и Римѣ то же самое, что теперь производилось искусственно, существовало естественно, и Гомеръ — для эллина, Цицеронъ — для римлянина были совсѣмъ другими, чѣмъ для французскаго или германскаго юноши. По этой причинѣ гимназіи вскорѣ приняли исключительно ученый характеръ, а о гармоническомъ развитіи тѣла и духа, объ истинно-классической *καλοκἀγαθία* мало заботились ученые толкователи Гомера и Цицерона: на первомъ планѣ стояло формальное развитіе ума, или точнѣе — разсудка. Впрочемъ надо замѣтить, что первые провозвѣстники гуманизма, дѣйствительно носившаго болѣе полное и всестороннее понятіе о «человѣкѣ», чѣмъ какое проповѣдывала клерикальная наука, были далеки отъ крайности и много содѣйствовали расширенію педагогическаго идеала. Такъ еще Эразмъ требовалъ, чтобы грамматикъ, т. е. филологъ, зналъ многое, безъ чего онъ не въ состояніи понимать классиковъ всестороннимъ образомъ, и причислялъ сюда такія науки, какъ геометрію, ариѳметику, естествовѣдѣніе и др. Извѣстно также, что Меланхтонъ во время своей ученой дѣятельности въ Тюбингенѣ отнюдь не ограничивался одной филологіей, но кромѣ ея ревностно изучалъ: физику, математику, астрономію, исторію и медицину, такъ что по мнѣнію первыхъ гуманистовъ общее образованіе должно было заключать въ себѣ кромѣ древнихъ языковъ также другіе общеобразовательные предметы, не исключая и реальныхъ (Раумеръ). Благодаря главнѣйшимъ изъ реформаторовъ церкви и школы, получила самостоятельное значеніе и исторія, столь обогащающаю юношество идеалами доблести, и наука о природѣ, раскрывающая нашему уму идею стройности, гармоніи и цѣлесообразности внѣшняго міра, въ которомъ геніальные представители новой, возродившейся философіи видѣли отраженіе божественнаго разума. Неизвѣстное прежней схоластикѣ естествознаніе, за водвореніе котораго въ школу стоялъ ученикъ Меланхтона — Неандеръ, съ одной стороны удовлетворяло матеріяльнымъ интересамъ жизни, доведя промышленность, торговлю и ремесла до высшей, небывалой степени совершенства, съ другой стороны — обогатило человѣческій духъ знаніями и помогло разгадать и побѣдить прежде сковывавшую и пугавшую его природу, въ разнообразныхъ проявленіяхъ которой сокрыты одни вѣчные законы разума. Вслѣдствіе этого движенія науки къ изслѣдованію природы, ученіе о ней получило важное мѣсто въ школѣ, такъ какъ естествовѣдѣніе, на ряду съ другими учебными предметами, доставляетъ самую здоровую пищу воображенію и на столько же возбуждаетъ, укрѣпляетъ и развиваетъ мысль, на сколько дѣлаютъ это чистыя формы языка, — хотя и въ другомъ направленіи. Соединеніе языкознанія съ естествознаніемъ со времени реформаціи стало болѣе всесторонно развивать духъ человѣка, чѣмъ это было въ періодъ схоластики, хранительницею и защитицею которой оставалась клерикальная школа. Потому-то не католицизмъ, а протестантизмъ первый призналъ права естествовѣдѣнія наравнѣ съ исторіей и языками въ высшихъ и среднихъ школахъ, создавъ особыя *реальныя школы*, въ которыхъ кромѣ языковъ получили значеніе: наука о природѣ, математика, исторія и географія; особенно выигралъ въ нихъ отечественный языкъ, презрѣнный и забытый схоластикой, такъ какъ онъ въ протестантизмѣ сталъ языкомъ церкви, науки и поэзіи, замѣнивъ собою мертвую латынь. Реальныя школы служили приготовительными для тѣхъ людей, которые, пройдя общій курсъ народной школы, желали посвятить себя спеціально-реальному призванію въ практической жизни, тогда какъ гуманистическія гимназіи стали играть роль приготовительныхъ школъ для тѣхъ, которые предназначали себя ученой дѣятельности въ интересахъ отвлеченной идеи. Такимъ образомъ, и реальныя, и классическія школы вышли изъ гуманизма и протестантизма, какъ изъ своего общаго источника, открывъ просторъ свободѣ призванія каждаго,—хотя названіе гуманизма удержали за собой по преимуществу гимназіи классическія.

*Университеты* обязаны реформаціи тѣмъ, что они сдѣлались убѣжищемъ духовной свободы, выражающейся въ наукѣ въ ея обширномъ смыслѣ. Самъ Лютеръ, какъ академическій учитель, объявивъ выдачу дипломовъ обманомъ, подорвалъ ученую іерархію, еще зараженную схоластическо-клерикальнымъ направленіемъ. Эта новая академическая свобода проявилась: въ признаніи свободы учащихся (студентовъ), самостоятельно опредѣлявшихъ свое ученое призваніе, въ уваженіи личности и знанія, въ расширеніи правъ и отношеній во внутренней жизни университетскаго сословія in corpore. Относительно изученія теологіи университеты обратились къ первымъ источникамъ, знакомство съ которыми потребовало знакомства съ языками древнѣйшаго и чистѣйшаго текста священнаго писанія. Филологія, математика и наука о природѣ въ теоретическомъ и прикладномъ ихъ значеніи получили новое, небывалое значеніе. Особеннымъ уваженіемъ стала пользоваться свобода и самостоятельность научнаго изслѣдованія, независимо отъ уже существовавшихъ авторитетовъ: этимъ обусловливался прогрессъ въ наукѣ и жизни, и было положено начало совершенному уничтоженію схоластики. Въ университетахъ установилась та атмосфера, въ которой, по выраженію Фихте, всѣ плоды знанія стали развиваться и созрѣвать наилучшимъ образомъ. Университетская жизнь съ этого времени стала требовать только двухъ условій, отъ которыхъ зависитъ все: «свободы ученія и обученія.» Идеи реформаціи ярко отразились на тогдашнемъ студенчествѣ и вызвали то бурное движеніе, которое объясняется пылкостью и страстностью самой юношеской природы. Извѣстно, что студенты усердно помогали Лютеру жечь папскую буллу вмѣстѣ съ каноническимъ правомъ и были самыми ревностными адептами и пропагандистами реформаціонной идеи, охватившей тогда почти весь европейскій западъ.

## Значеніе Лютера, какъ педагога.

Лютеръ (1483 — 1546), сознавая, что реформа жизни не мыслима безъ реформы воспитанія, посвятилъ много заботъ улучшенію школы въ своемъ отечествѣ, самъ написалъ энергическое воззваніе къ дворянству и городскому сословію, убѣждая бургомистровъ и всѣхъ лицъ вліятельныхъ оказать помощь своей національной школѣ и самъ составилъ для нея учебный катихизисъ. «Между всѣми добрыми дѣлами — говоритъ онъ — наивысшее и наилучшее есть правильное воспитаніе молодаго поколѣнія. Для того, чтобы христіянство получило силу и вошло въ жизнь, надо именно начинать съ юношества, охотно служа ему, не раздражая его ни словомъ, ни дѣломъ, и приводя его къ добру. Заботиться объ этомъ гораздо полезнѣе, чѣмъ разрѣшать грѣхи, творить молитвы, посѣщать отдаленныя церкви и давать множество трудныхъ обѣтовъ». Такъ далеко шелъ Лютеръ въ признаніи важности и божественности дѣла воспитанія! Домашнее воспитаніе онъ совѣтуетъ непремѣнно дополнять школой, такъ какъ она по преимуществу образуетъ разумныхъ людей и содѣйствуетъ процвѣтанію общественной и государственной жизни. «Если число школъ возрастаетъ, то это ясно доказываетъ, что церковныя власти дѣйствуютъ правильно, ибо ученики и студенты суть сѣмена и источники церкви. Поэтому христіянскія школы должны содержаться и распространяться именно ради церкви, если только ей дороги интересы христіянской образованности». Надо замѣтить, что Лютеръ разумѣетъ здѣсь не враждебную его стремленіямъ римскую церковь, но то чистое понятіе о ней, водворенію котораго онъ посвятилъ свою дѣятельность. Въ его идеальной школѣ юношество приготовляется къ благочестію, ко всему высокому, благородному, полезному, однимъ словомъ, — ко всему христіянскому. Тѣмъ не менѣе школа должна существовать не исключительно для церкви, какъ іерархіи или сословія, а для свѣтскаго общества, совокупность членовъ котораго и составляетъ содержаніе понятія всемірной церкви, какъ собранія вѣрующихъ во Христа. Школа способна обогатить учащихся такими всесторонними свѣдѣніями, такимъ опытомъ, какихъ не въ состояніи дать имъ семья: такъ одна всемірная исторія научитъ ихъ, чего надо избѣгать и къ чему стремиться въ жизни, направляя къ тому же и другихъ. «Вѣдь теряютъ же столько труда и времени лишь на то, чтобы научить дѣтей играть въ карты, пѣть и танцовать; отчего же не употребить столько же времени на то, чтобы выучить ихъ другимъ истинно-полезнымъ знаніямъ и искусствамъ, тѣмъ болѣе, что дѣти молоды, свободны, способны и расположены къ этому? Какъ самъ я жалѣю теперь, что въ свое время не читалъ ни поэтовъ, ни историковъ, и что меня никто этому не училъ? (Лютеръ провелъ лучшее время юности въ Августинскомъ монастырѣ въ Эрфуртѣ). За то теперь я долженъ читать всякую дрянь: схоластическихъ философовъ и софистовъ — а это мнѣ стоитъ большихъ трудовъ, здоровья и расходовъ, такъ какъ приходится самому извлекать для себя все полезное! Если же ты возразишь мнѣ, что нельзя же каждому отпускать своихъ дѣтей въ школу, такъ какъ ихъ ждетъ работа дома и проч. На это я скажу, что разумѣю не такія школы, въ которыхъ впродолженіе 20 или 30 лѣтъ учатъ грамматику Доната — и все таки ничего не знаютъ. Теперь другой свѣтъ и другія потребности. По моему мнѣнію дѣтей надо отпускать въ школу на два — три часа, а въ остальное время занимать ихъ дома, уча ремеслу, какое имъ понравится, или поручая разныя хозяйственныя заботы, но никакъ не оставляя ихъ въ праздности. Дьяволъ именно любитъ людей тяжелыхъ и безполезныхъ, чтобы людямъ вообще не такъ хорошо жилось на свѣтѣ. При томъ же родители обыкновенно забываютъ, что они, имѣя способнаго сына, обязаны предъ Богомъ и обществомъ посылать его въ школу, отказавшись отъ произвола въ дѣлѣ его воспитанія».

Лютеръ первый положилъ также основаніе принудительной системѣ обученія (Schulzwang), понынѣ удержавтейся въ Германіи во всей силѣ. Онъ утверждалъ, что правительство обязано принуждать подданныхъ къ тому, чтобы они обучали своихъ дѣтей. Вѣдь можетъ же правительство принуждать, по крайней мѣрѣ всѣхъ способныхъ къ тому, браться за копье и ружье на случай войны; тѣмъ болѣе можетъ и должно оно принуждать посылать дѣтей въ школу. Если отецъ бѣденъ, ему можно помочь изъ церковныхъ имуществъ. «На это-то именно дѣло и должны бы богачи завѣщать свое имущество, опредѣляя стипендіи: это именно и значило бы пожертвовать свои деньги прямо для церкви. Правда, ты при этомъ не освобождаешь умершихъ душъ изъ чистилища; но за то ты способствуешь этимъ водворенію въ землѣ царства Божія, оказываешь услугу живущимъ и имѣющимъ жить людямъ, спасая ихъ заранѣе отъ чистилища и направляя ихъ къ небу. — Если бы было необходимо оставить высшія и монастырскія школы такими, какими онѣ теперь; то я скорѣе бы пожелалъ, чтобы ни одинъ мальчикъ никогда ничему не учился и былъ бы нѣмъ. Поэтому всѣ мои убѣжденія, всѣ мои желанія и просьбы направлены къ тому, чтобы эти «осанныя учрежденія», эти «школы дьявола», на вѣки провалились въ бездну, или — превратились бы въ истинно-христіанскія школы. Такъ по милости Божіей въ наше время дѣти уже могутъ весело, играючи, учиться всему — будь то языки, искусства, исторія или иное что. Теперь наша школа уже не адъ и не чистилище, гдѣ бы насъ мучили разными casualibus и temporalibus, и гдѣ мы ни чему не выучились, не смотря на всѣ мученія, розги, страхъ и тоску. Прежнія школы это — тюрьмы, а прежніе учителя — тираны и палачи, которые сѣкли дѣтей безъ мѣры и пощады, принуждая ихъ учиться съ невыносимыми усиліями и съ ничтожною пользою. Хорошій учитель, напротивъ того, ведетъ дѣтей такимъ образомъ, чтобы они всему хорошему и полезному, всему, что честно и добродѣтельно, учились съ любовью и охотою. Честнаго, трудолюбиваго наставника, который усердно воспитываетъ и обучаетъ дѣтей, никогда нельзя статочно наградить за эту услугу, заплативъ за это деньгами: это сказалъ еще язычникъ Аристотель. Если бы я самъ долженъ былъ отказаться отъ призванія проповѣдника и ученаго; то я не пожелалъ бы себѣ ничего другаго, какъ — сдѣлаться школьнымъ учителемъ. Я глубоко сознаю, что послѣ проповѣди это дѣло есть наиполезнѣйшее, наивысшее и наилучшее изъ всѣхъ другихъ дѣлъ. Я желалъ бы даже, чтобы никто не становился проповѣдникомъ прежде, чѣмъ онъ не побывалъ школьнымъ учителемъ».

Изъ всѣхъ предметовъ обученія первое мѣсто Лютеръ отводитъ *религіи*, знакомство съ которой должно, по его мнѣнію, начинаться съ Евангелія. «Гдѣ священное писаніе, — говоритъ онъ, — не станетъ во главѣ всего преподаванія, туда я никому не посовѣтывалъ бы отдавать своихъ дѣтей, ибо все, что не проникнуто духомъ и словомъ Божіимъ, должно потомъ рушиться. «Отче нашъ», символъ вѣры и 10 заповѣдей должны быть въ усердномъ и постоянномъ употребленіи у юнаго и простодушнаго народа, и притомъ безъ малѣйшаго измѣненія единаго слова: они должны сохранить одну и ту же вѣчную, неизмѣнную форму. Тогда можно объяснять и смыслъ, чтобы учащіеся знали, о чемъ тутъ говорится; но и это надо дѣлать постепенно, напр. сперва растолковать одну заповѣдь, потомъ другую и т. д., — иначе ты такъ обременишь учащихся, что они ничего не удержатъ. Притомъ же надо имѣть въ виду, къ кому что болѣе примѣняется: такъ ремесленникамъ и торговцамъ должно особенно внушать восьмую заповѣдь, запрещающую воровство и обманъ, и преимущественно пользоваться примѣрами и доказательствами изъ священнаго писанія. — Послѣ религіи важнѣйшій предметъ обученія составляетъ *языкъ*; изъ иностранныхъ же именно языкъ ветхаго завѣта — еврейскій, и новаго завѣта — греческій, обладающіе высокими совершенствами: не даромъ въ нихъ выразилось слово Божіе и перелилось въ другіе языки — эти «ножны, въ которыя влагается мечъ разума; хранилища, въ которыхъ сберегаются духовныя сокровища; сосуды, вмѣщающіе самый божественный напитокъ; кладовыя, гдѣ хранится нравственная пища». Усвоивая языки, мы вмѣстѣ съ тѣмъ усвоиваемъ себѣ и всѣ заключающіяся въ нихъ сокровища. Затѣмъ, наряду съ ними должны стоять *реальныя науки*. «Теперь,—высказываетъ Лютеръ,—мы смотримъ вѣрнѣе на все созданное, чѣмъ это было во времена папства. Теперь мы даже на ничтожномъ произведеніи природы усматриваемъ всю красоту, всю премудрость созданія, даже персиковая косточка можетъ быть предметомъ самаго внимательнаго изученія». Математика по мнѣнію Лютера должна изучаться въ университетахъ. Относительно астрономіи онъ былъ, однако, противникомъ Коперника,—но оспаривалъ достовѣрность астрологіи, такъ какъ «Исавъ и Іаковъ, родившись подъ однимъ и тѣмъ же созвѣздіемъ, тѣмъ не менѣе были не похожи другъ на друга во всѣхъ отношеніяхъ». Особенно высоко ставитъ онъ значеніе исторіи: «когда подумаешь основательно, то ясно видишь, что изъ исторіи, какъ изъ живаго источника, вытекли всѣ права, всѣ искусства, добрые совѣты, осторожность, боязнь, утѣшеніе, мужество, знаніе, предусмотрительность, мудрость, однимъ словомъ все, что есть доблестнаго въ человѣчествѣ, такъ что именно исторія показываетъ, какъ Богъ управляетъ міромъ, то наказывая, то награждая людей, смотря по ихъ заслугамъ. Поэтому историки—это полезнѣйшіе люди, самые лучшіе учителя, которыхъ нельзя достаточно уважать, хвалить и благодарить. Надо только, чтобы историкъ былъ честнымъ, благороднымъ человѣкомъ, который имѣлъ бы львиное сердце и не боялся говорить правду; чтобы онъ ради властей и друзей не умалчивалъ о порокахъ своего времени, какъ это обыкновенно бываетъ, и не преувеличивалъ его достоинствъ изъ любви къ отечеству, или изъ вражды къ другимъ народамъ. Такіе историки лишь помрачаютъ исторію и лишаютъ её образовательнаго значенія для юношества, превращая ее въ ложь и возбуждая подозрѣніе. Исторія, раскрывая истину, раскрываетъ дѣло Божіе и служитъ божественной истинѣ.—Діалектику Лютеръ также признаетъ необходимою, но съ извѣстнымъ ограниченiемъ; такъ какъ она, при необходимыхъ для человѣка свѣдѣнiяхъ по другимъ предметамъ, даетъ возможность и служитъ орудiемъ къ тому, чтобы правильно и сознательно передавать наши свѣдѣнiя. Задача ея — научить человѣка дѣлать ясное, краткое и точное опредѣленiе предмета со всѣми свойственными ему признаками, и показать предметъ именно тѣмъ, чѣмъ онъ есть на дѣлѣ. Дiалектика учитъ, — риторика видоизмѣняетъ и возбуждаетъ; первая принадлежитъ волѣ, — вторая разсудку. Дiалектика говоритъ строго и просто, какъ просто выраженiе: «дай мнѣ пива»; тогда какъ риторика украситъ это выраженiе: «достань мнѣ изъ погреба тотъ прiятный напитокъ, который пѣнится и веселитъ людей». Краснорѣчiе вовсе не есть изысканное, искусственное украшенiе, но только та изящная отдѣлка рѣчи, которая рисуетъ намъ предметъ искусно, ясно и живо, какъ бы въ прекрасной картинѣ. — Тѣлесныя упражненiя и музыку, по мнѣнiю Лютера, необходимо вводить въ кругъ обученiя и отнюдь не пренебрегать ими. «Древнiе хорошо придумали и устроили, — говоритъ онъ, — вводя въ воспитанiе все то, что ведетъ къ добру и пользѣ, что препятствуетъ людямъ вдаваться въ роскошь, безстыдство, обжорство, пьянство или въ азартную игру. Поэтому и мнѣ болѣе всего нравятся два рода упражненiй или забавъ: музыка и турниръ съ фехтованьемъ, борьбой и т. под., такъ какъ первая изъ этихъ забавъ отгоняетъ сердечныя тревоги и мрачныя мысли, а вторая дѣлаетъ члены гибкими, соразмѣрными, изящными, и укрѣпляетъ здоровье человѣка такими простыми средствами, какъ прыганье, бѣганье и т. под., а главное, что при подобныхъ упражненiяхъ не увлечешься ни кутежемъ, ни игрой въ кости. Кто любитъ музыку, тотъ способенъ на все хорошее; а потому ей необходимо учить въ школахъ, какъ лучшему изъ искусствъ. Школьный учитель непремѣнно долженъ умѣть пѣть, — иначе я не признаю его учителемъ.»

Такимъ образомъ, Лютеръ разобралъ всѣ учебные предметы и для каждаго обозначилъ мѣсто въ общей системѣ образованiя, создавъ также и народную школу въ

Германіи. Но, допуская пользу естествовѣдѣнія, онъ центромъ обученія ставитъ религію и языки, преимущественно древніе, такъ какъ образовательное значеніе этихъ предметовъ и въ матеріальномъ, и въ формальномъ отношеніяхъ было испытано, признано и оцѣнено всѣми. Въ томъ же направленіи дѣйствовали и сподвижники его въ дѣлѣ реформаціи: Меланхтонъ, справедливо называемый «praeceptor Germaniae», соединившій въ себѣ знанія и теологіи и филологіи, и всѣхъ тогдашнихъ естественныхъ наукъ, которыя только вели свое начало отъ Аристотеля; Цвингли съ Кальвиномъ, столь же заботившіеся о реформѣ церкви, сколько и о реформѣ воспитанія внѣ Германіи, и наряду съ пламенными обличительными проповѣдями писавшіе также школьные учебники. Франція, Богемія, Швейцарія и Нидерланды были охвачены тѣмъ же религіозно-педагогическимъ духомъ, который такъ мощно развился въ сѣверной Германіи, и который заставилъ съ ужасомъ встрепенуться коснѣвшую въ развратѣ и невѣжествѣ римско-католическую іерархію.... Опять полилась человѣческая кровь во имя Учителя міра и любви; опять открылся на время разгулъ страстей и заблужденій,—но первая причина всего этого лежа никакъ не въ подвижникахъ реформаціи, а въ злоупотребленіяхъ римскаго двора, желавшаго удержать прежній, отжившій порядокъ вещей, и раздражавшаго человѣческое терпѣніе. Эта борьба, начавшаяся еще со времени возрожденія классицизма, еще не утихла даже до настоящаго момента, вызвавъ много геніяльныхъ дѣятелей науки и воспитанія, желавшихъ—не сохранить все старое, но взять изъ него только все лучшее и гармонически соединить его со всѣмъ новымъ, до чего только доработался разумъ человѣка. Такъ въ общей исторіи поступательное движеніе человѣческаго духа, его борьба и постепенное высвобожденіе, ни на мигъ не прекращались, и идея обновленія нерѣдко выходила оттуда, гдѣ менѣе всего можно было ожидать ее. Органическая связь настоящаго съ прошедшимъ въ сущности никогда не прерывалась: такъ съ дерева спадаютъ старые листья, но уже изъ готовыхъ почекъ непремѣнно опять вырастают новыя. Если человѣчество иногда и утрачивало иную мiровую идею, какъ бы затертую варварствомъ или злоупотребленiемъ, — то рано или поздно идея эта вновь воскресала, облекаясь только въ новыя, болѣе сообразныя формы, и народы, возрастившiе плоды классической образованности, трудились не напрасно. Западная Европа, пережилъ средневѣковой перiодъ, опять отыскала ихъ, хотя и не вдругъ, и не безъ ошибокъ.

*Перiодъ абстрактно-теологическаго воспитанiя въ Германiи.*

Сама реформацiя, стремясь къ достиженiю полной свободы человѣческаго духа въ жизни и воспитанiи, скоро пришла къ противоположной крайности и создала своего рода iерархизмъ, своего рода рутину, державшуюся вплоть до XVIII столѣтiя. Время это характеризуется преобладанiемъ исключительнаго теологическо-филологическаго направленiя школы, тогда какъ философiя, исторiя и реальныя науки были на время задержаны въ своемъ развитiи. Въ интересахъ послѣднихъ выступили Бэконъ Веруламскiй и Локкъ, уничтожившiе излишнее, запоздалое и вредное поклоненiе классическимъ авторитетамъ, такъ какъ послѣднiе, совершивъ свою миссiю въ дѣлѣ возрожденiя европейской образованности, наконецъ перестали удовлетворять дальнѣйшимъ стремленiямъ какъ теоретическаго, такъ и практическаго разума. Въ XVII столѣтiи Ратихiй и Коменскiй нѣсколько примѣнили то же самое къ воспитанiю, придавъ ему болѣе жизненности. Вскорѣ же послѣ реформацiи протестантскiе клерикалы и iезуиты внесли новый элементъ въ педагогическое дѣло, элементъ, который, обладая и дурными и хорошими сторонами, отчасти содѣйствовалъ, но болѣе препятствовалъ правильному развитiю педагогики, представители которой раздѣлились на нѣсколько школъ или партiй.

Въ XVI и XVII столѣтiяхъ возникшее въ протестантизмѣ ортодоксальное направленiе повторило почти то же самое, что мы видѣли въ католицизмѣ, и противъ чего боролась реформація. Церковь желала опредѣлить все, сообразно со своими не столько обще-христіянскими, сколько спеціально-церковными или конфессіональными интересами. По этой причинѣ все, что составляетъ вѣчно-живую сущность христіянства: теплота вѣры, заключающейся въ свободномъ чувствѣ человѣка, стремленіе къ божественной истинѣ, сила любви и нравственная свобода,— все это исчезло подъ мертвой буквой. Скрытый подъ формою божественный духъ пересталъ проникать человѣка, отъ котораго потребовалось одного слѣпаго подчиненія человѣческому авторитету. Чрезъ это произошла своего рода схоластика, убійственно дѣйствовавшая на мышленіе и чувство учащагося юношества. Церковное управленіе усвоило, такъ сказать, полицейскій характеръ, пугавшій своею мелочностью и придирчивостью, своею чрезмѣрною притязательностью, связывавшею школу и воспитаніе. При такихъ условіяхъ все обученіе превратилось въ запоминаніе буквъ, словъ и формулъ, такъ же мало служившее гимнастикой для духа, какъ это было въ клерикально-схоластическіе средніе вѣка, и какъ это еще продолжало быть въ странахъ, оставшихся вѣрными римскому католицизму. Такъ въ саксонскомъ школьномъ регламентѣ, ведущемъ свое происхожденіе еще отъ Меланхтона, дѣтямъ предписывалось ежедневно два раза ходить въ церковь и по вечерамъ пѣть псалмы на латинскомъ языкѣ, не смотря на то, что подобный излишній, стѣснительный формализмъ всегда и всюду приводилъ къ обратнымъ результатамъ въ сравненіи съ тѣми, къ которымъ желаютъ придти усердные, и даже честные регламентаторы. Уставы начали до мельчайшихъ подробностей предписывать учителямъ все, относящееся къ школьному дѣлу, особенно въ народной школѣ, и сдѣлали изъ нихъ не людей, свободно, самостоятельно стремящихся къ самоусовершенствованію, а — робкихъ чиновниковъ-формалистовъ. Не только учебныя книги, но даже методы преподаванія предписывались церковными властями, взявшими на свое попеченіе нѣмецкую школу. Послѣ наученіи дѣтей чтенію, письму и молитвамъ, уставъ приказывалъ давать имъ въ руки средневѣковыя книги Доната и Катона, которыхъ читать и толковать должно было такимъ образомъ, «чтобы учитель бралъ по одному или по два стиха, а дѣти выучивали ихъ къ слѣдующему уроку, пріобрѣтая чрезъ это богатый запасъ латинскихъ словъ, и чтобы слабѣйшія переучивали Доната и Катона по нѣскольку разъ». На слѣдующей ступени дѣти должны были по утрамъ заниматься исключительно латинской грамматикой и изучать Эзоповы басни; по вечерамъ же учитель долженъ читать съ ними Paedagogiam Moseliani, и по прочтеніи всей книги переходить къ отрывкамъ изъ colloquiis Erasmi. На слѣдующій вечеръ слѣдуетъ повторять то же самое, а когда дѣти по окончаніи ученія идутъ домой, учитель обязанъ задать имъ къ утру выучить какую нибудь латинскую поговорку, въ родѣ «amicus certus in re incerta cernitur». Придя утромъ въ школу, дѣти отвѣчаютъ учителю заученную сентенцію и опять приступаютъ къ Эзопу, вечеромъ — къ Мозеллану и т. д. въ томъ же порядкѣ. При чтеніи латинскихъ авторовъ учитель въ особенности долженъ заниматься склоненіемъ именъ, спряженіемъ глаголовъ и учить правиламъ конструкціи. За Эзопомъ слѣдовалъ Теренцій, за Теренціемъ — Плавтъ, за этимологіей — синтаксисъ, за синтаксисомъ — просодія; грамматическія правила заучивались назубусть, съ догматическою строгостью. На третьей, высшей ступени предметомъ заучиванія становились: Виргилій, Овидій, Цицеронъ, кромѣ грамматики — риторика, піитика, метрика, діалектика — и все на латинскомъ языкѣ. Такая предписанная школѣ метода, одинаковая и относительно религіознаго обученія, развивала въ дѣтяхъ способность къ усидчивому, пассивному труду, по посевала отвращеніе къ наукѣ и обыкновенно навсегда убивала въ нихъ активность, стремленіе къ самодѣятельности и творчеству. Занимаясь древними языками, они ни мало не входили въ кругъ широкаго міросозерцанія древнихъ и ничего не видѣли въ нихъ дальше буквы, такъ что дѣйствительно-присущая древнимъ писателямъ образовательная сила, столь могущественно подѣйствовавшая на возрождавшійся послѣ средневѣковаго сна человѣческій духъ, опять совершенно утратилась въ этихъ теологическо-филологическихъ школахъ. Религіозное и эстетическое чувства оставались въ юношествѣ совершенно не развитыми и порождали грубость, нравственную одичалость. Исторія брауншвейгскихъ и вюртембергскихъ школъ, бывшихъ за это время подъ управленіемъ ортодоксально-протестантской партіи, также подтверждаетъ достовѣрность этого печальнаго явленія.

Школьные регламенты относительно другихъ среднихъ и высшихъ школъ протестантской Германіи носятъ тотъ же характеръ, не чуждый даже академическимъ гимназіямъ и университетамъ, въ которыхъ истинныя реформаціонныя начала водворились также не вдругъ. Въ городскихъ школахъ, которыя первыя высвободились изъ-подъ авторитета католической церкви, религія и латынь занимали главное мѣсто. Обычай говорить по-латыни распространился до того, что мѣщане и ремесленники любили щеголять этимъ; даже по деревнямъ искали такихъ учителей, у которыхъ бы можно было брать частные уроки латинскаго языка. Въ нѣкоторыхъ мѣстахъ уже существовавшія «нѣмецкія» школы, обучавшія на родномъ языкѣ, были опять упразднены въ пользу латинскихъ. Различіе между высшими и низшими городскими школами состояло въ томъ, что въ первыхъ были приняты въ программу нѣкоторые предметы, необходимые для будущихъ теологовъ (греческій и еврейскій языки, риторика, логика); тогда какъ въ послѣднихъ программа была тѣснѣе; но въ пріемахъ преподаванія большой разницы не было. Упражненіе въ сочиненіи латинскихъ стиховъ играло важную роль въ высшихъ городскихъ школахъ. Гимназіи въ собственномъ смыслѣ имѣли спеціяльное цѣлью подготовленіе юношества къ университетской студіи. Впрочемъ, реакція одностороннему, схоластическому классицизму никогда совершенно не прекращалась въ Германіи со времени реформаціи. Такъ знатокъ не одного языка, но и самой жизни классическаго міра — *Геронимъ*

*Вольфъ* считалъ полезнымъ изучать древность не ради языка, но ради реальнаго знакомства съ нею, ради развитія мышленія вообще и обогащенія ума и чувства въ особенности; онъ же возставалъ и противъ безсмысленнаго, механическаго зубренія при обученіи религіи, которое должно прежде всего дѣйствовать на сердце, согрѣвая его чувствомъ любви къ Богу и людямъ.

Точно также *Валентинъ Тротцендорфъ* былъ врагъ духовнаго сервилизма, требовалъ, чтобы воспитаніе основывалось на принципѣ свободы, — что онъ и старался осуществить въ своей школѣ (въ Гольдбергѣ). Тротцендорфъ усердно старался поднять физическое воспитаніе дѣтей и поощрялъ ихъ охоту къ гимнастикѣ. Однако школьное законодательство его времени формально воспрещало дѣтямъ купаться лѣтомъ, или кататься на льду и играть въ снѣжки зимой; нарушеніе же этого вреднаго закона подвергало виновныхъ наказанію: такъ задерживала школьная регламентація, исходившая отъ ортодоксально-протестантскаго духовенства, правильный ходъ педагогическаго дѣла, основнымъ принципомъ котораго должно быть уваженіе къ потребностямъ дѣтской природы! Тротцендорфъ, обладавшій знаніемъ и прекраснѣйшими качествами души, былъ кромѣ того одаренъ педагогическимъ талантомъ, такъ что всѣ его странности и причуды не роняли его авторитета въ глазахъ учениковъ: онъ былъ связанъ съ ними не внѣшними, какъ ректоръ, а внутренними узами любви и доброжелательства. Онъ уже понималъ, что обученіе есть своего рода искусство, которому надо учиться при помощи упражненія и размышленія. На этомъ основаніи онъ заставлялъ лучшихъ и старшихъ учениковъ учить въ низшихъ классахъ подъ его личнымъ наблюденіемъ и руководствомъ. Приготовляя такимъ раціональнымъ способомъ будущихъ учителей, Тротцендорфъ выработалъ и распространилъ свои методы не только по Германіи, но также имѣлъ вліяніе на школьное дѣло: въ Венгріи, Богеміи, Польшѣ, Литвѣ, Семиградскомъ княжествѣ — вездѣ, откуда только приходили къ нему учиться. Этотъ педагогическій толчекъ, сообщившій движеніе школьному дѣлу за предѣлами Германіи, отчасти объясняетъ появленіе знаменитаго педагога-славянина Амоса Коменскаго, дѣятельность котораго обратно принесла много пользы реформированной нѣмецкой школѣ.

*Состояніе народной школы въ Германіи и другихъ европейскихъ государствахъ.*

Протестантская народная школа, это созданіе реформаціи, замѣчательна тѣмъ, что впослѣдствіи на ея почвѣ по преимуществу совершилось все, что есть лучшаго въ современной педагогикѣ. Не смотря на то, что протестантская церковь, отдѣлившись отъ католической, удержала за собой, какъ монополію, всѣ права на народную школу, и что идеи геніальнаго реформатора—Лютера не скоро получили должное осуществленіе въ ея устройствѣ и жизни; но рано или поздно церковь должна была признать ея возмужалую самостоятельность... Такъ какъ по деревнямъ пасторы не имѣли достаточно возможности заниматься обученіемъ дѣтей, дѣло это по необходимости стали поручать ближайшимъ къ пастору церковно-служителямъ: дьячкамъ (Kirchner, Küster, Sigrist) или звонарямъ (Glöckner). Они главнымъ образомъ подготовляли дѣтей къ конфирмаціи, такъ какъ отъ каждаго конфирманда протестантская церковь требовала знанія своего вѣроисповѣданія, въ основаніе котораго былъ положенъ катихизисъ Лютера. Вначалѣ катихизація дьячка производилась съ цѣлой общиной, каждый членъ которой долженъ былъ ознакомиться съ сущностью ученія реформированной церкви, а потомъ—по преимуществу съ конфирмандами. Изъ этого естественно вытекла необходимость предварительно обучать дѣтей чтенію, письму, катихизису, библейской исторіи, пѣнію и молитвамъ. Когда же окончательно сложились основныя начала двухъ отраслей протестантской церкви: лютеранской и реформаской въ собственномъ смыслѣ, каждая сторона старалась о прочнѣйшемъ утвержденіи этихъ началъ въ народѣ;

тогда же возникла и необходимость основанія собственно-народныхъ школъ, дѣло обученія въ которыхъ перешло окончательно въ руки ближайшаго помощника и подчиненнаго пастора—кюстера. Послѣдній получилъ названіе «школьнаго мастера» (Schulmeister), сдѣлавшееся общимъ въ Германіи съ половины XVII столѣтія. Въ нѣкоторыхъ городкахъ и мѣстечкахъ реформація уже застала такъ называемыя «нѣмецкія школы», которыя также приняли общій протестантскій характеръ; школьное законодательство еще въ XVI столѣтіи признало народныя школы членами протестантской церкви, въ составъ которой онѣ вошли, какъ часть въ цѣлое. Забота о нихъ въ матеріальномъ отношеніи лежала по прежнему на общинѣ, которая могла приглашать къ себѣ учителя, утверждаемаго, однако, суперинтендантомъ или консисторіей, слѣдившихъ за тѣмъ, чтобы получаемый учительское мѣсто обладалъ требуемыми познаніями и хорошею нравственностью. Такимъ образомъ, возникавшія по городамъ и селамъ народныя школы подчинились непосредственному завѣдыванію церкви, представители которой, конечно, не всегда правильно пользовались предоставленными имъ правами и прямо эксплуатировали отданнаго въ ихъ власть народнаго учителя.

Но если протестантская народная школа на дѣлѣ и получила свое существованіе,— то, съ другой стороны, внутреннее устройство ея было далеко несовершеннымъ: недоставало главнѣйшаго условія для ея прочнаго существованія и развитія—учительскихъ семинарій, въ которыхъ бы будущіе учители получали правильную, спеціальную подготовку къ своимъ обязанностямъ. Только въ Страсбургскомъ церковномъ уставѣ 1598 года, совершенно исключительнымъ образомъ, въ одной главѣ трактовалось «de seminario Ecclesiæ», т. е. о такомъ церковномъ учрежденіи, гдѣ бы воспитывались будущіе церковно- и школьнослужители въ интересахъ протестантской церкви; упоминалось также и объ обязательности обученія въ народныхъ школахъ. Общая же обязательность обученія тѣмъ болѣе вызывала потребность въ приготовленіи учителей и въ обезпеченіи ихъ содержаніи со стороны общины, такъ что, гдѣ существовали подобныя условія — тамъ только упрочивались и народныя школы, на первое время, однако, помѣщавшіяся въ какихъ нибудь частныхъ домахъ, въ жалкихъ лачугахъ, въ которыхъ нерѣдко семейство учителя жило вмѣстѣ съ домашнимъ скотомъ; тутъ же скучивались и учившіяся дѣти; школа, хлѣвъ и квартира учителя нерѣдко существовали нераздѣльно. Въ менѣе богатыхъ, или въ не слишкомъ заботливыхъ общинахъ учителя за ежедневное двухъ-часовое обученіе получали по крейцеру (1 коп. сер. съ ученика въ годъ, промышляя при этомъ и всевозможными другими способами, а главное — стараясь услуживать пастору. Послѣдній по отношенію къ дѣтямъ ограничивался обыкновенно тѣмъ, что иногда по праздникамъ, послѣ богослуженія, обучалъ дѣтей тутъ же въ церкви, или подлѣ нея подъ открытымъ небомъ, и время отъ времени заходилъ въ школу повѣрять учителя-дьячка. Въ деревняхъ обученіе ограничивалось одной зимой, такъ какъ лѣтомъ и учащіе, и учащіеся занимались полевыми работами, — что было совершенно необходимо въ ихъ сельскомъ бытѣ; въ городахъ же, напротивъ того, народная школа продолжалась и въ лѣтнее время. Въ саксонскомъ церковномъ уставѣ 1626 года уже говорится, что дѣти должны оставаться въ школѣ не менѣе 4 часовъ ежедневно. Возрастъ для вступленія въ школу строго не опредѣляется: могли вступать и 5-ти и 12-тилѣтнія дѣти. Только со времени раздѣленія протестантской церкви конфессіональная ревность іерархіи установила опредѣленный срокъ: когда именно дѣти должны начинать, и какъ долго продолжать школьное обученіе.

Учебными предметами были: катихизисъ, церковное пѣніе, чтеніе, письмо и отчасти счетъ. Школьные уставы предписывали раздѣлять дѣтей на три группы: къ первой причислялись начинающіе азбуку; ко второй — начинающіе складывать; къ третьей — начинающіе читать и писать. Каждая группа подраздѣлялась еще на меньшія, смотря по возрасту и познаніямъ, — для облегченія дѣла учителю. При обученіи чтенію прежде всего обращалось вниманіе на твердое знаніе азбуки; съ этою цѣлью учитель спрашивалъ ее вразбивку, сличалъ между собою буквы по начертанію и требовалъ ихъ правильнаго произношенія отдѣльно и по складамъ, особенно въ концѣ словъ, гдѣ дѣти обыкновенно проглатываютъ звуки. Письмо начиналось уже послѣ чтенія, и притомъ съ прописей; но учитель обязанъ былъ прежде внимательно разсмотрѣть съ дѣтьми начертаніе каждой буквы, прописать ее на доскѣ и вначалѣ водить еще нетвердую руку ученика. Въ пѣніи дѣти упражнялись еженедѣльно въ положенные дни. Катихизисъ выучивался наизусть, но съ пониманіемъ: это предписывалось учителю закономъ. Спрашивался онъ такимъ образомъ: дѣти ставились попарно другъ противъ друга; одинъ задавалъ вопросы, а другой давалъ отвѣты въ заученномъ порядкѣ; потомъ они тоже самое дѣлали въ церкви предъ всей общиной. Необходимѣйшими книгами въ народной школѣ считались: катихизисъ, учебникъ пѣнія, и сборникъ псалмовъ и изреченій (изъ Сираха и новаго завѣта); лучшимъ сборникомъ долго почитался «Rosarium» Тротцендорфа. Наконецъ стали появляться книги по методикѣ первоначальнаго обученія: таково сочиненіе Икельзамера «О лучшемъ способѣ обученія чтенію и грамматикѣ», вышедшее въ свѣтъ еще въ 1520 году и требовавшее, чтобы чтенію учили безъ складовъ, столь препятствующихъ бѣглости и пониманію содержанія. Въ 1526 году появилась «Дѣтская книжка», заключавшая въ себѣ какъ бы все необходимое для народной школы: азбуку, дѣленіе буквъ на гласныя и согласныя, 10 заповѣдей, символъ вѣры съ толкованіемъ, о главнѣйшихъ таинствахъ: крещенія, причащенія и покоянія, цифры и счисленіе до 1000, съ краткими о томъ правилами, и, наконецъ, образчики писемъ.

Дисциплина въ народныхъ школахъ протестантовъ была крайне сурова, не уступая въ этомъ латинскимъ школамъ. Лучшими исправительными мѣрами считались розги, побои, ругательства, угрозы, насмѣшки надъ тѣлесными недостатками и т. п. На базельскихъ учителей именно жаловались, что они иначе не называютъ своихъ учениковъ, какъ сволочью, и другими оскорбительными прозвищами (Pochen, Balgen, Schrauben), и иначе не обращаются съ ними, какъ съ пинками, затрещинами, драньемъ за волосы и за уши и т. д. Въ школьныхъ уставахъ этого времени предписывалось учителямъ: не бить дѣтей по головѣ, не заставлять ихъ въ наказаніе стоять на четверенькахъ или лакать, не драть жестоко за волосы и за уши, не давать щелчковъ по носу, не наказывать палками и дубинами и т. д., но въ необходимыхъ случаяхъ только сѣчь розгами по заднимъ частямъ тѣла. Наиболѣе жестокія и унизительныя истязанія примѣнялись къ дѣтямъ въ ортоксально-протестантскихъ народныхъ школахъ, такъ какъ ихъ цѣлью было — какъ бы практически доказать юношеству, что земля есть дѣйствительно «юдоль плача и страданій», и привести его къ сознанію безотрадности и ничтожества всего земнаго въ жизни. Моральныя сентенціи и изреченія проводились въ школѣ съ ужаснымъ насиліемъ, съ ревностью, достойною лучшей цѣли; учащіеся задыхались въ формализмѣ, возрастая въ невѣжествѣ, грубости и нравственной одичалости. Много прошло времени, пока люди, подобные Песталоцци, водворили въ протестанскую школу новый, лучшій порядокъ вещей.....

Въ Англіи, также современемъ освободившейся, благодаря своей государственной власти, отъ римско-католическаго господства, реформація произвела сильное умственное броженіе и дала начало борьбѣ религіозныхъ партій, изъ которыхъ каждая старалась проводить въ общество свои идеи. Однако народная школа явилась здѣсь много позже, чѣмъ въ чисто-протестантскихъ государствахъ. Въ 1688 году было учреждено англичанами общество подъ названіемъ «Sosiety for Promoting Christian Knowledge», которое въ числѣ другихъ благотворительныхъ цѣлей, служившихъ предметомъ его обширной дѣятельности, обратило также вниманіе на воспитаніе бѣдныхъ дѣтей. Тѣмъ не менѣе, до половины прошлаго столѣтія народное образованіе было до того мало распространено въ Англіи, что на семь общинъ едва приходилось по одной школѣ; а потому исторія англійской народной школы, независимой отъ католическаго вліянія, относится уже къ позднѣйшему времени; впродолженіе же XVII и почти всего XVIII столѣтій вся дѣятельность образованнаго англійскаго общества по отношенію къ низшимъ классамъ народа имѣла по преимуществу христіанско-благотворительный характеръ. Только впослѣдствіи было понято, что лучшій способъ благотворить народу состоитъ въ томъ, чтобы дать ему возможность получить правильное образованіе, которое всегда благодѣтельно отзовется и на его нравственномъ, и на матеріальномъ бытѣ.

Во Франціи правильно устроенныя народныя школы (écoles primaires) явились еще позже: первыя попытки распространить образованіе въ массахъ народа относятся уже къ первой половинѣ прошлаго столѣтія. Главное вниманіе римско-католической церкви, нашедшей, наконецъ, ревностнѣйшихъ поборниковъ въ орденѣ Лойолы, было обращено на подавленіе во Франціи шедшихъ изъ Германіи реформаціонныхъ идей, и на устройство всей воспитательной системы сообразно съ интересами римскаго двора. Дѣятельность іезуитовъ въ этомъ отношеніи заслуживаетъ если не подражанія, то полнаго удивленія, тѣмъ болѣе, что она обнимала своимъ вліяніемъ весь тогдашній римско-католическій міръ.

### Главнѣйшія черты іезуитской педагогики.

Іезуитизмъ въ сферѣ католической церкви представляетъ отчасти тоже, что реформація — въ протестантской, оппозиція противъ которой дала ему и жизнь, и силу. Въ уставѣ ордена, утвержденномъ папою Павломъ III въ 1540 году, цѣль его опредѣляется «распространеніемъ и утвержденіемъ ученія Христа въ душахъ вѣрующихъ посредствомъ проповѣди и воспитанія юношества въ вѣрѣ и въ богослуженіи, доставляющихъ духовное утѣшеніе человѣку». Но, не смотря на это благовидное прикрытіе, въ сущности всѣ стремленія іезуитовъ сводились къ тому, чтобы искусно пользоваться религіозными потребностями человѣка и обращать ихъ въ доходную статью для себя, не заботясь о нравственномъ его совершенствованіи. Овладѣть воспитаніемъ юношества значитъ—овладѣть людьми вообще, сдѣлавъ ихъ послушными кліентами: это вполнѣ понимали поборники «Societatis Jesu», а потому послѣ проповѣди и исповѣди дѣло воспитанія было третьимъ могущественнымъ ихъ орудіемъ. Это явствуетъ изъ многихъ папскихъ постановленій и изъ той энергической дѣятельности іезуитовъ на педагогическомъ поприщѣ, которая по истинѣ заслуживаетъ изумленія. Уже папа Юлій III (1550 г.) высказываетъ похвалу той ревности, какую оказали они «pueros et alios rudes salubria dogmata ad christiani hominis institutionem necessaria docendo». Прежде всего іезуиты обратили свое вниманіе на высшія школы и успѣли занять въ нихъ крѣпкое положеніе: это было тѣмъ болѣе необходимо, что отъ этихъ школъ болѣе всего зависѣло умственное направленіе общества, тогда какъ невѣжественная масса народа гораздо легче поддавалась іезуитскому вліянію, не будучи въ состояніи сознательно отнестись къ нему и оказать серьезный отпоръ. Интересы ордена непосредственно сходились съ интересами папъ, желавшихъ всячески возстановить и по возможности даже возвысить свой непогрѣшимый авторитетъ: вотъ почему они не скупились на права и привилегіи, которыми осыпали іезуитскія школы. Въ особенности щедръ былъ въ отношеніи къ нимъ папа Григорій XIII, защищая іезуитовъ отъ нападеній какъ со стороны другихъ монашескихъ орденовъ, видѣвшихъ въ нихъ опасныхъ конкуррентовъ,—такъ и со стороны университетовъ, отказывавшихъ имъ въ ученыхъ степеняхъ. Послѣднее обстоятельство было легко устранено тѣмъ, что римскій первосвященникъ даровалъ ордену право самому возводить достойнѣйшихъ въ учены я степени баккалавровъ, магистровъ и докторовъ, открывавшія имъ путь къ занятію каѳедръ и ректорскихъ должностей въ высшихъ школахъ.

Скоро іезуиты, какъ воспитатели юношества, пріобрѣли такую извѣстность, что многіе католическіе государи искали ихъ содѣйствія и оказывали имъ явное предпочтеніе предъ другими орденами, не умѣвшими избирать, подобно имъ, столь цѣлесообразныя средства при воспитаніи и направленіи юношества въ интересахъ духовной и свѣтской іерархіи. По изслѣдованіямъ Вейвера, уже черезъ сто лѣтъ послѣ своего возникновенія орденъ насчитывалъ въ Европѣ, кромѣ множества миссіонерскихъ и другихъ домовъ: 669 коллегій и 176 семинарій, водворяя въ нихъ принципы «безусловной покорности, смиренія и приниженія». Въ XVII столѣтіи іезуиты наводнили западную Европу, покрывъ ее густою сѣтью своихъ учрежденій и школъ; въ 1679 году въ католическихъ государствахъ Европы: Италіи, Португаліи, Испаніи, Франціи и отчасти Германіи разсѣяно было 17,665 членовъ ордена, изъ которыхъ почти половина принадлежала къ сословію духовенства. Инквизиція, распространяемая изумительною по своей энергіи дѣятельностью такихъ генераловъ ордена, какимъ напр. былъ неаполитанецъ Клавдій Аквавива, прочно установившій школьную систему іезуитовъ, окончательно опутала все тогдашнее католическое человѣчество, развѣ только за немногими исключеніями, овладѣла всѣми его стремленіями и сокровеннѣйшими помыслами. Церковь, школа и семья составляли ту сферу, въ которой главнымъ образомъ вращалась дѣятельность іезуитовъ, пока не проникла, наконецъ, даже въ сферу самого государства съ его политикой, администраціей и законодательствомъ. Протестантизму было часто не подъ силу бороться съ своимъ могущественнымъ противникомъ, не обладая одинаковымъ съ нимъ оружіемъ, завѣтный девизъ котораго гласилъ, что «цѣль оправдываетъ всевозможныя средства», и что «данная клятва, несогласная съ собственнымъ убѣжденіемъ, ничѣмъ не обязываетъ» (reservatio mentalis).

Учебныя заведенія іезуитовъ дѣлились на собственно

семинаріи, приготовлявшія будущихъ членовъ ордена, и на свѣтскія школы (конвикторіи, алюмнаты), обыкновенно также имѣвшія устройство закрытыхъ, глухихъ интернатовъ и воспитывавшія мальчиковъ изъ свѣтскихъ сословій. Впрочемъ и въ семинаріи допускались дѣти изъ всевозможныхъ классовъ общества, такъ какъ большая часть послѣдователей Лойолы, принадлежа къ монашескому званію, не имѣла семьи, и орденъ долженъ былъ пополняться и расширяться на счетъ остальнаго общества. Іезуитская школа существенно отличалась отъ другихъ школъ какъ всѣмъ своимъ внутреннимъ устройствомъ, такъ въ особенности — дисциплиной. Плата за питомцевъ была относительно дешева; бѣднѣйшіе изъ нихъ воспитывались и обучались безвозмездно. Порядокъ и чистота во всемъ были образцовые; уходъ за больными — самый внимательный. Обращеніе съ питомцами отличалось кроткимъ дружелюбіемъ, внушавшимъ довѣріе къ воспитателямъ, старавшимся о томъ, какъ бы усыпить въ нихъ стремленіе къ умственной самостоятельности, которая замѣнялась исполнительностью. Главнымъ предметомъ изученія служилъ латинскій языкъ, и въ ученикахъ тщательно развивалась любовь къ чтенію классиковъ и сочиненію стиховъ. Кромѣ умѣнья свободно говорить по-латыни, отъ нихъ болѣе всего требовалась діалектическая ловкость въ диспутированіи, или точнѣе — искусство играть словами и разбивать чужую, хотя бы и вѣрную мысль.

Каждая іезуитская школа распадалась на два отдѣленія: высшее — studia superiora, и низшее — studia inferiora. Общее завѣдываніе было въ рукахъ ректора, которому подчинялись два префекта, по одному на отдѣленіе. Низшее соотвѣтствовало гимназіи и имѣло пять классовъ. Здѣсь начиналось латинской грамматикой и оканчивалось риторикой, — какъ это было въ системѣ, начертанной Штурмомъ для гуманистическихъ гимназій. «Не знаніе — говорилось въ уставѣ Аквавивы — а упражненіе въ разговорѣ и письмѣ составляетъ цѣль изученія грамматики; lege, scribe, loquere! — вотъ вся ея задача. Полнымъ знаніемъ языка обладаетъ лишь тотъ, кто умѣетъ не только читать, но также писать и говорить на немъ». На этомъ основаніи для преподаванія употреблялись книги съ латинскими фразами, которыя были расположены въ извѣстномъ порядкѣ и заучивались учениками. «Рѣчь, испещренная множествомъ различныхъ красивыхъ выраженій, сама дѣлается прекраснѣе и совершеннѣе»,—а потому упражненіе въ латинскомъ разговорѣ занимало главное мѣсто въ школѣ, и строго запрещалось когда либо употреблять родной языкъ. «Дозволившіе себѣ сказать что либо на родномъ языкѣ должны быть подвергнуты за это пристыженію съ помощью какого нибудь внѣшняго знака, надѣваемаго на позоръ, и кромѣ того перенести другое, соединенное съ этимъ наказаніе; знакъ этотъ долженъ оставаться на виновномъ до тѣхъ поръ, пока онъ не передастъ его кому либо изъ своихъ товарищей, поймавъ его разговаривающимъ на «простомъ языкѣ» въ школѣ или на улицѣ, или хитро и ловко подведя его подъ этотъ промахъ». Подобное отчужденіе питомца отъ самаго близкаго и роднаго для него, и даже отъ своихъ товарищей, на счетъ которыхъ ему приходилось искать собственнаго избавленія или возвышенія, было въ прямыхъ интересахъ ордена, желавшаго создать изъ своихъ питомцевъ такихъ людей, которыхъ было бы можно противопоставить обществу, какъ чему-то внѣшнему, чужому. Изученіе классиковъ, состоявшее въ механическомъ переводѣ безсвязныхъ отрывковъ, считалось средствомъ улучшенія стиля, вовсе не вводя въ живое пониманіе классической древности. «Знакомство съ писателями древности,—именно говорилось въ уставѣ,—должно имѣть въ виду лишь языкъ эллиновъ и римлянъ, усвоеніе котораго образуетъ стиль: ничего болѣе и ничего далѣе». Съ тою-же цѣлью улучшенія стиля на первомъ планѣ ставилось подражаніе Цицерону: «а слѣдовательно тѣ, которые, исказивъ свой вкусъ, предпочитаютъ цицероновскому какой либо другой стиль, поступаютъ противно нашему уставу и нарушаютъ долгъ обедіенціи». «Въ рѣчахъ и сочиненіяхъ своихъ ученики не должны приводить ничего такого, что не можетъ быть доказано авторитетомъ и примѣромъ признанныхъ и одобренныхъ писателей». Такимъ образомъ, искусство говорить и писать по этой іезуитской схоластикѣ состояло въ нанизываніи заученныхъ на память разныхъ отборныхъ фразъ, выхваченныхъ изъ разныхъ отрывковъ изъ «аппробованныхъ» писателей. Сочиненіе стиховъ состояло именно въ томъ, что ученикъ на разные манеры комбинировалъ фразы Виргилія, Овидія, Горація и др., подгоняя ихъ подъ извѣстный размѣръ и мало заботясь объ общей мысли. Въ школахъ разыгрывались и латинскія драмы, но—не Плавта или Теренція, а также собственнаго производства въ томъ же родѣ. Точно также и учителя, и ученики гордились умѣньемъ говорить по-гречески и сочинять греческіе стихи. Математика, географія, отечественный языкъ и музыка, проникавшая всю жизнь и все воспитаніе эллинскаго юноши, въ іезуитскихъ школахъ были въ полномъ пренебреженіи. Преподаваніе логики и риторики было самое ограниченное, отличалось тою же безплодностью, хотя іезуиты обращали особенное вниманіе на обогащеніе учениковъ свѣдѣніями, на «эрудицію», составлявшую даже особый учебный предметъ: «школьная эрудиція должна заимствовать свое содержаніе изъ исторіи и этнографіи народовъ, изъ сочиненій разныхъ авторитетовъ и вообще изъ наукъ, подчиняясь строгимъ требованіямъ на экзаменѣ; сюда именно входятъ: басни и историческіе разсказы, древности, оракулы, изреченія мудрецовъ, примѣры военной хитрости, знаменитые подвиги, изобрѣтенія, объясняющія какъ что произошло, нравы и учрежденія народовъ и т. д.» Въ низшихъ классахъ младшаго отдѣленія курсъ былъ однолѣтній, въ высшихъ—двухлѣтній.

Изъ этого видно, что старинная схоластика вполнѣ процвѣтала въ школахъ «ордена Іисуса» даже въ то время, когда гуманизмъ и реформація уже значительно успѣли очистить отъ нея свѣтскія, городскія школы. Только сатира не оставляла въ покоѣ этого царства умственнаго гнета, лицемѣрія и враждебнаго отношенія къ природѣ: сатирики, произведенія которыхъ въ родѣ «битвы пороковъ съ добродѣтелью» и «битвы семи свободныхъ искусствъ» рѣзко осмѣивали и схоластическихъ ученыхъ и схоластическіе учебники еще до появленія, іезуитовъ, очевидно задерживавшихъ улучшеніе школы*).

Въ томъ же направленіи шло преподаваніе въ высшихъ іезуитскихъ школахъ, основаніемъ для которыхъ служила клерикально-схоластическая философія. Въ первомъ году изучалась логика по преимуществу; во второмъ — книги de coelo, первая книга de generatione и meteorologica; въ третьемъ году — вторая книга de generatione, книги de anima и metaphysis. Особый «профессоръ морали» читалъ объ Аристотелевой этикѣ. Профессоръ математики читалъ для слушавшихъ физику еще объ элементахъ Эвклидовой геометріи и нѣсколько о географіи или о сферахъ. Послѣ трехлѣтняго философскаго курса способнѣйшіе студенты переходили еще на четырехлѣтній теологическій. «Профессоръ священнаго писанія» долженъ былъ преимущественно знакомить своихъ слушателей съ вульгатой, только въ необходимѣйшихъ случаяхъ нѣсколько касаясь еврейскаго и греческаго текста, и приводи изъ другихъ источниковъ лишь то, что было благопріятно для ученія римской церкви;

---

*) Въ поэмѣ «bataille des sept arts» одинъ французскій авторъ заставляетъ сражаться грамматиковъ, поэтовъ, ораторовъ и историковъ древности съ одной стороны, а философовъ и діалектиковъ — съ другой. Діалектики нагружаютъ на свои походныя телѣги высшія и низшія монастырскія школы, разные trivium и quadrivium. Битва начинается при звукахъ военной музыки; но горла схоластиковъ требуютъ полосканья, для котораго весь Парижъ доставляетъ имъ вино. При первой стычкѣ Донатъ устремляется на Платона, а Аристотель на Присціана, котораго скоро выбиваетъ изъ сѣдла; но къ Присціану поспѣваютъ на помощь доктринала и грецизмъ, и такъ сильно ранятъ Аристотеля, что онъ продолжаетъ битву уже пѣшимъ. На помощь къ грамматикѣ являются всѣ латинскіе писатели; діалектика должна отступить, и ее берутъ въ плѣнъ. Она проситъ капитуляціи чрезъ парламентера, который говоритъ такъ неправильно, что его прогоняютъ и т. д. Правда, іезуиты нѣсколько отступили отъ схоластической системы, но методы обученія если и измѣнились, то еще къ худшему, такъ какъ они окончательно поработили умъ и убивали всякую личную самостоятельность питомцевъ, долженствовавшихъ сдѣлаться въ послѣдствіи послушными кліентами ордена.

главное же внимание онъ долженъ былъ останавливать на сочиненіи 70 толковниковъ, пользовавшихся особеннымъ уваженіемъ. Профессоръ схоластической теологіи вообще не смѣлъ приводить ничего, что не согласовалось съ установленіями римско-католической церкви; академическія программы у іезуитовъ требовали утвержденія свыше въ то время, когда въ протестантскихъ университетахъ уже разцвѣтала свободная наука. Профессоръ казуистики обучалъ будущихъ служителей алтаря всему, что относилось къ обрядовой части и совершенію таинствъ, въ то же время преподавая ученіе о таинствахъ, званіяхъ и обязанностяхъ человѣка, строго держась установленныхъ авторитетовъ. Іезуиты были того убѣжденія, или по крайней мѣрѣ доказывали, что «только ихъ школы спасаютъ отъ той погибели, къ которой клонится дѣло воспитанія и обученія въ другихъ школахъ, угрожая также гибелью и разрушеніемъ для троновъ и государствъ». Наилучшее средство устраненія этой опасности іезуиты видѣли въ пріученіи юношества къ безусловному послушанію, первый примѣръ котораго долженъ показывать самъ учитель, оказывая повиновеніе даже самымъ несправедливымъ требованіямъ старшихъ. Личную волю каждаго должна замѣнять воля начальника и, наконецъ, папы—представителя воли Іисуса Христа, которую онъ, естественно, могъ понимать смотря по обстоятельствамъ и личному настроенію въ отношеніи къ подчиненнымъ. Для упражненія въ дѣлѣ покорности и послушанія, ученики должны были исполнять множество предписаній, развивавшихъ въ нихъ вмѣстѣ съ послушаніемъ также ханжество и лицемѣріе. Въ особенности много предписывалось извѣстныхъ молитвъ и религіозныхъ обрядовъ, убивавшихъ въ молодой душѣ живую силу вѣры и любви. Главнымъ наказаніемъ за ослушаніе признавалась также молитва, для которой запирали виновнаго въ капеллу на опредѣленное время, или, въ постные дни, заставляли слушать двойную обѣдню. Чрезъ это сама молитва являлась не удовлетвореніемъ внутренней потребности, а мѣрой наказанія, къ которому каждый человѣкъ питаетъ естественное чувство отвращенія и боязни. Отличившіеся въ подвигахъ смиренія и молитвы получали открытое одобреніе и лестныя награды, возбуждавшія въ другихъ товарищахъ зависть и соревнованіе, которое вело къ хитрому притворству.

Соревнованіе вообще почиталось въ іезуитской педагогикѣ основнымъ и могущественнѣйшимъ воспитательнымъ средствомъ, на которое указывали всѣ школьные уставы и предписанія. «Кто умѣетъ искусно возбуждать соревнованіе, тотъ обладаетъ самымъ надежнымъ вспомогательнымъ средствомъ для отправленія учительской обязанности, ибо его одного почти достаточно, чтобы успѣшнѣйшимъ образомъ дѣйствовать на юношество. По этой причинѣ учитель долженъ высоко цѣнить это орудіе и усердно отыскивать пути, на которыхъ оно имѣетъ наибольшую силу. Лучше всего поступаетъ тотъ, который каждому ученику противоставляетъ особаго соперника и возбуждаетъ состязаніе между ними». Школа наблюдала только, чтобы это соперничество не выходило изъ границъ наружной вѣжливости, и всячески поощряла желаніе каждаго питомца отличиться на счетъ другихъ товарищей. Съ тою же цѣлью изъ нихъ назначались за отличіе: магистраты, преторы, цензоры, декуріоны — и подобное званіе имѣло огромный вѣсъ въ школѣ. Питомцамъ обыкновенно внушалось, что нѣтъ ничего почетнѣе, какъ превзойти товарища, и ничего постыднѣе, какъ дозволить другому превзойти себя въ знаніи, прилежаніи и поведеніи. Раздача школьныхъ наградъ должна была главнымъ образомъ возбуждать и поддерживать въ школѣ этотъ духъ соревнованія, или вѣрнѣе — взаимнаго недоброжелательства и искательства предъ старшими; на этомъ же основаніи раздача наградъ производилась въ опредѣленное время, съ пышною торжественностью, при огромномъ стеченіи публики. Имена побѣдителей торжественно провозглашались: они выходили предъ собраніе, на средину, и получали каждый свою заслуженную премію.... Другимъ, не менѣе важнымъ возбудительнымъ средствомъ служилъ у іезуитовъ школьный обычай, по которому лучшіе ученики, сидѣвшіе въ классѣ выше своихъ товарищей, сохраняли и послѣ того, даже внѣ школы, свои почетныя мѣста впереди другихъ, менѣе отличившихся. Кромѣ того, имена отличившихся записывались на особыхъ выставленныхъ на показъ доскахъ, или прямо выставлялись на виду самыя ихъ работы — во славу и вѣчную память побѣдителей и къ огорченію побѣжденныхъ. Въ срединѣ школы, или въ особомъ углу, также ставили особенную позорную скамейку, носившую какое нибудь страшное названіе, въ родѣ «адской лѣстницы», и сажали на нее виновныхъ — на позоръ и посрамленіе. При томъ же на виновнаго надѣвали какой нибудь срамной знакъ, (дурацкій колпакъ, ослиныя уши и т. п.) и предоставляли ему право передать это украшеніе другому товарищу, котораго онъ превзойдетъ въ исполненіи заданной работы, или котораго уличитъ въ проступкѣ. За то тѣлесныя наказанія были рѣдко употребляемы въ школахъ іезуитовъ, предпочитавшихъ нравственныя мѣры, въ сущности приводившія питомцевъ къ самой крайней безнравственности, искажавшія и помрачавшія вконецъ чистоту юношеской природы. Если же необходимость и принуждала воспитателей къ розгамъ, то законъ предписывалъ: не сѣчь собственноручно, а призывать для этого особаго «корректора», — изъ опасенія потерять любовь и довѣріе въ глазахъ питомцевъ. И дѣйствительно, іезуиты умѣли пользоваться и дорожить преданностью и довѣріемъ юношества, стараясь ласково обращаться съ нимъ и незамѣтно приводить его къ конечной цѣли воспитанія — духовному рабству: въ этомъ и заключается самая характеристическая черта іезуитской педагогики.

Іезуиты также придавали большое значеніе внѣшней сторонѣ въ воспитаніи дѣтей, стараясь усвоить за ними приличіе манеръ и вообще придать имъ наружный лоскъ. Этой цѣли должны были служить театральныя представленія, которыя рано давали возможность дѣтямъ становиться въ различныя житейскія положенія, понимать условія жизни, и среди нихъ исправно выполнять выбранную себѣ роль: это вело къ искусному притворству, къ умѣнью надѣвать на себя какую угодно личину. Съ неменьшею заботливостью относились іезуитскіе педагоги къ гимнастикѣ, видя въ ней прекрасное средство къ гармоническому развитію тѣла и укрѣпленію здоровья; учебныя заведенія ихъ были устроены съ строгимъ соблюденіемъ всѣхъ гигіеническихъ требованій. Время для серьезныхъ занятій искусно соразмѣрялось съ силами питомцевъ; весь день былъ распредѣленъ съ точностью, по часамъ и минутамъ, не оставляя простора для свободной дѣятельности дѣтей, которая въ глазахъ іезуитовъ не согласовалась съ основнымъ ихъ принципомъ «обедіенціи и субординаціи во всемъ». Каждое утро начиналось молитвой, впродолженіе которой и ученики, и учителя должны были стоять на колѣняхъ. Потомъ, занявшись классными уроками, которые также и начинались, и оканчивались молитвой, всѣ шли къ обѣднѣ, а послѣ нея каждый ученикъ готовилъ до обѣда заданный ему урокъ. Послѣ обѣда опять шли въ классы, за исключеніемъ только двухъ дней, когда учителя вели дѣтей на прогулку, играли съ ними въ мячикъ, лѣтомъ купались, гимнастировали и т. п. Впрочемъ, время для игры опредѣлялось ежедневно. Питомцы ни на минуту не оставались безъ присмотра, и каждый шагъ ихъ былъ извѣстенъ учителю, который насквозь зналъ потомцевъ, проникалъ во всѣ сокровеннѣйшіе изгибы ихъ души—ибо только при этомъ условіи, предписываемымъ самимъ закономъ, онъ могъ давать имъ должное направленіе, т. е. окончательно поработать ихъ нравственную личность, какъ это было на дѣлѣ при узкости іезуитскихъ тенденцій, желавшихъ изъ дѣтей создать не хорошихъ людей, а исключительно—хорошихъ іезуитовъ. Они поэтому наблюдали не только внѣшніе поступки дѣтей, но самую ихъ физіогномію, характеръ и направленіе ихъ родителей, особенно матери, складъ ихъ семейной жизни со всѣми ея вліяніями и т. д., со всѣхъ сторонъ опутывая свободное развитіе мальчика самыми тонкими, невидимыми нитями. Но главнымъ образомъ пользовались они дѣломъ исповѣди, высоко-таинственной обрядъ которой представлялъ наилучшій способъ вызнать, вышытать и по своему направить питомца. Если пріемъ этотъ удавался іезуитамъ въ отношеніи взрослыхъ, высокостоявшихъ, даже коронованныхъ особъ,— то могъ ли онъ не удаваться имъ въ примѣненіи къ еще слабой, податливой, довѣрчивой и воспріимчивой дѣтской природѣ! Кромѣ того, всѣ письма, получаемыя или отправляемыя питомцемъ, непремѣнно проходили черезъ руки наставниковъ и начальниковъ, которые дружно стремились оторвать дѣтское сердце отъ его близкихъ, друзей и родныхъ, и привязать его къ одному благодѣтельствующему ордену. Точно также старались іезуиты возможно раньше пріучить своихъ питомцевъ къ кровавому зрѣлищу сожженія и лютыхъ казней еретиковъ, вражду и ненависть къ которымъ они всячески раздували въ нихъ, не гнушаясь никакими мѣрами и ожесточая нѣжное сердце дитяти.

Такимъ образомъ, все обученіе іезуитовъ состоитъ въ безжизненномъ механизмѣ, въ развитіи одной памяти, загромождаемой обширной эрудиціей; за исключеніемъ холоднаго, практическаго разсудка, всѣ высшія умственныя способности тщательно подавляются; чувство оскверняется; воля изъ свободной дѣлается несвободною, но крѣпкою въ преслѣдованіи извнѣ предназначенной цѣли. Къ этому ведетъ все воспитаніе, основанное на слѣпомъ повиновеніи, на взаимномъ шпіонствѣ, на искательствѣ и прислужничествѣ младшихъ предъ старшими. Никогда еще христіанская религія, взывающая къ лучшимъ сторонамъ человѣческой природы, проповѣдующая вѣчныя начала истины, свободы и любви, не была такъ злоупотребляема, становясь орудіемъ для самыхъ исключительно-эгоистическихъ, низко-матеріяльныхъ цѣлей. Вся педагогическая система іезуитовъ основывается на возбужденіи и дальнѣйшемъ развитіи самыхъ темныхъ, нечистыхъ инстинктовъ человѣка: на честолюбіи, высокомѣріи, своекорыстіи. Мѣсто любви къ людямъ въ школѣ и жизни заступаетъ конфессіональная ненависть; мѣсто доброжелательства къ ближнему — злорадство, шпіонство и доносничество; мѣсто довѣрія — ревнивая зависть, скрытность и холодная осторожность; мѣсто единства — полное разъединеніе, однимъ словомъ — все то, что противно божественной сущности христіянства, что заглушаетъ въ душѣ человѣка чистѣйшіе идеалы, отдаляя его отъ неба и приковывая къ землѣ съ ея страстями, враждою, эгоизмомъ, ведущими человѣка лишь къ порабощенію, къ уничтоженію другъ друга. И все это подъ прикрытіемъ имени Христа! Конечно, самъ основатель этого мрачнаго ордена, фанатическій испанецъ Лойола, заморившій плоть свою въ бичеваніи и постѣ, никогда не полагалъ, что организованное имъ «братство Іисуса» будетъ направлено стараніями папъ и генераловъ ордена единственно къ тому, чтобы съ дѣтства порабощать духъ человѣка въ интересахъ одной іерархіи, и дѣйствовать на него ужасами инквизиціи въ поддержку деспотизма. И тѣмъ не менѣе, къ стыду и несчастію человѣчества, дѣятельность ордена, благодаря крѣпкой его внутренней организаціи и вполнѣ цѣлесообразной системѣ воспитанія, изъ Европы перенеслась въ другія части свѣта и развилась: по Африкѣ, Южной Америкѣ и Азіи; въ Египтѣ, въ Бразиліи, въ Индіи и Китаѣ іезуитская конгрегація «de propaganda fide» воздвигала великолѣпные католическіе храмы и многочисленныя школы, вырывая изъ народа и обращая въ свою пользу все, что было даровитѣйшаго въ юношествѣ. Число пламенныхъ миссіонеровъ іезуитизма за предѣлами Европы росло еще быстрѣе, чѣмъ въ самой Европѣ, гдѣ болѣе высокая образованность общества все же могла оказывать ему нѣкоторый отпоръ, особенно въ государствахъ некатолическихъ.

Мѣры въ пользу собственно народнаго образованія и увеличенія числа низшихъ школъ долго не отличались особенною производительностью даже въ католическихъ государствахъ: только на соборѣ въ Тридентѣ было вмѣнено въ обязанность епископамъ приказывать и, въ случаѣ необходимости, церковными штрафами (отлученіемъ, эпитиміей, деньгами) понуждать родителей посылать дѣтей въ воскресныя школы для наставленія ихъ въ догматахъ и правилахъ вѣры. Во Франціи Баптистъ-де-ля-Салль (род. въ 1651 г.) учредилъ особое «школьное братство», обратившее свои заботы на образованіе среднихъ и низшихъ классовъ, и до того распространившее свои школы, что уже въ 1719 году въ нихъ было около 10,000 питомцевъ, преимущественно бѣдняковъ и сиротъ. «Члены братства — говорится въ его статутѣ — должны обучать дѣтей по предписаннымъ и вообще установленнымъ отъ ордена методамъ, ничего не измѣняя, и ничего не вводя новаго. Катихизація должна производиться каждодневно, а неисправно участвующіе въ ней ученики — исключаться. Къ наказаніямъ слѣдуетъ прибѣгать рѣдко, и притомъ съ полнымъ самообладаніемъ, безъ гнѣва, безъ оскорбленія и безъ розогъ; это должно соблюдать въ особенности при катихизаціи или обученіи молитвамъ, за исключеніемъ развѣ уроковъ чистописанія». Впрочемъ, относительно народной массы, какъ уже было сказано, іезуиты считали нужнымъ пользоваться только богослуженіемъ, проповѣдью и исповѣдью, достаточно упрочившими ихъ вліяніе; школа же требовала слишкомъ много надзора и не обѣщала такихъ выгодъ, какія притекали къ ордену и главѣ его — папѣ изъ другихъ, высшихъ классовъ общества. Тонкая, хитро расчитанная система іезуитской педагогики пустила такіе глубокіе корни, что слѣды ея до сихъ поръ сохранились на западѣ; но ея тайныя пружины, ея слѣдствія уже раскрыты исторіей. «Будемъ же осторожны! — говоритъ Раумеръ. Не станемъ упускать изъ виду ни ея цѣлей, ни ея мотивовъ, какъ ни тщательно прикрыты они наружною благовидностью. Хотя мясникъ пасетъ свое стадо на прекрасныхъ, зеленыхъ пажитяхъ, — можно ли видѣть въ этомъ любовь его къ своимъ овцамъ? А іезуиты въ своихъ коллегіяхъ отводили юношеству именно такія, самыя зеленыя, самыя обильныя пажити».

# ГЛАВНѢЙШІЯ ПОГРѢШНОСТИ,

исправленіе которыхъ будетъ внесено въ текстъ новаго изданія.

|  |  |  |  | напечатано: | читай: |
|---|---|---|---|---|---|
| стр. | 6 сверху | строка | 1 | индѣйцы, | индійцы |
| « | 26 | « | 16 | гіеротическое | гіератическое |
| « | 49 | « | 17 | духа | уха |
| « | 58 | « | 77 | Курота | Еврота |
| « | 70 снизу | « | 14 | Фоцилиду | Фокилиду |
| « | 73 | « | 5 | панаѳенейскихъ | панаѳинейскихъ |
| « | 177 | « | 5 | буквѣ | буквы |
| « | 198 | « | 16 | идеѣ | дѣлу христіянства |
| « | 211 сверху | « | 16 | предшественника | перваго |
| « | 212 | « | 7 | византійскихъ | христіянскихъ |
| « | 221 снизу | « | 7 | мечтательная | любящая |
| « | 274 | « | 2 | къ жизню | съ жизнью |
| « | 297 | « | 10 | саму | самую |
| « | 310 | « | 7 | исторіи | въ исторіи |
| « | 317 сверху | « | 16 | получаемый | получающій |

Оглавленіе и списокъ источниковъ будутъ приложены въ концѣ втораго выпуска.

Цѣна 1 руб. 25 коп.

При покупкѣ пяти экземпляровъ и болѣе дѣлается 20% уступки.

На второй выпускъ выдается билетъ безъ взноса денегъ впередъ.

Адресъ: Васильевскій Островъ, по углу Волжской линіи и Средняго Проспекта, въ домѣ Ц., квартира № 11.

# ОЧЕРКЪ

## ИСТОРІИ ВОСПИТАНІЯ И ОБУЧЕНІЯ

СЪ ДРЕВНѢЙШИХЪ ДО НАШИХЪ ВРЕМЕНЪ.

*Для педагоговъ и родителей*

составилъ
(по Шмидту, Раумеру и др.)

Л. МОДЗАЛЕВСКІЙ.

ВЫПУСКЪ ВТОРОЙ.

САНКТПЕТЕРБУРГЪ.
ВЪ ТИПОГРАФІИ СУШИНСКАГО, МОГИЛЕВСКАЯ, 7.
1867.

# Борьба реалистическо-философскихъ системъ за свободу воспитанія.

Книги, фразы, слова — вотъ что составляло предметъ школьнаго изученія впродолженіе всего абстрактно-теологическаго періода въ исторіи воспитанія. Точное, реальное знаніе еще не существовало, и даже то, что повидимому могло носить его имя, на дѣлѣ было знаніемъ не самаго предмета, а только фразъ о немъ, почерпнутыхъ изъ разныхъ сочиненій «древнихъ» о силахъ природы, о звѣздахъ, камняхъ, растеніяхъ, животныхъ; это была астрономія — безъ наблюденій и телескопа, анатомія — безъ труповъ и препаровочной, физика — безъ эксперимента, химія — безъ реторты и т. д. Но духъ человѣка не остановился на фразахъ, и вскорѣ послѣ возрожденія классическаго знанія, въ лицѣ нѣсколькихъ передовыхъ дѣятелей науки, перешелъ отъ гуманизма съ его обожаніемъ красоты въ природѣ непосредственно къ самой вещественной природѣ, живой и дѣйствительной, отъ мертваго и механическаго обратился къ *органическому*, внеся тотъ же элементъ и въ школу. Отъ воспитанія отрезвившійся духъ человѣка потребовалъ соблюденія тѣхъ же органическихъ законовъ, которые онъ открылъ во всей природѣ, и которые дѣйствительно одинаково присущи и развитію тѣла, и развитію духа питомца. Правда, первые провозвѣстники этого мироваго принципа не вдругъ добились его успѣха; ихъ голосъ долго былъ «гласомъ вопіющаго въ пустынѣ»;

но важно было уже то, что принципъ этотъ былъ сознанъ и высказанъ; истина, разъ открытая разумомъ, уже не могла остаться безплодною. Замѣчательно также, что и на этотъ разъ дѣло не обошлось безъ увлеченій, какъ это бываетъ всегда, когда новый принципъ выступаетъ противъ прежняго, устарѣвшаго; реалистическое направленіе отчасти перешло въ матеріялизмъ, который, впрочемъ, не успѣлъ коснуться воспитанія, и, пополнивъ его одной существенно-важной стороной, не въ силахъ былъ увлечь его въ совершенную односторонность. Во избѣжаніе всякаго насилованія дѣтской личности, воспитаніе должно всегда покоиться на самыхъ широкихъ, общечеловѣческихъ, христіянско-гуманныхъ началахъ: это всегда понимали тѣ истинные педагоги, которые брали его подъ свою защиту отъ деспотизма той или другой партіи, будь она ученая, клерикальная, политическая или иная какая.

*Монтань.*

Франція произвела перваго по времени представителя новаго ученія о воспитаніи — *Монтаня*, который въ своихъ «Essais» явился ревностнымъ защитникомъ его естественности. Michel de Montaigne (родился въ 1533 году; умеръ въ Бордо на 59 году жизни) получилъ полное тогдашнее образованіе. Латинскій языкъ онъ изучилъ прежде своего роднаго, и семи лѣтъ уже читалъ въ оригиналѣ метаморфозы Овидія. Благодаря заботамъ своего отца, онъ близко знакомъ былъ съ произведеніями классическихъ писателей Рима и Греціи, и, какъ французъ, также наслѣдовалъ блестящее остроуміе. Изъ Горація Монтань усвоилъ наклонность къ беззаботному эпикуреизму, и взглядъ его на дѣйствительную жизнь получилъ оттѣнокъ то безнадежности, то равнодушія; смертоубійство въ его глазахъ было вещью совершенно естественною. Современники, особенно Паскаль, отзываются о немъ прямо, какъ о человѣкѣ безнравственномъ, какъ о грязномъ циникѣ. Католицизмъ явно не удовлетворилъ геній

Монтаня, а другихъ нравственныхъ основъ онъ не нашелъ; не удовлетворила его и клерикальная наука, а потому онъ отрицалъ самую пользу науки вообще. Во всемъ направленіи его ума естественно должно было преобладать отрицаніе, первая причина которaго лежала въ его воспитаніи, или вѣрнѣе — въ современномъ ему обществѣ, жившемъ подъ авторитетомъ римско-католической церкви. Люди, подобные Монтаню, изъ недовольства существующимъ порядкомъ переходившіе къ безпощадному отрицанію, къ ожесточенію или къ эпикурейскому «carpe diem», всегда являются страдальцами, изъ страданій которыхъ однако общество должно почерпать для себя полезный урокъ, и тотчасъ обращаться къ тщательному изслѣдованію и удаленію причинъ такого же страданія для будущихъ, подростающихъ поколѣній….

Размышляя надъ ходомъ собственнаго и всего современнаго ему воспитанія, Монтань восклицаетъ: «Къ чему послужитъ намъ, если мы станемъ жадно наполнять нашъ желудокъ мясомъ, но не будемъ въ состояніи переварить его и переработать настолько, чтобы оно дѣйствительно питало и укрѣпляло насъ? Мы слишкомъ любимъ опираться на чужую руку, такъ что наша собственная сила при этомъ вовсе пропадаетъ. Какъ скоро я желаю вооружиться противъ страха смерти, я тотчасъ обращаюсь къ Сенекѣ; думаю ли пріискать утѣшеніе себѣ или другому, я непремѣнно прибѣгаю за нимъ къ Цицерону. Но вѣдь я нашелъ бы все это въ самомъ себѣ, если бы только меня пріучали къ тому. Для меня становится невыносимымъ влачить далѣе это жалкое, нищенское существованіе; ибо если мы и можемъ сдѣлаться благоразумными черезъ благоразуміе другихъ, то мудрыми мы сдѣлаемся только чрезъ нашу собственную мудрость». «Главное, чему слѣдуетъ учить питомца, это — чтобы онъ умѣлъ самъ познавать себя, умѣлъ хорошо жить и хорошо умереть. Изъ «свободныхъ искуствъ» пусть начинаютъ именно съ того, которое дѣлаетъ насъ свободными. Когда же питомецъ научился всему необходимому, всему, что сдѣлаетъ его добрымъ и умнымъ, — тогда уже можно приниматься съ нимъ и за логику, и за физику, геометрію или риторику; изберетъ ли онъ потомъ себѣ какую-либо науку, онъ непремѣнно и скоро станетъ въ ней мастеромъ, такъ какъ онъ уже развилъ въ себѣ силу мышленія. Пусть онъ учится отчасти изъ бесѣды съ учителемъ, отчасти изъ книгъ. Пусть учитель почаще даетъ ему самому въ руки хорошаго писателя, или покрайней мѣрѣ лучшій сокъ изъ него. Но пусть питомецъ не будетъ при этомъ стѣсняемъ, головою выданный гнѣву и нелѣпой прихоти своего яростнаго наставника. Я не хочу губить молодой умъ, заставляя его по принятому порядку, впродолженіе 14 — 15 часовъ, корпѣть надъ работой подобно какому нибудь носильщику груза. Однако я также не одобрилъ бы, видя какъ иной робкій юноша меланхолическаго темперамента всѣми силами отдается чтенію книгъ, думая почерпнуть изъ нихъ совершенство: это дѣлаетъ молодыхъ людей неловкими въ обращеніи и удаляетъ отъ лучшихъ, еще полезнѣйшихъ занятій. Какъ много видѣлъ я въ жизни людей, которыхъ жажда науки сдѣлала дураками! «Мой ученикъ долженъ не на фразахъ, а на дѣлѣ изучать свои уроки, на дѣлѣ же и повторять ихъ. Тогда будетъ видно: есть ли благоразуміе въ его предпріятіяхъ, обнаруживаются ли въ его поведеніи доброта и справедливость, отличается ли рѣчь его разумомъ и скромностью, есть ли у него терпѣніе въ болѣзняхъ, приличіе въ играхъ, умѣренность въ удовольствіяхъ, порядокъ въ экономическихъ дѣлахъ; поддается ли онъ сластолюбію, когда ему приходится выбирать между мясомъ и рыбой, виномъ и водой. Разумъ нашъ вѣрнѣе всего отражается въ нашей практической жизни; а потому не слѣдуетъ пріучать питомца къ однимъ словамъ. Когда у него есть хорошій запасъ реальныхъ, живыхъ понятій, — слова придутъ сами собою, а если и не придутъ, то онъ все таки отыщетъ ихъ». «Я люблю простую, естественную рѣчь, которая коротка и сжата, которая не столько нѣжна и изящна, сколько сильна и убѣдительна. Такимъ-то именно языкомъ и долженъ учиться говорить питомецъ, и говорить не такъ, какъ говоритъ его книга: мозгъ и плоть не добудешь, какъ можно добыть платье». «Я желалъ бы прежде всего хорошенько научиться своему родному языку, а потомъ языку моего сосѣда, съ которымъ у меня обыкновенно бываетъ болѣе всего сношеній. Конечно, въ греческомъ и латинскомъ есть много изящнаго и возвышеннаго; но только покупается все это слишкомъ дорогой цѣной. Языкамъ надо учиться безъ грамматикъ и правилъ, безъ розогъ и слезъ, а—въ обращеніи съ людьми, съ которыми пришлось бы говорить напр. неиначе какъ по латыни, по нѣмецки и т. д. Уроки, которые приходятся какъ бы случайно, не будучи прикованы ни ко времени, ни къ мѣсту, проходятъ незамѣтно для насъ самихъ. Даже всѣ наши игры и тѣлесныя упражненія, какъ то: бѣганье, борьба, танцы, музыка, верховая ѣзда, фехтованье и охота—все это составляетъ значительную часть нашего обученія. Я желаю, чтобы нашъ внѣшній видъ развивался и совершенствовался вмѣстѣ съ нашею душею. Но прежде всего веди питомца такъ, чтобы онъ клалъ оружіе предъ истиной, и, увидѣвъ ее, тотчасъ отдавался ей, хотя бы онъ увидѣлъ ее на сторонѣ своего противника, или во время размышленія открылъ ее въ собственномъ духѣ».

Такимъ образомъ Монтань является противникомъ всего схоластическаго, врагомъ всякаго формализма, фразерства и педантизма, которые господствовали въ школахъ его времени. Онъ требуетъ отъ образованія жизненности, дѣятельности, самостоятельности сужденія, реальное знаніе ставитъ выше мертваго вокабулизма, и придаетъ большое значеніе гимнастикѣ, поддерживающей бодрое, веселое настроеніе духа. Монтань старается показать, что воспитаніе важнѣе обученія, такъ какъ первое даетъ силу и характеръ человѣку, сообщаетъ ему должное направленіе; второе же, обогащая умъ свѣдѣніями, не опредѣляетъ воли, а потому еще не ведетъ къ нравственной жизни. Слѣдовательно, хорошъ только тотъ учитель, который дѣйствуетъ воспитательно на молодую личность, который является не исключительно учителемъ, заботящимся о выучкѣ, а—педагогомъ, имѣющимъ въ виду гармоническое развитіе всѣхъ силъ и способностей души питомца. Однако Монтань, возставая против современныхъ ему злоупотребленій школы, противъ пассивности воспитанія, заходитъ также слишкомъ далеко въ своемъ отрицаніи, подобно другому геніяльному французу — Ж. Ж. Руссо. Такъ Монтань возстаетъ противъ семейнаго воспитанія и желаетъ поручать его постороннимъ лицамъ, по преимуществу гувернёрамъ, что было въ обычаяхъ тогдашняго высшаго французскаго общества: «По общепринятому мнѣнію — говоритъ онъ — почитается вреднымъ воспитывать дѣтей на родительскомъ лонѣ. И дѣйствительно: естественная любовь дѣлаетъ даже благоразумныхъ родителей черезъ-чуръ нѣжными и снисходительными; они не рѣшаются ни наказывать дѣтей, ни держать ихъ на простой пищѣ, какъ это должно. Они даже не переносятъ, если дитя ихъ возвращается съ своихъ упражненій въ поту и въ пыли, когда оно пьетъ то холодное, то горячее, когда оно садится на дикую лошадь, между тѣмъ какъ нѣтъ другаго средства воспитать совершеннаго человѣка, какъ еще въ юности не допуская его до изнѣженности и часто оставляя въ сторонѣ разныя медицинскія предписанія: Vitamque sub divo et trepidis agat in rebus (Горацій).— Ошибка здѣсь заключается именно въ томъ, что Монтань вмѣсто того, чтобы требовать исправленія семейныхъ нравовъ, считаетъ за лучшее совершенно лишить дитя родительской любви и ласки. Стремясь къ реализму въ воспитаніи, въ противоположность прежней искуственности и безплодному знанію, онъ, также подобно Руссо совѣтуетъ знакомить юношество не только съ прошедшимъ, но и съ настоящимъ: «Пусть мой гувернеръ, воспитывая мальчика, не забываетъ истинной цѣли своего призванія, и изъ году въ годъ толкуя о разрушеніи Карѳагена, о характерѣ Ганнибала и Сципіона и т. п., пусть онъ учитъ не столько самому прошедшему, сколько умѣнью правильно судить о немъ. Питомецъ долженъ познакомиться со всѣмъ окружающимъ его: съ пастухомъ, каменьщикомъ, путешественникомъ наблюдая ихъ за ихъ работой и изучая каждый товаръ, ибо въ хозяствѣ все необходимо; даже глупости и слабости другихъ должны служить ему уроками».

Защищая образовательное значеніе философіи, Монтань рекомендуетъ школамъ въ особенности Эпикура, опредѣлявшаго цѣль жизни наслажденіемъ: «Странно, что въ нашъ вѣкъ дошло до того, что даже люди умные считаютъ философію однимъ пустымъ словоизвитіемъ, безполезнымъ какъ для мысли, такъ и для дѣятельности человѣка. Къ величайшей несправедливости ее считаютъ недоступною для дѣтей, рисуя ее чѣмъ-то мрачнымъ, скучнымъ, мелочнымъ и ужаснымъ. Но кто же надѣлъ на нее эту блѣдную, отвратительную личину (если не мы сами)? Нѣтъ ничего веселѣе, легче, радостнѣе, можно сказать даже безумнѣе философіи. Она не проповѣдуетъ ничего, кромѣ радости и наслажденія. Унылая, мрачная мина на лицѣ человѣка именно доказываетъ, что онъ не знакомъ съ нею. Когда Димитрій Грамматикъ увидѣлъ въ Дельфійскомъ храмѣ сидящую группу философовъ, то обратился къ нимъ съ слѣдующими словами: Или я ошибаюсь, или ваши веселыя, мирныя лица говорятъ мнѣ прямо, что вы вовсе не заняты серьезной бесѣдой. На это Мегарянинъ Хираклеонъ отвѣчалъ ему: Пусть, толкуя о своей наукѣ, хмурятъ свой лобъ лишь тѣ, которые изслѣдуютъ, двойное-ли $\lambda$ имѣетъ futurum отъ $\beta \acute{\alpha} \lambda \lambda \omega$, или—отъ какихъ корней происходитъ сравнительная степень $\chi \epsilon \tilde{\iota} \rho o \nu$ и $\beta \acute{\epsilon} \lambda \tau \iota o \nu$ и превосходная $\chi \epsilon \acute{\iota} \rho \iota \sigma \tau o \nu$ и $\beta \acute{\epsilon} \lambda \tau \iota \sigma \tau o \nu$; что же касается философскихъ изысканій, то они дѣлаютъ человѣка веселымъ и радостнымъ». Подъ философскими занятіями Монтань вовсе не разумѣетъ подобныя тѣмъ, какія процвѣтали въ схоластическихъ школахъ: «Что пользы питомцу—говоритъ онъ—если его будутъ душить одними хитросплетеніями софистическихъ силлогизмовъ, въ родѣ слѣдующаго: окорокъ требуетъ питья; питье умѣряетъ жажду; ergo—окорокъ умѣряетъ жажду! Пусть же питомецъ смѣется надъ такой наукой: это будетъ гораздо полезнѣе ея серьезнаго изученія!» Къ сожалѣнію Монтань, какъ и многіе ему подобные реформаторы, былъ способенъ къ крайностямъ и увлеченіямъ, что кромѣ того значительно объясняется его пылкимъ, чисто-французскимъ темпераментомъ. Нерѣдко онъ педантизмъ смѣшиваетъ съ самой наукой, и отрицая первый, какъ бы забываетъ о послѣдней, отдавая предпочтеніе развитію чувства и воображенія; онъ былъ болѣе поэтъ, чѣмъ мыслитель и педагогъ, хотя и стремился къ реализму въ воспитаніи, понимая подъ «реализмомъ» дѣйствительное, живое знаніе вещей. «Еще Плутархъ замѣтилъ — продолжаетъ Монтань — что слова «грекъ» и «учитель» были у Римлянъ бранными словами. Я самъ съ лѣтами убѣдился, что они имѣли на это достаточное основаніе. По почему же это душа, обогащенная многоразличными свѣдѣніями, не дѣлается чрезъ нихъ ни жизненнѣе, ни дѣятельнѣе; почему слабый, дюжинный умъ, принимая въ себя мысли лучшихъ людей, какихъ только произвелъ міръ, нимало не образуется ими? Этого я до сихъ поръ не понимаю. «Кто хочетъ вмѣстить въ своей головѣ столь много чужихъ, огромныхъ и сильныхъ мозговъ, сказала мнѣ одна дѣвушка, тотъ по необходимости долженъ стѣснить свой собственный мозгъ, чтобы очистить мѣсто другимъ». Я могу сказать еще иначе: какъ растенія вянутъ отъ излишней поливки; какъ лампы гаснутъ отъ излишняго масла; — такъ же бываетъ и съ нашею мыслительною способностью при изученіи слишкомъ обильнаго матерьяла, ибо умъ нашъ при этомъ обиліи различныхъ понятій дѣлается неспособенъ къ самостоятельному развитію: ихъ непомѣрный грузъ производитъ въ немъ какъ бы вывихи или искривленія. Но съ другой стороны это опять невѣрно, такъ какъ наша душа растетъ именно по мѣрѣ того, какъ она наполняется (понятіями); къ тому же изъ примѣровъ древности мы ясно видимъ, что мужи, выросшіе среди общественной дѣятельности, великіе полководцы, великіе государственные люди въ тоже время обладали и обширною ученостью». Но несмотря на эти сомнѣнія, Монтань, не будучи знакомъ съ реальной психологіей, еще не существовавшей въ его время, и не умѣя найти средствъ для развитія активныхъ и продуктивныхъ силъ духа, все таки приходитъ къ заключенію, что занятіе науками скорѣе ослабляетъ, чѣмъ укрѣпляетъ душу, дѣлая ее болѣе женственною, чѣмъ воинственною. «Сильнѣйшее изъ всѣхъ существующихъ теперь на свѣтѣ государствъ — говоритъ онъ — есть Турецкое: это потому, что тамъ народъ воспитаніемъ пріучается цѣнить оружіе и презирать науки. Пока Римъ не началъ учиться, онъ былъ гораздо храбрѣе. Всѣ воинственнѣйшія націи нашего времени принадлежатъ къ числу грубѣйшихъ и невѣжественнѣйшихъ; Скиѳы, Парѳяне, Тамерланъ и др. достаточно убѣждаютъ насъ въ томъ же». И такъ здѣсь уже одинъ шагъ до знаменитаго трактата Руссо о вредѣ наукъ. Изъ Монтаня, который, впрочемъ, не имѣлъ особеннаго вліянія на современную ему педагогическую практику, можно черпать и много истинно-поучительнаго, и также не мало ложнаго, особенно въ отрицательномъ отношеніи, такъ какъ писатель этотъ, не смотря на свою геніяльность, все же былъ «больнымъ сыномъ больнаго вѣка». По словамъ его біографа, настроеніе его духа постоянно колебалось между игривостью и меланхоліей; да и вообще не должна ли игривость минутнаго эпикуреизма смѣняться меланхолической думой о вѣчности?...

### Бэконъ Веруламскій.

Почти одновременно съ Монтанемъ, въ Англіи жилъ и дѣйствовалъ другой, еще болѣе геніяльный защитникъ реализма въ наукѣ и въ воспитаніи — Franciscus Baco Verulamius. Онъ родился въ Лондонѣ въ 1561 году, въ блестящее царствованіе королевы Елизаветы, при которой отецъ его состоялъ «хранителемъ большой печати». Его мать, изъ фамиліи Кòза, была женщина образованная, знавшая по-гречески и по-латыни. Мальчикомъ Францискъ отличался необыкновенною мѣткостью сужденія, такъ что королева любила толковать съ нимъ и называла его маленькимъ канцлеромъ. Еще не имѣя полныхъ 16 лѣтъ, Францискъ Бэконъ поступилъ въ одну коллегію Кембриджскаго университета, гдѣ ближайшимъ руководителемъ имѣлъ знаменитаго доктора теологіи Уайтгиста, впослѣдствіи епископа Кентерборійскаго. Въ Кембриджѣ онъ прилежно изучалъ Аристотеля, но, при всемъ уваженіи къ нему, не успѣлъ полюбить его, такъ что еще отсюда ведетъ свое начало полемика Бэкона противъ схоластики. По выходѣ его изъ университета, сообщившаго ему общенаучное образованіе, отецъ желалъ ближе познакомить его съ политикой, и съ этою цѣлью отправилъ его вмѣстѣ съ однимъ англійскимъ посланникомъ въ Парижъ. По возвращеніи въ отечество Бэконъ уже не засталъ въ живыхъ отца, и, получивъ небольшое наслѣдство, съ большою охотою принялся за юриспруденцію. Королева дала ему мѣсто совѣтника при ней, а Іаковъ I сдѣлалъ его государственнымъ канцлеромъ и возвелъ въ графское достоинство. Жена принесла ему богатое приданое; но дѣтей отъ нея Бэконъ не имѣлъ. За шесть лѣтъ до смерти онъ лишился всѣхъ своихъ должностей, чему причиной былъ онъ самъ, не отличаясь честностью въ судебныхъ дѣлахъ. Король, убѣжденный въ его виновности, могъ лишь смягчить законный приговоръ надъ нимъ, послѣ чего Бэконъ уже тщетно старался вновь снискать льстивыми письмами его расположеніе и пріобрѣсти прежнее вліяніе на государственныя дѣла. «Можно подумать — замѣчаетъ Раумеръ, — какъ будто отъ чрезмѣрнаго напряженія интеллектуальныхъ силъ иногда страдаютъ силы нравственныя; какъ будто исключительная умственная работа, такъ сказать, не оставляетъ ни времени, ни умѣнья отдаться нравственному размышленію и поглащаетъ всего остальнаго человѣка». Дѣйствительно, не доказываютъ ли подобные грустные примѣры, что дѣятельность мышленія и воли суть два отдѣльные, хотя и тѣсно связанные акта нашего духа, изъ которыхъ развитіе перваго еще не предполагаетъ, какъ непремѣнное послѣдствіе, развитіе и послѣдняго; что обработка умственной и нравственной сторонъ человѣческаго духа должна составлять двѣ одновременныя, но отдѣльныя задачи воспитанія…. Послѣдніе годы жизни Бэконъ посвятилъ преимущественно наукѣ, служившей для него едиственнымъ утѣшеніемъ,—и умеръ въ 1626 году, слѣдовательно 65 лѣтъ отъ роду, пережившъ 10-ю годами современника своего — Шекспира.

Главною задачею жизни Бэкона, разрѣшенію которой онъ посвятилъ всю силу своего геніяльнаго духа, было — противодѣйствовать тогдашней учености, столь же узкой, какъ стѣны замыкавшихъ ея монастырскихъ келій. Его наука хотѣла жить и дышать широкой, міровой жизнью, и съ помощью такой живой науки Бэконъ стремился поднять и возвысить подавленное клерикальной схоластикой могущество человѣка и всего человѣчества. Въ этомъ стремленіи Бэконъ считалъ всѣ средства позволительными, а потому самъ не остался свободенъ отъ роковыхъ ошибокъ. Онъ не отличался глубиною и благородствомъ чувства; его любовь и его ненависть были слѣдствіемъ холоднаго расчета — не болѣе. Обладая живымъ темпераментомъ и желѣзною энергіей, онъ въ тоже время былъ постоянно далекъ отъ страстнаго раздраженія, и потому сфера отвлеченной мысли была какъ бы его природной сферой; въ наукѣ онъ нашелъ свою вторую родину, и, благодаря своей наблюдательности и логикѣ, открылъ для нея новый, болѣе правильный, индуктивный путь, ведущій отъ опыта къ точному знанію. На мѣсто прежняго идеализма въ наукѣ онъ поставилъ реализмъ, на мѣсто догматизма — критицизмъ, и показалъ превосходство эмпирической методы надъ апріористической или умозрительной. На этихъ, въ сущности старыхъ, но теперь какъ бы вновь открытыхъ началахъ Бэконъ старается перестроить все зданіе науки; поэтому первую часть своего капитальнаго труда онъ назвалъ «Instauratio magna», дѣлая въ ней обзоръ всѣхъ наукъ, а вторую — «Novum organon», гдѣ излагаетъ методику новой, имъ основанной науки.

«Науки — говоритъ онъ — находились до сихъ поръ въ очень жалкомъ положеніи. Потерявшись въ пустыхъ и безплодныхъ словопреніяхъ, философія въпродолженіе цѣлыхъ столѣтій не произвела ни одного творенія, которое дѣйствительно принесло бы пользу человѣческой жизни. Прежняя логика скорѣе служила къ закрѣпленію ошибокъ, чѣмъ къ изслѣдованію истины. Отчего же это? Гдѣ же причина этого жалкаго положенія наукъ? Причина въ томъ, что онѣ оторвались отъ своего корня, т. е. отъ природы и отъ опыта, а виною этого были въ свою очередь многія обстоятельства: во 1-хъ старый, глубоко укоренившійся предразсудокъ, будто бы человѣческій разумъ унижаетъ свое достоинство, если онъ много и постоянно занимается опытами и матеріальными предметами; во 2-хъ суевѣрія и слѣпой религіозный фанатизмъ, искони бывшій самымъ непримиримымъ противникомъ натуральной философіи; въ 3-хъ исключительное занятіе этикой, политикой и теологіей; въ 4-хъ огромный авторитетъ, который пріобрѣли только извѣстные философы, и излишнее наклоненіе древности; въ 5-хъ какая то нерѣшительность и отчаяніе въ возможности преодолѣть многія важныя затрудненія, представляющіяся при изслѣдованіи природы. Всѣ эти причины повели за собой упадокъ наукъ. Ихъ реформа зависитъ отъ двухъ условій: объективное условіе заключается въ возвращеніи науки къ опыту и къ философіи природы, субъективное — въ очищеніи чувствъ и разума отъ всякихъ отвлеченныхъ теорій и перешедшихъ по преданію предразсудковъ. Оба эти условія вмѣстѣ даютъ правильную методу естествознанія, которая есть не иная, какъ индукція (наведеніе); отъ правильнаго наведенія зависятъ всѣ успѣхи, все процвѣтаніе наукъ".

По ученію Бэкона, всѣ понятія, почерпаемыя не изъ самой природы вещей, суть идолы, которые затѣмняютъ умъ человѣка и закрываютъ отъ него природу. Чтобы открыть истину, надо прежде всего остерегаться, чтобы имена и названія предметовъ не принять за самые предметы. Привыкши съ дѣтства замѣнять предметы словами и съ помощію ихъ понимать другъ друга, мы невольно смѣшиваемъ слова, т. е. названіе вещей съ вещами или съ ихъ реальной сущностью, тогда какъ слово вовсе не показываетъ сущности вещи, а только — наше отношеніе къ ней, или то значеніе, которое она имѣетъ въ нашихъ глазахъ. Объективная истина познается только при правильномъ и внимательномъ изслѣдованіи каждаго предмета, такъ что существенное воспріятіе знакомитъ насъ только съ опытомъ, а опытъ даетъ понятіе уже о самомъ предметѣ, образуетъ правильное о немъ сужденіе. Первая задача опытной методы состоитъ въ томъ, чтобы твердо и точно установить отдѣльные факты, и такимъ способомъ собрать матеріалъ, образующій элементарный составъ науки. Затѣмъ правильная индукція съ необходимостью, постепенно, безъ скачковъ и пробѣловъ ведетъ отъ одного пункта къ другому; одинаковые факты, встрѣчающіеся при этомъ во множествѣ, сравниваются; при видимомъ сходствѣ явленія иногда различаются сопровождающія его условія; иногда при сходствѣ условій замѣчается различіе явленія (positivae и negativae instantiae). Изъ вѣрнаго сравненія фактовъ выводится общій вѣрный законъ, принципъ или аксіома, по которымъ дѣйствуетъ природа (какъ вещественная, такъ и духовная въ человѣкѣ). Вотъ единственный ключъ къ знанію природы! Опытное изслѣдованіе фактовъ ведетъ къ открытію причинъ, а въ познаніи причинъ или основаній именно и заключается всякое истинное знаніе.

Бэконъ былъ убѣжденъ, что онъ, вооруженный своею методою, можетъ вполнѣ побѣдить природу; но онъ не забылъ также о трудностяхъ и недостаткахъ этой методы. Онъ ясно видѣлъ, что съ нею еще не придешь къ конечному единству всего сущаго, а потому онъ принимаетъ, хотя съ большою осторожностью, помощь очевидной аналогіи, которая указываетъ на связь или родство вещей и отчасти приводитъ къ единству цѣлаго. Только при ея помощи удается объединить природу въ ея отдѣльныхъ элементарныхъ фактахъ, и, идя съ нею шагъ за шагомъ, положить первое начало строгой, точной наукѣ. Высшая цѣль науки—познать конечное единство, общую причину всѣхъ причинъ. Такъ напр. «мало одного того, чтобы имѣть въ памяти и знать всѣ тѣ различные признаки цвѣтовъ, по которымъ они относятся къ породѣ ириса или тюльпана; или—всѣ признаки и виды раковинъ, собачьей или соколиной породы: все это только мелочи, игрушки. И хотя даже это требуетъ чрезвычайнаго множества свѣдѣній, но въ наукѣ не имѣетъ особенно важнаго значенія. Однако, въ тоже время, наука о природѣ богатѣетъ и расширяется именно этими частными фактами». Со времени Бэкона всѣ науки вообще, и философія въ особенности, приняли правильное направленіе, а современная философія, порвавъ всякую связь съ средними вѣками и съ классической древностью, находитъ свой центръ и свое основаніе именно въ естествознаніи, въ изученіи природы въ самомъ обширномъ смыслѣ этого слова, обнимающаго весь вещественно-духовный міръ.

Собственно для педагогики Бэконъ лично ничего не сдѣлалъ, только рѣдко и случайно касаясь воспитательныхъ вопросовъ; но, не смотря на то, онъ имѣлъ на нее глубокое, рѣшительное вліяніе. Онъ окончательно оторвалъ духъ человѣка отъ прошедшаго и указалъ ему на настоящее, близкое и родное; онъ раскрылъ ему глаза на живую, дѣйствительную природу вещей и содѣлался отцомъ всей современной реалистичей педагогики, представляющей полный контрастъ съ прежнею абстрактно-схоластическою. Только послѣ него Ратихіусъ и Коменскій могли придти къ мысли объ учрежденіи разныхъ реальныхъ, ремесленныхъ и политехническихъ школъ, столь много содѣйствовавшихъ соціальному и экономическому прогрессу на западѣ. Прежнія начала христіанской педагогики остались незыблемо: они только пополнились еще новыми, если не столь же спасительными, то въ высшей степени полезными чертами, безъ которыхъ невозможно достиженіе всесторонняго, гармоническаго развитія человѣческой личности и человѣческаго общества.

### Джонъ Локкъ.

Самымъ вѣрнымъ продолжателемъ Бэконовскаго ученія въ Англіи былъ John Locke, до сихъ поръ пользующійся тамъ огромною популярностью, такъ какъ основныя мысли его у практическихъ англичанъ давно вошли въ общее образованіе, отчасти отразившись на всемъ ходѣ европейской науки и школы. Локкъ родился въ Брингтонѣ въ 1632 году. Отецъ его былъ капитаномъ арміи и много заботился объ образованіи сына, котораго сперва посылалъ въ Вестмюнстерскую школу, а потомъ отправилъ его въ Оксфордъ. Здѣсь Локкъ оставался до 19 лѣтняго возраста, изучалъ Аристотелевскую философію, которая скоро ему опротивила вмѣстѣ съ пустыми диспутаціями, потомъ перешелъ къ сочиненіямъ Декарта и, наконецъ, съ особенною любовью отдался медицинѣ. Однако слабое здоровье помѣшало ему сдѣлаться практическимъ врачемъ. Пробывъ съ годъ въ Берлинѣ секретаремъ англійскаго посольства, онъ опять возвратился въ Оксфордъ, занимался метеорологическими наблюденіями, и, нестѣсняемый никакими служебными обязанностями, посвящалъ свои досуги литературной дѣятельности. Важное вліяніе на его жизнь имѣла дружба его съ знаменитымъ государственнымъ человѣкомъ — лордомъ Аслеемъ, впослѣдствіи графомъ Шефтсбюри, въ домѣ котораго онъ состоялъ воспитателемъ его сына, 15 лѣтняго юноши, и пользовался обществомъ замѣчательныхъ людей въ Англіи. Потомецъ Локка былъ болѣзненный молодой человѣкъ, но, благодаря знаніямъ и заботамъ своего воспитателя, укрѣпилъ свое здоровье, и когда уже самъ былъ отцемъ семерыхъ дѣтей, то поручилъ Локку воспитаніе своего старшаго сына. Во время свирѣпствовавшихъ въ Англіи гражданскихъ смутъ и борьбы партій, Локкъ вмѣстѣ съ семействомъ Шефтсбюри удалился въ Голландію отъ преслѣдованій католической партіи, писалъ отсюда письма «о терпимости», и по возвращеніи въ отечество (1689) вскорѣ издалъ въ свѣтъ свое знаменитое философское сочиненіе: «Essay concerning human unterstanding», въ которомъ дѣятельность познавательной способности человѣка разсматривалась съ необыкновенною глубиной, а изложеніе отличалось ясностью, точностью и опредѣлительностью. Его «мысли о воспитаніи» (Some Thoughts concerning Education) явились въ свѣтѣ еще позже, когда ему было уже за 60 лѣтъ, и вскорѣ были переведены на языки: французскій, голландскій и нѣмецкій. Подъ старость онъ усердно занимался изученіемъ священнаго писанія, въ особенности посланій апостольскихъ, любилъ читать псалмы Давида, и продолжалъ вести борьбу съ тѣми, кто «подъ покровомъ христіанства старался отстаивать лишь турецкій деспотизмъ». Окруженный любовію и уваженіемъ друзей, Локкъ умеръ въ своемъ помѣстьи (въ 20 миляхъ отъ Лондона) на 73 году жизни—въ октябрѣ 1704 года.

Nihil est in intellectu, quod non fuerit in sensu — въ умѣ нѣтъ ничего такого, что бы не было прежде въ чувственномъ воспріятіи; — нашъ умъ или душа отъ природы есть tabula rasa, пустое пространство, бѣлая бумага, на которой ничего не написано; всѣ понятія и идеи происходятъ изъ опыта: вотъ сущность тѣхъ убѣжденій, на которыхъ стоялъ Локкъ. «Многіе думаютъ, — говоритъ онъ — что есть прирожденныя идеи, которыя душа наша получаетъ при своемъ зарожденіи и приноситъ вмѣстѣ съ собою въ міръ. Чтобы доказать прирожденность этихъ идей, ссылаются на то, что онѣ у всѣхъ людей имѣютъ одинаковое общее значеніе. Но этотъ мнимый фактъ вовсе не вѣренъ. На самомъ дѣлѣ ни въ теоріи, ни въ практикѣ нѣтъ такихъ основныхъ положеній, которыя признавались бы всѣми. Дѣти и идіоты не имѣютъ представленія объ этихъ основныхъ, отвлеченныхъ положеніяхъ или принципахъ; необразованные люди также о нихъ не знаютъ; — слѣдовательно онѣ не могутъ быть вложены въ нихъ самой природой. Если бы идеи были прирождены, то всѣ должны бы были знать ихъ съ самаго ранняго дѣтства. Итакъ «существовать въ разумѣ» означаетъ то же самое, что «быть познаннымъ», а въ возраженіи, что «эти идеи присущи разуму, но разумъ только не знаетъ о нихъ» — есть очевидное противорѣчіе. Истинно только то, что безъ размышленія никто не приходитъ къ сознанію общихъ началъ; если же утверждаютъ, что мы сознаемъ ихъ непосредственно съ первымъ пробужденіемъ мышленія, то утверждаютъ ложно. Напротивъ того, первыя познанія вообще не суть общія положенія, но касаются только частныхъ впечатлѣній. Гораздо раньше, чѣмъ дитя узнаетъ логическое начало противорѣчія, оно уже знаетъ, что «сладкое не есть горько». Кто хорошенько вдумается, тотъ едва ли станетъ утверждать, что такія частныя положенія выведены изъ общихъ, такъ какъ послѣднія являются гораздо позже въ сознаніи ребенка, а слѣдовательно бываютъ не прирождены, а пріобрѣтены опытомъ.

Но самый опытъ бываетъ двоякаго рода: или онъ происходитъ чрезъ познаніе внѣшнихъ предметовъ посредствомъ органовъ чувствъ,—и тогда мы называемъ его ощущеніемъ (sensatio); или онъ есть результатъ внутренней дѣятельности нашей души,—и тогда мы называемъ его рефлексіей. Ощущеніе и рефлексія даютъ разуму всѣ его идеи, и на нихъ должно смотрѣть, какъ на единственныя окна, сквозь которыя падаетъ свѣтъ идеи въ темное пространство души. Внѣшніе предметы даютъ намъ идеи чувственныхъ качествъ; внутренній предметъ или душевная жизнь доставляетъ идеи ея собственной дѣятельности (самосознанія). Простыя идеи суть тѣ, которыя извнѣ посредствомъ внѣшнихъ чувствъ навязываются разуму, находящемуся при этомъ въ такомъ же пассивномъ состояніи, какъ зеркало, отражающее образы внѣшнихъ предметовъ. Эти простыя идеи образуютъ матеріалъ, какъ бы буквы всѣхъ нашихъ познаній. Сложныя идеи (модусъ, субстанція, отношеніе) относятся къ видоизмѣненіямъ пространства, времени, мышленія и т. д., и при развитіи ихъ душа или субстанція является какъ активная, рефлектирующая сила. Необходимость такой субстанціи объясняется слѣдующимъ образомъ: какъ при ощущеніяхъ, такъ и при рефлексіи мы находимъ, что извѣстное количество простыхъ идей (представленій) является вмѣстѣ, приводится къ единству. Невозможно предположить, чтобы эти простыя идеи были носителями самихъ себя и сами себя сознавали, а потому надо полагать, что въ основаніи ихъ есть субстанція, имѣющая самобытное существование. Она то и есть носитель качествъ или идей, и существуетъ не какъ произведеніе нашего субъективнаго мышленія (фикція), а сама по себѣ, какъ объективная реальность, хотя мы и не знаемъ, въ чемъ состоитъ первообразъ этой субстанціи. Комбинація идей между собою даетъ идею познанія; поэтому познаніе относится къ простымъ и сложнымъ идеямъ такъ же, какъ грамматическое положеніе — къ буквамъ, слогамъ и словамъ, и вообще не идетъ далѣе круга нашихъ идей, т. е. далѣе опыта, способнаго охватывать какъ внѣшнюю, такъ и внутреннюю сторону вещей, какъ жизнь природы, такъ и — нашего собственнаго духа».

Ученіе Локка о познаніи имѣетъ самое близкое, непосредственное примѣненіе къ дѣлу воспитанія и обученія, которое онъ понималъ однако нѣсколько одностороннимъ образомъ, и въ своемъ сочиненіи имѣлъ въ виду преимущественно аристократическое сословіе. Тѣмъ не менѣе, физіолого-психологическій взглядъ Локка на воспитаніе внесъ много новаго въ пониманіе дѣтской природы и ея развитія. Высшая цѣль воспитанія по опредѣленію его есть — mens sana in corpore sano — здоровая душа въ здоровомъ тѣлѣ. Этотъ принципъ, забытый во времена схоластики, теперь сдѣлался всеобщимъ, безъ признанія котораго немыслимо педагогическое дѣло. Побольше свѣжаго воздуха, побольше тѣлесныхъ упражненій, умѣренность сна, устраненіе вина и всякихъ пряныхъ и наркотическихъ веществъ въ пищѣ дѣтей; поменьше лѣкарствъ; не слишкомъ теплое и не слишкомъ узкое платье; голова и ноги въ холодѣ, особенно ноги, во избѣжаніе простуды: соблюденіе этихъ условій по гигіенѣ Локка дѣлаетъ тѣло крѣпкимъ и способнымъ служить душѣ. Въ духовномъ отношеніи дѣти рано должны воспитываться какъ разумныя, самостоятельныя существа, конечно, смотря по ихъ возрасту и развитію. Главное, дѣти должны видѣть, что съ ними обходятся не по произволу и прихоти старшихъ, но что во всѣхъ своихъ требованіяхъ старшіе руководствуются разумностью и доброжелательством. Прежде всего должно изслѣдовать личность питомца, и уже смотря по ней примѣнять къ нему всѣ воспитательныя и учебныя мѣры. Задача нравственнаго воспитанія заключается именно въ томъ, чтобы пріучить дѣтей къ самообладанію и самоотверженію. Не должно пропускать безъ вниманія дѣтскихъ ошибокъ и проступковъ, ибо съ годами они также растутъ и превращаются въ пороки. Опаснѣе всего проявляющіеся въ дѣтяхъ зародыши властолюбія, жадности и лжи, противъ которыхъ надо дѣйствовать своевременно. Не менѣе важно образованіе практическаго ума: вѣжливости, благовоспитанности, такта — что, однако, не достигается одной дрессурой. Лучшимъ средствомъ для этого являются похвала и порицаніе. Внушить дѣтямъ любовь къ хорошей репутаціи — вотъ величайшее искусство воспитанія. Дѣти должны понять, что за хорошіе поступки они будутъ всѣми любимы, а въ противномъ случаѣ — всѣми презираемы: чрезъ это у нихъ возбуждается желаніе снискивать первое и устранять возможность послѣдняго. Это именно стремленіе должно служить для нихъ стимуломъ во всѣхъ ихъ поступкахъ, пока они не придутъ въ зрѣлый возрастъ и не сознаютъ своихъ серьезныхъ обязанностей; внутреннее довольство, которое бываетъ слѣдствіемъ послушанія волѣ Божіей и волѣ своихъ воспитателей, будетъ для нихъ лучшею наградою. Съ тою же цѣлью заслуженная дѣтьми похвала должна быть высказываема въ присутствіи другихъ, такъ какъ это удвоиваетъ ея значеніе. Проступки же ихъ, напротивъ того, не должно выставлять на общій показъ или позоръ, такъ какъ это притупляетъ и въ нихъ самихъ, и въ другихъ чувство стыдливости. При наказаніяхъ больше всего надо бояться раздраженія, и никогда не оскорблять виновныхъ бранью. Ударовъ заслуживаетъ только дерзость и упрямство, — но и въ этихъ случаяхъ чувство стыда можетъ дѣйствовать сильнѣе, чѣмъ чувство физической боли.

Изъ питомца Локкъ желаетъ сдѣлать не только въ полномъ смыслѣ здороваго, но и свѣтскаго человѣка: а такъ какъ въ воспитаніи прежде всего дѣйствуетъ примѣръ, то онъ высказываетъ самыя строгія требованія относительно воспитателя (гувернера). «Я полагаю,— говоритъ онъ,—что для надлежащаго исполненія обязанностей воспитателя необходимы положительность и умѣренность характера,— равно и большой запасъ любви къ дѣтямъ, усердія и благоразумія. Найти всѣ эти качества въ одномъ лицѣ чрезвычайно трудно, за то тѣмъ болѣе слѣдуетъ вознаграждать за нихъ. Если вамъ посчастливилось найти человѣка, соединяющаго въ себѣ всѣ потребныя для воспитателя качества, то платите ему щедрою рукою: чтобы вы ему ни дали, плата ваша никогда не будетъ слишкомъ дорога, и вамъ никогда не слѣдуетъ сожалѣть о ней. Кто издерживаетъ деньги на воспитаніе своего сына и, не стѣсняясь расходами, заботится только о томъ, чтобы дать ему хорошее образованіе, чтобы поселить въ его душѣ твердыя начала нравственности, пріучить его къ добродѣтели и труду, и украсить знаніемъ правилъ общежитія,— тотъ употребляетъ ихъ несравненно благоразумнѣе и выгоднѣе, чѣмъ тотъ, кто покупаетъ на нихъ нѣсколько лишнихъ десятинъ земли, чтобъ оставить въ наслѣдство своему сыну большое помѣстье. Скупитесь сколько вамъ угодно на игрушки и забавы, на шелкъ, ленты, кружева и другіе безполезные (если не вредные) предметы; но не скупитесь на плату воспитателямъ вашихъ дѣтей. Глупецъ или порочный никогда не будетъ наслаждаться счастіемъ, никогда не пріобрѣтетъ себѣ значенія въ обществѣ, какое бы огромное наслѣдство вы ему ни оставили: только мудрый и добрый человѣкъ будетъ всегда и почтеннымъ, и счастливымъ. Да, я думаю, и вамъ случалось видать людей, которыхъ вамъ пріятнѣй было бы имѣть своими дѣтьми съ 500 ливровъ годоваго доходу, чѣмъ другихъ извѣстныхъ мнѣ, съ 5000 ливровъ!»

«И такъ наибольшая трудность состоитъ въ томъ, какъ найти способнаго къ тому человѣка, потому что люди молодые, еще страдающіе недостатками ума и сердца, негодны для этого назначенія; лица же, отличающіеся соединеніемъ всѣхъ потребныхъ качествъ, едва ли хотно примутъ на себя эту обязанность. Поэтому ищите хорошаго гувернера вездѣ, не щадя трудовъ. Мнѣ помнится, что Монтань въ одномъ изъ своихъ «Опытовъ» разсказываетъ, какъ ученый Касталью былъ принужденъ сдѣлаться скоморохомъ только для того, чтобы не умереть съ голоду; между тѣмъ отецъ Монтаня далъ бы какую угодно сумму, лишь бы пріобрѣсти подобнаго воспитателя для своего сына, и Касталью, съ своей стороны, принялъ бы подобное предложеніе на самыхъ умѣренныхъ условіяхъ; но они не знали другъ друга. Остерегайтесь брать кого либо въ наставники къ своему сыну, основываясь на похвалахъ друзей или добросердечныхъ покровителей; вообще остерегайтесь тѣхъ особъ, которыхъ вамъ чрезмѣрно рекомендуютъ. Не поддавайтесь также той мысли, что можно взять къ сыну воспитателя на нѣсколько времени для испытанія, а если онъ будетъ негоденъ, то можно его и перемѣнить: подобныя перемѣны повлекутъ за собой много неудобствъ для васъ и причинятъ еще больше вреда вашему сыну. Отъ воспитателя обыкновенно требуютъ, чтобы онъ умѣлъ по-латыни, обладалъ извѣстнымъ количествомъ научныхъ познаній и пользовался репутаціей степеннаго, положительнаго человѣка. Но положимъ, что подобный наставникъ втискалъ въ голову своего питомца всѣ правила латинскаго языка и логики, вынесенныя имъ изъ университета; неужели же сынъ вашъ уже и сдѣлается оттого благовоспитаннымъ человѣкомъ? Или, можетъ быть вы полагаете, что онъ и не учившись будетъ знать правила общежитія, обладать умѣньемъ жить въ свѣтѣ, и усвоить себѣ основанія истинной добродѣтели и благородства въ большей степени, нежели его наставникъ? Наставникъ самъ долженъ прежде всего отличаться нравами, приличными благовоспитанному человѣку, умѣть вести себя во всѣхъ случаяхъ жизни; долженъ знать правила вѣжливости и приличія со всѣми мелкими ихъ оттѣнками, которые обусловливаются различіемъ лицъ, мѣста и времени. Это такое искуство, которому нельзя ни научиться, ни выучиться изъ книгъ. Смѣлость въ дурно-воспитанномъ человѣкѣ принимаетъ видъ грубости; ученость обращается въ педанство; остроуміе — въ шутовство; искренность — въ простоватость; услужливость — въ рабскую угодливость. Короче: какими бы добрыми качествами ни обладалъ человѣкъ, но если ему не достаетъ хорошаго воспитанія, то всѣ они примутъ превратный видъ и обратятся во вредъ. Самыя дарованія, и добродѣтель, которымъ, конечно, никто не откажетъ въ справедливой похвалѣ, еще не достаточны для того, чтобы повсюду доставить обладающими ими хорошій пріемъ и сдѣлать его пріятнымъ для всякаго общества. Никто не носитъ необдѣланныхъ алмазовъ: всякій знаетъ, что они только тогда блестятъ и придаютъ красу, когда они отполированы и оправлены. Духовныя совершенства суть алмазы нашей души. Кто хочетъ быть любимъ въ обществѣ, тотъ долженъ выражать въ своихъ поступкахъ не только твердость и силу, но также и грацію. Недовольно, чтобы дѣйствіе имѣло внутреннее достоинство и приносило пользу: хорошіе манеры украшаютъ человѣка и дѣлаютъ пріятнымъ членомъ каждаго общества. Эта особая грація поведенія состоитъ не въ томъ только, чтобы умѣть снять шляпу и ловко раскланяться, но въ томъ, чтобы слова, взгляды, движенія, позы, даже мѣсто, на которое мы становимся или садимся въ обществѣ, были въ строгой сообразности съ лицами, къ которымъ мы относимся, или съ окружающими насъ обстоятельствами, и при томъ безъ особаго съ нашей стороны усилія, непринужденно. Всѣмъ этимъ долженъ обладать воспитатель, чтобы передать то же самое своему питомцу».

Здѣсь Локкъ самыми точными чертами обрисовываетъ то своеобразное понятіе «gentleman», которое выработалось и укоренилось въ Англіи, какъ идеалъ совершеннаго человѣка, но совершеннаго исключительно въ аристократическомъ смыслѣ, съ излишнею заботливостью о внѣшности, доходящею до мелочности и щепетильности. За то нельзя не согласиться съ требованіями Локка относительно жизненности и общественности воспитанія, лучшей сферой для котораго онъ считаетъ семью: узы ея въ Англіи, дѣйствительно, крѣпче чѣмъ гдѣ либо. — «Главнѣйшею причиною ранней порчи огромнаго числа молодыхъ людей я почитаю превратный образъ ихъ воспитанія. Воспитатель долженъ своевременно знакомить юношу съ настоящимъ состояніемъ общества, не представляя ему людей лучше или хуже, болѣе или менѣе благоразумными, чѣмъ они бываютъ на дѣлѣ. Этимъ способомъ безопасно и нечувствительно изъ мальчика можетъ образоваться зрѣлый, разумный мужъ, тогда какъ обыкновенно этотъ переходъ, едва ли не опаснѣйшій въ цѣлой жизни. Вотъ въ это то время и надобно съ особенною заботливостью наблюдать за молодымъ человѣкомъ во всемъ, а не такъ, какъ это бываетъ обыкновенно теперь: берутъ молодаго человѣка изъ рукъ воспитателя, гдѣ онъ былъ стѣсненъ во всѣхъ своихъ поступкахъ, и прямо пускаютъ въ общество, предоставляя полную свободу дѣйствовать, какъ ему вздумается. Тамъ, среди примѣровъ соблазна, безумія и разврата, встрѣчающихся на каждомъ шагу, грозитъ ему явная опасность ранней порчи, которая тѣмъ скорѣе постигаетъ его, чѣмъ круче и быстрѣе былъ переходъ изъ-подъ суроваго и строгаго воспитанія къ полной свободѣ. Вырости въ совершенномъ невѣдѣніи относительно того, что такое люди и общество, или получивъ объ этомъ предметѣ превратное понятіе, молодой человѣкъ, вступивъ въ свѣтъ, видитъ въ людяхъ совсѣмъ не то, что должно было бы видѣть на основаніи преподанныхъ ему наставленій; будучи совершенно неопытенъ, онъ легко подчиняется вліянію другаго рода наставниковъ, въ которыхъ, конечно, не будетъ недостатка въ обществѣ. Они скоро убѣдятъ его, что строгость, съ которою содержали его прежде, и наставленія, которыми его такъ усердно угощали, были только формальностью воспитателей-педантовъ и средствомъ къ обузданію его дѣтства, но что свобода, какъ неотъемленная принадлежность взрослаго человѣка, въ томъ-то и состоитъ, чтобы вполнѣ наслаждаться всемъ тѣмъ, что такъ строго запрещено было прежде. Они покажутъ молодому новичку, что свѣтъ полонъ самыхъ знаменитыхъ и блестящихъ тому примѣровъ. И вотъ его бѣдные глаза ослѣплены, голова отуманена, онъ горитъ желаніемъ показать всѣмъ, что и онъ взрослый, свободный человѣкъ, нисколько не меньше героевъ его возраста; онъ пускается во всѣ безчинства, какія только видитъ въ самыхъ развратныхъ членахъ общества; онъ надѣется снискать себѣ довѣріе и уваженіе въ своемъ кругу, отбросивъ скромность и воздержность, въ которыхъ былъ воспитанъ; безумецъ — онъ считаетъ подвигомъ отважности съ своей стороны, если на первомъ же шагу въ жизни ознаменуетъ себя дерзкимъ нарушеніемъ всѣхъ правилъ добродѣтели, которыя были преподаны ему его наставникомъ!»

На этомъ основаніи Локкъ съ безстрашіемъ истиннаго реалиста совѣтуетъ довершить воспитаніе тѣмъ, чтобы показать питомцу дѣйствительную жизнь во всей ея даже самой отвратительной наготѣ, но дѣлая это постепенно, своевременно, ни на мигъ не теряя его изъ виду и пользуясь самыми откровенными отношеніями къ нему. Отвергая излишній пуризмъ въ средствахъ, Локкъ стремится къ общей, вѣчной цѣли воспитанія — добродѣтели и внутреннему благополучію. Не менѣе дѣльныхъ совѣтовъ даетъ онъ и относительно обученія. По его мнѣнію, какъ можно раньше надо удовлетворять любознательности дѣтей, ихъ стремленію къ безкорыстному знанію. Никогда не слѣдуетъ съ холодностью отстранять вопросы дѣтей, или обманывать ихъ ложными отвѣтами. Для поддержанія въ дѣтяхъ любознательности, хорошо разсказывать въ ихъ присутствіи о познаніяхъ другихъ людей. Если дѣти чрезмѣрно наклонны къ игрѣ и лѣнивы къ обученію, въ такомъ случаѣ имъ можно строго приказать провести въ игрѣ цѣлый день — и игра, навѣрное, имъ опротивѣетъ; ученье же, напротивъ того, вначалѣ надо дѣлать для нихъ какъ бы отдыхомъ, а не серьезной и трудной работой. Къ лѣнивымъ хорошо также примѣнять разныя ручныя или механическія работы, въ особенности если они могутъ потомъ воспользоваться ими для самихъ себя: это будетъ льстить ихъ самолюбію. Никогда не слѣдуетъ покупать игрушекъ, такъ какъ разныя игрушки порождаютъ въ нихъ постоянную наклонность къ перемѣнамъ, къ новизнѣ, разнообразію и излишеству, и развиваютъ постоянное недовольство тѣмъ, что имѣется. Между тѣмъ высокомѣріе, тщеславіе и прихотливость обыкновенно бываютъ возбуждаемы въ дѣтяхъ даже ранѣе, чѣмъ они начнутъ говорить. Необходимо, чтобы дѣти непремѣнно сами изыскивали и приготовляли себѣ игрушки, а если они еще не въ силахъ это сдѣлать, если имъ на первый разъ неудается, то можно и помочь имъ; но и эта помощь не должна быть такова, чтобы они лишь спокойно сидѣли и ждали, пока что либо само-собою не явится къ ихъ услугамъ. Даже то, что дѣтямъ надо выучить, вначалѣ не должно имѣть характеръ обязательнаго урока: въ противномъ случаѣ ученіе сразу покажется имъ мучительнымъ бременемъ. Пусть дѣти будутъ въ своемъ дѣтствѣ столь же свободны и независимы, какъ самый гордый своею самостоятельностью взрослый человѣкъ. Тогда можно понемногу возбуждать въ нихъ охоту къ тому, чему имъ придется учиться; но и въ этомъ случаѣ слѣдуетъ удерживать ихъ за работой лишь до тѣхъ поръ, пока они расположены къ ней. Всего лучше довести дѣтей до того, чтобъ они сами попросили поучить ихъ чему нибудь, точно также, какъ они нерѣдко просятъ объ этомъ своихъ сверстниковъ: тогда они при обученіи будутъ ощущать такое же довольствіе, какъ бы при игрѣ.

На обученіе Локкъ смотрѣлъ вообще какъ на одно только изъ воспитательныхъ средствъ, пользоваться которымъ надо умѣючи. «Кто полагаетъ всего болѣе полезнымъ изученіе языковъ и прочихъ знаній, тотъ забываетъ все значеніе вѣрнаго пониманія людей и благоразумной жизни; тотъ забываетъ, что хорошее воспитаніе не только выше изученія греческаго и латинскаго языковъ и самаго убѣдительнаго красорѣчія, но даже выше схоластическихъ умозрѣній натуральной философіи и метафизики, которыми обыкновенно наполняютъ головы нашихъ юношей. Оно выше основательнаго знанія греческихъ и римскихъ писателей, которыхъ при всемъ томъ для благовоспитанныхъ юношей изучать приличнѣе, чѣмъ быть хорошими перипатетиками и картезіанцами. Писатели древности, изслѣдуя и изображая природу человѣка, внесли покрайней мѣрѣ болѣе яркій свѣтъ въ науку. Изъ множества наукъ, проходимыхъ въ разныхъ европейскихъ школахъ и составляющихъ необходимый курсъ ученія, можно значительную часть откинуть для джентльмена, не только не унизивъ его личности, но даже и не повредивъ его будущимъ занятіямъ. Латынь и науки предпочтены у насъ всему, и главныя усилія устремлены на успѣхи въ томъ, большая часть чего вовсе и нейдетъ къ призванію джентльмена: ему, чтобы сдѣлаться достойнымъ и полезнымъ слугою отечества, нужны знанія дѣловаго человѣка и умѣнье жить прилично своему званію. Потомъ, еслибы досугъ отъ службы или желаніе полнѣе узнать какую либо часть науки расположили его къ труду, то первыхъ началъ, изученныхъ въ молодости, будетъ весьма достаточно, чтобы продолжать его изысканія до какихъ угодно предѣловъ. Для болѣе глубокаго изученія всякой науки, молодой человѣкъ долженъ обратиться къ собственной охотѣ и къ собственнымъ силамъ, потому что еще никто и нигдѣ не пріобрѣталъ обширныхъ познаній и не достигалъ совершенства понужденіями и наставленіями учителя».

Слѣдовательно, возбужденіе самостоятельности Локкъ считаетъ главною задачею собственно обученія, и изъ необходимыхъ для сообщенія свѣдѣній признаетъ только наиболѣе примѣнимыя къ практической, дѣловой жизни. Объ этомъ онъ еще рѣшительнѣе высказывается въ слѣдующихъ словахъ: «Еще Сенека жаловался на несообразность занятій (учебныхъ) въ его время; однако тогда еще не водились «Бергередіусы» и «Шейблеры», которые такую роль разыгрываютъ нынѣ. Но что подумалъ бы онъ, когда бы пожилъ въ наше время, когда наставники наши наполняютъ и лекціи, и головы нашихъ учениковъ этими авторами, какъ будто чѣмъ-то важнымъ? Теперь онъ имѣлъ бы еще большее право сказать: Non vitae, sed scholae discimus. Мы учимся не жить, а спорить, и наше образованіе болѣе пригодно для университетскаго курса, чѣмъ для общественной жизни. Еще не удивительно, если тѣ, которые составили программы, продолжаютъ имъ слѣдовать, не соображаясь съ потребностями учениковъ. Да и можетъ ли кому показаться страннымъ, если въ дѣлѣ воспитанія, какъ и во всемъ прочемъ, устанавляются извѣстные правила и обычаи, и что большая часть изъ тѣхъ, у которыхъ есть прямой расчетъ подчиняться имъ, готовы провозглашать еретикомъ каждаго, кто отъ нихъ отступаетъ? Но по истинѣ удивительно, что люди знатные и съ дарованіями допускаютъ себя такъ сильно увлекаться обычаемъ и слѣпою вѣрою. Даже собственный опытъ, если бы они обратились къ нему, могъ бы убѣдить ихъ, что было бы гораздо полезнѣе для нихъ пріобрѣсти въ дѣтствѣ болѣе примѣнимыя къ жизни познанія, чѣмъ тотъ хламъ, которымъ наполнили ихъ головы, но который потомъ даже никогда и не вспомнится ими. Подобныя излишества могли даже скорѣе повредить имъ, чѣмъ принести пользу».

Теперь ясно, почему Локкъ, вдаваясь въ своемъ сочиненіи въ самое подробное изслѣдованіе чисто воспитательныхъ вопросовъ, уже послѣ всего говоритъ объ обученіи, «которое обыкновенно считаютъ главнымъ, если не единственнымъ средствомъ развитія дѣтей». Но это предубѣжденіе было слишкомъ укоренено въ его время, и онъ ясно сознавалъ, съ какими трудностями придется ему бороться, и, пожалуй, прослыть обскурантомъ только за то, что онъ нападалъ на излишнее многоученіе. Но онъ тотчасъ же и весьма просто устраняетъ всякія возраженія предубѣжденныхъ людей: «Какъ же, скажете вы, неужели ребенка не надо учить ни читать, ни писать?— Совсѣмъ нѣтъ! Не торопитесь такъ, умоляю васъ. И чтеніе, и письмо, и изученіе я считаю необходимымъ, однакожъ не считаю все это главнымъ дѣломъ въ воспитаніи. Я думаю, что и вы сами сочли бы порядочнымъ глупцомъ того, который всецѣло не предпочелъ бы добродѣтельнаго и умнаго человѣка тому глубоко-ученому, который не обладаетъ этими качествами». За тѣмъ

Локкъ послѣдовательно и обстоятельно разбираетъ всѣ учебные предметы какъ съ дидактической, такъ и съ методологической точки зрѣнія на нихъ: Чтенію дитя должно начинать учиться тотчасъ, какъ оно станетъ говорить, но только не надо ставить его ребенку въ особую обязанность, и помнить, что первыя представленія получаются дѣтьми не отъ словъ, но отъ предметовъ или ихъ изображеній. Библія вся сполна не можетъ служить книгою для чтенія, а только въ отрывкахъ. Лучше же всего на первое время вовсе обойтись безъ книги. «Есть кости и игрушки съ изображеніями буквъ: этимъ можно воспользоваться, чтобы играючи выучить дѣтей азбукѣ; не трудно придумать и множество другихъ способовъ, чтобы поддѣлаться подъ характеръ дѣтей и обратить въ забаву для нихъ этотъ родъ ученія. Напримѣръ, дайте ребенку игрушку въ родѣ шара, или еще лучше — многогранникъ; на одной изъ сторонъ его наклейте букву *A*, на другой *B*, на третьей *C* и т. д. Ограничьтесь сначала только двумя буквами, а потомъ, по мѣрѣ того какъ ребенокъ, забавляясь съ такою игрушкою, выучитъ эти буквы, прибавляйте постепенно, пока на многогранникѣ не получится вся азбука. Дѣлайте это только въ видѣ награды за хорошее поведеніе ребенка; но когда онъ перестаетъ играть, то прячьте игрушку такъ, чтобы онъ не могъ достать ее во всякое время, потому что обыкновенно дѣти скоро охладѣваютъ къ тѣмъ играмъ, которыя у нихъ всегда бываютъ передъ глазами». Далѣе буквы можно складывать, и изъ этихъ загадокъ слово будетъ являться какъ бы отгадкой, доставляющей дѣтямъ истинную радость. Потомъ можно дать легкую и забавную книгу, которая подходила бы къ дѣтскимъ понятіямъ, — но ни какъ не вздорную; къ этой цѣли болѣе всего подходятъ Эзоповы басни съ картинками; Рейнеке-Лисъ и т. п., и непремѣнно на родномъ языкѣ. При обученіи письму, которое должно немедленно слѣдовать за чтеніемъ, прежде всего надо научить держать перо, и ни какъ не браться за многое вдругъ. «Я полагаю, — замѣчаетъ Локкъ — что итальянскій способъ держать его между большимъ и однимъ указательнымъ пальцемъ всего удобнѣе. Для облегченія дѣла достаньте мѣдную доску съ награвированными на ней буквами, но помните, что эти буквы должны быть изображены въ увеличенномъ размѣрѣ. Когда эта мѣдная доска награвирована, то велите снять съ нея нѣсколько оттисковъ на хорошей писчей бумагѣ красными чернилами. На этихъ то оттискахъ пусть дитя обводитъ прежде всего черными чернилами то, что обозначено красными: чрезъ это оно пріучитъ руку свою къ разнымъ очертаніямъ буквъ и къ ихъ выдѣлыванію. Потомъ переходите къ свободному письму и, наконецъ, къ скорописи». Послѣ письма Локкъ совѣтуетъ начать занятія рисованіемъ, такъ какъ искусство это весьма полезно, въ особенности во время путешествія, слѣдовательно онъ и здѣсь имѣетъ въ виду прежде всего благовоспитаннаго джентльмена. «Сколько строеній можетъ увидѣть человѣкъ, сколько встрѣтитъ машинъ, различныхъ одеждъ, идею о которыхъ легко было бы удержать и передать другимъ хотя при маломъ искуствѣ рисованія, но которыя будучи изложены словами, даже при самомъ тщательномъ описаніи, изображаютъ предметъ не ясно! Я совсѣмъ не думаю дѣлать изъ вашего сына отличнѣйшаго живописца; но свѣдѣнія въ перспективѣ и въ искуствѣ рисованія могутъ быть пріобрѣтены каждымъ — лишь бы не было принужденія къ тому». Чисто съ практической цѣлью Локкъ предлагаетъ обучать мальчиковъ и стенографіи, изобрѣтеніе которой принадлежитъ Англіи съ ея развитой общественной жизнью и свободой слова.

Локкъ входитъ еще въ подробнѣйшій разборъ вопроса о преподаваніи религіи, которое можетъ начинаться весьма рано, если оно будетъ ведено педагогически. Прежде всего онъ вооружается противъ учебниковъ; молитвы и заповѣди надо учить еще раньше, чѣмъ ребенокъ научится читать: это легко сдѣлать посредствомъ изустной передачи. «Что касается до Библіи, то я полагаю, что безотчетное чтеніе ея, хотя и по главамъ, и въ томъ порядкѣ, какъ онѣ напечатаны, весьма мало можетъ принести имъ пользы, какъ по части совершенствованія ихъ въ грамотности, такъ и относительно наставленія въ религіи. Какое удовольствіе и какую охоту можетъ находить дитя въ чтеніи тѣхъ страницъ, въ которыхъ оно ничего не понимаетъ: это приводитъ къ одному отвращенію отъ предмета. Да и соотвѣтствуетъ ли дѣтскимъ понятіямъ законъ Моисея, пѣснь Соломона, древнія пророчества, или посланія и Апокалипсисъ новаго завѣта? Я согласенъ, что основанія религіи должны почерпаться оттуда, и даже словами самаго писанія; однако ребенку надо предлагать только то, что сообразно съ его умомъ и потребностями. Изъ такихъ же исторій, какъ напр. объ Іосифѣ и его братьяхъ, о Давидѣ и Галіафѣ, о Давидѣ и Іонафанѣ и др. дѣти могутъ извлечь назиданіе для себя напр., узнавъ нравственное правило: «чего не желаешь себѣ, того не дѣлай и другимъ». Правила эти они должны извлекать сами, а не пріобрѣтать отъ людей, увлекающихся системами и аналогіями, и готовыхъ при всякомъ случаѣ навязывать другимъ только свои собственныя убѣжденія. Потомъ уже можно приступить къ катихизису, къ точному усвоенію догматовъ».

Изъ иностранныхъ языковъ полезнѣе всего начинать съ французскаго, но не раньше, чѣмъ дитя научится хорошо говорить на родномъ языкѣ, чтобы не помѣшать ходу его развитія. Преподаваніе иностраннаго языка должно основываться не на грамматическихъ правилахъ, а на живомъ употребленіи его, съ цѣлью пріучить гибкіе органы слова къ произведенію чужихъ звуковъ. Грамматика есть уже отвлеченіе, которое естественно является въ человѣкѣ всегда позже, какъ результатъ наблюденій надъ частными фактами. Съ особенной энергіей и чаще всего возстаетъ Локкъ противъ злоупотребленія древними языками. «Когда я подумаю — говоритъ онъ — сколько вообще употребляютъ труда даже на слабое изученіе греческаго и латинскаго языковъ, сколько времени, заботъ и хлопотъ стоитъ оно, то мнѣ все кажется, что родители все еще вѣруютъ въ силу страха, внушаемаго розгою школьнаго учителя, полагая сущность воспитанія именно въ изученіи одного или двухъ языковъ. Еслибъ это было иначе, возможно ли было бы приковать вниманіе ребенка на семь, восемь или десять лучшихъ лѣтъ его жизни къ изученію языковъ.» Причину неуспѣха въ языкахъ Локкъ видитъ въ схоластической методѣ ихъ преподаванія, и потому совѣтуетъ держаться въ этомъ дѣлѣ также ближе къ естественности и практичности. «Можетъ ли быть что либо смѣшнѣе, какъ видѣть родителей, расточающихъ и деньги свои, и всѣ досуги сына своего, чтобы только научить его латинскому языку, тогда какъ его готовятъ собственно для торговли, и онъ, вовсе не имѣя надобности въ этомъ языкѣ, забудетъ даже и то немногое, что вынесъ изъ школы и чѣмъ навѣрное принебрегалъ еще тамъ вслѣдствіе непріятностей, получаемыхъ за латынь? Вообще воспитаніе, годное для торговыхъ, промышленныхъ, а также общественныхъ дѣлъ, рѣдко или никогда не пріобрѣтается въ нашихъ гимназіяхъ (grammar schools), въ которыя посылаютъ своихъ дѣтей не одни джентльмены, но даже торговцы и фермеры. Обычай и здѣсь дѣйствуетъ безотчетно и ко вреду общества.» Для джентльмена, однако, Локкъ считаетъ латинскій языкъ весьма полезнымъ, если только изучать его также, какъ изучается французскій языкъ, т. е. не надоѣдая грамматикой; греческій же языкъ онъ отводитъ исключительно для ученыхъ. Для древняго языка онъ именно рекомендуетъ слѣдующій способъ: «Пріобрѣтите для вашего сына какую нибудь легкую, написанную по-латыни книгу, напр. Эзоповы басни, съ подстрочнымъ, по возможности близкимъ переводомъ на родной языкъ, который бы помѣщался подъ латинскимъ текстомъ, и заставляйте его по этой книгѣ перечитывать нѣсколько разъ, сперва одну и ту же басню, до тѣхъ поръ, пока онъ совершенно усвоитъ себѣ латинскій текстъ. Такимъ же образомъ перейдите потомъ и къ другой баснѣ, впрочемъ всегда имѣя въ виду пройденное прежде; а когда онъ примется за письмо, то вмѣсто прописей давайте ему тѣ же басни. Этотъ способъ, однако, далеко не совершеннѣе разговоровъ на латинскомъ языкѣ. Потомъ составленіе глаголовъ и склоненіе именъ и мѣстоименій ознакомитъ его еще болѣе съ духомъ и правилами латинскаго языка. Болѣе этого, по моему мнѣнію, нѣтъ надобности изучать что-либо изъ грамматики до тѣхъ поръ, пока ученикъ не будетъ читать самихъ авторовъ, доступныхъ для его пониманія.» Замѣтимъ только, что латинскій языкъ во время Локка, при бѣдности англійской и другихъ литературъ, представлялъ дѣйствительно много образовательнаго и пріятнаго для джентльмена, и что Локкъ съумѣлъ уже во многомъ отрѣшиться отъ рутины и предразсудковъ его времени.

Ариѳметика, по его мнѣнію, есть легчайшій, а слѣдовательно и первый родъ того отвлеченнаго мышленія, къ которому способенъ каждый человѣкъ, или къ которому привыкаетъ впослѣдствіи; она имѣетъ столь неразрывную связь со всѣми сторонами жизни, со всѣми занятіями, что безъ нея едва ли можно обойтись въ чемъ либо. Поэтому каждый долженъ начинать упражняться въ счисленіи столь рано, и продолжать его столь далеко, какъ только возможно будетъ по его способностямъ. Примѣненіе, а не изученіе отвлеченныхъ правилъ составляетъ первое условіе, развитіе же зависитъ отъ методы, которая должна основываться на опытѣ и индукціи. Географія принадлежитъ болѣе къ нагляднымъ познаніямъ и усвоевается лишь памятью; на этомъ основаніи дѣти изучаютъ ее легко и съ удовольствіемъ. Начинать географію должно еще раньше ариѳметики, тотчасъ показывая дѣтямъ глобусъ и карту.—О родиновѣдѣніи, начинающемъ съ ближайшихъ, окружающихъ дитя предметовъ природы, Локкъ еще ничего не знаетъ, такъ какъ мысль объ этомъ явилась уже много позже. Астрономію онъ причисляетъ къ географіи и совѣтуетъ приступать къ ней только послѣ ознакомленія дѣтей съ счисленіемъ. По геометріи онъ указываетъ на шесть книгъ Эвклида, и къ пособіямъ для нея причисляетъ также глобусъ. Вообще онъ старается связать въ преподаваніи отдѣльные предметы, придавъ всему обученію характеръ единства, цѣлостности, законченности и практичности. Исторію Локкъ полагаетъ начинать съ древней по латинскимъ классикамъ, а потомъ переходить къ книгамъ Пуфендорфа «de officio hominis et civis» и «de jure naturali et gentium» и — Гроціуса «de jure belli et pacis». Образовательное значеніе исторіи онъ ставитъ весьма высоко, ибо «ничто болѣе исторіи не научаетъ насъ и не приноситъ намъ удовольствія. Сколько наставленія ея полезны для взрослыхъ, столько удовольствія отъ нея приличны даже и дѣтямъ.» Изъ исторіи молодой человѣкъ выведетъ здравыя понятія о гражданскомъ правѣ, о законахъ и обычаяхъ своей страны, и кромѣ того будетъ имѣть хорошій матеріалъ для чтенія на иностранныхъ языкахъ. Риторику и логику, какъ отдѣльные предметы преподаванія, Локкъ считаетъ почти лишними. «Причина та, — замѣчаетъ онъ — что молодые люди извлекаютъ изъ нихъ очень мало пользы: мнѣ рѣдко, или почти никогда не удавалось видѣть, чтобы кто либо пріобрѣлъ умѣнье хорошо разсуждать или красиво говорить, изучивъ правила, которыми наполнены обѣ эти науки, а потому на нихъ не должно долго останавливаться, стараясь избѣгать всякихъ формальностей. Правильное сужденіе исходитъ не отъ однихъ лишь «предикаментовъ» и «предикабилей», равно какъ и не выражается только одними заученными формами, тропами и фигурами. Если только назначеніе и цѣль правильнаго мышленія та, чтобы хорошо понимать и здраво судить о вещахъ, различать истину отъ лжи, хорошее отъ дурнаго, и согласно съ этимъ дѣйствовать; — то отнюдь не допускайте вашего сына до изученія искусства и формальностей диспута. Пусть онъ и самъ не выступаетъ и не смотритъ на диспуты другихъ: иначе, вмѣсто благоразумнаго человѣка вы сдѣлаете его мелочнымъ спорщикомъ, сварливымъ собесѣдникомъ, только выискивающимъ случай поспорить съ другими; или — что еще хуже — онъ возьметъ себѣ, наконецъ, въ голову, что во всѣхъ разговорахъ дѣло не въ сущности предмета, а собственно въ томъ, чтобы выиграть диспутъ, упорствуя предъ очевидной правдой, предъ самыми убѣдительными доводами». Съ цѣлью выработки правильной мысли и хорошаго слога, Локкъ совѣтуетъ обращать вниманіе на письменныя упражненія.

Относительно философіи, особенно по отношенію къ природѣ, онъ убѣждаетъ руководствоваться библіей; въ противномъ случаѣ обаяніе чувственнаго міра можетъ скоро заглушить вѣру въ сверхчувственный міръ, и вообще подавить уваженіе ко всему духовному и нравственному. Натуральная философія существуетъ не для дѣтей и юношей, а для людей съ окрѣпшимъ мышленіемъ и съ большею жизненною опытностью. «Разсмотрѣніе духовныхъ силъ во всякомъ случаѣ должно начинаться ранѣе ученія о матеріи и вещественности, и то не какъ наука, которая могла бы быть сведена въ систему и излагаема по условіямъ строгаго разума,— но только какъ знаніе, могущее довести наши понятія до большаго развитія и приготовить ихъ къ болѣе вѣрному и полному уразумѣнію духовнаго міра, къ чему ведетъ насъ разумъ и Откровеніе». Не смотря на то, физику Локкъ допускаетъ и указываетъ въ этомъ случаѣ на Ньютона, такъ какъ знаніе законовъ природы внушаетъ еще большее удивленіе и благоговѣніе къ конечной причинѣ всѣхъ причинъ — Творцу. Дѣло религіознаго образованія, ведущаго къ добродѣтели и счастію, состоитъ не въ массѣ теологическихъ свѣдѣній, не въ ухищреніяхъ ума, а въ живомъ чувствѣ вѣры и любви къ Богу и къ людямъ; это то чувство и должно управлять всѣми помыслами и поступками каждаго истинно-воспитаннаго человѣка. Для довершенія всесторонняго образованія онъ также придаетъ большую цѣну музыкѣ, ремесламъ, садоводству, путешествіямъ и т. под.

Изъ всего сказаннаго достаточно подтверждается вся высота и вѣрность многихъ педагогическихъ воззрѣній Локка, стоявшаго далеко впереди своего вѣка, когда унаслѣдованная схоластика еще имѣла на западѣ большую силу въ дѣлѣ воспитанія. Педагогика Локка есть практическая по преимуществу; его идеалъ — благовоспитанный, т. е. свѣдущій и приличный, свѣтскій человѣкъ. Локкъ направилъ педагогику на единственно-правильный путь — психологическiй, отвергъ всякiй педантизмъ, искусственность и насилованiе дѣтской личности, и указалъ на образованiе характера, какъ на одну изъ главнѣйшихъ задачъ воспитанiя. Трезвый взглядъ Локка уже видѣлъ много такого, что потомъ еще съ большей вѣрностью, хотя и съ большими крайностями было развито Жанъ Жакомъ Руссо, который потребовалъ для всѣхъ классовъ общества того же самаго, что Локкъ требовалъ только для джентльмена. Реформаторскiя попытки Локка относительно воспитанiя замѣчательны именно тѣмъ, что онѣ отличаются такимъ спокойствiемъ, къ какому были неспособны пылкiе французскiе реформаторы, и такою реальностью и практичностью, какая рѣдко встрѣчается даже у передовыхъ нѣмецкихъ педагоговъ, то крайнихъ мечтателей, то исключительныхъ теоретиковъ.

## Вольфангъ Ратихъ.

Въ Германiи еще раньше, чѣмъ Локкъ въ Англiи, явился послѣдователь Бэконовской методы по примѣненiю ея къ воспитанiю: это былъ Wolfgang Ratichius. Онъ родился въ Вильстерѣ (въ Голштинiи) въ 1571 г., т. е. спустя 10 лѣтъ послѣ Бэкона. Образованiе Ратихъ получилъ въ Гамбургской гимназiи, а потомъ въ Ростокскомъ университетѣ, гдѣ изучалъ философiю и теологiю, въ особенности же еврейскiй языкъ. Проведя нѣкоторое время въ Англiи, и познакомившись съ идеями Бэкона, онъ оставался цѣлые восемь лѣтъ въ Амстердамѣ, усердно занимаясь математикой и арабскимъ языкомъ, которому учился у одного природнаго араба. Здѣсь же онъ обратился къ принцу Морицу Оранскому съ предложенiемъ ввести въ школы вновь открытую имъ методу обученiя. Принцъ, отчасти соглашаясь на его предложенiе, требовалъ только сохранить въ школахъ мѣсто за латинскимъ языкомъ. Ратихъ не желалъ уступить, и потому принужденъ былъ обращаться съ тѣмъ же къ Базелю, Страсбургу, къ разнымъ дворамъ; но всюду была неудача. Тогда онъ въ 1612 г. послалъ во Франкфуртъ на сеймъ особый «меморіалъ», въ которомъ обстоятельно излагался составленный имъ новый и лучшій планъ ученія, и осуждался существовавшій до того времени. Планъ этотъ былъ подвергнутъ обсужденію знаменитѣйшихъ тогдашнихъ ученыхъ и разныхъ коронованныхъ особъ, изъ которыхъ иные отнеслись къ нему съ сочувствіемъ. Нѣкоторые ученые классики также одобрили его, признавъ справедливость даже той мысли Ратиха, что «обученіе должно идти на родномъ языкѣ во всѣхъ школахъ, ибо это также было и у грековъ, и у римлянъ». Черезъ два года (въ 1614) онъ приглашенъ былъ въ Аугсбургъ для преобразованія тамошнихъ школъ; но успѣхъ не оправдалъ ожиданій, такъ что послѣ перваго опыта, не продолжавшагося и полтора года, педагогъ-новаторъ уже долженъ былъ оставить Аугсбургъ и перебраться въ Веймаръ, въ качествѣ придворнаго учителя латинскаго языка. Герцогиня, которую именно онъ училъ по-латыни вмѣстѣ съ ея сестрой, всячески поддерживала непризнаннаго другими педагога, и даже выдала ему 2,000 гульденовъ для осуществленія его идей. Ратихъ опять поѣхалъ во Франкфуртъ (въ 1617 г.), убѣдилъ составить особую коммиссію, которой онъ брался доказать превосходство своей методы; однако коммиссія рѣшила только то, что ему надо искать другаго мѣста для примѣненія своего искусства. Въ слѣдующемъ же году онъ успѣлъ, однако, убѣдить одного владѣтельнаго принца помочь ему заняться опытами въ Кётенѣ, особенно по части преподаванія древнихъ языковъ. Принцъ согласился и даже сдѣлалъ воззваніе о помощи къ другимъ ангальтскимъ принцамъ; однако не всѣ приняли участіе въ этомъ предпріятіи, отвѣчая, что намѣренія Ратиха, конечно, похвальны, но что «дѣло мастера боится». Какъ бы ни было, Ратихъ формально обязался приготовить по своей системѣ нѣсколько новыхъ учителей и съ помощію ихъ достигнуть цѣли своей жизни— облечить юношеству изученіе древнихъ языковъ: еврейскаго, греческаго и латинскаго. Была устроена даже особая типографія для печатанія новыхъ учебниковъ; 231 мальчикъ и 202 дѣвочки были отданы въ полное распоряженіе этого настойчиваго педагога, который, дѣйствительно, вѣрно сознавалъ всю безплодность, весь вредъ прежняго обученія, вращавшагося преимущественно на древнихъ языкахъ. Заблужденіе его состояло именно въ томъ, что онъ хотѣлъ исправить дѣло тамъ, гдѣ многое лишнее надо было совершенно откинуть, какъ это совѣтывалъ въ Англіи Локкъ. Понятно, что и въ Кётенѣ Ратихъ потерпѣлъ полную неудачу. Этому содѣйствовало и то, что онъ былъ строгій лютеранинъ, тогда какъ граждане города принадлежали къ реформаторскому вѣроисповѣданію и духовенство смотрѣло на него какъ на еретика. Покровительствовавшій ему принцъ, недовольный еще и рѣзкими выходками этого неукротимаго педагога, посадилъ его въ тюрьму (въ 1619 г.), въ которой онъ просидѣлъ около 9 мѣсяцевъ, и вышелъ не раньше, какъ давъ подписку, «что онъ болѣе хвасталъ и обѣщалъ, чѣмъ понималъ и могъ выполнить». Слѣдующіе два года Ратихъ провелъ въ Магдебургѣ; потомъ переѣхалъ въ Рудольштадтъ и т. д. Всюду призываемый, и скоро всюду гонимый, онъ все таки не оставлялъ своихъ попытокъ, вошелъ даже въ сношеніе съ Швеціей, предлагая свои услуги ея государственному канцлеру Оксеншерну; но, измученный жизнью, разбитый параличемъ, Ратихъ не довелъ до конца своихъ переговоровъ съ Швеціей и умеръ въ крайней бѣдности въ 1635 г., будучи уже 63 лѣтнимъ старикомъ. Только современникъ его — Коменскій лучше другихъ понималъ этого замѣчательно-несчастнаго человѣка, о которомъ также весьма справедливо отозвался и геніальный шведскій канцлеръ, сказавъ, что «Ратихъ не напрасно нападалъ на недостатки школъ, но не умѣлъ найти достаточныхъ средствъ для ихъ исправленія».

Ратихъ былъ проникнутъ тою же Бэконовскою мыслью, которую впослѣдствіи также проводили Мильтонъ, Жакото и др., и которая требовала, чтобы метода всякаго преподаванія основывась на наведеніи и опытѣ — «per inductionem et experimentum omnia». Труднѣе всего было ея примѣненіе къ мертвымъ языкамъ: еврейскому, греческому и латинскому, такъ какъ здѣсь ученику вначалѣ нѣтъ возможности самостоятельно наблюдать и дѣлать выводъ, а необходимо отдаться одному пассивному усвоенію, размѣры котораго, при существованіи трехъ мертвыхъ языковъ, сильно подавляли еще неокрѣпшій юношескій духъ.

Избравъ своимъ девизомъ: «vetustas cessit: ratio vicit» — рутина уступила: разумность побѣдила, — Ратихъ съ упорной, изумительной энергіей пролагалъ путь реализму XVIII столѣтія. Вотъ основныя положенія, на которыхъ онъ основывалъ свою методу: 1) Въ воспитаніи все должно сообразоваться съ ходомъ и порядкомъ самой природы; все же противо-естественное и насильственное въ школѣ вредитъ, подавляетъ природу. 2) Не все вдругъ: ибо ничто такъ не затруднительно для нашего ума, какъ излишество и поспѣшность въ сообщеніи знаній; на этомъ основаніи должно все усвоивать постепенно, одно за другимъ; чужому языку можно учиться только по одному, а не по многимъ авторамъ, и отнюдь не по грамматикѣ. 3) Необходимо часто повторять, ибо только повторенное много разъ вѣрно и прочно отпечатлѣвается въ нашемъ умѣ; излишнее разнообразіе разстраиваетъ умственныя способности. 4) Все обученіе должно начинаться на родномъ языкѣ, при чемъ есть та выгода, что ученикъ имѣетъ возможность ясно, реально представлять самый предметъ изученія. Послѣ изученія роднаго языка уже можно постепенно переходить къ иностраннымъ. 5) Болѣе всего надо избѣгать принужденія, которое неизбѣжно приводитъ дѣтей къ отвращенію отъ ученія; притомъ же это противорѣчитъ самой природѣ. Обыкновенно дѣтей наказываютъ за то, что они не усвоили себѣ того, чему ихъ учили; но если бы ты самъ училъ хорошо, какъ слѣдуетъ, — то и они непремѣнно усвоили бы преподанное. Ты наказываешь дѣтей за твои собственныя ошибки, за твое неумѣнье; а потому учись самъ хорошенько преподавать, и тебѣ не придется мучить дѣтей. Ученикъ должен — не бояться, а любить и уважать своего учителя, а последнее возможно только тогда, когда учитель знает свое дело. От учителя требуется много труда; но он должен только учить (?), объясняя все неиначе, как на родном языке: исправительная сторона принадлежит «схоларху». В противном случае ученик может получить отвращение к своему учителю, вместо того, чтобы любить его; любовь же есть первое условие при обучении, и ею можно много сделать. 6) Ничего не учить исключительно на память, так как учивший много наизусть утрачивает всякую гибкость и остроту ума. Когда какой либо предмет посредством частого с ним обращения вполне уяснится для ума, память следует ему уже без всякого труда, сама собою. Ученику должно во время рассказа учителя — если только этот рассказ не слишком продолжителен — спокойно сидеть и слушать, а не разговаривать и ничего не спрашивать, чтобы не мешать другим: с вопросами он может обращаться к учителю уже после урока. 7) Во всем обучении, в приемах преподавания, в учебных книгах, особенно в грамматиках разных языков: роднаго, еврейскаго, греческаго и т. д., должно быть единство, так как всякое разногласие может только сбить и спутать ученика. 8) Сначала давать самый предмет, а потом уже толковать о нем; не сообщать правил, пока ученик не ознакомится с материалом, напр. с самим автором и его языком. 9) Все исследовать собственным опытом, по частям, а потом заключать об общем, ибо ничто так не поверхностно, как знание общих мыслей без предварительнаго знакомства с частностями, из которых они вытекают; такое не основанное на собственном опыте знание ведет к фразерству. Никакой авторитет не может заменить необходимость самому доискаться до причин или оснований каждаго вывода. Каждое правило, каждое научное понятие только тогда прочно и жизненно, когда оно как бы вновь открыто и выведено нами самими.

Ратих до того увлекался своей методой, до того веровалъ въ ея истинность и пользу, что только въ ней видѣлъ единственный путь къ спасенію человѣчества. Отсюда проистекали всѣ его громкія обѣщанія, осуществить которыя вдругъ, одними собственными силами, не было никакой возможности. Будучи правъ въ основныхъ идеяхъ, проходящихъ почти по всей его дидактикѣ, онъ являлся въ практической жизни какимъ то безумнымъ фанатикомъ, нигдѣ не могъ ужиться, ничего не могъ довести до конца. Обладая по преимуществу теоретическимъ умомъ, Ратихъ является полнымъ представителемъ нѣмецкаго духа, столь мощнаго въ открытіи истины посредствомъ одного умозрѣнія. Кромѣ того, фантазія до того сильно дѣйствовала въ Ратихѣ, что онъ все видѣлъ въ преувеличенномъ видѣ, придавалъ своему дѣлу какую то мистическую таинственность, и открывалъ свою методу не иначе, какъ взявъ подписку «что безъ его вѣдома и согласія эта метода не будетъ никому открыта, не явится въ печати, и не станетъ вводиться въ школы». Въ неудачахъ Ратиха сколько виновато его время, когда школа была еще не свободна отъ схоластики, столько же — и онъ самъ; однако заслуги его, относительно покрайней мѣрѣ Германіи, не подлежатъ ни малѣйшему сомнѣнію.

### Амосъ Коменскій.

Iohann Amos Comenius, обладая не меньшею энергіей, былъ одаренъ болѣе всеобъемлющимъ духомъ, болѣе практическимъ смысломъ, а потому вліяніе его было и глубже и шире, чѣмъ экзальтированнаго мечтателя — Ратиха. Славянскіе предки Коменскаго получили свое фамильное имя отъ мѣстечка Комны; самъ же онъ родился въ Ривницѣ, въ Моравіи — въ 1592 году, слѣдовательно много раньше Локка. Рано лишившись своихъ родителей, принадлежавшихъ къ числу «богемскихъ братьевъ», онъ былъ предоставленъ самому себѣ, и только на 16 году началъ учиться по-латыни. Онъ самъ разсказываетъ, что эта заброшенность его относительно образования, отъ которой онъ такъ много пострадалъ, рано возбудила въ немъ чувство состраданія къ другимъ. Коменскій учился въ разныхъ мѣстахъ Германіи, но всѣмъ былъ обязанъ единственно себѣ, а не школѣ, которая не успѣла исказить его мощный духъ. Въ герцогствѣ Нассаускомъ онъ попалъ подъ руководство одного протестантскаго теолога, который написалъ много разныхъ теологическихъ, философскихъ и педагогическихъ книгъ, и пріобрѣлъ полное вліяніе надъ 20-лѣтнимъ славянскимъ юношей. За тѣмъ Коменскій посѣтилъ Гейдельбергъ, чрезъ Амстердамъ вернулся въ отечество, получилъ мѣсто ректора школы въ Преровѣ и скоро былъ удостоенъ также пасторскаго сана между «богемскими братьями» (въ 1618 г.), главнымъ центромъ которыхъ былъ Фульнекъ. Здѣсь онъ много трудился, какъ надъ дѣломъ проповѣди, такъ и надъ школьнымъ, составивъ много учебниковъ, — но во время нападенія Испанцевъ на ихъ городъ потерялъ свои рукописи, и около того же времени лишился жены и дѣтей. Когда австрійское правительство воздвигло гоненіе на чешскихъ протестантовъ, Коменскій убѣжалъ въ горы вмѣстѣ съ покровителемъ своимъ Садовскимъ. Въ 1628 г. былъ изданъ эдиктъ: «кто не возвратится къ католицизму, тотъ долженъ вовсе оставить страну». Въ суровую зиму до 30,000 чешскихъ и моравскихъ семействъ покинули свою родину; въ томъ же числѣ былъ и Коменскій. Онъ задумалъ перенести свой домашній очагъ въ Польшу, навсегда простившись съ своей живописной родиной, которую онъ горько оплакалъ, придя на рубежъ ея вмѣстѣ съ другими товарищами по несчастію. Изъ изгнанія Коменскій писалъ къ своимъ соотечественникамъ посланія, высказывалъ вѣру въ лучшія времена, и надѣялся чрезъ улучшеніе школы воспитать новое, лучшее поколѣніе. По свидѣтельству Палацкаго, онъ такъ владѣлъ чешскимъ языкомъ, что слогъ его даже до-нынѣ можетъ служить недосягаемымъ образцомъ правильности и изящества.

Въ Польшѣ Коменскій утвердился именно въ Лиссѣ, занимался преподаваніемъ латинскаго языка, и здѣсь же издалъ свою «Janua linguarum reserata» (въ 1631 г.), въ которой излагалъ новую методу обученія языкамъ. Эта одна книга упрочила за нимъ славу. Въ одномъ изъ своихъ дидактическихъ сочиненій онъ говоритъ: «Произошло то, чего я никакъ не ожидалъ, и мой ребяческій, ничтожный трудъ получилъ одобреніе всего ученаго свѣта». Дѣйствительно, его книга была немедленно переведена на двѣнадцать европейскихъ языковъ, и вскорѣ явилась даже на арабскомъ, турецкомъ и персидскомъ, распространившись вплоть до Остъ-Индіи. Ея не было только на русскомъ языкѣ. Ободренный этимъ неожиданнымъ успѣхомъ, онъ обработалъ на чешскомъ языкѣ свою давно начатую дидактику, которая потомъ стала извѣстна подъ титуломъ: «Didactica magna seu Omnes omnia docendi artificium». Въ 1638 году шведское правительство обратилось къ нему съ предложеніемъ взять на себя преобразованіе тамошнихъ школъ; Коменскій не согласился; однако черезъ три года принялъ подобное же предложеніе отъ англичанъ и отправился въ Лондонъ. Но возникшія въ Англіи внутреннія смуты не благопріятствовали осуществленію его широкихъ плановъ, одобренныхъ самимъ парламентомъ, — а потому онъ въ слѣдующемъ же году (1642) переѣхалъ въ Швецію, всюду находя богатыхъ и могущественныхъ друзей и покровителей. Въ особенности онъ былъ близокъ съ канцлеромъ Оксенштіерна, который былъ въ восторгѣ, что нашелъ, наконецъ, человѣка, какого именно искалъ для улучшенія школьнаго дѣла въ Швеціи. Проработавъ четыре года надъ составленіемъ учебниковъ, и живя за это время то въ Англіи, то въ Швеціи, онъ пожелалъ опять возвратиться въ Лиссу, гдѣ въ одинъ и тотъ же годъ (1648) издалъ книгу: Novissima linguarum methodus», и былъ избранъ епископомъ богемскихъ братьевъ.

Въ 1650 году князь Рагоцкій пригласилъ его въ Венгрію, гдѣ онъ впродолженіе четырехъ лѣтъ потрудился надъ устройствомъ школъ, и здѣсь же написалъ свой знаменитый «Orbis pictus» — явившійся въ свѣтъ въ 1654 году, и имѣвшій безчисленное множество изданій на всевозможныхъ языкахъ. Послѣдующее время жизни, особенно когда въ Лиссѣ сгорѣлъ его домъ со всей библіотекой, Коменскій проводилъ въ разныхъ мѣстахъ: Силезіи, Бранденбургіи, Гамбургѣ, Амстердамѣ, гдѣ спокойно и умеръ на 80 году жизни — въ 1671 году. Изъ его признаній, написанныхъ въ глубокой старости и проникнутыхъ высоко-религіознымъ характеромъ, видно, что въ душѣ его сохранились: полная ясность и счастливое сознаніе того, что онъ много потрудился въ жизни и сдѣлалъ все, что могъ сдѣлать. Коменскій въ этомъ отношеніи является человѣкомъ цѣльнымъ, который не страдалъ ни внутреннею раздвоенностью, ни угрызеніями совѣсти, такъ какъ онъ вышелъ чистъ изъ «лабиринта жизни». Руководной нитью въ этомъ лабиринтѣ ему служило, по его собственному выраженію, «постоянное стремленіе къ дѣятельности на пользу человѣчества». Послѣ его смерти распалось и богемское братство, такъ долго, но тщетно старавшееся удержать свое національное знамя. Такимъ образомъ, дѣятельность этого даровитаго человѣка имѣла не одинъ педагогическій, но и политическій характеръ. Въ одномъ изъ множества своихъ сочиненій, явившемся подъ титуломъ «Lux in tenebris», онъ гремитъ гнѣвомъ на гонителя своего папу и на весь австрійскій домъ. Онъ старался также осуществить соединеніе всевозможныхъ христіанскихъ вѣроисповѣданій, раздѣленныхъ тогда нехристіанскою враждою и ненавистью, и вообще проводилъ мысль, что человѣчество должно же, наконецъ, устроить жизнь свою въ мирѣ, любви и согласіи. Коменскій, также мечтатель, но мечтатель геніяльный, даже думалъ обратить въ христіанство турокъ, затѣвалъ переводъ библіи на турецкій языкъ, и писалъ братскія посланія къ султану. Онъ былъ не только великій педагогъ, но и во всѣхъ другихъ отношеніяхъ шелъ впереди своего вѣка. Воспитаніе, въ его глазахъ, являлось лучшимъ средствомъ улучшенія человѣчества, жалкаго и несчастнаго единственно по причинѣ своей испорченности и невѣжества.

Педагогическая метода Коменскаго полнѣе всего развита и примѣнена въ его «Orbis pictuo», въ которомъ наглядно изображено все, что только можетъ занимать и питать дѣтскій духъ: какъ міръ небесный, раскрываемый человѣку религіей, такъ и міръ земной — достояніе науки. Къ картинамъ приложены и описанія или объясненія; тѣ же картины должны служить облегчающимъ пособіемъ и при изученіи иностранныхъ, особенно древнихъ языковъ. Спеціальная особенность этой методы, требующей также принаровленія къ различнымъ способностямъ питомцевъ, состоитъ въ томъ, чтобы всякое обученіе начинать отъ чувственныхъ воспріятій, представляющихъ лучшій, убѣдительнѣйшій способъ доказательства. Только тамъ, гдѣ не можетъ быть показанъ самый предметъ, можно прибѣгать къ его изображенію, по возможности вѣрному и живому. Вообще при обученіи Коменскій требуетъ соблюденія слѣдующихъ правилъ: 1) чтобы знать предметъ, надо изучать его; 2) при обученіи слѣдуетъ обращать вниманіе на жизненную и полезную сторону предметовъ, подходя къ нимъ какъ можно ближе; 3) избѣгать всякихъ околичностей и фразъ, чтобы всякое знаніе было непосредственно, реально; 4) все изучаемое — изучать какъ оно есть и бываетъ, т. е. въ связи съ причиной и слѣдствіемъ; 5) каждый предметъ должно брать прежде въ цѣломъ, а потомъ уже разбирать его по частямъ; 6) всѣ даже мельчайшія части предмета располагать въ системѣ, относительно ихъ порядка, положенія, взаимной связи и т. д.; 7) держаться строгой послѣдовательности, не хватаясь за все вдругъ, а переходя отъ одного къ другому; 8) на каждомъ предметѣ останавливаться до тѣхъ поръ, пока онъ вполнѣ уяснится для ученика, смотря по его возрасту и степени развитія, и 9) обращать особенное вниманіе на различіе признаковъ предмета, такъ какъ это въ особенности содѣйствуетъ ясности и отчетливости знанія.

Искуство обученія, какъ и всякое искуство, требуетъ главнымъ образомъ трехъ условій; условія эти: типическое изображеніе предмета или его идея, которая есть ничто иное, какъ его наружная форма, уловить и выразить которую стремится художникъ; матеріялъ, наполвляющій эту форму, реализирующій эту идею; наконецъ, орудія, съ помощію которыхъ создается произведеніе искуства, какъ продуктъ человѣческаго творчества. Когда же всѣ эти условія: типическій обзоръ, матеріялъ и орудія — уже даны, теорія каждаго искусства требуетъ далѣе: правильнаго употребленія, внимательнаго руководства и частаго упражненія. Отсюда вытекаютъ слѣдующія правила, относящіяся къ каждому изъ трехъ послѣднихъ условій: 1) каждое дѣло изучается на самомъ же дѣлѣ; 2) кто берется за него, тому должна быть присуща извѣстная норма; 3) употребленію орудій должно учить примѣромъ, а не словами; 4) упражненіе должно начинаться съ простѣйшаго или грубѣйшаго; 5) первыя упражненія должны относиться къ наиболѣе знакомому матеріялу; 6) вначалѣ все ограничивается непосредственнымъ подражаніемъ образцу, свобода же въ творчествѣ является уже впослѣдствіи; 7) образцы должны быть возможно-совершенны, чтобы скорѣе привести учащагося къ совершенству; 8) подражаніе уже въ самомъ началѣ должно какъ можно ближе подходить къ образцу, а не уклоняться отъ него; 9) ошибки должны быть тотчасъ же исправляемы на основаніи извѣстныхъ правилъ, которымъ, однако, всегда предшествуетъ примѣръ. Вотъ тѣ основныя начала, которыя развиты Коменскимъ въ его «Didactica magna», имѣющей, по отзыву Раумера, универсальное значеніе. Здѣсь Коменскій имѣетъ въ виду не одно обученіе, но всего человѣка, жизнь котораго онъ разсматриваетъ съ трехъ сторонъ: растительной, животной и духовной. Признавая всю важность реальнаго образованія для реальной жизни, для практической дѣятельности человѣка на землѣ, онъ въ то же время выше всего ставитъ идеальную сторону въ жизни и воспитаніи, ибо съ христіанской точки зрѣнія, «не одна земля является для человѣка родиной, но также — и небо».

Выходя изъ своихъ столь вѣрно и многосторонне понятыхъ дидактическихъ началъ, Коменскій энергически возстаетъ противъ существовавшаго въ тогдашнихъ школахъ обученія. Главное заблужденіе состоитъ, по его мнѣнію, въ томъ, что съ дѣтьми начинаютъ съ языковъ, т. е. съ однихъ словъ, и уже потомъ переходятъ къ самымъ предметамъ — что совершенно противо-естественно; сперва держатъ дѣтей на грамматикѣ впродолженіе нѣсколькихъ лѣтъ, и послѣ всего приступаютъ къ предметамъ реальнымъ, какъ математика, геометрія, физика и др., забывая, что «вещь есть плоть, матерія, субстанція, а слово—только одежда, форма, акциденція». Лучше же всего вести изученіе ихъ параллельно, одновременно. Точно также онъ возстаетъ противъ раннихъ диспутацій, отвлеченныхъ разсужденій, развивающихъ наклонность къ резонерству и къ фразамъ. Неменѣе вредно, по его мнѣнію, дѣйствуетъ на юношество множество учителей и разнообразіе въ методахъ преподаванія или учебныхъ книгахъ, такъ какъ все это нарушаетъ правильный ходъ развитія, производитъ въ дѣтской душѣ какой то хаосъ. Особенно много говоритъ онъ въ пользу естественности обученія въ своей «Ianua reserata»: «Непреложнымъ закономъ учебнаго искусства считаю я то, чтобы умъ и языкъ учащагося постоянно работали вмѣстѣ (ut intellectus et lingua parallelæ decurrant semper), чтобы послѣдній высказывалъ лишь то, что понялъ первый, — ибо иначе говоритъ только попугай. Я всегда старался достигнуть того, чтобы рѣчь учащагося заключала лишь то, что онъ самостоятельно обнялъ духомъ, что напечатлѣлось въ душѣ его какъ живой образъ, возникшій отъ созерцанія самаго предмета». «Почему и мы не такъ же живемъ въ саду природы, какъ живутъ въ немъ птицы? Почему и мы не можемъ, подобно имъ, пользоваться нашими глазами, ушами, носомъ? Къ чему намъ прибѣгать еще къ инымъ учителямъ, кромѣ этихъ органовъ нашихъ чувствъ, чтобы познавать природу? Къ чему, повторяю, вмѣсто мертвыхъ книгъ не раскрыть намъ живую книгу природы, въ которой мы можемъ сами увидѣть гораздо болѣе того, что можетъ разсказать намъ кто либо? При томъ созерцаніе это доставитъ намъ болѣе и пользы, и наслажденія. Благодаря опыту многихъ столѣтій, мы ушли уже много дальше Аристотеля». «Хорошо обучать юношество вовсе не значитъ вбивать ему въ голову безпорядочную массу словъ, фразъ, сентенцій, собранныхъ изъ различныхъ авторовъ; но — раскрывать ему пониманіе вещей такъ, чтобы всѣ знанія его вытекали подобно тому, какъ изъ одного живаго источника вытекаетъ множество ручьевъ. До сихъ поръ школы вовсе не заботились о томъ, чтобы дѣти, какъ молодыя деревца, развивали свои побѣги изъ собственныхъ корней, а только старались увѣшать ихъ чужими, обломанными и засохшими вѣтками. Юношество учили украшаться познаніями совершенно такъ же, какъ Эзопова ворона украшала себя чужими перьями. Дѣтямъ показывали не самые предметы, а только сообщали имъ, что именно думаетъ и говоритъ объ этихъ предметахъ тотъ или другой, третій или десятый писатель; доказательствомъ самой высокой учености считалось именно то, когда учащійся твердо зналъ множество противорѣчивыхъ мнѣній множества ученыхъ о множествѣ предметовъ. Оттого-то и происходило, что многіе ничего болѣе не дѣлали, какъ набирали фразы, мнѣнія и сентенціи изъ разныхъ писателей, и изъ этихъ кусочковъ склеивали науку. Къ нимъ то и примѣняется слово Горація: O imitatorum servum pecus! Что пользы теряться въ мнѣніяхъ другихъ о предметѣ, когда вопросъ заключается именно въ знаніи этого самаго предмета! Неужели все наше призваніе въ жизни, вся наша дѣятельность должны заключаться лишь въ томъ, чтобы бѣгать за другими въ разныя стороны, по всевозможнымъ направленіямъ?..... Пойдемте же, смертные, къ своей цѣли прямо, а не окольными путями. Когда что либо стоитъ прямо и ясно предъ нашими глазами, почему же намъ тотчасъ не подойти къ нему, и почему не посмотрѣть на него своими же глазами, а не чужими? И такъ, говоря вообще, дѣтей надо учить черпать знаніе и мудрость не изъ книгъ, а изъ созерцанія неба и земли, пролагать новые пути, а не идти по однимъ слѣдамъ древнихъ».

Такимъ образомъ, реализмъ Коменскаго былъ совершенно тотъ же, какъ и у Бэкона, съ которымъ онъ былъ основательно знакомъ, сознавая, впрочемъ, что Бэконъ ничего почти не сдѣлалъ для примѣненія своихъ началъ къ дѣлу науки и воспитанія. «Когда мнѣ попала въ руки его книга «Instauratio magna»—разсказываетъ Коменскій—этотъ трудъ, достойный полнаго удивленія, на который я смотрю, какъ на восходящую зарю новаго вѣка для философіи; тогда только увидѣлъ я, на сколько не достаетъ Кампанеллѣ (доминиканецъ, авторъ книги Realis Philosophia и др.) той основательности въ доказательствахъ, какой требуетъ истинная сущность вещей. Но скоро я опять пришелъ къ печальному убѣжденію, что и самъ великій Веруламъ, давая истинный ключъ къ природѣ, всетаки не раскрываетъ ея тайнъ, а только на немногихъ примѣрахъ показываетъ способъ ихъ открытія, и предоставляетъ все прочее наблюденіямъ будущихъ столѣтій». Какъ въ своемъ реализмѣ, такъ и по отношенію къ вопросу о значеніи и преподаваніи языковъ въ школѣ, Коменскій является совершеннымъ представителемъ того же новаго времени, къ которому принадлежали Монтань, Бэконъ, Локкъ и Ратихъ. Облегчить изученіе древнихъ языковъ, бывшихъ тогда единственными проводниками науки, было также и его призваніемъ. Онъ смотрѣлъ на нихъ не столько какъ на необходимую принадлежность учености, сколько — какъ на средство для пріобрѣтенія ея. На этомъ основаніи онъ полагалъ, что нѣтъ необходимости изучать всѣ языки — что даже невозможно; не къ чему изучать и многіе изъ нихъ,—что безполезно, и только отнимаетъ время отъ другихъ важныхъ предметовъ; но — лишь одни необходимѣйшіе. Къ такимъ болѣе необходимымъ языкамъ надо причислить прежде всего отечественный, употребляемый въ домашней жизни; потомъ языки сосѣдніе, какъ средство сообщенія съ сосѣдними народами, и — уже послѣ всего, ради чтенія древнихъ писателей, языки: греческій, арабскій, латинскій и еврейскій. Латинскій языкъ необходимъ для каждаго ученаго; греческій и арабскій — для философовъ, медиковъ и историковъ; греческій, еврейскій и арабскій— для теологовъ. Въ юности изученіе языковъ надо тѣсно связывать съ изученіемъ самихъ вещей, чтобы умѣть выражать свои мысли о нихъ. Изъ этого выводятся слѣдующія правила: 1) не должно учить словъ безъ знакомства съ обозначаемыми ими предметами; 2) никому нѣтъ нужды знать извѣстный языкъ во всемъ его объемѣ; 3) относительно мальчиковъ знаніе языка должно быть примѣняемо къ доступной и интересующей его сферѣ, чтобы знаніе это было жизненно и практично; остальное же надо предоставить зрѣлому возрасту. При изученіи многихъ языковъ, по Коменскому, необходимо слѣдовать такой методѣ: a) каждый языкъ надо изучать послѣдовательно, а не одновременно съ другими: сперва родной, потомъ латинскій, греческій и т. д., сравненіемъ же ихъ только заканчивать; b) каждый языкъ для своего изученія требуетъ извѣстнаго времени: родной языкъ, изучаемый въ связи съ самыми вещами, съ реальнымъ міромъ, требуетъ отъ 8 до 10 лѣтъ; потомъ около двухъ лѣтъ должно остановиться на одномъ латинскомъ, съ годъ на греческомъ и т. д. c) пусть каждый языкъ изучается болѣе чрезъ употребленіе, чѣмъ по правиламъ, т. е. съ помощію прислушиванія, чтенія, подражанія и разговора; d) правила должны только поддерживать, подкрѣплять употребленіе; но лучше всего, когда они немедленно выводятся изъ знакомыхъ уже примѣровъ; e) правила языка должны имѣть грамматическій, а не философскій характеръ, объясняя только *какъ*, а не *почему* нужно говорить такъ, а не иначе; f) нормою при изученіи новаго языка долженъ служить уже знакомый ученикамъ, такъ чтобы они ясно видѣли ихъ различіе; g) первыя упражненія на вновь начатомъ языкѣ должны вращаться на уже знакомыхъ предметахъ; h) всѣ языки слѣдуетъ преподавать и изучать по одинаковой методѣ; i) не всѣ изучать до одинаковой полноты, до одинаковаго совершенства: болѣе всего надо обращать вниманіе на изученіе роднаго, а потомъ — латинскаго языковъ, посвящая имъ болѣе всего времени и труда. Время это лучше всего раздѣлить на четыре періода или курса: на дѣтскій — когда учатся только лепетать, отроческій — когда уже опредѣляется даръ слова, юношескій — когда нравится изящество рѣчи, и наконецъ, мужескій — когда рѣчь пріобрѣтаетъ силу и крѣпость. Учебники должны строго соотвѣтствовать возрастамъ и степенямъ развитія.

На собственно обученіе Коменскій также смотритъ только какъ на средство къ нравственному возвышенію человѣка, и нравственность ставитъ выше учености. Все, что онъ высказываетъ объ этомъ предметѣ, также можно подвести подъ слѣдующія положенія: 1) въ душѣ юношества слѣдуетъ насаждать всѣ добродѣтели безъ исключенія; 2) прежде всего, однако, надо позаботиться о главнѣйшихъ, основныхъ добродѣтеляхъ, отъ которыхъ зависятъ всѣ прочія; таковы: благоразуміе, умѣренность, твердость, справедливость; 3) благоразуміе пріобрѣтается отъ хорошаго обученія, которое указываетъ на истинное различіе между предметами по ихъ достоинству; 4) умѣренности питомцы научатся во время ѣды и питья, сна и бодрствованія, при трудахъ и играхъ, въ рѣчахъ и поступкахъ, и вообще во всемъ своемъ поведеніи въ школѣ; 5) твердость они могутъ усвоить чрезъ самообладаніе, когда они должны побѣждать въ себѣ страсть болтать и играть не во время, или обуздывать въ себѣ порывы нетерпѣнія, досады и гнѣва; 6) справедливыми они сдѣлаются тогда, когда не станутъ никого оскорблять, но признавать за каждымъ его неотъемлемыя права, избѣгать лжи и коварства, и всѣмъ оказывать услуги и вниманіе; 7) развитіе добродѣтели надо начинать раньше, чѣмъ успѣютъ возникнуть и укорениться пороки; 8) добродѣтель пріобрѣтается чрезъ постоянную честную дѣятельность, не на словахъ, а въ поступкахъ; 9) при этомъ важнѣе всего хорошій примѣръ родителей, слугъ, учителей и товарищей; 10) примѣры надо, однако, осмыслить нравственными правилами, и приводить къ сознанію добродѣтели; 11) удалять дѣтей отъ дурнаго общества, въ которомъ они могутъ заразиться; 12) поддерживать въ дѣтяхъ довѣріе къ своимъ силамъ, чтобы они могли противостоять неизбѣжнымъ соблазнамъ. Вообще школа безъ нравственно-воспитательной дисцилины есть то же, что мельница безъ воды. Нравственное воспитаніе имѣетъ дѣло прежде всего съ характеромъ дѣтей, а не съ ихъ познаніями, и потому оно преимущественно слѣдитъ за поступками дѣтей, предупреждая или преслѣдуя каждое проявленіе безстыдства, злости, высокомѣрія, зависти и лѣности. Лучшій образецъ въ этомъ отношеніи воспитатель можетъ видѣть въ солнцѣ, которое посылаетъ людямъ: то свѣтъ и тепло, то дождь и вѣтеръ, а иногда—даже громъ и молнію. Воспитатели юношества должны подражать ему, согрѣвая своихъ питомцевъ любовью, иногда же увѣщая или порицая ихъ съ отеческою кротостью, а въ крайнихъ случаяхъ прибѣгая къ мѣрамъ строгости и наказаніямъ, лишь бы мѣры эти не заходили слишкомъ далеко. Такъ называемая дисциплина должна не подавлять или уничтожать, а напротивъ — возвышать и возбуждать личность питомца, и особенно стремиться къ послѣдовательности, избѣгая всякихъ противорѣчій въ своихъ требованіяхъ. Все прекрасное въ дѣтской природѣ вызывается и укрѣпляется не силою и натискомъ, а постепенностью и постоянствомъ, мудростью и любовью. Система устрашенія есть самая нераціональная система, такъ какъ конечная цѣль нравственнаго воспитанія состоитъ въ томъ, чтобы привести питомца къ добровольному и сознательному выполненію своихъ нравственныхъ обязанностей, — а къ этому никогда не приводятъ трость и розга.

Изъ этой краткой характеристики уже видно, что воспитательная система Коменскаго была построена на самыхъ разумныхъ, глубоко-продуманныхъ началахъ. Исходная точка ея есть природа въ обширномъ смыслѣ этого слова; главное ея требованіе — естественность развитія, реализмъ въ томъ смыслѣ, какой придавали ему и всѣ другіе противники схоластическаго вокабулизма. Если Бэконъ первый возвѣстилъ значеніе этого реализма въ наукѣ, за то Коменскій постарался примѣнить его непосредственно къ школѣ, создавъ для нея множество образцовыхъ для своего времени книгъ и пособій. Кромѣ того, этотъ реализмъ, эту естественность въ воспитаніи и обученіи Коменскій съумѣлъ соединить съ требованіями христіянской идеи, которая въ сущности своей не требуетъ отъ человѣка ничего неестественнаго; напротивъ того: христіянская идея всецѣло выражаетъ человѣка, какъ онъ есть, въ лучшихъ, божественныхъ свойствахъ его безсмертнаго духа. Вліяніе Коменскаго на позднѣйшихъ педагоговъ, въ особенности на методиковъ, было самое благотворное. По крайней мѣрѣ у Руссо, Базедова и Песталоцци мы встрѣчаемъ много такого, что уже раньше было высказано Коменскимъ. Еще вскорѣ послѣ появленія его «Orbis pictus», проложившаго путь наглядному обученію въ школѣ, многіе педагоги стали настойчиво стремиться къ тому, чтобы вмѣсто словъ или тѣней предметовъ предлагать дѣтямъ самые предметы, чтобы какъ можно чаще ходить съ дѣтьми по полямъ и садамъ, водить юношество по фабрикамъ, заводамъ, мастерскимъ, знакомить съ инструментами, разными орудіями производства, и вызывать въ дѣтяхъ самостоятельное творчество. Единственное заблужденіе, въ которомъ можно упрекнуть Коменскаго, увлекавшагося высшими, универсальными задачами, состоитъ въ томъ, что онъ, изъ боязни обременять учащееся юношество множествомъ языковъ, пришелъ впослѣдствіи къ сознанію необходимости сдѣлать латинскій языкъ всемірнымъ языкомъ. Но подобная утопія именно противорѣчила основному принципу Коменскаго — естественности во всемъ, такъ какъ отрицать національность значитъ вообще отрицать естественность въ развитіи человѣчества. Впрочемъ, утопіи свойственны многимъ и многимъ великимъ людямъ, цѣли которыхъ были всегда вѣрны и благодѣтельны для человѣчества, но только не могли опереться на сообразныя съ ними средства. Единство и согласіе человѣчества, которыхъ такъ пламенно желалъ Коменскій, должны заключаться не въ уничтоженіи національныхъ или индивидуальныхъ особенностей, а напротивъ того, въ ихъ признаніи какъ въ жизни, такъ и въ воспитаніи. Само христіянство, на которомъ строилъ Коменскій свою воспитательную систему, нисколько ни противорѣчитъ существованію національности, и Христосъ, повелѣвъ своимъ ученикамъ «научить вся языци», нигдѣ не говоритъ о монополіи того или другаго языка въ дѣлѣ проповѣди и воспитанія человѣчества. Очевидно, что только крайнее развитіе языкоученія, существовавшее во времена Коменскаго, привело и его къ крайности точно также, какъ привело оно предшественника его—Ратиха.

*Общее состояніе германской школы въ XVII столѣтіи.*

Школы въ дѣйствительности далеко не удовлетворяли тѣмъ требованіямъ, какія высказывали Монтань, Локкъ, Ратихъ и Коменскій. Ужасы 30-лѣтней войны, свирѣпствовавшей въ особенности въ Германіи, и развившееся за тѣмъ вліяніе ортодоксальной партіи сильно задерживали прогрессъ какъ высшихъ, такъ и нисшихъ школъ. Когда же наступили болѣе спокойныя времена, перемѣны къ лучшему начались прежде всего въ латинскихъ школахъ, которыя должны были уступить требованіямъ эпохи и тогдашнихъ лучшихъ педагоговъ. Латинскій языкъ мало по малу перестаетъ быть привилегированнымъ и какъ бы вторымъ отечественнымъ, который въ свою очередь становится теперь отдѣльнымъ учебнымъ предметомъ. Языкъ сосѣдняго народа считается наиболѣе необходимымъ. Прежній формализмъ значительно отвинутъ въ обученіи; но за то съ другой стороны школу загромождаютъ множествомъ новыхъ, преимущественно реальныхъ предметовъ, каковы: военная и гражданская архитектура, астрономія, ботаника, а также теоретическая и практическая философія, исторія, геометрія, сферическая географія, и кое гдѣ еще держится еврейскій языкъ. Впрочемъ, въ принятіи или исключеніи того или другаго изъ названныхъ предметовъ въ школахъ вообще господствовалъ произволъ, такъ какъ учебныя системы еще не установились; такъ напр. въ однѣхъ школахъ географія преподавалась весьма старательно, въ другихъ — совершенно исключалась изъ программъ. Отечественный языкъ преподавался хотя вездѣ, но не съ одинаковою основательностью. За то греческій языкъ окончательно палъ, и въ большей части школъ Гомеръ и Демосоенъ были вовсе забыты; только въ немногихъ гимназіяхъ, поддерживаемыхъ вліяніемъ разныхъ сильныхъ или владѣтельныхъ особъ, еще продолжалось тщательное изученіе греческихъ классиковъ въ подлинникахъ.

Собственно народная школа также сильно пострадала отъ 30-лѣтней войны, но потомъ опять была возстановлена заботливостью или государственной, или церковной власти. Такъ германскіе школьные уставы того времени, особенно у протестантовъ, (напр. въ Готѣ) стали опредѣленно требовать, чтобы всѣ дѣти: какъ мальчики, такъ и дѣвочки, и не только въ городахъ, но и въ деревняхъ, по достиженіи *пяти*-лѣтняго возраста непремѣнно посѣщали школу, и приходскій пасторъ былъ обязанъ ежегодно представлять списокъ всѣхъ дѣтей отъ 5 до 14 лѣтъ. Обученіе должно было происходить круглый годъ и каждый день, за исключеніемъ среды и субботы, и продолжаться не менѣе шести часовъ: три до обѣда, и три послѣ обѣда. Только во время жатвы дѣтямъ давалось свободное время: въ деревняхъ шесть недѣль, а въ городахъ — четыре; однако учителя и во время такихъ каникулъ обязывались ежедневно обучать дѣтей не менѣе двухъ часовъ, и въ особенности это относилось къ такимъ дѣтямъ, которыя не употреблялись при полевыхъ работахъ. Лѣтомъ учителя занимались съ ними главнымъ образомъ повтореніемъ уже пройденнаго. Кромѣ того, въ народныхъ школахъ предписывались ежегодные экзамены, на которыхъ время отъ времени, для повѣрки учителей, присутствовали окружные школьные инспекторы, и учащіеся переводились изъ класса въ классъ не иначе, какъ по успѣхамъ. Особенное вниманіе властей обращалось на религіозное воспитаніе дѣтей, или — что тоже — на ихъ нравственность, и преподаваніе религіи имѣло главною цѣлью разъяснить дѣтямъ: «что именно истинно, честно, справедливо, достойно и прилично». Законодательство также старалось установить хорошую дисциплину и однѣ нравственныя мѣры наказанія и награды. Учебными предметами въ протестанскихъ народныхъ школахъ принимались: чтеніе, письмо, счетъ, пѣніе, религія, а также знакомство съ природою и ея полезнѣйшими для человѣка произведеніями, такъ что въ кругъ народной школы болѣе или менѣе входило преподаваніе такихъ предметовъ, какъ: описаніе растеній, животныхъ, человѣка, явленій природы, родиновѣдѣніе, главнѣйшіе законы, домашнее хозяйство, землемѣрное искуство, знакомство съ календаремъ и т. п., смотря потому, насколько позволялось все это временемъ и степенью развитія учащихся. Методы преподаванія также опредѣлялись самими школьными уставами, такъ какъ учительскихъ семинарій еще не существовало. Такимъ образомъ, правильная организація народной школы въ протестанскихъ странахъ Германіи осуществилась ранѣе, чѣмъ гдѣ либо. Уже въ концѣ XVII столѣтія, почти въ каждой деревнѣ была школа; обученіе дѣтей стало обязательно для родителей; надзоръ за школами правильный; законъ установилъ цѣль школы, учебный планъ, дѣленіе учениковъ по классамъ, даже методы преподаванія и дисциплину. А такъ какъ Германія дѣлилась на множество мелкихъ государствъ, то въ каждомъ изъ нихъ, напр. Люксбургѣ, Брауншвейгѣ, Гессенѣ, и т. д. были приняты въ уваженіе и всѣ мѣстныя условія и потребности.

Въ ортодоксальныхъ народныхъ школахъ главное мѣсто въ обученіи по прежнему занимала религія, но къ сожалѣнію не столько по своему духу и вліянію, сколько по объему, и наполняла почти все учебное время въ ущербъ другимъ предметамъ: это была масса фактическихъ свѣдѣній, заучиваемыхъ на память, исключительно механическимъ образомъ. Здоровье дѣтей цѣнилось въ такихъ школахъ до того мало, что дѣтямъ и теперь еще, какъ прежде, запрещалось купаться и плавать, какъ нѣчто неприличное и опасное. Впрочемъ, за исключеніемъ немногихъ случаевъ, школьные регламенты этого времени были превосходны; на дѣлѣ же они выполнялись самымъ плохимъ образомъ по недостатку живыхъ педагогическихъ силъ т. е. хорошихъ, подготовленныхъ къ своему дѣлу учителей. Къ тому же и народъ, къ которому примѣнялась принудительная система (Schulzwang) смотрѣлъ на школы слишкомъ враждебно. Въ учители обыкновенно избирались люди, умѣющіе только читать, писать и считать, и нѣсколько знакомые съ религіей; послѣднее было тѣмъ болѣе необходимо, что имъ приходилось отправлять и церковныя обязанности; такіе люди выходили большею частію изъ тогдашнихъ латинскихъ школъ, но вмѣстѣ съ паденіемъ послѣднихъ и этотъ источникъ изсякъ. Скоро дошло до того, что чувствовался недостатокъ даже въ плохихъ, малограмотныхъ учителяхъ. Вознагражденіе народнаго учителя было крайне скудно, а церковь удѣляла ему изъ своихъ средствъ развѣ нѣсколько талеровъ въ годъ. Главный доходъ учителя составлялся изъ платы съ учениковъ, по 3 пфенига (пфенигъ = 1/4 коп.) въ недѣлю съ каждаго, и изъ подарковъ отъ родителей хлѣбомъ, овощами, колбасами, яйцами, дровами, соломой и т. п. Вслѣдствіе этого учителя продолжали промышлять разными ремеслами, или просто нанимались на полевыя работы, на которыя нерѣдко брали съ собой также учениковъ, обращалъ ихъ труды и въ собственную пользу. При этихъ заботахъ о кускѣ насущнаго хлѣба учителю некогда было заботиться о собственномъ образованіи, а потому онъ скоро превращался въ самаго тупаго рутинера и училъ дѣтей однимъ механическимъ способомъ, одной дрессурой. Всѣ регламенты, всѣ инспекціи въ большинствѣ случаевъ не приводили ни къ чему, порализируемыя столь многими неблагопріятными условіями, на устраненіе которыхъ было обращено вниманіе только впослѣдствіи. Такъ было въ странахъ протестанскихъ, шедшихъ все-же впереди другихъ, такъ какъ они уже имѣли во главѣ даже такихъ педагоговъ, какъ Ратихъ, Коменскій и ихъ послѣдователи. Въ странахъ же католическихъ педагогическое дѣло еще долго оставалось на прежней низкой степени, даже въ высшихъ и среднихъ школахъ, уже не говоря о народныхъ, которыхъ еще почти не существовало. Народное образованіе даже въ законодательствѣ оставалось не организованнымъ, и изъ исторіи Франціи, извѣстно къ какому печальному результату привела государство необразованность дикой, невѣжественной, но всегда недовольной своимъ положеніемъ народной массы. Злоупотребленія чиновниковъ и разныхъ революціонныхъ пропагандистовъ опирались именно на невѣжество нисшихъ классовъ народа, нравственно испорченныхъ, суевѣрныхъ и легковѣрныхъ. Въ самой Англіи, выведшей такихъ дѣятелей, какъ Бэконъ, Ньютонъ, Кеплеръ, Шекспиръ, Локкъ, Мильтонъ и др., народъ оставался совершенно въ косномъ состояніи, въ матеріальной нищетѣ, только временно смягчаемой филантропическимъ участіемъ высшихъ классовъ общества.

## Религіозная оппозиція крайнему іерархизму.

Мы видѣли, что реалистическая оппозиція прежней схоластики въ воспитаніи почти одновременно заявила себя во Франціи, Англіи, Германіи, и отчасти въ Италіи и Швеціи. Между представителями этихъ, по преимуществу культурныхъ народовъ новаго времени замѣтна самая близкая солидарность, такъ что идея, высказанная однимъ изъ нихъ, дѣлалась достояніемъ и всѣхъ прочихъ. Къ сожалѣнію, это движеніе сначала коснулось только поверхности европейскаго общества въ лицѣ его высшихъ классовъ, и не углублялось далѣе въ народныя массы. Но скоро не одни реалисты, но даже и идеалисты присоединились къ этой борьбѣ новой школы противъ схоластическо-клерикальнаго воспитанія какъ въ римскомъ католицизмѣ, такъ и въ протестантской ортодоксіи. Идеалистическая оппозиція выходила изъ самой религіи, какъ изъ своего главнаго источника, и произвела такъ называемый піетизмъ въ протестанствѣ, и янсенизмъ въ католичествѣ.

### *Янсенизмъ въ воспитаніи. Фенелонъ.*

Янсенизмъ получилъ свое названіе отъ Iansenius'а, профессора въ Лёвенѣ, образовался изъ ученія св. Августитина о благости Божіей и о предопредѣленіи, и основался главнымъ образомъ на развитіи чувства въ человѣкѣ, въ противоположность іезуитской разсудочности. Воспитательная система янсенистовъ нашла себѣ полнѣйшее примѣненіе во Франціи, и именно въ Port-royal. Сходство между янсенизмомъ и іезуитизмомъ состоитъ лишь въ томъ, что оба они уничтожаютъ свободу человѣческой личности, ея индивидуальность, и превращаютъ человѣка въ машину, въ раба или чужой воли, или собственнаго чувства, въ самомъ основаніи зараженнаго грѣховностью — какъ учили янсенисты. Какъ бы ни было, однако школы ихъ отличались совершенною благоустроенностью; воспитаніе дѣтей было проникнуто любовью къ нимъ, доходившею до самоотверженія. Облагородить чувство, и прежде всего посредствомъ религіи — вотъ что составляло главную цѣль ихъ школы. Къ обученію было примѣнено много новыхъ, лучшихъ, болѣе естественныхъ методъ, дѣйствовавшихъ на юношество воспитательно, конечно въ извѣстномъ направленіи. Изученіе религіи соединялось съ изученіемъ языковъ и философіи, и съ этою цѣлью было написано множество знаменитыхъ въ свое время учебниковъ, вліяніе которыхъ изъ Портъ-ройяля расходилось далеко въ обществѣ. Такъ Lancelot составилъ первую латинскую грамматику на французскомъ языкѣ, которая отличалась хорошей педагогической (а не ученой) системой, краткостью и точностью правилъ, искуснымъ соединеніемъ ихъ съ примѣрами, и прекраснымъ изложеніемъ, развивавшимъ вкусъ къ обоимъ языкамъ. Такими же качествами отличалась и его греческая грамматика. Кромѣ того онъ составилъ лучшій этимологическій словарь — «Jardin des racines grecques», объясняющій происхожденіе словъ, съ примѣрами въ легкихъ стихахъ. Другой педагогъ-янсенистъ Arnauld составилъ первую французскую грамматику, облегчившую изученіе роднаго языка и состоявшую не изъ одной массы правилъ и исключеній, но также изъ болѣе общихъ сравненій и выводовъ. Впослѣдствіи, когда школы Портъ-ройяля пали, ихъ духъ и направленіе были снова вызваны къ жизни Роленомъ и Фенелономъ—уже въ XVIII столѣтіи. Такъ первый въ 1726 году издалъ свое «Traité de la maniére d'enseigner et d'etudier les belles lettres», въ которомъ онъ вмѣсто прежней схоластической риторики ставитъ на первый планъ непосредственное знакомство съ величайшими представителями классической литературы. Роллену же была обязана и исторія тѣмъ, что она получила значеніе учебнаго предмета въ тогдашнихъ коллегіяхъ, подготовлявшихъ юношество къ университету. Правда, что и теперь исторія все еще разсматривалась какъ предметъ второстепенный, а главнымъ считались одни древніе языки; но все же первая попытка въ новомъ направленіи была уже сдѣлана.

Еще большее значеніе для французскаго, преимущественно религіознаго воспитанія имѣетъ Фенелонъ (1651—1715), на котораго во многомъ опирается самъ Ролленъ. Фенелонъ началъ свое поприще священникомъ, былъ человѣкъ кроткій, любящій, всѣми уважаемый. За свою ученость онъ былъ избранъ членомъ академіи, а за свою жизнь и дѣятельность — архіепископомъ Камбрейскимъ. Вопросъ о лучшемъ воспитаніи юношества постоянно занималъ этого благочестиваго человѣка, который пользовался огромнымъ вліяніемъ какъ въ народѣ, такъ и въ высшемъ французскомъ обществѣ. Книгу свою «de l'éducation des filles» — плодъ своей десятилѣтней педагогической дѣятельности въ одномъ частномъ обществѣ — онъ посвятилъ графинѣ de Beauvilliers. Это была первая попытка создать правильную систему женскаго воспитанія, о которомъ во Франціи стали заботиться вообще ранѣе, чѣмъ въ Германіи. Проникнутый сознаніемъ всей важности женскаго воспитанія, Фенелонъ выходитъ здѣсь изъ той мысли, что дурное воспитаніе женщины болѣе вредитъ общественному развитію, нежели дурное воспитаніе мущины, такъ какъ женщина по преимуществу является носительницею религіозно-нравственныхъ идей, и потому она прежде всего призвана къ тому, чтобы сообщать жизни идеальное направленіе. Самъ мущина, какъ сынъ, братъ, мужъ, находится въ этомъ отношеніи подъ неотразимымъ, влiянiемъ женской натуры и воспринимаетъ отъ нея тотъ или другой характеръ. На этомъ основанiи воспитанiе женщины, и именно — облагороженiе женскаго сердца, является дѣломъ самой первой важности для прогресса всего общества. Лучшимъ средствомъ для этого служитъ религiя; но — не одна она. При этомъ столь же важно интеллектуальное и практическое развитiе женщины, которыми отнюдь не слѣдуетъ пренебрегать; а потому дѣвушку надо обучать всему, что можетъ имѣть значенiе въ ея житейскомъ бытѣ. Такъ въ жизни ей непремѣнно придется имѣть дѣло съ воспитанiемъ дѣтей и вести свое домашнее хозяйство;—а отсюда вытекаетъ для нея необходимость знать природу дѣтей и умѣть обходиться съ ними. Въ особенности она должна знать всѣ дѣтскiя наклонности, чтобы во время поддерживать ихъ, или предупреждать ихъ искаженiе. Въ виду всего этого, дѣвушкѣ слѣдуетъ изощрять свою наблюдательность надъ дѣтьми, и владѣть всѣми ихъ помыслами, пользуясь ихъ любовью и откровенностью. Еще въ школѣ она должна основательно изучать религiю и домашнее хозяйство, такъ какъ послѣднее требуетъ гораздо болѣе ума и опытности, чѣмъ разныя игры и забавы, моды и свѣтскiя приличiя. Въ семьѣ полезно пораньше поручать дѣвушкѣ разныя хозяйственныя заботы, чтобы давать въ нихъ отчетъ. Послѣ обученiя чтенiю, письму и ариѳметикѣ лучше всего заниматься съ нею чтенiемъ историческихъ книгъ, особенно по греческой, римской и отечественной исторiи, такъ какъ это сколько развиваетъ ея умъ, столько же возвышаетъ ея душу, обогащая ее высокими идеалами, жизненною мудростiю, и предупреждая въ ней излишнюю склонность къ комедiямъ, романамъ и эротическимъ стихамъ. Для благородной дѣвушки считается еще необходимымъ учиться языкамъ, особенно испанскому и итальянскому; но на дѣлѣ эти языки обыкновенно служатъ лишь къ тому, чтобы читать разныя вздорныя и вредныя книги, такъ что отъ изученiя ихъ болѣе зла, чѣмъ пользы. «Гораздо полезнѣе—говоритъ Фенелонъ—учить дѣвушекъ по-латыни, ибо это языкъ церкви. Произведенiя поэзiи и ораторскаго искуства я также допустилъ бы, если бы замѣтилъ, что они нравятся дѣвушкѣ, и что умъ ея достаточно развитъ для вѣрнаго ихъ пониманія». Музыкѣ должно учить только въ томъ случаѣ, когда есть къ тому талантъ, и то обращать главное вниманіе на религіозную музыку, чтобы не убить въ женскомъ сердцѣ страха Божія. Полезно также заниматься съ нею живописью: чрезъ это всѣ женскія работы и рукодѣлья будутъ болѣе проникнуты чувствомъ вкуса и исполнены красоты.—

Графиня Бовилье воспитывала своихъ дѣтей именно по этой системѣ, начертанной Фенелономъ, и когда ея супругъ, также человѣкъ честный и благочестивый, былъ приглашенъ въ воспитатели сыновей дофина: герцоговъ бургундскаго, анжуйскаго, и беррійскаго, онъ призвалъ къ этому дѣлу и Фенелона, который могъ такимъ образомъ оказать не малую услугу всей Франціи. Дѣйствительно, онъ со всею ревностью отдался этой почетной и въ тоже время трудной обязанности, и, благодаря своему генію и безпримѣрной добросовѣстности, достигъ самыхъ блестящихъ результатовъ, какіе когда либо были въ исторіи Франціи. Старшій принцъ, герцогъ бургундскій, которому было только 8 лѣтъ въ то время, когда Фенелонъ вступилъ въ должность воспитателя (1689) отличался нравомъ гордымъ, надменнымъ и пылкимъ, впечатлительнымъ ко всему доброму, но вмѣстѣ своенравнымъ до крайности, каковы всегда бываютъ сангвинники. Фенелонъ понялъ, что онъ прежде всего долженъ овладѣть сердцемъ мальчика, и потомъ уже позаботиться о его умственномъ развитіи. Вооружившись безконечнымъ терпѣніемъ, ему удалось нѣсколько сдержать бурную подвижность своего питомца, который, подчинившись религіозному вліянію своего воспитателя, сталъ, наконецъ, самъ бороться съ своими эгоистическими порывами и страстными увлеченіями. Обученіе на первое время состояло изъ легкихъ разсказовъ, простыхъ аллегорій и занимательныхъ разговоровъ; потомъ сюда присоединились: миѳологія, исторія и сочиненія разныхъ поэтовъ, ораторовъ и историковъ. Прочитанное молодой принцъ долженъ былъ переводить, или — свободно передавать въ изустномъ или письменномъ разсказѣ. Медленно, съ строгою послѣдовательностью, вводилъ его Фенелонъ въ область знанія, пользуясь для этого бесѣдами за столомъ, на прогулкѣ, даже въ играхъ и развлеченіяхъ. Мало по малу интересъ и мышленіе были до того возбуждены въ молодомъ человѣкѣ, его воля до того окрѣпла, что онъ сталъ способенъ къ спокойной и серьезной умственной работѣ. Тѣмъ же путемъ онъ шелъ съ нимъ и въ языкахъ: онъ началъ съ простѣйшихъ элементовъ латинскаго языка — съ примѣровъ, т. е. съ отдѣльныхъ словъ, потомъ переходилъ къ составленію предложеній, причемъ извлекались нужныя правила и дѣлались сравненія съ французскимъ языкомъ. Изъ классиковъ онъ считалъ особенно полезными: Гомера, Софокла, Цицерона и вообще историковъ; при выборѣ писателей онъ искалъ въ нихъ прежде всего свѣжести, простоты и естественности какъ въ духѣ, такъ и въ формѣ или языкѣ. Такимъ образомъ онъ ознакомилъ принца со всѣмъ, что было лучшаго въ классической древности, не ограничившись одною только грамматикой. Географія и исторія, особенно Франціи, также не были забыты. Наконецъ обученіе превратилось въ чтеніе и разборъ читаемаго подъ руководствомъ Фенелона: такъ были прочитаны, кромѣ священнаго писанія, лучшія произведенія Кипріана, Амвросія, Августина, Іеронима, также Боссюэта (L'histoire des variations) и вообще новѣйшихъ политическихъ писателей: французскихъ, нидерландскихъ и нѣмецкихъ. При чтеніи дѣлались извлеченія, сравненія, составлялись хронологическія и генеалогическія таблицы и т. п. Все образованіе принца было заключено философіей и религіей въ ихъ историческомъ развитіи, и такимъ образомъ приведены къ единству и осмыслены всѣ отдѣльныя знанія по всевозможнымъ предметамъ. Съ тою же цѣлью — содѣйствовать воспитанію наслѣдника французскаго престола, написанъ былъ Фенелономъ его знаменитый «Telemaque», явившійся въ свѣтъ въ Голландіи (1669) противъ воли автора, и имѣвшій безчисленное множество изданій и переводовъ. Эта книга, сдѣ-

...авшаяся во Франціи настольною при воспитаніи юношества, удовлетворяла всѣмъ требованіямъ классической эстетики, несмотря на то, что она написана прозой и проникнута преимущественно дидактическимъ характеромъ. Впрочемъ, прямотой своихъ правилъ и явными намеками на придворную жизнь, «Телемакъ» навлекъ на автора немилость Людовика XIV и его любовницъ, которымъ не нравились выходки почтеннаго педагога противъ тираніи и произвола, господствовавшихъ тогда во Франціи.

*Пуританизмъ въ воспитаніи. Мильтонъ.*

Въ Англіи оппозиціонерами тогдашнему клерикальному направленію явились методисты, и въ особенности пуритане, желавшіе уничтожить вредный застой въ наукѣ, жизни и воспитаніи. Методисты получили свое названіе отъ ихъ приверженности къ древней методѣ во всемъ. Они съ необыкновенными усиліями стремились распространить свѣтъ христіанской религіи въ темныхъ массахъ народа, о которомъ такъ мало заботилась церковная іерархія, относившаяся къ этому дѣлу однимъ оффиціально-формальнымъ образомъ. Заботясь о нравственномъ возвышеніи народа посредствомъ религіознаго образованія, методисты послѣдовательно пришли къ необходимости учрежденія народныхъ школъ, полное развитіе которыхъ, однако, осуществилось только въ нашемъ столѣтіи. Той же патріотической цѣлью строго нравственнаго воспитанія юношества задались и пуритане, и не менѣе энергически содѣйствовали возрожденію англійскаго народа, выдержавъ упорную борьбу со стороны защитниковъ формализма и схоластики въ школѣ.

Благороднѣйшимъ представителемъ этого реформаціоннаго направленія выступаетъ пѣвецъ «Потерянаго рая» — John Milton, много сдѣлавшій для англійской народной школы. *Мильтонъ* родился въ 1608 году, и, принадлежа къ достаточной семьѣ, прошелъ обычную въ то время школу образованія. Въ Кембриджскомъ онъ познакомился съ древними классиками и пріобрѣлъ основательныя знанія въ теологіи, которая въ тѣ времена религіозной борьбы разныхъ партій имѣла особенно важное значеніе. Эти познанія, впрочемъ, послужили только къ тому, чтобы внушить ему отвращеніе къ англійской іерархической ортодоксіи и даже заставить его отказаться отъ предложеннаго ему духовнаго сана. Не смотря на то Мильтонъ остался глубоко-религіознымъ человѣкомъ, какъ это видно и въ его поэтическихъ произведеніяхъ, и во всей его практической дѣятельности на пользу школы. По возвращеніи изъ путешествія по Италіи, онъ отдался публицистикѣ, сдѣлавшись главнымъ поборникомъ религіозно-нравственнаго образованія своей родины. Епископальная церковь, поддерживаемая Карломъ I, обратила на него свои преслѣдованія, какъ на самаго опаснаго индепендента; но, при измѣнившихся потомъ обстоятельствахъ, Мильтонъ сдѣлался государственнымъ канцлеромъ, и оставался въ этой должности до возвращенія Стюартовъ, когда былъ посаженъ въ тюрьму. Выпущенный на волю, онъ возвратился къ частной жизни, занимался поэзіей, размышлялъ надъ религіозными вопросами, пока наконецъ, утомленный жизнью, съ потеряннымъ отъ занятій зрѣніемъ, умеръ въ 1674 году. Въ жаркой полемикѣ съ прелатами, Мильтонъ постоянно указывалъ на жалкое состояніе нисшихъ классовъ англійскаго общества, коснѣвшихъ въ первобытномъ невѣжествѣ, на общій упадокъ даже существующихъ школъ для высшихъ классовъ. На этомъ основаніи онъ требовалъ устраненія епископальной церкви отъ завѣдыванія школами, которыя она довела до такого состоянія, и совершеннаго ихъ преобразованія, вмѣстѣ съ учрежденіемъ потребнаго количества новыхъ школъ. Всѣ надежды онъ возлагалъ на государство, такъ какъ лучшее воспитаніе молодыхъ поколѣній составляетъ его священнѣйшую обязанность. Мильтонъ желалъ самъ начертать планъ правильнаго народнаго образованія, которое, по его мнѣнію, должно основываться на религіозно-эстетическихъ началахъ, и дѣйствовать прежде всего на чувство и волю человѣка. Въ небольшомъ сочиненіи своемъ «о воспитаніи» онъ именно нападаетъ на вокабулизмъ и сухой формализмъ въ англійскихъ гимназіяхъ и университетахъ, доказываетъ необходимость свободнаго, гуманнаго воспитанія, сообразнаго съ духомъ христіанской религіи, и болѣе практическаго обученія, которое должно обнимать лишь то, что дѣйствительно полезно какъ въ нравственномъ, такъ и въ матеріальномъ отношеніяхъ.

«Въ нынѣшнихъ школахъ — говоритъ онъ — изъ-за языковъ или словъ оставляютъ въ пренебреженіи дѣло, реальное знаніе, тогда какъ и самый языкъ есть только орудіе для выраженія полезныхъ знаній о вещахъ. Разумно только то обученіе, въ которомъ познаніе вещей и ихъ выраженія — языковъ идетъ рука объ руку». Поэтому-то Мильтонъ совѣтуетъ обратиться именно на этотъ путь, ведущій отъ внѣшняго, чувственнаго — къ внутреннему, духовному. Его планъ воспитанія именно имѣетъ въ виду, чтобы объемъ и содержаніе школы были шире, естественнѣе и удобнѣе, чѣмъ это было въ его время, чтобы они менѣе похищали у дѣтей ихъ время и силы. Проэктируемая имъ академія имѣетъ своей задачей общее образованіе, съ исключеніемъ собственно спеціяльныхъ предметовъ; потомъ оно постепенно переходитъ изъ гимназическаго въ университетское, продолжаясь до тѣхъ поръ, пока питомецъ не достигнетъ первой ученой степени «magister artium». Теологія причисляется къ необходимѣйшимъ предметамъ, входя въ кругъ общаго образованія; она есть высочайшая изъ всѣхъ наукъ, такъ какъ ведетъ къ познанію Бога, который есть главный объектъ изученія для каждаго мыслящаго и вѣрующаго человѣка. Все дѣло воспитанія, однако, прежде всего относится къ государству, ибо совершеннымъ воспитаніемъ можно считать лишь такое, которое дѣлаетъ человѣка пригоднымъ и для частной, и для общественной жизни и въ мирѣ, и въ войнѣ; — а для всего этого необходимо создать характеръ питомца, наполнивъ его душу чувствомъ справедливости, умѣренности и великодушія. Учебный планъ Мильтоновской академіи таковъ: сперва идетъ грамматика и чтеніе избранныхъ отрывокъ моральнаго содержанія, напр. изъ Квинтиліана. Читаемое учитель поясняетъ и дополняетъ своими разсказами, которые могли бы пробудить въ ученикѣ интересъ къ ученію, заставить его удивиться добродѣтели, и уважать все дѣтски-чистое, мужественно-смѣлое. Потомъ сюда же присоединяются начальныя основанія ариѳметики и геометріи; далѣе слѣдуетъ знакомиться съ библіей, чтеніемъ которой надо заниматься преимущественно отходя ко сну. Въ слѣдующемъ курсѣ должно приступить къ изученію такихъ писателей, которые рисуютъ сельскій бытъ и его мирныя занятія, какъ напр. Катонъ, Варронъ, Колумелла и др., такъ какъ, не смотря на трудность ихъ языка, содержаніе ихъ сочиненій весьма доступно и полезно для юношества. Сюда же надо присоединить ученіе о разныхъ странахъ и вообще о природѣ, и, наконецъ, можно приступить къ греческому языку. Затѣмъ слѣдуетъ новый курсъ, въ которомъ главное вниманіе обращается на естественныя науки, какъ въ чисто-научномъ, такъ и въ прикладномъ ихъ значеніи, — но все таки лишь на столько, на сколько это необходимо для общаго образованія. Ключемъ къ естественнымъ наукамъ служитъ математика. Одновременно съ этимъ читаются съ учениками относящіеся сюда же римскіе и греческіе классики, какъ напр. Плиній, Сенека, Аристотель, также Цельзій и Витрувій. Такое обученіе будетъ въ высшей степени жизненно и практично, развивая въ учащемся такія способности, какъ острота наблюденія, воспріимчивость внѣшнихъ чувствъ, обладаніе надъ внѣшнимъ міромъ: вотъ лучшій плодъ изученія естественныхъ наукъ. Вмѣстѣ съ тѣмъ же питомецъ получитъ вкусъ къ натуральной поэзіи древнихъ и будетъ понимать Лукреція, Ѳеокрита и Гезіода. Что же касается до трудности языка, то ее вообще легче побѣдить, чѣмъ трудность всякаго другаго дѣла, хотя обыкновенно думаютъ наоборотъ. Познаніе природы есть, впрочемъ, только подготовительная школа къ познанію всего собственно человѣческаго (гуманнаго) пройдя область строгой необходимости, какая госпоствует въ матеріальной природѣ, ученикъ вступаетъ въ область нравственней свободы. Теперь онъ посвящаетъ себя изученію моралистовъ древности: Цецерона, Плутарха, Ксенофонта, Платона, а также — Давида и Соломона, читая ихъ особенно по вечерамъ. Учитель руководитъ этимъ чтеніемъ и поясняетъ непонятое. Точно также и въ поэзіи: отъ произведеній, рисующихъ намъ красоту внѣшней природы, надо перейти къ произведеніямъ, раскрывающимъ нравственную красоту человѣческой души; въ этомъ отношеніи особенно поучительна драма, и даже комедія. Хорошо также заняться хотя слегка итальянскимъ языкомъ, такъ какъ итальянскія комедіи, въ которыхъ вполнѣ отражаются новѣйшіе нравы, чрезвычайно пригодны для той же цѣли. Такимъ образомъ, учащійся постепенно подготовляется къ пониманію нравственныхъ принциповъ въ ихъ высшемъ проявленіи — въ государствѣ. Государственная экономія, исторія, политика, право становятся теперь для молодаго человѣка главными предметами изученія. Древніе историки и ораторы, героическій эпосъ и трагедія не только читаются имъ, но лучшіе отрывки изъ нихъ даже заучивается на память и декламируются съ торжественностью и достоинствомъ. Но надъ землею есть еще небо, поэтому молодые люди и впродолженіе этого курса посвящаютъ извѣстное время Богу, въ особенности занимаясь по вечерамъ церковной исторіей и еврейскимъ языкомъ. Все образованіе завершается логикой, риторикой и піитикой, какъ органическими искусствами. Не слѣдуетъ забывать также и тѣла, чтобы развитіе не было одностороние, и чтобы здоровая душа жила въ здоровомъ тѣлѣ. Школа должна доставлять своимъ питомцамъ чистое, удобное жилище и простую, но питательную пищу. Занятія должны правильно смѣняться отдыхомъ, для котораго лучше всего служатъ: музыка, столь освѣжительно дѣйствующая на человѣка, и гимнастика, какъ образовательное средство не для одного тѣла, но также и для духа. Въ заключеніе полезно предпринимать съ питомцами путешествія — съ цѣлью обогащенія ихъ — не знаніями, а житейскимъ опытомъ.

Такимъ образомъ, хотя Мильтонъ уступаетъ Локку въ широтѣ реформы, въ радикальности мѣръ; но за то онъ имѣетъ въ виду не одно высшее сословіе, и общее образованіе дѣлаетъ доступнымъ для каждаго. Какъ въ воззрѣніяхъ Локка всюду проглядываетъ аристократическая исключительность, такъ въ Мильтонѣ, дѣйствовавшемъ еще нѣсколько ранѣе Локка, видны всѣ достоинства и недостатки англійскаго пуританизма.

*Піэтизмъ въ воспитаніи. Педагогическая дѣятельность Франке.*

Въ нѣмецкомъ піэтизмѣ выступаетъ явленіе весьма аналогическое съ тѣмъ, что мы видѣли во Франціи и Англіи. Основателемъ его почитается Philipp Jacob Spener (род. въ 1635 году). По мнѣнію этого благочестиваго человѣка «прежде всего надо держаться правила, что христіянство заключается не въ знаніи, а въ выполненіи божественныхъ законовъ, и что поэтому христіянъ должно воспитывать главнымъ образомъ въ подвигахъ *безкорыстной любви*, *кротости* въ самыхъ страданіяхъ, причиняемыхъ оскорбленіями, *самообладанія* въ порывахъ гнѣва и мести, и такого *доброжелательства* къ людямъ, которое заставляетъ даже врагу дѣлать добро; вообще должно воспитывать въ теологическомъ духѣ любви и терпѣнія». Вліяніе Шпенера на школьное дѣло заключалось именно въ возстановленіи *катихизическаго* обученія, въ интересахъ котораго онъ написалъ свое «простѣйшее объясненіе христіянскаго ученія по краткому катихизису Лютера». Вмѣстѣ съ тѣмъ онъ требовалъ, чтобы школа приготовляла добродѣтельныхъ людей, а не однихъ только ученыхъ. «Все прилежаніе въ нашихъ школахъ, — говоритъ онъ — обращено исключительно на Лаціумъ (на латинскій языкъ), такъ что на Элладу остается очень мало, а на Іудею почти ничего не остается». На тѣхъ же началахъ строилъ свою систему и знаменитый графъ Цинцендорфъ, ревностный гернгутеръ, строго-аскетическое міросозерцаніе котораго выходило изъ евангелія и отвергало всякую теологическую ученость со всѣми ея тонкостями и изысканностями. Главнѣйшею цѣлью воспитанія герренгутеры ставятъ возможно-раннее и постоянное развитіе въ юношествѣ чувства любви къ Богу, такъ чтобы питомцу при каждомъ удобномъ случаѣ старалось чувствовать, что онъ принадлежитъ Богу, который создалъ и искупилъ его, предназначивъ его быть смиреннымъ, богобоязненнымъ членомъ гражданскаго общества, и трудиться въ немъ единственно во славу Божію.

Въ народныхъ школахъ піэтистовъ воспитывались какъ мальчики, такъ и дѣвочки, но отдѣльно одни отъ другихъ, оставаясь въ нихъ до 13 — 14-лѣтняго возраста. Съ мальчиками проходились даже основанія латинскаго языка. Мѣстный пасторъ былъ ближайшимъ наблюдателемъ и руководителемъ школы, и во всѣхъ ея классахъ преподавалъ дѣтямъ религію. Еще въ самомъ нѣжномъ возрастѣ имъ старались внушить, что родъ человѣческій идетъ къ погибели, что спасеніе возможно только во Христѣ, пострадавшемъ за весь родъ человѣческій. Проповѣдь служила къ распространенію тѣхъ же истинъ и внѣ школы. Кромѣ народныхъ школъ по приходамъ у піэтистовъ существовали еще особыя учрежденія для воспитанія дѣтей миссіонеровъ и другихъ членовъ ихъ братства, которые, будучи заняты обязанностями своего призванія, не имѣли возможности заботиться о своихъ дѣтяхъ. Въ подобныхъ воспитательныхъ школахъ питомцы дѣйствительно были окружены самымъ нѣжнымъ отеческимъ попеченіемъ «братьевъ» и «сестеръ», избиравшихъ педагогическое поприще. Самые сироты не оставались безъ призрѣнія; напротивъ того: на нихъ то и обращалась главная заботливость братства. Высшее образованіе сообщалось въ «педагогіумѣ», устроенномъ на подобіе монастыря; здѣсь преподавались древніе и новые языки, математика и исторія; наблюденіе поручалось особому инспектору. Духовныя лица получали образованіе въ семинаріи братства, гдѣ кромѣ теологіи читались также лекціи по исторіи, математикѣ, естествовѣдѣнію и др. Всякое уклоненіе отъ общепринятой герренгутерами догматики и литургіи строго запрещалось, во всемъ же прочемъ предоставлялась свобода мышленія. Курсъ въ семинаріи назначался двухлѣтній. — Впослѣдствіи общество это распространилось въ Англіи и сѣверной Америкѣ, гдѣ для приготовленія духовныхъ пастырей также были учреждены особые институты, воспитанники которыхъ могли потомъ изучать также и другія науки; такъ филологи, медики и юристы съ 1770 года получили право посѣщать университеты. Въ колоніяхъ братства всюду были благоустроенныя школы; мальчиковъ обучали особые учителя, а дѣвочекъ — учительницы. Игры и прогулки въ положенное время считались необходимыми для дѣтей; пѣніе и участіе въ богослуженіи и проповѣди были главными воспитательными средствами. Вообще воспитательное дѣло у піэтистовъ было предметомъ усерднѣйшей заботливости, въ противоположность заброшенности его въ школахъ протестантовъ, принадлежавшихъ къ господствующей ортодоксальной церкви. Какъ реакція схоластическому педантизму, надѣлявшему дѣтей свѣдѣніями, но подавлявшему въ нихъ внутреннее чувство, піэтизмъ заслуживаетъ полнаго уваженія, хотя онъ и страдаетъ односторонностью: воспитательная сторона въ школахъ герренгутеровъ беретъ рѣшительный перевѣсъ надъ учебной, и, лишая юношество умственнаго и практическаго развитія, лишаетъ его вмѣстѣ съ тѣмъ необходимой для человѣка свободы и самостоятельности.

Самымъ полнымъ выразителемъ піэтизма, по отношенію его къ воспитанію, надо признать *Франке*, родоначальника всѣхъ нынѣ существующихъ сиротскихъ домовъ и пріютовъ въ протестантско-евангелической Германіи. August Hermann Franke родился въ вольномъ городѣ Любекѣ, въ 1663. Онъ происходилъ отъ весьма скромныхъ предковъ: дѣдъ его былъ булочникъ, а отецъ — докторъ правъ Базельскаго университета, рано оставившій своихъ шестерыхъ дѣтей сиротами. Малолѣтній Германнъ до 13 лѣтъ учился дома, у разныхъ частныхъ учителей, оказалъ необыкновенные успѣхи и поступилъ прямо въ старшій классъ (sexta) Любекской гимназіи достигнувъ 14 лѣтъ, онъ уже получилъ аттестатъ въ зрѣлости и право перейти къ университетскимъ занятіямъ; но онъ предпочелъ еще два года остаться дома, чтобы основательно подготовиться въ древнихъ языкахъ, и чувствовалъ особенное влеченіе къ философско-теологическимъ наукамъ. Наконецъ, 16-тилѣтнимъ юношей онъ началъ посѣщать Эрфуртскій университетъ, но черезъ полгода оставилъ его и перешелъ въ Киль, гдѣ тогда процвѣтали теологическія науки. Профессора скоро замѣтили въ немъ даровитость и призваніе, и охотно руководили его занятіями по философіи, филологіи и исторіи, доставивъ ему также возможность упражняться въ проповѣди. Кромѣ того Франке изучалъ языки: англійскій и еврейскій, для усовершенствованія въ которыхъ онъ черезъ три года отправился изъ Киля въ Гамбургъ. Подъ руководствомъ одного знатока-профессора онъ разъ шесть или семь перечиталъ еврейскій текстъ библіи съ разными комментаріями къ ней, и также приступилъ къ французскому языку, продолжая эти занятія и по возвращеніи въ Готу, гдѣ поселилась его мать. Въ 1784 г. Франке пригласили въ Лейпцигъ, удостоившій его степени магистра теологіи и также права читать лекціи. Средства къ жизни онъ добывалъ частными уроками студентамъ, преимущественно по еврейскому языку, и, не бросая уже знакомыхъ ему новыхъ языковъ, началъ еще учиться итальянскому. Въ Лейпцигѣ Франке вмѣстѣ съ другимъ ученымъ уже въ 1686 году основалъ новое библейское общество — Collegium philobiblicum, въ которое вскорѣ вступилъ членомъ и піэтистъ Шпенеръ. Цѣлью этого общества, по словамъ самого Франке, было изслѣдованіе священнаго писанія по первымъ источникамъ, ибо до того времени «ученые теологи болѣе обращали вниманіе на скорлупу, чѣмъ на самое зерно, и изъ-за внѣшности забывали о сущности». Такимъ образомъ, здѣсь мы видимъ продолженіе того же дѣла, которое началъ еще Лютеръ, и которое снова было забыто іерархіей протестантской церкви, отозвавшись и на воспитаніи юношества. До глубины души проникнутый духомъ библіи, Франке сознается, что прежде всѣ его стремленія заключались лишь въ томъ, чтобы сдѣлаться знатнымъ, богатымъ и ученымъ мужемъ; что сердце его не было свободно отъ тщеславія и высокомѣрія, увлекавшихъ его къ суетной внѣшности; теперь же онъ раскаялся въ этихъ заблужденіяхъ, столь свойственныхъ свѣтскимъ людямъ, и возъимѣлъ твердое намѣреніе посвятить себя служенію Богу и благу ближняго. Когда онъ получилъ затѣмъ мѣсто проповѣдника въ Люнебургѣ, ему было еще только 24 года. Не переставая трудиться надъ собственнымъ самоусовершенствованіемъ, онъ, однако, впалъ въ скептицизмъ и долженъ былъ пережить самое мучительное состояніе. Онъ думалъ уже вовсе отказаться отъ дѣла проповѣди, какъ недостойный, колеблющійся грѣшникъ, и однажды, въ воскресенье вечеромъ, въ отчаяніи палъ на колѣна и со слезами просилъ Бога избавить его отъ его мученій. Дѣйствительно, онъ скоро почувствовалъ облегченіе; сердце его наполнилось такою радостью, какой онъ, по его собственному признанію, никогда прежде еще не испытывалъ. «Съ этого времени, прибавляетъ онъ, собственно и начинается мое истинное обращеніе къ Богу, котораго я позналъ не умомъ, а сердцемъ. Вѣра — это горчичное зерно, которое стоитъ дороже цѣлыхъ сотенъ мѣшковъ, наполненныхъ ученостью». Около того же времени возвратился онъ въ Гамбургъ и началъ заниматься обученіемъ дѣтей самаго нѣжнаго возраста, такъ какъ воспитаніе явилось теперь въ его глазахъ дѣломъ такой важности, что онъ пожелалъ посвятить ему всю свою жизнь и дѣятельность. Шпенеръ поддерживалъ въ немъ эти намѣренія и уговорилъ его переѣхать опять въ Лейпцигъ. Франке послѣдовалъ его совѣту. И дѣйствительно: въ Лейпцигѣ онъ привлекъ къ себѣ силою своего слова и убѣжденій огромную массу слушателей и приверженцевъ, такъ что возбудилъ зависть и опасенія въ средѣ тамошнихъ теологовъ. Противъ Франке и его приверженцевъ начались преслѣдованія; самое названіе «піэтистовъ» обратилось въ устахъ его враговъ въ бранное слово; скоро ему совершенно запретили читать лекціи и говорить про-

проповѣди. Вслѣдствіе этого Франке пришлось оставить Лейпцигъ и провести нѣкоторое время въ переѣздахъ съ мѣста на мѣсто: такъ онъ жилъ то въ Любекѣ, то въ Готѣ, то въ Берлинѣ, и, наконецъ, въ 1691 году получилъ приглашеніе занять мѣсто проповѣдника въ одномъ приходѣ и должность профессора восточныхъ языковъ во вновь открытомъ тогда университетѣ въ Галле. Когда онъ окончательно поселился здѣсь, ему уже было 35 лѣтъ, въ продолженіе которыхъ онъ перенесъ столь много испытаній, однако, не сломившихъ, а только укрѣпившихъ его энергію.

Община, пасторомъ которой сдѣлался Франке, отличалась бѣдностью, одичалостью и невѣжествомъ. Скоро онъ снискалъ себѣ такое расположеніе прихожанъ своею благотворительностію и участіемъ, что остальное духовенство и здѣсь стало опасаться его вліянія; но курфюрстъ принялъ Франке подъ свое покровительство. Сначала Франке занялся въ церкви катихизаціей съ прихожанами, особенно молодыми, толкуя имъ ихъ религію, но, видя неудовлетворительность одного этого способа, задумалъ прибѣгнуть къ другому, болѣе вѣрному средству. Въ Галле былъ обычай, по которому въ извѣстный день бѣдные и нищіе приходили къ дверямъ достаточныхъ гражданъ и получали милостыню. Въ той части города, въ которой жилъ Франке, это обыкновенно происходило по четвергамъ. Онъ воспользовался этимъ случаемъ, и однажды, когда къ его дверямъ собрались бѣдняки, онъ пригласилъ ихъ къ себѣ въ домъ, отдѣлилъ старшихъ отъ молодыхъ, и сталъ ихъ ласково поучать, распрашивая ихъ о разныхъ религіозныхъ предметахъ. Старики и старухи только слушали; но тѣ, которые были помоложе, охотно увлекались такой бесѣдой. Черезъ четверть же часа Франке прекратилъ поученіе и раздалъ обычную милостыню, объявивъ, что по четвергамъ онъ будетъ постоянно такъ дѣлать. Охотниковъ оказалось не мало. Но у Франке болѣла душа болѣе всего о дѣтяхъ, которымъ онъ сперва раздавалъ деньги на уплату въ школу; однако это мало помогало, такъ какъ деньги они брали, а въ школу все таки не ходили. Не имѣя самъ достаточно средствъ на заведеніе особой школы, Франке завелъ кружку, которую слушавшіе его студенты взялись обносить по городу и собирать подаяніе. Такимъ способомъ еженедѣльно собиралось приблизительно по 15 грошей, но скоро наскучило разнымъ доброхотнымъ дателямъ, и доходъ почти прекратился. Тогда Франке прибилъ кружку у себя къ дверямъ и сдѣлалъ на ней двѣ надписи: «Кто на семъ свѣтѣ обладаетъ благами, и видитъ брата своего въ нуждѣ, и замыкаетъ передъ нимъ сердце свое, можетъ ли пребывать на немъ милость Божія?» — «Каждый, сколько можетъ, по охотѣ, безъ принужденія; ибо всякій добровольный даръ угоденъ Богу». Въ эту кружку бросали по бездѣлицѣ, а однажды было опущено одной дамой 4 тал. 16 грошей! «Вѣдь это порядочный капиталъ!»—вскричалъ обрадованный Франке, найдя эти деньги. Я могу основать на нихъ цѣлое заведеніе, цѣлую школу для бѣдныхъ»! Дѣйствительно, въ тотъ же день онъ купилъ на 2 тал. книгъ и нашелъ одного бѣдняка-студента, который согласился ежедневно учить дѣтей впродолженіе двухъ часовъ. Франке предложилъ ему за этотъ трудъ вознагражденіе въ 6 грошей еженедѣльно. Но и тутъ не обошлось безъ неудачъ: дѣти съ удовольствіемъ взяли книжки, но продали ихъ и перестали ходить въ школу. Франке купилъ на послѣдніе 16 грошей еще книгъ, и уже не давалъ ихъ болѣе на руки дѣтямъ. Классная комната устроена была въ его собственномъ кабинетѣ. Такъ въ 1695 году получило свое начало знаменитое Франковское заведеніе, исторія котораго представляетъ одинъ изъ высочайшихъ примѣровъ христіянской благотворительности.

Впродолженіе перваго же лѣта число учащихся въ школѣ Франке возросло до 60, такъ какъ родители скоро замѣтили въ своихъ дѣтяхъ не только увеличивающіяся познанія, но и постоянно улучшающуюся нравственность. Кружка также не оставалась пустою. Кромѣ денегъ иные жертвовали всѣмъ, чѣмъ могли, и иногда издалека присылали холстъ, платье, обувь, и т. под. Довѣріе къ учредителю быстро росло, такъ что въ томъ же году ему было прислано однимъ благотворителемъ 500 талеровъ. На эти деньги устроился пріютъ съ двумя учителями, занимавшимися съ дѣтьми по 4 часа ежедневно. Дальнѣйшій успѣхъ вызвалъ новыя пожертвованія, и притомъ въ такомъ количествѣ, что Франке еще при своей жизни сдѣлался учредителемъ особой городской школы, потомъ латинской школы, педагогіума и сиротскаго дома устроеннаго съ цѣлью приготовлять въ немъ учителей (Seminarium praeceptorum). Для наиболѣе нуждающихся онъ впослѣдствіи открылъ даровой столъ, аптеку и книготорговлю, въ которой продавались издаваемыя имъ книги, и преимущественно евангеліе. Для всѣхъ этихъ заведеній Франке выстроилъ много новыхъ зданій на стекавшіяся отовсюду пожертвованія, и до конца своей изумительно-дѣятельной жизни былъ главнымъ руководителемъ всего дѣла, разросшагося до колоссальныхъ размѣровъ. Когда онъ умиралъ, уже на 65 году жизни (въ 1727 г.), весь городъ собрался къ жилищу своего благодѣтеля, достойнѣйшаго изъ своихъ гражданъ, и только одна мысль — поддерживать и продолжать начатое имъ дѣло — утѣшала всѣхъ при этой дорогой потерѣ. Въ это время уже болѣе 2,200 дѣтей пользовались благодѣяніями Франке; вообще всѣ учрежденія онъ оставилъ послѣ своей смерти въ слѣдующемъ составѣ: 1) въ педагогіумѣ 70 учителей и 82 помощника; 2) въ латинской школѣ 35 учителей и 400 учениковъ; 3) въ нѣмецкой городской школѣ: 102 учителя, 8 учительницъ и 1725 учащихся, какъ мальчиковъ, такъ и дѣвочекъ; 4) въ сиротскомъ домѣ: 100 мальчиковъ, 34 дѣвочки и 10 воспитателей и воспитательницъ; 5) общимъ столомъ пользовалось: 225 студентовъ и 360 бѣднѣйшихъ учениковъ; 6) по дѣламъ управленія хозяйствомъ, аптекой и книготорговлей занималось 53 человѣка; 7) во вдовьемъ домѣ жило 29 вдовъ, замужнихъ женщинъ и дѣвушекъ. На сколько развились учрежденія Франке, послѣ его смерти, можно видѣть изъ статистическихъ данныхъ о нихъ за послѣднее время: за 1864 г. въ Галле подъ общимъ именемъ «Franckische Stiftungen» разумѣлось 10 отдѣльныхъ учрежденій:

сиротскій домъ, педагогіумъ, латинская школа, реальная школа, пансіонъ для двухъ послѣднихъ, высшая женская школа, городская школа для мальчиковъ, городская школа для дѣвочекъ, безплатная школа для мальчиковъ и безплатная школа для дѣвочекъ и, наконецъ, практическая школа для студентовъ — будущихъ учителей. Во всѣхъ этихъ заведеніяхъ училось 3,496 дѣтей! Кромѣ того состояло нѣсколько особыхъ учрежденій, какъ то: больница, книготорговля, аптека, библейское общество, остиндское миссіонерское общество и др. Всѣ принадлежащія сюда зданія по оцѣнкѣ стоили 313,266 талеровъ. Общее завѣдываніе всѣми Франковскими учрежденіями находилось въ рукахъ директора, доктора теологіи Крамера, которому принадлежитъ лучшая біографія Франке.

Уже изъ этого очерка видно, какъ плодовита была идея Франке, положенная въ основаніе такъ скромно начатаго имъ христіанско-филантропическаго дѣла? Идея эта, опредѣлявшая главную цѣль его педагогической дѣятельности, состояла именно въ томъ, чтобы привести юношество къ живому познанію Бога и къ истинно-христіянской жизни. Эта же идея внутренне соединяла въ одно цѣлое всѣ отдѣльныя учебныя заведенія Франке, при чемъ каждое изъ нихъ специализировалось по своимъ частнымъ цѣлямъ. Педагогіумъ долженъ былъ сообщить юношеству познанія въ религіи и другихъ наукахъ, развить въ немъ также даръ слова, и пріучить его къ добрымъ нравамъ. Заведеніе это предназначалось собственно для дѣтей изъ высшихъ, достаточныхъ классовъ общества, и имѣло свѣтлыя, удобныя помѣщенія. При немъ находились: ботаническій садъ, кабинетъ по естественнымъ наукамъ съ лучшими физическими аппаратами, химическая лабораторія, анатомическая препаровочная и разныя мастерскія. Учебный планъ, окончательно выработанный Франке въ 1706 году, опредѣлялъ, что «кромѣ религіи дѣти должны обучаться латинскому, греческому, еврейскому и французскому языкамъ, упражняться въ сочиненіяхъ на нѣмецкомъ языкѣ и пріобрѣсти изящный почеркъ. Кромѣ того преподаются: ариѳметика, географія, хронологія, исторія, геометрія, астрономія, музыка, ботаника и анатомія вмѣстѣ съ основаніями медицины; въ свободное же время питомцы занимаются токарнымъ дѣломъ, шлифовкой стекла, рисованіемъ и т. п. искусствами». Окончившіе курсъ въ педагогіумѣ могли переходить въ университетъ; по этому въ послѣднемъ классѣ — селектѣ они преимущественно занимались бѣглымъ чтеніемъ классиковъ, диспутами, ораторскимъ искусствомъ, риторикой, логикой, метафизикой, отчасти догматикой; читали въ текстѣ главнѣйшее по ветхому и новому завѣту, гоміліи Макарія, парафразы Іоанна и т. д. — Въ латинской школѣ послѣ религіи слѣдовали: чтеніе, письмо, счисленіе, латинскій языкъ, греческій, еврейскій, математика, исторія, географія, музыка, ботаника, физика, анатомія и рисованіе, которыя признавались необходимыми учебными предметами; но весь курсъ по объему былъ нѣсколько тѣснѣе, чѣмъ въ педагогіумѣ. — Въ нѣмецкихъ школахъ (для мальчиковъ и для дѣвочекъ) учили: религіи, чтенію, письму, счисленію и пѣнію; сюда потомъ присоединились: естествовѣдѣніе, исторія и географія. Для дѣвочекъ кромѣ того шло обученіе въ рукодѣльяхъ; вязать же учились даже мальчики-сироты. Для достиженія всѣхъ общихъ и частныхъ цѣлей, положенныхъ Франке въ основаніи всего организованнаго имъ учрежденія, онъ считалъ главнѣйшимъ средствомъ — пригодныхъ къ дѣлу учителей. Такъ какъ большая часть ихъ вначалѣ состояла изъ студентовъ, причемъ были неизбѣжны частыя перемѣны въ личностяхъ, могущія вредить правильному ходу воспитанія; то Франке считалъ необходимымъ составленіе самыхъ подробныхъ инструкцій и программъ по каждому предмету. Сверхъ того каждая отдѣльная школа имѣла по одному или даже по нѣскольку инспекторовъ, присутствовавшихъ на урокахъ и на конференціяхъ, которыя устраивались какъ можно чаще. Вскорѣ учрежденная особая семинарія подъ руководствомъ одного изъ инспекторовъ должна была въ особенности служить пособіемъ для приготовленія молодыхъ учителей къ учебно-воспитательскимъ обязанностямъ. Курсъ въ семинаріи продолжался два года, и кандидаты въ учителя пользовались безплатно помѣщеніемъ и столомъ. Ихъ упражненія главнымъ образомъ относились къ преподаванію древнихъ языковъ, и за все это они обязывались по крайней мѣрѣ впродолженіе 3-хъ лѣтъ состоять учителями при педагогіумѣ или при латинской школѣ. Можно сказать, что только на этой мѣрѣ — подготовленіи учителей — такъ прочно держалось и такъ стройно развивалось все Франковское учрежденіе; безъ этой мѣры единство было бы невозможно, не смотря на все множество инспекторовъ и инструкцій.

*Вліяніе Франке на нѣмецкую школу вообще.*

Изъ Галле новое педагогическое направленіе благотворно подѣйствовало на всю Германію, пробудивъ въ ея школахъ новую жизнь. Особенно это было замѣтно на народныхъ школахъ. Подъ вліяніемъ піэтизма Фридрихъ I Прусскій основалъ въ Кёнигсбергѣ сиротскій домъ, устроилъ особыя благотворительныя учрежденія для переселявшихся въ Пруссію колонистовъ, извѣстную Mons pietatis, и, наконецъ, положилъ начало огромному сиротскому дому въ Берлинѣ. Фридрихъ Вильгельмъ I въ 1716 году постановилъ, чтобы духовенство само или чрезъ опытныхъ педагоговъ заботилось о приготовленіи свѣдущихъ въ дѣлѣ учителей, окончилъ постройку Берлинскаго сиротскаго дома, и учредилъ такой же въ Потсдамѣ для 2500 дѣтей. Онъ же помогъ устроить подобное же учрежденіе для французскихъ колонистовъ и опредѣлилъ на школы въ одномъ Зальцбургѣ 150,000 талеровъ. Въ 1736 году Прусскій король утвердилъ училищный уставъ, по которому общины прямо обязывались строить и содержать у себя школы, а мѣстное духовенство — опредѣлять въ нихъ способныхъ учителей, учить религіи и наблюдать за всемъ ходомъ ученія. Около того же времени получили организацію народныя школы и въ городахъ, при чемъ «формально запрещалось открывать школы по личному произволу, и предписывалось испрашивать объ этомъ разрѣше-

ния у инспекторовъ и приходскихъ пасторовъ, предварительно выдержавъ у нихъ положенный экзаменъ и получивъ свидѣтельство (Testimonium). Безъ такого свидѣтельства министерства никто не можетъ получить мѣсто учителя.»
Въ другихъ государствахъ Германіи повторилось то же явленіе: пріюты и сиротскіе дома возникали во множествѣ; школьные уставы писались въ подобномъ же піэтистическомъ духѣ. Дѣло приготовленія будущихъ народныхъ учителей началось именно съ этихъ пріютовъ и сиротскихъ домовъ, гдѣ предназначавшіе себя къ учительскому поприщу могли имѣть нѣкоторую практическую подготовку. Замѣчательно, что на той же почвѣ піэтизма выросло множество и *реальныхъ* школъ. Развитіе торговыхъ отношеній и городской жизни съ одной стороны, и педагогическое вліяніе такихъ людей какъ Коменскій—съ другой, подготовили значеніе реализма въ школѣ, отъ которой потребовали теперь не однихъ языковъ, но также знанія природы и примѣненія этого знанія ко благу жизни.

Во Франковскихъ учрежденіяхъ этому направленію слѣдовалъ главнымъ образомъ инспекторъ нѣмецкихъ городскихъ школъ (Bürgerschulen), проповѣдникъ Землеръ: онъ открылъ въ Галле «утвержденную королевскимъ прусскимъ указомъ и одобренную берлинскимъ обществомъ наукъ математическо-механическо-экономическую реальную школу» устроенную на средства города. При преподаваніи реальныхъ предметовъ здѣсь употреблялись различные модели и образцы (63 objecta singularia), и наблюдалось, чтобы все учебное дѣло вращалось не на однихъ отвлеченностяхъ (neque abstracta, universalia et intellectualia sola), но также на предметахъ, необходимыхъ въ обыденной жизни (quotidiana et necessaria quæ præsentissimam utilitatem in vita communi prebent). Идею реальной школы въ строгомъ смыслѣ первый высказалъ только Землеръ, но самъ не успѣлъ осуществить ее вполнѣ. Это довершилъ другой послѣдователь Франке — проповѣдникъ Гекеръ, который въ 1739 году на собранныя пожертвованія учредилъ въ Берлинѣ реальную школу на строгихъ началахъ реализма, нимало не противорѣчащаго религіозно-нравственнымъ стремленіямъ педагоговъ-піэтистовъ того времени, ибо христіанство отнюдь не отрицаетъ практическихъ потребностей жизни, а только не ставитъ ихъ на первый планъ, какъ это было въ язычествѣ Тотъ же Гекеръ, вѣрный послѣдователь Франке, учредилъ въ Берлинѣ безплатную школу для 400 бѣдныхъ дѣтей. Скоро его реальная школа также разрослась до такихъ обширныхъ размѣровъ, что для помѣщенія всѣхъ учащихся было открыто: пять теологическихъ классовъ, два латинскихъ, два французскихъ, два географическихъ и два историческихъ; естествовѣдѣніе проходило черезъ всѣ классы. Собственно-реальные предметы составляли: рисованіе, геометрія, механика, архитектура, мануфактура, сельское хозяйство и другія естественныя науки. Организація этой берлинской реальной школы была окончательно установлена и утверждена королевскимъ правительствомъ въ 1748 году. Впрочемъ, при той же школѣ были еще отдѣленія нѣмецкой и латинской школъ, въ которыя реальные предметы не входили въ такомъ объемѣ, какъ въ собственно-реальной. Съ теченіемъ времени это учрежденіе получило огромную извѣстность, и выработало много новыхъ методъ, особенно по наглядному обученію. Послѣдователи піэтизма въ педагогикѣ вообще создали много учебниковъ по всевозможнымъ отраслямъ преподаванія, а въ особенности по религіи, языкамъ и реальнымъ предметамъ. Наконецъ, и въ теоретическомъ отношеніи сложилось не мало педагогическихъ системъ, основанныхъ на началахъ піэтизма: таковы труды Іохима Ланга, Сарганека, Рамбаха, Бюшинга и др.

Основной принципъ піэтистической педагогики есть слѣдующій: безъ истиннаго благочестія вся ученость, все благоразуміе, все свѣтское образованіе скорѣе вредно, чѣмъ полезно, ибо оно нисколько не обезпечиваетъ людей отъ злоупотребленія знаніемъ. Все воспитаніе должно быть поэтому утверждено на всестороннемъ облагороженіи сердца, предохраняющаго человѣка отъ страстныхъ, недостойныхъ увлеченій, и въ особенности отъ сладострастія, на подавленіе которыхъ въ дѣтяхъ надо какъ можно раньше обращать вниманіе. Безъ этой общей мѣры — усовершенствованія внутренняго чувства, — всѣ отдѣльныя мѣры преслѣдованія разныхъ пороковъ и дурныхъ наклонностей будутъ не дѣйствительны. При этомъ не слѣдуетъ также забывать личнаго характера каждаго питомца. Все, что препятствуетъ прямому достиженію конечныхъ воспитательныхъ цѣлей, должно быть устранено изъ воспитанія. Сюда относится не только пренебреженіе къ возможно-раннему обученію христіянской религіи, но также всѣ развлеченія, ведущія къ разсѣянности и нравственной испорченности: такія развлеченія и удовольствія, часто столь извращенныя въ обычаяхъ свѣта, не могутъ воспитать и укрѣпить въ добродѣтели. Благочестіе необходимо для человѣка во всѣхъ состояніяхъ, званіяхъ и положеніяхъ, и всюду, гдѣ оно пренебрегается, возникаютъ вредъ и страданіе. По этой причинѣ молодыхъ людей надо старательно пріучать къ добрымъ нравамъ, — а не къ одному свѣтскому или придворному тону. Для того, чтобы пріучить ихъ, напримѣръ, хорошо держать свое тѣло, вовсе не нужно дѣлать изъ нихъ танцмейстеровъ. Часто богатыхъ юношей уже съ самыхъ молодыхъ лѣтъ начинаютъ готовить для жизни въ «большомъ свѣтѣ», путешествуютъ съ ними по чужимъ краямъ, и забываютъ о самомъ необходимомъ — о трудѣ и нравственности. — Обученіе, по теоріи піэтистовъ, должно доставлять удовольствіе и смѣняться отдыхомъ; для этого лучшимъ средствомъ служатъ: отчасти тѣлесныя движенія, т. е. игры и гимнастика; отчасти — разсматриваніе новыхъ и интересныхъ предметовъ искуства или природы. Обученіе должно подчиниться воспитанію. Задача школы — вовсе не одно сообщеніе извѣстныхъ знаній, а потому всякое обученіе должно въ сущности имѣть воспитательное направленіе. Конечная цѣль какъ всего обученія, такъ и дисциплины, или — что тоже — всего воспитанія есть водвореніе царства Божія въ дѣтскихъ сердцахъ: эта идея, присущая христіянству, должна проникать всю систему школы и проходить по всѣмъ ея направленiямъ. Прочно установивъ этотъ христiанскiй принципъ, можно ввести въ школу и все то, что относится къ будущему призванiю питомца въ сферѣ общественной жизни. Общее образованiе, однако, предшествуетъ спецiальному; на этомъ основанiи народная школа, какъ заключающая въ себѣ всѣ необходимѣйшiе элементы образованности, должна также предшествовать всѣмъ другимъ сословнымъ и спецiальнымъ школамъ.

Такимъ образомъ, пiэтизмъ первый придалъ народной школѣ должное значенiе и осуществилъ идею реализма въ образованiи юношества, предназначающаго себя не наукѣ, а практической жизни съ ея нуждами и потребностями. Христiанскую религiю онъ сдѣлалъ главнѣйшимъ воспитательнымъ средствомъ и превратилъ ее изъ мертвой буквы въ самый жизненный предметъ школьнаго преподаванiя, въ противоположность тогдашнимъ ортодоксально-схоластическимъ школамъ. Въ организацiи реальной школы, слѣдующей непосредственно послѣ народной, окончательно заняли мѣсто такiя предметы, какъ: естествовѣдѣнiе, исторiя, географiя, начала законовѣдѣнiя и математика. Для готовящагося къ университету юношества главнымъ предметомъ сдѣлались древнiе классическiе языки, въ особенности латинскiй — съ цѣлью читать священное писанiе по возможности по первымъ источникамъ, такъ что древнiе языки служили, собственно говоря, теологическимъ цѣлямъ, которыя пiэтизмъ прежде всего имѣлъ въ виду. Для знакомства съ писателями Грецiи и Рима составлены были особыя христоматiи, такъ какъ не все можетъ быть одинаково полезнымъ для юношескаго чтенiя. Кромѣ древнихъ языковъ для будущихъ студентовъ также считалось необходимымъ знанiе: географiи, исторiи, математики, астрономiи, естественной исторiи и вообще естествовѣдѣнiя, такъ что классицизмъ былъ примиренъ съ реализмомъ подобно тому, какъ этого желалъ и Мильтонъ. Далѣе пiэтисты окончательно доказали необходимость предварительной спецiальной подготовки для будущихъ учителей различныхъ школъ: такъ для народныхъ учителей признано было важнѣйшимъ предметомъ знанiе и умѣнье въ катихизаціи, особенно по отношеніи къ обученію религіи; для учителей латинскихъ школъ — искусство въ преподаваніи филологическихъ предметовъ; для учителей высшихъ школъ (гимназій, лицеевъ), воспитывающихъ дѣтей изъ высшихъ классовъ общества — энциклопедическое образованіе, обнимавшее какъ языки, такъ и реальныя науки, вмѣстѣ съ знаніемъ методики ихъ преподаванія. Вообще заслуги піэтистовъ для педагогическаго дѣла весьма важны, и дѣятельность ихъ составляетъ цѣлую эпоху въ исторіи воспитанія. Но съ теченіемъ времени какъ религіозныя воззрѣнія піэтистовъ, такъ и ихъ школы стали стремиться къ крайности, къ односторонней исключительности. Ихъ школа и церковь начали болѣе и болѣе отчуждать человѣка отъ дѣйствительной жизни, запрещая ему даже самыя невинныя, самыя безвредныя радости и наслажденія: такъ въ Лейпцигѣ у піэтистовъ считалось предосудительнымъ даже танцовать или посѣщать театръ. Въ школу проникъ полицейскій элементъ, и вся дисциплина превратилась въ систему устрашенія и подавленія дѣтской личности. Это произвело ханжество, при которомъ всякая искренность гасла; а вмѣсто нея въ школахъ водворились ложь, лицемѣріе и какое то фарисейство. Юношеству хотѣли навязать несвойственный ему, крайній аскетизмъ, и вызывали одно ожесточеніе, которое, маскируясь въ школѣ изъ-за страха, обнаруживало себя потомъ въ жизни самымъ разрушительнымъ образомъ, вредя и обществу, и отдѣльнымъ личностямъ — жертвамъ превратнаго воспитанія. Направленіе піэтистовъ, прежде столь уважаемое, получило теперь мрачный оттѣнокъ, породило предубѣжденія къ себѣ и должно было вызвать реакцію, какъ всякая крайность..... Ту же участь имѣли янсенизмъ во Франціи и пуританизмъ въ Англіи, также какъ бы доказывая непрочность и непослѣдовательность всѣхъ, даже самыхъ лучшихъ человѣческихъ начинаній.

## Борьба между гуманизмомъ и реализмомъ въ воспитаніи.

Когда односторонне-теологическое міросозерцаніе поставило школу въ очень узкія рамки и стало отчуждать ее отъ жизни, явилось, какъ мы видѣли, новое направленіе, отнесшееся ко всему этому критически и выше всего поставившее права жизни, т. е. само дошедшее до крайности. Прежніе принципы, на которыхъ держалась школа, уже болѣе не удовлетворяли; а потому представители новаго реалистическаго направленія желали перестроить ее заново, и основаніемъ для него сдѣлать природу и естественность, сблизивъ школу съ жизнью. Реализмъ, выйдя изъ Англіи, дошелъ до особенныхъ крайностей во Франціи, переродившись въ матеріализмъ, но послѣдній не успѣлъ коснуться самаго дѣла воспитанія, такъ какъ противъ него выступилъ въ Германіи противоположный (но не противорѣчащій) ему принципъ — *гуманизмъ*, опредѣлявшій идеальную цѣль всего воспитанія, и единственнымъ, исключительнымъ средствомъ къ тому считавшій древніе языки. Наступившая неспокойная борьба этихъ двухъ принциповъ — реализма и гуманизма, сначала только увеличила крайности, пока не нашла, наконецъ, примиренія въ современной школѣ, признавшей языки, хотя и не одни древніе, также необходимымъ образовательнымъ средствомъ для юношества, но лишь настолько, чтобы школа не теряла вовсе изъ виду ни естественности, ни жизненности воспитанія.

### *Гуманизмъ.*

Цѣлью всего обученія гуманизмъ полагаетъ древніе классическіе языки — греческій и латинскій, и въ глубокомъ изученіи классической древности видитъ единственное средство чисто-человѣческаго, истинно-гуманнаго воспитанія. По мнѣнію гуманистовъ, только классическая древность съ ея исторіей, поэзіей и искусствомъ, можетъ пробудить въ душѣ питомца идею совершеннаго человѣка. Въ этомъ мнѣніи, котораго держалась цѣлая педагогическая школа, выработавшая и строгую систему и цѣлесообразную методу, слышалось справедливое недовольство существующими тогда школами, клонившимися то къ той, то въ другой крайности, и во всей современной образованности не находившими прочнаго для себя основанія. Ни іезуитизмъ, ни піэтизмъ въ его различныхъ оттѣнкахъ, ни схоластика ортодоксальныхъ школъ, ни самъ новѣйшій реализмъ, перешедшій въ погоню за одною утилитарностью, которой вовсе не требовали первые его провозвѣстники, — ничто это не могло, и не должно было удовлетворить защитниковъ вѣчно-истиннаго, гуманнаго принципа въ воспитаніи, обязаннаго своимъ происхожденіемъ какъ христіянству, такъ и классической древности въ періодъ ея возрожденія. Понятно, что иныхъ средствъ гуманисты и не желали признать, идеализируя древность и отворачиваясь отъ несовершенствъ и колебаній текущей жизни, превратности которой не давали прочнаго основанія школѣ. Ошибка заключалась въ томъ только, что гуманисты, стремленія которыхъ были запечатлѣны истиннымъ благородствомъ, искали идеаловъ не въ будущемъ, а исключительно въ прошедшемъ, какъ это нерѣдко бываетъ въ переходныя эпохи. Они глубоко сознавали, что кромѣ природы и потребностей текущей жизни, есть еще другой, прекрасный міръ, еще такъ недавно воскрешенный европейской наукой; что кромѣ матеріяльныхъ потребностей есть еще иныя, духовно-нравственныя, столь часто позабываемыя исказившимся реализмомъ людей, выдававшихъ себя за преемниковъ и продолжателей идей Бэкона, Монтаня, Локка, Коменскаго и Франке. Гуманисты, видя это искаженіе жизни и воспитанія, желали лучше вернуться къ первому источнику науки и образованности, чѣмъ слѣдовать за всѣми увлеченіями текущей жизни, бросавшей школу изъ одной крайности въ другую. Исторія должна оцѣнить заслуги гуманистовъ, не давшихъ потускнѣть завѣщаннымъ классическою древностью идеаламъ, и слѣдовательно также содѣйствовавшихъ съ своей стороны правильному ходу всего воспитанія въ будущемъ. Если они сами и не создали всесторонняго, абсолютно-истиннаго педагогическаго идеала, то все же освѣтили одну изъ существеннѣйшихъ его принадлежностей и отстояли одно изъ лучшихъ средствъ духовнаго развитія человѣка—языкъ.

Всѣ стремленія гуманистовъ сводятся къ слѣдующимъ дидактическимъ положеніямъ: 1) древніе языки есть основаніе истиннаго образованія; знаніе ихъ даетъ ключъ къ наукѣ, а потому они должны быть изучаемы всѣми, кто предназначаетъ себя ученому призванію. Наученіе языковъ, взятое само по себѣ, дѣйствуетъ на духъ образовательнымъ образомъ, приводя въ дѣятельность разныя силы души и оказывая для нихъ пользу въ формальномъ отношеніи. Вмѣстѣ съ тѣмъ знаніе древнихъ языковъ вводитъ во всѣ области человѣческаго знанія, такъ какъ творенія грековъ и римлянъ суть источники всякой учености, и если кто хочетъ черпать науку изъ первыхъ источниковъ, тотъ непремѣнно долженъ обратиться къ древнимъ языкамъ. Первыя начала религіи, римское право, основанія медицины, философія, теорія и образцы ораторскаго и поэтическаго искусства, исторія, даже само естествовѣдѣніе—все перешло къ намъ изъ Греціи и Рима. Чѣмъ вѣрнѣе остается который либо изъ новыхъ народовъ изученію древнихъ,—тѣмъ полнѣе и выше развивается его собственная образованность; незнакомство же съ древне-классической литературой неизбѣжно влечетъ за собой поверхностность, односторонность, безпочвенность и т. под. 2) Грамматическое образованіе должно предшествовать филологическому, историческому и эстетическому; безъ грамматики знаніе языка бываетъ лишено всякой прочности и основательности; примѣненіе методъ, по которымъ изучаются новые языки, не пригодно въ отношеніи древнихъ, такъ какъ мертвымъ языкомъ хорошо владѣютъ въ разговорѣ лишь не многіе, и сами лучшіе филологи далеко не отличаются этимъ умѣньемъ. Разговорная метода въ преподаваніи древнихъ языковъ можетъ имѣть своимъ послѣдствіемъ одно плохое ихъ знаніе; относительно же греческаго, на которомъ не говорятъ даже знаменитѣйшіе изъ филологовъ, оно окончательно невозможно. Упражненія въ латинскомъ и греческомъ стилѣ, или даже въ стихотворствѣ, вовсе не имѣютъ въ виду научить хорошо писать по-латыни, а только помогаютъ лучшему пониманію латинскихъ авторовъ; упражненія эти приводятъ только къ знанію основныхъ элементовъ каждаго языка, какъ грамматическихъ, такъ и лексикологическихъ. 3) Слишкомъ раннее изученіе реальныхъ наукъ вредитъ основательному изученію языковъ; знакомство съ природой и текущей жизнью (Sachkenntnisse) сначала должно быть краткое, элементарное; дальнѣйшее же изученіе реальности необходимо предоставлять болѣе зрѣлости возрасту. Школѣ принадлежатъ только языки; науки же — университету. 4) Несправедливо предполагаютъ, будто изученіе древнихъ языковъ вредитъ пріобрѣтенію другихъ полезныхъ знаній; несомнѣнно вѣрно только то, что преждевременное изученіе всевозможныхъ наукъ въ школѣ производитъ поверхностныя головы, ничего не знающія основательно. Кромѣ филологическаго нѣтъ другаго вполнѣ основательнаго ученаго образованія, ибо вся наука заимствована Европой (западной) отъ древнихъ народовъ.

Направленіе это развилось по преимуществу въ Германіи, оказавшей болѣе всего услугъ въ разработкѣ классической древности. Поэтому Германія же создала и главнѣйшихъ представителей теоріи школьнаго гуманизма. Таковы: Целяріусъ (род. въ 1638 г.) и его послѣдователи: Геснеръ (1691—1761) — человѣкъ далеко не крайній, Эрнести (1707—1781), и X. Г. Гейне (1729—1812), развившіе это новое ученіе въ тогдашнихъ академическихъ школахъ: гимназіяхъ и лицеяхъ. Подъ ихъ же вліяніемъ образовалось много новыхъ учителей — гуманистовъ, и явилось много школьныхъ изданій древнихъ классиковъ. Университетское юношество, получившее подготовку въ такихъ гимназіяхъ, содѣйствовало дальнѣйшему развитію филологическаго духа въ университетахъ и въ наукѣ.

Геснеръ, Эрнести и Гейне сдѣлали Германію родиною филологіи, а нѣмецкія гимназіи — ея разсадниками, ни мало, однако, не помѣшавъ дальнѣйшему теченію жизни: дѣло изученія природы и примѣненія ея законовъ къ житейскому благу продолжало идти своимъ путемъ, благодаря возникшему въ то время эклектическому направленію въ педагогикѣ. Вредъ, проистекающій отъ всякой односторонности, могъ бы произойти только въ томъ случаѣ, если бы гуманисты успѣли совершенно подавить реализмъ, уже пустившій глубокіе корни на западѣ. Явленіе это повторилось во всѣхъ западныхъ государствахъ; но первый толчекъ къ нему вышелъ также изъ ученой Германіи.

Когда гуманистамъ удалось доказать всю важность классическаго языкознанія, явился особый видъ школъ, въ которыхъ эклектически принимались и языки, и реальные предметы; знаніе слова шло параллельно съ знаніемъ вещей, какъ этого и требовали первые представители реализма. Эти школы, занявшія середину между чисто-гуманистическими и исключительно-реальными школами, стремились къ тому, чтобы при обученіи языкамъ, особенно мертвымъ, не наполнять памяти одною массою словъ, и не подавлять духа абстрактностью грамматическихъ правилъ, но постепенно переходя отъ чувственнаго къ сверхчувственному, всесторонне возбуждать духъ постояннымъ упражненіемъ въ чтеніи, письмѣ, разговорѣ, образовательно дѣйствуя также на чувство и воображеніе учащагося, пріучая его къ самодѣятельности въ трудѣ и мышленіи. Реальные предметы (а не науки) должны были составить эквивалентъ, противодѣйствуя исключительному развитію памяти и разсудка, и не совершенно отчуждая питомцевъ отъ всего живаго и близкаго, какова природа и практическая жизнь человѣка. Такова напр. была Берлинская гимназія, въ 1748 году основанная Ф. Гедике. — Мысль о преобразованіи узко-гуманистическихъ гимназій пробудилась около того же времени и въ другихъ государствахъ (Баваріи, Австріи); но, къ сожалѣнію, не вездѣ была приведена въ исполненіе. На тѣхъ же гуманно-реальныхъ началахъ былъ открытъ педаго-

руму аббата Резевитца, который признавалъ, что каждый учебный предметъ важенъ самъ по себѣ, составляетъ одно цѣлое, но изучается въ школѣ въ извѣстныхъ, сообразныхъ съ ея назначеніемъ границахъ, распредѣляясь по классамъ, смотря по возрасту и степени развитія учениковъ. На этомъ основаніи все обученіе должно идти отъ легчайшаго къ труднѣйшему, отъ элементарнаго къ научному, какъ въ языкахъ, такъ и въ реальныхъ предметахъ. «Пусть каждый ученикъ растетъ въ каждой наукѣ сообразно съ собственнымъ развитіемъ и познаніями, и такимъ образомъ переходитъ изъ класса въ классъ. Въ обученіе должно вводить не только то, что впослѣдствіи сдѣлаетъ молодаго человѣка способнымъ къ университету, но также и все то, что будетъ необходимо для каждаго, не посвящающаго себя ученому призванію (филологіи или теологіи), какъ напр.: обучая французскому, итальянскому или англійскому языкамъ, которые полезны во всякомъ случаѣ и состояніи, а также: естественной исторіи, политической исторіи, ботаникѣ, технологіи, коммерціи, географіи Европы (въ статистическомъ отношеніи). Все это необходимо для того, чтобы въ каждомъ развить умъ, и каждаго сдѣлать способнымъ отдаться впослѣдствіи какой угодно спеціальности, основанія для которой должна положить еще школа (гимназія)». Въ вопросѣ о воспитательной дисциплинѣ Резевитцъ былъ того мнѣнія, что вообще ошибочно полагаютъ, будто одними законами и приказаніями можно воспитать человѣка какъ въ политическомъ, гражданскомъ, такъ и въ моральныхъ отношеніяхъ, ибо законъ вообще говоритъ только: что должно и чего не должно дѣлать, но вовсе не сообщаетъ чувства законности, и не даетъ силы воли для сообразной съ нею дѣятельности. Наказанія же однимъ страхомъ удерживаютъ человѣка отъ извѣстныхъ проступковъ, т. е. отъ внѣшняго нарушенія закона, но за то тѣмъ сильнѣе побуждаютъ къ скрытности, къ стремленію всѣми силами и средствами утаить все противозаконное, сдѣланное подъ вліяніемъ дурныхъ страстей и эгоизма, или, если оно уже обнаружено, всячески избѣжать законнаго возмездія. Исторія всѣхъ народовъ именно доказываетъ, что тамъ, гдѣ были самыя жестокія наказанія, общество отличалось наибольшею грубостью, дикостью и испорченностью, и что награды чаще всего убиваютъ силу и свѣжесть моральнаго чувства, пріучая юношество цѣнить не самый нравственный поступокъ, а лишь извѣстную вещественную его пользу для себя. «При воспитаніи надобно именно стараться, чтобы человѣкъ привыкалъ цѣнить, желать и осуществлять все доброе, справедливое, приличное и полезное ради его самаго, субъективно». Такъ каждый человѣкъ естественно чувствуетъ уваженіе передъ тѣмъ, что выше, мудрѣе и могущественнѣе его; сердце каждаго чувствуетъ влеченіе къ тому, кто добръ и благотворителенъ къ нему; каждый желаетъ самъ уважать себя и пользоваться уваженіемъ другихъ; каждый въ большей или меньшей степени обладаетъ самолюбіемъ, честолюбіемъ и т. д. Воспитаніе, и особенно дисциплина должны быть направлены только къ возбужденію и направленію этихъ естественныхъ стремленій человѣка. Средства къ этому: религія, откровенное, непринужденное отношеніе учителя къ питомцамъ, полугодичная оцѣнка ихъ успѣховъ во всемъ (Censur), довѣріе къ добрымъ намѣреніямъ питомца, и испытаніе въ нравственности, на которое долженъ поступать каждый новичекъ въ школѣ, пока онъ не обнаружится вполнѣ, тщательный надзоръ за уже испорченными, но съ постояннымъ довѣріемъ и уваженіемъ къ ихъ личности. Съ этою цѣлью всѣ питомцы школы должны быть раздѣлены на четыре класса или отдѣленія, смотря по ихъ нравственности: принадлежащіе къ первому, высшему классу, должны пользоваться особеннымъ довѣріемъ и свободою, такъ чтобы дисциплина не была для всѣхъ одинакова, какъ въ казармѣ, и къ каждому примѣнялась особо въ воспитательныхъ интересахъ.

Такъ учили тогдашніе лучшіе педагоги, уважавшіе гуманизмъ, но далекіе и отъ крайняго реализма. Они утвердили формальный, духовно-образовательный принципъ воспитанія, доказавъ окончательно, что школа не должна стремиться только къ обогащенію одними положительными, реальными знаніями; но также, и по преимуществу, должна упражнять и укрѣплять духовныя силы питомца. Между тѣмъ, желая ввести юношество во все истинно-человѣческое, на сколько оно выработалось всей исторіей человѣчества, крайніе гуманисты вводили его лишь въ отжившую, языческую сферу Греціи и Рима, и часто далеко не достигали того гармоническаго развитія человѣческихъ способностей, котораго домогались, такъ какъ у гуманизма не было для этого достаточныхъ средствъ; однихъ же древнихъ языковъ было мало. Проведя питомца черезъ свою школу, гуманисты обыкновенно возвращали его въ жизнь какимъ то чуждымъ гостемъ, безсильнымъ, безпомощнымъ, неопытнымъ, предоставляя его всѣхъ бурямъ и вѣтрамъ, если только онъ не укрывался отъ нихъ въ тиши ученаго кабинета; но и для этого не всѣ обладали нужными силами и средствами, или вносили въ университеты лишь бездарность и отвращеніе къ строго-ученой дѣятельности. Такимъ образомъ, гуманизмъ не былъ въ состояніи окончательно порѣшить вопросъ объ истинно-гуманномъ воспитаніи на началахъ христіанства.

Въ Англіи, гдѣ былъ впервые выдвинутъ съ такою энергіею реалистическій принципъ, вызвавшій впослѣдствіи множество реальныхъ школъ, въ то же время сохранилось не мало чисто гуманистическихъ, существующихъ по нынѣ, благодаря консервативному характеру англійскаго общества. Такова напр. извѣстная *Итонская школа*, близь Уиндзора, основанная еще въ 1442 году и до сихъ поръ оставшаяся вѣрною гуманизму. Предназначенная первоначально только для бѣдныхъ дѣтей, Итонская школа сдѣлалась по преимуществу аристократическимъ заведеніемъ, въ которомъ, кромѣ 70 пансіонеровъ изъ бѣдныхъ семействъ, воспитываются около 600 мальчиковъ, оканчивающихъ курсъ обыкновенно не моложе 18-ти лѣтняго возраста. Ежегодная плата за своекоштныхъ не менѣе 800 руб. на наши деньги. Изъ двадцати учителей, пятнадцать учатъ греческому и латинскому языкамъ; всѣ они принадлежатъ къ духовному званію, исключая трехъ учителей ариѳметики. Нѣкоторые изъ нихъ содержатъ у себя по 50—60 пансіонеровъ и поэтому пользуются доходомъ до 15,000 руб. въ годъ. Число учебныхъ предметовъ весьма ограничено, и состоитъ почти исключительно изъ древнихъ языковъ; математикѣ стали учить только не давно. Даже новые языки не входятъ въ составъ программы и составляютъ предметъ частнаго преподаванія, и то во время вакацій. Обученіе исторіи ограничивается бѣглымъ обозрѣніемъ древней и англійской исторіи; то же самое и по географіи; о химіи, физикѣ и т. под. предметахъ нѣтъ и помину. По древнимъ языкамъ употребляются старинные учебники, которымъ школа остается вѣрна въ теченіи цѣлыхъ столѣтій; даже греческая грамматика излагается по-латыни. Вся школа имѣетъ шесть классовъ (forms) и дѣлится на два отдѣленія — старшее и младшее. Въ младшемъ все обученіе сосредоточено на греческой и латинской грамматикѣ и на переводѣ изъ классическихъ писателей и изъ священнаго писанія. Въ старшемъ грамматика продолжается, но уже съ IV класса на первый планъ становятся басни Эзопа и новый завѣтъ; кромѣ того переводятся отрывки изъ Теренція, Юлія Цезаря и метаморфозъ Овидія. Вообще до перехода въ V классъ ученики знакомятся изъ поэтовъ: съ Гомеромъ, Гезіодомъ, Ѳеокритомъ, Тиртеемъ, Каллимахомъ (гимны), Аполлоніемъ, Біономъ Кассіемъ, Мосхусомъ; изъ прозаиковъ: съ Геродотомъ, Ѳукидидомъ, Ксенофонтомъ и Лукіаномъ. Рядомъ съ ними изучаются латинскіе поэты и прозаики, преимущественно: Виргилій, Горацій и Корнелій Непотъ. Географія проходится по руководству Целларія, написанному на латинскомъ языкѣ. Греческая грамматика составляетъ предметъ ежедневнаго изустнаго упражненія. Новый завѣтъ читается на греческомъ языкѣ. Теперь же ученики начинаютъ заниматься сочиненіемъ латинскихъ стиховъ. Въ V классѣ прежнихъ авторовъ продолжаютъ изучать, и приступаютъ ко многимъ новымъ, какъ напр. Титу Ливію, Цицерону, Патеркулу и Тациту; учатъ наизустъ пьесы изъ Катулла, Тибулла, Проперція, Овидія и отрывки изъ Новаго завѣта. Въ послѣднемъ классѣ, заключающемъ только самыхъ отличныхъ, даровитѣйшихъ учениковъ, изучаютъ главнымъ образомъ древнихъ трагиковъ и ораторовъ, и на память эпиграммы Марціала. При концѣ всего курса въ Итонской школѣ, ученики бываютъ въ состояніи цитировать на память цѣлыя главы или даже пьесы изъ разныхъ классиковъ Греціи и Рима. Дисциплина и весь родъ жизни Итонскихъ питомцевъ остаются вѣрными старинѣ. Даже въ церкви впереди сидятъ дѣти изъ аристократическихъ семействъ, потомъ свободные экстерны, и уже ниже всѣхъ тѣ семьдесятъ пансіонеровъ — бѣдняковъ, для которыхъ собственно и было основано это заведеніе; вообще ихъ считаютъ низшими въ сравненіи съ другими. Младшіе ученики подчиняются надзору старшихъ, считающихъ ихъ своими слугами. Замѣчательно, что для приготовленія уроковъ каждый питомецъ имѣетъ свой отдѣльный кабинетъ. Пища пансіонеровъ проста до скудности. Еще недавно въ Итонской школѣ держался старинный обычай, по которому питомцы изъ бѣдныхъ семействъ въ день Троицы ходили по улицамъ и собирали подаяніе. Впрочемъ, дисциплина въ послѣднее время много смягчилась; но система обученія осталась вѣрна строжайшему, исключительному гуманизму, который въ такой чистотѣ не сохранился даже въ Германіи, допустившей въ свои гимназіи не только математику, но даже физику и новые языки.

### *Реализмъ въ его дальнѣйшемъ развитіи.*

Подъ вліяніемъ новой положительной науки и новыхъ философскихъ системъ, развившихся преимущественно въ Голландіи, Франціи и Англіи, образовалось также новое религіозное направленіе, извѣстное подъ именемъ деизма, косвеннымъ образомъ отразившееся на воспитаніи, конечно, не всегда къ пользѣ послѣдняго. Деизмъ основывается на томъ положеніи, что человѣкъ можетъ вполнѣ познать лишь то, что согласно съ законами разума; самосознаніе есть высшій и достовѣрнѣйшій актъ духовной дѣятельности человѣка; божественное откровеніе важно только какъ воспитательное средство относительно народной массы, и не имѣетъ значенія въ философской наукѣ(!) На этомъ основаніи деизмъ исключаетъ изъ религіи многое, что составляетъ предметъ собственно вѣры, уничтожая чрезъ это самое спасительное значеніе религіи. По мнѣнію Герберта, все деистическое ученіе сводится къ пяти положеніямъ: 1) Богъ есть высочайшее существо; 2) люди обязаны признавать Его и поклоняться Ему; 3) добродѣтель и благочестіе составляютъ существеннѣйшее условіе богопочитанія; 4) человѣкъ обязанъ каяться въ своихъ грѣхахъ и освобождаться отъ нихъ; 5) добро и зло, совершенныя человѣкомъ въ этой жизни, получатъ возмездіе въ будущей. Все остальное деизмъ отвергаетъ, приписывая это заблужденію или — злоупотребленію духовенства. Это крайнее ученіе деистовъ особенно распространилось въ Англіи, какъ понятная реакція излишнему консерватизму церковной іерархіи, не заботившейся предупредить подобное явленіе. Приверженцы этого ученія, также взывавшаго къ людямъ о терпимости и братской любви другъ къ другу, составили особыя общества, извѣстныя подъ именемъ массонскихъ ложъ. Въ примѣненіи къ воспитанію также явились особыя сочиненія массоновъ, какъ напримѣръ Даніила Дефоэ, который въ своемъ: «Life and surprising adventures of Robinson Crusoe» (1719) желалъ представить образчикъ естественнаго развитія человѣка, выполнивъ это съ увлекательною художественностью. Сочиненіе Дефоэ было какъ бы первымъ опытомъ той философіи исторіи, которая раскрываетъ въ одной личности Робинзона законы постепеннаго возвышенія человѣка отъ природной грубости до высшей степени образованности, по требованіямъ одной внутренней необходимости. Скоро книга эта сдѣлалась популярнѣйшею и интереснѣйшею для всѣхъ возрастовъ и состояній, будучи переведена на всевозможные языки, начиная нѣмецкимъ, и кончая арабскимъ. Кромѣ переводовъ явилось также множество передѣлокъ и подражаній;

и притомъ у каждаго народа съ особенными, своеобразными оттѣнками. Въ школахъ она заняла самое видное и самое прочное мѣсто, особенно съ тѣхъ поръ, какъ Руссо высказалъ о ней слѣдующія замѣчательныя слова: „Робинзонъ Крузе" будетъ первой книгой, которую долженъ прочитать мой Эмиль; она долго будетъ единственнымъ сокровищемъ всей его библіотеки, и навсегда займетъ въ ней первое, почетнѣйшее мѣсто. Ея содержаніе будетъ служить исходной точкой въ нашихъ бесѣдахъ о человѣческихъ изобрѣтеніяхъ и наукахъ, пробнымъ камнемъ, на которомъ я стану испытывать ростъ мыслительной силы моего питомца. Я убѣжденъ, что до тѣхъ поръ, пока вкусъ его будетъ оставаться простъ и естественъ, чтеніе ея будетъ постоянно ему доставлять новое наслажденіе".

### Жанъ-Жакъ Руссо и его „Эмиль".

Жанъ-Жакъ Руссо, не смотря на всѣ его увлеченія, во многомъ отвергнутыя здравой педагогикой, вообще былъ одинъ изъ самыхъ вліятельныхъ поборниковъ реализма и естественности въ воспитаніи не только во Франціи, но и во всемъ европейскомъ человѣчествѣ. Реализмъ его принесъ столько же пользы, сколько, если не болѣе, и вреда, такъ какъ онъ въ своемъ дальнѣйшемъ развитіи превратился въ оппозицію не только религіи, но даже государству и всей соціальной жизни, окончившись матеріализмомъ и нигилизмомъ, такъ что, по выраженію Карла Шмидта, сердце человѣческое всѣми чувствами своими возмущается противъ того, что вначалѣ такъ пламенно защищалъ Руссо, конечно, не предвидѣвшій такого перерожденія своего ученія. Мрачному скептицизму Дидерота и Гольбаха онъ хотѣлъ противопоставить хотя деизмъ, относительную благодѣтельность котораго онъ признавалъ въ тотъ безотрадной періодъ французскаго воспитанія, когда внѣшность и поверхностность господствовали какъ въ школѣ, такъ и въ общественной жизни;

когда въ дѣтяхъ развивался одинъ гибельный индифферентизмъ къ высшей духовной жизни, когда вся природа человѣка извращалась съ дѣтства убійственнымъ, исключительно механическимъ воспитаніемъ. Наконецъ, самъ Руссо всѣми своими страданіями обязанъ единственно заблужденіямъ своего вѣка, своего общества, обновленія и искупленія котораго онъ такъ искренно желалъ. Отсюда объясняются всѣ его порывы, увлеченія, крайности, предупрежденіе которыхъ относительно подростающихъ поколѣній именно и составляетъ задачу раціональной педагогики, взывающей о гармоническомъ развитіи человѣческаго тѣла и человѣческаго духа, какъ въ его умственномъ, такъ и въ религіозно-нравственномъ направленіяхъ. Въ противномъ случаѣ равновѣсіе душевныхъ силъ нарушается, и въ жизни возникаютъ и смѣняютъ другъ друга то мертвый формализмъ, то разрушительный нигилизмъ, со всѣми ихъ многоразличными оттѣнками и видоизмѣненіями.

Жизнь Руссо лучше всего видно изъ его поразительно-правдивыхъ «Confessions», написанныхъ имъ уже на 58 году и представляющихъ, дѣйствительно, «нѣчто безпримѣрное, чему не найдется ни одного подражателя». «Я показалъ себя—говоритъ онъ—такимъ, каковъ я былъ: презрѣннымъ и низкимъ, когда это было; добрымъ, великодушнымъ и высокимъ, когда и это было; я раскрылъ мой внутренній міръ именно такимъ, какимъ видѣло его Ты, вѣчное существо. И если соберется вокругъ меня безчисленная толпа мнѣ подобныхъ, пусть слушаютъ мои признанія, пусть удивляются моимъ недостаткамъ, пусть краснѣютъ за мои пороки. Пусть каждый изъ нихъ въ свою очередь съ тою же искренностью откроетъ у подножія Твоего трона и свое сердце, и пусть хотя одинъ скажетъ Тебѣ, если у него станетъ на это смѣлости: «я былъ лучше этого человѣка!» Жанъ-Жакъ Руссо родился въ Женевѣ въ 1712 году, и уже при самомъ рожденіи своемъ лишился матери. Отецъ его былъ небогатый часовщикъ. Будучи еще семи-лѣтнимъ мальчикомъ, Жанъ-Жакъ Руссо ночи напролетъ читалъ съ нимъ романы, оставшіеся послѣ его матери, многое не понималъ, но сердцемъ угадывалъ все. (Je n'avais rien conçu, j'avais tout senti). Но вскорѣ всѣ романы были прочитаны; матеріялъ истощился, и мальчикъ принялся за библіотеку, перешедшую къ нимъ отъ дѣда, и заключавшую сочиненія Боссюэта и Овидія, Фонтенеля и Лабрюйэра; но больше всего понравился юному читателю Плутархъ. Все это въ высшей степени развивало его и безъ того пылкое воображеніе, особенно при отсутствіи всякаго правильнаго, методическаго обученія. Вспоминая о своемъ дѣтскомъ возрастѣ, Руссо говоритъ: «я былъ болтливъ, любилъ распрашивать, и часто лгалъ. Я былъ готовъ красть фрукты, конфеты, съѣстное; но никогда не находилъ удовольствія дѣлать при этомъ злое(!), что либо портить, или кого либо бить,» однако тотчасъ расказываетъ, какъ онъ опоганилъ у одной сосѣдки горшокъ, и еще смѣялся надъ этимъ. «Вотъ, прибавляетъ онъ, короткій но правдивый разсказъ о моихъ дѣтскихъ проступкахъ; и какъ могъ я сдѣлаться злымъ, когда предъ моими глазами были лишь примѣры добросердечія, и когда меня окружали одни добрѣйшіе люди?» Переходя потомъ къ своему отроческому возрасту, онъ продолжаетъ: «Такъ начало образовываться и обнаруживаться мое сердце, бывшее въ одно и то же время гордымъ и нѣжнымъ; такъ слагался мой характеръ, женственный и вмѣстѣ неукратимый, который, постоянно колеблясь между слабостью и твердостью, между женственностью и мужествомъ, поставилъ меня, наконецъ, въ противорѣчіе съ самимъ собою». Когда отецъ Жанъ-Жака долженъ былъ вслѣдствіе одного процесса оставить Женеву, онъ поступилъ къ одному пастору, но потомъ былъ отданъ въ ученье къ одному граверу. Онъ самъ сознается, что «не смотря на прекраснѣйшее воспитаніе, онъ чувствовалъ наклонность къ испорченности, которая развилась въ немъ быстро и безъ всякаго труда;» и затѣмъ расказываетъ, какъ однажды накралъ у одного сосѣда яблокъ, и какъ его били за это, такъ что онъ, при одномъ воспоминаніи объ этой неудачи, до сихъ поръ чувствуетъ дрожь и смѣхъ. Однажды, боясь быть наказаннымъ за позднее возвращеніе домой, Руссо бѣжалъ отъ своего учителя и пришелъ къ одному католическому пастору. Послѣдній отправилъ его на попеченіе къ одной дамѣ—фонъ-Варенсъ, а та отправила его въ Туринъ, гдѣ онъ впослѣдствіи принялъ котолицизмъ, имѣя 16 лѣтъ отъ роду. Готовясь къ принятію новаго вѣроисповѣданія въ качествѣ катихумена, онъ опять пережилъ много ужаснаго, раскаяваясь въ сдѣланномъ шагѣ и не имѣя достаточно силы воли, чтобы вернуться назадъ.

Послѣ многихъ скитаній и заблужденій, въ которыхъ онъ провелъ около четырехъ лѣтъ, онъ снова возвратился къ своей прежней благодѣтельницѣ (въ 1738 г.), жившей тогда въ Шамбрэ, и провелъ у ней три года, занимаясь чтеніемъ, рисованіемъ и музыкой, и вступивъ въ связь съ этой уже пожилой женщиной. Однажды Руссо тяжко занемогъ; но г-жа Варенсъ совершенно уничтожила въ немъ боязнь смерти, доказавъ ему, что ученіе о геенѣ огненной вовсе не надо понимать буквально, и что кромѣ нея есть еще чистилище. Около того же времени нѣкоторыя сочиненія янсенистовъ стали снова смущать успокоившуюся было душу молодаго человѣка; но два знакомыхъ ему іезуита снова возвратили ей спокойствіе. Къ этому времени, прожитому въ Шамбрэ, относятся самыя свѣтлыя воспоминанія Руссо: «Je n'ai jamais été si près de la sagesse, sans grands remords sur le passé»—говоритъ онъ, уже значительно утратившій нравственное чувство и пока свободный отъ его мучительныхъ терзаній. Вскорѣ онъ отдался ревностному изученію философовъ: Локка, Лейбница, Декарта и Малебранша, и отъ нихъ перешелъ къ математикѣ, которая, однако, неудовлетворила его своею умозрительностью; такъ, вычисливъ самостоятельно квадратъ $a+b$, онъ не успокоился до тѣхъ поръ, пока не построилъ чертежа и не убѣдился въ вѣрности полученнаго результата. Латинскій языкъ также стоилъ ему большаго труда; но, не смотря на все отвращеніе къ нему, онъ достигъ наконецъ того, что сталъ свободно читать латинскихъ авторовъ. Изучивъ и прочитавъ многое, Руссо съ годъ былъ воспитателемъ въ одномъ семействѣ въ Ліонѣ. «Я обладалъ — замѣчаетъ онъ — почти всѣми знаніями, необходимыми для учителя, и полагалъ, что имѣю также необходимый для этого талантъ. Но одного года у г-на Мальби было достаточно, чтобы обличить меня въ заблужденіи. Моя кроткая натура была бы вполнѣ пригодна для этого призванія, если бы не бушевала въ ней горячность. Пока все шло хорошо, и пока я видѣлъ, что мои заботы и усилія, въ которыхъ вообще не было недостатка, приносятъ плоды, — до тѣхъ поръ я оставался ангеломъ. Но я превращался тотчасъ въ дьявола, когда что либо шло дурно. Если питомцы не понимали меня, я выходилъ изъ себя; если же и они начинали сердиться, я былъ готовъ уничтожить ихъ; а все это, конечно, не было лучшимъ средствомъ сдѣлать ихъ учеными и мудрыми. Терпѣніемъ и хладнокровіемъ я, вѣроятно, достигъ бы успѣха; но мнѣ недоставало ни того, ни другаго; моя работа была безплодна; мои питомцы успѣвали плохо. У меня не было недостатка въ усиліяхъ: мнѣ недоставало ровности характера и въ особенности — благоразумія. Я прибѣгалъ только къ тремъ средствамъ, которыя всегда безполезны и часто даже опасны для дѣтей, а именно: къ чувствительности, (sentiment), къ резонерству и къ гнѣву. Я часто то растрогивался до слезъ, и думалъ тронуть этимъ мальчика, расчитывая на его сердечность; то разливался передъ нимъ въ доказательствахъ разума, какъ будто мальчикъ былъ способенъ понять меня; то, въ случаѣ его удачныхъ возраженій, принималъ его резонерство за доказательство благоразумія. Но чаще всего приходилъ я въ бѣшенную ярость отъ непонятливости ученика, который въ такомъ случаѣ всегда торжествовалъ надо мной, такъ какъ въ это время онъ оставался спокойнымъ мудрецомъ, а я превращался въ ребенка. Я видѣлъ всѣ мои ошибки; я чувствовалъ ихъ, изучалъ моихъ питомцевъ, но ничѣмъ не могъ пособить и всегда дѣлалъ противное тому, что долженъ былъ дѣлать».

Оставивъ своихъ питомцевъ по неспособности своей вести ихъ далѣе, Руссо возвратился не надолго къ г-жѣ

Варенсъ, но вскорѣ (въ 1741) отправился въ Парижъ, надѣясь составить тамъ себѣ карьеру какимъ нибудь изобрѣтеніемъ. Реомюръ покровительствовалъ ему въ академіи; иныя же противодѣйствовали ему. Послѣ многихъ неудачныхъ попытокъ въ Парижѣ, Руссо переѣхалъ въ Венецію въ качествѣ секретаря тамошняго французскаго посланника Монтегю, у котораго прослужилъ 18 мѣсяцевъ. Въ Венеціи онъ отличился самыми скандалёзными похожденіями, о которыхъ онъ не безъ увлеченія разсказываетъ въ своихъ «признаніяхъ».... Принужденный оставить этотъ городъ, онъ снова вернулся въ Парижъ и здѣсь вступилъ въ связь съ Терезой Ле-Вассёръ, объявивъ ей, что онъ никогда не покинетъ ее и никогда на ней не женится; однако за 10 лѣтъ до смерти онъ вѣнчался съ Терезой, которая пережила его, и, будучи 55 лѣтъ, еще разъ вышла замужъ за одного конюха. Не смотря на свои отношенія къ этой женщинѣ, онъ сознается, что «никогда не имѣлъ ни малѣйшей искры любви къ ней», такъ какъ она не могла заставить уважать себя. Этимъ же онъ объясняетъ, что онъ не питалъ никакихъ отеческихъ чувствъ къ прижитымъ съ нею дѣтямъ. Старшаго сына онъ отправилъ на воспитаніе въ домъ незаконнорожденныхъ, давъ ему только свое имя; а четырехъ остальныхъ дѣтей отдалъ туда же, даже не признавъ ихъ своими дѣтьми и потерявъ ихъ изъ виду. Впослѣдствіи г-жа де Люксенбургъ хотѣла взять изъ воспитательнаго дома старшаго его сына, но его не нашли тамъ по случаю затеряннаго отцомъ документа на него. Руссо старается оправдать свои безсердечныя отношенія къ собственнымъ дѣтямъ еще тѣмъ обстоятельствомъ, что не хотѣлъ воспитывать ихъ въ томъ испорченномъ обществѣ, въ какомъ самъ жилъ. Онъ былъ также знакомъ съ знаменитѣйшими французскими энциклопедистами: Дидеротомъ, д'Аламбертомъ и др., принимая участіе и въ ихъ изданіи. Въ 1749 году онъ случайно узналъ о заданной на премію темѣ Дижонской академіи: «Содѣйствовали ли успѣхи наукъ и искусствъ улучшенію нравовъ?», работалъ дни и ночи, и въ слѣдующемъ году былъ удостоен полной преміи, блестящими парадоксами доказав вред наук и софистически исказив понятіе добродѣтели. Ненависть Руссо къ современной ему цивилизаціи выразилась такъ полно и односторонно, что Вольтеръ, прочитавъ его диссертацію, возъимѣлъ, по его остроумному выраженію, сильное желаніе ходить на четвереньках. Но вліяніе парадоксальной оппозиціи Руссо противъ науки и искусства было, по мнѣнію Шерра, и справедливо, и огромно, потому что среди пустоты, испорченности и безпомощности той эпохи она все же указывала на необходимость возвратиться людямъ къ природѣ, къ простымъ, естественнымъ формамъ первобытной человѣческой жизни, свободной отъ роскоши и утонченнаго разврата.... Этимъ сочиненіемъ Руссо сразу пріобрѣлъ громадную извѣстность, и въ немъ зародилась неутомимая жажда славы, которая и держала его всю жизнь въ лихорадочномъ настроеніи. Своими памфлетическими выходками противъ парижскаго общества онъ, наконецъ, навлекъ на себя общее негодованіе. Чтобы избѣгнуть преслѣдованій, онъ отправился на родину, въ Женеву, снова принялъ здѣсь кальвинизмъ, и сталъ на своихъ послѣдующихъ сочиненіяхъ подписываться скромнымъ и вмѣстѣ громкимъ именемъ «Citoyen de Genéve». Въ это время онъ написалъ множество своихъ замѣчательнѣйшихъ произведеній, послужившихъ первымъ поводомъ къ развитію новыхъ демократическихъ идей во Франціи, выразившихся революціей. Его «Emil ou de l'éducation» явился въ свѣтъ въ 1762 году, и произвелъ такое сильное и всеобщее волненіе, что авторъ его, жившій тогда опять въ Парижѣ, долженъ былъ снова бѣжать въ Женеву, но и здѣсь не найдя спокойнаго пристанища, спасся въ одной деревнѣ Мотье въ Невшательскомъ кантонѣ, откуда продолжалъ энергически защищать свои идеи. Преслѣдуемый, наконецъ, всюду, онъ жилъ на островкѣ Билерскаго озера, откуда бѣжалъ въ Страсбургъ, а потомъ въ Англію. Въ 1767 году Руссо опять явился въ Парижѣ, давъ обѣщаніе ничего не писать противъ религіи и правительства, существовалъ перепискою нотъ, и умеръ у одного своего покровителя въ окрестностяхъ Парижа въ 1778 г., по однимъ свѣдѣніямъ вслѣдствіе удара, по другимъ — отъ самоубійства. На его могильномъ памятникѣ была потомъ сдѣлана надпись: «Ici repose l'homme de la nature et de la verité!» Его исповѣдь, открытая уже послѣ его смерти, была доведена только до 1765 года. Сочиненія Руссо заслуживаютъ не удивленія или порицанія, а — изученія; для воспитателей же особенно много интереса имѣетъ его «Эмиль», представляющій въ формѣ романа цѣлую педагогическую систему.

Приступая въ 1757 году, въ Монморанси, къ этому знаменитому сочиненію, Руссо руководствовался тѣмъ убѣжденіемъ, что современная ему европейская цивилизація дошла до крайнихъ предѣловъ испорченности, и что исправленіе ея возможно только чрезъ воспитаніе, основанное на новыхъ началахъ. Онъ не желаетъ, по установившейся рутинѣ, видѣть въ ребенкѣ уже готоваго человѣка, но старается прежде всего уяснить себѣ естественныя, природныя свойства дѣтскаго возраста, столь отличныя отъ искаженной жизнью натуры взрослаго. Вслѣдствіе этого воспитаніе въ его глазахъ является только развитіемъ основныхъ свойствъ человѣческой природы, опредѣлить которую во всей ея чистотѣ было, конечно, не по силамъ даже его геніальному уму. Что именно надо было отнести къ больнымъ сторонамъ цивилизаціи, чтобы не привить ихъ къ здоровой личности питомца, и что — къ здоровымъ: вотъ тотъ роковой вопросъ, отъ рѣшенія котораго зависѣло все; вотъ та трудность, которая привела Руссо къ отрицанію многаго въ принципѣ, тогда какъ отрицаніе это могло касаться только частнаго примѣненія того или другаго принципа. Кромѣ того, Руссо вовсе не признавалъ извѣстнаго различія между людьми по національностямъ и другимъ условіямъ дѣйствительной жизни, но искалъ только вообще человѣка, чтобы примѣнить къ этому отвлеченному понятію всю свою воспитательную систему. Такимъ отвлеченнымъ человѣкомъ дѣйствительно и является его Эмиль, олицетворяющій все человѣчество въ его естественномъ состояніи; воспитатель-же Эмиля лишь примѣняется ко всѣмъ естественнымъ потребностямъ этого «сына природы», который для сохраненія своей первобытной чистоты оторванъ отъ остальнаго человѣческаго общества. Но Руссо упустилъ изъ виду, что въ той же природѣ человѣка заключается возможность какъ добра, такъ и зла, и что самыя понятія добра и зла не существуютъ внѣ человѣческаго общества.

«Все хорошо, выходя изъ рукъ Творца міра; все вырождается въ рукахъ человѣка. Онъ заставляетъ почву питать несвойственные ей плоды. Онъ идетъ на перекоръ климатамъ, стихіямъ, временамъ года. Онъ уродуетъ свою собаку, лошадь, своего раба. Онъ ставитъ все вверхъ дномъ, все искажаетъ. Онъ любитъ безобразіе, уродовъ, отворачивается отъ всего естественнаго, и даже самого человѣка надо выдрессировать для него, какъ манежную лошадь, исковеркать на его ладъ, подобно садовому дереву». Такъ начинается книга Руссо, который до конца остается вѣренъ этому безотрадному взгляду на человѣка, извращеннаго и извращающаго все, къ чему онъ прикоснется. Отъ прикосновенія его нечистыхъ рукъ надо беречь дѣтей, возвращая ихъ въ лоно ихъ истинной матери — Природы. «Природа, говорятъ намъ, есть ничто иное, какъ привычка. Но что это значитъ? Развѣ нѣтъ привычекъ, которыя пріобрѣтаются только благодаря принужденію, и никогда не заступаютъ природы? Такова, напримѣръ, привычка растеній, которымъ препятствуютъ рости прямо, но которыя, предоставленныя самимъ себѣ, скоро сами принимаютъ свое естественное направленіе». На этомъ основаніи Руссо, признавая свободу воли въ человѣкѣ, еще болѣе обусловливаемую его разумностью, ратуетъ за право личности въ самомъ широкомъ, абсолютномъ смыслѣ этого слова: «Естественный человѣкъ, человѣкъ природы, весь заключается въ самомъ себѣ; онъ есть численная единица, абсолютное цѣлое, имѣющее отношеніе только къ самому себѣ, или къ себѣ подобному. Гражданскій же человѣкъ есть только дробная единица, зависящая отъ знаменателя;

все значеніе ея заключается въ ея отношеніи къ цѣлому, т. е. общественному организму». «Вся наша житейская мудрость заключается въ раболѣпныхъ предразсудкахъ; всѣ наши обычаи — ничто иное, какъ повиновеніе, стѣсненіе, насилованіе. Человѣкъ живетъ, родится и умираетъ въ рабствѣ: при рожденіи его затягиваютъ свивальниками; послѣ смерти заключаютъ въ гробъ; до тѣхъ поръ пока, онъ сохраняетъ человѣческій образъ, онъ скованъ нашими учрежденіями. Даже головы наши, видите-ли, дурно устроены Творцомъ нашимъ: нужно ихъ еще передѣлать съ внѣшней стороны — повивальнымъ бабкамъ, съ внутренней — философамъ».

Самъ лишенный въ своемъ дѣтствѣ нѣжныхъ попеченій матери, самъ не питавшій родительскаго чувства къ собственнымъ дѣтямъ, Руссо тѣмъ не менѣе высоко ставитъ материнское призваніе, возложенное на нее самой природой. «Къ тебѣ обращаюсь я, нѣжная и заботливая мать, съумѣвшая отклониться отъ большой дороги и защитить молодое деревцо отъ столкновеній съ людскими мнѣніями. Лелѣй и поливай молодое растеніе, пока оно не завяло: плоды его современемъ будутъ твоею отрадою. Первоначальное воспитаніе важнѣе другихъ и неоспоримо лежитъ на женщинахъ: еслибы Творецъ вселенной желалъ предоставить его мущинамъ, онъ надѣлилъ бы ихъ молокомъ для кормленія дѣтей. Женщинамъ сподручнѣе наблюдать за воспитаніемъ, чѣмъ мущинамъ; онѣ всегда не только болѣе вліяютъ на него, но и успѣхъ дѣла имъ гораздо дороже, такъ какъ большинство вдовъ остается въ зависимости отъ своихъ дѣтей, и тогда онѣ живо чувствуютъ хорошія и дурныя послѣдствія методы воспитанія. Законы, которые такъ много пекутся объ имуществѣ, и такъ мало — о людяхъ, имѣя цѣлью болѣе спокойствіе, чѣмъ добродѣтель, не даютъ достаточно власти матерямъ». «Съ той поры, какъ матери, пренебрегая своею первою обязанностью, не захотѣли больше кормить дѣтей, сдѣлалось необходимымъ поручать ихъ наемнымъ женщинамъ, которыя, очутившись такимъ образомъ матерями чужихъ дѣтей, заботятся лишь объ облегченіи себѣ труда. Между тѣмъ милыя матери предаются городскимъ развлеченіямъ, забывъ, что женщина, которая кормитъ чужаго ребенка вмѣсто своего, уже чрезъ это сама дурная мать: какъ же можетъ она быть хорошею кормилицею? Все вытекаетъ постепенно изъ этой основной развращенности: весь нравственный строй нарушается; естественныя чувства потухаютъ во всѣхъ сердцахъ; привычка не скрѣпляетъ узъ крови; нѣтъ болѣе ни отцовъ, ни матерей, ни дѣтей, ни братьевъ, ни сестеръ! Прелесть семейной жизни — лучшее противоядіе дурнымъ нравамъ». «Иногда же, вмѣсто пренебреженія материнскими заботами, женщина доводитъ ихъ до крайности. Когда она дѣлаетъ изъ своего ребенка идола, когда она увеличиваетъ и поддерживаетъ въ немъ слабость, не желая дать ему чувствовать ее, а, надѣясь изъять его изъ подъ законовъ и природы, удаляетъ отъ него тяжелыя впечатлѣнія, не помышляя о томъ, сколько несчастій и опасностей готовитъ она ему въ будущемъ взамѣнъ нѣкоторыхъ неудобствъ, отъ которыхъ избавляетъ на минуту. И какая варварская предосторожность — длить дѣтскую слабость!» «Мы дѣлаемъ или то, что нравится ребенку, или требуемъ отъ него того, что намъ нравится — середины нѣтъ: онъ долженъ или приказывать, или повиноваться. Поэтому первыми его идеями являются идеи господства и рабства. Не умѣя еще говорить, онъ уже приказываетъ; не будучи въ состояніи еще дѣйствовать, онъ уже повинуется; а иногда терпитъ наказаніе прежде, нежели могъ узнать свою вину, и даже прежде, чѣмъ могъ провиниться. Этимъ путемъ зароняютъ въ дѣтскомъ сердцѣ страсти, которыя потомъ сваливаютъ на природу, и, постаравшись сдѣлать его злымъ, сѣтуютъ, что ребенокъ сталъ золъ. Шесть или семь лѣтъ ребенокъ остается въ рукахъ женщинъ жертвою ихъ капризовъ и — своихъ собственныхъ. Память его обременяется бездною словъ, которыхъ онъ не въ состояніи понять, и представленій предметовъ, которые ему ни начто не годны. Заглушивъ въ немъ все природное посредствомъ возбужденія страстей, искуственное созданіе это вручаютъ потомъ воспитателю, доканчивающему развитіе искуственныхъ зародышей, и научающему ребенка всему, кромѣ познанія себя самого, кромѣ умѣнья извлекать удовлетвореніе изъ самого себя, умѣнья жить и быть счастливымъ. Наконецъ, когда этотъ ребенокъ, рабъ и тиранъ, исполненный знаній и лишенный здраваго смысла, одинаково разслабленный и тѣломъ и душей, является въ свѣтъ и выказываетъ свою тупость, свое высокомѣріе и всѣ свои пороки, люди начинаютъ оплакивать человѣческое ничтожество и человѣческую испорченность. Это ошибка: человѣкъ этотъ созданъ нашей фантазіей; естественный же человѣкъ — совсѣмъ иной».

«Точно такъ, какъ настоящею кормилицею должна быть мать, настоящимъ воспитателемъ долженъ быть отецъ. Оба они должны условиться въ порядкѣ занятій и въ системѣ. Изъ рукъ матери ребенокъ долженъ перейти въ руки отца: разсудительный, хотя и ограниченный отецъ воспитаетъ лучше, чѣмъ самый искусный наставникъ въ мірѣ. А дѣла, служба, обязанности.... Ахъ да! Обязанности отца должны быть, вѣроятно, послѣдними изъ всѣхъ обязанностей? Когда читаешь у Плутарха, что цензоръ Катонъ, съ такою славою управлявшій Римомъ, самъ воспитывалъ своего сына съ колыбели и постоянно присутствовалъ, если кормилица-мать обмывала ребенка; когда читаешь у Светонія, что Августъ, властитель вселенной, самъ училъ своихъ внуковъ писать, плавать, сообщалъ имъ изъ науки элементарныя свѣдѣнія и безпрерывно былъ съ ними; то невольно смѣешься надъ этими наивными чудаками. Надо полагать, что они занимались этимъ вздоромъ только потому, что они были слишкомъ ограниченны для занятій великими дѣлами великихъ людей нашего времени! Тотъ, кто не можетъ выполнить обязанностей отца, не имѣетъ права быть имъ». «Много разсуждаютъ о качествахъ, необходимыхъ для хорошаго воспитателя (Локкъ). Первое, какого я потребовалъ бы отъ него, ибо оно одно заставляетъ предполагать въ немъ множество другихъ, это — не быть продажнымъ. Есть такія благородныя занятія, которымъ нельзя отдаться за деньги, не выказывая себя тѣмъ самымъ недостойнымъ ихъ: таково занятіе воспитателя».

Такъ строги требованія Руссо относительно естественности воспитанія, которую онъ понимаетъ здѣсь вовсе не ложно, а, напротивъ, во всей ея идеальной чистотѣ. Но, боясь, что его обвинятъ въ томъ, что онъ даетъ однѣ прекрасныя правила, которыя такъ легко высказывать, не будучи обязаннымъ примѣнять ихъ на дѣлѣ, онъ рѣшается дать примѣръ на своемъ Эмилѣ и вести его съ самаго дня рожденія до той поры, когда онъ не будетъ болѣе нуждаться ни въ какомъ руководителѣ, предположивъ при этомъ въ воспитателѣ, или въ отцѣ всѣ необходимыя къ тому качества. Воспитатель Эмиля знаетъ, что дѣтямъ не слѣдуетъ давать игрушекъ, и притомъ дорогихъ. Начинать рано учить дѣтей говорить—есть также злоупотребленіе: чрезъ это именно они поздно станутъ владѣть языкомъ и рѣчь ихъ, не служа естественнымъ выраженіемъ самостоятельной мысли, долго будетъ запутанною. Конечно, не безполезно пѣть дѣтямъ пѣсенки, но не надо навязывать имъ безпрестанно новыя и непонятныя слова, не забѣгать и не подсказывать, чтобы не сдѣлать изъ нихъ безсмысленныхъ болтуновъ. Обыкновенно ученикъ въ школѣ только слушаетъ одну фразеологію своего учителя, уже въ пеленкахъ наслушавшись болтовни своей кормилицы или няньки. Во всякомъ случаѣ, съ первымъ проявленіемъ дара слова начинается новая эпоха въ жизни ребенка. Наша педантическая метода обученія обыкновенно навязываетъ дѣтямъ то, чему они могли бы гораздо лучше научиться сами собою, и упускаетъ изъ виду то, чего они безъ нашей помощи не въ состояніи понять и усвоить. Такъ напр. есть ли что либо безсмысленнѣе, какъ изъ всѣхъ силъ стараться поскорѣе научить ребенка ходить? Всѣ эти ходильныя машины, корзинки, помочи и т. под. вспомогательныя средства только вредятъ. Вмѣстѣ съ развитіемъ самыхъ силъ у ребенка въ немъ является способность также управлять ими, а это въ результатѣ ведетъ къ тому, что изъ него образуется сознательная, цѣльная личность. Въ ребенкѣ прежде всего надо видѣть ребенка, и ничего болѣе. Пусть онъ самъ учится помогать себѣ во всемъ: и въ умѣньи ходить, и въ умѣньи говорить. Къ чему стѣснять его свободу своимъ неумѣстнымъ усердіемъ? Надо, напротивъ того, постоянно держать его въ зависимости отъ окружающихъ его предметовъ и условій, даже ставить нѣкоторыя трудности первымъ физическимъ и духовнымъ усиліямъ: пусть онъ борется съ ними собственными силами и выходитъ побѣдителемъ, а не ослабляетъ интенсивность ихъ, благодаря излишней предупредительности своихъ воспитателей? Зачѣмъ уступать капризному плачу дѣтей, или даже самому учтивому ихъ умѣнью повелѣвать другими? Какъ дѣтямъ неприлично повелѣвать, такъ точно и взрослымъ тиранически управлять ихъ волей, дѣйствовать на нихъ страхомъ. Дитя никогда не должно получать то, чего оно требуетъ, а только то, въ чемъ оно дѣйствительно нуждается. Вообще слова «повиноваться» и «приказывать» воспитатель долженъ вычеркнуть изъ своего лексикона, вмѣстѣ съ словами «виновность» и «обязанность»; за то онъ долженъ чаще вспоминать о такихъ словахъ, какъ сила, слабость, нужда, необходимость.

«До тѣхъ поръ, пока дитя не станетъ существомъ разумнымъ, оно ничего не должно знать о нравственности и общественныхъ отношеніяхъ между людьми; надо избѣгать самыхъ словъ, относящихся къ этимъ предметамъ: дитя должно быть связано единственно съ физическимъ міромъ; нравственный же для него пока не существуетъ. По той же причинѣ никогда не надо прежде времени разсуждать съ дѣтьми о высокихъ матеріяхъ, резонерствовать. Ничего нѣтъ пошлѣе дѣтей, съ которыми резонерствовали. Разсудокъ развивается послѣ всѣхъ другихъ способностей, и начинать съ него значитъ — начинать съ конца. Если бы причины, резоны всѣхъ вещей могли быть понятны дѣтямъ, тогда ихъ нечего было бы и воспитывать. Вотъ формула, къ которой можно привести всѣ нравственныя наставленія, какъ они дѣлаются дѣтямъ: *Учитель.* Этого не должно дѣлать. *Ученикъ.* А почему же не должно этого дѣлать? *Учитель.* Потому что это будетъ дурнымъ поступкомъ. *Ученикъ.* Дурнымъ поступкомъ! А что значитъ дурной поступокъ? *Учитель.* Это значитъ дѣлать то, что вамъ запрещается. *Ученикъ.* Почему же дурно дѣлать то, что мнѣ запрещаютъ? *Учитель.* Васъ наказываютъ за непослушаніе. *Ученикъ.* Я постараюсь, чтобы о моемъ поступкѣ никто не зналъ. *Учитель.* За вами будутъ наблюдать. *Ученикъ.* Я спрячусь. *Учитель.* Будутъ распрашивать. *Ученикъ.* Я солгу. *Учитель.* Лгать не должно. *Ученикъ.* Почему же не должно лгать! *Учитель.* Потому что это будетъ дурнымъ поступкомъ и т. д. Пусть ограничиваетъ и обуздываетъ дѣтскіе порывы одна желѣзная необходимость, а не людской авторитетъ! Пусть то, отъ чего они должны воздерживаться, будетъ не запрещеніемъ, а естественнымъ препятствіемъ, не разглагольствованіемъ о причинахъ, поводахъ, послѣдствіяхъ, а—нѣмою необходимостью. Все, что возможно въ природѣ вещей, возможно съ перваго слова, безъ поощреній и просьбъ, безъ всякихъ условій и уговоровъ; эта возможность доставляетъ наслажденіе; невозможность же влечетъ за собою отвращеніе. Что запрещено, то запрещено безусловно, и отмѣнить это запрещеніе не въ состояніи никакая настойчивость, никакая просьба. Такъ въ природѣ вещей, и середины здѣсь нѣтъ и не можетъ быть; такъ должно быть и въ воспитаніи: или ровно ничего не требуй отъ дитяти, или, безъ дальнѣйшихъ колебаній, предписывай ему безусловное послушаніе. Самымъ дурнымъ воспитаніе бываетъ тогда, когда дитя постоянно колеблется между своею и твоею волею, и когда между нимъ и тобою идетъ постоянный споръ, кому надъ кѣмъ господствовать. Въ тысячу разъ ужь лучше, когда дитя становится господиномъ! Чаще всего бываетъ, что принимаясь за воспитаніе, не находятъ другихъ средствъ управлять ребенкомъ, какъ посредствомъ соревнованія, зависти, тщеславія, честолюбія, алчности, трусости и т. под. опаснѣйшихъ и столь легко возбуждаемыхъ въ его душѣ страстей. При каждомъ урокѣ, оставляющемъ какое нибудь знаніе въ его головѣ, въ его сердцѣ глубоко насаждаютъ какой-нибудь порокъ. Безсмысленные учителя нерѣдко еще полагаютъ, что они сотворили чудо, успѣвши дать дѣтямъ понятіе о добрѣ и исказивъ зломъ ихъ чистую душу. Омрачивъ страстями природу ребенка, они еще съ важностью говорятъ: «Вотъ такъ человѣкъ!» Да, дѣйствительно, это вами сдѣланный человѣкъ, свѣдущій въ добрѣ и злѣ, и самъ злой и испорченный? Ваши воспитательныя заботы еще мѣшаютъ проявленію этого зла; но стоитъ вамъ отвернуться, чтобы оно вырвалось наружу съ полною свободою.

Дитя можетъ причинить много зла, но безъ намѣренія нанести кому-либо этотъ вредъ: это правда. Въ человѣческомъ сердцѣ, по мнѣнію Руссо, вовсе нѣтъ прирожденной испорченности; нѣтъ ни одного порока, происхожденія котораго нельзя было бы доказать, внимательно прослѣдивъ предшествовавшія ему условія воспитанія. Единственная прирожденная страсть есть эгоизмъ, который, самъ по себѣ взятый, по природѣ своей заключаетъ въ себѣ много добраго и полезнаго. Только впослѣдствіи, смотря по его примѣненію въ различныхъ отношеніяхъ, онъ производитъ или добро, или зло. Поэтому все первоначальное воспитаніе должно быть чисто отрицательнымъ. Оно состоитъ вовсе не въ томъ, чтобы учить ребенка различать добродѣтель и порокъ, но—чтобы сердце его предохранять отъ ошибокъ и умъ—отъ заблужденій. Относитесь только къ ребенку сообразно его возрасту, и берегитесь надорвать его силы излишнимъ напряженіемъ. Прежде чѣмъ дитя будетъ способно разсуждать, оно воспринимаетъ и удерживаетъ лишь образы, звуки, одни внѣшнія впечатлѣнія, но рѣдко—идеи, и еще рѣже—соотношеніе этихъ идей. Неспособное образовать сужденія, оно собственно еще не имѣетъ и памяти, ибо послѣдняя хотя и отличается отъ разсудочной способности, но развивается всегда вмѣстѣ съ нею. Представленія суть ничто иное, какъ точныя отраженія чувственныхъ предметовъ; идеи же суть тѣ понятія о предметахъ, которыми опредѣляются ихъ различныя отношенія. Вотъ почему обученіе должно начинаться знакомствомъ съ реальнымъ міромъ. Чтобы ни говорили, но невозможно повѣрить, чтобы дитя, если оно только не чудо, ранѣе 12—15-лѣтняго возраста можно въ самомъ дѣлѣ научиться двумъ языкамъ. Иначе и быть не можетъ, такъ какъ каждый языкъ имѣетъ свой собственный духъ, и мысли принимаютъ въ немъ разные оттѣнки, выражающіеся въ идіомахъ; мысль же ребенка, если онъ не уродъ, не можетъ такъ раздваиваться, и онъ можетъ быть въ крайнемъ случаѣ только попугаемъ. Только тогда, когда въ дитяти сформируется умъ, оно можетъ сознательно, дѣйствительно владѣть двумя языками, ибо оно должно же быть въ состояніи сравнивать идеи предметовъ. «Изъ желанія скрыть неспособность дѣтей къ изученію языковъ, ихъ заставляютъ преимущественно изучать мертвые языки, относительно которыхъ не существуетъ судей, которыхъ нельзя было бы опровергнуть. Такъ какъ обыденное употребленіе этихъ языковъ исчезло давнымъ давно, то и удовлетворяются подражаніемъ тому, что написано въ книгахъ; и это называется—говорить на этихъ языкахъ. Если таковъ греческій и латинскій языкъ учителей, то судите, каковъ долженъ быть языкъ дѣтей. Едва успѣютъ они вызубрить латинскую грамматику, изъ которой ровно ничего не понимаютъ, какъ ихъ начинаютъ учить сначала передачѣ родной рѣчи латинскими словами; за тѣмъ, при дальнѣйшихъ успѣхахъ, перетасовкѣ фразъ Цицерона и стиховъ Виргилія. Дѣти воображаютъ при этомъ, что говорятъ по-латыни: кто же можетъ опровергнуть ихъ?»

«При изученіи чего бы то ни было, обозначенія ровно ничего не значатъ, если не сопровождаются идеями о тѣхъ вещахъ, которыя они изображаютъ. А между тѣмъ съ ребенкомъ всегда ограничиваются обозначеніями, не будучи никогда въ состояніи заставить его понять самыя вещи. Думая познакомить его съ описаніемъ земли, его знакомятъ только съ картами: его обучаютъ названіямъ городовъ, странъ, рѣкъ, существованія которыхъ гдѣ-либо въ иномъ мѣстѣ, кромѣ какъ на бумагѣ, гдѣ ему ихъ показываютъ, онъ никакъ не можетъ взять въ толкъ. Мнѣ помнится, я гдѣ-то видѣлъ географію, начинавшуюся такъ: «Что такое земля?—Земля есть картонный шаръ.—Я убѣжденъ, что не найдется ни одного десятилѣтняго ребенка, который, проучившись два года географіи и космографіи, съумѣлъ бы, соображаясь съ планомъ отцовскаго сада, обойти не заблудясь всѣ его извороты.»

Здѣсь превосходно высказывается тотъ реализмъ, котораго такъ строго требуетъ Руссо при обученіи, и на которомъ строится вся его дидактика. Особенно вооружается онъ противъ книги, «этого орудія всѣхъ дѣтскихъ горестей.» Чтеніе—бичъ дѣтскаго возраста, а между тѣмъ это единственное почти занятіе, которое умѣютъ найти для него. Эмиль и на 12-омъ году едва-ли будетъ знать, что такое книга. Скажутъ: нужно-же, по крайней мѣрѣ, чтобы онъ умѣлъ читать. Согласенъ: нужно, чтобы онъ умѣлъ читать тогда, когда чтеніе ему полезно; но ранѣе этого срока оно можетъ только надоѣдать ему». Важнѣйшее воспитательное средство при обученіи чтенію, по мнѣнію Руссо, есть возбужденіе интереса къ читаемому; ибо чѣмъ менѣе принуждаютъ къ чему либо дѣтей, тѣмъ скорѣе достигаютъ цѣли. Именно потому, что и Эмиля лѣтъ до 15 не будутъ торопить чтеніемъ, онъ уже въ 10 лѣтъ, вѣроятно, будетъ умѣть читать и писать. Первое, что въ насъ возбуждается и развивается, это—чувства. Поэтому усовершенствованіе ихъ надо прежде всего имѣть въ виду; но обыкновенно они-то чаще всего пренебрегаются въ воспитаніи. Пусть упражняются въ дѣтяхъ не однѣ только силы, а всѣ чувства, управляющія этими силами; пусть по возможности пользуются каждымъ чувствомъ и повѣряютъ впечатлѣнія одного чувства посредствомъ всѣхъ другихъ. Дайте питомцу все мѣрить, вѣсить, считать, сравнивать, и прежде всего образуйте въ немъ тѣло: этимъ образуется и душа. По 12-му или 13-му году силы дитяти развиваются скорѣе, чѣмъ его наклонности и влеченія; это есть время относительно-высшаго возбужденія силъ, а слѣдовательно время труда, пріобрѣтенія знаній, обученія. Теперь къ дѣятельности тѣла, упражненіе и укрѣпленіе котораго должно непрерывно продолжаться, присоединяется еще усиленная дѣятельность духа, который стремится къ развитію. Теперь чувственныя впечатлѣнія должны превратиться въ понятія; но нравственный міръ все еще остается вдали, и тотчасъ же перепрыгивать въ него отнюдь не слѣдуетъ: только посредствомъ чувственныхъ впечатлѣній могутъ уясниться и нравственныя, отвлеченныя понятія. На этомъ основаніи напр. понятіе собственности и уваженіе къ чужому труду Эмиль получаетъ у Руссо во время занятій въ саду, гдѣ его питомецъ разводилъ бобы и имѣлъ при этомъ различныя столкновенія съ хозяиномъ сада. Вообще Эмиль не долженъ имѣть другой книги, кромѣ міра, ни другаго обученія, кромѣ факта или опыта. Если онъ что либо знаетъ, то не потому, что это ему сказано, а потому, что это имъ испытано и понято; онъ не изучаетъ наукъ, а изобрѣтаетъ ихъ. »Когда вы ему вмѣсто основаній, вмѣсто причинъ, указываете лишь на одинъ авторитетъ; въ такомъ случаѣ онъ не будетъ болѣе мыслить самостоятельно, а сдѣлается игрушкой чужихъ мнѣній«. Даже съ началами астрономіи можно знакомить питомца просто и ясно: пусть онъ замѣчаетъ только точку восхожденія и захожденія солнца и размышляетъ о томъ, какимъ это образомъ солнце съ запада опять возвращается къ востоку; наблюденіе надъ тѣмъ, какъ оно совершаетъ по небу путь съ востока на западъ, приведетъ питомца къ вѣрному отвѣту.

Географическое обученіе должно начинаться съ того дома и мѣста, въ которыхъ онъ живетъ. Пусть онъ составитъ карты окрестностей, — тогда онъ пойметъ, какъ составляются и что значатъ географическія карты. Для мальчика не столь важно знать науки, какъ — получить вкусъ къ нимъ и узнать способы, методы ихъ изученія, чтобы самому примѣнить ихъ впослѣдствіи. Въ этомъ возрастѣ важнѣе всего пріучить его сосредоточивать и долго удерживать свое вниманіе на каждомъ предмедѣ — лишь бы онъ не надоѣлъ ему. Если питомецъ спрашиваетъ, желая узнать что либо о предметѣ, то отвѣчайте ему не все, а на столько, чтобы возбуждать его дальнѣйшую любознательность, но и не позволяйте ему утомлять васъ непрерывными, глупыми вопросами. Географіи обучаютъ такимъ образомъ, что показываютъ карты и называютъ множество различныхъ странъ, мѣстъ и т. д., которыя для учащагося существуютъ лишь на бумагѣ, гдѣ ему ихъ показываютъ. Не сообщайте ему также такихъ историческихъ фактовъ, связи и смысла которыхъ онъ не понимаетъ. Неужели можно полагать, что истинное пониманіе событій не нуждается въ пониманіи ихъ причинъ и слѣдствій, и что историкъ вовсе не вноситъ нравственнаго элемента въ изображаемыя имъ событія, которыя будто-бы возможно уразумѣть независимо одно отъ другаго?... Обученіе физикѣ должно начаться съ простѣйшихъ опытовъ, даже безъ особенныхъ аппаратовъ. Сами аппараты, напротивъ того, должны явиться вслѣдствіе такихъ опытовъ и изготовляться хотя плохо, но, по возможности, самимъ учителемъ и его ученикомъ. При такой, вполнѣ самостоятельной дѣятельности всѣ научныя понятія выиграютъ въ ясности и точности. При изученіи законовъ природы вообще лучше начинать съ самыхъ обыкновенныхъ явленій, прямо бросающихся намъ къ глаза. Прежде всего избѣгайте книгъ при обученіи: книги только научаютъ говорить о вещахъ, которыхъ не понимаютъ. Пусть учитель посѣщаетъ съ своимъ питомцемъ разныя мастерскія и допускаетъ его самаго испытывать все: чрезъ это онъ скорѣе достигнетъ пониманія, чѣмъ при множествѣ самыхъ подробныхъ объясненій, которыя всегда останутся фразами, словами. Питомецъ долженъ работать, какъ крестьянинъ, но размышлять, какъ философъ, чтобы не уподобиться дикарю. Вся тайна воспитанія заключается въ томъ, чтобы тѣлесныя и умственныя упражненія постоянно смѣняли другъ друга и служили отдыхомъ.

Съ достиженіемъ 14-ти лѣтняго возраста Эмиль вступаетъ въ новый періодъ жизни. Теперь настаетъ юношескій возрастъ, (pubertas), когда въ молодомъ человѣкѣ начинаетъ ключемъ бить сила жизни, и когда ничто человѣческое не остается ему чуждымъ: это — самое важное время для воспитанія. Теперь Эмиль сравниваетъ себя съ себѣ подобными, и стремится занять между ними первое мѣсто. Въ эту пору слѣдуетъ познакомить его съ соціальными отношеніями, съ различіемъ природнаго и гражданскаго положенія людей. Пусть онъ также убѣдится, что отъ природы всѣ люди добры и хороши, и пусть сознательно пойметъ, какъ они потомъ портятся и развращаются въ обществѣ. Теперь же лучшая пора и для изученія исторіи. Чтобы вполнѣ узнать людей, надо видѣть ихъ дѣйствующими; въ свѣтѣ слышны только ихъ разговоры; въ свѣтѣ они показываютъ одни слова, но скрываютъ свои поступки. Въ исторіи, напротивъ того, люди стоятъ передъ нами, какъ они есть, во всей ихъ наготѣ. Давайте питомцу историческіе факты, и пусть онъ самъ произноситъ надъ ними приговоръ: только этимъ способомъ онъ пріобрѣтетъ истинное знаніе людей. Когда имъ безпрерывно руководитъ взглядъ историческаго писателя, ему остается лишь смотрѣть сквозь чужіе очки, безъ которыхъ онъ самъ потомъ уже ничего не въ состояніи видѣть. Изъ всѣхъ историковъ болѣе всего годенъ для юношества Плутархъ, который не пренебрегаетъ малѣйшими чертами изображаемыхъ имъ великихъ мужей и великихъ женъ. Эмиль, какъ естественный человѣкъ, какъ истинный сынъ природы, не долженъ поддаваться увлеченіямъ общественной жизни, слѣдовать страстямъ и безумствамъ развращенной толпы. Ему слѣдуетъ все видѣть собственными глазами, все перечувствовать собственнымъ сердцемъ, не поддаваясь никакому авторитету, кромѣ авторитета своего разума. Въ этомъ же періодѣ жизни его должно ввести и въ религіозный міръ. Когда мы еще всецѣло принадлежимъ одному чувственному міру, все отвлеченное, чисто интеллектуальное почти недоступно намъ. Богъ не подлежитъ нашимъ чувствамъ; слово «духъ» имѣетъ смыслъ только для философовъ. Вспомнимъ, что возвышенный монотеизмъ слѣдовалъ за чувственнымъ политеизмомъ: человѣкъ въ своемъ развитіи много похожъ на все человѣчество. «По 15-му году мой Эмиль еще не знаетъ, есть-ли у него душа; даже по 18-му ему, пожалуй, еще рано узнать это (!), ибо если онъ узнаетъ объ этомъ раньше надлежащаго времени, ему предстоитъ опасность никогда не достигнуть пониманія этой истины. Если бы я желалъ символически представить глупость, то я нарисовалъ бы — педанта, обучающаго дѣтей катихизису. Обыкновенно говорятъ, что ребенка должно воспитывать въ религіи его отца и доказывать ребенку, что эта религія есть самая истинная, всѣ же остальныя — вздоръ. Но что, если вся сила подобныхъ доказательствъ зависитъ отъ страны, въ которой онъ родился, отъ авторитетовъ, которымъ мой Эмиль вообще не долженъ довѣрять, — что тогда? Въ какой же религіи мы будемъ его воспитывать? На это возможенъ только одинъ отвѣтъ: — ни въ какой. Мы должны только поставить его въ такое положеніе, чтобы онъ самъ могъ вбрать ту, которая наиболѣе удовлетворитъ его разумъ». Отсюда понятно, почему въ Парижѣ и въ Женевѣ на кострахъ жгли книгу Руссо, который не желалъ останавливаться тамъ, гдѣ другой остановился бы съ благоговѣніемъ. Развивая въ своемъ «Profession de foi» начала естественной религіи или отвлеченно-философскаго деизма, Руссо могъ имѣть самое разрушительное вліяніе на общество и воспитаніе, что и оправдалось всюду, гдѣ книга его дѣлалась авторитетомъ, несмотря на то, что самъ авторъ ея былъ врагъ всевозможныхъ авторитетовъ....

Эмиль, однако, не на то созданъ, чтобы долго вести свою жизнь въ одиночествѣ; онъ есть также членъ общества, и потому долженъ исполнить свои обязанности въ отношеніи къ нему. Созданный, чтобы жить съ людьми, онъ долженъ ихъ знать. Онъ уже знаетъ человѣка вообще; ему остается узнать отдѣльныхъ лицъ. Онъ знаетъ, что дѣлается въ свѣтѣ; ему остается самому поглядѣть, какъ въ немъ живутъ. Пора показать ему внѣшній видъ этой большой сцены, сокрытыя пружины которой ему уже извѣстны. Онъ отнесется къ ней не съ глупымъ восхищеніемъ молодаго вѣтренника, но — съ разсудительностью прямаго и вѣрнаго ума. Конечно, страсти могутъ ввести его въ заблужденіе; когда же не вводили онѣ въ заблужденіе тѣхъ, кто имъ предавался? Но, по крайней мѣрѣ, его не обманутъ чужія страсти. Увидя ихъ, онъ взглянетъ на нихъ окомъ мудреца, не увлекаясь ихъ примѣромъ, и не соблазняясь ихъ предразсудками. Подобно тому, какъ есть возрастъ, благопріятный для изученія наукъ; такъ есть возрастъ, годный для изученія свѣтскихъ обычаевъ. Кто слишкомъ рано усвоиваетъ эти обычаи, тотъ слѣдуетъ имъ всю жизнь безъ разбора, безъ размышленія, хотя съ увѣренностью, и не сознаетъ хорошенько того, что онъ дѣлаетъ. Дайте мнѣ 12-ти-лѣтняго ребенка, который-бы ничего не зналъ; 15-ти лѣтъ я возвращу его вамъ такимъ же ученымъ какъ и тотъ, кого вы учили съ малолѣтства, съ тою только разницею, что знаніе вашего будетъ основываться на его памяти, а знаніе моего—на его разсудкѣ. Точно также введите 20-ти-лѣтняго юношу въ свѣтъ, но не ранѣе. При хорошемъ руководствѣ, онъ въ одинъ годъ сдѣлается милѣе, и вѣжливость его будетъ разумнѣе, чѣмъ у того, котораго воспитали въ свѣтѣ съ малолѣтства, потому что первый, будучи способенъ сознавать причины обращенія, сообразующагося съ возрастомъ, состояніемъ, поломъ, и причины, которыми обусловливаются эти обычаи, можетъ обратить ихъ въ принципы и распространить ихъ на непредвидѣнные случаи; тогда какъ второй, не имѣя другаго руководства, кромѣ своей рутины, будетъ приходить въ замѣшательство, какъ скоро выйдетъ изъ нея. Молодыя французскія барышни всѣ воспитываются въ монастыряхъ до своего замужества; но замѣчено-ли, чтобы имъ трудно было перенять потомъ эти манеры, столь для нихъ новыя?... Вступивъ въ свѣтъ, Эмиль держитъ себя свободно и съ достоинствомъ. Онъ прямо высказываетъ свое мнѣніе, не нападая на мнѣнія другихъ, такъ какъ онъ прежде всего уважаетъ свободу во всемъ. Онъ говоритъ мало, вовсе не думая заинтересовать своею личностью, и слишкомъ много имѣетъ знаній, чтобы не сдѣлаться пустымъ болтуномъ. Далекій отъ щепетильности въ манерахъ, онъ всячески старается не возбуждать собой общаго вниманія. Онъ спокоенъ, но не до сосредоточенности; его пріемы свободны, но не до безпорядочности; только рабы простираютъ свою свободу за предѣлы приличія, истинная же независимость никогда не переходитъ въ аффектацію. Въ свѣтѣ онъ имѣетъ множество случаевъ задуматься надъ тѣмъ, что такъ льститъ человѣческому сердцу, и что производитъ въ немъ отвращеніе; онъ философски разбираетъ принципы самаго вкуса, такъ какъ такое занятіе болѣе всего прилично въ его возрастѣ. Именно теперь для него наступила пора чтенія и серьезной переписки съ людьми; теперь онъ въ состояніи вдумываться въ составъ рѣчи и въ условія ея красоты и силы. Едва-ли стоитъ изучать языки ради ихъ самихъ, т. е. ради умѣнья болтать на нихъ; но изученіе законовъ того или другаго языка въ высшей степени полезно, обогащая человѣка сознательнымъ чувствомъ красоты рѣчи. Для усвоенія правилъ красворѣчія должно изучая языкъ сравнивать его съ другими. Въ этотъ періодъ Эмиль знакомится преимущественно съ древними писателями, находя въ нихъ болѣе вкуса и изящества, чѣмъ въ современныхъ, тѣмъ болѣе, что древніе предшествовали имъ, ближе стояли къ природѣ, и вдохновеніе ихъ было своеобразное и непосредственное. Наконецъ, Эмиль испытываетъ и сладкое чувство любви. Его вниманіе останавливается на дѣвушкѣ, носящей знаменательное имя *Софіи*, вполнѣ оправдывающее ея внутреннія качества. Она составляетъ его идеалъ, такъ какъ «гораздо болѣе любишь образъ, который самъ создаешь себѣ, нежели предметъ, который въ него облекаешь. Еслибы видѣть того, кого любишь, въ его настоящемъ свѣтѣ, то любви не существовало бы на землѣ». Софія должна быть на столько же женщиной, на сколько Эмиль — мущиной, или иначе: она должна обладать всѣмъ, что прилично ея полу, чтобы исполнить свое назначеніе какъ въ физическомъ, такъ и въ нравственномъ порядкѣ вещей. Идеаломъ женщины оканчивается собственно воспитаніе Эмиля, но Руссо провожаетъ его и за семейный порогъ, рисуя намъ картину его идеально-прекрасной жизни. Здѣсь выражается все уваженіе Руссо къ спасительнымъ узамъ семейства, котораго онъ былъ самъ лишенъ въ собственномъ воспитаніи, а потому не могъ водворить и въ собственной жизни.

Если «исповѣдь» Руссо показываетъ чѣмъ онъ былъ,

то его «Эмиль» раскрываетъ намъ, чѣмъ онъ желалъ быть въ дѣйствительности, но не имѣлъ силы, вслѣдствіе превратности современнаго ему общества и воспитанія. Замѣчательно, что чѣмъ болѣе, и свѣтскія, и духовныя власти вооружились противъ его «Эмиля», тѣмъ болѣе превозносился онъ тогдашней прессой и тѣмъ съ большимъ увлеченіемъ читался. Еще ни разу въ исторіи педагогическая книга не увлекала до такой степени не только педагоговъ, но всѣхъ и каждаго: поэтовъ и философовъ, ученыхъ и неученыхъ, мужчинъ и женщинъ. Конечно, явленіе это объясняется съ одной стороны — общимъ недовольствомъ современною жизнью, искажавшею человѣка отъ самой колыбели, съ другой — геніально-художественнымъ талантомъ автора «Эмиля», дѣйствовавшаго болѣе на чувство и воображеніе, чѣмъ на разумъ читателя. Подъ вліяніемъ идей Руссо, крайнихъ, какъ всякая реакція, во многихъ семействахъ воспитательная практика также ударилась въ другую крайность. Всѣ старались сохранить въ дѣтяхъ ихъ дѣтство. Всѣ желали осуществить въ обученіи свободную самодѣятельность вмѣсто прежняго пассивнаго зубренія на память. Всѣ спѣшили дѣлать то же, что дѣлалось съ Эмилемъ, часто желая повѣрить на опытѣ то, что возможно только въ прихотливомъ воображеніи художника. Число пламенныхъ послѣдователей Руссо было особенно велико во Франціи, наиболѣе увлекающейся и наиболѣе нуждавшейся въ обновленіи, которое могло придти только чрезъ лучшее воспитаніе юношества.

Послѣ исторической провѣрки всего, что было высказано Руссо и показано имъ въ столь розовомъ, или въ столь мрачномъ свѣтѣ, произведеніе его заняло одно изъ важнѣйшихъ мѣстъ въ исторіи воспитанія. Дѣйствительно, еще ни одинъ педагогъ не возставалъ съ такою энергіей и съ такою справедливостью противъ злоупотребленія нянюшекъ и мамушекъ, противъ науки, производящей однихъ говоруновъ, противъ вреднаго всезнайства дѣтей, на дѣлѣ ничего не знающихъ самостоятельно, противъ безполезнаго словоизверженія учителей, противъ учебниковъ и всякихъ книгъ, превращенныхъ въ орудіе тиранства надъ дѣтьми. Еще нигдѣ съ такою силою не была отвергнута схоластика со всѣми ея ухищреніями, чтобы на ея мѣсто поставить природу, указывающую естественный путь человѣческаго развитія. Воспитаніе начинается вмѣстѣ съ рожденіемъ ребенка; обученіе должно начинаться съ наглядныхъ, окружающихъ его предметовъ; необходимое условіе обученія есть опытъ, наблюденіе, самостоятельность; воспитателемъ должна руководить любовь къ чистой природѣ дитяти, а не предубѣжденіе въ его испорченности; воспитаніе требуетъ принаровленія и уваженія къ дѣтскимъ потребностямъ; роскошь и дурные обычаи свѣта надолго должны оставаться вдали отъ питомца: вотъ тѣ неоспоримыя истины, защитникомъ которыхъ съ такимъ успѣхомъ явился Руссо и навсегда утвердилъ ихъ въ педагогикѣ, какъ аксіомы. Но къ этимъ истинамъ столько же примѣшивается и заблужденій, такъ какъ Руссо видѣлъ въ воспитаніи только одну сторону, которой въ его время недоставало, и упустилъ изъ виду множество другихъ. Онъ позабылъ въ человѣкѣ члена человѣческаго общества и поставилъ своего Эмиля въ рѣшительное противорѣчіе со всѣмъ окружающимъ. Его догматъ о первобытномъ и абсолютномъ равенствѣ всѣхъ людей — не передъ Богомъ, какъ это проповѣдуется въ христіанствѣ, но и предъ разнообразными условіями дѣйствительной жизни; его догматъ о первобытной чистотѣ человѣческой природы, испорченность которой прививается извнѣ — совершенно противорѣчатъ сущности человѣческой природы, изъ которой одинаково произошло все разнообразіе жизненныхъ формъ и условій, и въ которой одинаково заключена возможность какъ добра, такъ и зла. Руссо забылъ, что все, совершившееся въ исторіи человѣчества, совершилось естественно, явилось прямымъ продуктомъ его историческаго развитія, исключая только то, что, какъ учитъ религія, даровано было свыше ради человѣческаго спасенія. По этой причинѣ въ «природѣ», въ «естественномъ развитіи» Эмиля многое совершенно неестественно, а составляетъ плодъ авторскаго измышленія. Хотя воспитатель Руссо повидимому всюду старается развить самобытную природу питомца во всей ея чистотѣ и непосредственности, но постоянно оставаясь какъ бы за кулисами, онъ всюду направляетъ ее по своему предвзятому плану, и слѣдовательно, насилуетъ ее точно такъ же, какъ это дѣлалось прежде, если еще не болѣе, такъ какъ онъ совершенно вырываетъ ее изъ окружающихъ условій, не признавая даже самыхъ законныхъ требованій жизни. Желаніе совершенно устранить изъ воспитанія авторитетъ, котораго всегда такъ жаждутъ сами дѣти, желаніе довести питомца во всемъ до собственнаго сознанія, превращаетъ воспитателя Эмиля въ какого-то актера, который искусно и съ большимъ притворствомъ вліяетъ на образъ мыслей питомца и заставляетъ его высказывать не свои мысли, а повторять слова своего воспитателя. Не рѣдко Руссо приходитъ даже къ обратному результату въ сравненіи съ тѣмъ, къ чему стремится. Пренебрегая самой естественной потребностью человѣческаго духа—создать себѣ идеалы истиннаго, добраго и прекраснаго, онъ отожествляетъ эти идеалы съ понятіемъ полезнаго и практическаго, и приводитъ Эмиля именно къ тому, чего желалъ избѣжать. Даже самая превратная теорія эгоизма, смѣшавшая принципъ человѣческаго «я» съ стремленіями человѣческаго своекорыстія, имѣла въ лицѣ Руссо одного изъ своихъ основателей. Руководимый однимъ чувствомъ и воображеніемъ, Руссо такъ далеко проникъ въ глубь современной ему превратной цивилизаціи, что самъ потерялъ всякую почву, и во многихъ отношеніяхъ не нашелъ другихъ для нея основъ, кромѣ отрицанія.

*Филантропинизмъ и представитель его — Базедовъ.*

Вліяніе англійскаго деизма и французскаго либерализма коснулось также и Германіи, полнѣе всего выразившись въ философскомъ ученіи Лейбница, открывшаго монаду, и Вольфа, требовавшаго отъ науки точныхъ доказательствъ. Съ этого времени Германія, все еще вѣрившая въ вѣдьмъ и занимавшаяся процессами противъ ихъ мнимаго чародѣйства, стала быстро развивать свою образованность под покровительствомъ одного изъ либеральнѣйшихъ государей въ мірѣ — Фридриха Великаго, который даровалъ своимъ подданнымъ полную религіозную свободу, объявивъ, что «всѣ религіи должны быть терпимы; правительство же должно лишь наблюдать, чтобы онѣ не вредили одна другой, такъ какъ въ религіозномъ отношеніи каждый счастливъ по своему». Относительно воспитанія идеи Ратиха и Коменскаго также продолжали жить, и въ половинѣ XVIII столѣтія, когда распространились идеи Руссо, получили въ Германіи еще большую силу и нѣсколько иное направленіе. Такъ образовалась знаменитая школа *Филантроповъ*, стремившаяся осуществить въ Германіи отчасти ту же систему, по которой былъ воспитанъ идеальный Эмиль. Все образованное общество того времени увлекалось воспитательными вопросами, видя все спасеніе свое въ лучшемъ воспитаніи, основнымъ принципомъ котораго сдѣлалось «естественное, гармоническое развитіе тѣлесно-духовнаго человѣка.» По мнѣнію филантроповъ, скорбѣвшихъ о заблужденіяхъ и страданіяхъ современнаго человѣчества, люди дошли до крайнихъ предѣловъ испорченности, и потому воспитаніе нуждается въ коренномъ преобразованіи, въ скорѣйшемъ обновленіи. Эта испорченность охватила собою всѣ стороны жизни: государство, церковь, семью, нравы, науку, школу, и болѣе всего — школу, которую необходимо построить на совершенно новыхъ основаніяхъ. Нужды школы огромны: недостаетъ учительскихъ семинарій для практическаго приготовленія учителей; недостаетъ зрѣло обдуманнаго плана въ составленіи учебныхъ книгъ; дѣти всюду безмысленно заучиваютъ слова и фразы, не понимая дѣла; все обученіе втеченіе столѣтій вращается на однихъ языкахъ; питомцевъ своихъ школа отпускаетъ со скудными или безплодными знаніями, съ больнымъ тѣломъ и съ разслабленнымъ духомъ; однимъ словомъ, школа только и пріучаетъ къ зубренію и словоизверженію. Языки, которые собственно должны служить только средствомъ, сдѣланы цѣлью. Молодыхъ людей учатъ множеству предметовъ, совершенно не пригодныхъ для нихъ въ жизни. Чтобы прекратить это жалкое состояніе человѣческаго общества и водворить въ немъ возможно-большее благополучіе, надо воспитать новое поколѣніе людей: безъ этого невозможно и думать объ улучшеніи взрослыхъ, уже успѣвшихъ развратиться и продолжающихъ развращать своихъ дѣтей прежней рутиной. Юность прежде всего надо избавить отъ ига наслѣдственной испорченности; надо освободить ее отъ школьныхъ мученій, отъ массы безполезныхъ и даже вредныхъ предметовъ изученія. Наконецъ, надо спасти юность отъ заразы предразсудковъ и нелѣпыхъ обычаевъ во всемъ, начиная съ костюма, отъ суевѣрія, пугающаго вѣдьмами и привидѣніями, отъ роскоши, отъ религіозной нетерпимости и т. под. условій воспитанія, только отдаляющихъ возможность человѣческаго благополучія.

Но филантропинизмъ, искренно стремясь отыскать пути къ счастію, не ограничивался однимъ отрицаніемъ существующихъ золъ, и предлагалъ много положительныхъ воспитательныхъ мѣръ для достиженія своихъ высокихъ цѣлей. Онъ признавалъ, что во 1) для успѣховъ искуствъ, облагораживающихъ и услаждающихъ жизнь человѣка, надо заботиться о художественномъ воспитаніи юношества, которое безъ этого условія только дичаетъ и грубѣетъ въ школѣ. Во 2) физическое воспитаніе должно возвратиться къ системѣ древнихъ, сообщавшихъ юношеству гимнастическій закалъ и гимнастическую грацію, и чрезъ то отвращавшихъ молодыхъ людей отъ тайныхъ грѣховъ, столь распространенныхъ въ школѣ; молодымъ людямъ надо открыто показывать послѣдствіе ихъ дурныхъ привычекъ, которыя обыкновенно прививаются безсознательно. Въ 3) послѣдней цѣлью всего духовнаго развитія должна служить гуманность, предполагающая уваженіе ко всѣмъ лучшимъ сторонамъ человѣческой природы; до сихъ же поръ воспитывали не людей, а только — или ученыхъ, или благородныхъ, или воиновъ, т. е. вообще ремесленниковъ всякаго рода; человѣкъ долженъ быть прежде всего человѣкомъ, гражданиномъ міра или космополитомъ, котораго не связываютъ никакія случайныя узы, и для котораго «ubi bene — ibi patria». Въ 4) волю слѣдуетъ старательно укрѣплять посредствомъ разумности, посредствомъ строгаго, но сознательнаго послушанія; лучшими средствами для этого служатъ цѣлеобразныя награды и наказанія: золотыя и черныя доски и разные внѣшніе знаки отличія, или такія наказанія, какъ натираніе спины жесткой щеткой, обѣдъ за особымъ столомъ съ деревянной посудой, отправленіе обязанностей, приличныхъ только слугамъ, въ крайнихъ случаяхъ — запираніе въ карцеръ, спанье на камняхъ, гвоздяхъ и т. под. (!) Въ 5) религіи надо обучать дѣтей тщательно, но какъ можно проще, и не обращать никакого вниманія на религіозныя партіи, секты и вѣроисповѣданія, чтобы религія вела людей не къ разъединенію, и къ объединенію, не къ враждѣ, а къ взаимной любви. Сообщеніе конфиссіональныхъ отличій вѣры есть дѣло церкви, а не школы, такъ какъ они могутъ быть доступны пониманію только взрослыхъ. Въ 6) ученіе религіи и нравственности надо дѣлать пріятнымъ для дѣтей, чтобы не поселить въ нихъ отвращенія не только къ ученію, но и къ самымъ предметамъ; естественное влеченіе питомца къ свободѣ надо не подавлять, а только направлять и укрѣплять. Дѣти по природѣ своей добры, насиліе же всегда искажаетъ ихъ нравственность; филантропія должна составлять задачу всего нравственно-религіознаго воспитанія. Въ 7) дитя, живущее прежде всего своими внѣшними чувствами, еще не понимающее ничего отвлеченнаго, надо прежде всего знакомить съ окружающимъ его чувственнымъ міромъ, а не съ грамматикой или катихизисомъ, какъ это до сихъ поръ дѣлала школа. Пусть дитя учится сначала по книгѣ природы, или, если это иногда невозможно, то хотя по вѣрнымъ моделямъ и рисункамъ разныхъ предметовъ природы и искусства. Въ 8) ничто такъ не мучительно для дѣтей, какъ мертвая латынь, на изученіе которой школа затрачиваетъ цѣлыхъ пять лѣтъ или еще болѣе, и все таки даже четвертой части своихъ питомцевъ не доводитъ до умѣнья понимать читанное и писать безъ грамматическихъ ошибокъ. Пусть дѣти учатся по-латыни также, какъ по-вѣмецки, и они скоро и легко начнутъ не только говорить и читать, но даже и писать на латинскомъ языкѣ. Въ 8) если воспитатели дѣйствительно хотятъ утвердить юношество въ нравственности; то пусть не даютъ имъ ни классиковъ, ни библій въ полныхъ изданіяхъ, а только въ отрывкахъ, собраныхъ въ особыхъ христоматіяхъ: узнавъ о существованіи множества пороковъ, дѣти могутъ сами заразиться этими пороками, такъ какъ ихъ фантазія будетъ осквернена грязными образами, отъ чего надо тщательно предохранять каждаго человѣка. Учитель, преждевременно думающій объяснять дѣтямъ опасныя вещи, можетъ по легкомыслію поставить себя въ самое затруднительное положеніе и нанести чувствительный вредъ дѣтской душѣ. Только устранивъ изъ области воспитанія всѣ препятствія, и примѣнивъ всѣ означенныя начала, возможно достигнуть его конечной цѣли — создать истинныхъ людей, какими должны быть европейцы, людей, которые будутъ чувствовать себя одинаково счастливыми всегда и всюду: и подъ русскимъ скипетромъ, и въ республиканской свободѣ на Альпахъ.

Филантропинизмъ также первый пытался образовать изъ педагогики особую, строгую науку, превративъ воспитаніе изъ школьнаго ремесла — въ предметъ научнаго изслѣдованія. Онъ желалъ отвратить отъ воспитательнаго дѣла и гибельный произволъ, и мертвящую рутину, одинаково насилующіе дѣтскую личность, внести въ школу духъ разумной свободы и научнаго прогресса, придать ей больше практичности, связать ее съ законными потребностями жизни. Поставивъ на второй планъ мертвые языки и катихизисъ, филонтропинизмъ выдвинулъ на первый планъ наглядность природы, болѣе книгъ говорящей уму и сердцу ребенка, который на первый разъ можетъ познать изъ нея Бога въ его могуществѣ, премудрости и любви къ своимъ созданіямъ. Душныя, мрачныя школы филантропы старались превратить въ свѣтлые дома здоровья, радости, свободы и живаго знанія, а холодно-суровыхъ воспитателей-деспотовъ — въ любящихъ отцевъ и друзей юношества. И хотя вмѣсто прежней палки или розги филантропы уже слишкомъ много значенія придавали развитію честолюбія; то и въ этомъ нельзя не признать относительнаго прогресса, такъ какъ прежде въ школахъ и не думали, что юношество можетъ и должно любить школу, работать въ ней съ охотой и сознательной пользой для себя. Напротивъ того: въ большинствѣ тогдашнихъ школъ даже знатное юношество «въ пудрѣ и помадѣ, въ короткихъ панталонахъ и шелковыхъ чулкахъ, со шпагою на лѣвомъ боку» — смотрѣло на ученье, какъ на пытку, лѣнилось, шалило, и за это по обычаю должно было въ наказаніе учить наизустъ псалмы, и въ особенности 119 псаломъ!

Основателемъ и представителемъ педагогической системы филантроповъ былъ *Базедовъ*, издатель знаменитаго «Elementarwerk», въ которомъ онъ помѣстилъ также свою автобіографію. J. B. Basedow родился въ Гамбургѣ, въ 1723 году. Отецъ его былъ по ремеслу парикмахеръ; онъ держалъ мальчика такъ строго, что тотъ убѣжалъ изъ родительскаго дома въ Голштинію, гдѣ нанялся въ услуженіе у одного физика. Черезъ годъ онъ возвратился къ отцу, уступивъ его увѣщаніямъ и просьбамъ своей до безумія меланхолической матери. Здѣсь онъ нѣкоторое время посѣщалъ городскую школу, и на 18 году поступилъ въ гимназію, въ которой былъ тогда преподавателемъ извѣстный Реймарусъ. Молодой человѣкъ учился довольно безпорядочно, но писалъ много стиховъ, получалъ за нихъ деньги и расплачивался ими за свои шалости. Когда Базедову исполнился уже 21 годъ, онъ отправился въ Лейпцигскій университетъ для изученія теологіи. Философія Вольфа, съ которою онъ также имѣлъ случай нѣсколько ознакомиться, привела его къ натурализму въ религіи. Черезъ два года онъ кандидатомъ возвратился въ Гамбургъ, долго не находилъ опредѣленныхъ занятій, и, имѣя уже 26 лѣтъ отъ роду, поступилъ въ гувернеры къ одному голштинскому дворянину. Къ своему 7-лѣтнему питомцу Базедовъ попробовалъ примѣнить новую разговорную методу, и потому говорилъ съ нимъ не иначе какъ по-латыни. Затѣмъ онъ былъ профессоромъ морали и изящныхъ наукъ въ одной дворянской академіи, навлекъ на себя преслѣдованіе за ересь, которую нашли въ изданной имъ «практической философіи», и перешелъ учителемъ гимназіи въ Альтону. Здѣсь онъ опять былъ заподозрѣнъ въ еретичествѣ, и противъ написанныхъ имъ книгъ, касавшихся вопроса объ обученіи религіи, возстали сами теологи; нѣкоторые магистраты, напримѣръ въ Любекѣ, строжайше запретили ихъ продажу. Самъ Базедовъ и все его семейство были отлучены отъ причастія не только въ Альтонѣ, но и въ ея окрестностяхъ. Тѣмъ не менѣе, онъ продолжалъ издавать множество теологическихъ и педагогическихъ сочиненій, а въ 1768 году издавъ книгу — «Воззваніе къ друзьямъ человѣчества въ пользу школы и ея вліянія на общественное благополучіе», гдѣ также начертанъ планъ элементарнаго т. е. истинно-человѣческаго обученія дѣтей. Кромѣ того онъ писалъ посланія къ императорамъ, королямъ, академіямъ, ученымъ, массонамъ и разнымъ обществамъ, желая ихъ заинтересовать своею новою элементарною методою. Наконецъ датскій министръ, желая доставить ему возможность посвятить себя педагогическимъ трудамъ, опредѣлилъ ему ежегодное содержаніе въ 800 талеровъ. Дѣйствительно, Базедовъ обработалъ и скоро издалъ свой большой трудъ — «Методику для отцевъ и матерей семействъ и для народовъ», и еще разъ переработавши эту книгу въ примѣненіи къ дѣтямъ, назвалъ ее «Elementarwerk», снабдилъ ее также множествомъ дорогихъ рисунковъ. Она представляла нѣчто въ родѣ дѣтской энциклопедіи, во многомъ напоминала Orbis pictus — Коменскаго, имѣла множество изданій, и вскорѣ послѣ появленія (въ 1774 г.) была переведена на латинскій, французскій и русскій языки. Просвѣщенный принцъ Ангальтъ-Дессаускій, глубоко сочувствуя стремленіямъ Базедова, пригласилъ его въ Дессау, предложивъ ему 1,100 талеровъ жалованья и ассигновавъ на учрежденіе новой школы 12,000 талеровъ, зданіе и садъ. Такъ возникъ знаменитый *Филантропинъ* Базедова — въ 1774 г., откуда вышло много учениковъ и послѣдователей филантропинизма. Не переставая трудиться надъ теоріей и практикой воспитанія, и благодаря своимъ сотрудникамъ, Базедовъ имѣлъ счастіе видѣть успѣхи начатаго имъ дѣла; онъ умеръ отъ геммороя въ 1790 году, имѣя уже около 67 лѣтъ отъ роду. Гёте, съ которымъ онъ былъ хорошо знакомъ, дѣлаетъ о немъ, какъ о человѣкѣ, самые лучшіе отзывы, не смотря на всѣ его странности въ образѣ жизни и привычкахъ. Базедовъ отличался кипучею дѣятельностью, старастностью и энергіей слова, которой у него, однако, часто недоставало на дѣлѣ. Онъ былъ болѣе способенъ давать смѣлыя идеи, нежели приводить ихъ въ исполненіе; а потому онъ имѣлъ всѣ данныя, чтобы сдѣлаться основателемъ новой педагогической школы, космополитическія стремленія которой принесли также не мало и вреда Германіи, ослабивъ въ ней національное чувство, вновь пробужденное только погромомъ Наполеона 1-го.

Филантропинъ Базедова имѣлъ цѣлью — «изъ богатыхъ за хорошую плату воспитывать хорошихъ людей, а изъ бѣдныхъ на гроши приготовлять хорошихъ учителей». Постановленія этого учебно-воспитательнаго заведенія строго требовали простоты и порядка во всемъ. Въ заведеніи всѣ носятъ установленную форму; обѣдъ состоитъ изъ двухъ блюдъ, а ужинъ — изъ одного. Питомцы несутъ на себѣ въ школѣ разныя какъ бы общественныя обязанности, и достоинство каждаго опредѣляется по его заслугамъ; въ особенности уважается благотворительность. Въ опредѣленное время они пріучаются переносить разныя лишенія, голодъ и холодъ, и иногда даже спать на соломѣ, подъ открытымъ небомъ: такое воспитаніе должно приготовлять юношество ко всевозможнымъ случайностямъ въ жизни. До 12-тилѣтняго возраста требуется безусловное послушаніе, и каждый проходитъ разныя степени служенія, исполняя всякаго рода возложенныя на него обязанности. Наказаніе полагается за неисполненіе однихъ механическихъ работъ; всѣ же умственныя и нравственныя ихъ обязанности поддерживаются только нравственными мѣрами: поощреніемъ, интересомъ, примѣромъ, убѣжденіемъ или выговоромъ. Прилежаніе не должно быть вынужденнымъ. Все суточное время точно опредѣляется: 7 часовъ на спанье, 6 часовъ на ѣду, питье, одѣванье и разныя удовольствія; 1 часъ на приведеніе въ порядокъ жилища, платья, книгъ и другихъ вещей; 5 часовъ на обученіе; 3 часа на гимнастическія игры, музыку, танцы, купанье и т. п., и 2 часа на свободное занятіе какою угодно работою, но съ соблюденіемъ опрятности и порядка. Въ наказаніе учебное время можетъ быть измѣнено для питомца въ рабочее или — въ совершенно праздное, такъ какъ бездѣйствіе и одиночество должны быть невыносимѣе всего для человѣка. Изъ наградъ исключаются такія, которыя льстятъ чувственности, или допускаются только въ томъ случаѣ, когда награждаемый раздѣляетъ ихъ съ своими друзьями и товарищами. Лучшее поощреніе для взрослыхъ питомцевъ — допущеніе ихъ раздѣлять занятія и работы дирекціи по заведенію. Больные нравственно считаются также больными и физически, и потому требуютъ также гигіеническихъ мѣръ: движенія, діэты, дѣятельности и т. п. Лѣтомъ всѣ встаютъ въ 5 и ложатся въ 10 часовъ, а зимой встаютъ въ 6 и ложатся въ 11 часовъ. Для всѣхъ обязательно также упражненіе въ военныхъ пріемахъ, движеніяхъ и построеніяхъ, такъ какъ это полезно для духа и тѣла питомцевъ, обыкновенно нравится имъ, и бываетъ потомъ пригодно въ жизни, напримѣръ когда отечество бываетъ въ опасности. Каждый питомецъ послѣ 12-лѣтняго возраста избираетъ себѣ надежнаго друга, свѣдома дирекціи заведенія, и заботится о поддержаніи добрыхъ съ нимъ отношеній. Младшимъ строго запрещается дѣлать доносы на старшихъ или своихъ сверстниковъ: это допускается только старшими по отношенію къ младшимъ, съ исправительною цѣлью. Въ заведеніи бываютъ свои праздники и предпріятія, существуютъ извѣстные законы, которые долженъ знать каждый, устраиваются даже свои суды, предъ которыми друзья могутъ защищать одинъ другаго, но только въ видахъ справедливости. Во время обученія питомцы всегда стоятъ, исключая уроковъ чтенія, письма и рисованія, и вообще могутъ дѣлать разныя движеніи, такъ чтобы до 15 лѣтъ мальчику не приходилось сидѣть долѣе трехъ часовъ въ день. Главное требованіе при обученіи есть наглядность; такъ напримѣръ на урокахъ географіи употребляются два большія, нѣсколько выпуклыя полушарія, пластически изображающія части суши и моря; эти полушарія помѣщаются на полѣ, такъ чтобы дѣти могли по нимъ бѣгать и играть. Даже обученіе азбуки совершается на какихъ нибудь дѣйствительныхъ предметахъ, напримѣръ на булкахъ или пряникахъ, испеченныхъ въ видѣ буквъ. Особенно много заботъ надо прилагать къ тому, чтобы все, что нужно запомнить изъ исторіи, географіи, грамматики, ариѳметики и т. д., запоминалось на какой нибудь игрѣ, въ соединеніи съ движеніемъ и удовольствіемъ. Такъ надо учить до тѣхъ поръ, пока питомецъ заинтересуется знаніемъ и будетъ въ состояніи потомъ усидчиво и прилежно заниматься серьезной наукой. Самое обученіе должно при этомъ подчинять воспитательнымъ цѣлямъ, и главное — развитію въ питомцѣ любви и уваженія къ людямъ, добродѣтели и внутренняго, невиннаго благополучія.

Изъ послѣдователей Базедова и его филантропинизма особенно замѣчательны: Вольке — авторъ «Эмиліи», написанной въ подражаніе «Эмилю» Руссо; Кампе (род. 1746), изложившій систему филантроповъ и вновь обработавшій «Робинзона Крузе»; Зальцманнъ — учредитель особой школы (въ Шнепфенталѣ) на началахъ своего учителя; Гутсъ-Мутсъ — основатель гимнастики; Траппъ — первый профессоръ педагогики въ Галльскомъ университетѣ, желавшій построить педагогическую систему филантроповъ на психологіи, — и множество другихъ авторовъ разныхъ элементарныхъ учебниковъ, между которыми особенно извѣстенъ «Другъ дѣтей» — Рохова. Филантропы, не смотря на нѣкоторую ихъ мечтательность и космополитическій идеализмъ, сдѣлали много для воспитанія, и едва ли не болѣе всѣхъ до Песталоцци и его школы. Вліяніе ихъ не ограничилось одной Германіей и отозвалось даже на Россіи въ царствованіе Екатерины Великой, когда Бецкій ревностно трудился на пользу русскаго, въ особенности же бѣднаго или сираго юношества, устроивъ множество новыхъ благотворительно-воспитательныхъ заведеній.

*Общее состояніе нѣмецкой школы до Песталоцци.*

Вліяніе филантропинизма было благодѣтельнѣе всего для народныхъ и городскихъ школъ, гдѣ теперь обращено было особенное вниманіе — не на одну механическую передачу свѣдѣній, какъ прежде, а на разработку элементарныхъ методъ, что естественно привело къ необходимости учрежденія учительскихъ семинарій. Такъ даже въ католической Австріи въ царствованіе Маріи Терезіи и Іосифа II въ каждой провинціи было учреждено по особой *нормальной школѣ*, гдѣ будущіе учителя упражнялись въ искусствѣ преподаванія такихъ предметовъ, какъ религія, чтеніе, калиграфія и орѳографія, ариѳметика, нѣмецкій и латинскій языки, исторія, географія, геометрія, или точнѣе — землемѣріе и др. Въ большихъ городахъ и при монастыряхъ открылись образцовыя школы, въ которыхъ и преподавались означенные предметы; городки, мѣстечки и даже деревни также обзавелись своими, такъ называемыми тривіальными школами, въ которыхъ методически подготовленные учителя стали учить главнымъ образомъ религіи, чтенію, письму и счету. Подобное же явленіе повторилось и въ другихъ католическихъ частяхъ Германіи. Особенно много услугъ католической школѣ оказали: Фельбигеръ и Киндерманъ. Фельбигеръ (род. въ 1724) при руководствѣ будущими учителями въ новомъ искусствѣ преподаванія выходилъ именно изъ той мысли, что наполненіе одной памяти дѣтей разными фактами не приноситъ ни какой пользы, если только къ этому не присоединяется полное и самостоятельное пониманіе изучаемаго. Учитель, желающій быть понятнымъ для дѣтей, долженъ искусно вызывать ихъ самостоятельность, и постоянно повѣрять: дѣйствительно ли ими понятъ предмѣть, не повторяютъ ли они только словъ, безъ участія собственнаго мышленія. Но это еще не все. Учитель долженъ помнить, что школа обязана сдѣлать изъ дѣтей хорошихъ людей, полезныхъ членовъ общества, истинныхъ христіанъ, т. е. должна заботиться и о здѣшнемъ земномъ, и о будущемъ, вѣчномъ спасеніи учащихся. Это обязываетъ учителя прежде всего заботиться объ умственномъ и нравственномъ ихъ развитіи, объ укрѣпленіи и направленіи воли, о ихъ способности къ размышленію и самопознанію. Тогда обученіе будетъ вполнѣ самостоятельно, тогда какъ память, сама по себѣ взятая, содѣйствуетъ только поверхностному обученію, сохраняя одни слова, одни факты, непродуманные и непрочувствованные самостоятельно: воздѣйствіе на одну память именно убиваетъ самостоятельность, жизненность и прочность знанія, которое такимъ образомъ будетъ лишено всякой реальности.

Ничто такъ не заставляетъ дѣтей вникать и вдумываться, какъ искусные вопросы. Для выполненія всего этого, учителю необходимо знать слѣдующія четыре условія: 1) въ общественныхъ школахъ должно обращаться не къ одному ученику, но ко всѣмъ вмѣстѣ, имѣть постоянно въ виду весь классъ (общее обученіе); 2) постоянными вопросами удостовѣряться, вѣрно-ли все понято учениками (катихизированіе); 3) въ случаѣ необходимости прочно напечатлѣть что либо въ дѣтской памяти, напримѣръ стихи и изрѣченія, произносить ихъ нѣсколько разъ хоромъ, съ разстановкой по складамъ, которые хорошо также писать на доскѣ (слоговая метода); 4) по возможности все изображать для дѣтей на картахъ, рисункахъ и таблицахъ, чтобы изучаемое являлось имъ во всей его ясности и систематическомъ порядкѣ (табеллязированіе). Общее, классное обученіе требуетъ, чтобы всѣмъ учащимся одновременно предлагалось одно и то же, вызывая общее вниманіе класса, вмѣсто того, чтобы заниматься спрашиваніемъ каждаго ученика въ одиночку, причемъ онъ обыкновенно только механически повторяетъ слышанныя или заученныя фразы учителя.

При этомъ же слѣдуетъ строго наблюдать: въ 1) чтобы всѣ ученики во время чтенія или объясненія читаемаго имѣли одинаковыя книги; въ 2) когда ученики должны научиться чтенію или произношенію чего либо, ихъ надо пріучать произносить требуемое въ одинъ тонъ и въ одинъ тактъ; въ 3) во избѣжаніе привычки дѣтей къ монотонности, учитель долженъ почаще перемѣнять тонъ, т. е. управлять интонаціей дѣтей при складываніи, чтеніи и изустномъ произношеніи; въ 4) дѣти, стоящія на одной степени по знаніямъ и развитію, должны соединяться въ одномъ классѣ. Слоговая метода состоитъ въ томъ, что начальные буквы новыхъ для дѣтей словъ ясно и четко выписываются на классной доскѣ: это поддерживаетъ вниманіе дѣтей и помогаетъ запоминанію вслѣдствіе наглядности. За произношеніемъ хоромъ должно слѣдовать произношеніе въ одиночку, послѣ чего буквы на доскѣ стираются, и дѣти пробуютъ повторить наизусть, уже безъ внѣшней помощи. Подъ табеллизированіемъ надо понимать выписку на большихъ таблицахъ отдѣльныхъ предложеній и краткихъ правилъ, расположенныхъ въ должномъ порядкѣ; смотря на эти таблицы, показываемыя всему классу, дѣти скоро и легко запомнятъ требуемое, и притомъ въ должной связи и послѣдовательности.

Киндерманнъ также былъ основателемъ нормальной школы, пользовавшейся въ свое время огромной извѣстностью за выработанныя въ ней методы элементарнаго обученія, съ которыми онъ также старался ознакомить молодыхъ людей, готовившихся къ духовному званію, такъ какъ священникъ, по своему положенію и вліянію на дѣло народнаго образованія, непремѣнно долженъ быть педагогомъ. Нормальная школа Киндерманна первоначально даже была именно теологической (Pfarrschule). Народнаго учителя онъ кромѣ методики знакомилъ еще съ разными выгодными техническими производствами, такъ чтобы онъ могъ придать потомъ своей школѣ ремесленный характеръ, и потому имѣлъ отъ этого болѣе дохода. Къ такимъ производствамъ, полезнымъ въ сельскомъ бытѣ, относились: садоводство, огородничество, шелководство—

полезныя для мальчиковъ, и шитье, вязанье, кройка и т. под. — для дѣвочекъ, обучаемыхъ женою учителя. «Эти промышленыя занятія — говоритъ Киндерманнъ, получившій потомъ за свои заслуги званіе дворянина — могутъ принести громадную пользу и школѣ, и жизни; они устраняютъ пороки, смягчаютъ нравы и содѣйствуютъ благосостоянію человѣческаго общества».

Еще сильнѣйшее прогрессивное движеніе замѣтно было въ школахъ протестантской Германіи, гдѣ вліяніе филантропическихъ идей Базедова было глубже и шире. Пасторы заводили ремесленныя школы, изъ которыхъ первая была основана въ Гёттингенѣ, въ 1784 году. Кромѣ того возникло много новыхъ торговыхъ, лѣсныхъ, военныхъ школъ, удовлетворявшихъ практическимъ потребностямъ жизни. Въ пособіе народной школѣ явились *воскресныя*, могущественно водворявшія и поддержавшія народную образованность. Женское образованіе также значительно повысилось, но все еще страдало излишнею внѣшностью и мелочностью, особенно въ частныхъ пансіонахъ. Прежнія латинскія школы окончательно превратились въ городскія (мѣщанскія), съ особыми отдѣленіями для дѣвочекъ; нѣкоторыя были также преобразованы въ гуманистическія гимназіи, приготовлявшія будущихъ теологовъ и ученыхъ, — и это было особенно полезно въ отношеніи теологіи, изученіе которой не мыслимо безъ знанія древнихъ языковъ. Благодаря трудамъ педагоговъ-реалистовъ, *реальныя* школы распространились всюду; въ нихъ преподавали: религію, отечественный языкъ, рисованіе, черченіе, практическую математику, естественную и политическую исторію, географію, гигіену, пѣніе, товаровѣдѣніе, законовѣдѣніе и начала латинскаго и французскаго языковъ. Резевитцъ (1773) такъ опредѣляетъ назначеніе реальной школы: «это — учрежденіе, имѣющее цѣлію приготовить дѣтей средняго сословія (Bürgerstand) къ ихъ будущему практическому (geschäftiges) призванію, для котораго необходимы извѣстныя полезныя свѣдѣнія. Обладая этими свѣдѣніями, будущіе граждане-промышленники будутъ въ состояніи разумно понимать и усовершенствовать свои ремесла и промыслы, вліяющіе на общественное благосостояніе. «Къ этому Наторпъ (1804) прибавляетъ, что «реальныя школы имѣютъ главною цѣлію развить въ человѣкѣ все человѣческое, образовать его въ духѣ истинной гуманности; вслѣдствіе этого ученики ихъ должны пріобрѣсти вмѣстѣ съ развитіемъ также всѣ тѣ знанія и умѣнья, которыя образуютъ какъ духовно-развитаго, такъ и практически-полезнаго человѣка, какому бы роду занятія онъ потомъ ни посвятилъ свою дѣятельность». Такимъ образомъ, это опредѣленіе гуманнаго значенія реальной школы гораздо шире и полнѣе, чѣмъ у исключительныхъ гуманистовъ-классиковъ, такъ какъ опредѣленіе это обнимаетъ собою человѣка и какъ духовно-нравственное существо, и какъ члена своего общества, т. е. практическаго дѣятеля. Здѣсь примиряется гуманизмъ съ реализмомъ, которые, отдѣльно взятые, всегда будутъ отзываться на воспитаніи вредною односторонностью, которая непремѣнно вредно отразится на жизни: крайній гуманизмъ имѣетъ въ виду однихъ отвлеченныхъ, практически-безполезныхъ людей; крайній реализмъ можетъ привести къ пошлому утилитаризму и поколебать свободу науки и нравственныя основы человѣческаго общества.

Особенно много выиграла отъ педагогической дѣятельности филантроповъ народная школа, и главнымъ образомъ въ Пруссіи въ просвѣщенное царствованіе Фридриха II. Болѣе другихъ педагоговъ сдѣлалъ на этомъ поприщѣ Роховъ, понявшій, что народная школа должна быть истинной носительницей элементарной педагогики. Указомъ 2 октября 1763 года Фридрихъ Великій сдѣлалъ обязательнымъ для учителей педагогическое образованіе въ особыхъ семинаріяхъ, а для дѣтей отъ 5 до 14 лѣтъ—посѣщеніе народной школы. Этимъ учитель былъ превращенъ изъ ремесленника въ педагога. За это дѣло взялся Роховъ, человѣкъ энергическій, свѣдущій и въ высшей степени благочестивый. Всѣ требованія его въ этомъ отношеніи выражаются въ слѣдующихъ положеніяхъ: 1) Ни одна земская народная школа, хотя бы незначительная, не должна быть снабжаема невѣжественными учителями-ремесленниками; эта обязанность поручается по возможности кандидатамъ теологіи до ихъ вступленія въ званіе проповѣдника, или — искуснымъ молодымъ людямъ, прошедшимъ съ успѣхомъ педагогическій курсъ; въ случаѣ же недостатка такихъ подготовленныхъ учителей, ихъ обязанности возлагаются на людей, хорошо аттестованныхъ мѣстными пасторами. 2) Учащіе въ народной школѣ должны имѣть по крайней мѣрѣ 100 талеровъ въ годъ постояннаго содержанія, кромѣ квартиры, отопленія, сада и т. под. хозяйственныхъ принадлежностей. За это учитель также отправляетъ должность кантора при богослуженіи и обучаетъ дѣтей церковному пѣнію. 3) Каждая школа должна дѣлиться на два класса. Для сбереженія здоровья учителя и дѣтей обученіе не можетъ продолжаться долѣе шести часовъ въ день: четыре часа до обѣда, и два послѣ обѣда; учебные предметы распредѣляются по степени ихъ трудности и важности. 4) Зданіе школы необходимо устраивать правильно, преимущественно предъ другими домами; классныя комнаты должны быть просторны, свѣтлы и снабжены картинами, моделями и всѣми полезными принадлежностями. 5) Такъ какъ чтеніе и письмо составляютъ главный предметъ народной школы, то на нихъ надо смотрѣть, какъ на важнѣйшее средство народнаго образованія; это обязываетъ читать и писать съ дѣтьми только доступныя и полезныя книги: легкіе историческіе разсказы, замѣчательныя изрѣченія, пѣсни и басни; этимъ облегчается усвоеніе и другихъ собственно учебныхъ предметовъ. Отъ учителя Роховъ требовалъ, чтобы преподаваніе его обнимало кромѣ религіи и предметовъ нравственныхъ, также все, важное и полезное въ жизни, знакомя дѣтей напр. съ видами и назначеніемъ разныхъ животныхъ, деревьевъ, хлѣбовъ, ремеслъ, съ приготовленіемъ и употребленіемъ такихъ вещей, какъ пища, платье, съ постройкой домовъ и другихъ хозяйственныхъ заведеній, однимъ словомъ — со всемъ, что будетъ имѣть для нихъ потомъ реальное значеніе въ ихъ бытѣ. Владѣя методами элементарнаго обученія, учитель долженъ придать ему жизненность, а иногда въ классѣ обращать вниманіе дѣтей даже на особенные случаи въ ихъ семейной жизни, напр. на событія, о которыхъ говоритъ вся деревня: дѣтямъ надо на все дать вѣрную точку зрѣнія и тщательно предохранять ихъ отъ заблужденій.

### *Первыя учительскія семинаріи.*

Объ учительскихъ семинаріяхъ, заботливо устроиваемыхъ въ тогдашней протестантской Германіи, Роховъ выражается слѣдующимъ образомъ: «Первое, что по моему мнѣнію долженъ сдѣлать каждый хорошій правитель, искренно желающій дѣйствовать въ духѣ христіянской вѣры, это — учреждать въ своей странѣ спеціальныя семинаріи для приготовленія хорошихъ учителей, безъ которыхъ не будетъ ни хорошихъ школъ, ни правильнаго народнаго образованія. Въ семинаріяхъ молодыхъ людей прежде всего должно развивать вообще, пріучая ихъ къ здравому мышленію, и за тѣмъ обогащать ихъ точными и полезными свѣдѣніями. Самое цѣлесообразное средство для этого, самое плодотворное для будущей дѣятельности молодыхъ людей, по моему мнѣнію, заключается въ философско-практическомъ изученіи роднаго языка. Въ его сферѣ должны жить и мыслить будущіе учителя. Между тѣмъ незнаніе своего языка составляетъ главный недостатокъ прежнихъ школъ и прежнихъ учителей. Весь успѣхъ учительской дѣятельности главнымъ образомъ зависитъ отъ того, насколько они знаютъ родной языкъ, и насколько умѣютъ владѣть имъ. Сама исторія доказываетъ, что языкъ есть всегда мѣрило образованности извѣстнаго народа». Учитель долженъ быть приготовленъ къ своему дѣлу такъ, «чтобы преподаваніе его возбуждало всѣ духовныя силы питомца, который могъ бы вѣрно воспринимать ученіе, вѣрно выражать воспринятое какъ устно, такъ и письменно, и вѣрно прилагать свое знаніе къ дѣлу». «Безъ правильнаго мышленія нельзя ничѣмъ заниматься успѣшно; безъ пониманія нѣтъ и истинной, угодной Богу вѣры. По этой причинѣ надо обращать особенное вниманіе на уясненіе религіозныхъ понятій, ложное толкованіе которыхъ принесло столько вреда людямъ, какъ это видно изъ исторіи. Сдѣлать человѣка разумнымъ, просвѣтить его, облагородить, сообщить ему мудрость и знаніе, возбудить въ немъ чувство правды и добра: вотъ цѣль народной школы, къ достиженію которой надо сдѣлать способными и ея учителей. Мы знаемъ, что тамъ и сямъ уже рано были одиночные попытки спеціальнаго приготовленія учителей. Такъ еще въ 1679 году въ одномъ сиротскомъ домѣ, въ Брауншвейгѣ, было сдѣлано особое учительское отдѣленіе. Въ 1687 году существовало въ Везелѣ подобное же учрежденіе подъ названіемъ Contubernium. Училищный уставъ въ Готѣ также предписывалъ избирать и подготовлять способнѣйшихъ къ учительскому званію людей, обучая ихъ въ особенности искусству музыки и катихизаціи. Франке заботился объ этомъ болѣе другихъ, и подъ его вліяніемъ сиротскіе дома въ Кёнигсбергѣ и въ старомъ Штеттинѣ открыли у себя учительскія отдѣленія. Въ 1736 году была учреждена особая семинарія близъ Магдебурга, приготовлявшая народныхъ учителей и кистеровъ, искусныхъ передавать дѣтямъ «prima principia christianismi». Правильная организація этихъ учрежденій относится, однако, только ко второй половинѣ прошедшаго столѣтія. Первое основаніе ему, какъ мы уже видѣли, положилъ Гекеръ въ своей реальной школѣ въ 1748 году, которая была потомъ преобразована въ «Landschullehrer- und Küster-Seminar». Съ этого времени число семинарій начало быстро расти, такъ что въ полвѣка, до 1800 года, ихъ возникло около *тридцати* въ разныхъ мѣстахъ протестантской Германіи.

Главный недостатокъ большей части учительскихъ курсовъ состоялъ въ томъ, что они не имѣли самостоятельности, будучи только какимъ-то придаткомъ (Anhängsel—по выраженію Шмидта) разныхъ гимназій, реальныхъ школъ, сиротскихъ домовъ и т. д., ученики которыхъ, избиравшіе себѣ учительскую карьеру, имѣли еще особые уроки педагогики, катихетики, музыки, агрономіи, садоводства и т. под. предметовъ, и занимались также частнымъ преподаваніемъ въ семействахъ. Распѣвая по улицамъ, они выпрашивали себѣ деньги на бѣдность, привыкали нищенствовать. Строго педагогическаго образованія, особенно по практической методикѣ, они не получали, и, занявъ потомъ учительское мѣсто, не имѣли должной самостоятельности: мѣстные пасторы нерѣдко притѣсняли ихъ, эксплуатируя ихъ трудъ и время. Болѣе сообразную организацію учительскія семинаріи получили только въ настоящемъ столѣтіи, распространившись въ такомъ количествѣ, что въ одной Пруссіи ихъ нынѣ насчитывается до 60. Возникновеніе семинарій сдѣлалось скоро явленіемъ общимъ не въ одной Германіи, но и во всей западной Европѣ. Въ томъ же XVIII столѣтіи положено было основаніе народной школѣ, какъ государственному, а не церковному учрежденію. Безедовъ и его послѣдователь—профессоръ педагогики Траппъ доказали, что въ успѣхахъ ея никто не заинтересованъ болѣе государства. Теорія эта была раньше, чѣмъ гдѣ либо, примѣнена въ Берлинѣ, гдѣ въ 1799 году было, наконецъ, оффиціально заявлено правительствомъ, «что мнѣніе, будто школу надо считать только средствомъ къ борьбѣ отдѣльныхъ религіозныхъ партій, есть предразсудокъ, и что школы должны быть государственными, а отнюдь не конфессіональными учрежденіями. На этомъ основаніи обученіе религіи въ школѣ должно держаться однихъ общехристіянскихъ началъ; особенности же разныхъ вѣроисповѣданій должны быть предметомъ спеціальнаго обученія со стороны духовенства по своимъ приходамъ». Такъ протестанская Германія постепенно осуществляла у себя идеи, впервые высказанныя Лютеромъ. Однако борьба церкви съ государствомъ за обладаніе народной школой на западѣ не кончилась даже до сего дня, хотя успѣхъ явно клонится на сторону государства, какъ полнаго выразителя и регулятора всей общественной жизни. Государству не менѣе чѣмъ церкви близки религіозно-нравственные интересы школы, съ тою разницею, что оно относитя къ ней не съ тѣми партіально-сословными видами, которыми заражено западное духовенство.

### Элементарная методика до Песталоцци.

Новое реальное направленіе, болѣе и болѣе проникавшее европейскую науку, оказало педагогикѣ ту существенную пользу, что открыло болѣе правильный взглядъ на естественное развитіе человѣческаго духа и на соотвѣтствующія этому развитію средства. Прежде обученіе и воспитаніе не имѣли должной связи, и во многомъ парализировали другъ друга; теперь обученіе дѣлается однимъ изъ вспомогательныхъ средствъ воспитанія и обнимаетъ собою школьную дисциплину, которая стала на второй планъ. Собственно обученіе твердо установилось на слѣдующихъ законахъ: а) Оно начинается отъ легчайшаго и переходитъ къ труднѣйшему. b) Учитель долженъ спуститься до степени пониманія дѣтей и не судить о нихъ по себѣ, не навязывать имъ тѣхъ понятій, для образованія которыхъ у нихъ еще нѣтъ должнаго запаса представленій. c) Не должно обременять дѣтей множествомъ новыхъ свѣдѣній за одинъ разъ; число учебныхъ предметовъ также не должно быть велико. d) Все ученіе слѣдуетъ вести такимъ образомъ, чтобы оно возбуждало и упражняло не одну какую-либо силу, а всѣ силы и способности дѣтской природы. e) Главными предметами элементарной т. е. народной школы должны быть: прежде всего отечественный языкъ, какъ средство научить дитя правильно говорить и писать, вѣрно выражать свои мысли какъ изустнымъ, такъ и письменнымъ образомъ; потомъ сюда присоединяются умственныя упражненія, умственное счисленіе и главнѣйшія свѣдѣнія изъ природы, исторіи и географіи.

На способъ обученія чтенію было обращено особенное вниманіе. Еще въ 1700 году Цейдлеръ издалъ свою «новую азбуку или ключъ къ искусству чтенія», въ которой буквы расположены въ такомъ естественномъ порядкѣ, что изъ нихъ образуются всевозможные слоги, такъ что каждый человѣкъ, зная только буквы, можетъ безъ всякой посторонней помощи и безъ скучныхъ складовъ въ нѣсколько дней научиться читать все, какъ бы трудно оно ни было.» Веницкій, въ 1721 году, уже пробовалъ въ своей азбукѣ учить читать безъ отдѣльнаго произношенія нѣмыхъ согласныхъ буквъ и безъ складовъ, и потому онъ признается основателемъ звуковой методы. Вскорѣ эта метода имѣла полный успѣхъ въ примѣненіи, и въ сиротскомъ домѣ въ Потсдамѣ дѣти выучивались по ней читать въ два мѣсяца. Гекеръ въ книжкѣ своей «Необходимы ли склады при чтеніи?» (1750) такъ объясняетъ сущность этой методы: «Здѣсь не требуется отъ дѣтей ничего такого, что имъ не по силамъ, и дѣло начинается для нихъ самымъ легкимъ образомъ. Сперва съ ними заучиваютъ гласныя буквы а, е, і, о, и; согласныя же, пока онѣ стоятъ отдѣльно, считаются нѣмыми и получаютъ полное произношеніе только въ соединеніи съ гласной. При этомъ согласнымъ приписывается не болѣе, чѣмъ онѣ имѣютъ на самомъ дѣлѣ, и что можетъ произносить даже нѣмой, приводя въ движеніе свой языкъ или губы: отсюда и названіе этихъ буквъ. Чтобы выдѣлить для учащихся собственный звукъ нѣмой согласной, надо ясно произнести только одно слово, оканчивающееся на требуемый звукъ или букву. Когда это сдѣлано, на что достаточно нѣсколькихъ уроковъ, то стоитъ лишь по немногу давать дѣтямъ разныя сочетанія гласныхъ съ согласными и заставлять произносить ихъ вмѣстѣ. Отъ краткихъ слоговъ изъ двухъ буквъ надо переходить къ слогамъ изъ нѣсколькихъ буквъ; отъ соединенія слоговъ получаются уже слова». Впрочемъ, первое время нашлись противники звуковой методы; но въ педагогическихъ кружкахъ, бывшихъ подъ вліяніемъ Базедова и Рохова, она получила должное значеніе и стала приносить огромную пользу и дѣтямъ, устраняя отъ нихъ на первыхъ порахъ скуку и отвращеніе къ ученію, и учителямъ, облегчая дѣло. Скоро устроены были такъ называемыя читательныя машины (Lesemaschine), изобрѣтеніе которыхъ относится къ самому началу нынѣшняго столѣтія. По описанію *Дольца* (1801 г.) «такая машина есть ни что иное, какъ четыреугольная доска, которую лучше всего покрывать зеленой краской—для облегченія глазъ. Вдоль этой доски придѣланы четыре или пять узкихъ палочекъ, въ 6—8 дюймахъ разстоянія одна отъ другой, чтобы ставить на нихъ буквы или цифры. Внизу доски находится продолговатый ящикъ съ перегородочками, въ которыхъ лежатъ буквы въ алфавитномъ порядкѣ, цифры и знаки препинанія: это имѣетъ цѣлію облегчить скорѣе найти, что нужно. Ящикъ сверху снабженъ крышкой и можетъ запираться на ключъ. Буквы, назначаемыя къ употребленію на этой машинѣ, должны имѣть требуемую наглядностью величину, въ 2—3 дюйма, и быть напечатаны самымъ четкимъ шрифтомъ на хорошей бумагѣ. Каждая буква вырѣзывается и наклеивается на особой дощечкѣ, въ величину буквы, съ бѣлыми полями вокругъ, такъ чтобы она какъ разъ приходилась между планочками на большой зеленой доскѣ. Изученіе буквъ, слоговъ и цѣлыхъ словъ должно идти одновременно, такъ что дѣти сразу начинаютъ читать. Кромѣ того было изобрѣтено много другихъ средствъ, облегчающихъ чтеніе. Базедовъ совѣтовалъ, какъ подготовку къ чтенію, изустное упражненіе въ звукахъ прежде чѣмъ дѣти увидятъ ихъ изображеніе, которое также надо предлагать сперва въ наиболѣе заманчивомъ видѣ, напр. въ испеченномъ тѣстѣ (!) «Что можетъ стоитъ такое печенье? Весьма мало. Поутрамъ дѣти ѣдятъ-же что нибудь. Въ такомъ случаѣ пусть будутъ испечены для нихъ буквы изъ тѣста нѣсколько вкуснѣе обыкновеннаго. Опытъ показалъ намъ, что ребенку достаточно четыре недѣли поѣсть буквъ, чтобы научиться читать».

Болѣе практически смотрѣлъ на дѣло *Гедике*, (1791 г.) который полагаетъ, что гораздо ближе къ естественному развитію человѣческаго духа начинать съ дѣтьми съ цѣлаго и переходить къ частямъ, показывать сперва слѣдствіе, и потомъ отыскивать причину. На этомъ основаніи гораздо лучше изучать буквы посредствомъ словъ, на цѣлыхъ словахъ, тогда какъ прежде думали научить дѣтей словамъ посредствомъ буквъ. Дѣтская книжка должна быть составлена такъ, чтобы каждая буква имѣла свою страницу со словами, въ которыхъ она играетъ главную роль. Въ началѣ страницы она напечатана четыре раза: два раза краснымъ и два раза чернымъ цвѣтомъ. Въ первой строчкѣ всѣ слова, заключающія изучаемую букву, напечатаны краснымъ цвѣтомъ; затѣмъ слѣдуютъ строки, въ которыхъ только эта одна буква отличается краснымъ цвѣтомъ, и наконецъ идутъ строчки, совершенно черныя. Сперва изучаемая буква стоитъ въ началѣ слова, а потомъ въ срединѣ; въ послѣдней строчкѣ каждой страницы помѣщены въ разбивку слова, уже бывшія на прежнихъ страницахъ — для повторенія.» Профессоръ Траппъ держится почти той же системы: «Когда хорошенько разберешь, — говоритъ онъ, — то убѣждаешься, что мы во всѣхъ случаяхъ раньше узнаемъ цѣлое, чѣмъ отдѣльныя части, и что дѣтямъ на ихъ вопросы мы невольно всегда отвѣчаемъ: это лошадь, домъ и т. д., и никогда не начинаемъ съ глазъ лошади, или съ оконъ дома. Поэтому мнѣ кажется, что и при обученіи чтенію мы должны дѣлать то же самое: сперва давать понятіе о цѣломъ, и уже потомъ мало по малу переходить къ частямъ, приблизительно такимъ образомъ: на всѣхъ вещахъ, какія только можно имѣть въ домѣ, надо наклеить ихъ названія, и, переходя съ дѣтьми отъ одного предмета къ другому, говорить имъ: смотри, вотъ написано *столъ*, *книга*, *перо* и т. д. Далѣе это названіе слѣдуетъ напечатать на особыхъ билетикахъ и давать ихъ дѣтямъ, заставляя ихъ находить соотвѣтствующіе предметы. Въ случаѣ, если дитя тотчасъ найдетъ требуемый предметъ, можно давать за это награду и вообще оказывать поощреніе. Этимъ способомъ въ умѣ дитяти отпечатлѣвается изображеніе цѣлаго слова. Когда же дитя узнаетъ такимъ образомъ множество словъ, ему даютъ книжку, въ которой изображены извѣстные ему предметы, и подъ каждымъ сдѣлана подпись: что это такое? Это *книга* и т. под. На первыхъ 20 — 30 страницахъ нѣтъ ничего, кромѣ этихъ короткихъ вопросовъ и отвѣтовъ; на слѣдующихъ же помѣщаются также небольшія предложенія, въ родѣ: что есть у кошки? Что дѣлаетъ кошка и т. д. съ отвѣтами. Обученіе письму я также вначалѣ соединилъ бы съ обученіемъ чтенію: дѣти очень любятъ дѣлать что нибудь сами, а потому пусть они срисовываютъ прочитанное. Съ помощію такой методы они въ десять разъ скорѣе выучатся азбукѣ, тотчасъ станутъ читать и вмѣстѣ правильно писать.» Здѣсь мы уже видимъ начало общеупотребительной нынѣ методы одновременнаго обученія письму и чтенію (Schreib-Lese-Methode).

Въ 1804 году одинъ изъ учителей Базедовскаго филантропина—*Оливье* издалъ книгу (Ortho-epographisches Elementarwerk), въ которой окончательно развилъ звуковую методу, показавъ все превосходство ея предъ другими вслѣдствіе большей ея естественности и основательности. Упражненіе въ языкѣ онъ предпосылаетъ обученію чтенію и правописанію, такъ чтобы дѣти сперва научились отчетливо произносить слова и отличать звуки, а за тѣмъ уже знакомились съ ихъ письменнымъ изображеніемъ: это сильно облегчаетъ дѣтямъ сознавать то, чему ихъ учатъ. Всему первоначальному обученію Оливье старается придать связь и единство, развивая каждое знаніе одно изъ другаго, въ строгой послѣдовательности. Уясненіе и укрѣпленіе каждаго знанія достигается съ помощію цѣлесообразныхъ упражненій, вызывающихъ сознательность и самодѣятельность дѣтей. Главнымъ подготовительнымъ и образовательнымъ средствомъ признается также родной языкъ, представляющій самый обильный матеріалъ для развитія духовныхъ способностей дитяти, а вмѣстѣ съ ними—и дара слова. Овладѣвъ роднымъ языкомъ, научившись различать звуки, тоны, удаpенія, дитя скоро и легко научится правильному чтенію и письму. То, что служило для дѣтей предметомъ изустныхъ упражненій въ языкѣ, должно также служить и предметомъ перваго чтенія, такъ чтобы учащійся произносилъ не одни слова, стоящіе въ книгѣ, но естественно соединялъ съ ними соотвѣтствующія реальныя представленія о знакомыхъ ему предметахъ, съ наиболѣе характеристическими ихъ признаками. Даже складывая слово, ученикъ будетъ при этомъ одновременно сознавать и мелодію звуковъ, и выражаемое ими понятіе, т. е. онъ прямо начнетъ читать отчетливо и осмысленно. Звуки возбудятъ дѣятельность его слуха и языка; буквы дадутъ предметъ для созерцанія; обозначаемый ими предметъ или понятіе вызоветъ дѣятельное мышленіе. Впрочемъ, отцемъ истиннаго методическаго обученія чтенію почитается *Стефани*. Онъ былъ убѣжденъ, что «о дѣйствительномъ улучшеніи народной школы нечего и думать прежде, чѣмъ не будетъ приведена къ самымъ простымъ началамъ метода обученія чтенію, на которое въ школахъ болѣе всего убивается времени». Усовершенствованную имъ по новой методѣ азбуку онъ издалъ въ 1804 году. Онъ желалъ дать дѣтямъ первое понятіе о звукѣ во всей его чистотѣ и уяснить всю естественность перехода отъ звука къ знаку или буквѣ. Согласнымъ онъ совѣтуетъ учить безъ помощи гласныхъ, и въ произношеніи первыхъ ограничиваться лишь необходимыми для того органами, и то лишь настолько, чтобы звукъ сталъ чувствителенъ для уха. Дѣти должны сразу отличить согласный звукъ отъ гласнаго, который въ азбучномъ названіи буквъ ихъ только сбиваетъ, ибо строго говоря: $be + a = bea$, а не $ba$; $er + e = ere$, а не $re$ и т. д. Хотя произнесеніе учителемъ и дѣтьми однихъ чистыхъ согласныхъ звуковъ будетъ нѣсколько нѣмо и не естественно, за то тотчасъ поможетъ учащимся сознать свойство звука и отвѣчающей ему буквы, устраняя также необходимость чтенія по складамъ. Такимъ образомъ, метода Стефани точно отдѣляетъ звукъ, букву и названіе буквы и требуетъ постепеннаго перехода отъ медленнаго, элементарно-вѣрнаго чтенія къ бѣглому. На первой изъ 7 предполагаемыхъ имъ ступеней дитя учится только звукамъ и буквамъ, произнося первые и рисуя послѣднія отдѣльно; на второй ступени слѣдуютъ сочетанія изъ двухъ звуковъ: гласнаго и согласнаго; на третьей стоятъ уже небольшія слова — изъ нѣсколькихъ буквъ или слоговъ; на четвертой — составныя гласныя или согласныя (æ, ue ch, x, sch); на пятой — чтеніе со значками и невыговариваемыми буквами; на шестой — ученики дѣлятъ слова на слоги и учатся знакамъ препинанія; на седьмой — читаются уже цѣлыя предложенія и небольшіе разсказы, но еще медленно, съ разстановкой на слогахъ, и, наконецъ, это пѣвучее чтеніе переходитъ въ бѣглое и свободное, съ правильной интонаціей и съ остановкою на знакахъ препинанія. Не надо пріучать дитя прежде складывать слово, а потомъ читать, или по нѣсколько разъ повторять одно и то же слово: это задерживаетъ бѣглость чтенія. Усвоеніе этихъ дурныхъ привычекъ устраняется хоровымъ чтеніемъ подъ тактъ.

Въ началѣ XVIII столѣтія еще всюду учили писать прямо отдѣльныя буквы, безъ всякихъ предварительныхъ, подготовляющихъ къ тому упражненій. Писались онѣ въ ихъ обыкновенную величину и непремѣнно въ алфавитномъ порядкѣ; ученику прописывали ихъ между линейками, и онъ срисовывалъ ихъ, какъ умѣлъ. Отъ строчныхъ буквъ переходили къ прописнымъ, опять въ томъ же алфавитномъ порядкѣ, потомъ къ отдѣльнымъ словамъ и, наконецъ, къ прописямъ. При этомъ часто труднѣйшія буквы предшествовали легчайшимъ, и ученикъ не пріобрѣталъ должной свободы почерка. Иногда для облегченія водили рукой новичка, помогая ему выводить букву, или заставляли его обводить перомъ буквы, прописанныя карандашемъ. Этимъ и ограничивалась вся метода, чисто-механическая; да и самый механизмъ ея былъ въ высшей степени неправиленъ. Впослѣдствіи стали писать буквы въ увеличенномъ размѣрѣ, что было уже значительнымъ прогрессомъ, такъ какъ здѣсь учащійся ясно и сознательно видѣлъ, къ чему онъ долженъ стремиться въ калиграфіи. Къ этому присоединился пріемъ — начинать съ простѣйшихъ по очертанію буквъ; но ученики все еще болѣе рисовали, чѣмъ писали буквы. Наконецъ пришли къ необходимости совершенно откинуть прописи и замѣнить ихъ прописью на классной доскѣ, причемъ учитель разбиралъ съ учениками составныя части и наиболѣе характеристическіе признаки каждой буквы, вмѣстѣ съ пріемами ея начертанія. Чрезъ это такъ называемое чистописаніе много выиграло въ наглядности и основательности; но копированіе прописаннаго все еще предоставлялось одному темному чувству ученика, который томился неудачами и все таки не понималъ, отчего онѣ происходятъ. Уроки письма оставались для дѣтей временемъ мучительной, отупляющей скуки, отъ которой спасенія имъ оставалось искать только въ шалостяхъ и проказахъ. Въ школѣ Рохова уже видимъ болѣе методической обработки этого важнаго для начинающихъ предмета: дѣтямъ прежде прописываютъ карандашемъ отдѣльные, элементарные штрихи, оставляя ихъ обводить перомъ; за штрихами идутъ простѣйшія буквы, и постепенно переходятъ въ труднѣйшія; потомъ слѣдуютъ слоги, прописныя буквы, цифры, слова и т. д. Учитель анализируетъ каждую букву въ ея увеличенномъ размѣрѣ, наблюдаетъ за чистотою тетради, за положеніемъ тѣла, головы, руки и пальцевъ ученика. Впослѣдствіи, для сообщенія почерку бѣглости и развязности, сюда присоединяется громкій счетъ штриховъ хоромъ и подъ тактъ. Въ дѣтяхъ всячески развивается чувство опрятности, красоты, стройности, порядка и проворства, подъ команду и управленіе учителя; прежде убійственное чистописаніе превращается въ весьма образовательное и любимое дѣтьми искусство. При упражненіяхъ въ правописаніи Роховъ вначалѣ сообщалъ учащимся самыя легкія правила, прописывая на доскѣ слова и выраженія съ преднамѣренными ошибками, и оставлялъ дѣтямъ поправлять ихъ. Сперва обращалось вниманіе на ошибки противъ орѳографіи, а потомъ и противъ языка, и уже послѣ всего этого учитель приступалъ къ диктовкѣ. По системѣ Траппа орѳографія изучается болѣе посредствомъ зрѣнія, чѣмъ слуха, и болѣе чрезъ собственное упражненіе въ письмѣ, чѣмъ по даннымъ отъ учителя правиламъ: тутъ важную роль играетъ навыкъ. Но не слѣдуетъ долго ограничиваться однимъ навыкомъ, и при исправленіи ошибокъ надо сообщать также простѣйшія правила, но не навязывая ихъ преждевременно, въ одной отвлеченной формѣ. Такихъ главнѣйшихъ правилъ всего четыре: пиши, какъ ты слышишь; думай о производствѣ слова; обращай вниманіе на окончаніе слова; слѣдуй общепринятому.

Обученіе грамматикѣ, по мнѣнію Базедова, надо отлагать до той поры, пока учащійся будетъ въ состояніи вдумываться въ свойства роднаго языка, въ различныя отношенія выражаемыхъ имъ понятій, и самостоятельно извлекать отсюда общія правила и законы. Но для этого ему надобно быть въ состояніи вдумываться въ самую мысль, въ психическую жизнь человѣка, что всегда недоступно для малолѣтнихъ, для которыхъ этимологія и синтаксисъ представляютъ одни слова и фразы безъ смысла и пользы. Въ Роховской школѣ упражненія въ языкѣ начинаются такъ называемыми умственными упражненіями, т. е. бесѣдами о предметахъ, о которыхъ бы дѣтямъ приходилось размышлять: наблюдать, сравнивать, заключать, и выражать свои заключенія въ словѣ. Потомъ учащіеся занимаются производствомъ словъ отъ корней, отыскиваютъ цѣлыя семейства словъ, распредѣляютъ слова по ихъ свойствамъ и видамъ, слѣдятъ за измѣненіемъ словъ въ началѣ и въ окончаніяхъ, за ихъ согласованіемъ и т. д. Съ практическою цѣлію они также составляютъ коротенькія письма, прошенія, отчеты, расписки и т. п., или просто выражаютъ въ короткихъ предложеніяхъ то, что они видятъ и знаютъ. Послѣдняго упражненія требуетъ и Трапъ. «Главная цѣль обученія — говоритъ онъ — состоитъ въ томъ, чтобы юношество умѣло не только усвоивать, но и сообщать свои мысли и знанія. Послѣднее достигается также посредствомъ хорошей декламаціи, которая въ свою очередь невозможна, если несовершенно понято и прочувствовано читаемое; вотъ почему дѣти всегда неестественно декламируютъ такіе драматическіе отрывки, которые написаны не для ихъ возраста. Письменными упражненіями также не должны быть вещи, содержаніе которыхъ чуждо для юношества, не соотвѣтствуя его наклонностямъ и способностямъ, или форма которыхъ слишкомъ искусственна и трудна». Умственныя упражненія могутъ состоять въ нахожденіи сходства или различія между предметами, въ логическомъ уясненіи понятій, особенно отвлеченныхъ или такихъ общихъ, какъ причина и слѣдствіе, цѣль и средства, и т. под. Для упражненія дѣтей въ мышленіи Траппъ полагаетъ необходимымъ заниматься съ ними отыскиваніемъ среднихъ понятій: первый пріемъ состоитъ въ томъ, чтобы какъ можно ближе ознакомить ихъ со всемъ, что существуетъ въ природѣ и въ искусствѣ, со всѣми признаками разныхъ вещественныхъ предметовъ; второй пріемъ — чтобы наблюдать за сходствомъ и различіемъ предметовъ; третій — чтобы подводить отдѣльныя недѣлимыя подъ виды, виды подъ роды и т. д., четвертый — въ передачѣ всѣхъ этихъ наблюденій въ связномъ, послѣдовательномъ изложеніи, сперва изустно, а потомъ письменно.

Общее правило, требующее пониманія всего, чему дѣти должны учиться, относится точно также къ религіи. На этомъ основаніи религіозное обученіе должно начинаться не ранѣе, чѣмъ умъ дитяти привыкнетъ размышлять и судить о разныхъ чувственныхъ предметахъ. Въ этомъ крайнемъ требованіи, забывающемъ, что религія есть прежде всего предметъ вѣры въ невидимое какъ бы въ видимое, очевидно вліяніе идей Руссо и другихъ педагоговъ-реалистовъ. Впрочемъ, требованіе это смягчается тѣмъ, что первыя религіозныя понятія должны быть возбуждены посредствомъ созерцанія природы съ ея дивнымъ устройствомъ. Только послѣ такой предварительной подготовки можно переходить къ библіи, и показать дѣтямъ кроткій и любящій образъ Спасителя. Все религіозное обученіе должно быть просто, ясно, понятно и вмѣстѣ возвышенно, будучи одинаково доступно и для ума, и для сердца дитяти. Должно постоянно трудиться надъ возбужденіемъ всѣхъ добрыхъ стремленій дѣтской души, и надъ направленіемъ ея къ добродѣтели не на словахъ, а на дѣлѣ. Здѣсь все заключается не въ количествѣ знаній, а въ ихъ глубинѣ и жизненности. Вотъ что говоритъ объ этомъ Базедовъ въ своей методикѣ: «Въ религіи, т. е. въ живой, дѣятельной вѣрѣ въ Бога, общаго отца всѣхъ, хранителя ихъ душъ даже послѣ тѣлесной смерти, и справедливаго мздовоздателя за добро и за зло — въ религіи юношество должно быть свѣдуще прежде, чѣмъ оно достигнетъ зрѣлаго возраста. Но первый совѣтъ мой при этомъ — не учить дѣтей словамъ и выраженіямъ, которыя хотя и относятся къ религіозной области, но съ которыми дѣти не соединяютъ еще никакихъ понятій, или могутъ соединить одни ложныя. Въ знаніи однихъ словъ далеко не состоитъ знаніе хотя бы малѣйшей части религіи. Второй совѣтъ: обученіе религіи должно идти весьма методически или элементарно, такъ чтобы всегда предшествовали предварительныя упражненія въ томъ, что можетъ облегчить пониманіе послѣдующаго, ибо только то дѣйствительно узнано, что сознано. Третій совѣтъ: когда дѣти въ состояніи соединять съ словами болѣе вѣрныя понятія, хотя еще и не исчерпывающія всего ихъ смысла, тогда уже не слѣдуетъ бояться этой неизбѣжной неполноты ихъ пониманія, а сообщать имъ главнѣйшія изреченія, надъ которыми умъ ихъ будетъ работать по мѣрѣ своихъ силъ, и которыя совершенно уясняются для него только впослѣдствіи. Четвертый совѣтъ: никогда не слѣдуетъ принуждать дѣтей къ молитвѣ, такъ какъ молитвой нельзя назвать того обряда, понимать и чувствовать который они еще неспособны: такой обрядъ будетъ безсмысленный и, слѣдовательно, вредный, убивающій чувство живой вѣры. Пятый совѣтъ: когда дѣти уже способны отличать свою личность отъ другихъ видимыхъ предметовъ и размышлять о жизни послѣ тѣлесной смерти; когда они уже въ состояніи составить себѣ первое, хотя и несовершенное понятіе о Богѣ; тогда мы должны, по мѣрѣ возможности, не спѣша, вызывать въ нихъ эти понятія, дѣйствуя на ихъ естественное чувство вѣры прежде, чѣмъ умъ ихъ потребуетъ доказательствъ, понятныхъ только для зрѣлаго, развитаго человѣка. — По этой методѣ шло преподаваніе религіи въ школѣ Рохова; дѣти знакомились съ религіозными понятіями только тогда, когда ихъ умъ и внутреннее чувство уже могли возвыситься надъ внѣшними, чувственными предметами. Притомъ же обученіе это имѣло болѣе нравственный, чѣмъ догматическій характеръ, проникая дѣтскую душу и отражаясь более на чувствѣ и волѣ, чѣмъ на памяти и языкѣ. Наторпъ также возставалъ противъ преждевременнаго употребленія катихизиса въ школѣ, всегда непонятнаго для дѣтей, а потому заглушающаго въ нихъ чувство и подавляющаго еще неокрѣпшій умъ. Главными средствами религіознаго развитія педагоги Базедовской школы признавали: чтеніе и разсказываніе библейской исторіи, слушаніе богослуженія и церковной проповѣди, уясненіе нравственныхъ понятій и — примѣръ; чрезъ это въ дѣтяхъ возбуждалось нравственное чувство, воображеніе наполнялось чистыми, возвышенными образами, сердце проникалось благородными чувствами, и воля направлялась къ добродѣтели. Такимъ образомъ, упражненіе въ языкѣ и мышленіи по этой системѣ предшествовало обученію религіи, которая представляла собой только новый матеріялъ для всесторонняго возбужденія способностей ребенка.

Ариѳметика почти до конца XVIII столѣтія всюду въ западныхъ школахъ преподавалась исключительно письменнымъ способомъ и чисто механически. Въ городскихъ школахъ она проходилась до тройнаго правила; въ народныхъ обыкновенно ограничивались только четырмя первыми дѣйствіями. Только со времени Базедова и Рохова упражненія въ ариѳметикѣ начинались тѣмъ, что дѣти считали видимые предметы: пальцы на рукахъ и т. под.; потомъ учили считать отъ 1 до 100 и обратно; за этимъ слѣдовало упражненіе въ четныхъ и нечетныхъ числахъ, къ которымъ придавали или отнимали по 2, 3. 4 и т. д. Уже послѣ этого дѣти знакомились съ цифрами, дѣлая надъ ними тѣ же упражненія, какія были прежде дѣлаемы изустно. Число никогда не предлагалась въ отвлеченномъ, а всегда въ именованномъ видѣ, и задачи брались не иначе, какъ изъ знакомаго дѣтямъ круга понятій, изъ ихъ собственнаго быта или — ихъ родителей. Въ старшемъ отдѣленіи народной школы учащіеся упражнялись уже въ тройномъ правилѣ, дробяхъ и правилѣ товарищества, и притомъ всегда вначалѣ лишь умственно, а потомъ уже письменно на доскахъ. Но главною задачею при ариѳметическомъ обученіи было — довести дѣтей до возможной быстроты въ умственномъ счисленіи; доска же разсматривалась только, какъ вспомогательное къ тому средство, которое было необходимо уже при дальнѣйшихъ, болѣе сложныхъ вычисленіяхъ. Траппъ требовалъ, чтобы со сложеніемъ и вычитаніемъ дѣти знакомились какъ можно раньше, напр. на орѣхахъ или т. под., гораздо раньше, чѣмъ они познакомятся съ числомъ, и даже въ нѣкоторой степени съ умноженіемъ и дѣленіемъ по тому же практическому способу. Чтобы вызвать въ дѣтяхъ правильное понятіе о единицахъ, десяткахъ, сотняхъ и т. д., Траппъ совѣтовалъ приготовить ящичекъ съ отдѣленіями: въ отдѣленіе единицъ надо положить девять квадратиковъ, имѣющихъ по одной точкѣ; въ отдѣленіе десятковъ — девять квадратиковъ, въ десять разъ большаго размѣра, съ десятью точками на каждомъ и т. д. Чтобы дать дѣтямъ понять дроби, необходимо также прибѣгать къ чувственнымъ, нагляднымъ пособіямъ: можно взять дюжину палочекъ, и однѣ изъ нихъ раздѣлить на двѣ части, другія — на три, четыре и т. д.; нѣкоторыя же оставить цѣлыми. Такимъ способомъ легко наглядно доказать, что напр. $6/7$ болѣе $5/6$, хотя $1/6$ болѣе $1/7$; что $1/2$ и $1/3$ вовсе не составляютъ цѣлаго; $1/3$ и $3/4$ уже болѣе цѣлаго и т. под.

Важнѣйшія общеполезныя свѣдѣнія сообщались дѣтямъ отчасти съ помощію книги для чтенія, отчасти — при умственныхъ упражненіяхъ. Траппъ требуетъ, чтобы исторія являлась дѣтямъ не однимъ перечнемъ голыхъ фактовъ и именъ. По его справедливому мнѣнію, надо начинать не съ древней, а съ новой исторіи, и именно съ новѣйшей, непосредственно примыкающей къ современности. Ничто такъ не полезно при обученіи исторіи, какъ всю ее изобразить въ картинахъ, начиная Адамомъ, и кончая дѣятелями настоящаго дня. Такія картины можно награвировать на мѣди, и, отпечатавъ, увѣшать ими классныя стѣны. При составленіи такой живописной исторіи надо болѣе обращать вниманіе на событія, чѣмъ на имена и годы; историческія же таблицы пусть составляютъ сами дѣти. Для этого надо разлиновать листъ бумаги вдоль и поперегъ, такъ чтобы онъ образовалъ множество квадратовъ; въ верху написать названія главнѣйшихъ государствъ: *Германіи, Франціи* и т. д., въ срединѣ — имена такихъ личностей, какъ Магометъ, Григорій Великій, Карлъ Великій и др., съ обозначеніемъ столѣтія; за тѣмъ на каждомъ урокѣ что нибудь новое наносится дѣтьми на таблицу. По естественной исторіи и физикѣ Базедовъ совѣтуетъ такъ упражнять умственныя способности дѣтей, чтобы все, что имъ нужно понять, являлось для нихъ наглядным образомъ и усвоивалось безъ особеннаго труда, сознательно. Ничто такъ не трудно усвоивать дѣтямъ, какъ то, чего они не понимаютъ, послѣ чего самый трудъ дѣлается для нихъ невыносимымъ мученіемъ. Наторпъ начинаетъ свое естествовѣдѣніе также тѣмъ, что предлагаетъ дѣтямъ произведенія природы въ ихъ сыромъ и въ обработанномъ видѣ, и потомъ постепенно идетъ далѣе, знакомя дѣтей со всей природой, съ началами физики, химіи, технологіи, однако не иначе, какъ наглядно, безъ всякой теоріи, безъ строгой систематической связи, которую дѣти узнаютъ уже въ послѣдствіи, когда начнутъ заниматься болѣе научнымъ образомъ. При обученіи географіи современные педагоги совѣтуютъ начинать съ отечества, чтобы при этомъ наглядно выяснить дѣтямъ разныя географическія понятія. Потомъ можно взяться за карту земнаго шара, Европы и, наконецъ — своего отечества.

Изъ искусствъ въ народной школѣ признаются рисованіе и пѣніе, но первое еще не считается вполнѣ обязательнымъ. Однако въ городской школѣ Наторпа ученики, смотря по ихъ способностямъ и призванію, занимаются рисованіемъ архитектурныхъ предметовъ, цвѣтовъ, ландшафтовъ и фигуръ. Пѣніе уже не ограничивается однимъ хоральнымъ или церковнымъ: дѣти поютъ также и свѣтскія пѣсни, дѣйствующія на ихъ поэтическое чувство и воображеніе. Обученіе идетъ такимъ образомъ, что сперва поетъ самъ учитель, потомъ отдѣльные ученики, и, наконецъ, весь классъ. Наторпъ требовалъ, чтобы ученики не только запоминали мелодію, но и придавали своему голосу пріятность тона и умѣли принаравливаться къ другимъ голосамъ въ хорѣ. — Особенное вниманіе было обращено съ этого времени на гимнастику; но въ собственно народную школу она еще не проникла. Цѣлыя столѣтія гимнастика находилась во всеобщемъ забвеніи. Правда, еще во второй половинѣ XVI столѣтія медикъ Меркуріалисъ написалъ шесть томовъ de arte gymnastica; но его идеи, точно также, какъ и усилія Тротцендорфа водворить въ школѣ бодрую, веселую гимнастическую жизнь, надолго остались замкнутыми лишь въ кругу ученыхъ, гдѣ скоро также замерли подъ формализмомъ обученія, особенно у гуманистовъ. Но по мѣрѣ того, какъ утонченная жизнь болѣе и болѣе разслабляла нервы человѣческаго организма, снова раздавались голоса въ пользу гимнастики. Такъ англійскій медикъ Фуллеръ въ 1720 году издалъ свое сочиненіе, доказывавшее всю ея спасительность; однако и онъ не имѣлъ никакого вліянія на педагогику. Только Жанъ-Жакъ Руссо удалось произвести въ этой области воспитанія рѣшительный переворотъ и вызвать такихъ краснорѣчивыхъ и энергическихъ послѣдователей, какимъ былъ извѣстный Гутсъ-Мутсъ. «Ты долженъ — взывалъ онъ къ юношѣ — самоотверженно поддерживать въ себѣ силу духа и чувства, поддерживая силу и крѣпость своего тѣла. Ты долженъ дѣлать это не на показъ, а для собственнаго блага. Удивлять кого либо силою тѣла и смѣлостью духа значитъ — подражать неразумному мужеству дикаго коня. Тебѣ необходимо знать во всемъ мѣру и не отнимать времени отъ потребностей твоего духа ради развитія твоего тѣла, ни — забывать тѣло ради развитія духа, которое безъ того будетъ непрочно». Вотъ тѣ принципы, которые Гутсъ-Мутсъ провелъ въ жизнь и твердо установилъ въ школѣ. По его теоріи, напряженіе или возбужденіе составляетъ самый практическій элементъ діэтетики, заботящейся объ укрѣпленіи дѣтскаго организма. Изъ греческой гимнастики онъ взялъ все, что было сообразно съ этою цѣлью, и перенесъ на германскую почву, приведя въ систему все разнообразіе тѣхъ гимнастическихъ упражненій, которыя не только полезны, но положительно необходимы для прочнаго здоровья человѣка. Во Франціи въ это же время гимнастику воскресилъ Тиссо (Tissot), доказавшій ея образовательное и цѣлебное значеніе въ сочиненіи своемъ «Medicina gymnastica».

## Новѣйшій періодъ христіянско-гуманнаго воспитанія.

Когда французскій либерализмъ разрѣшился кровавыми сценами революціи, тѣмъ усиленнѣе взялась философія за разработку прочныхъ принциповъ, на которыхъ должна покоиться наука, общественная жизнь и воспитаніе. Германская философія, провозгласившая свободу науки, и французская революція, уничтожившая послѣдніе остатки феодализма, сдѣлались краеугольными камнями всей современной образованности. Божественное начало было также окончательно утверждено какъ въ мірѣ, такъ и въ сердцѣ человѣка, и Лессингъ доказалъ, что начало это не только не стѣсняетъ свободы человѣческаго духа, но именно содѣйствуетъ ей: стѣсняетъ ее только эгоизмъ и злоупотребленіе, часто смѣшивающее принципъ свободы съ произволомъ — съ одной стороны, и рабствомъ — съ другой. Узкія религіозныя доктрины, подобныя піэтизму и ультрамонтанизму, должны были уступить мѣсто торжеству болѣе чистыхъ, христіянскихъ началъ, терпимостью своею побѣждающихъ самыхъ крайнихъ своихъ противниковъ. Скоро война за національную свободу, которой угрожалъ-было геній Наполеона I, вызвало въ европейскомъ человѣчествѣ чувство національности, которая также должна была лечь въ основаніе воспитанія. Естественныя науки, благодаря генію такихъ людей, какъ А. Гумбольдтъ, также съ своей стороны содѣйствовали освобожденію и усовершенствованію западной жизни, въ которой онѣ окончательно получили право гражданства. Примѣненіе естествознанія побѣдило главнѣйшихъ враговъ распространения образованности — время и пространство; физиологія и психологія открыли человѣку его самаго и создали особую науку — антропологію, имѣющую самое близкое отношеніе къ педагогикѣ. Послѣдняя стала слагаться въ особую науку, прикладная сторона которой составила въ школѣ какъ бы особое искусство, надъ которымъ болѣе всѣхъ потрудился геніальный Песталоцци. Родившись и дѣйствуя въ Швейцаріи, онъ имѣлъ вліяніе на всю европейскую школу, которая до послѣдняго времени движется по проложенному имъ пути.

## Жизнь Песталоцци.

«Если правда, — говоритъ біографъ Песталоцци, профессоръ Ноакъ, — что въ наше время нѣтъ другихъ героевъ, кромѣ героевъ плодотворнаго труда; если постоянный, неутомимый, безкорыстный трудъ цѣлой жизни для блага человѣчества даетъ право на имя героя; то безъ сомнѣнія нѣтъ героя, достойнѣе Песталоцци. Въ этомъ значеніи онъ истинный герой, и какъ писатель, и какъ образователь человѣчества, и какъ воспитатель народа. Ни чѣмъ несокрушимое мужество въ стремленіи къ благороднѣйшей цѣли, изумительная сила терпѣнія, преданнѣйшая любовь къ ближнему, смиреніе, непоколебимая вѣра въ возможность усовершенствованія рода человѣческаго, даже на самой низкой ступени его общественнаго быта: вотъ неоспоримыя права Песталоцци на имя героя. Его мысли и дѣла, его любовь и страданія, его изустное и печатное слово принесли величайшую пользу семьѣ, школѣ, народу. Впродолженіе 60-тилѣтнихъ трудовъ его рѣдко случались минуты, въ которыя онъ наслаждался полною, невозмутимою радостью успѣха. Въ его натурѣ дивнымъ образомъ соединились великій умъ и благороднѣйшее сердце съ мечтательнымъ воображеніемъ и даже съ легкомысліемъ. Онъ дорого поплатился за свои общечеловѣческіе недостатки, не смотря на то, что все его существо и всякое его дѣйствіе неизмѣнно дышали горячею любовью и стремленіемъ къ истинѣ и добру, которыя лучами отраднаго свѣта сіяли въ его душѣ.»

Гейнрихъ Песталоцци родился въ Цюрихѣ, 12 января 1746 года. Отецъ его, принадлежавшій къ дворянской фамиліи, былъ хорошій хирургъ. Едва исполнилось Гейнриху пять лѣтъ, какъ онъ уже лишился отца, оставшись на рукахъ матери, которая, располагая лишь небольшимъ состояніемъ, должна была заботиться о воспитаніи троихъ малолѣтнихъ дѣтей. Ближайшею помощницею ея была преданная, усердная Бабель. Скоро померли и остальныя дѣти, такъ что Гейнрихъ остался одинъ на рукахъ этихъ двухъ, нѣжно любившихъ его женщинъ. Онъ росъ мальчикомъ слабымъ, въ которомъ, однако, рано обнаружились отличныя способности ума и доброе, горячее сердце, развивавшееся подъ вліяніемъ женственныхъ личностей матери и няни. Оно затрогивалось легко и быстро; каждое впечатлѣніе, разъ запавшее въ душу, врѣзывалось въ ней глубоко и давало новую пищу его мечтательному воображенію. Но вообще онъ былъ разсѣянъ, равнодушенъ ко всему, что не затрогивало чувствительныхъ струнъ его души, не имѣло живой связи съ его наклонностями и любимыми предметами. Въ своихъ дѣйствіяхъ и стремленіяхъ мальчикъ съ природною живостью, съ полною искренностью отдавался преимущественно влеченіямъ сердца, дѣлая частые промахи, но скоро опять забывалъ ихъ. Такимъ образомъ, исключительно женственное воспитаніе, которое онъ получилъ въ домѣ матери, много способствовало къ одностороннему развитію тѣхъ способностей его природы, которыя своеобразно отпечатлѣлись на характерѣ его мысли и на обращеніи его съ людьми, когда ему пришлось столкнуться съ ними уже въ зрѣломъ возрастѣ. Онъ всегда оставался застѣнчивымъ, неловкимъ, неповоротливымъ. Сердце его было исполнено доброты и такой довѣрчивости, что онъ во всю свою жизнь былъ постоянною жертвою каждаго, кто только хотѣлъ обмануть его, и только тогда замѣчалъ онъ дурное въ человѣкѣ, когда приходилось дорого поплатиться за излишнее довѣріе. Можетъ быть вслѣдствіе бѣдности, сопровождавшей его воспитаніе, мальчикъ никогда не придавалъ никакой цѣны наряду: погруженный въ свой внутренній мірѣ, онъ не заботился о томъ, одѣтъ-ли онъ опрятно и со вкусомъ, причесаны-ли его волосы; чернильныя пятна на рукахъ, пыль на платьи и обуви — ни мало не смущали его. Такимъ онъ остался и до старости.

Свободное отъ ученія время маленькій Песталоцци обыкновенно проводилъ у своего дѣдушки, приходскаго священника, который жилъ въ селѣ Генгѣ, всего на часовомъ разстояніи отъ Цюриха. Подъ вліяніемъ благочестиваго старика въ немъ зародилась мысль сдѣлаться впослѣдствіи пасторомъ; здѣсь же, среди игръ съ деревенскими мальчиками, запалъ въ его душу еще одинъ зародышъ — любовь къ простому народу, сочувствіе къ его истиннымъ потребностямъ. Жители села Генгъ и окрестностей занимались фабричными промыслами. Въ мрачныхъ мастерскихъ работали бѣдныя дѣти, хилыя тѣломъ и душой, съ поблекшими отъ изнеможенія и нужды лицами. Тамъ-то Песталоцци, съ развитіемъ возраста и понятій, все болѣе открывалъ слѣды той нравственной порчи, которую распространяютъ въ народѣ фабрики, расчитывающія на одинъ барышъ и эксплоатирующія даже дѣтей. Эти первыя впечатлѣнія народной бѣдности и страданій на всю жизнь сохранились въ душѣ Песталоцци и опредѣлили его будущую филантропическо-педагогическую дѣятельность.

Въ Цюрихской гимназіи онъ былъ изъ лучшихъ учениковъ и дѣлалъ хорошіе успѣхи въ древнихъ языкахъ. Переводъ одной политической рѣчи Демосѳена, сдѣланный даровитымъ гимназистомъ, былъ даже удостоенъ печати. Чтеніе было потребностью Песталоцци. Ему было еще 16 лѣтъ, когда во Франціи появился «Эмиль или о воспитаніи» — Руссо. Подобно молніи поразилъ онъ душу молодаго человѣка, и многое, отвѣтивъ его задушевнымъ стремленіямъ, его безкорыстной любви къ людямъ, послужило потомъ путеводною звѣздою въ его трудной, но страдальческой жизни... Однако онъ на первый разъ рѣшился избрать карьеру проповѣдника, и съ этою цѣлью 18-ти лѣтъ поступилъ въ Цюрихскую высшую школу — Humanitäts-Collegium. Еврейскій языкъ, церковная исторія и теологія сдѣлались главными предметами его занятій. Но амвонъ не дался Песталоцци: въ проповѣдяхъ онъ часто запинался, смущался, и разъ сдѣлалъ ошибку даже въ «Отче нашъ»! Другой разъ онъ, неизвѣстно отъ чего, среди проповѣди разразился громкимъ смѣхомъ; вообще онъ часто увлекался или предавался разсѣянности. Послѣ такихъ неудачъ, которыхъ онъ не могъ не сознавать, въ его мечтательной головѣ явилась мысль сдѣлаться юристомъ. Молодой адвокатъ Блунчли сталъ теперь его ближайшимъ руководителемъ и другомъ, который часто умѣрялъ его пылкіе порывы, разрушалъ его широкіе планы, и, умирая преждевременною смертью, говорилъ ему: «Песталоцци! не бросайся на поприще, которое, при твоемъ добродушіи и довѣрчивости, можетъ для тебя сдѣлаться опаснымъ. Ищи для себя спокойнаго, тихаго поприща, и безъ совѣта съ умнымъ, добросовѣстнымъ человѣкомъ, который спокойно и хладнокровно изучилъ людей и вещи, не берись ты ни за какое обширное предпріятіе!» Потеря друга была тяжела для Песталоцци, который съ тоски тяжко заболѣлъ. Но молодость и медицина взяли верхъ: онъ выздоровѣлъ и возъимѣлъ внезапную рѣшимость совершенно посвятить себя сельскому хозяйству, навсегда разставшись съ ученостью. Въ это время онъ влюбился въ дочь одного богатаго купца, по имени Анну, которая раздѣляла его чувство, и къ которой онъ вздумалъ написать рѣшительное, откровенное письмо, открывъ ей свои стремленія и свои недостатки. Въ этомъ замѣчательномъ письмѣ Песталоцци преимущественно обвиняетъ себя въ необдуманности и неловкости, въ умственной ненаходчивости при возможныхъ перемѣнахъ въ его будущей судьбѣ. Кромѣ того онъ сознается въ крайней раздражительности и чувствительности, въ способности увлекаться, въ недостатѣ спокойствія и твердости, вообще — въ неумѣньи подчинять чувство и волю разсудку. «Обязанности мои къ женѣ — продолжаетъ онъ — я буду подчинять обязанностямъ къ моему отечеству; я буду нѣжнѣйшимъ супругомъ, но останусь равнодушнымъ къ слезамъ жены, лишь только она захочетъ отвлечь меня отъ исполненія гражданскихъ обязанностей. Жена будетъ повѣренною моего сердца, соучастницею въ моихъ сокровеннѣйшихъ намѣреніяхъ. Прямодушіе и простота будутъ царствовать въ моемъ домѣ. Еще одно: жизнь моя не можетъ обойтись безъ важныхъ и опасныхъ шансовъ. Я никогда не стану молчать изъ боязни людей, лишь только увижу, что польза моего отечества требуетъ, чтобы я говорилъ. Ему принадлежитъ все мое сердце, и я готовъ на все, чтобы уменьшить нужду и бѣдность въ моемъ народѣ. Теперь рѣши,—заключаетъ онъ письмо,—можешь-ли ты отдать сердце человѣку съ такими недостатками, зная его образъ мыслей и чувствованій, и можешь-ли быть счастливою съ нимъ. Я боюсь, дорогая, потерять тебя, когда ты увидишь меня тѣмъ, чѣмъ я есмь. Мнѣ часто хотѣлось промолчать, но я преодолѣлъ себя. Совѣсть моя громко говорила мнѣ, что я былъ бы обольститель, а не женихъ, если бы утаилъ отъ возлюбленной какую нибудь черту моего сердца, или какое либо обстоятельство, которое могло бы возмутить ея спокойствіе и сдѣлать несчастною. Радуюсь теперь своему поступку.» Дѣвушка отвѣчала полнымъ согласіемъ, не предчувствуя, какъ будетъ ей тяжело жить съ этимъ безпокойнымъ, хотя и благороднымъ мечтателемъ-идеалистомъ.

Песталоцци, желая найти семейное счастіе у мирнаго сельскаго очага, поселился въ прелестной мѣстности кантона Аргау, устроилъ красивую дачу, которую назвалъ Нейгофомъ, и наконецъ женился, въ 1769 году. Сначала все шло хорошо; но въ слѣдующемъ же году страну посѣтилъ ужасный голодъ. Хозяйство разстроилось, тѣмъ болѣе, что молодой хозяинъ не умѣлъ обращаться ни съ деньгами, ни съ земледѣліемъ. Цѣлые годы онъ не держалъ книги въ рукахъ, и, забывая свое стѣснительное положеніе, водилъ своего маленькаго сына Якова по полямъ и лугамъ, да воспѣвалъ гимны природѣ. Къ счастію, въ Базелѣ онъ встрѣтился съ другомъ своего отца, Исаакомъ Изелиномъ, который одобрилъ новую мысль Песталоцци — завести школу для бѣдныхъ дѣтей, преимущественно изъ рабочаго класса. Песталоцци уже давно былъ убѣжденъ, что мѣры состраданія, обыкновенно принимаемыя для противодѣйстія нищенству, въ сущности только питаютъ и раздражаютъ зло, а что единственное средство противъ бѣдности, это — развитіе врожденной человѣку силы самому удовлетворять свои потребности, пробужденіе его физическихъ, умственныхъ и нравственныхъ способностей. Для него была невыносима мысль, что богачи только унижаютъ простолюдина, хлопоча единственно о животномъ его удовлетвореніи, вмѣсто того, чтобы доставить ему возможность также легко удовлетворять свои главныя потребности въ образованіи ума и сердца, чтобы всѣми силами стараться пробудить въ бѣдномъ братѣ сознаніе человѣческаго достоинства, научивъ его также, какъ и пріобрѣтать насущный хлѣбъ. Такимъ образомъ, въ сердцѣ Песталоцци созрѣлъ планъ пріютить въ своемъ домѣ значительное число безпріютныхъ дѣтей съ тѣмъ, чтобы, исторгнувъ ихъ изъ животнаго состоянія, возвратить ихъ человѣчеству, т. е. ихъ высшему умственному и нравственному призванію. Чрезъ развитіе человѣческихъ способностей онъ желалъ воскресить въ народной жизни древній семейный духъ и семейное счастіе. Земледѣліе, домашнее хозяйство и промышленная дѣятельность — вотъ, по его мнѣнію, единственныя средства для развитія, поддержанія и оживленія чистой человѣчности въ простомъ сельскомъ людѣ. Но онъ видѣлъ не одну эту утилитарную сторону воспитанія: онъ желалъ дѣйствовать на своихъ пріемышей такъ, чтобы образовать ихъ умъ, согрѣть сердце, возбудить въ нихъ сознаніе своего внутренняго достоинства. Работа и школа явились только средствомъ для этого. Однако, къ сожалѣнію, самому Песталоцци недоставало хладнокровнаго, разумнаго, яснаго взгляда на вещи и обстоятельства, на всѣ многоразличныя, явныя или тайныя препятствія. Кромѣ того, у него недоставало хорошихъ сотрудниковъ, которые бы понимали цѣль его предпріятія. Между тѣмъ онъ обнародовалъ подробный планъ учреждаемой имъ школы для бѣдныхъ, заслужившій общее вниманіе и одобреніе. Явились и благотворители, заявлявшіе готовность жертвовать прямо деньгами, или на свой счетъ воспитывать въ Нейгофѣ бѣдныхъ дѣтей. Въ 1775 году эта Нейгофская школа была открыта. Средства на воспитаніе дѣтей должны были составлять: лѣтомъ — домашнее хозяйство и земледѣліе, зимой — пряжа, тканье, набивка ситцевъ и разныя другія ремесла. Рядомъ съ этимъ шло и собственно обученіе. Но Песталоцци плохо велъ хозяйственную и коммерческую часть, дѣлая безпрестанные промахи въ расчетѣ, такъ что выручка не покрывала расходовъ. Родители подняли вопль; посылались жалобы, упреки и обвиненія на бѣднаго педагога. Работы питомцевъ не могли выдержать конкурренціи съ продуктами другихъ фабрикъ и заводовъ, а однихъ пожертвованій недоставало. Положеніе Песталоцци было самое критическое. Онъ не разъ питался гнилымъ картофелемъ, отдавъ весь здоровый на обѣдъ дѣтямъ, чтобы только удержать ихъ у себя! Онъ жилъ какъ нищій, чтобы научить нищихъ жить по человѣчески! Тѣмъ не менѣе, послѣ пятилѣтняго существованія Нейгофская школа разстроилась окончательно, и раззореніе Песталоцци было теперь неизбѣжно. Жена его долго и съ самоотверженіемъ раздѣляла съ нимъ бѣдность и нужду, но не выдержала и заболѣла. Всѣ стали смотрѣть на Нейгофскаго педагога, какъ на неразсудительнаго, вѣтренаго мечтателя, какъ на полоумнаго человѣка. Песталоцци былъ слишкомъ гордъ, чтобы отвѣчать на злую трескотню его порицателей, видѣвшихъ одну внѣшнюю сторону дѣла, но подъ часъ и самъ падалъ духомъ. Одинъ благородный другъ отца его — Изелинъ не отказался подать ему руку помощи въ то время, когда онъ уже готовъ былъ отдаться отчаянію. Изелинъ снова пробудилъ въ немъ мужество борца и помогъ ему стать выше своего несчастія.

Песталоцци продолжалъ изучать бѣдность народа и ея источникъ. «Я терпѣлъ то, — писалъ онъ о себѣ впослѣдствіи, — что терпѣлъ народъ, и народъ показался мнѣ тѣмъ, чѣмъ онъ дѣйствительно былъ, и чѣмъ онъ не казался никому болѣе.... Цѣлые ряды лѣтъ просидѣлъ я, какъ сова среди птицъ. Но среди язвительнаго смѣха отвергавшихъ меня людей, среди громкаго ихъ восклицанія: «бѣднякъ! ты менѣе послѣдняго поденьщика въ состояніи помочь самому себѣ, и воображаешь, что можешь помочь народу!» — среди этого язвительно-насмѣшливаго восклицанія, которое я читалъ на устахъ всѣхъ, мое взволнованное сердце не уставало стремиться къ единственной цѣли—закрыть источникъ нищеты, въ которой я видѣлъ погруженный народъ. То, что никого не обманывало, меня обманывало всегда, но что обманывало всѣхъ, то меня не обманывало». Снова вооружившись прежнею бодростью, снова рѣшившись не отступать въ своихъ завѣтныхъ стремленіяхъ, Песталоцци вылилъ свои мечты въ «Вечернихъ часахъ отшельника», которыя въ 1780 году были изданы въ свѣтъ Изелиномъ. Друзья уговаривали его писать, хотя Песталоцци такъ отвыкъ отъ ученой дѣятельности, что даже дѣлалъ множество грамматическихъ ошибокъ. «Если я хоть разъ получу отъ тебя строчку безъ ошибки, — сказалъ ему однажды другъ его юности Лафатеръ — тогда я повѣрю, что ты ко многому, къ весьма многому способенъ!» «Голова— это главное, отвѣчалъ задѣтый за живое Песталоцци, а пудру можно купить въ каждой лавочкѣ». Возвратившись въ Нейгофъ, онъ немедленно взялся за чтеніе Мармонтеля, пытался подражать ему, но все былъ недоволенъ своими опытами. Но вотъ въ умѣ его развивается исторія одной швейцарской деревни. Онъ оживляетъ эту исторію любовію своею къ благу народа, облекаетъ ее въ одежду естественной простоты и искренности. Въ нѣсколько недѣль является на бумагѣ цѣлая повѣсть. Авторъ самъ не знаетъ, какъ это совершилось, но чувствуетъ, что удачно. Цюрихскіе друзья хотѣли было передѣлывать её, украшать чопорными формами школьнаго языка, но Песталоцци было жаль разстаться съ тѣмъ, что такъ свободно вылилось изъ его души. Онъ отправился въ Базель къ Изелину, и этотъ неизмѣнный другъ вполнѣ одобрилъ повѣсть, какъ она есть, съ готовностью принявъ на себя даже ея изданіе. Это была знаменитая «книга для народа — Лингардтъ и Гертруда». Не только въ селахъ

Швейцаріи, но и въ Германіи она была встрѣчена самымъ горячимъ сочувствіемъ. Всѣ періодическія изданія на перерывъ превозносили её похвалами. Скоро она сдѣлалась настольною книгою у сельскихъ жителей и любимицею каждаго порядочнаго городскаго семейства. Книгопродавцы предлагали автору по луидору за листъ, выпрашивая право изданія. Бернское «товарищество общей пользы» прислало ему благодарственный адресъ и большую золотую медаль. Люди, считавшіе его за полоумнаго, со стыдомъ сознались въ своей ошибкѣ, которую всячески старались загладить. Графъ Цинцендорфъ, одинъ изъ ближайшихъ совѣтниковъ императора Іосифа II, прочитавъ «Лингарда и Гертруду», собственноручнымъ письмомъ приглашалъ автора въ Вѣну. Но Песталоцци не рѣшился оставить свою семью и свой Нейгофъ, гдѣ онъ столько выстрадалъ, и гдѣ продолжалъ страдать въ самой крайней нуждѣ, не смотря на свою народную славу. Основная идея этой повѣсти, читаемой всѣми на расхватъ, заключалась въ томъ, что возрожденіе семейнаго воспитанія есть единственное средство, способное успѣшно содѣйствовать прекращенію возрастающей нравственной порчи и нищеты въ народѣ. Но мысль автора была не всѣми понята, а потому онъ пытался растолковать ее въ другой повѣсти «Христофъ и Эльза», однако неудачно: книга почти не разошлась. Въ 1782 году Песталоцци началъ издавать газету «Швейцарскій листокъ», въ которой печатались его маленькіе повѣсти и разсказы изъ сельскаго быта. Между тѣмъ Нейгофское хозяйство шло такъ же дурно, какъ и прежде; авторство плохо вознаграждалось, благодаря эксплуатаціи издателей. Песталоцци опять бросилъ писать, взялся за живопись; но его рисунки (около 240) были изданы только въ 1795 году въ приложеніи къ его наглядной азбукѣ. За недостаткомъ матеріяльныхъ средствъ, ему оставалось только мечтать о школѣ, объ улучшеніи народнаго воспитанія, и выражать свои мечты на бумагѣ. Это опять заставило его взяться за перо. Онъ написалъ продолженіе «Лингарда и Гертруды», которое, однако, много уступало началу въ простотѣ и художественности. Чѣмъ же былъ Песталоцци недоволенъ относительно современнаго воспитанія?

Огромное большинство общества при воспитаніи почти совершенно теряло изъ виду самого человѣка и развитіе въ немъ собственно-человѣческаго элемента. Книги и школы считались почти единственными рычагами воспитанія и образованія, и, напротивъ, не было обращено почти ни малѣйшаго вниманія на семейныя и общественныя отношенія и на вытекающія изъ нихъ привычки, понятія и требованія дѣйствительной жизни. Уже нѣсколько десятковъ лѣтъ всѣ нѣмецкія земли были наводнены безчисленными книгами для дѣтскаго возраста и новомодными воспитательными заведеніями, основанными на крайнихъ идеяхъ Руссо. Однѣ изъ такихъ школъ разновидными знаками отличія и достоинства питали тщеславіе въ дѣтяхъ; другіе думали преодолѣть или преобразовать рутину прежняго французскаго воспитанія тѣмъ, что чтеніе поэтическихъ произведеній для образованія сердца объявили пустымъ и безполезнымъ занятіемъ, и изобрѣтателя самопрялки поставили выше поэта. Хотѣли образовать прежде всего практическихъ людей, и считали болѣе полезнымъ для дѣтей счипать перья, чѣмъ учиться религіи. Увлеченіе идеями Руссо было весьма односторонне, и геній Песталоцци, не утратившій своей самобытности, былъ далекъ отъ этихъ извращенныхъ стремленій эпохи. Система новаго, лучшаго воспитанія давно зрѣла въ его умѣ; но ему недоставало возможности осуществить ее на практикѣ. Въ 1798 году онъ опять издалъ плодъ своихъ трехлѣтнихъ усидчивыхъ занятій: «Мои наблюденія надъ дѣйствіемъ природы въ развитіи человѣчества». Сочиненіе это было написано безъ всякихъ книжныхъ пособій, и отъ него вѣяло свѣжестью и оригинальностью, точно также, какъ и отъ его «Лингарда и Гертруды». Здѣсь Песталоцци старался привести въ согласіе простоту и естественность воспитанія съ понятіями о нравственности и гражданскомъ правѣ, котораго не признавалъ Руссо, старался указать воспитанію юнощества должное значеніе въ цѣлостной жизни народа и государства, тогда какъ Эмиль былъ чѣмъ-то оторваннымъ и потомъ враждебно поставленнымъ относительно условій общественной жизни, такъ какъ воспитателю его вся европейская цивилизація, вмѣстѣ взятая, казалась зломъ, уклоненіемъ отъ человѣческой природы.

Въ томъ же 1798 году судьба, наконецъ, поставила Песталоцци въ возможность практической дѣятельности на воспитательномъ поприщѣ. Швейцарія, подъ вліяніемъ французской революціи, сдѣлалась единымъ, нараздѣльнымъ государствомъ, центромъ котораго былъ на время избранъ городокъ Аргау, въ небольшомъ разстояніи отъ котораго лежалъ Нейгофъ. «Я хочу быть учителемъ» сказалъ Песталоцци своимъ друзьямъ, между которыми находились люди вліятельные въ правительственныхъ сферахъ, напр. благородный Легранъ. Послѣ французскаго оружія въ Швейцаріи осталось множество осиротѣвшихъ и безпомощныхъ дѣтей, особенно въ разгромленномъ Унтервальденѣ. Открылось поле для геройскаго сердца Песталоцци; само правительство призывало его къ дѣлу и обѣщало поддержку. Оно отдало ему въ Станцѣ новое монастырское зданіе, одиноко стоявшее среди груды развалинъ, мусора и пепла, въ которыхъ еще рылись женщины и дѣти, въ надеждѣ спасти хоть что нибудь изъ своего прежняго имущества. Предстояло устроить здѣсь школу для бѣдныхъ дѣтей; но ихъ родители, не желавшіе навязаннаго имъ образа правленія, смотрѣли на новаго учителя, какъ на еретика, опаснаго душевному спасенію ихъ дѣтей: онъ былъ реформатъ. Поступившіе въ его институтъ питомцы были въ самомъ жалкомъ состояніи. Въ чесоткѣ, со струпьями на головѣ, исхудалые отъ голода, они имѣли видъ скелетовъ; въ нравственномъ отношеніи это была толпа нищихъ нахаловъ, лжецовъ, лицемѣровъ, одичавшихъ въ нуждѣ и невѣжествѣ, или еще не успѣвшихъ забыть о прежнемъ, уже утраченномъ довольствѣ. Возрасты были различны, что тѣмъ болѣе затрудняло единство воспитательныхъ мѣръ. Обученіе пало на одного Песталоцци: онъ былъ въ то же время и главный начальникъ, и казначей, и дворникъ, и слуга. Всякая помощь въ нуждѣ, всякое наставленіе, всякое поощрительное слово или порицаніе исходили прямо отъ него, изъ его сердца. Его рука, какъ разказываетъ онъ самъ, лежала въ ихъ рукѣ; его взоръ покоился въ ихъ взорѣ; его слезы смѣшивались съ ихъ слезами; онъ смѣялся, когда они смѣялись; ихъ ѣда, ихъ питье служили и ему ѣдою и питьемъ; они были съ нимъ, и онъ былъ съ ними. Если они были здоровы, онъ бодрствовалъ среди нихъ; когда же были больны, онъ не отходилъ отъ нихъ. Онъ самъ одинъ, безъ семейства, оставленнаго имъ въ Нейгофѣ, чистилъ почти непобѣдимую нечистоту ихъ платья и тѣла. Дурная погода и сырой холодъ въ монастырскихъ корридорахъ были причиною, что многіе изъ дѣтей заболѣли; къ тому же въ окрестностяхъ господствовала гнилая горячка. Но никто изъ дѣтей не умеръ, и къ веснѣ всѣ выздоровѣли и разцвѣли румянцемъ. Родители, сами нищенствовавшіе, старались всячески вырвать дѣтей изъ заведенія Песталоцци и пріучить ихъ къ нищенскому промыслу, которымъ они могли бы поддерживать ихъ самихъ. Не проходило воскресенья, чтобы нѣсколько оправившихся и одѣтыхъ дѣтей не сманили такимъ образомъ, и много прошло времени, пока Песталоцци добился того, что отцы и матери стали со слезами благодарности пожимать ему руку. Заведеніе росло все болѣе, и весною 1799 года имѣло уже 80 питомцевъ. Когда въ одномъ кантонѣ пожаръ опустошилъ цѣлое селеніе, питомцы Песталоцци сами пожелали принять къ себѣ десятка два своихъ несчастныхъ товарищей, больше работать и подѣлиться съ ними своими скудными средствами. Велика была радость самоотверженнаго воспитателя, когда онъ увидѣлъ, что цѣль его — развить и облагодарить нравственную природу человѣка — не пустая мечта. Онъ убѣдился, что самая строгость въ обузданіи грубыхъ наклонностей дѣтей, не рѣдко выражавшаяся у него розгами и пощечинами вслѣдствіе его горячаго, раздражительнаго темперамента, не уменьшили въ дѣтяхъ любви и преданности къ нему; они забывали его строгость и помнили только доброту его сердца, его самоотвержение ради их пользы.

Песталоцци, однакожъ, нужно было не только воспитывать, но и учить дѣтей. Онъ смѣло приступилъ къ рѣшенію этой трудной задачи и создалъ первыя основанія того простаго, естественнаго метода обученія, который впослѣдствіи сталъ извѣстенъ подъ его именемъ, распространился по всѣмъ направленіямъ образованнаго міра и получилъ дальнѣйшее развитіе, благодаря усердію его послѣдователей. Обученіе шло почти безъ книгъ: живымъ, изустнымъ образомъ, и одновременно съ цѣлымъ классомъ. Въ дѣтяхъ быстро развивалось сознаніе собственныхъ силъ, которыхъ они и не подозрѣвали въ себѣ. Вотъ что писалъ, между прочимъ, Песталоцци о своемъ обращеніи съ дѣтьми въ классѣ: «Когда они громко защебечутъ или зашумятъ, мнѣ стоитъ только обратиться къ ихъ собственному чувству, и замѣтить, что такъ невозможно учить ихъ — и вдругъ воцарится такая тишина, что слышно каждое дыханіе. Часто они бросаются ко мнѣ на шею и называютъ меня отцомъ; тогда я спрашиваю ихъ: дѣти! неужели и предъ вашимъ отцомъ вы лицемѣрите! вы меня цѣлуете, а позади дѣлаете то, что мнѣ непріятно. Когда въ деревнѣ жаловались на пищу, я спрашивалъ дѣтей: неужели вы хотите, чтобы за деньги, которыя я имѣю въ распоряженіи, содержалось только 30—40 дѣтей, между тѣмъ какъ теперь я могу содержать васъ 70—80? Хорошо ли было бы это? Я иногда спрашивалъ лучшихъ мальчиковъ, когда они прижимались къ моей груди: хотите ли вы жить подобно мнѣ, въ кругу бѣдныхъ несчастливцевъ, воспитывать ихъ, образовывать и дѣлать добрыми людьми? О, Боже мой! Съ какимъ благороднымъ чувствомъ, съ какими слезами отвѣчалъ мнѣ каждый изъ нихъ: Дай Господи, чтобы я могъ дойти до этого! Болѣе всего возвышала ихъ та мысль, что не вѣчно они будутъ жить въ нищетѣ, но явятся впослѣдствіи среди земляковъ своихъ образованными въ наукахъ и искусствахъ, и будутъ пользоваться ихъ уваженіемъ, какъ люди для нихъ полезные.»

Однако случайности войны опять помѣшали Песталоцци: чрезъ девять мѣсяцевъ по прибытіи его въ Станцъ, этотъ городъ снова былъ занятъ французами, которые привратили его пріютъ въ госпиталь для раненныхъ. Питомцы разсѣялись, а воспитатель и другъ ихъ, больной нервами, изнуренный, подавленный горемъ, въ іюнѣ 1799 года вынужденъ былъ удалится въ Люцернъ. «Когда испытавшій крушеніе морякъ, — писалъ онъ впослѣдствіи объ этомъ событіи въ своей жизни, — послѣ утомительныхъ, безсонныхъ ночей, видитъ, наконецъ, землю, дышетъ надеждою жизни, и когда вдругъ роковой вѣтеръ опять броситъ его въ безпредѣльное море, онъ въ ужасѣ тысячу разъ повторяетъ: за чѣмъ я не умеръ? И все таки не бросается въ пучину, опять напрягаетъ утомленный взоръ, всматривается и опять ищетъ берега. Въ такомъ точно положеніи былъ и я». Изъ Люцерна Песталоцци отправился въ Бернъ, гдѣ друзья его снова стали считать его за человѣка неспособнаго осуществить свои мечты, и начатое дѣло довести до конца. Только одинъ изъ его прежнихъ знакомыхъ пріютилъ больнаго, огорченнаго страдальца и помогъ ему лечиться. Скоро выздоровѣвъ, онъ получилъ мѣсто учителя въ Бургдорфѣ, въ двухъ часахъ пути отъ новаго правительственнаго центра Швейцаріи — Берна. Хлопоча о должности учителя въ бѣдной школѣ маленькаго Бургдорфа, Песталоцци по наружности походилъ на бродягу; и дѣйствительно, онъ только искалъ куска хлѣба въ то время, когда семейство его бѣдствовало въ Нейгофѣ. Въ старомъ учителѣ-рутинерѣ онъ встрѣтилъ человѣка, увидѣвшаго въ немъ опаснаго для себя соперника, и потому обвинявшаго его передъ жителями въ еретичествѣ. Толковали, что новый учитель не учитъ ни читать, ни считать: это было справедливо въ томъ отношеніи, что Песталоцци отступалъ отъ старой методы. Какъ бы ни было, онъ скоро лишился этого мѣста и перешелъ въ школу другой части города, боясь, чтобы его не выгнали и изъ этого пріюта. Однако онъ не отступалъ отъ своей методы, наблюдая, какъ въ Станцѣ, возможную простоту въ пріемахъ — съ тою цѣлью, чтобы дѣти подвигались впередъ мало по малу, шагъ за шагомъ, но послѣдовательно и вѣрно. Онъ преимущественно старался сообщить ученію единство, стройность, жизнь и разнообразіе, предохранять дѣтей отъ разсѣянности, подстрекать и поддерживать ихъ вниманіе и самодѣятельность, и въ то же время доставлять имъ нѣкоторое тѣлесное упражненіе. Прежде обученія читать, онъ знакомилъ дѣтей со множествомъ вещей и словъ, выясняя ихъ дѣтскія представленія и понятія, и укрѣпляя ихъ мышленіе. «До пяти лѣтъ, — писалъ онъ къ Геснеру — дѣтей совершенно предоставляютъ природѣ, дозволяютъ дѣйствовать на нихъ каждому впечатлѣнію чувственной жизни; а потомъ вдругъ всю природу закрываютъ предъ ними, неумолимо сгоняютъ ихъ какъ овецъ, большими стадами, въ душную каморку, на цѣлые часы, дни, мѣсяцы и годы приковываютъ ихъ взоръ къ несчастнымъ, однообразнымъ и вовсе не заманчивымъ буквамъ и къ жизни, совершенно противоположной тому попеченію, какое по сію пору имѣла о нихъ природа».

Наконецъ нашлись люди, которые прочитали всѣ сочиненія Песталоцци и поняли его мысль о воспитательномъ обученіи. Гербартъ даже поспѣшилъ посѣтить Бургдорфскую школу. Ея учитель поразилъ молодаго ученаго всѣмъ, начиная съ наружности. «Фигура Песталоцци, — разсказываетъ Гербартъ — тощая и нѣсколько наклоненная впередъ; грудь широкая, выпуклая; станъ согнутый; лице на первый взглядъ безобразное, отталкивающее, изрытое оспою, морщинистое, смуглое, съ рѣзкими чертами. Подъ черными, частію взъерошенными, частію висящими клочьями волосами — открытый, могучій, круглый лобъ. На немъ видны глубокія борозды — слѣды раннихъ, грызущихъ заботъ и неимовѣрныхъ умственныхъ трудовъ. Но изъ глазъ, глубоко впавшихъ подъ длинными, торчащими и сдвинутыми бровями блеститъ живой огонь, свидѣтельствующій еще о юношеской, несокрушимой силѣ духа; а рѣзкія черты лица дышатъ выраженіемъ искреннѣйшей доброты. Видно, что у этого человѣка нѣтъ ни одной лживой жилки, что у него сердце — на языкѣ». Въ это время Песталоцци было уже 54 года. Дѣти съ радостію сбѣжались къ нему въ школу, не смотря на эту необычную тревогу. По словамъ Гербарта, они произносили слова всѣ одновременно, твердо, правильно, стройно и внятно; вниманіе было постоянно устремлено на предметъ обученія; уста и руки постоянно заняты. Не слышно ни одного пустаго слова въ школѣ; теченіе занятій никогда не прерывается и каждое мгновеніе дѣлаетъ шагъ впередъ. Шестилѣтнія дѣти уже правильно чертятъ линіи, и грифельная доска безпрерывно повертывается въ ихъ ручкахъ: дѣти то пишутъ, то сами исправляютъ написанное. Не зараженный рутиною молодой человѣкъ былъ пораженъ успѣхомъ Песталоцци. Въ 1800 году начальство Бургдорфа также признало успѣхъ и перевело даровитаго учителя въ другую, нѣсколько высшую школу. Скоро Песталоцци посчастливилось найти преданныхъ дѣлу помощниковъ, отчасти уже понимавшихъ, что у него нѣтъ строгой системы, что онъ уже черезъ чуръ горячится и скоро утомляетъ себя. Но энергія его и блестящіе результаты были изумительны, хотя повидимому все ограничивалось упражненіями въ разговорѣ, въ нагладномъ обученіи, чтеніи и счетѣ. Нѣкоторые изумлялись его методѣ, сначала не понимая внутренней ея цѣли, которая уяснялась только впослѣдствіи. Правительство окончательно увѣрилось въ плодотворности усилій Песталоцци и дало ему средства, такъ что въ томъ же 1800 году онъ могъ устроить въ Бургдорфѣ свое заведеніе въ одномъ старинномъ замкѣ, бывшемъ нѣкогда резиденціею ландфохтовъ. Въ этотъ институтъ стали быстро стекаться воспитанники, дѣти знатныхъ и незнатныхъ, богатыхъ и бѣдныхъ родителей: кто безплатно, кто съ платою. Громадная семья человѣкъ въ 80 потребовала присутствія хозяйки, а потому въ замокъ переселилась вся семья Песталоцци. Число прислуги было самое ограниченное, и во всемъ бытѣ питомцевъ господствовала воспитательская простота. Учебными предметами были: отечественный и французскій языки, геометрія, ариѳметика, отечественная исторія и музыка. Древніе языки вовсе не преподавались. Сначала все преподаваніе было преимущественно элементарное, подготовительное, основанное на наглядности, т. е. на чувственномъ воспріятіи. Число, величина, форма, языкъ — вотъ что считалось главнѣйшимъ средствомъ для правильнаго, человѣческаго развитія. Ученики по возрасту дѣлились на шесть классовъ. Каждый день имѣлъ семь часовыхъ уроковъ, которые распредѣлялись между ѣдою, свободнымъ временемъ и играми. Въ послѣднихъ участвовали и воспитатели. День начинался утренней молитвой въ 7 часовъ, и оканчивался вечерней — въ 10 часовъ. По воскресеньямъ всѣ ходили въ церковь, а потомъ отправлялись за городъ, ходили по полямъ и лугамъ, лазили по лѣсистымъ горамъ, купались и плавали; зимою занимались фехтованіемъ и гимнастическими упражненіями, какъ учителя, такъ и ученики. Песталоцци былъ душею заведенія, и всѣ называли его отцемъ. Онъ имѣлъ дивный даръ съ сочувствіемъ вникать въ дѣтскія дѣла, заботы, горести и потребности, какъ истинный другъ и отецъ. Тѣмъ-же онъ былъ и въ отношеніи своихъ молодыхъ сотрудниковъ, возбуждая въ нихъ любовь къ дѣлу, пониманіе и энергію въ немъ. «Когда смотрю на мое дѣло, — писалъ онъ въ это время къ Штапферу, — какъ оно идетъ у меня теперь, то чувствую, что никто не былъ къ нему менѣе меня способенъ. Оно требовало громадной суммы денегъ: а у меня онѣ никогда не водились. Оно требовало хладнокровнаго, спокойнаго обсужденія: я былъ безпокойнѣйшій въ мірѣ простякъ; голова моя была до того горяча, что окружающіе думали, будто она уже горѣла. Но я нашелъ людей, обладающихъ въ высшей степени спокойствіемъ для служенія моему дѣлу. Оно требовало знанія языка и школы, требовало порядка въ хозяйствѣ: у меня не было ни того, ни другаго. И все таки я устоялъ на своемъ. Эти чудеса творитъ одна любовь. Когда она дѣйствительно есть, то она имѣетъ божественную силу и не пугается креста».

Въ слѣдующемъ 1801 году явилось съ свѣтъ новое сочиненіе Песталоцци «Какъ Гертруда учитъ своихъ дѣтей», въ формѣ писемъ къ Геснеру. Оно произвело въ читателяхъ, уже глубоко сочувствовавшихъ стремленіямъ Песталоцци, родъ какого-то безпокойнаго раздраженія, расшевелило обычную вялость и лѣнь вѣка, воодушевило на дѣло воспитанія. Въ 1802 году Песталоцци былъ выбранъ въ числѣ другихъ депутатомъ въ Парижъ для начертанія новой конституціи для Швейцаріи. Институтъ Бургдорфскій остался на попеченіи его жены и молодыхъ сотрудниковъ. Въ Парижѣ Песталоцци предоставилъ очаровавшему его Бонапарте записку, въ которой съ жаромъ доказывалъ необходимость улучшенія народнаго воспитанія въ его отечествѣ; но это дѣло не имѣло желанныхъ послѣдствій.... Новая ревизія его заведенія была до того благопріятна, что правительство возвысило его содержаніе до 1500 франковъ, а двоимъ помощникамъ назначило по 400 франковъ. Отчетъ ревизіи былъ напечатанъ и разнесъ славу Песталоцціева института даже за предѣлами Швейцаріи. Множество посѣтителей, особенно въ 1803 г. стекалось изъ всѣхъ концевъ Европы въ Бургдорфскій замокъ: русскіе и поляки, нѣмцы, испанцы, французы, люди всевозможныхъ возрастовъ, званій и вѣроисповѣданій пріѣзжали, даже на счетъ правительствъ, изучать методу Песталоцци. Для каждаго изъ нихъ у старика были готовы живое слово и примѣръ. Число послѣдователей его изумительно росло. Между тѣмъ онъ продолжалъ и свои кабинетныя работы: въ 1803 году явилась его «Книга матерей», за которою послѣдовалъ рядъ учебниковъ, — но не для дѣтей, а для учителей и учительницъ.

Но судьбѣ Песталоцци предстояла новая превратность: замокъ понадобился новому мѣстному начальнику, который приказалъ немедленно очистить его, не смотря на ходатайство всѣхъ жителей Бургдорфа. Институтъ былъ перенесенъ въ старое монастырское зданіе въ Мюнхенъ-Бухзее, недалеко отъ Берна, и поступилъ подъ стѣснительную опеку Фалленберга, богатаго владѣльца сосѣдняго помѣстья Гофвиль. Нѣкоторые города Швейцаріи наперерывъ приглашали къ себѣ знаменитаго, но несчастливаго педагога. и онъ избралъ, наконецъ, Ивердонъ, переселившись въ него съ преданнѣйшими сотрудниками и нѣсколькими воспитанниками. Отведенный подъ институтъ мрачный бургундскій замокъ былъ устроенъ, хотя съ трудомъ, и семья собралась въ немъ снова, взявшись за прежнюю дѣятельность. «Бо́льшая часть учителей, — такъ писалъ Песталоцци въ отчетѣ за 1807 г.,— живетъ постоянно весь день съ воспитанниками, какъ съ равными. Наше воспитаніе имѣетъ въ этомъ отношеніи то достоинство, что приближается къ воспитанію въ хорошемъ семействѣ. Любезные родители моихъ питомцевъ! Посѣщайте насъ всѣ: мой домъ — открытый дворъ. Что мы дѣлаемъ, то дѣлаемъ въ глазахъ всѣхъ, и если погрѣшаемъ, то въ глазахъ публики, и не хотимъ такого довѣрія, осужденія или похвалы, какихъ не заслуживаемъ. Не скрывайте передъ нами истины, требуйте отъ насъ исполненія каждой обязанности. Смотрите на мое заведеніе, какъ на свое собственное: въ самомъ дѣлѣ, оно болѣе ваше, нежели мое». Ивердюнскій институтъ также пріобрѣлъ европейскую извѣстность, и воспитанники его собирались не только изъ Германіи, Франціи и Италіи, но даже изъ Россіи, Испаніи и Сѣверной Америки. Мысли Песталоцци проникли почти во всѣ слои общества; и правительства, и лица частныя стремились учреждать заведенія по той же системѣ. Плата за воспитанниковъ въ Ивердюнѣ была болѣе, чѣмъ умѣренная, и часто у директора не было ни гроша денегъ. Онъ задолжалъ кругомъ, уже считалъ себя погибшимъ, и въ безнадежности, изнеможенный подъ бременемъ заботъ, уже приказалъ строить себѣ гробъ. Но друзья, а въ особенности знаменитый Фихте, провозглашавшій славу Песталоцци въ Германіи, поддержали дѣло. Издано было въ свѣтъ собраніе сочиненій Песталоцци. Сотрудники его работали до самотверженія. Даже иностранныя правительства оказали ему значительное матеріяльное содѣйствіе: король Баварскій подписался на 700 гульденовъ, прусскій — на 400 талеровъ, императоръ Александръ — на 500 руб., такъ что въ 1818 г. Песталоцци могъ расплатиться съ долгами. Съ императоромъ Александромъ онъ имѣлъ счастіе познакомиться еще въ 1814 году, когда австрійскій коммиссаріатъ хотѣлъ обратить зданіе института въ госпиталь. Чтобы спасти свое любимое заведеніе, Песталоцци отправился къ императору въ Базель, и былъ въ чрезвычайномъ волненіи, готовясь предстать предъ повелителя славной тогда Россіи. Но привѣтливость и ласковый пріемъ императора заставили его побѣдить въ себѣ природную робость. Въ пылу усердія къ своему дѣлу, Песталоцци забылъ рангъ, разстояніе и особу: заговоривъ о милліонахъ душъ, которыя въ невѣжествѣ и рабствѣ жаждутъ свѣта и свободы, онъ, по привычкѣ говорить всегда лицомъ къ лицу съ своимъ собесѣдникомъ, постоянно поступалъ къ монарху, тѣснилъ его шагъ за шагомъ до самой стѣны, и въ пылу уже хотѣлъ схватить его за пуговицу, — какъ вдругъ невольное движеніе императора заставило его вспомнить свое положеніе и протянуть руку къ рукѣ повелителя Россіи. Но Александръ предупредилъ его: онъ обнялъ его и поцѣловалъ отъ души. Институтъ, конечно, былъ также спасенъ. Въ томъ же году Песталоцци получилъ орденъ 4-й степени. Однако Ивердюнскій институтъ чрезъ нѣсколько лѣтъ былъ оставленъ самимъ Песталоцци, который съ нѣсколькими воспитанниками переселился на берега прелестнаго Невшательскаго озера, въ мѣстечко Elindy. Сюда было прислано къ нему еще дюжины двѣ дѣтей изъ Англіи; къ нимъ, въ 1814 году, былъ приставленъ одинъ англійскій пасторъ, который весьма удачно первый примѣнилъ къ англійскому языку Песталоцціеву методу обученія.

Послѣдніе годы жизни Песталоцци въ Ивердюнѣ протекли въ огорченіяхъ отъ процессовъ съ его прежними сотрудниками; и хотя вѣрные его послѣдователи долго поддерживали его, но интриги враговъ заставили ихъ разлучиться, такъ что въ 1825 году этотъ знаменитый институтъ долженъ былъ окончательно закрыться. Песталоцци перебрался въ свой Нейгофъ — мѣсто своихъ юношескихъ грезъ объ образованіи человѣка и воспитаніи народа. Отсюда онъ дѣлалъ нѣкоторыя поѣздки по сиротскимъ домамъ и школамъ Швейцаріи, и вездѣ былъ встрѣчаемъ съ трогательнымъ одушевленіемъ. Добро, которое онъ расточалъ въ своей жизни, было по достоинству оцѣнено швейцарцами. Въ 1826 году «Швейцарское человѣколюбивое общество» избрало старца-героя своимъ предсѣдателемъ. Въ благодарственной рѣчи своей по этому случаю онъ выразилъ, что ему суждено, вѣроятно, въ послѣдній разъ присутствовать въ этомъ дорогомъ для него обществѣ. И въ самомъ дѣлѣ: это было въ послѣдній разъ. Въ день новаго 1827 года Песталоцци опасно занемогъ, велѣлъ свести себя въ Брюгге, и здѣсь послѣ короткаго, но жестокаго страданія скончался 17 февраля, будучи уже 80-ти-лѣтнимъ старцемъ. Тѣло его черезъ два дня было перевезено въ Биррскую церковь, къ приходу которой принадлежалъ Нейгофъ, и похоронено предъ училищнымъ домомъ. Учителя и ученики изъ сосѣднихъ селъ, не смотря на зимній холодъ, съ пѣніемъ проводили гробъ своего учителя въ могилу. Впослѣдствіи здѣсь былъ ему воздвигнутъ памятникъ, съ бюстомъ его и надписью — «Нашему отцу Песталоцци».

*Главнѣйшія основанія дидактики и методики Песталоцци.*

И такъ, Песталоцци окончательно утвердилъ вѣчный принципъ воспитанія какъ въ настоящемъ, такъ и въ будущемъ развитіи человѣческой природы въ ея лучшихъ сторонахъ, утвердилъ развитіе народа на твердой народной почвѣ, сообразно съ его нуждами и потребностями. Невзрачный видомъ, нищенски одѣтый, часто не мытый и растрепанный, въ истоптанныхъ башмакахъ, въ дырявыхъ чулкахъ, лишенный спокойной разсудительности, безъ вѣрнаго такта въ поступкахъ и безъ свѣтской ловкости, этотъ геніальный чудакъ умѣлъ воодушевить человѣчество любовію къ дѣлу воспитанія. Онъ достигъ этого, благодаря одушевлявшей его самого безкорыстной любви, готовой на всякія жертвы, когда было нужно спѣшить на помощь бѣднымъ и угнетеннымъ, (для одного изъ которыхъ онъ однажды обрѣзалъ серебряныя пряжки у своихъ башмаковъ и подвязалъ ихъ соломой); онъ достигъ этого, благодаря своей геніальной скромности, простотѣ и безпритязательности, которыми онъ далеко превосходилъ своихъ современниковъ, и всѣхъ истинно понимающихъ воспитаніе заставилъ вступить въ упорную борьбу противъ матеріализма, въ какомъ бы видѣ онъ ни являлся— въ грубомъ или утонченномъ, противъ тупаго эгоизма, противъ мелочнаго, пошлаго утилитаризма, защищая отъ нихъ вѣчные идеалы человѣческой жизни въ ея нравственномъ смыслѣ, и не отступно работая для общаго блага, для правильнаго, естественнаго развитія человѣка. Заклятый врагъ безумнаго механизма въ обученіи, врагъ убійственной дрессуры, царствовавшей въ среднихъ и низшихъ школахъ, гдѣ все обученіе состояло въ задаваніи и спрашиваніи уроковъ, Песталоцци желалъ сдѣлать воспитаніе юношества основой всей нравственной жизни народа, и все учебное дѣло построить на законахъ естественнаго развитія человѣческаго духа, который всегда идетъ отъ нагляднаго созерцанія къ ясному понятію. «Я хочу отдать дѣло народнаго воспитанія въ руки матерей» сказалъ Песталоцци, и эта мысль, для которой онъ столько трудился, была въ его время новой, неслыханной мыслью. Онъ первый такъ вѣрно и глубоко понялъ образовательное вліяніе женщины въ семьѣ и обществѣ, будучи убѣжденъ, что безъ ея участія невозможно дальнѣйшее усовершенствованіе соціальныхъ формъ жизни.

«Еще при колыбели ребенка — восклицаетъ онъ въ своей безсмертной книгѣ «Лингардъ и Гертруда» — надо стараться отнять воспитаніе человѣческаго рода изъ рукъ слѣпой, причудливой природы и передать его въ руки лучшей, разумной силы, которая опытомъ тысячелѣтій училась размышлять о сущности и непреложности дѣйствующихъ въ ней, вѣчныхъ законовъ». Потребность еще съ колыбели всѣми зависящими средствами подготовлять результаты элементарнаго образованія можетъ быть названа всеобщею. Безъ удовлетворенія ея вся идея элементарнаго образованія не будетъ имѣть естественнаго исхонаго пункта во всемъ томъ, что оказываетъ прочное вліяніе на ростъ всѣхъ нашихъ силъ, и вмѣстѣ на ихъ правильное взаимное соотношеніе. А такъ какъ ходъ природы, по слѣдамъ которой долженъ идти и помощникъ ея — искусство, уже самъ заключаетъ въ себѣ начало прочнаго развивающаго средства въ единствѣ человѣческой природы, и чрезъ то уже отъ колыбели воздѣйствуетъ на объединеніе и связь результатовъ всего нашего образованія; то изъ этого очевидно, что искусство также должно еще отъ колыбели искать исходной точки всѣхъ своихъ средствъ въ единствѣ человѣческой природы, и стараться посредствомъ ея достигнуть гармоніи въ результатахъ и согласія съ естественнымъ ходомъ самой природы». Этому ходу природы именно и должна слѣдовать мать при воспитаніи своего ребенка; его же должна наблюдать и школа. «Всякое школьное образованіе, не построенное на основахъ общечеловѣческаго образованія, ведетъ ложнымъ путемъ. Все человѣчество по своей сущности одинаково, и для своего удовлетворенія должно идти однимъ путемъ. По этому всякая истина, вѣрно почерпнутая извнутри нашего существа, должна быть общечеловѣческою истиною, и такимъ образомъ становится истиною связующею и объединяющею между тѣми спорящими сторонами, которыя обыкновенно грызутся только изъ-за ея оболочки. Ты самъ, какъ человѣкъ, твое собственное внутренне чувство есть первый предметъ образующей природы. Всестороннее возвышеніе этихъ внутреннихъ силъ человѣческой природы до истинно-человѣческой мудрости есть общая цѣль образованія человѣка, хотя бы онъ стоялъ на низшей степени. Упражненіе, примѣненіе и употребленіе своей силы и своего знанія въ особенныхъ обстоятельствахъ и условіяхъ соціальной жизни составляетъ предметъ спеціальнаго и сословнаго образованія. Но послѣднее должно быть постоянно подчинено общей цѣли человѣческаго образованія. Кто не есть *человѣкъ* прежде всего, человѣкъ съ развитыми внутренними силами, у того недостаетъ основанія для опредѣленія своего ближайшаго назначенія и своей спеціальной роли;

и этого недостатка не можетъ искупить никакая внѣшняя высота соціальнаго положенія». Всѣ силы человѣчества природа раскрываетъ посредствомъ упражненія, и на употребленіи ихъ основывается весь ихъ ростъ. Весь порядокъ природы въ образованіи человѣчества заключается въ силѣ укрѣпленія и примѣненія своихъ знаній, своихъ дарованій и вообще своихъ способностей.

Отецъ своихъ дѣтей не долженъ направлять силу ихъ духа въ туманную даль прежде, чѣмъ успѣетъ укрѣпить эту силу ближайшими упражненіями, остерегая ее отъ всякой суровости и излишняго напряженія. Если люди слишкомъ забѣгаютъ впередъ, пренебрегая этимъ порядкомъ, они сами разрушаютъ въ себѣ свою внутреннюю силу, и уничтожаютъ покой и равновѣсіе своей внутренней жизни. Они дѣлаютъ это потому, что прежде, чѣмъ они успѣли, посредствомъ реальнаго знакомства съ дѣйствительнымъ ихъ міромъ, сдѣлать свой духъ воспріимчивымъ къ истинѣ и мудрости, они уже окунулись въ безпорядочный хаосъ фразъ и мнѣній, и основаніемъ своей духовной дѣятельности, первымъ упражненіемъ своихъ силъ содѣлали пустые звуки и слова — вмѣсто истины, истекающей изъ реальной сущности вещей. Всякое познаніе должно исходить изъ созерцанія, изъ чувственнаго знакомства со внѣшними предметами, изъ возбужденія и сознанія собственныхъ впечатлѣній. «Когда я оглядываюсь — говоритъ Песталоцци — и спрашиваю самъ себя: что же я собственно сдѣлалъ на пользу человѣческаго образованія, то вижу, что я прочно установилъ главнѣйшее дидактическое положеніе въ признаніи наглядности, какъ абсолютнаго основанія всякаго познанія, и, устраняя всякіе отдѣльные школьные предметы, старался отыскать сущность всякаго ученія и ту начальную форму, посредствомъ которой наше образованіе опредѣляется самой природой». Но это созерцаніе, изъ котораго исходитъ всякое познаніе и къ которому оно опять возвращается, вовсе не есть пассивное подчиненіе, а напротивъ — самодѣятельное воспріятіе. Какъ только чувства получили первыя впечатлѣнія, т. е. съ самаго момента рожденія, уже начинается развитіе человѣческихъ способностей. Теперь же начинается и педагогическая наглядность, которая посредствомъ опредѣленныхъ, психологически расположенныхъ упражненій становится искусствомъ нагляднаго обученія и постепенно направляетъ ребенка къ различнымъ моральнымъ, эстетическимъ и интеллектуальнымъ созерцаніямъ. Дитя упражняется при этомъ во внимательности, въ умѣньи подмѣчать и отличать случайное отъ существеннаго, и, по возможности, устраняется одно поверхностное знакомство съ предметами. Всѣ приведенныя къ сознанію дитяти впечатлѣнія должны достигнуть ясности и опредѣлительности. По этому при обученіи надо соблюдать, чтобы дѣтямъ предлагались на разсмотрѣніе предметы не въ массѣ, а въ одиночку, не въ туманной дали, а въ ясной близости, и чтобы предметы эти были не анормальными, а наиболѣе характеристическими экземплярами. Изъ нагляднаго созерцанія предмета прежде всего вытекаетъ его названіе; отъ названія можно переходить къ опредѣленію его качествъ; изъ полнаго и яснаго описанія отдѣльныхъ качествъ предметовъ развивается, наконецъ, его опредѣленіе, т. е. точное понятіе. И эта-то послѣдняя цѣль всякаго обученія существенно зависитъ отъ умѣнья вести наглядное обученіе; опредѣленія же и понятія, не выведенныя изъ наглядности, порождаютъ именно ту пустую, безпочвенную мудрость, которая лишена всякаго реальнаго содержанія и легко разоблачается при первомъ требованіи точности и отчетливости. Вся сумма внѣшнихъ качествъ извѣстнаго предмета соединяется по своему объему и въ числовомъ отношеніи, и, выраженная въ словѣ, дѣлается собственностью сознанія. Этими тремя основными отношеніями: числомъ, формою и языкомъ обусловливается, такимъ образомъ, все искусство нагляднаго обученія и требуетъ, чтобы во 1-хъ, научить дѣтей обнять предложенный ихъ сознанію предметъ, какъ отдѣльную единицу, т. е. отличить его отъ другихъ находящихся въ связи съ нимъ предметовъ; во 2-хъ, научить ихъ видѣть форму каждаго предмета, т. е. его мѣру и пространственныя отношенія, и въ 3-хъ, какъ можно ранѣе ознакомить дѣтей со всѣмъ количествомъ словъ и названій всѣхъ извѣстныхъ имъ предметовъ. И такъ какъ изъ этихъ трехъ элементарныхъ пунктовъ должно исходить все обученіе дѣтей, то отсюда очевидно, что первыя усилія педагогическаго искусства должны быть направлены къ тому, чтобы съ психологическою правильностію укрѣпить, развить и направить присущія дѣтямъ способности счисленія, измѣренія и словеснаго выраженія: отъ этого зависитъ вся дѣятельность ихъ познавательной способности. Сообразно съ этимъ учитель долженъ отыскать пригодный матеріалъ, служащій средствомъ для раскрытія и образованія этихъ трехъ силъ до наивысшей свободы, послѣдовательности и взаимной между собою гармоніи. На этомъ же основаніи всѣ тѣ свойства предметовъ, которыя доступны нашимъ пяти чувствамъ, вовсе не являются исходными точками или элементами нашего познанія, подобно числу, формѣ и названію, такъ какъ число, форма и названіе свойственны всѣмъ предметамъ; прочія же качества, познаваемыя пятью нашими чувствами, не одинаково присущи всѣмъ предметамъ, а только однимъ болѣе, а другимъ менѣе».

Кромѣ знаній и убѣжденій человѣкъ нуждается еще въ умѣньи, обладаніе которымъ приводитъ его къ внутреннему довольству собою. Развитіе умѣнья имѣетъ существенное значеніе. «Можетъ ли быть болѣе ужасный подарокъ, которымъ какой-то враждебный геній подарилъ наше время, это — знаніе безъ умѣнья и проницательности, безъ силъ стремиться къ чему-либо и побѣждать препятствія, тогда какъ обладаніе этими силами облегчаетъ намъ достигать цѣли и единства въ нашей практической жизни». «Чувственный человѣкъ, со всѣми твоими нуждами и желаніями! ты долженъ не только знать и размышлять о своихъ нуждахъ и желаніяхъ, но также умѣть и дѣйствовать ради нихъ: и то, и другое до того тѣсно связано между собою, что съ прекращеніемъ перваго прекращается и второе — и на оборотъ. Но эта связь никогда не достигается, если твои умѣнья, твои практическія способности, безъ которыхъ невозможно удовлетвореніе твоихъ нуждъ и стремленій, не будутъ развиты въ тебѣ посредствомъ искусства; если не будутъ подняты твои силы, которыя могли бы заявить себя и овладѣть предметами твоихъ нуждъ и стремленій. Эти умѣнья, обусловливающія знаніе и дѣятельность во всемъ, чего могутъ требовать развитый духъ и облагороженное сердце человѣка, такъ же мало проявляются сами собою, какъ и необходимыя для человѣка мнѣнія и знанія: развитіе духовныхъ силъ и умѣній, присущихъ человѣческой природѣ, предполагаетъ соразмѣрную, психологически расположенную послѣдовательность образовательныхъ средствъ». Такимъ образомъ, образованіе силъ, предполагающихъ эти умѣнья, покоится на прочномъ первоначальномъ механизмѣ, на общихъ началахъ искусства, послѣдовательное выполеніе которыхъ предлагаетъ дѣтямъ необходимыя образовательныя упражненія, начинающіяся отъ самыхъ простыхъ, и постепенно достигающія до самыхъ сложныхъ умѣній, которыя сообщаютъ дѣтямъ физическій навыкъ и ежедневно возрастающую ловкость во внѣшней, технической дѣятельности.

Таковы дидактическія начала Песталоцци, выполненія которыхъ онъ стремился самъ достигнуть въ обученіи. Въ Станцѣ была отыскана имъ и его элементарная метода. «Такъ какъ я былъ принужденъ — разсказываетъ Песталоцци — заниматься обученіемъ дѣтей одинъ, безъ всякой посторонней помощи, то мнѣ удалось открыть искусство учить многихъ заразъ, и такъ какъ мнѣ оставалось одно средство — громко говорить ко всѣмъ вдругъ; то во мнѣ естественно родилась мысль одновременно съ обученіемъ также занимать дѣтей рисованіемъ, письмомъ и другими работами. Путаница, происходящая отъ кричанья за мною множества дѣтей, привела меня къ необходимости установить тактъ, который въ свою очередь возвысилъ силу впечатлѣнія всего обученія». «Стройное произношеніе въ голосъ и въ тактъ возбуждаетъ самодѣятельность дѣтей посредствомъ двойной дѣятельности, а именно — нагляднаго созерцанія и словеснаго выраженія, и потому все видѣнное глубже и опредѣленнѣе запечатлѣвается въ ихъ душѣ. Отчетъ въ томъ, что дѣти видятъ предъ собою, сильно поддерживаетъ ихъ вниманіе къ предмету и предупреждаетъ въ нихъ разсѣянность. Разсказъ то одного ученика, то многихъ заразъ вноситъ интересъ въ весь ходъ обученія и часто возбуждаетъ дѣтское вниманіе въ ту минуту, когда оно уже готово уснуть, дѣйствуя сильнѣе всякихъ упрековъ и наказаній. Но не должно также забывать при этомъ, что всей природѣ дѣтей свойственна еще сильная потребность въ извѣстныхъ тѣлесныхъ движеніяхъ. Надо только остерегаться, чтобы все обученіе не превратилось въ безпорядочный крикъ: въ противномъ случаѣ будетъ не легко замѣтить погрѣшности отдѣльныхъ личностей, и все дѣло обученія языку сильно пострадаетъ чрезъ это».

«Совершенное невѣжество дѣтей во всѣхъ отношеніяхъ заставило меня долго останавливаться на первыхъ началахъ, а это на опытѣ обнаружило возвышеніе въ дѣтяхъ внутренней силы, которое достигается чрезъ усовершенствованіе начальныхъ знаній и вслѣдствіе возбужденія въ дѣтяхъ чувства совершенства и законности, хотя бы на ихъ низшей степени. Я никогда такъ не чувствовалъ, какъ теперь, всей связи первыхъ занятій по каждому предмету со всемъ его объемомъ, и никогда такъ не замѣчалъ тѣхъ огромныхъ пробѣловъ, которые происходятъ отъ запутанности и незаконченности начальныхъ основаній по каждой отрасли знанія. Результаты стремленія моего къ этой основательности на первыхъ же порахъ обученія далеко превзошли мои ожиданія. Въ дѣтяхъ скоро пробудилось сознаніе собственныхъ силъ, которыхъ они прежде не подозрѣвали въ себѣ, и особенно развилось чувство красоты и порядка: они желали, стремились, усиливались, достигали и радовались своему успѣху. Такъ какъ я не имѣлъ помощника, то я сажалъ болѣе способнаго ребенка между двумя менѣе способными: онъ обнималъ ихъ обѣими руками, говорилъ имъ что зналъ, а они учились повторять за нимъ чего еще не знали. Такъ дѣти же учили дѣтей. Они старались выполнить то, что я имъ приказывалъ, и сами собою нападали на слѣдъ правильнаго, многосторонняго выполненія дѣла, и эта многосторонне развившаяся въ нихъ самодѣятельность на первыхъ же ступеняхъ ученія сильно дѣйствовала на оживленіе и укрѣпленіе того убѣжденія, что всякое истинное и образовательное обученіе должно быть возбуждаемо и извлекаемо изъ самихъ дѣтей, изъ ихъ собственной природы...» «Мое убѣжденіе теперь окрѣпло: у меня были дѣти, силы которыхъ, еще не сломленныя непсихологическимъ домашнимъ или школьнымъ воспитаніемъ, развились очень быстро. Я видѣлъ въ самой многосторонней и открытой игрѣ силу человѣческой природы и ея свойства. Въ этихъ неиспорченныхъ натурахъ былъ вѣрный взглядъ и твердое сознаніе видѣннаго, о чемъ и предчувствія не имѣли наши школьныя куклы. Я училея у дѣтей,—и слѣпъ бы я былъ, если бы не училея. Отъ нихъ я узналъ отношенія, въ которыхъ находятся реальныя знанія къ словеснымъ; отъ нихъ же и узналъ, что односторонность словеснаго знанія и слѣпое довѣріе къ словамъ, которыя суть не что иное, какъ пустой звукъ, могутъ вредить дѣйствительной силѣ нагдядности и твердому сознанію окружающихъ насъ предметовъ. Я чувствовалъ возможность построить обученіе народа на психологическомъ фундаментѣ, положить въ основаніе дѣйствительныя, реальныя знанія и сдернуть маску съ пустаго, поверхностнаго изученія однихъ словъ.»

Всю силу обученія Песталоцци полагалъ въ методѣ. Характеристическая особенность его методы заключалась въ томъ, что ученики стройно, въ тактъ повторяли то, что говорилъ имъ учитель — или старшій, болѣе приспособленный къ этому дѣлу ученикъ. Сперва обучающій обращалъ вниманіе на отдѣльный предметъ, или даже на извѣстный признакъ предмета, и потомъ постепенно переходилъ къ дальнѣйшему и сложному. Такимъ образомъ для ученика освѣщается признакъ за признакомъ, предметъ за предметомъ, и онъ ежедневно увеличиваетъ запасъ своихъ знаній. Этой методѣ присущъ необходимѣйшій законъ, по которому все непремѣнно должно занимать свое мѣсто, быть взаимно связано, подобно кольцам одной цѣпи. Иногда допускаются также вопросы со стороны учащихся; но они должны относиться преимущественно уже къ знакомымъ предметамъ. Учащій долженъ до тѣхъ поръ повторять предъ учениками слова или предложенія, пока они неизгладимо запечатлѣются въ ихъ умѣ, и дѣти могутъ перейти на новую ступень знанія не раньше, чѣмъ укрѣпятся на старой; возможно же это только при частомъ повтореніи. «Въ нашей школѣ — разсказываетъ бывшій ученикъ Песталоцци, Рамзауеръ — всякое ученье должно было начинаться и оканчиваться языкомъ, числомъ и формой. Лучше всего шли упражненія въ словѣ, по крайней мѣрѣ тѣ, которыя онъ велъ съ нами у шпалеръ школьной комнаты, и которыя были истинно наглядными упражненіями. Шпалеры были очень стары и изорваны, и предъ ними мы стояли часто по два, или по три часа и говорили о нарисованныхъ тамъ фигурахъ или о прорванныхъ мѣстахъ. Мы осматривали ихъ форму, число, положеніе и цвѣтъ, и видѣнное или замѣченное нами слагали въ предложенія, все болѣе и болѣе распространенныя. Тогда онъ спрашивалъ: «Мальчики, что вы видите? «Дыру въ стѣнѣ — былъ отвѣтъ». Хорошо, говорите же за мною: я вижу дыру въ обояхъ; я вижу длинную дыру въ обояхъ; за дырой я вижу стѣну. Я вижу фигуру на обояхъ; я вижу черныя фигуры на обояхъ; я вижу круглыя, черныя фигуры на обояхъ и т. д. То же самое дѣлалъ Песталоцци при обученіи естественной исторіи, служившей вмѣстѣ матеріаломъ для развитія слова; кромѣ того сюда присоединялось еще рисованіе».

Катихизическую и сократическую методу Песталоцци считалъ мало полезными, такъ какъ онѣ въ большинствѣ случаевъ только растягиваютъ ученіе и лишаютъ его основательности; особенно возставалъ онъ противъ злоупотребленія катихизаціей. Вообще онъ полагалъ, что у неискуснаго катихизатора въ голову дѣтей вбивается много чуждыхъ имъ понятій, которыя они еще не въ силахъ усвоить сознательно, которыя въ устахъ ихъ похожи на плодъ, падающій съ дерева не потому, что онъ созрѣлъ, а только потому, что подточенъ червемъ и кажется какъ бы созрѣвшимъ. Въ разработкѣ методы главная цѣль Песталоцци состояла въ томъ, «чтобы какъ можно болѣе упростить все учебное дѣло, и каждому частному человѣку доставить возможность самому учить своихъ дѣтей; школу же въ ея элементарномъ видѣ сдѣлать совершенно ненужною». Той же цѣли отвѣчало и взаимное обученіе дѣтей, которое, по мнѣнію Песталоцци, съ одной стороны возбуждаетъ въ нихъ чувство самолюбія, съ другой стороны развиваетъ между ними взаимную любовь и братское доброжелательство. Выходя всегда изъ живаго опыта, а не изъ умозрѣній, Песталоцци прежде всего заботился—не о томъ, чтобы ученики его далеко ушли напр. въ чтеніи, а о томъ, что бы съ помощію этихъ упражненій они возможно многосторонне возбудили и развили свои душевныя силы. Вмѣстѣ съ тѣмъ онъ старался вызвать въ нихъ вѣрныя нравственныя понятія и истинный взглядъ на жизнь и ея отношенія. Все обученіе его было проникнуто воспитательной идеей, для которой метода служила только наилучшимъ средствомъ, въ примѣненіи къ тому или другому учебному предмету.

Религію Песталоцци ставилъ высоко, прилично ея высокому воспитательному значенію. «Въ христіанствѣ заключается вся нравственность, и потому оно есть принадлежность каждой отдѣльной личности. Оно не терпитъ насилія, вырождается въ фанатизмъ, и въ такомъ случаѣ ведетъ къ несправедливости». На этомъ основаніи Песталоцци совершенно послѣдовательно требовалъ, чтобы развитіе религіи въ ребенкѣ зависѣло отъ матери и отъ отношеній ребенка къ своимъ родителямъ, безъ личнаго произвола воспитателей въ столь важномъ дѣлѣ. «Тотъ же самый зародышъ, который производитъ въ малюткѣ привязанность къ своей матери, производитъ въ немъ также привязанность къ Богу. Точно также и способъ, по которому раскрываются эти чувства, въ обоихъ отношеніяхъ одинъ и тотъ же. Однако, обученіе религіи должно слѣдовать общимъ законамъ: 1) Первое обученіе ни въ какомъ случаѣ не должно быть дѣломъ одной головы, дѣломъ разсудка — но пусть оно будетъ прежде всего дѣломъ чувства, дѣломъ сердца, дѣломъ матери; 2) Упражненіе чувствъ только постепенно должно переходить въ упражненіе сужденія, и все обученіе пусть дольше остается дѣломъ сердца, прежде чѣмъ оно станетъ дѣломъ разсудка; пусть оно дольше остается дѣломъ женщины, прежде чѣмъ перейдетъ въ руки мужчины. О дальнѣйшемъ ходѣ религіознаго обученія Песталоцци говоритъ въ одномъ изъ отчетовъ о своемъ заведеніи за 1807 годъ: «Всѣ болѣе взрослые воспитанники еженедѣльно два раза учились собственно религіи. Руководствомъ служили священныя книги Моисея, изображающія ходъ религіознаго развитія человѣческаго рода, и основанное на нихъ чистое ученіе Іисуса Христа, какъ оно возвѣщено имъ въ Евангеліи. Въ основаніе ученія объ обязанностяхъ мы полагали нагорную проповѣдь Іисуса, а въ основаніе ученія о вѣрѣ — главнымъ образомъ Евангеліе отъ Іоанна. Все это читалось въ связи одно съ другимъ, и вѣчныя истины Христа о Богѣ, о себѣ самомъ, какъ о воплощенномъ Божествѣ, объ отношеніи человѣчества къ Богу и о жизни въ Богѣ — всѣ эти истины уяснялись сами собою. Мы стараемся примѣромъ Христа и его способомъ воззрѣнія на вещи, на людей и ихъ отношенія, наглядно оживить въ дѣтяхъ основанныя на непреложной сущности религіи чувства вѣры, надежды и любви, обратить ихъ въ привычку, и чрезъ развитіе возвысить ихъ мысли и дѣла до того, чтобы въ нихъ проявилось само Божество. Мы не столько оспариваемъ религіозные предразсудки, сколько стараемся сообщить религіозныя истины. Въ сущности религіи ищемъ мы основанія всѣхъ догматовъ и источниковъ всѣхъ религіозныхъ воззрѣній, одинаково коренящихся въ природѣ человѣка, въ ея стремленіяхъ, отношеніяхъ, силахъ и потребностяхъ; мы желаемъ, чтобъ дитя научилось различать истину отъ ея внѣшняго покрова, сущность отъ всякой формы. Элементарное обученіе религіи вообще покоится на рѣшеніи слѣдующихъ вопросовъ: 1) Въ чемъ состоитъ коренная религіозная способность въ человѣкѣ, или — каковы должны быть элементы и основныя начала всякаго религіознаго развитія—по скольку они присущи каждому человѣку и всему человѣчеству? Эти элементы суть созерцаніе и чувство. 2) Какъ и посредствомъ чего эти коренныя религіозныя созерцанія и чувства могутъ быть необходимо возбуждаемы въ дѣтяхъ и приводимы къ сознанію? Здѣсь главнѣйшими религіозно-образовательными средствами надо признать родителей, природу и человѣческое общество, т. е. правильныя отношенія питомца къ отцу и матери, къ внѣшней природѣ и къ окружающему его обществу. 3) Какимъ образомъ естественно выражаетъ человѣкъ и человѣчество возбужденныя въ немъ религіозныя созерцанія и чувства, и къ чему все это приводитъ людей? Существеннѣйшимъ выраженіемъ религіознаго настроенія мы находимъ здѣсь тѣлодвиженіе; выраженіемъ же религіознаго созерцанія является образъ. Первое, проявляясь, даетъ начало обряду; второе производитъ символъ и почитаніе священныхъ изображеній. На этихъ то основныхъ началахъ одинаково покоится развитіе и всего того, что неизмѣнно и повсемѣстно высказывается въ человѣческой природѣ, какъ истинная, вѣчная религія,— и всего того, что искажается въ грубую чувственность и приводитъ къ страстному фанатизму, суевѣрію, ханженству, и наконецъ, къ постыдному отрицанію всего божественнаго и святаго. По этому необходимо, чтобы питомецъ воспринялъ вѣчныя истины изъ перваго источника.» «Какъ зарождается въ моей душѣ понятіе о Богѣ? Отчего я вѣрю въ Бога, предаюсь въ Его руки, чувствую себя счастливымъ, когда я Его люблю, довѣряю Ему, когда я Его благодарю и слѣдую Его заповѣдямъ? Чувства любви, довѣрія, благодарности и послушанія должны быть развиты во мнѣ прежде, чѣмъ я въ силахъ обратить ихъ къ Богу. Я долженъ прежде любить человѣка, долженъ вѣрить человѣку, человѣка благодарить, человѣка слушаться—прежде, чѣмъ я достигну до того, чтобы любить Бога, благодарить Бога, вѣровать въ Него и Его слушаться; ибо кто не любитъ брата своего, котораго онъ видитъ, какъ ему полюбить Отца Небеснаго, котораго онъ не видитъ. Но откуда рождаются чувства любви, благодарности, довѣрія и послушанія къ людямъ? Они преимущественно исходятъ изъ отношеній, соединяющихъ безсловеснаго младенца съ его матерью. Мать по инстинкту природы заботится о ребенкѣ, кормитъ его, удовлетворяетъ его нуждамъ, отдаляетъ отъ него все, что ему непріятно, помогаетъ ему въ его безпомощномъ состояніи. Дитя успокоено, оно весело: зародышъ любви, довѣрія и благодарности зароненъ въ него. Зародышъ, изъ котораго произрастаютъ чувства, составляющія сущность почитанія Бога и сущность нравственности — тотъ же самый, изъ котораго развивается моя метода. Она исходитъ изъ природнаго отношенія, существующаго между безсловеснымъ младенцемъ и его матерью, и основывается на искусствѣ отъ колыбели связать обученіе съ этимъ природнымъ отношеніемъ. Она ограничиваетъ необъятное пространство себялюбія, въ которому стремительно влечетъ меня мірская суета, и не дозволяетъ моему уму безусловно отторгнуться отъ путей моего сердца и образованію моего духа — отъ моей вѣры.»

Отъ всего обученія Песталоцци требуетъ единства и основательности или реальности, которой чаще всего не достаетъ при обученіи отечественному и иностраннымъ языкамъ, примѣры чего такъ обыкновенны въ высшихъ сословіяхъ. «Бѣдные говоруны, — восклицаетъ онъ — отъ своего неестественнаго воспитанія сдѣлавшіеся не способными чувствовать даже того, что они стоятъ на ходуляхъ, и потому должны сойти съ своихъ деревянныхъ ногъ, чтобы стать на землю Божію такъ же крѣпко, какъ стоитъ нашъ народъ!» «Наши не психическія школы въ сущности не что иное, какъ искусственныя машины, которыми задушаются всѣ слѣды силы и опыта, влагаемыя въ дѣтей природою. Представьте себѣ на минуту ужасъ этого убійства! До пятаго года дѣтей оставляютъ въ полномъ наслажденіи природою, допускаютъ до нихъ всякое ея впечатлѣніе: дѣти чувствуютъ ея силу; они уже далеко ушли въ чувственномъ наслажденіи ея непринужденностью и всѣми ея прелестями, и свободный, естественный ходъ, которымъ идетъ въ своемъ развитіи счастливый дикарь, уже овладѣлъ ими совершенно. И вотъ, послѣ пяти лѣтъ этой блаженной жизни, вдругъ уносятъ отъ ихъ глазъ всю природу; тирански останавливаютъ полное прелести, непринужденное, свободное развитіе; скучиваютъ ихъ толпами, какъ овецъ, въ душную комнату; неумолимо засаживаютъ на цѣлые часы, дни, недѣли, мѣсяцы и годы за жалкія, непривлекательныя и однообразныя буквы, и заставляютъ ихъ жить жизнью, до ужаса противоположною всей ихъ прежней жизни. Скажи мнѣ: можетъ ли ударъ меча, разрубающій шею преступника, ведущій его отъ жизни къ смерти, произвести большее вліяніе на его тѣло, чѣмъ такой переходъ отъ прекраснаго, полнаго наслажденія руководства природы къ жалкому школьному ученію — на душу дѣтей? неужели люди будутъ вѣчно слѣпы! Неужели они никогда не дойдутъ до первыхъ источниковъ, изъ которыхъ проистекаетъ разрушеніе нашего духа, уничтоженіе нашей невинности, развалины нашей крѣпости и всѣ ихъ послѣдствія, которыя доводятъ насъ до неудовлетворенной жизни и тысячами ведутъ насъ къ смерти въ госпиталяхъ, или къ бѣшенству въ цѣпяхъ и оковахъ!» «Сущность ученія приносится въ жертву путаницѣ отдѣльныхъ, изолированныхъ наукъ; выставляются на столъ блюда изъ разныхъ крохъ истины, но умерщвляется духъ самой истины, чахнетъ въ человѣчествѣ сила самостоятельности, покоящаяся на истинѣ. Европа съ своимъ народнымъ обученіемъ должна была впасть въ заблужденіе, или лучше — въ безуміе, что дѣйствительно и случилось. Съ одной стороны отдѣльныя искусства достигли исполинской высоты, съ другой — всѣ основы руководства природы потеряны. Еще ни одна часть свѣта не поднималась такъ высоко съ одной стороны; но ни одна и не падала такъ глубоко съ другой. Золотой головой своихъ отдѣльныхъ искусствъ она, какъ пророческое изображеніе, касается облаковъ; а народное образованіе, которое должно служить фундаментомъ этой золотой головы, подобно ногамъ библейскаго гиганта — самая жалкая, самая рухлая, ничего не стоющая глина».

«Тамъ, гдѣ основныя силы человѣческаго духа, развиваемыя лишь методическимъ обученіемъ, оставлены спящими, и къ спящимъ способностямъ привиты только слова,— тамъ образуются мечтатели, которые тѣмъ смутнѣе мечтаютъ, чѣмъ съ большими притязаніями ихъ слова, привитыя къ ихъ жалкому, зѣвающему существу. Такіе питомцы уже конечно будутъ мечтать о чемъ угодно, только ни какъ не о томъ, что они спятъ и видятъ сонныя видѣнія, и что другіе, окружающіе ихъ, чувствуютъ ихъ незаконныя притязанія и считаютъ ихъ за лунатиковъ. Неосновательная высокопарность въ словахъ такого рода поверхностной учености производитъ людей, которые во всѣхъ наукахъ и искусствахъ считаютъ себя близкими къ цѣли, потому что ихъ жизнь есть тягостная болтовня объ этой цѣли, но они никогда ея не достигнутъ. Нашъ вѣкъ полонъ такихъ людей и страдаетъ ученостью, влекущей насъ къ цѣли знанія pro forma — подобно лошади съ разбитыми ногами на бѣгу, которая никогда не можетъ поставить себѣ цѣлью извѣстную мету, пока не вылечатъ ея ногъ».

Выходя изъ этихъ соображеній, Песталоцци придаетъ громадное значеніе языку. «Языкъ — говоритъ онъ — есть отдача всѣхъ впечатлѣній, которыя природа во всемъ своемъ объемѣ произвела на людей; по этому я пользуюсь имъ и стараюсь нитью высказываемыхъ звуковъ вызвать въ ребенкѣ тѣ же самыя впечатлѣнія, которыми и произведены эти звуки въ родѣ человѣческомъ. Даръ языка — великій даръ! Онъ въ одно мгновеніе даетъ дитяти то, что природа уже дала человѣку, употребивъ на это тысячелѣтія». При обученіи языку онъ начинаетъ съ ученія о звукахъ, какъ средства развивать органы языка, потомъ переходитъ къ ученію о словахъ, какъ средству, съ помощію котораго мы достигаемъ того, что опредѣленно можемъ выражаться объ извѣстныхъ намъ предметахъ и обо всемъ, что мы узнаемъ въ нихъ. *Ученіе о звукахъ* подраздѣляется на ученіе о звукахъ въ словѣ, и ученіе о звукахъ въ пѣніи. «Относительно звуковъ въ словѣ нельзя предоставлять случаю, рано или поздно, въ обиліи или скудно будутъ они приближаемы къ уху ребенка. Чрезвычайно важно, чтобы они усвоивались имъ во всемъ ихъ объемѣ, и какъ можно ранѣе. По этому книга складовъ должна содержать звуки, изъ которыхъ состоитъ языкъ, во всемъ ихъ объемѣ. Эти звуки, во всякомъ семействѣ, частымъ повтореніемъ должны быть глубоко и навсегда запечатлѣваемы въ память дѣлающаго склады ребенка, и даже малютки, лежащаго въ колыбели, прежде чѣмъ онъ будетъ въ состояніи выговорить хоть одинъ слогъ. Кто не видалъ, тотъ не можетъ себѣ представить, въ какой степени громкое повтореніе этихъ простыхъ звуковъ (ба-ба-ба, та-та-та, да-да-да, ла-ла-ла и т. под.) возбуждетъ внимательность еще не говорящихъ дѣтей, и какую прелесть имѣетъ для нихъ. Какъ скоро ребенокъ выучится говорить, онъ долженъ ежедневно повторять нѣсколько рядовъ этихъ звуковъ, а за тѣмъ слѣдуютъ упражненія въ складахъ».

Метода Песталоцци при обученіи чтенію была слѣдующая: буквы наклеивались на толстую бумагу, при чемъ гласныя, для отличія отъ согласныхъ, были выкрашены красною краскою. Съ гласными должны были освоиться ученики прежде, чѣмъ они переходили къ согласнымъ, но всегда въ соединеніи съ гласною, потому что безъ нея они не могутъ быть произносимы. Согласныя обыкновенно приставлялись послѣ гласныхъ, и такимъ образомъ изъ всѣхъ гласныхъ образовывались сначала легчайшіе, а потомъ труднѣйшіе слоги посредствомъ прибавленія согласныхъ. «По основному правилу складовъ, всѣ слоги суть не что иное, какъ звуки, происшедшіе чрезъ прибавленіе согласныхъ къ гласнымъ: гласная всегда составляетъ фундаментъ слога». Сперва гласная выставляется на висячей доскѣ, на верхнемъ и нижнемъ краѣ которой должна быть выдолблена полоса, въ которую вставляются буквы и легко могутъ быть вкладываемы въ нее и изъ нея вынимаемы; къ гласной постепенно приставляются спереди и сзади согласныя: (*а, аб, баб* и т. под.). Всякій слогъ до тѣхъ поръ произносится учителемъ и повторяется дѣтьми, пока они твердо не запомнятъ его. Тогда имъ велятъ произносить отдѣльныя буквы по порядку и вразбивку (первая? третья? и т. под.) и наизусть складывать слоги, закрываемыя на доскѣ. Въ началѣ особенно необходимо идти впередъ медленно, и отнюдь не переходить къ новому до тѣхъ поръ, пока старое не запечатлѣется неизгладимо въ умѣ дѣтей: въ этомъ заключается основаніе всего обученія чтенію; а все послѣдующее состоитъ только въ маленькихъ придаткахъ къ пройденному. Когда дѣти получатъ такимъ образомъ навыкъ къ складамъ, тогда можно мѣнять упражненія и пріемы; такъ напр. можно буквы одного слова прибавлять одну за другою, пока не составится цѣлое слово, и всякій разъ выговаривать выставляемыя буквы вмѣстѣ, (г-го-гол-голо-голов-голова); за тѣмъ можно идти обратнымъ путемъ, т. е. отнимать одну букву за другою и повторять это до тѣхъ поръ, пока дѣти научатся безошибочно складывать слово наизусть. Наконецъ, слово дѣлятъ на слоги, приказываютъ сосчитать слоги, выговаривать и складывать каждый слогъ — *всѣхъ учениковъ разомъ*, такъ чтобы выговариваемый всѣми звукъ слышался весь вдругъ, какъ одинъ. Этотъ тактъ сильно дѣйствуетъ на чувственные органы дѣтей. По совершенномъ окончаніи упражненій въ складахъ на доскѣ, даютъ ребенку въ руки книгу и читаютъ до тѣхъ поръ, пока онъ не выучится читать ее совершенно бѣгло».

Ученіе о словахъ, или лучше — *изученіе именъ*, состоитъ въ послѣдовательныхъ рядахъ именъ замѣчательнѣйшихъ предметовъ: изъ всѣхъ областей царства природы, географіи, общественныхъ должностей и отношеній. Эти ряды словъ даются ребенку, какъ простое упражненіе въ чтеніи, непосредственно по окончаніи книги складовъ. «И опытъ показалъ мнѣ, — разсказываетъ Песталоцци — что очень можно дѣтямъ совершенно бойко выучить наизусть эти ряды именъ впродолженіе такого же времени, которое необходимо для окончательнаго укрѣпленія ихъ въ чтеніи. Полное изученіе столь многостороннихъ и обширныхъ рядовъ именъ чрезвычайно важно для облегченія позднѣйшаго ученія дѣтей». Къ сожалѣнію, при этомъ Песталоцци всю наглядность видѣлъ въ однихъ словахъ, и забылъ о соотвѣтствующихъ имъ реальныхъ предметахъ и отношеніяхъ.

Конечная цѣль *изученія языка*, по выраженію Песталоцци, — довести насъ отъ темныхъ созерцаній до ясныхъ понятій, что достигается тремя путями: а) мы узнаемъ предметъ вообще, и называемъ его какъ единицу, какъ предметъ; b) мало по малу мы знакомимся съ его признаками и научаемся называть ихъ; с) мы съ помощію языка пріобрѣтаемъ способность ближе опредѣлять свойства предметовъ словами обстоятельствъ мѣста и времени. Обобщая разныя отдѣльныя науки въ ихъ элементахъ, входящихъ въ составъ народной школы, Песталоцци дѣлилъ все подлежащее изученію на пять слѣдующіе отдѣловъ: географія, исторія, физика, естественная исторія и антропологія. Каждую изъ этихъ пяти рубрикъ онъ подраздѣляетъ на 40 подчиненныхъ отдѣловъ, такъ что всѣхъ получается 200. Онъ представляетъ послѣдовательные ряды словъ обо всѣхъ этихъ предметахъ въ алфавитномъ порядкѣ, подчиняя такимъ образомъ все обученіе — интересамъ языка, такъ какъ эти слова дѣти обязаны запечатлѣть въ умѣ неизгладимо. «Такъ напр. одно изъ подраздѣленій Европы — Германія. Сначала ученикъ хорошенько заучитъ раздѣленіе Германіи на 10 округовъ; потомъ ему предложатъ для чтенія города Германіи въ алфавитномъ порядкѣ, но предварительно каждый изъ этихъ городовъ обозначатъ цифрой округа, въ которомъ онъ лежитъ. Какъ только выучены эти города, обратятъ вниманіе на связь этихъ цифръ съ подраздѣленіями главныхъ рубрикъ; въ нѣсколько часовъ ученикъ уже будетъ умѣть обозначать цѣлый рядъ городовъ Германіи по отдѣламъ ихъ главныхъ рубрикъ. Если, напр. дадутъ ему для обозначенія слѣдующія мѣста Германіи съ цифрами: Ахенъ 8, Абенбергъ 4, Акенъ 10 и т. д., то ученикъ прочтетъ ихъ слѣдующимъ образомъ: Ахенъ лежитъ въ Вестфальскомъ округѣ, Абенбергъ — въ Франконскомъ, Акенъ — въ Нижне-Саксонскомъ и т. д. Чрезъ это ученикъ будетъ въ состояніи при первомъ взглядѣ на нумеръ опредѣлить, въ какой главной рубрикѣ находится предметъ даннаго ему ряда, и обратитъ алфавитную номенклатуру въ научную». Очевидно, что здѣсь Песталоцци впадаетъ уже въ крайній механизмъ, впрочемъ, до извѣстной степени необходимый при всякомъ обученіи.

Ученіе о *формѣ* подраздѣляется на искусство измѣренія, рисованіе и письмо. «Изъ основнаго принципа, что наглядность есть фундаментъ всѣхъ знаній, безспорно слѣдуетъ: правильная наглядность есть истинный фундаментъ самаго правильнаго сужденія. Привести ребенка къ этому основанію всякаго искусства, къ правильному измѣренію всѣхъ предметовъ, можно помощію послѣдовательнаго ряда измѣреній четыреугольника и его подраздѣленій, организованныхъ по простымъ, вѣрнымъ и точнымъ правиламъ. Чтобы основать рисованіе на этомъ фундаментѣ, необходимо подчинить его измѣренію и постараться организовать подраздѣленія угловъ и дугъ, истекающія изъ коренной фигуры четыреугольника, равно какъ и прямолинейныя раздѣленія послѣдняго. Ребенка можно привести къ этому слѣдующимъ образомъ. Ему представляютъ прямую линію, стоящую отдѣльно, въ ея многостороннихъ положеніяхъ, въ различныхъ произвольныхъ направленіяхъ, и знакомятъ его съ ея различными видами, не обращая вниманія на ихъ дальнѣйшее примѣненіе. Потомъ прямыя линіи называются горизонтальными, перпендикулярными и косыми, косыми поднимающимися и опускающимися, поднимающимися на право и на лѣво. Далѣе называютъ параллельныя линіи — горизонтальныя, перпендикулярныя и косыя. Затѣмъ даютъ названія главнымъ угламъ, образующимся отъ соединенія знакомыхъ ученику линій, и называютъ ихъ прямыми, острыми и тупыми. Точно также чертятъ коренную форму всѣхъ формъ и измѣренія — равносторонній четыреугольникъ, образующійся отъ соединенія двухъ угловъ, и его точныя раздѣленія на 2 части, на 4, на 6 и т. д.; потомъ кругъ и его раздѣленіе на фигуры. Всѣ опредѣленія фигуръ представляются ученику результатомъ его глазомѣра. Нужно во 1-хъ, стараться, чтобы дѣти хорошо поняли отношенія этихъ формъ измѣренія и во 2-хъ, довести ихъ до того, чтобы они также могли самостоятельно употреблять ихъ въ дѣло. Для этой цѣли ребенокъ подготовляется еще книгою матерей: такъ ему показываются съ различныхъ сторонъ предметы то четыреугольные, то круглые, то овальные, то широкіе, то длинные, то узкіе; потомъ на разрѣзанныхъ картахъ представляются ему четверть, полчетверти и т. д. четыреугольника, кругъ, полукружіе, четверть круга, овалъ и т. д. и чрезъ то предварительно возбуждается въ немъ первое сознаніе ясныхъ понятій, которыя впослѣдствіи развиваются въ немъ посредствомъ изученія и употребленія формъ. Третье средство довести ученика до этой цѣли—срисовка этихъ самыхъ фигуръ и показаніе числовыхъ отношеній между ними. Всякое дитя доходитъ этими путями до того, что можетъ правильно судить и точно выражаться о всякомъ предметѣ въ природѣ по его внѣшней пропорціи, и о связи и отношеніи его съ другими предметами.»

«Рисованіе есть искусство представлять себѣ очеркъ и примѣты каждаго предмета посредствомъ созерцанія самого предмета, и въ точности изображать его линіями. Это искусство чрезвычайно облегчается новою методой, какъ легкимъ примѣненіемъ фигуръ, на которыя не только смотрѣлъ ребенокъ, но и получилъ навыкъ прилагать ихъ къ дѣлу. Отъ горизонтальныхъ линій переходятъ къ перпендикулярнымъ, потомъ къ прямолинейнымъ угламъ и т. д. Какъ скоро ребенокъ укрѣпится въ легкомъ употребленіи этихъ формъ, онъ переходитъ мало по малу къ фигурамъ, которыя изъ нихъ образуются. Результаты этихъ мѣръ, согласующихся съ сущностью физико-математическихъ законовъ, столько же важны для рисованія, сколько первоначальное наглядное руководство для искусства измѣренія». «Сама природа подчиняетъ письмо рисованію и всѣмъ средствамъ, которыми развивается и совершенствуется въ дѣтяхъ искусство рисованія, слѣдовательно, преимущественно измѣренію. Письмо не должно начинать прежде рисованія не только потому, что оно есть не что иное, какъ особый родъ линейнаго черченія, и не допускаетъ никакихъ произвольныхъ отступленій отъ опредѣленнаго направленія своихъ формъ, — но и потому преимущественно, что начатое прежде рисованія оно неминуемо испортитъ руку дѣтей, пріучивъ ее къ отдѣльнымъ формамъ начертанія прежде, чѣмъ она достаточно разовьется на разнообразныхъ фигурахъ, предшествующихъ рисованію. Рисованіе должно предшествовать письму и потому еще, что съ помощію его чрезвычайно облегчается для ребенка правильная формація буквъ, избѣгается потеря времени, которое требуется для отученія его отъ кривыхъ и неправильныхъ формъ, и возбуждается въ немъ съ самаго начала стремленіе къ правильности, точности и законченности. Письмо, какъ и рисованіе, сначала должно быть пробуемо на аспидной доскѣ; дитя въ извѣстномъ возрастѣ способно выводить грифелемъ буквы такъ правильно, какъ не въ состояніи сдѣлать перомъ. Грифель при письмѣ, какъ и при рисованіи, рекомендуется предпочтительно предъ перомъ и потому, что во всякомъ случаѣ скоро можно стирать ошибочное, тогда какъ на бумагѣ ошибочно написанная буква остается передъ глазами, къ первой ошибочной чертѣ легко подбавляется новая ошибка, и, такимъ образомъ, почти всегда отъ начала написанной страницы до конца ея является рядъ все увеличивающейся прогрессіи ошибокъ противъ прописи. Наконецъ, я почитаю важнымъ преимуществомъ грифеля и то, что дитя стираетъ съ аспидной доски и совершенно хорошее; а не повѣрите какъ важно для людей, чтобы они развивались безъ претензій, и чтобы не слишкомъ рано привыкали тщеславно оцѣнивать дѣло рукъ своихъ. И такъ, обученіе письму я раздѣляю на двѣ эпохи: первую, въ которую дитя, неупотребляя пера, пріобрѣтаетъ бѣглый навыкъ въ писаніи буквъ, и вторую, въ которую оно пріучаетъ свою руку къ употребленію собственно писательнаго инструмента — пера.»

Песталоцци самъ составилъ книгу прописей для писанія грифелемъ; буквы изображены въ ней въ большихъ и точныхъ размѣрахъ. Преимущества этой книги слѣдующія: 1) дѣти долгое время удерживаются на начальныхъ и основныхъ формахъ буквъ; во 2) части буквъ со сложными формами прибавляются лишь мало по малу, такъ что написаніе труднѣйшихъ буквъ дается въ видѣ небольшаго придатка новыхъ формъ къ началамъ буквъ, которыя уже были писаны; и въ 3) дѣти съ перваго раза привыкаютъ къ сложеніямъ многихъ буквъ, какъ только они въ состояніи правильно изобразить одну, и шагъ за шагомъ идутъ въ сложеніи словъ, состоящихъ только изъ тѣхъ буквъ, которыя они умѣютъ совершенно правильно писать. Во вторую эпоху, когда дитя принимается за перо, необходимо связать этотъ новый шагъ съ тѣмъ, что уже выучено. Первая его пропись для писанія перомъ должна быть его прежняя грифельная пропись; пусть ребенокъ пишетъ перомъ такія же большія буквы, какія онъ писалъ грифелемъ, и только постепенно переходитъ къ болѣе мелкому письму. «По этой методѣ и дурной школьный учитель, и очень не свѣдущая мать въ состояніи до нѣкоторой степени научить дитя писать правильно и красиво». Первоначальныя познанія ребенка въ языкѣ дадутъ, по мнѣнію Песталоцци, возможность упражнять его въ правописаніи безъ всякихъ прописей и образцовъ: ему стоитъ лишь писать тѣ ряды именъ и словъ, которыя онъ изучалъ прежде. При упражненіяхъ въ письмѣ ребенокъ, по словамъ Песталоцци, не только пишетъ то, что онъ вычиталъ изъ своей книги для чтенія, но и пріучается обдумывать и прибавлять извѣстное ему изъ опыта. «Я представлю одинъ примѣръ, который броситъ яркій свѣтъ на изобрѣтательность дѣтей: я далъ имъ слово треугольный, и они выписали слѣдующія опредѣленія: треугольный: треугольникъ, ватерпасъ, штыкъ, призма, нижняя часть носа и т. д. всего 19 словъ».

Третье элементарное средство нашего знанія — *число*. Звукъ и форма очень часто въ различныхъ видахъ носятъ въ самихъ себѣ зародышъ ошибки и обмана; число — никогда: оно одно приводитъ къ безошибочнымъ результатамъ. И если искусство измѣренія имѣетъ также притязаніе на безошибочность, то оно достигаетъ ея только идя рука объ руку съ счислительнымъ искусствомъ и въ союзѣ съ нимъ, т. е. искусство измѣренія безошибочно потому, что оно считаетъ. Такъ какъ счисленіе есть одно изъ важнѣйшихъ средствъ для вѣрнѣйшаго достиженія ясныхъ понятій, то очевидно, что на это искусство нужно обратитъ преимущественное вниманіе. Ариѳметика вся состоитъ изъ простаго соединенія и отдѣленія многихъ единицъ. Ея основная, существенная формула: одинъ да одинъ—два, одинъ изъ двухъ—одинъ. И всякое число, каково бы оно ни было, есть не что иное, какъ знакъ сокращенія этой существенной, коренной формулы всякаго счисленія. Очень важно, чтобы сознаніе коренной формулы числовыхъ отношеній не было ослаблено въ человѣческомъ умѣ сократительными средствами аривметики; напротивъ, оно должно быть старательно запечатлѣваемо въ умѣ посредствомъ формулъ, въ которыхъ изучается эта наука; и всякій успѣхъ долженъ быть созидаемъ на твердомъ сознаніи реальныхъ отношеній, лежащихъ въ основѣ всякаго счисленія. Если этого не будетъ, то и самое важное средство для достиженія ясныхъ понятій унизится до игры нашей памяти и нашего воображенія, и чрезъ то сдѣлается безсильнымъ къ достиженію своей существенной цѣли. Иначе и быть не можетъ. Если мы выучимъ наизусть: три да четыре — семь, и потомъ будемъ основываться на этихъ семи, какъ будто мы въ самомъ дѣлѣ знаемъ, что $3 + 4 = 7$; въ такомъ случаѣ мы обманываемъ самихъ себя, ибо внутренняя правда этихъ семи не въ насъ, такъ какъ намъ не извѣстенъ вещественный грунтъ, который одинъ можетъ пустое слово сдѣлать для насъ истиной. Первыя таблицы «книги матерей» содержатъ рядъ предметовъ, которые наглядно представляютъ ребенку понятіе единицы, двухъ, трехъ и т. д. до десяти. Я приказываю дѣтямъ отыскивать на этихъ таблицахъ предметы, означающіе единицу, потомъ двойные, тройные и т. д.; за тѣмъ я предлагаю имъ отыскать эти числа на пальцахъ, или выразить горохомъ, камушками и другими предметами, находящимися подъ рукою. Ежедневно сотни разъ я возобновляю въ ихъ умѣ сознаніе объ этихъ числовыхъ отношеніяхъ тѣмъ, что при раздѣленіи словъ на складовой таблицѣ на слоги и буквы я всякій разъ задаю вопросъ: сколько слоговъ въ словѣ? Какъ называется первый слогъ? второй? третій? и т. д. Складовую таблицу мы употребляемъ также для счета: мы ставимъ на ней одну табличку, какъ единицу, и, знакомя дѣтей съ буквами, въ то же время начинаемъ знакомить ихъ съ числовыми отношеніями. Мы ставимъ табличку и спрашиваемъ ребенка: много здѣсь табличекъ? Дитя отвѣчаетъ: нѣтъ, только одна. Потомъ приставляемъ еще одну и спрашиваемъ: одна да одна сколько составляютъ? Дитя отвѣчаетъ: одна да одна составляютъ двѣ. Такъ продолжаемъ, постоянно приставляя одну, потомъ двѣ, три и т. д. Какъ скоро дитя вполнѣ поняло сложеніе единицъ до десяти и выучилось легко ихъ выговаривать, мы такимъ же образомъ выставляемъ передъ нимъ на доску таблички складовъ, но мѣняемъ теперь вопросъ и говоримъ: если у тебя двѣ таблички, то сколько разъ у тебя повторена одна табличка? Дитя смотритъ, считаетъ и отвѣчаетъ правильно: если у меня двѣ таблички, то у меня одна табличка повторена два раза. Когда дѣти частымъ упражненіемъ усвоятъ твердо числовыя отношенія первыхъ чиселъ до десяти, то снова перемѣняемъ вопросъ и, выставляя таблички, спрашиваемъ: сколько разъ повторенная единица составляетъ два и т. д., и потомъ еще: сколько разъ единица содержится въ двухъ, въ трехъ и т. д. Послѣ того какъ дитя ознакомится съ простой, начальной формой сложенія, умноженія и дѣленія, тогда только мы стараемся познакомить его съ начальной формой вычитанія, также наглядно. Это дѣлается слѣдующимъ образомъ: изъ числа сосчитанныхъ 10 табличекъ отнимаютъ одну и спрашиваютъ: если отнять отъ десяти одну, сколько останется? Дитя считаетъ, находитъ девять и отвѣчаетъ: если отнять одну отъ десяти, останется девять. Потомъ отнимаютъ вторую табличку и спрашиваютъ: девять безъ одной сколько? Дитя опять считаетъ, находитъ восемь и отвѣчаетъ: девять безъ одной — восемь. Такъ продолжаютъ до конца.

Этотъ способъ уясненія счета можетъ быть изображенъ въ слѣдующихъ послѣдовательныхъ рядахъ:

I. II. II. II и т. д.
1. III. III. III и т. т.
1. IIII. IIII. IIII и т. д.

Какъ скоро совершенно окончится счетъ каждаго ряда, начинается отнятіе отдѣльныхъ чиселъ. Если, напримѣръ, 1 да 2 = 3 да 2 = 5 да 2 = 7 и т. д. сосчитается до 21, тогда опять снимаютъ двѣ таблички и спрашиваютъ: 21 безъ 2 сколько? и т. д. Сознаніе числовыхъ отношеній, пріобрѣтенное смотрѣніемъ на ихъ дѣйствительные предметы, можетъ быть усилено счетными таблицами, въ которыхъ подобные ряды отношеній изображаются точками и чертами. Такого рода счетъ есть дѣйствительное упражненіе ума, а не дѣло одной памяти; это — результатъ самой ясной, опредѣленной наглядности, которая вѣрно доводитъ до ясныхъ понятій». Для нагляднаго уясненія дробей Песталоцци предлагаетъ равносторонній четыреугольникъ, который можетъ дѣлиться до безконечности. «Мы составили наглядную таблицу дробей, имѣющую 11 рядовъ, изъ которыхъ каждый состоитъ изъ 10 четыреугольниковъ. Четыреугольники, находящіеся въ первомъ ряду, не раздѣлены; находящіеся во второмъ — раздѣлены на двѣ равныя части; находящіеся въ третьемъ — на 3 и т. д. до 10. За этой таблицей простыхъ дѣленій слѣдуетъ вторая таблица, въ которой наглядныя дѣленія идутъ въ слѣдующей прогрессіи: квадраты, въ первой таблицѣ раздѣленные на двѣ равныя части, дѣлятся здѣсь на 2, 4, 6, 8, 10, 12, 14, 16, 18, 20; квадраты слѣдующаго ряда на 3, 6, 9, 12, 15 и т. д. Такъ какъ равносторонній четыреугольникъ положенъ у насъ въ основаніе формъ измѣренія и счета, то очевидно, что элементарныя средства — форма и число — приведены у насъ въ строгую гармонію, такъ что наши формы измѣренія служатъ первыми фундаментами числовыхъ отношеній, а формы числовыхъ отношеній, въ свою очередь первыми фундаментами формъ измѣренія».

Духъ Песталоцціевой методы — говоритъ Людвигъ — можетъ быть примѣненъ ко всѣмъ предметамъ. Онъ желаетъ, чтобы начинали съ ближайшаго, извѣстнѣйшаго, нагляднаго, потомъ идя дальше постепенно, безъ скачковъ, объясняли болѣе отдаленное и неизвѣстное ближайшимъ, извѣстнымъ, и какъ можно чаще обращались къ наглядности. Что въ природѣ не можетъ быть разсмотрѣно непосредственно, то наглядно представляется воображенію посредствомъ сравненія съ нагляднымъ; также съ помощію ландкартъ, картинъ, точнаго описанія (въ описаніи природы, географіи, исторіи); иное овеществляется и дѣлается доступнымъ чувству посредствомъ опытовъ, наблюденій, указаній уже на сдѣланныя наблюденія (физика, астрономія и т. д.); иное приближается къ сердцу и уму дѣтей посредствомъ возбужденія внутреннихъ чувствъ приличными предметами, разсказами, сравненіями и воспоминаніями (нравственность и религія). Такимъ образомъ можно идти впередъ постепенно, безъ многословныхъ объясненій и пространныхъ толкованій». Когда слушатели спросили Фихте, взывавшаго о перевоспитаніи и улучшеніи человѣчества: гдѣ же начало этого новаго воспитанія, этого обновленія человѣчества? Фихте отвѣчалъ: въ методѣ преподаванія, изобрѣтенной и исполненной предъ нашими глазами Генрихомъ Песталоцци.

Одинъ изъ преданнѣйшихъ учениковъ и послѣдователей Песталоцци — Дистервегъ такъ формулируетъ существеннѣйшіе его принципы воспитанія и обученія: 1) Основныя начала воспитанія должно не сочинять, но отыскивать: они лежатъ въ природѣ человѣка. 2) Въ природѣ человѣка лежитъ живое стремленіе къ развитію; оно такъ же есть свойство органической природы, какъ человѣкъ есть органическое существо. 3) По этому истинное воспитаніе должно, главнымъ образомъ, устранить съ своего пути препятствія, дѣйствуя болѣе отрицательно, чѣмъ положительно. 4) Положительное дѣйствіе состоитъ въ возбужденіи; вся наука воспитанія есть теорія возбужденія. 5) Развитіе человѣка начинается съ чувственныхъ ощущеній, съ чувственныхъ впечатлѣній; его высшая степень состоитъ интеллектуально — въ разумности, и практически — въ самостоятельности. 6) Средство къ самостоятельности и къ самоопредѣленію есть самодѣятельность. 7) Практическая ловкость человѣка гораздо болѣе зависитъ отъ количества духовныхъ и физическихъ силъ, чѣмъ отъ знанія; потому то главное дѣло всего воспитанія (въ которое входитъ обученіе) заключается въ нормальномъ развитіи силъ. 8) Религіозность человѣка гораздо менѣе зависитъ отъ заученныхъ текстовъ и изрѣченій, чѣмъ отъ вліянія на ребенка благочестивой матери и энергическаго отца. Религіозное воспитаніе должно также начинаться вмѣстѣ съ рожденіемъ ребенка, и находиться преимущественно въ рукахъ матери. 9) Главнѣйшіе предметы формальнаго образованія или развитія силъ суть: форма, число, и языкъ. Идея элементарнаго образованія заключается въ развитіи въ ребенкѣ коренныхъ основъ вѣры и любви посредствомъ тѣхъ универсальныхъ пособій, примѣненіе которыхъ возможно во всякой хорошей семьѣ. Отсюда вытекаютъ слѣдующія заключенія: а) Дѣтская комната есть важнѣйшая воспитательная сфера. b) Все обученіе должно основываться на непосредственной наглядности; и все первоначальное обученіе есть только наглядное обученіе, которое должно вначалѣ проникать каждый учебный предметъ, чтобы онъ могъ имѣть плодотворное, живое, истинное содержаніе. Противоположно ему пустое, безсодержательное ученіе на фразахъ; сперва вещь, а потомъ уже (по возможности) ея изображеніе, рисунокъ, слово. c) Первоначальное обученіе состоитъ въ примѣрѣ и подражаніи, въ объясненіи и повтореніи. По этой причинѣ лучшее средство учителя, имѣющаго въ виду самостоятельность учениковъ, состоитъ въ примѣненіи возбуждающей и развивающей эвристической методы. d) Ничего непонятнаго не должно дѣтямъ учить наизусть; но все заученное ученикомъ должно на всегда остаться его собственностью. Смотря по изустному выраженію ученика всегда можно судить о ясности его понятій, способности созерцанія и степени знанія. е) Лучшими побудительными средствами ко всему доброму и честному служатъ — не страхъ и наказаніе, а доброжелательство и любовь. Дальнѣйшія слѣдствія педагогической системы Песталоцци вытекаютъ сами собою, такъ какъ вся сущность ея состоитъ «въ воспитаніи самостоятельности посредствомъ нагляднаго познанія». Такъ въ одной главѣ своего сочиненія «Лингардъ и Гертруда», носящей знаменательное заглавіе: «не искусство, не книга, а жизнь должна быть основаніемъ всякаго воспитанія и обученія» — Песталоцци такъ обрисовываетъ методу Гертруды:

«Сама жизнь во всемъ ея объемѣ, какъ она дѣйствовала на дѣтей, какъ она поражала ихъ, какъ они пользовались ею — вотъ что было источникомъ ихъ ученія. Обученіе говоренію было при этомъ второстепеннымъ дѣломъ. Кромѣ выговариванія звуковъ языка и образующихся изъ нихъ простыхъ слоговъ, Гертруда никогда не говорила съ дѣтьми съ одностороннею цѣлію учить ихъ говорить, но лишь съ цѣлію внушить имъ посредствомъ разговоровъ различныя знанія. Гертруда говорила съ дѣтьми только для того, чтобы и посредствомъ языка внушить и объяснить имъ фактъ жизни, впечатлѣнія ихъ собственныхъ наблюденій, ихъ собственной опытности. Руководясь этою точкою зрѣнія, она никогда не говорила съ дѣтьми своими ради обученія языку тономъ учащей матери: она не говорила своему ребенку: дитя! это твоя голова, это твой носъ, это твоя рука, это твой палецъ, и т. д., не спрашивала также: гдѣ твой глазъ, гдѣ твое ухо, гдѣ твои волосы? напротивъ, она говорила ради языка тономъ заботящейся матери, языкомъ озабоченной матери. Она говорила, возбужденная потребностью дитяти и живя только попеченіемъ о немъ: поди сюда, дитя мое, я вымою твои рученки; давай я причешу тебѣ волосы; дай я обрѣжу тебѣ ногти на твоихъ пальцахъ; утри твой носъ; не держи твою голову криво. Ея разговоръ никогда не былъ пустою болтовнею, не соотвѣтствующей ни положенію, ни обстоятельствамъ, ни потребности, ни обязанности ребенка въ данный моментъ. Каждое слово, сказанное ею ребенку, находилось всегда въ тѣсной связи съ истиною его жизни и положенія, и въ этомъ отношеніи было само духъ и жизнь. Словесное ея преподаваніе какъ бы исчезало въ духѣ и жизни ея дѣйствительной дѣятельности, изъ которой исходило ея обученіе, и къ которому оно вело. Каждое ея рукопожатіе, каждый взглядъ, брошенный на ребенка, поражали его сердце, оживляли его умъ и дѣлали его руки способными ко всему нужному и полезному. Послѣдовательныя ступени занятій, которыя проходили ея дѣти, строго соотвѣтствовали естественному развитію ихъ силъ и способностей. А это — великое дѣло. Искусственная воспитательная дѣятельность всегда должна дѣйствовать на дитя въ полномъ соотвѣтствіи съ естественнымъ его развитіемъ; она не должна безразсудно навязывать дѣтямъ не соотвѣтственное ихъ возрасту, не понятное и не возможное для нихъ. Величайшее искусство воспитанія состоитъ въ изученіи и пониманіи этого природнаго развитія, въ строгомъ согласіи съ нимъ всей воспитательной дѣятельности....»

«Каждое изъ дѣтей Гертруды было на столько развито и смышлено, изворотливо и дѣятельно, на сколько это соотвѣтствовало его возрасту. Ни одно изъ нихъ не отличалось особенными познаніями, и они даже не знали многаго, что знаютъ дѣти ихъ возраста въ школѣ; но за то они были всегда веселы, всегда неутомимы, и хотя знали мало, но за то знали и умѣли все свойственное ихъ возрасту вполнѣ. То, что они знали, знали они не въ половину, не какъ нибудь, а совершенно. Это знаніе доведено было въ нихъ ихъ собственными наблюденіями и упражненіями до совершенно яснаго сознанія, и они могли просто, но за то съ точностію выразить и объяснить все знаемое. Такъ же проста и безъискусственна, какъ ихъ душевное развитіе, была и ихъ внѣшность. Кромѣ пряденія, шитья и всѣхъ домашнихъ занятій, которыя они знали въ совершенствѣ, и кромѣ нѣкоторыхъ начатковъ въ рисованіи и письмѣ, они знали мало, а изъ всего того, что называется именно искусственнымъ образованіемъ — ничего; но за то основные элементы всякаго искусства были въ нихъ живо возбуждены: ихъ глазъ былъ вѣренъ, рука тверда, ихъ фантазія была свѣжа и вращалась многосторонне около библейскихъ предметовъ, и, наконецъ, ихъ чувство изящнаго, такъ какъ оно вполнѣ согласовалось съ высокобожественнымъ ихъ внутренняго религіознаго чувства и исходило отъ него, всегда было направлено къ прекрасному и возвышенному. Жизнь ихъ мудрой и набожной матери перешла въ нихъ во всей полнотѣ ея истины и ея внутренняго величія. Она передала имъ все, что знала, что умѣла и могла. Разумѣется, при своей бѣдности она могла передать имъ очень мало; но это малое было образовательно и велико по тому способу, по той силѣ и любви, съ которыми было передано. Каждое отдѣльное слово, исходя изъ цѣлаго ея жизни, тѣсной съ жизнью ея дѣтей, дѣйствовало не какъ отдѣльное слово, но какъ нѣчто исходящее изъ цѣлаго ея материнскаго существованія и отношенія, изъ тѣсной связи, въ которой она была съ дѣтьми, и какъ бы уже лежало въ своемъ зародышѣ въ дѣтяхъ. Ея искусство было — ея жизнь, и ея образованіе исходило изъ этой жизни, а потому успѣхъ каждаго слова былъ удивителенъ. Другое дѣло, еслибъ ея слова не стояли въ тѣсной органической связи съ жизнью ея дѣтей: тогда бы не имѣли они и половины своей силы. Дѣти понимали все то, что она имъ говорила, мгновенно, какъ будто не уча, какъ будто оно лежало въ нихъ самихъ. Да оно и было такъ. Ея ученіе не влагало въ нихъ ничего: оно развивало только силы, которыя уже лежали въ нихъ, и которыми они все, узнанное внѣшнимъ образомъ, принимали во внутрь и сознавали, какъ чистый выигрышъ самихъ себя и своей собственной силы, — а не какъ нѣчто вложенное въ нихъ внѣшнимъ, насильственнымъ образомъ.»

«Обученіе счету выходило также изъ дѣйствительности ихъ жизни и было тѣсно связано съ нею. Она считала съ ними напр. сколько шаговъ въ комнатѣ, и такъ какъ случайнымъ образомъ въ одномъ изъ оконъ ея было 5 оконницъ, такъ какъ на рукѣ пять пальцевъ, — то она брала два ряда стеколъ вмѣстѣ, и могла такимъ образомъ идти въ счетѣ далѣе, нежели по пальцамъ. Они могли далѣе считать нити при пряжѣ и т. под. Она объясняла имъ также основныя формы измѣренія, дѣлая чрезъ непосредственныя воззрѣнія ясными для нихъ понятія: короткій и длинный, узкій и широкій, острый и тупой, круглый и угловатый. Она постоянно, и въ самыхъ разныхъ случаяхъ, обращала вниманіе дѣтей на явленія природы, ихъ окружающія и обнаруживающіяся преимущественно въ жизни домашней — въ комнатѣ, въ кухнѣ, на дворѣ, въ саду, въ лѣсу и въ полѣ; и она дѣлала это такъ, что не казалось это ученіемъ, а простымъ участіемъ къ такимъ вещамъ и явленіямъ, которыя встрѣчаются дѣтямъ во всѣхъ случаяхъ ихъ жизни, въ ихъ обязанностяхъ, удовольствіяхъ и потребностяхъ. Помогая матери приготовлять кушанья, разводить огонь, приносить дрова и воду, они изучали черезъ простое, но внимательное наблюденіе надъ предметами, къ которому принуждало самое занятіе: дѣйствіе огня, воды и воздуха, вѣтра, дыма, измѣненіе воды въ спокойно стоящемъ сосудѣ и въ текущемъ источникѣ, превращеніе ея въ ледъ, дождь, снѣгъ, иней, градъ, ея вліяніе на разложеніе соли, на гашеніе огня, также превращеніе дерева въ уголь и пепелъ, или его переходъ въ гніеніе и т. д. Все это они узнавали не чрезъ длинные разговоры объ этихъ предметахъ, а посредствомъ обращенія вниманія ихъ на самые предметы, какъ они представлялись ихъ внѣшнимъ чувствамъ, и какъ они перемѣнялись въ ихъ же глазахъ. Во всемъ этомъ мать предоставляла дѣтей своихъ совершенно тому впечатлѣнію, которое производили эти предметы на ихъ, разумѣется, вполнѣ развитую наблюдательную способность и вниманіе, и не думала вести ихъ посредствомъ какого бы ни было обученія далѣе того, что они узнали сами. Но то, чему она дѣйствительно учила, они должны были изучить и узнать вполнѣ. Сознаніе своей собственной силы, дающееся человѣку только полнымъ, совершеннымъ знаніемъ того, что онъ дѣлаетъ и препринимаетъ, было живо возбуждено въ ея дѣтяхъ. Это сознаніе обнаруживалось въ нихъ безпрестанно. Если мать говорила или показывала что нибудь младшимъ дѣтямъ, то старшія подбѣгали къ ней и говорили: мамаша! позволь мнѣ показать это братцу или сестрицѣ: я знаю это такъ же, какъ и ты. Мать позволяла имъ охотно, особенно, если они дѣйствительно знали хорошо то, что хотѣли показать. Какой восторгъ, какое наслажденіе доставляло дѣтямъ это позволеніе матери! И какъ радостно, какъ искренно, чисто дѣтски, братски начинали они пересказывать и показывать своимъ младшимъ братьямъ то, что позволила имъ мать!»

Вообще Песталоцци стремился къ педагогическому натурализму въ самомъ обширномъ и благородномъ смыслѣ этого слова, и человѣческое, гуманное образованіе ставилъ прежде спеціальнаго; въ то же время онъ высоко цѣнилъ индивидуальность ребенка, для развитія которой лучшей сферой считалъ семью. Онъ искалъ образованія человѣка внутри его. *Извнутри долженъ развиться каждый человѣкъ; помочь ему въ этомъ обязано воспитаніе:* вотъ его идея о воспитаніи. Но какъ ни вѣрны были педагогическія требованія Песталоцци, онъ былъ, по справедливому замѣчанію Калиша «болѣе возбуждающая, чѣмъ приводящая въ исполненіе личность.» Онъ принадлежитъ къ разряду тѣхъ передовыхъ личностей, которыя обаятельно дѣйствуютъ на окружающихъ, и при жизни или послѣ себя образуютъ цѣлую школу дѣятелей въ новомъ духѣ.

Какъ реформаторъ, какъ практическій дѣятель, Песталоцци стоитъ выше всѣхъ своихъ предшественниковъ: онъ умѣлъ не только заявлять требованія, но во многомъ и удовлетворять имъ въ своей дѣятельности, которая если и не была вполнѣ совершенною, то только потому, что одному человѣку невозможно же создать все заразъ. Потому то многое и у Песталоцци имѣетъ лишь характеръ попытки. Хотя въ положеніяхъ его мы находимъ много сходнаго съ идеями предшествовавшихъ ему педагоговъ, но не мало также и различія. Руссо уже требовалъ сообразнаго съ природою воспитанія; однако Песталоцци опредѣленнѣе обозначилъ образовательные законы природы и ближе примѣнилъ ихъ къ обученію; потому то съ его времени собственно и начинается научная дидактика. Руссо желаетъ воспитать человѣка для естественнаго его положенія, Песталоцци—для общественнаго. Такъ какъ первый считаетъ общественныя отношенія испорченными и гибельными; то его взглядъ ведетъ къ политическому перевороту; Песталоцци желаетъ внутренняго, нравственнаго преобразованія человѣка, желаетъ, чтобы нравственный духъ проникъ въ общественныя отношенія. Принципъ Руссо — чтобы воспитанника не учили ни чему, чего онъ самъ не въ силахъ узнать; но чему именно долженъ учиться человѣкъ — этого Руссо не указываетъ. Песталоцци, напротивъ, устанавливаетъ твердый принципъ обученія и самъ примѣняетъ его къ обученію мѣрѣ, числу и языку. Точно также Базедовъ и Роховъ уже требовали, чтобы воспитаніе и обученіе устроилось проще, естественнѣе и разумнѣе; но въ чемъ должна состоять эта большая простота и разумность, они также не указали, хотя и старались на практикѣ осуществить свои идеи. Кромѣ того, имъ вредилъ нѣкоторый мистицизмъ, который они и ихъ послѣдователи вносили въ педагогическое дѣло. Песталоцци смотрѣлъ на религію, какъ на основу нравственнаго образованія, и желалъ ранняго воспитанія въ ней ребенка; Руссо старался достигнуть нравственности безъ религіи, отстранялъ послѣднюю въ дѣлѣ воспитанія; но результаты подобнаго эксперимента были самые печальные. Воспитаніе у Руссо представляется болѣе отрицательнымъ: онъ желаетъ образовать силы ребенка тѣмъ, что охраняетъ ихъ наблюденіемъ; Песталоцци дѣйствуетъ болѣе положительно, стараясь развить лежащіе въ ребенкѣ зародыши и силы съ помощію искусства. Онъ призналъ таинственное, но могучее нравственное вліяніе за семейною жизнью, и не хотѣлъ, чтобы дѣти были пересаживаемы въ искусственныя педагогическія теплицы, какъ это было у филантрошинистовъ. Идеалъ Руссо — гувернеръ, отдаляющій воспитанника отъ семьи и стоящій съ нимъ совершенно на другой ногѣ, чѣмъ Песталоцци со своими учениками въ Нейгофѣ и въ Станцѣ. Преимущественною цѣлію Базедова было — обогатить воспитанника матеріяльнымъ образованіемъ; задача Песталоцци — субъективное совершенствованіе человѣка по уму и сердцу, т. е. формальное образованіе рядомъ съ матеріяльнымъ. Онъ былъ даже убѣжденъ, что съ достиженіемъ формальнаго образованія питомецъ самъ собою въ силахъ будетъ усвоить матеріяльныя знанія. И Базедовъ, и Песталоцци — оба стремились улучшить человѣчество путемъ воспитанія; у обоихъ были элементарное обученіе и элементарныя руководства; оба основали институтъ для осуществленія своихъ идей; оба желали постепеннаго образованія, соразмѣрнаго съ дѣтскимъ возрастомъ и развитіемъ. Но они и существенно отличаются другъ отъ друга: Песталоцци беретъ исходнымъ пунктомъ самого ребенка, вѣчное и существенное его природы; Базедовъ — книгу, по которой дитя должно учиться. Песталоцци желаетъ, чтобы дитя развивалось само изъ себя, чтобы его духовная сторона образовывалась извнутри, оставаясь вѣрною своей природѣ; Базедовъ хочетъ вложить въ ребенка знанія извнѣ, и ученіе считаетъ цѣлію, а не средствомъ. Базедовъ, какъ и Локкъ, имѣлъ въ виду преимущественно образованное сословіе: онъ началъ дѣло съ дѣтьми цивилизованныхъ классовъ и въ нихъ находилъ поддержку. Песталоцци началъ съ сиротами, совершенно снизу, и радовался, что у него есть дѣти нищихъ и есть жилище, чтобы въ дѣйствительной жизни дѣлать опыты надъ своею идеею. Филантропинъ, устроенный на золотѣ и серебрѣ, исчезъ; институтъ Песталоцци, воздвигнутый на сердцахъ, на лучшихъ, христіянскихъ потребностяхъ человѣческой природы, какъ институтъ духа, будетъ существовать безъ золота и серебра и останется учрежденіемъ вѣчнымъ, сколько бы ни мѣнялись его внѣшнія формы.

«Я убѣжденъ, — пророчески говоритъ Песталоцци — что моя лепта не будетъ единственной; многіе изъ моихъ современниковъ, убѣжденные въ важности моихъ цѣлей, примутъ въ томъ участіе, и, Богъ дастъ, незначительность моего дѣла изчезнетъ въ значительности ихъ предпріятій. Друзья! братья! Будьте готовы вмѣстѣ со мною на всякую жертву, которая потребуется для спасенія нашей общей, священной цѣли. Эти жертвы не будутъ малы.

Не малое дѣло — приложить свой трудъ къ воспитанію человѣка и сказать: вотъ, посмотрите на насъ, мы желаемъ и можемъ принести нѣчто существенное для улучшенія человѣческаго воспитанія, мы можемъ и желаемъ содѣйствовать благу міра, спасенію людей. Друзья! Братья! Какъ прекрасно достиженіе цѣли! Какъ хорошо приблизиться къ метѣ, вѣнчающей побѣдителя. Это — ваша цѣль. Мое же поприще кончено, прежде чѣмъ я ее достигнулъ. Я сдѣлалъ, что могъ: больше я не въ силахъ сдѣлать. И такъ, я смотрю на свое дѣло, какъ на оконченное. Мой родъ, который былъ такъ любимъ мною, довершитъ его съ признательностью къ моей памяти. Но — это въ рукахъ Божіихъ!» «Нѣтъ, — восклицаетъ онъ въ другомъ мѣстѣ — облагороженіе народа — не сонъ. Я вложу это искусство въ руки матери, въ руки дитяти, въ руки невинности, и злодѣй умолкнетъ: онъ не скажетъ болѣе, что это сонъ!» Со времени Песталоцци семья и народная школа въ ея обширномъ, возвышенномъ смыслѣ сдѣлались главнѣйшимъ предметомъ педагогической теоріи и педагогическаго искусства, т. е. педагогика въ ея практическомъ отношеніи нашла себѣ должное и единственное основаніе.

### *Германская народная школа послѣ Песталоцци.*

Вліяніе Песталоцци на германскую школу, а чрезъ нее и вообще на европейскую, было громадно, чему много содѣйствовало само тогдашнее время. Это была пора, когда послѣ Наполеоновскаго погрома пробудился германскій духъ и устремился на возстановленіе, укрѣпленіе и защиту своей національности противъ чужеземнаго порабощенія. Вся Нѣмецкая нація, выйдя, благодаря Россіи, побѣдительницею изъ борьбы съ Франціею, проникалась чувствомъ единства и заявила небывалое одушевленіе въ пользу народной школы, какъ основы народнаго образованія. Всѣ усилія направлялись къ распространенію и улучшенію школъ — сперва для высшихъ и среднихъ, а потомъ и для низшихъ классовъ общества. До этого времени въ Германіи господствовали чужеземные нравы и обычаи; общее увлеченіе всемъ иностраннымъ было до того велико, что многіе передовые люди еще въ 1807 году полагали, будто пройдетъ еще много столѣтій, пока нѣмцы перестанутъ отдавать предпочтеніе предъ своими только тому, кто побывалъ въ чужихъ краяхъ, особенно во Франціи, и возвратился оттуда со скуднымъ запасомъ чуждой образованности, кто знаетъ и уважаетъ иностранное болѣе, чѣмъ свое родное. Въ этотъ то торжественный моментъ пробужденія народныхъ силъ и Песталоцци является провозвѣстникомъ народнаго воспитанія, такъ какъ національность есть необходимая принадлежность общечеловѣческаго бытія.... Въ этомъ отношеніи Фихте сравниваетъ Песталоцци съ Лютеромъ, и особенно по его пламенной любви къ бѣдному, безпомощному народу, которому прежде всего хотѣлъ онъ помочь; но вмѣсто воспитанія простаго народа онъ далъ нѣчто большее — воспитаніе цѣлой націи и утвержденіе національнаго принципа во всякомъ воспитаніи. Фихте настойчиво рекомендуетъ усиленное чрезъ Песталоцци развитіе тѣлесной ловкости, для того, чтобы сдѣлать способною къ войнѣ всю націю, и чрезъ то отстранить необходимость огромныхъ армій.

Патріотическія идеи этихъ и имъ подобныхъ дѣятелей, какъ напр. Шлейермахера, Арндта, желавшихъ упрочить благосостояніе отечества, подорванное могучимъ врагомъ, произвели на германцевъ обаятельное впечатлѣніе, и не одного родителя навели на мысль послать своего сына въ заведеніе съ новымъ направленіемъ воспитанія. Ложный космополитизмъ рухнулъ навсегда, и метода Песталоцци пригодилась какъ нельзя болѣе, найдя себѣ самое широкое практическое примѣненіе. «Печально видѣть мужей, — повторялъ Янъ — дѣлавшихъ изъ себя заморскихъ обезьянъ, франтовъ и шутовъ; горько видѣть современниковъ, натягивающихъ на себя чужую шкуру, взятую напрокатъ въ Парижѣ. Бѣда, несчастіе, стыдъ, позоръ, проклятіе, гибель и смерть тому изъ народа, кто съ чужбины ждетъ помощи и спасенія! Раннее изученіе иностранныхъ языковъ въ тѣхъ семействахъ, гдѣ дѣти не смѣютъ назвать на родномъ языкѣ даже отца и мать, или пожелать имъ «добраго утра» и «покойной ночи», сказать имъ «здравствуйте» и «прощайте» — не ведетъ за собой никакихъ хорошихъ послѣдствій. Напротивъ того: изъ этого выходитъ какое то смѣшеніе языковъ, путаница дѣтской мысли и рѣчи, образуются пустые болтуны, фразеры, выѣзжающіе на тѣхъ банальностяхъ, которыя называются «conversation». Развитіе фразеологіи въ дѣтствѣ и юности есть помраченіе наглядности, обезсиленіе памяти и подавленіе дара слова. Каждая школа, въ которой чужой языкъ систематически вытѣсняетъ родной и считается главнымъ образовательнымъ средствомъ, подкапывается подъ народность и облегчаетъ побѣду будущему врагу. Вмѣстѣ съ чужимъ языкомъ и въ головѣ, и въ сердцѣ дѣтей укореняется чужое господство и весь нравъ ребенка проникается чуждымъ духомъ. Вмѣстѣ съ пристрастіемъ къ чужому языку мы навязываемъ бѣднымъ дѣтямъ столько всякой дряни, что все ихъ знаніе расползается, какъ какая нибудь ветошь. Золотое время растрачивается на пустую роскошь языка, и лишь неукраденныя минуты остаются для великаго дѣла изученія природы, представляющей для человѣка неисчерпаемую бездну полезнаго знанія. Кому впослѣдствіи дѣйствительно понадобятся живые иностранные языки, тотъ, конечно, пусть себѣ изучаетъ ихъ; но въ народной, общеобразовательной школѣ имъ не мѣсто. Въ ней имѣетъ права гражданства лишь родное слово. Боецъ съ перомъ въ рукахъ принадлежитъ уже къ ученымъ; истинный воинъ нуждается только въ родномъ языкѣ, и ему нечего искать понравиться своему врагу. Съ чужими языками въ своей родной школѣ мы на своей родной почвѣ ростимъ лишь жалкихъ рабовъ чужой народности. Родители, съ раннихъ лѣтъ порабощающіе своихъ милыхъ дѣтей въ пользу итальянскаго, французскаго или другаго иностраннаго языка, вы преждевременно дѣлаете ихъ бѣдными, безправными, беззащитными и безпомощными, вы крадете у нихъ права ихъ на родную рѣчь. Народная школа должна воспитывать истинныхъ мужей, гражданъ своего народа, способныхъ потомъ посвятить свои юношескіе годы любимой спеціальности. Это по истинѣ рабскій обычай, что каждое сословіе, каждое званіе или состояніе имѣетъ свою особую школу; этакъ намъ пришлось бы заводить особыя школы для ночныхъ сторожей!» Въ 1810 году графъ фонъ-Штейнъ писалъ: «Если можно вѣрить въ лучшее будущее, въ близкій конецъ того рабства, въ которомъ мы живемъ; то тѣмъ болѣе мы обязаны развивать и укрѣплять характеръ дѣтей, укореняя въ нихъ тѣ мощные и благородные принципы, которые помогутъ имъ вести борьбу съ духомъ своего испорченнаго вѣка — со страстью къ наслажденію, лѣностью, или святотатственнымъ равнодушіемъ, обнаруживающимъ свое гибельное господство попреимуществу въ высшихъ класахъ общества. Но недостаточно позаботиться о направленіи только нынѣшняго поколѣнія: еще важнѣе развить силы слѣдующаго, еще грядущаго въ міръ; а легче всего это выполнить примѣненіемъ Песталоцціевой методы, которая возвышаетъ самостоятельность духа, возбуждаетъ религіозное и всѣ другія благороднѣйшія чувства человѣка, вызываетъ стремленіе къ идеальной жизни, смягчаетъ наклонность къ чувственной жизни и вообще противодѣйствуетъ моральному разслабленію юношества.»

Такъ была подготовлена почва для воспринятія плодотворныхъ идей Песталоцци. Впереди другихъ стала Пруссія: 1810 году былъ приглашенъ въ Кёнигсбергъ ученикъ Песталоцци — Целлеръ, и около того же времени было отправлено въ Швейцарію нѣсколько молодыхъ людей съ цѣлію изучить тамъ и перенести на родину новое направленіе и новую методу. Люди, стоявшіе во главѣ прусской школьной администраціи и замѣчательнѣйшіе директоры саминарій, какъ Гарнишъ и Дистервегъ, прониклись духомъ Песталоцци и получили право называться его учениками. Примѣру Пруссіи спѣшили слѣдовать и другія нѣмецкія государства: въ 1814 году въ Шлезвигѣ и Голштиніи явился новый училищный уставъ; въ 1817 въ Нассау также были положены новыя начала въ основаніе народной школы; въ 1820 году во Франкфуртѣ на Майнѣ повторилось то же самое. Въ Веймарѣ новые регулятивы для народной школы были изданы въ 1821—22 годахъ, въ Гессенъ-Дармштадтѣ — въ 1832, въ Герѣ — въ 1833, въ Саксоніи — въ 1835, въ Баденѣ и Вюртембергѣ — въ 1836, въ Ганноверѣ — въ 1846. Всюду въ Германіи возникаютъ новыя школы, новые уставы и благоустроенныя училищныя зданія. Самая задача народной школы стала пониматься иначе: во время ортодоксальнаго періода воспитанія она была исключительно школой религіозности; во время абстрактно-гуманистическаго періода — школой знанія; теперь она является школой развитія и формальнаго образованія, средствомъ гармоническаго упражненія всѣхъ душевныхъ и тѣлесныхъ силъ и способностей. Обновился и составъ школьной администраціи; духовенству же въ большей части нѣмецкихъ земель было поручено лишь ближайшее завѣдываніе народной школой. Дѣло народнаго образованія перешло отъ духовенства въ руки свѣтскихъ правительствъ, и народные представители получили право голоса при начертаніи школьныхъ законодательствъ. Положеніе учителей также было улучшено. Учебныя программы значительно расширились: такъ въ училищномъ уставѣ Нассаускаго герцогства учебными предметами обыкновенной народной школы полагаются: умѣнье владѣть отечественнымъ языкомъ, религія и правоученіе, пѣніе, чтеніе, орѳографія и калиграфія, умѣнье писать сочиненія на темы изъ обыкновенной гражданской жизни, ариѳметика, общія понятія изъ географіи, не исключая математической, знакомство съ исторіей, естественная исторія, физика и гигіена, главнѣйшія понятія объ агрономіи и промыслахъ. Принципъ наглядности сталъ примѣняться ко всѣмъ предметамъ преподаванія. Особенную силу получило требованіе, чтобы при обученіи каждому предмету имѣлось въ виду самостоятельное развитіе мыслительной способности ученика, чтобы ученикъ все училъ и дѣлалъ сознательно, чтобы знаніе его по каждому предмету шло постепенно и прочно, безъ скачковъ и пробѣловъ.

*Учительскія семинаріи цвѣтущаго періода.*

Въ это же время общаго педагогическаго движенія въ Германіи народные учителя стали пользоваться большимъ уваженіемъ, и многіе изъ нихъ своими полезными сочиненіями содѣйствовали успѣхамъ школы. Для приготовленія народныхъ учителей снова стали возникать особыя учительскія семинаріи, правильно организованныя и снабженныя всѣми необходимыми учебными средствами. Такъ въ 1801 году была основана семинарія въ Оберглогау, 1802 — въ Ганноверѣ, 1803 — въ Мюнхенѣ, 1804 — въ Марбургѣ, 1805 — въ Бамбергѣ и т. д.; такъ что въ 30 лѣтъ возникло 34 новыхъ учительскихъ семинарій, число которыхъ продолжаетъ рости вплоть до нашего времени, такъ какъ опытъ болѣе и болѣе убѣждаетъ въ необходимости и пользѣ подобнаго рода учрежденій, отъ успѣха которыхъ прямо зависитъ успѣхъ народной школы.

Отъ семинарій, возникшихъ послѣ Песталоцци, требованія были уже иныя, болѣе разумныя и цѣлесообразныя. Учителя этихъ семинарій должны были прежде всего обладать педагогическимъ талантомъ, лежащемъ въ самомъ характерѣ человѣка и почти необходимомъ для того, чтобы дѣйствовать образовательно на характеръ другихъ; сюда же присоединялось требованіе знанія теоретической и практической педагогики. Въ выполненіи этихъ требованій впереди другихъ долго стояли прусскія семинаріи, имѣвшія дѣятелей, подобныхъ Дистервегу, Динтеру, Денцелю, Харнишу, Цереннеру и др. Трехгодичный курсъ въ нихъ распредѣлялся такимъ образомъ, что первый или подготовительный годъ молодые люди посвящали преимущественно формальному своему образованію, второй — матеріальному, разширявшему объемъ ихъ знаній; на третій годъ шло уже практическое ихъ образованіе въ элементарной школѣ, какъ будущихъ учителей народа. Главною цѣлію всякаго обученія было поставлено — возбудить въ учащихся самостоятельное мышленіе и сужденіе, и именно самостоятельное (въ противоположность пассивному), ведущее къ свободной духовной дѣятельности. Всякое мертвое изученіе на память, всякое механическое повтореніе чужихъ словъ и т. под. рутина была окончательно отвергнута. Учителя, обязанные возбудить духъ дѣтей въ школѣ, должны были сами обладать силою духа. Относительно матеріяльнаго образованія гораздо болѣе требовалось основательности, чѣмъ обширности знаній, такъ какъ эта основательность знанія дѣлала будущаго учителя способнымъ съ пользою учить въ школѣ и съ успѣхомъ продолжать собственное образованіе. По общепринятому въ это время принципу, все знаніе семинаристовъ остается безплоднымъ и семинарія не удовлетворяетъ своему назначенію, если она не вводитъ своихъ питомцевъ въ сферу практики, если они, по выходѣ изъ заведенія, еще не будутъ въ состояніи примѣнить свои знанія къ хорошему методическому обученію, если они изъ опыта не будутъ знать, что и какъ должны они дѣлать въ школѣ. Но, чтобы достигнуть всего этого, недостаточно семинаристамъ только время отъ времени видѣть и слышать преподаваніе лучшихъ, образцовыхъ учителей, или самимъ иногда давать отдѣльные, отрывочные уроки: напротивъ того, съ ихъ стороны необходима продолжительная и всесторонняя дѣятельность въ школѣ, среди самихъ дѣтей, и подъ руководствомъ семинарскихъ учителей; они должны быть основательно знакомы со всѣми школьными порядками и съ учебными программами по каждому предмету, преподаваемому въ народной школѣ, посредствомъ самостоятельнаго, болѣе или менѣе продолжительнаго и связнаго преподаванія по каждому предмету, проникнутаго единствомъ и цѣльностію, а не разрозненностію; будущіе учителя еще въ семинаріи должны выработать и усвоить правильный тактъ во всемъ преподаваніи.

Такимъ образомъ, исторія учительскихъ семинарій послѣ Песталоцци вступила въ второй, лучшій періодъ. Вызванные живою потребностью общества и сознаніемъ лучшихъ людей, учрежденія эти шли поступательно въ своемъ развитіи, особенно въ Пруссіи, пока несчастный

1848 годъ не вызвалъ въ германскихъ правительствахъ реакціи, вредно отразившейся на судьбѣ семинарій. Оглядываясь на прошлое, мы видимъ, что двѣ главнѣйшія причины играли роль при рѣшеніи вопроса: нужны ли подобнаго рода учрежденія для того, чтобы народная школа правильно выполняла свою задачу — образованіе народной массы. Во первыхъ, составъ прежнихъ народныхъ учителей былъ крайне плохъ: учителя набирались или изъ ремесленниковъ, отставныхъ солдатъ, пастуховъ, или изъ недоучившихся питомцевъ латинскихъ школъ и гимназій, или наконецъ, и чаще всего, учительское званіе соединялось съ званіемъ кистера и кантора при приходскихъ церквахъ. Первые изъ нихъ едва сами знали грамоту; вторые знали нѣсколько болѣе, но, принадлежа къ другому сословію, смотрѣли съ презрѣніемъ на все окружающее ихъ въ сельскомъ бытѣ, и мечтали только о выходѣ изъ своего положенія; третьи, наконецъ, хотя и знали грамоту, и въ большинствѣ случаевъ принадлежали къ одному сословію съ своими учениками, но ихъ познанія ограничивались обыкновенно однимъ бѣглымъ, механическимъ чтеніемъ, письмомъ и краткимъ катихизисомъ. Но, что главное, всѣ эти люди не знали какъ и чему учить, и могли лишь плохо подражать своему прежнему плохому ученію; слѣдовательно, при такомъ порядкѣ вещей не было никакихъ прочныхъ залоговъ для улучшенія народной школы и народнаго образованія. Вторая необходимость, вызвавшая устройство особыхъ заведеній для приготовленія народныхъ учителей, заключалась въ недостаточномъ числѣ этихъ послѣднихъ; особенно ощутительною сдѣлалась она со времени введенія въ Германіи общей обязательности ученія. Германскія правительства, давъ иниціативу этой обязательности, дали и средства для приведенія ея въ дѣйствіе, желая привлечь народъ къ участію въ сознательной гражданской дѣятельности. Даже частныя лица, проникнутыя важностью начинаемаго дѣла, помогали ему словомъ и матеріяльными средствами: такъ нѣкто Шлабрендорфъ пожертвовалъ 1250 талеровъ ежегоднаго дохода на одну семинарію и 100,000 талеровъ единовременно на другую.

Со времени 1735 года, когда въ Штетинѣ была основана первая учительская семинарія, заведенія эти надо считать въ Германіи уже не десятками, а сотнями. Занятіе учительскаго мѣста мимо семинарскаго курса не представляетъ юридическихъ препятствій, но какъ фактъ встрѣчается все рѣже и рѣже. Вообще надо признать, что учительскія семинаріи, существующія нынѣ во всѣхъ просвѣщеннѣйшихъ странахъ западной Европы, порождены не отвлеченною теоріею, а не допускающею отлагательства потребностью, что почва, на которой онѣ основаны, чисто историческаго свойства, и что заслуги ихъ при распространеніи образованности въ народѣ огромны. Вообще первая четверть нынѣшняго столѣтія, бывшая порою національнаго и педагогическаго одушевленія Германіи, была цвѣтущею порою и для семинарій. Лучшіе умы своего вѣка не гнушаются снизойти на одинъ уровень съ ребенкомъ, чтобы подслушать бьющуюся въ немъ жизнь; одни изъ нихъ, собравъ извѣстное число данныхъ, составляютъ азбуки, разнаго рода руководства, книги для чтенія и т. под., доставляя такимъ образомъ матеріалъ для двухъ новыхъ наукъ — дидактики и методики; другіе, начавъ съ противоположной стороны — съ психологическаго анализа, повѣряютъ весь этотъ матеріалъ помощію неизмѣнныхъ силъ природы; и тѣ, и другіе, сойдясь на полдорогѣ, дружно продолжаютъ начатый трудъ и доводятъ его, наконецъ, до степени одной нераздѣльной науки, вѣчно живой и вѣчно неисчерпаемой — педагогики. Семинаріи выводили для нея новыхъ, даровитыхъ дѣятелей, между которыми, однако, скоро обозначились два противоположныхъ направленія — раціоналистическое и піетистическое; но, тѣмъ не менѣе, это не мѣшало многимъ изъ нихъ, напр. Дистервегу и Харнишу, стремиться къ одной общей цѣли и, защищая свои собственныя убѣжденія, уважать вмѣстѣ съ тѣмъ и чужія. Въ семинаріяхъ этого времени можно замѣтить только два главныхъ недостатка: въ 1) формальная сторона и общеобразовательное начало, вопреки разумнымъ требованіямъ передовыхъ педагоговъ, на дѣлѣ все таки брали перевѣсъ, развиваясь на счетъ спеціальнаго начала; на практическія занятія семинаристовъ давалось все еще недостаточно времени; во 2) онѣ, идя не перекоръ духу времени, требовавшему открытыхъ учебныхъ заведеній для юношества, представлявшихъ больше задатковъ для образованія характера въ молодыхъ людяхъ, приняли форму интернатовъ, преимущественно подъ вліяніемъ еще сильной тогда клерикально-піетистической партіи. Первые интернаты, какъ извѣстно, были плодомъ теоріи, апріористическаго умозрѣнія, еще не доказаннаго на практикѣ. Руссо отрываетъ своего ученика отъ семьи, въ которой видитъ одну порчу, и даетъ ему идеальнаго наставника. Базедовъ проводитъ идею изолированія при воспитаніи еще далѣе и основываетъ филантропинъ; практическія попытки Базедова неудаются, но пропаганда его, поддерживаемая настроеніемъ эпохи, находитъ множество послѣдователей. Только новѣйшее время, разоблачивъ несостоятельность прежней, закрытой системы воспитанія, заявляетъ протестъ противъ нея, опираясь на печальные результаты замкнутаго, отрѣшеннаго отъ жизни воспитанія. Оно падаетъ по мѣрѣ развитія общественной жизни, и интернаты, въ родѣ Франковскаго, дѣлаются необходимостію только въ крайнихъ случаяхъ, напр. сиротства, бѣдности дѣтей или опасной испорченности ихъ родителей.

Какъ бы ни было, но третій періодъ исторіи учительскихъ семинарій въ Германіи былъ рѣшительнымъ шагомъ назадъ. Онъ начался послѣ печальныхъ событій революціи 48 года, вызванной стремленіемъ нѣмцевъ къ внутреннему и политическому единству, и относительно семинарій обозначается всего разительнѣе знаменитыми прусскими регулятивами, опредѣляющими самыя узкія рамки для образованія народныхъ учителей и желающими держать ихъ, такъ сказать, на извѣстной степени невѣжества, на которое обрекается и народная масса! Регулятивы прусскаго правительства, явившіеся въ 1854 году, закрѣпляя закрытую систему и съ педантическою подробностію опредѣляя учебныя программы учительскихъ семинарій, стѣсняя тѣмъ ихъ свободное развитіе, упускаютъ изъ виду, что, при условіи основательности, чѣмъ больше знаетъ самъ учитель, тѣмъ съ большею пользою онъ будетъ дѣйствовать въ школѣ, тѣмъ дальше и шире поведетъ народное образованіе. Слѣдствіемъ этихъ реакціонныхъ регулятивовъ, составлявшихъ одну изъ тогдашнихъ репрессивныхъ мѣръ, было то, что семинаріи, шедшія до тѣхъ поръ рука объ руку съ народными училищами, вдругъ начинаютъ отставать, останавливаются въ своемъ движеніи, особенно у католиковъ. Составъ директоровъ измѣняется: Дистервегъ отставленъ отъ должности; Харнишъ доживаетъ свой вѣкъ въ домѣ умалишенныхъ; иные умираютъ; новые избираются не по ихъ педагогическимъ достоинствамъ, но смотря по степени теологическихъ знаній, по усердію ихъ слѣдовать безусловно регулятивамъ. Только новѣйшее педагогическое движеніе, начавшееся въ Баденѣ и проникшее въ Вюртембергъ, обѣщаетъ много хорошаго для учительскихъ семинарій и народныхъ школъ вообще всей Германіи, такъ какъ при политической разрозненности ея единеніе между учителями постоянно поддерживается и ростетъ, благодаря развитой педагогиской литературѣ и журналистикѣ, а также періодическимъ съѣздамъ учителей въ разныхъ мѣстахъ Германіи. Прежнія здравыя начала лучшихъ педагоговъ опять оживаютъ, и появляются даже открытыя семинаріи: такіе экстернаты уже существуютъ въ Веймарѣ, Эйзенахѣ и самомъ Берлинѣ. Большая часть учительскихъ семинарій Германіи и Швейцаріи, жившихъ почти общею педагогическою жизнью, помѣщается въ зданіяхъ, служившихъ прежде другимъ цѣлямъ; такъ напр., для Кёпеникской и Оранiенбургской семинарій отведены старые королевскіе дворцы, для Вейсенфельдской — упраздненный женскій монастырь, для Фридбергской — бурграфскій замокъ, для Кюстнахтской — прежній мужской монастырь; только для немногихъ устроены особыя, приспособленныя къ цѣли зданія. Какъ бы ни было, не смотря на этотъ просвѣтъ луняго, борьба за истинныя начала народной школы, во главѣ которой стоятъ семинаріи, далеко не кончилась, и знаменитые регулятивы продолжаютъ играть свою роль, какъ знамя консервативно-клерикальной партіи.... Но все это относится уже къ новѣйшей исторіи германской народной школы до нашего времени включительно.

*Германская школа въ ея дальнѣйшемъ развитіи. Городскія (мѣщанскія) школы.*

Вызванное идеями Песталоцци педагогическое движеніе коснулось германской школы во всѣхъ ея видахъ, начиная отъ сельскихъ, и кончая гимназіями и лицеями. Образованіе, которое могла сообщать дѣтямъ обыкновенная одноклассная или двухклассная народная школа, было найдено недостаточнымъ, особенно по отношенію къ практической жизни. Вслѣдствіе этого явилось два рода школъ, въ которыхъ поддерживалось и продолжалось народное образованіе: это—*воскресныя школы*, обнимавшія чтеніе, счисленіе, письмо, пѣніе, отечественный языкъ и общеполезныя свѣдѣнія, и *земледѣльческія школы*, гдѣ по зимнимъ вечерамъ сообщали молодымъ поселянамъ объ условіяхъ раціональнаго хозяйства. Какъ ни плохи были эти школы, но все же онѣ залагали прочныя основанія дальнѣйшему развитію народной школы и народной образованности, такъ какъ существовавшія до сихъ поръ народныя школы отпускали дѣтей именно въ ту пору ихъ возраста, когда они только что начинали глубже понимать и цѣнить пользу образованія (отъ 13—14 лѣтъ). Во всякомъ случаѣ, эти новыя учрежденія явились посредниками, переходной ступенью между школой и жизнью, съ одной стороны распространяя то, что уже сообщила дѣтямъ народная школа, съ другой — показывая значеніе и примѣненіе пріобрѣтенныхъ свѣдѣній по отношенію къ практической жизни. Нѣтъ сомнѣнія, что воскресныя и земледѣльческія школы принесли бы Германіи несравненно большую пользу, если-бы законъ обязывалъ мужеское населеніе деревень и городовъ продолжать свое образованіе до 18-лѣтняго возраста, посѣщая классы зимою четыре раза въ недѣлю напр. отъ 6—8 часовъ вечера, а лѣтомъ каждое воскресенье, и если-бы учителя получали въ семинаріяхъ такую подготовку, чтобы могли вести въ нихъ преподаваніе сообразно съ ихъ требованіями. Кромѣ того, при подобномъ положеніи дѣла народный учитель, являясь руководителемъ народа въ дѣлѣ образованія, занялъ-бы приличное ему мѣсто въ обществѣ и пользовался-бы заслуженнымъ уваженіемъ народа....

Высшая народная школа — городская или мѣщанская школа (Bürgerschule) также развивалась далѣе въ лицѣ *коммерческихъ школъ*, въ которыхъ уже окончившимъ курсъ молодымъ людямъ преподавались разные спеціальные предметы, обнимавшіе торговое дѣло, какъ напр., торговую корреспонденцію, бухгалтерію, торговое право, французскій и англійскій языки, необходимые при конторской корреспонденціи и т. под. Молодые люди изъ купеческаго сословія посвящали свободное отъ своихъ практическихъ занятій время посѣщенію такихъ школъ, гдѣ имъ научнымъ образомъ уяснялось занимавшее ихъ дѣло въ интересахъ ихъ личной и общей государственной пользы. Кромѣ того въ разныхъ мѣстахъ учредились особыя *ремесленныя школы*, въ которыхъ вначалѣ учебныя занятія или только по воскреснымъ днямъ, и главное вниманіе обращалось на рисованіе и копировку моделей. Впослѣдствіи, когда общество ремесленниковъ почувствовало ихъ пользу, занятія въ такихъ школахъ распространились на всю недѣлю, обнимая свободное для ремесленника вечернее время; къ рисованію здѣсь присоединились еще: элементарная математика, физика и письменныя упражненія въ примѣненіи къ ремесленной практикѣ.

Съ теченіемъ времени городская школа раздѣлилась на двѣ — для мальчиковъ и для дѣвочекъ. Первая имѣла своей задачей сообщать образованіе сословію горожанъ, занимавшихся торговлей и ремеслами, выполняя только программу собственно народной школы. Но сословіе горожанъ, ведя довольно сложныя занятія и непосредственно примыкая къ высшимъ классамъ общества, кромѣ того, производительностью своего труда въ сильной степени содѣйствуя общему благосостоянію государства, естественно нуждалось въ болѣе полномъ общемъ образованіи. На этомъ основаніи, курсъ мужской городской школы долженъ былъ значительно расшириться сравнительно съ обыкновенной народной школой, преимущественно въ отношеніи естественныхъ наукъ и вообще реальныхъ предметовъ. Такъ напр., учебный курсъ высшей городской школы въ Лейпцигѣ, первой по времени (открыта въ 1804 г.) и, благодаря дѣятельности извѣстнаго ея директора Фогеля, лучшей въ ряду заведеній этого рода, обнималъ слѣдующіе предметы: религію, отечественный языкъ, исторію и географію, преимущественно отечественную, естествовѣдѣніе, математику, калиграфію, рисованіе, пѣніе и гимнастику.

Параллельно съ расширеніемъ программы мужскихъ городскихъ школъ идетъ также расширеніе и женскихъ, такъ какъ и тѣ, и другія являются продуктомъ развитія городскаго сословія. Съ самаго начала XIX столѣтія школы для дѣвочекъ возникаютъ въ огромномъ числѣ, и въ ихъ курсъ болѣе и болѣе вводится все то, что вообще входитъ въ кругъ общаго образованія, одинаково необходимаго какъ для женщины, такъ и для мужчины. По этому въ женскихъ городскихъ школахъ преподаются почти тѣ же учебные предметы, какъ и въ мужскихъ, но только группируются нѣсколько иначе, сообразно съ потребностями и общественнымъ призваніемъ женщины. Такъ въ нравственномъ отношеніи прежде всего имѣется въ виду развитіе чувства посредствомъ искусствъ и религіи, очерчивающихъ умственный горизонтъ женщины. Вообще идеалъ женскаго воспитанія опредѣляется ея назначеніемъ: въ политическомъ отношеніи — какъ воспитательницы молодыхъ поколѣній, а слѣдовательно, и всего человѣчества; въ соціальномъ — какъ супруги и хозяйки дома, ибо женщина именно даетъ направленіе нравамъ и жизни семейства, а черезъ него — и всего общества, единственнымъ основаніемъ для котораго служитъ семейство; наконецъ, въ религіозномъ отношеніи — какъ хранительницы народной нравственности, заключающейся въ дѣятельной, христіянской любви. Мало по малу женскія городскія школы, также подобно мужскимъ, перешли въ новую фазу развитія — въ высшія женскія школы (höhere Töchterschulen), болѣе удовлетворявшія требованіямъ высшихъ классовъ городскаго общества: сословію богатыхъ гражданъ и чиновниковъ. Въ школахъ этихъ кромѣ уже указанныхъ выше цѣлей еще имѣлось въ виду свѣтское образованіе дѣвушекъ. Къ сожалѣнію, въ дѣйствительности многія изъ такихъ высшихъ женскихъ школъ задались исключительно послѣднею цѣлью, упустивъ изъ виду солидное умственное образованіе, гонялись только за блестящею внѣшностью, за эффектомъ, и дѣлая изъ дѣвушекъ пустыхъ, разфранченныхъ куколъ. Изъ учебныхъ предметовъ, общихъ съ обыкновенными женскими школами, преимущественное вниманіе обращалось въ нихъ на исторію, географію и естествовѣдѣніе; въ число общеобразовательныхъ предметовъ введена была также миөологія, безъ знанія которой невозможно пониманіе нѣмецкихъ классиковъ и многихъ произведеній пластическаго искусства. Кромѣ того дѣвушкамъ преподавалось: исторія нѣмецкой литературы вмѣстѣ съ чтеніемъ ея классическихъ произведеній, англійскій и французскій языки, какъ необходимѣйшіе предметы, въ значительной степени рисованіе и пѣніе. Гимнастика также вошла у нихъ въ обычай съ тѣхъ поръ, какъ въ Англіи, въ 1827 году, извѣстная миссъ Марія Магонъ стала заниматься въ одной школѣ гимнастическими упражненіями, которыя также и въ Швейцаріи (въ Бургдорфѣ, Бернѣ и др.) были признаны полезными для дѣвушекъ, развивая въ нихъ кромѣ здоровья и силы еще свободу, ловкость и грацію движеній. Изъ рукодѣлій въ высшихъ женскихъ школахъ на первомъ планѣ стояли изящныя работы, разныя вязанья и вышиванья въ пяльцахъ, возбуждавшія въ воспитанницахъ излишнюю мечтательность, изнѣженность, и поселявшія въ нихъ отвращеніе къ кухнѣ, прачешной или рынку, и вообще къ домашнему хозяйству съ его невзрачной, но въ высшей степени важной стороны.

*Благотворительныя школы.*

Песталоцци, столь самоотверженно трудившійся на пользу всего бѣднаго, подавленнаго несчастіемъ человѣчества, еще болѣе сроднилъ педагогику съ филантропіей, которая со времени христіянства почти всегда шла рука объ руку въ своемъ развитіи. Примѣръ его могущественно дѣйствовалъ на воспріимчивыя сердца его послѣдователей, возбуждая въ нихъ безкорыстное участіе и состраданіе къ тѣмъ, кто наиболѣе въ немъ нуждается, особенно когда незаслуженное несчастіе постигаетъ человѣка съ дѣтства, и безъ того всегда слабаго, нуждающагося въ любви и участіи. Такъ институты для *слѣпыхъ*, первое появленіе которыхъ относится, впрочемъ, еще къ 1784 году, съ 1808 года во множествѣ распространились по всей Германіи, такъ что въ настоящее время ихъ насчитывается до 25, а искусство воспитанія и обученія слѣпыхъ образовало какъ бы особый отдѣлъ педагогики, имѣющій своихъ почтенныхъ представителей, какъ напр., Кніэ, Цейне, Іегеръ, Вольке, Клейнъ, Штурмъ и др. Въ теоріи этой тифло-педагогической науки, какъ называетъ ее Карлъ Шмидтъ, обозначилось четыре особенныхъ направленія: 1) техническое, которое на главномъ планѣ ставитъ техническое образованіе питомцевъ, занимая ихъ преимущественно музыкой и ручными работами, какъ напр., пріучая ихъ плести корзины, вязать, прясть, вить веревки, дѣлать щетки и т. под. Сюда присоединяется обученіе религіи и отчасти умственное счисленіе. 2) Тѣ педагоги, у которыхъ прежде всего уважается принципъ интеллектуальнаго развитія, подготовляютъ изъ своихъ питомцевъ преимущественно образованныхъ членовъ общества, но часто впадаютъ въ другую крайность, поселяя въ нихъ нѣкоторое высокомѣріе и презрѣніе къ столь полезному въ жизни ручному труду. 3) Придерживающіеся исключительно филантропическаго принципа желаютъ заботливымъ предупрежденіемъ всѣхъ нуждъ и потребностей слѣпорожденныхъ смягчить для бѣдныхъ дѣтей ощущеніе несчастія, сдѣлать для нихъ жизнь, въ кругу ихъ товарищей по несчастію возможно, легкою и пріятною, такъ чтобы они могли потомъ съ удовольствіемъ вспоминать свое дѣтство впродолженіе всей остальной, неизбѣжно-страдальческой жизни, и въ этихъ отрадныхъ воспоминаніяхъ черпать для себя силу и бодрость. 4) Эклектическое направленіе наиболѣе раціональныхъ педагоговъ состоитъ въ томъ, что они стараются прежде всего опредѣлить личность питомцевъ, и, если природа еще не вполнѣ наложила оковы на ихъ духовное развитіе, сообщить имъ такое физическое и умственное образованіе, которое соотвѣтствовало бы ихъ будущему общественному положенію и практическому призванію. Такимъ образомъ въ этомъ принципѣ примиряются всѣ три существующія направленія, страдающія нѣкоторою односторонностью и не отдающія должнаго уваженія личнымъ способностямъ каждаго, изъ которыхъ и онъ самъ, и общество всегда могутъ извлечь извѣстную пользу.

Спеціальныя учрежденія для образованія *глухонѣмыхъ* имѣютъ своими первыми основателями Педро де Понсе и священника Паша, жившихъ еще въ XVI столѣтіи. Изъ писателей, занимавшихся вопросомъ объ обученіи глухонѣмыхъ, многіе жили еще въ XVII столѣтіи, напр.: Шоттъ, Гаредёрферъ, Гольдеръ, Морговъ и другіе. Аббатъ де-л'Епэ (de l'Epée) въ Парижѣ и Гейнике въ Лейпцигѣ были первыми, сдѣлавшими призваніемъ своей жизни обученіе глухонѣмыхъ, которое и постарались установить на прочныхъ началахъ. Они же были основателями и двухъ главныхъ направленій или методъ въ дѣлѣ обученія глухонѣмыхъ — нѣмецкой и французской. Нѣмецкая школа цѣлію ихъ обученія ставитъ приспособленіе ихъ къ практической жизни, возможное развитіе въ нихъ кромѣ письменнаго также звуковаго языка, и допускаетъ при обученіи только самую необходимую, естественную жестикуляцію. Французская школа, напротивъ того, признаетъ за главное въ воспитаніи глухонѣмыхъ интеллектуальное развитіе, не обращая вниманіе на практическую сторону; звуковую рѣчь отвергаетъ, какъ безполезную трату времени, ограничиваясь пріученіемъ ихъ къ одному письменному способу выраженія, съ присоединеніемъ искусственныхъ мимическихъ знаковъ. Институты глухонѣмыхъ въ прежнее время были непремѣнно закрытыми заведеніями, въ которыхъ изъ лучшихъ питомцевъ приготовлялись и будущіе учителя для глухонѣмыхъ. Была даже мысль устроить изъ нихъ цѣлыя колоніи, въ которыхъ бы жили исключительно эти несчастные, занимаясь искусствами и ремеслами, вступая во взаимные браки и находясь въ тѣсныхъ сношеніяхъ другъ съ другомъ. Съ 1818 года эта система изолированія глухонѣмыхъ была совершенно оставлена и число институтовъ для нихъ увеличено, особенно въ Даніи. По предложенію Гразера обученіе ихъ во многихъ мѣстахъ было передано въ руки народныхъ учителей, какъ напр., въ Пруссіи, Баваріи, Вюртембергѣ; въ Австріи-же по мысли Чеха эта обязанность была возложена на мѣстное духовенство при содѣйствіи учителей. Далѣе тотъ же Чехъ совѣтовалъ учредить по университетамъ и духовнымъ семинаріямъ особыя каѳедры для изученія науки о воспитаніи глухонѣмыхъ (Taubstummen-Bildungs-Wissenschaft). Въ Пруссіи было постановлено посылать учителей хотя на 5—6 недѣль въ лучшіе институты глухонѣмыхъ для ознакомленія съ пріемами и пособіями при ихъ обученіи; нѣкоторые такіе институты были соединены съ главнѣйшими учительскими семинаріями, въ которыхъ въ курсъ семинаристовъ также входило умѣнье заниматься съ глухонѣмыми. Благодаря энергической дѣятельности де л'Епэ и Гейнике институты для глухонѣмыхъ стали во множествѣ возникать во всѣхъ центрахъ европейской культуры; такъ въ одной Германіи ихъ насчитывается нынѣ до 70. Изъ наиболѣе замѣчательныхъ нѣмецкихъ сочиненій по этой части надо назвать:

Шмальца — Ueber die Taubstummen und ihre Bildung, со включеніемъ обзора литературы этого предмета, Неймана — Die Taubstummenanstalt in Paris, потомъ: Іегера, Рейха и Зегерта — объ обученіи языку, Шульца, Вильке и др. — о нагляднoмъ обученіи глухонѣмыхъ.

Рядомъ съ возникавшими заведеніями для слѣпыхъ и глухонѣмыхъ, во второй половинѣ XVIII столѣтія, начала возникать особая наука — педагогика *кретиновъ* и *идіотовъ*. Однако изъ теоріи она рѣшительно перешла въ практику только съ того времени, какъ извѣстный швейцарецъ Гуггенбюль посвятилъ всю свою жизнь и дѣятельность улучшенію участи этихъ несчастныхъ, и въ 1841 году устроилъ въ Абендбергѣ свой образцовый институтъ для кретиновъ. Онъ сильно возбудилъ въ литературѣ вопросъ о раціональнoмъ воспитаніи слабоумныхъ дѣтей, и примѣромъ своимъ одушевилъ своихъ послѣдователей. Независимо отъ него директоръ Берлинскаго института глухонѣмыхъ Зегертъ, въ 1842 году, также положилъ начало правильному развитію въ идіотахъ въ извѣстной мѣрѣ всегда присущихъ имъ интеллектуальныхъ способностей, и подкрѣпилъ свою теорію строгими психологическими основаніями. Въ послѣднее время на томъ же поприщѣ въ Австріи трудился врачъ-педагогъ Георгенсъ, продолжатель Фрёбелевской системы и авторъ весьма интереснаго сочиненія «Medicinisch-Pädagogisches Jahrbuch der Levana, Wien, 1858.»

Но педагогика новаго времени не остановилась на этой борьбѣ съ одними физическими аномаліями человѣческой природы. Она пошла далѣе и обратила вниманіе на психическія страданія множества дѣтей, которыхъ нищета и сиротство сдѣлали ранними преступниками, но изъ которыхъ любовь и стараніе могли-бы сдѣлать разумныхъ людей, истинныхъ христіянъ, дѣятельныхъ и полезныхъ гражданъ. Болѣе другихъ въ этомъ отношеніи сдѣлалъ другой швейцарецъ — Эммануилъ фонъ-Фелленбергъ основатель Гофвиля, особаго педагогическаго учрежденія, куда онъ съ 1804 года постоянно принималъ бѣдныхъ, безпріютныхъ мальчиковъ, уже имѣвшихъ несчастіе подвергнуться нравственной испорченности. Онъ занималъ ихъ преимущественно земледѣльческими и отчасти ремесленными работами, рядомъ съ которыми шло также ихъ умственное образованіе, какъ будущихъ членовъ гражданскаго общества. Основной принципъ Фелленберга, на которомъ была построена вся его воспитательно-исправительная система, выражается въ двухъ словахъ: «молись и трудись!» Послушаніе и укорененіе хорошихъ привычекъ, въ особенности пріученіе къ земледѣльческимъ занятіямъ, онъ считалъ лучшими средствами, примѣненіе которыхъ имѣло огромный успѣхъ. Учебными предметами были: религія, чтеніе, письмо, счисленіе и нагляднoe обученіе. Фелленбергъ былъ убѣжденъ, что человѣчество только тогда достигнетъ истиннаго совершенства, когда каждый изъ народа будетъ исполнять свое дѣло съ охотою и любовью, а не механически, подобно машинѣ, или не изъ одной нужды и корысти. Истинный трудъ въ его глазахъ былъ нераздѣльно связанъ съ наслажденіемъ, и на основаніи этого убѣжденія онъ старался пріохотить юныхъ преступниковъ къ труду, какъ источнику пользы и наслажденія.

Песталоцци и Фелленбергъ спасали въ своихъ заведеніяхъ тѣхъ дѣтей, которыя уже были деморализованы дурнымъ примѣромъ родителей, нищетой и тому подобными несчастіями. Самоотверженные подвиги этихъ достойныхъ дѣятелей педагогики постоянно продолжали и продолжаютъ одушевлять всѣхъ истинныхъ друзей человѣчества. Подъ вліяніемъ ихъ же примѣра являются въ разныхъ странахъ Европы особые воспитательные дома, пріюты и азили, первое начало которыхъ относится, впрочемъ, къ концу XVII столѣтія; но имъ еще недоставало правильной организаціи. Новая жизнь закипаетъ въ нихъ только съ начала нынѣшняго столѣтія. Такъ напр. въ Веймарѣ много сдѣлалъ основатель пріюта Фалькъ (1813), около котораго образовалось цѣлое «братство», заботившееся о поданіи помощи несчастнымъ, заброшеннымъ дѣтямъ. Все образованіе ихъ вращалось главнымъ образомъ на пріученіи къ ремесламъ; уроки-же шли различно, смотря по способностямъ и призванію, которому старались открыть свободный путь. Для дѣвочекъ считалось самымъ полезнымъ занятіе рукодѣльемъ. *Воспитательные дома* для подкидышей особенно развились въ католическихъ странахъ, гдѣ каждое незаконнорожденное дитя тотчасъ же принималось въ воспитательный домъ, безъ всякихъ формальныхъ затрудненій. Въ XVIII столѣтіи эти учрежденія пренебрегали примѣненіемъ къ дѣтямъ здравой педагогики, и ни мало не предохраняли ихъ отъ нравственной одичалости и испорченности, такъ что питомцы воспитательныхъ домовъ дѣлались потомъ лишь бременемъ для государства. Обыкновенно дѣтей отдавали также на воспитаніе по деревнямъ, гдѣ ихъ или эксплуатировали немилосердно, или морили, и во всѣхъ отношеніяхъ допускали ихъ до развращенія. Только въ нынѣшнемъ столѣтіи гуманныя идеи благодѣтельно отразились на судьбѣ и этихъ невинныхъ страдальцевъ, когда стало ясно, что большая часть такъ называемыхъ благодѣтелей и воспитателей брала ихъ ради личныхъ, корыстныхъ видовъ и обращала ихъ въ рабочій скотъ, при чемъ объ ихъ умственномъ и нравственномъ развитіи не было ни малѣйшей заботы. Да и въ самыхъ воспитательныхъ домахъ питомцы мало выигрывали, и все образованіе ихъ ограничивалось плохимъ умѣньемъ читать, писать и безсознательнымъ зубреньемъ катихизиса. Даже непомѣрно частое пѣніе и чтеніе молитвъ и вынужденное хожденіе въ церковь скорѣе притупляли, чѣмъ развивали истинное религіозное чувство, такъ какъ все дѣло при этомъ ограничивалось одною внѣшностью и формальностью, внутреннее же чувство оставалось незатронутымъ, а потому глохло и ожесточалось. Во всемъ этомъ превратномъ воспитаніи, или вѣрнѣе, дрессированіи не было главнаго педагогическаго условія — любви и участія къ дѣтямъ, и воспитательные дома давали обществу большею частію уже готовыхъ негодяевъ и будущихъ преступниковъ. Только филантропическо-педагогическія идеи, распространившіяся въ Европѣ послѣ Песталоцци, смягчили укоренившееся въ воспитательныхъ домахъ зло и поставили ихъ на путь правильнаго развитія. Новый видъ благотворительныхъ учрежденій составляютъ такъ называемыя *ясли* (Crèches, Krippen), также предназначенныя для дѣтей низшихъ классовъ, для которыхъ бѣдность, особенно въ большихъ городахъ, всегда бываетъ источникомъ и физическихъ, и нравственныхъ страданій; и чѣмъ моложе возрастъ такихъ дѣтей, тѣмъ болѣе нуждаются они въ гуманномъ состраданіи и христіанской помощи. Раньше другихъ дѣйствовалъ на этомъ поприщѣ Марбо (Marbeau), по мнѣнію котораго подобныя «ясли» должны замѣнять ребенку мать, и съ самыхъ раннихъ лѣтъ предохранять его отъ тѣхъ вредныхъ условій, которыми всегда бываетъ окружена жизнь среди нищеты, нужды и порока. Въ этомъ случаѣ именно было необходимо изъять дѣтей изъ общества и предохранить ихъ отъ его опасныхъ вліяній. Идея эта была такъ вѣрна, что осуществленіе ея имѣло огромный успѣхъ: такъ въ 1844 году въ Парижѣ были только однѣ «ясли», а въ 1851 ихъ было уже восемнадцать; 1855 во всей Франціи насчитывалось до 400 подобныхъ учрежденій. Кромѣ христіанскаго чувства благотворенія, всѣ филантропическія учрежденія новаго времени удовлетворяли и чисто экономическому расчету: они давали обществу много здоровыхъ, производительныхъ силъ и уменьшали количество преступленій, предупреждая раннюю смерть или раннее искаженіе бѣдныхъ, заброшенныхъ дѣтей. Христіанская филантропія давала матеріальныя, а педагогика — моральныя средства для ихъ правильнаго гармоническаго развитія.

Для *пріютовъ* (asyles, Bewahranstalten) много сдѣлалъ знаменитый отецъ Оберлинъ, трудившійся съ 1780 г. въ Штейнталѣ (въ Эльзасѣ). Такъ какъ большая часть родителей обыкновенно отвлекается отъ воспитанія своихъ дѣтей разными промысловыми, ремесленными и земледѣльческими занятіями, такъ что дѣти не имѣютъ даже необходимаго присмотра впродолженіе дня, бѣгаютъ по улицамъ и подвергаются всякаго рода опасностямъ и искаженіямъ; поэтому Оберлинъ нанялъ и устроилъ на собственный счетъ одну просторную комнату; куда собирал оставленных родителями детей, поручая их нежному попеченію способных к тому женщин, которых онъ самъ подготовилъ къ этому дѣлу, при помощи своей достойной супруги. День проходилъ для дѣтей съ пользою и удовольствіемъ, и они съ радостью собирались въ пріютъ отца Оберлина. Надзирательницы наблюдали также, чтобы дѣти говорили между собою на чистомъ французскомъ нарѣчіи. Старшія изъ дѣтей учились вязать, прясть, шить и т. под. Когда они уставали надъ этими занятіями, имъ показывали ландкарту, именно Штейнталя и его окрестностей, или картины изъ библейской исторіи, и по нимъ разсказывали и распрашивали дѣтей. Супруга Оберлина, урожденная Луиза Шешлеръ, ревностно продолжала развивать начатое имъ дѣло. Вскорѣ подобныя же учрежденія появились въ Германіи, получивъ правильную организацію и имѣя въ виду прежде всего бѣдный, задавленный поденнымъ трудомъ классъ общества. Такъ въ 1802 году княгиня Паулина устроила образцовый дѣтскій пріютъ въ Липпе-Детмольдѣ, принимая въ него дѣтей не моложе года и не старше четырехъ лѣтъ, конечно съ согласія нуждающихся въ томъ родителей. Лѣтомъ и осенью, пока продолжались полевыя работы, обыкновенно отъ конца іюня и до начала октября, дѣти оставались въ пріютѣ цѣлый день. Матери, уходя на работу, приносили ихъ въ 6 часовъ утра и уносили уже въ 8 час. вечера. Съ особеннымъ стараніемъ было здѣсь наблюдаемо все, что относилось къ соблюденію чистоты и опрятности, къ пищѣ, надзору и вообще къ нуждамъ малютокъ. Надзирательницы обходились съ дѣтьми ласково, съ участіемъ, играли съ ними и пѣли хорошенькія пѣсенки. Для одной изъ двѣнадцати знатныхъ дамъ-попечительницъ назначалось ежедневное дежурство; онѣ наблюдали за правильнымъ ходомъ дѣла и отдавали еженедѣльный отчетъ начальницѣ-учредительницѣ. Впослѣдствіи такіе пріюты стали возникать во множествѣ въ Германіи. Въ Англіи они получили названіе Infant-Scools; особеннымъ же совершенствомъ отличались въ Нидерландахъ. Во Франціи они также превосходили нѣмецкіе пріюты въ томъ отношеніи, что въ нихъ былъ не только физическій, но и умственный уходъ за дѣтьми, которыхъ не только умывали, чесали и кормили, но и заботились объ ихъ умственномъ развитіи, посредствомъ образовательныхъ игръ подготовляя ихъ къ правильному школьному обученію. Въ Германіи дѣтскіе пріюты стали совершенствоваться въ этомъ отношеніи преимущественно съ тридцатыхъ годовъ, принимая на дневное сбереженіе дѣтей отъ 3 до 7-лѣтняго возраста и поручая ихъ надзору особыхъ нянюшекъ, учителей и достойнѣйшихъ лицъ изъ духовенства.

Дѣтскіе пріюты, впослѣдствіи извѣстные въ Германіи подъ именемъ «дѣтскихъ садовъ», для доставленія дѣйствительной пользы дѣтямъ и обществу, должны непремѣнно стоять въ органической связи съ семьей или воспитательнымъ домомъ, въ которыхъ вращалось прошедшее дѣтей, и съ народной школой, отъ которой зависитъ ихъ будущее. Заботы ихъ должны быть одновременно устремлены какъ на физическое, такъ и на духовное развитіе дѣтей бѣднѣйшихъ классовъ общества, и быть въ строгомъ соотвѣтствіи съ возрастомъ и степенью дѣтскаго развитія. Въ дѣтской комнатѣ должны стоять маленькіе, низенькіе столики и скамеечки, и непремѣнно должна находиться особая комната для игръ и вольныхъ движеній. Необходимы также дворикъ и садикъ. Руководить дѣломъ должны люди, основательно понимающіе принципъ дѣтскаго развитія, лучшимъ первоначальнымъ средствомъ для котораго является игра. Гимнастика и работы въ садикѣ содѣйствуютъ укрѣпленію членовъ и физической силы; складываніе кирпичиковъ, дощечекъ и палочекъ — самостоятельному творчеству, также возбуждающему умственную дѣятельность. Вообще ребенку надо предоставлять возможность собственными силами осуществлять свои представленія, выражая ихъ пластически въ доступной формѣ и въ пригодномъ матеріалѣ, напр. въ постройкѣ, клеенiи, плетеніи, рисованіи, моделировкѣ изъ глины и т. п. Все это, занимая ребенка, вызываетъ его изобрѣтательность, энергію, вниманіе и вообще поддерживаетъ въ немъ прирожденную спасительную наклонность къ практической дѣятельности. Эти игрушечныя работы время, по временамъ сопровождаемыя пѣніемъ и рѣзвыми движеніями, сообщаютъ ребенку наглядныя понятія о формѣ, цвѣтѣ, величинѣ, числѣ, пространствѣ, матеріалѣ, ритмѣ и т. д., образуютъ чувство гармоніи, пріучаютъ къ порядку, стройности, отчетливости и изяществу, и, прежде всего, подготовляютъ его къ дѣйствительной жизни и къ школѣ въ собственномъ смыслѣ. Созерцаніе природы и разсказы по картинамъ изъ библейской исторіи питаютъ въ немъ религіозное чувство и проясняютъ идею о Богѣ, какъ общемъ любящемъ Отцѣ. Когда пріютъ или садъ успѣлъ достигнуть всѣхъ этихъ цѣлей, тогда школа уже имѣетъ на что опереться, чтобы твердо и правильно вести дѣтей далѣе. Если же къ этому присоединяется также раннее благотворное вліяніе семьи, особенно матери, которая также станетъ поддерживать свободное, естественное развитіе ребенка; тогда первоначальная, элементарная школа станетъ именно на ту ступень, на которую хотѣлъ поставить ее геній Песталоцци.

*Жизнь Фрёбеля и его «дѣтскій садъ».*

Для достиженія этой идеальной цѣли, въ Германіи много потрудился самоотверженный другъ дѣтства—Фридрихъ Фрёбель. Онъ родился въ 1782 году въ Обервейсбахѣ, въ княжествѣ Рудольштадскомъ, гдѣ отецъ его былъ сельскимъ священникомъ; умеръ въ 1852 году, имѣя ровно 70 лѣтъ отъ роду. На первомъ году своей жизни онъ лишился матери, и дѣтство провелъ подъ опекой не любившей его мачихи. Такимъ образомъ онъ не видалъ въ дѣтствѣ своемъ тѣхъ попеченій, той нѣжной и разумной заботливости, въ которой всегда такъ нуждается ребенокъ. Въ этомъ обстоятельствѣ, вѣроятно, и находится источникъ того убѣжденія, съ какимъ онъ защищалъ впослѣдствіи дѣло материнскаго воспитанія... Но если ему жилось и не очень пріятно въ родительском доме; за то тем более было ему приволья вне дома. Кругом была великолепная природа: горы, долины, леса, поля; и съ техъ поръ, какъ только ноги начали носить его, онъ по целымъ днямъ скитался по окрестностямъ, засиживался у крестьянъ, сопровождая ихъ и на полевыхъ работахъ, дружился съ овцами и коровами, забегалъ въ мастерскiя ремесленниковъ и подсматривалъ, какъ и что они делаютъ, задумывался въ лесу надъ цветами, камушками и букашками. Чрезъ это въ немъ въ высшей степени развились какъ пытливость и наблюдательность, такъ и своеобразный взглядъ на вещи и мечтательное, поэтическое настроенiе, которое не покидало его во всю жизнь. Природа была его первой воспитательницей; отецъ же передалъ ему чистыя правила христiянской религiи. Посещая съ нимъ хижины прихода, онъ часто встречалъ нищету и страданiе, которыя сильно поражали его детское, впечатлительное сердце. Семейныя сцены, при которыхъ приходилось ему иногда присутствовать, развили впоследствiи въ душе молодаго человека сострадательную любовь къ человечеству и пламенное желанiе устранить те бедствiя, свидетелемъ которыхъ онъ такъ часто бывалъ.

Десяти летъ Фридрихъ поступилъ въ гимназiю ближайшаго города, благодаря покровительству принявшаго его дяди. По окончанiи курса ему захотелось поступить вследъ за братьями въ университетъ; но средства отца не позволяли этого, и онъ, по любви къ природе, решился избрать карьеру лесничаго. Два года занимался онъ лесоводствомъ, и это еще сильнее пробудило въ немъ желанiе серьезно изучать науку. Съ этою целью онъ на последнiя средства отца отправился въ Iенскiй университетъ и ревностно принялся за математику, естествоведенiе и камеральныя науки. Чрезъ полгода нужда заставила его покинуть Iену, но онъ впродолженiе несколькихъ летъ продолжалъ начатыя занятiя дома, безъ всякаго руководства. Наконецъ, въ 1802 году, умеръ его отецъ и оставилъ 20-летняго Фребеля почти нищимъ. Бедняхъ не зналъ, за что приняться, чтобы быть полезным и себе, и обществу: и науки, и практическая деятельность одинаково манили его. Взятая на себя должность сельскаго управляющаго не удовлетворила его, так как наука стояла здесь на втором плане. После долгих колебаний и размышлений он остановился на архитектуре и садоводстве, и с этою целью отправился во Франкфурт на Майне, где случайность помогла ему правильно определить себя и угадать свое истинное призвание. Здесь он сошелся с директором вновь учрежденной тогда образцовой школы, педагогом Грунером, личность котораго отличалось большою симпатичностью. В откровенной беседе, в которой Фрёбель невольно высказал все свои тревоги, влечения и колебания, Грунер дал ему превосходный совет: «сколько я мог понять,— сказал он молодому человеку — вы ищете практической деятельности, которая дала бы вам возможность всесторонне и с пользою применить изученные вами законы природы, и вместе с тем позволила бы вам еще глубже изследовать эти законы; так не землю же вам удобрять — а юныя головы, не дома созидать, а школы, не растения растить, а детей. Ведь законы макрокосма тожественны с законами микрокосма: вам следует быть воспитателем!» «При этих словах, — разсказывает сам Фрёбель, — как бы чешуя спала с моих глаз: Грунер мигом разрешил все тревожившия меня недоумения и прямо указал мне настоящее мое призвание; нисколько не колеблясь, я сделался педагогом.»

Новую деятельность свою Фрёбель начал, разумеется, в образцовой школе Грунера, который поручал ему младший класс. Дело с перваго же разу пошло хорошо; Грунер не мог нахвалиться своим новым учителем. Но не так судил сам Фрёбель о своих педагогических попытках. «Когда я — разсказывает он — в первый раз вступил в мой класс, состоявший из 30 небольших мальчиков от 9 до 11 лет, мною овладело чрезвычайно приятное ощущение: я чувствовал себя совершенно в своей сфере. Но с первой же минуты я встретил множество затруднений. Обычное книжное преподаваніе мнѣ рѣшительно не нравилось: оно мнѣ всегда казалось сухимъ и мертвымъ. Изъ-за этого преподаванія я тогда возненавидѣлъ школу и убѣгалъ изъ нея въ лѣсъ. Природа была моей гимназіей; деревья и цвѣты — моими учителями. Какъ же мнѣ было рѣшиться теперь мучить другихъ тѣмъ, что самому мнѣ было противно! По неволѣ приходилось самому еще учиться и искать новыхъ, лучшихъ путей». Фрёбель принялся усердно изучать Локка, Руссо, Базедова и Песталоцци. Новая метода воспитанія послѣдняго, его принципы наглядности и индивидуальнаго развитія до того заинтересовали Фрёбеля, что ему захотѣлось во чтобы ни стало увидѣть примѣненіе этихъ принциповъ на практикѣ, такъ что онъ желалъ отправиться въ Ивердюнъ къ Песталоцци, педагогическая дѣятельность котораго въ то время достигла своей апогеи. Въ 1808 году исполнилось страстное желаніе Фрёбеля: одно богатое семейство поручило ему своихъ двухъ сыновей и отправило его съ ними въ Ивердюнскій институтъ. Тутъ онъ пробылъ два года, уча другихъ и учась самъ. Чѣмъ больше онъ вникалъ въ дѣло, тѣмъ болѣе убѣждался въ важности реформы, предпринятой Песталоцци въ воспитаніи; но вмѣстѣ съ тѣмъ онъ не могъ не видѣть, что реформа эта только начата, и что Песталоцци, не смотря на свою геніальность, не имѣетъ достаточно данныхъ, чтобы съ успѣхомъ продолжать и окончить ее. Онъ понялъ, что въ наше богатое научными сокровищами время одинъ талантъ, одна геніальность не достаточны для проведенія коренной реформы въ какой бы то ни было общественной сферѣ: для этого необходимо еще знаніе; а этого то знанія у Песталоцци и недоставало. Его недоставало и у Фребеля: это онъ самъ чувствовалъ, и потому, твердо рѣшившись продолжать реформу своего учителя, онъ въ то же время рѣшился доучиться самъ. Возвративъ питомцевъ своихъ родителямъ, онъ, не долго думая, собралъ послѣднія средства свои и отправился снова въ университетъ, сперва въ Гёттингенъ, гдѣ онъ втеченіе года занимался исключительно языками, а потомъ, въ 1811 году — въ Берлинѣ, гдѣ онъ преимущественно сталъ изучать физіологію и философію, и въ то же время продолжалъ педагогическую свою дѣятельность въ не менѣе извѣстной въ то время школѣ д-ра Пламана. Но 1813 годъ вдругъ прервалъ всѣ его занятія; отечественная война увлекла и его въ ряды защитниковъ родной земли. Въ пресловутомъ егерскомъ корпусѣ Лютцова, куда онъ вступилъ волонтеромъ, онъ вскорѣ сошелся съ двумя бывшими студентами — Миддендорфомъ и Лангенталемъ, которые впослѣдствіи сдѣлались постоянными его сотрудниками во всѣхъ педагогическихъ его предпріятіяхъ. Всѣ трое готовили себя къ воспитательной дѣятельности, и потому неудивительно, что они скоро очень подружились и согласились начать дѣятельность свою вмѣстѣ; для этой цѣли они въ свободныя минуты сообща оставили планъ новаго воспитательнаго заведенія, которое и рѣшились осуществить при первомъ удобномъ случаѣ.

Въ 1814 году Лютцовскій корпусъ былъ распущенъ, и наши три педагога отправились въ Берлинъ; но осуществить задуманный планъ не было никакой возможности. Миддендорфъ и Лангенталь поступили снова въ университетъ, а Фрёбелю предложено было мѣсто инспектора королевскаго минералогическаго музея — съ обязательствомъ въ то же время читать лекціи минералогіи въ университетѣ. Принимая эту должность по необходимости, Фрёбель утѣшалъ себя тѣмъ, что нѣкоторое пребываніе въ царствѣ кристалловъ останется не безъ пользы и для педагогической его дѣятельности. И дѣйствительно: чѣмъ болѣе онъ имѣлъ возможности изучать природу на различныхъ ступеняхъ ея развитія, тѣмъ болѣе у него накоплялось данныхъ для сравненія его съ развитіемъ человѣческой природы. Мысль о тожественности законовъ развитія въ макрокосмѣ и микрокосмѣ утверждалась въ немъ все болѣе и болѣе, и убѣждала его въ важности этого познанія для практическаго воспитанія. Фрёбель, слѣдовательно, ни на одну минуту не уклонялся отъ настоящей своей цѣли: изучая минералы, онъ въ сущности все таки занимался педагогикой. Наконецъ, въ 1816 году, случай вывел его на прямую дорогу. Умер старшій брат его и оставил трех малолѣтних дѣтей. Не долго думая, Фрёбель тотчас же оставил должность свою, не смотря на всѣ выгоды ея в матеріяльном отношеніи, и отправился на родину. Тут он взял к себѣ сирот и дѣтей другаго брата, находившагося еще в живых, и учредил первый свой сиротскій институт в деревнѣ Кейльгау, гдѣ это заведеніе существует и по сіе время. Как первая попытка, институт не представлял ничего особеннаго, кромѣ развѣ того, что в нем не было и тѣни формальности и казарменной жизни: воспитатели и воспитанники представляли в полном смыслѣ слова согласное, счастливое семейство. По мѣрѣ увеличенія средств, улучшалось и заведеніе, которое было отчасти закрытое (для сирот), отчасти открытое. Для обученія в нем принимались дѣти от 7 до 10 лѣт, которыя доводились до университета; но, не смотря на примѣненіе новых начал и новых способов преподаванія, заведеніе это не выходило из уровня обыкновенных. Обстоятельство это Фрёбель весьма основательно приписывал дурному воспитанію, которое большая часть дѣтей получила до поступленія, еще дома. Будучи глубоко убѣжден, что общественное воспитаніе никогда не пойдет успѣшно, если не будет преобразовано к лучшему первоначальное домашнее воспитаніе, он с этих же пор серьёзно стал подумывать о том, как бы содѣйствовать такому преобразованію. Содѣйствовать улучшенію домашняго воспитанія, очевидно, можно только раціональными средствами и передачею их матерям; а чтобы найти самыя средства, нужно прежде всего знать дѣтскую природу в возможном совершенствѣ. И вот Фрёбель втеченіе десяти лѣт неупустительно употребляет каждый праздник, каждую свободную минуту на изученіе малолѣтних дѣтей, на прискиваніе средств к их развитію и на примѣненіе этих средств. От одного семейства он постоянно переходит к другому, и проводит в средѣ дѣтей их цѣлые дни, а в каникулярное время — даже цѣлыя недѣли, и плодом этих десятилѣтнихъ наблюденій и занятій является цѣлая система первоначальнаго воспитанія, основанная на естественныхъ законахъ человѣческаго развитія. Всю эту систему, какъ и вообще всѣ педагогическіе принципы свои Фрёбель изложилъ въ изданномъ имъ въ 1826 году сочиненіи: Die Menschenerziehung. Въ этой то системѣ, и особенно въ его воспитательныхъ средствахъ заключается вся сила, все значеніе Фрёбеля, какъ педагогическаго преобразователя.

Послѣ многихъ годовъ опыта, онъ понялъ необходимость примѣнить свою систему къ дѣтямъ моложе тѣхъ, которыхъ онъ принималъ въ Кейльгау, и, предоставивъ управленіе этой школой одному изъ своихъ родственниковъ, онъ обратилъ все стараніе, чтобы привести въ исполненіе мечту «о дѣтскихъ садахъ». Для развитія этой идеи, онъ открылъ курсы, потомъ основалъ такіе сады во многихъ городахъ Германіи: въ Гамбургѣ, Дрезденѣ, Лейпцигѣ, Готѣ. Смерть остановила дѣло благотворительности и самопожертвованія этого замѣчательнаго человѣка, который, казалось, хотѣлъ утѣшить себя въ бездѣтствѣ, распространяя на дѣтей другихъ свою отеческую заботливость. Въ жизни своей Фрёбель долженъ былъ бороться съ большими трудностями, однако успѣхъ увѣнчалъ его усилія: дѣтскіе сады распространены теперь въ Германіи, Франціи, Англіи, Бельгіи, Голландіи и Америкѣ, и съ каждымъ днемъ ослабѣваетъ противодѣйствіе, которое вначалѣ встрѣтило эту систему, какъ вообще всякое нововведеніе. Простой душею и нравомъ, тихій какъ ребенокъ, чистосердечіе и откровенность котораго онъ сохранилъ даже подъ сѣдинами старца, при этомъ отважный и твердый какъ герой, не признанный, какъ это часто бываетъ съ геніальными людьми, но всегда торжествующій чрезъ свою непоколебимую силу воли, преданный своему призванію и забывающій для него славу:— таковъ Фрёбель. Онъ не искалъ ни почестей, ни извѣстности на землѣ, занятый единственно своимъ подвигомъ; онъ довольствовался одобреніемъ малаго числа друзей и учениковъ, которые до сихъ поръ уважаютъ и благословляютъ его память. Онъ старался утвердить на прочномъ основаніи воспитаніе, до сихъ поръ еще не довольно усовершенствованное; женщины должны содѣлаться, какъ онъ ихъ называлъ, «садовницами» дѣтей, согрѣвая живое растеніе солнцемъ любви, давая ему распуститься какъ цвѣтку, не стѣсняя и не искажая его, но поступая по законамъ природы. Половина рода человѣческаго умираетъ, не достигнувъ шестилѣтняго или семилѣтняго возраста: это фактъ, доказанный статистикой. Невѣжество тѣхъ, которымъ ввѣряется первое воспитаніе, не въ отвѣтственности ли за столь ужасную смертность? Но какъ бы ни было велико зло въ физическомъ отношеніи, происходящее отъ этого невѣжества, нагубныя правственныя послѣдствія, происходящія изъ того же источника, еще ужаснѣе. Дѣйствительно, впечатлѣніе, полученное въ первые годы жизни, рѣдко изглаживается совершенно, и часто ребенокъ заимствуетъ отъ матери, хотя и незамѣтнымъ образомъ, то направленіе, которое впослѣдствіи причинитъ его паденіе. Какъ необходимо, слѣдовательно, для матерей знаніе первыхъ правилъ, руководящихъ ихъ въ ихъ великомъ призваніи! Должно сознаться, что еще не было раціональной системы, утверждающей раннее воспитаніе на истинно законномъ, естественномъ основаніи, пока Фрёбель, почерпнувъ знанія свои въ глубокомъ изученіи человѣческой природы, и особенно дѣтской, не создалъ столь давно желанной науки, которую можно назвать наукою матерей, и которую Фрёбель примѣнилъ въ своихъ «дѣтскихъ садахъ». Уже самое названіе этихъ заведеній обнаруживаетъ идею, которая воодушевляла его при ихъ устройствѣ. Дѣйствительно, въ саду на вольномъ воздухѣ (на сколько, конечно, позволяетъ это климатъ), подъ вліяніемъ явленій природы, слѣдуетъ воспитывать ребенка и, такимъ образомъ, доставлять живому растенію благотворное вліяніе хорошо устроенной среды, подобно тому, какъ поступаетъ рачительный садовникъ съ растеніями своего сада. Никогда не слѣдуетъ забывать того, что на растеніи, запущенномъ въ началѣ отзовется, и въ будущемъ отсутствіе перваго ухода и невозможность полнаго развитія. Потому слѣдуетъ обратить вниманіе на совѣты Фрёбеля, въ которыхъ онъ указываетъ принципъ и цѣль воспитанія и сообщаетъ средства для достиженія этой цѣли.

Общая цѣль всякаго воспитанія, по Фрёбелю, есть возможно-гармоническое развитіе способностей, дарованныхъ Богомъ человѣку для исполненія Его воли на землѣ. Но какова должна быть въ наше время частная цѣль воспитанія? Она состоитъ въ томъ, чтобы сдѣлать человѣка способнымъ исполнять его общественныя обязанности, чтобы расширить его умственный горизонтъ и, наконецъ, возвысить душу до той любви, чрезъ которую осуществляется идея братства, предписанная религіей. Чтобы достигнуть этой двойной цѣли, Фрёбель ставитъ въ основаніе принципъ свободной, самопроизвольной дѣятельности ребенка. Однако это не есть лишь одна капризная игра инстинктовъ, но — дисциплина, обузданіе инстинктовъ собственными усиліями, направленными къ полезной цѣли, чтобы посредствомъ упражненія всѣхъ силъ и способностей ребенка достигнуть его полнаго развитія. Существовать значитъ дѣйствовать; прежде, чѣмъ обнаружится дѣйствіе человѣка, ни онъ, ни другіе не знаютъ, что онъ есть и что онъ можетъ. Въ играхъ состоятъ для дѣтскаго возраста эти усилія, этотъ трудъ, свободный и пріятный въ одно и то же время. Уже съ первыхъ минутъ своей жизни дитя получаетъ впечатлѣнія изъ внѣшняго міра. Эти впечатлѣнія возбуждаютъ его силы, его физическія, нравственныя и умственныя способности, и, такимъ образомъ, оно стремится обнаружить ихъ въ своихъ дѣйствіяхъ. Но такъ какъ эти впечатлѣнія могутъ быть благопріятными или неблагопріятными для его развитія, то не слѣдуетъ предоставлять ихъ случаю: должно, напротивъ, пользоваться ими съ преднамѣреніемъ для естественнаго развитія ребенка. Обыкновенно первые годы жизни совершенно предоставлены случайностямъ: попеченія, оказываемыя ребенку, касаются только матеріальной стороны. Между тѣмъ, душа человѣческая требуетъ приличной пищи съ первыхъ же дней ея существованія. Все, что окружаетъ ребенка, представляетъ ему лишь одинъ хаосъ; разнообразіе окружающихъ его предметовъ слишкомъ велико, чтобы чувства его, еще не развитыя, могли ихъ различить. Руководить и направлять его инстинктивныя дѣйствія, знакомя его съ свойствами предметовъ, — вотъ что составляетъ собственно начало воспитанія. Преслѣдуя эту цѣль, Фрёбель собралъ для перваго возраста рядъ игръ и занятій, которыя развиваютъ какъ умъ, такъ и тѣло ребенка.

Игры дѣтей почти всегда служатъ, конечно до извѣстной степени, къ ихъ развитію, но лишь весьма несовершеннымъ образомъ. Натура сама побуждаетъ ребенка къ множеству обнаруживаній, чрезъ которыя упражняются его силы и способности. На этихъ то природныхъ указаніяхъ утверждаетъ Фрёбель свою систему. Въ чемъ же состоятъ эти естественныя обнаруженія? Стоитъ только наблюдать за дѣтьми, предоставленными самимъ себѣ: ихъ всегда видишь въ движеніи, они бѣгаютъ, танцуютъ и прыгаютъ. *Движеніе* есть первое обнаруженіе жизни. Не слѣдуетъ потому пеленать ни тѣла, ни ума ребенка, какъ это между тѣмъ дѣлается обыкновенно. Физическое упражненіе есть первая потребность ребенка. Фрёбель пользуется этой естественной манифестаціей, чтобы методически упражнять члены посредствомъ маленькихъ гимнастическихъ игръ, устроенныхъ такимъ образомъ, что онѣ приводятъ въ дѣйствіе всѣ мускулы ребенка, въ особенности же руку — членъ по превосходству. Пѣсни, сопровождающія эти игры и указанныя въ книгѣ подъ заглавіемъ: «Бесѣды матери», служатъ для того, чтобы дать ребенку понятія о предметахъ и о рѣчи, а также чтобы развить его слухъ. Явная потребность ребенка владѣть руками, осязать все, что къ нему близко, есть одно изъ самыхъ дѣйствительныхъ средствъ, которыми пользуется природа, чтобы дать первыя элементы пониманія, и чтобы развить внѣшнія чувства. Упражненіе чувствъ имѣетъ несомнѣнно большое значеніе въ первомъ воспитаніи; поэтому каждая игра, каждое занятіе по системѣ Фрёбеля отвѣчаетъ этой цѣли. Развивать чувства значитъ не льстить имъ, но обуздывать ихъ, пріучая подчиняться побужденію ума. Фрёбель даетъ въ руки ребенка сначала твердыя тѣла, формы нормальныя; онъ начинаетъ мячикомъ — формой сферической, исходной точкой всѣхъ другихъ.

Далѣе инстинктъ побуждаетъ ребенка заниматься *пластически*. Онъ составляетъ разныя формы, то давая рыхлому песку какой либо видъ, то рисуя на немъ пальцами или палочкой, то строя изъ всего того, что ему попадется подъ руки, разныя фигуры, а также складывая бумагу и лоскутки. Вообще ребенокъ можетъ быть удовлетворенъ только собственнымъ произведеніемъ. Человѣкъ, еще въ дѣтствѣ дѣйствительно является какъ бы художникомъ, болѣе или менѣе изобрѣтателемъ, наконецъ творцомъ, въ предѣлахъ своихъ силъ. Ребенокъ же, предоставленный самому себѣ, можетъ только ощупью удовлетворять этой врожденной потребности; онъ не достигнетъ цѣли и не можетъ осуществить того, что могъ бы выполнить, еслибы поведенъ былъ иначе. Фрёбель даетъ при надлежащихъ матеріялахъ простое средство какъ ими пользоваться; такимъ образомъ ребенокъ получаетъ возможность осуществить свои идеи въ какомъ либо произведеніи. Этотъ родъ забавляющихъ занятій, упражняя ловкость ребенка, побуждаетъ его разсматривать, изучать, сравнивать съ большею ясностію и особенно съ большею легкостью, а потому легкость и ясность сравненія суть первыя условія для пониманія. То, что ребенокъ производитъ по правилу, по установленному закону, заставляющему его отыскивать противоположность данной формы, для того чтобы примирить потомъ обѣ эти противоположности посредствомъ третьей формы (свойство которой заимствуется отъ обоихъ контрастовъ), даетъ ему первое понятіе объ организмѣ; ребенокъ, такъ сказать, организируетъ, составляя цѣлое изъ разныхъ частей, или соединяя нѣсколько цѣлыхъ въ одну величину. Въ этомъ случаѣ онъ поступаетъ такъ, какъ обыкновенно дѣйствуетъ каждый художникъ: онъ примѣняетъ правило, законъ, чтобы дѣлать комбинаціи въ томъ или другомъ отношеніи.

Продолжая наблюдать за инстинктомъ ребенка, можно замѣтить склонность его къ *уходу* или обработыванію. Когда мы занимаемся какимъ либо предметомъ, мы чувствуемъ къ нему расположеніе. Потому весьма важно для нравственнаго развитія сдѣлать ребенка способнымъ какъ можно ранѣе заботиться о чемъ нибудь, и такимъ способомъ пріучить его исполнять маленькія обязанности. Обработка растеній, садоводство въ его первыхъ началахъ, попеченія объ игрушкахъ и вообще о данныхъ ему предметахъ даютъ для этой цѣли множество случаевъ. Маленькія и простыя рукодѣлья служатъ возможностью и средствомъ обнаружить его привязанность къ семейству, товарищамъ, и даже пріучить его къ благотворительности. Если ребенокъ не дѣлаетъ усилій для тѣхъ, кого онъ любитъ, то такая любовь, недостаточно развитая или поддержанная, не въ состояніи побороть эгоизма; цѣною пожертвованій, хотя и небольшихъ, обнаруживается привязанность къ тѣмъ, для кого они дѣлаются. Такимъ образомъ ребенокъ легко пойметъ, что только чрезъ исполненіе обязанности пріобрѣтается право; онъ увидитъ, что оказанныя услуги даютъ каждому его мѣсто въ обществѣ. Эта разнообразная дѣятельность, удовлетворяя естественному любопытству ребенка, служитъ также началомъ его любознательности и вызываетъ его безконечные вопросы. Отвѣты должны даваться показаніями, доводами, а не одною отвлеченностью или одними словами. *Пѣніе* есть также одна изъ потребностей души ребенка, оно есть ея первая манифестація. Дитя поетъ, лишь только начинаетъ лепетать, потому то въ дѣтскомъ саду пѣніе непремѣнно сопровождаетъ игры.

Но что въ особенности отличаетъ человѣка отъ другихъ твореній, это — непремѣнная потребность жить въ обществѣ ему подобныхъ, и эта потребность, самая высокая въ человѣкѣ, не довольно принята во вниманіе касательно перваго дѣтства. Дѣйствительно, въ семействѣ ребенокъ часто вовсе не находитъ себѣ равныхъ, которые сходны по возрасту, вкусу, стремленіямъ, привычкамъ и т. д. Взрослые не могутъ же быть его товарищами; братья и сестры старше его нѣсколькими годами также не отвѣчаютъ этому требованію; между тѣмъ общественная жизнь въ средѣ равныхъ себѣ необходима для ребенка, чтобы дать ему значеніе, какъ члену общества, представителемъ котораго служитъ для него сперва семейство. Дѣтскій садъ, конечно, не долженъ замѣнять семейнаго воспитанія, которое всегда останется центромъ и исходнымъ пунктомъ, но — содѣйствовать ему всѣми возможными средствами. Въ дѣтскомъ саду каждый ребенокъ находитъ себѣ товарища по годамъ; онъ занимаетъ назначенное ему мѣсто въ этомъ обществѣ въ миніатюрѣ, гдѣ онъ можетъ дѣйствительно жить, упражняя свои силы и способности. Соприкосновеніе съ разумными индивидуальностями развиваетъ его характеръ; нравственность также примѣнена тутъ къ дѣлу: любить другъ друга и помогать другъ другу — вотъ чувство и общій законъ въ дѣтскомъ саду. Каждый призванъ къ тому, чтобы употребить на службу другимъ свои различныя способности, и потому всякое спеціальное дарованіе, всякій индивидуальный характеръ находитъ случай обнаружить себя. Каждый найдетъ себѣ учителя въ чемъ бы то ни было; это препятствуетъ развитію гордости и тщеславія, а обмѣнъ услугъ, ставя преграду эгоизму, пріучаетъ ребенка къ самопожертвованію. Такимъ образомъ, дѣтскій садъ представляетъ лучшій образецъ дисциплины, но не той стѣснительной дисциплины, столь враждебной дѣтской натурѣ, какую мы иногда встрѣчаемъ въ пріютахъ и школахъ, но — дисциплины посредствомъ дѣятельности.

Дисциплина безъ дѣятельности не можетъ быть дѣйствительною, и способна только препятствовать злу, но не заставитъ дѣлать добро. Истинная дисциплина должна упражнять всѣ силы, чтобы осуществить добро; противодѣйствовать злу возможно только знакомя ребенка съ хорошими привычками. Изъ этого очевидно, что для него необходима среда, гдѣ онъ могъ бы свободно дѣйствовать; уже одна возможность выбора даетъ полное нравственное значеніе его дѣятельности. По этому трудно, чтобы въ семействѣ, а особенно въ школѣ, гдѣ ребенокъ какъ бы прикованъ къ скамейкѣ впродолженіе нѣсколькихъ часовъ, данъ былъ ему просторъ примѣнить свою волю къ дѣлу и такимъ образомъ направить ее къ добру. Даже въ требованіяхъ, противорѣчащихъ его склонностямъ, не слѣдуетъ примѣнить дисциплины, противной дѣтской натурѣ. На томъ же основаніи *пассивность*, къ которой принуждаютъ ребенка во многихъ заведеніяхъ, есть противоестественная дисциплина, потому что не предписанными правилами, не общими запрещеніями и угрозами пріобрѣтается дѣйствительное послушаніе. Въ дѣтскомъ саду ребенокъ изъ собственныхъ поступковъ долженъ убѣдиться, что сдѣланное имъ зло причиняетъ неудовольствіе, хорошіе же поступки влекутъ за собою и хорошія послѣдствія. Очевидно, что ни домашнее воспитаніе, ни воспитаніе, получаемое этимъ возрастомъ въ пріютахъ, не отвѣчаютъ вполнѣ этимъ естественнымъ требованіямъ ребенка. Въ семействѣ, напр. дитя очень часто предоставлено самому себѣ, или ввѣрено надзору лицъ, которыя не умѣютъ вести его и даже имѣютъ иногда вредное вліяніе на него, а обыкновенныя его игрушки не служатъ ни къ его развитію, ни къ его образованію.

Матеріальныя и нравственныя выгоды, извлекаемыя изъ дѣтскаго сада, очень значительны. Дѣтскій садъ, соединяя на нѣсколько часовъ (обыкновенно отъ 4 до 5) дѣтей отъ трехъ до семилѣтняго возраста, доставляетъ матерямъ вѣрное вспомогательное средство выполнить ихъ призваніе болѣе совершеннымъ образомъ: онѣ иногда не могутъ однѣ исполнить всѣхъ требованій нашего времени, даже совершенно жертвуя собою для дѣтей. Не только многосложныя обязанности, отъ которыхъ имъ трудно освободиться, препятствуютъ этому, но и неспособность ихъ часто также ставитъ преграду для осуществленія этой цѣли. Дѣти рабочаго класса оставляютъ школу, чтобы поступить въ ученье или заняться домашними работами обыкновенно на 13-лѣтнемъ возрастѣ. По существующимъ до сихъ поръ пріемамъ въ воспитаніи, этотъ промежутокъ времени слишкомъ коротокъ, чтобы отвѣчать требованіямъ, указаннымъ выше, такъ какъ въ первые семь лѣтъ дѣти не подготовляются достаточно для школы и труда. Судя по занятіямъ въ дѣтскомъ саду, можно видѣть, что по методѣ Фрёбеля трудъ предшествуетъ обученію въ собственномъ смыслѣ; подобныя занятія выполняютъ всѣ предварительныя условія, чтобы подготовить ребенка къ труду, ремесленному и художественному, а ни какъ не *машинальному* т. е., упражняя силу и ловкость ребенка, они развиваютъ въ немъ вкусъ къ работѣ и подготовляютъ его въ одно и то же время къ научному и артистическому образованію. Когда положено будетъ такимъ образомъ настоящее основаніе воспитанію, то школа можетъ дѣйствовать другимъ способомъ, и, не истощая силъ ребенка, дастъ ему болѣе прочное и всестороннее образованіе. Мысль обратить игру дѣтей въ образовательное и неутомляющее занятіе есть, конечно, одна изъ самыхъ счастливыхъ. Фрёбель имѣлъ въ виду образовать ребенка посредствомъ самого труда, который служилъ бы не только для того, чтобы изобрѣтать и производить, но также для того, чтобы просвѣтить его умъ, образовать сердце и характеръ. Занятія, которыя обыкновенно даются дѣтямъ, суть большею частію машинальныя, а машинальный трудъ отупляетъ еще не развитое существо. Опыты, извлеченные изъ лучшихъ существующихъ дѣтскихъ садовъ, не позволяютъ сомнѣваться въ возможности достигнуть предполагаемой образовательной цѣли. Благодаря упражненіямъ, которыя можно разнообразить до безконечности, ребенокъ пріобрѣтаетъ ловкость руки и пальцевъ, точность и быстроту взгляда; чувство формы, числа и способность сравненія будутъ усовершенствованы; въ немъ разовьется понятіе о прекрасномъ, о гармоніи, и, наконецъ, врожденныя способности и дарованія разовьются до такой степени, что можетъ опредѣлиться даже его *спеціальное* призваніе. Сколько талантовъ должны угаснуть за неимѣніемъ случая и возможности быть замѣченными и обработанными! Какъ часто они ведутъ человѣка даже ко злу,—какъ это вообще бываетъ съ силами не дисциплинованными, лишенными средствъ развитія! Слѣдуетъ также обратить вниманіе на то, что посредствомъ этихъ простыхъ рукодѣлій самыя малолѣтнія дѣти уже способны доставить удовольствіе другимъ маленькими работами, которыя они дарятъ своимъ родителямъ, товарищамъ, и которыя даже служатъ къ облегченію нищеты бѣдныхъ дѣтей. Тутъ нравственность на практикѣ: дѣти состоятельныхъ родителей трудятся для бѣдныхъ, а бѣдныя дѣти — для своихъ родителей и благодѣтелей. Такимъ образомъ, возрождающая сила труда имѣетъ возможность проявляться рано, чтобы принести дѣйствительный плодъ. Метода Фрёбеля есть, слѣдовательно, ничто иное, какъ *примѣненіе образовательнаго труда* или *образованіе посредствомъ труда*.

Нельзя не сознаться, что дѣти живутъ большею частію въ атмосферѣ, лишенной простоты и наивности, свойственныхъ ихъ возрасту. Находясь часто въ средѣ взрослыхъ, они подражаютъ имъ въ ихъ образѣ жизни; нерѣдко также двери въ храмъ науки открыты имъ слишкомъ рано, а отсюда проистекаетъ ихъ знаніе болѣе кажущееся, чѣмъ дѣйствительное. Прежде *науки* имъ нужна *жизнь*: потому то надо прежде устроить ихъ маленькій міръ, гдѣ глазъ родителей или воспитателей слѣдитъ за ними, но гдѣ они могутъ самостоятельно дѣйствовать. Въ дѣтскомъ саду игры и занятія предоставляютъ ихъ изобрѣтательности и производительности полную независимость. Ребенокъ счастливъ, когда онъ чувствуетъ, что можетъ осуществить свои замыслы; онъ счастливъ, когда видитъ себя въ состояніи выразить то, что въ немъ происходитъ и такимъ образомъ заявить свои мысли и чувства. Нравственное вліяніе особенно важно въ этомъ обществѣ дѣтей: они научаются подчиняться установленному порядку или закону; они понимаютъ, что только на этомъ законѣ основано индивидуальное благосостояніе каждаго, и что это ведетъ къ общему благу. Любовь руководитъ въ дѣтскомъ саду, а изъ любви ребенку легко подчиняться. Кромѣ того, вниманіе ребенка укрѣплено: онъ получаетъ начала всего того, что ему будутъ преподавать въ школѣ, его подготовили къ различнымъ умѣньямъ, а потому и въ школѣ получатся несомнѣнно лучшіе результаты. Недовольство и стѣснительное положеніе рабочихъ классовъ можно также частію приписать недостатку подготовленія къ труду. Если образованіе народа должно согласоваться съ дѣйствительною жизнію, которая его ожидаетъ впослѣдствіи, то необходимо вести рядомъ, какъ указываетъ это Фрёбель, развитіе умственное и подготовленіе къ труду. Нравственность юношества можетъ также выиграть, если въ рекреаціонные часы присоединять къ ихъ играмъ пѣніе и гимнастику, которыя разовьютъ въ нихъ вкусъ къ прекрасному и тѣмъ удвоютъ ихъ удовольствіе. Основной принципъ дѣтскаго сада вообще состоитъ въ томъ, чтобы представить въ микрокосмѣ ходъ человѣческаго развитія при всеобщихъ усиліяхъ, какъ мы это видимъ изъ всемірной исторіи. Этотъ маленькій міръ долженъ подготовить ребенка къ большому, а потому и всѣ занятія въ дѣтскомъ саду заключаютъ элементы человѣческаго образованія, на основаніи той идеи, что человѣкъ-дитя долженъ походить на человѣчество въ дѣтствѣ, и это развитіе отдѣльной личности должно равняться развитію цѣлаго рода. По методѣ Фрёбеля, который ставитъ во главѣ физическое образованіе дѣтства, не слѣдуетъ занимать младшихъ дѣтей болѣе четверти часа, а самыхъ старшихъ — болѣе получаса. Гимнастическія игры, танцы и занятія въ саду чередуются съ ручными работами. Если мы еще прибавимъ, что школьное или отвлеченное обученіе должно начинаться гораздо позже, чѣмъ это дѣлается обыкновенно, то легко заключить, что метода Фрёбеля представляетъ для дѣтской гигіены всѣ желаемыя ручательства.

Фрёбель нашелъ, такъ сказать, ключъ для естественнаго обученія ребенка, слѣдуя его инстинктивнымъ указаніямъ; онъ далъ своей методѣ принципъ, безъ котораго ребенокъ большею частію предоставленъ удачамъ или неудачамъ случая, потому что нерѣдко все воспитаніе зависитъ отъ произвола его воспитателей. Но такъ какъ во всѣхъ обстоятельствахъ жизни стараются замѣнить все погрѣшимое и произвольное — идеею или закономъ, которому подчинено управляющее лице; то этотъ принципъ, этотъ законъ тѣмъ болѣе необходимъ въ воспитаніи. Спрашивается, что дѣлаютъ вообще, чтобы дать врожденнымъ способностямъ дѣтей ихъ полную свободу? Въ высшихъ классахъ общества съ первыхъ лѣтъ жизни начинаютъ, такъ сказать, дрессировать ребенка, пріучая его къ различнымъ жеманностямъ и чрезъ нихъ вводятъ его въ жизнь приличій, еще непонятныхъ для дѣтскаго ума, и которымъ онъ машинально подражаетъ. А въ чемъ состоятъ игры въ школахъ и пріютахъ? Онѣ суть не что иное, какъ чистое *подражаніе*, которое не даетъ простора свободной и самопроизвольной дѣятельности ребенка, стирая постепенно отпечатокъ его индивидуальности. Благодѣяніе дѣтскихъ пріютовъ было бы дѣйствительное, если бы отбросить давящую рутину, которая, примѣняя обученіе въ формѣ, противорѣчащей дѣтской природѣ, препятствуетъ свободному развитію. Школы вообще даютъ образованіе уму, но мало способствуютъ воспитанію сердца. Что же дѣлаютъ дѣтскіе сады для того, чтобы достигнуть предполагаемой цѣли, чтобы дать полный просторъ инстинктивнымъ побужденіямъ ребенка, чтобы научить его наблюдать, сравнивать, потомъ заключать самостоятельно, и дѣлать такимъ образомъ первый опытъ дѣйствительной жизни? Дѣтскій садъ предоставляетъ на выборъ ребенка матеріалъ, отвѣчающій требованіямъ его свободной дѣятельности; онъ даетъ ему нужное направленіе, которымъ дитя пользуется, чтобы осуществить свои собственныя идеи, не довольствуясь однимъ подражаніемъ тому, что ему показываютъ; наконецъ, онъ предлагаетъ ему правило, методу, которая дѣлаетъ его способнымъ изобрѣтать и производить. Какъ бы ни было свободно произведеніе, оно зависитъ всегда отъ примѣненія правила, закона, безъ котораго нельзя достигнуть гармоніи. Это правило, составляющее, такъ сказать, логику производства, можетъ быть примѣнено сознательно или несознательно, подобно тому, какъ можно, напримѣръ, написать музыкальную піесу, не зная контрапункта, но никакъ не безъ того, чтобы слѣдовать его правиламъ. Законъ примирения контрастовъ, проводимый Фрёбелемъ во всѣхъ дѣтскихъ занятіяхъ, служитъ именно для свободной дѣятельности ребенка и дѣлаетъ ее возможною подобно тому, какъ свобода общественной жизни не можетъ существовать безъ общаго закона. Чрезъ примѣненіе этой системы можно отличить мало по малу, что принадлежитъ въ ребенкѣ собственно къ его природнымъ дарованіямъ, и что именно слѣдуетъ приписать воспитанію. Безъ дѣятельности самого ребенка ни одна изъ его способностей не можетъ развиться: ни таланты, ни характеръ, ни умъ; между тѣмъ какъ дѣятельность возбужденная, дисциплированная и поддержанная непремѣнно разовьетъ его врожденныя дарованія. Натура богато надѣленная требуетъ также попеченій, можетъ быть даже больше, чѣмъ другая не особенно даровитая натура. Вообще въ воспитаніи слишкомъ много придаютъ вѣса слову, увѣщанію, между тѣмъ какъ главное въ этомъ дѣлѣ — опытъ, т. е. усилія самого ребенка, доставляющія ему знаніе и ловкость. Организуя свои маленькія работы по общему закону, т. е. стараясь примирить противоположности, дитя убѣдится наглядно, что нѣтъ ничего, что бы не имѣло контраста; оно увидитъ, что всякое цѣлое состоитъ изъ различныхъ частей, находящихся въ соотношеніи между собою; впослѣдствіи оно пойметъ идею организма, имѣя такимъ образомъ исходную точку для изобрѣтеній, и пріобрѣтетъ гораздо легче способность разсуждать. Такимъ образомъ, дѣтскій садъ представляетъ возможность и необходимыя средства, чтобы развить, не стѣсняя природу, личный характеръ ребенка, чтобы онъ могъ впослѣдствіи, по возможности, руководясь своею врожденной склонностью, занять соотвѣтственное ему мѣсто въ обществѣ. Между тѣмъ игры и занятія дѣтей, какъ они ведутся большею частію, не могутъ содѣйствовать подобному результату. Каждый ребенокъ (напр. въ пріютахъ) дѣлаетъ то же самое и такимъ же способомъ, какъ и всѣ другія дѣти, а чрезъ то невозможно индивидуальное, такъ сказать, самопроизвольное развитіе ребенка.

Такова система Фрёбеля и его метода, основанныя на томъ же принципѣ свободнаго, естественнаго развитія дѣтей, котораго такъ строго держался Песталоцци. Но менѣе дальновидные современники считали его сумазбродомъ. Дистервегъ былъ одинъ изъ первыхъ, поднявшихъ авторитетъ Фрёбеля въ дѣлѣ первоначальнаго воспитанія дѣтей; ему слѣдовали Карлъ Шмидтъ и Вихардъ Ланге. Дистервегъ лично познакомился въ Либенштейнѣ съ Фрёбелемъ и видѣлъ его обращеніе съ дѣтьми. «Нужно было видѣть восторгъ старика, — расказываетъ онъ — чтобы убѣдиться, какою глубокою любовью къ дѣтямъ и къ человѣчеству былъ онъ проникнутъ. Нужно было видѣть всю обстановку, чтобы понять, какъ счастлива была эта многочисленная семья. Описать подобную картину счастія не возможно; да притомъ же она и не для тѣхъ, кто почиталъ Фрёбеля дуракомъ или выжившимъ изъ ума старцемъ. Да, онъ былъ дуракъ, если хотите, но одинъ изъ тѣхъ дураковъ, къ числу которыхъ принадлежалъ Сократъ. Если хотите, онъ былъ сумашедшій, потому что помѣшался на мысли содѣйствовать счастію людей, осчастливить человѣчество; а такая сумазбродная мысль никому не проходитъ даромъ. Вѣдь за эту же мысль пострадалъ и Тотъ, чье имя мы всѣ носимъ.»

Въ 1851 году, слѣдовательно за годъ до смерти Фрёбеля, прусскій министръ просвѣщенія Раумеръ отдалъ приказъ закрыть «дѣтскіе сады» во всей Пруссіи, такъ какъ они служатъ разсадникомъ атеизма и коммунизма (!) Старика Фрёбеля, всю жизнь хлопатавшаго о возможно раннемъ и правильномъ ознакомленіи дѣтей съ религіей, это приказаніе поразило какъ громомъ. Виноватъ былъ племянникъ его — Карлъ Фрёбель, издавшій въ Гамбургѣ брошюру, въ которой доказывалъ необходимость для женщины высшаго, научнаго образованія. Эта мысль показалась до того опасною прусскому правительству, что оно стало преслѣдовать и старика Фребеля, скоро умершаго отъ огорченія и не имѣвшаго ничего общаго съ стремленіями Карла Фрёбеля, которыя въ сущности также не имѣли ничего опаснаго. Но дѣло пережило своего основателя, и нынѣ въ самомъ Берлинѣ существуютъ образцовые дѣтскіе сады, напримѣръ баронессы Маригольцъ-фонъ-Бюловъ и г-жи Фогель, а также особыя учрежденія для приготовленія «садовницъ». Во всей западной Европѣ понятно также, что дѣтскіе сады преимущественно необходимы — не для дѣтей достаточныхъ родителей, а для бѣдняковъ и сиротъ, лишенныхъ семейнаго призора, и потому учрежденія эти носятъ именно тотъ характеръ, который хотѣлъ придать имъ основатель-страдалецъ, умершій за свою идею — филантропическо-педагогическій.

*Современное состояніе народной школы въ Германіи.*

Дальнѣйшее развитіе народнаго образованія въ Германіи по пути, указанномъ геніальнымъ Песталоцци, было, какъ мы уже видѣли, задержано реакціонными стремленіями правительствъ и вліяніемъ клерикальной партіи, которая въ Пруссіи въ царствованіе Фридриха Вильгельма II снова присвоила себѣ почти безконтрольное управленіе народными школами. Послѣдователи Песталоцци, во главѣ которыхъ стоялъ Дистервегъ, прозванные раціоналистами, подверглись преслѣдованію. Обнародованы были особые регулятивы для народныхъ школъ. Поводомъ къ этой реакціи послужили отчасти и сами народныя школы, въ которыхъ съ 30-хъ годовъ стало водворяться одностороннее формальное направленіе. Увлеченные идеями Песталоцци послѣдователи его нерѣдко сами ошибались, видя только одну сторону дѣла и заботясь только о развитіи учениковъ; они впали въ этомъ отношеніи въ другую крайность. Матеріальная сторона обученія, т. е. сообщеніе положительныхъ знаній и попеченіе о томъ, чтобы эти знанія были основательно усвоены учениками, оставалась почти забытою. Вслѣдствіе этого учебный курсъ семинарій и народныхъ школъ сталъ расширяться въ объемѣ, иногда въ ущербъ основательности, и изъ семинаристовъ выходило не мало учителей, ничего не знавшихъ основательно, но думавшихъ о себѣ, что они имѣютъ громадныя знанія. Эти учителя были большею частію поверхностные фразёры, говорившіе обо всемъ фразы безъ содержанія; они вносили въ народныя школы пустыя разсужденія, безъ положительныхъ знаній. Но вмѣсто того, чтобы смягчить эту крайность, изданные 1, 2 и 3 октября 1854 г. три регулятива замѣнили односторонній формализмъ одностороннимъ механизмомъ въ обученіи. Приготовленіе народныхъ учителей въ семинаріяхъ получило совершенно механическій характеръ, сдѣлалось губительною дрессировкою. Семинаристовъ впродолженіе трехлѣтняго курса стали заставлять заучивать извѣстное количество свѣдѣній, безъ всякаго разсужденія, и совершенно механически пріучали ихъ къ извѣстнымъ методамъ преподаванія. Все, что до 1854 года проходилось въ семинаріяхъ подъ рубрикой педагогики, дидактики, методики, катихетики, антропологіи и психологіи, соединяется въ одно сжатое училищевѣдѣніе (Бормана), на преподаваніе котораго полагается всего два часа въ недѣлю, и которое также заучивается наизусть. Въ учительской семинаріи, по требованіямъ регулятивовъ, не зачѣмъ учить систематической педагогикѣ, а надо полагать только отдѣльныя практическія свѣдѣнія безъ всякихъ разсужденій.

Точно также въ обученіи *религіи* вмѣсто прежняго объясненія внутренняго, нравственнаго значенія истинъ христіанства, по первому регулятиву, содержащему положеніе о семинаріяхъ, вводится только одно заучиваніе катихизиса и строго опредѣленнаго числа церковныхъ стиховъ, псалмовъ и библейскихъ изрѣченій. Разсказы изъ священной исторіи ветхаго и новаго завѣта передаются въ самой элементарной формѣ, безъ объясненія ихъ смысла. Чтобы уничтожить въ семинаристахъ всякое желаніе самимъ увеличивать свои знанія и поднять ихъ хоть сколько нибудь выше элементарности, исключается даже изъ частнаго чтенія семинаристовъ вся классическая литература, а дозволяется читать только религіозно-нравственныя и патріотическія сочиненія. Для ознакомленія съ природой изданы особые учебники, разсматривающіе природу только съ одной религіозной точки зрѣнія. «Тщательныя наблюденія и опытъ доказали, — говорится въ объясненіи къ 1-му регулятиву — что преподаваніе *всеобщей исторіи* не можетъ имѣть въ учительскихъ семинаріяхъ желаемаго успѣха, и скорѣе порождаетъ неясныя, превратныя о ней понятія, пропуская все самое важное. По этому въ семинаріяхъ надо ближе всего изучать исторію Германіи, обращая при этомъ особенное вниманіе на исторію обитаемой мѣстности и ближайшаго отечества — Пруссіи. Точно также и по географіи — родиновѣдѣніе и отечествовѣдѣніе. «*Естественная исторія* преподается по упомянутымъ учебникамъ впродолженіе первыхъ двухъ лѣтъ семинарскаго курса. Будущихъ учителей сначала наглядно ознакомляютъ съ характеристическими признаками важнѣйшихъ туземныхъ растеній и животныхъ, какъ представителей породъ и видовъ, и присоединяютъ къ этому характеристику главнѣйшихъ чужеземныхъ растеній и животныхъ. Нечего упоминать, что религіозное направленіе составляетъ необходимое условіе преподаванія естественныхъ наукъ. Для *физики* во 2 и 3 курсѣ назначается тоже два часа въ недѣлю, и изложеніе ея также должно быть элементарное, такъ чтобы законъ, выведенный изъ явленія и опыта, понимался безъ всякихъ математическихъ выкладокъ. Въ *ариѳметикѣ* при всѣхъ практическихъ упражненіяхъ надо ознакомлять семинаристовъ только съ какою нибудь одною методою, считая это самымъ приличнымъ для элементарныхъ учителей, чтобы не дать имъ возможности гоняться за многосторонностью, которая можетъ сбить ихъ столку. Дальнѣйшее изученіе семинаристами ариѳметики — не для обученія въ школѣ, а для ихъ собственнаго образованія, — доходящее до десятичныхъ дробей, пропорціи и извлеченія корней, можетъ быть допускаемо мѣстнымъ начальствомъ только въ видѣ исключенія.

Такой задачѣ семинарій, устроенныхъ по регулятивамъ, соотвѣтствуетъ и подготовленіе препарандовъ т. е. желающихъ вступить въ семинарію. По опредѣленію втораго регулятива, желающій вступить въ семинарію долженъ твердо знать наизусть краткій катихизисъ Лютера. «Соотвѣтствующія библейскія нарѣченія должны быть въ точности затвержены имъ и поняты въ буквальномъ значеніи. Кромѣ того считается обязательнымъ знаніе 50 церковныхъ пѣсенъ. Библейскія исторіи ветхаго и новаго завѣта должны разсказываться въ томъ объемѣ, въ какомъ онѣ изложены въ священныхъ, историческихъ книгахъ, употребляемыхъ въ соотвѣтствующей семинаріи. Желающій поступить въ семинарію долженъ умѣть дать отчетъ о буквальномъ смыслѣ библейской исторіи и въ буквальномъ пониманіи ихъ.» Прочія требованія втораго регулятива—самыя ограниченныя. Постановленія третьяго регулятива относятся къ *однокласнымъ элементарнымъ школамъ*: для нихъ полагается чтеніе, письмо, ариѳметика до именованныхъ чиселъ и дробей включительно, пѣніе и обученіе религіи. Относительно религіи требуется, чтобы поступающіе въ школу дѣти уже знали «Отче нашъ», утреннюю и вечернюю молитвы, молитвы предъ обѣдомъ и послѣ обѣда. Количество молитвъ увеличивается потомъ на столько, чтобы старшіе ученики знали общую молитву, совершаемую въ церкви, и прочія установленныя молитвы божественной литургіи. За тѣмъ ученикамъ каждой школы вмѣняется въ обязанность твердо выучить по крайней мѣрѣ 30 церковныхъ пѣсенъ. Тексты могутъ затверживаться или по особой книгѣ (Spruchbuch — собраніе текстовъ св. писанія), или одновременно съ изученіемъ катихизиса. Каждую субботу читаются отрывки изъ Евангелія слѣдующаго воскресенья и объясняется буквальное его значеніе; по крайней мѣрѣ воскресныя Евангелія мало по малу должны быть запоминаемы. Всѣ дѣти должны выучить катихизисъ наизусть, понимать его буквальный смыслъ и умѣть передать его слово въ слово, но вѣрно и выразительно. Главная задача учителя: разсказать содержаніе всего того, что предписано заучить, объяснить и передать такъ, чтобы оно обратилось въ собственность ученика. Искусство вести такъ называемую сократическую методу считается не такъ важнымъ, какъ искусство хорошо разсказывать, наглядность преподаванія, умѣнье ловко схватывать главную идею, задавать вопросы, возбуждать глубину и теплоту вѣры, которая одна способна направлять мысли къ богоугодной жизни».

Послѣ обнародованія регулятивовъ почти всѣ важнѣйшія неофиціальныя газеты тотчасъ возстали противъ нихъ, какъ противъ нарушенія гуманныхъ началъ народнаго образованія. Всѣ педагогическіе журналы, занимающіеся народнымъ училищевѣдѣніемъ, вступили въ борьбу съ регулятивами, преграждающими путь къ истинной религіозности, пріучающими къ замкнутой внѣшней обрядности, запрещающими изученіе дидактики и литературы, и поставившими естественныя науки не на свое мѣсто въ общественныхъ школахъ. Даже въ прусской палатѣ депутатовъ нѣкто Гаркортъ предложилъ издать другой училищный законъ и, объясняя, что побудило его къ этому, онъ выразилъ, что «три регулятива не соотвѣтствуютъ ни основамъ истинно религіознаго воспитанія народа и юношества, ни духу патріотическаго, германско-національнаго воспитанія прусскаго юношества въ духѣ настоящаго, блестящаго въ прусской исторіи вѣка. Притомъ совершенно не обращено должнаго вниманія на возрастающія требованія большаго объема знаній, съ которыми каждый членъ образованной націи имѣетъ право обращаться въ области естественныхъ наукъ и исторіи; не приняты также въ уваженіе ожиданія цивилизованныхъ народовъ земнаго шара относительно дальнѣйшихъ успѣховъ германской и прусской педагогики, пользовавшейся до того времени большимъ вліяніемъ и значеніемъ.» Но, не смотря на это, регулятивы остались во всей своей силѣ. Въ 1855 году министръ фонъ-Раумеръ, къ всеобщему неудовольствію, объявилъ въ циркулярѣ, что «донесенія, полученныя имъ отъ провинціальныхъ училищныхъ совѣтовъ, почти единогласно свидѣтельствуютъ, какъ кстати и своевременно было опредѣлить задачу и цѣль народнаго образованія, и, наконецъ, оффиціально посредствомъ трехъ регулятивовъ установить все то, къ чему ради пользы и истинныхъ потребностей народнаго образованія и въ противодѣйствіе ложному направленію, уже стремились, и въ чемъ уже большею частію имѣли успѣхъ лучшія школы и семинаріи подъ правильнымъ, слишкомъ десятилѣтнимъ руководствомъ правительства. Кромѣ того, — прибавляетъ министръ, — препровожденныя ко мнѣ въ большомъ числѣ мнѣнія различныхъ классовъ населенія, одобрительные отзывы, встрѣченные регулятивами въ лучшихъ педагогическихъ журналахъ, возникшая и многообѣщающая въ будущемъ новая педагогическая и дидактическая литературы: все это ручается, что воззрѣнія и основы, изложенныя въ регулятивахъ, поняты совершенно вѣрно и что они уже начали входить въ соотвѣтствующую область общественной жизни.» Результатъ былъ тотъ, что прусское народное училищевѣдѣніе стало упадать, а вслѣдствіе этого понизился уровень народныхъ школъ въ большей части и другихъ германскихъ государствъ. Только нѣкоторыя, небольшія германскія земли сохранили свободное развитіе, путь къ которому былъ проложенъ трудами Песталоцци. Между ними первое мѣсто занималъ Бременъ съ своимъ учебнымъ планомъ, составленнымъ директоромъ учительской семинаріи въ Бременѣ *Любеномъ* для сельскихъ школъ Бременской области. Въ этомъ планѣ, въ противоположность формальному и матеріяльному принципу, при обученіи преобладаетъ направленіе *реальное*, которое, соединяя оба первые, стремится *посредствомъ богатаго матеріяла, сообразнаго съ временемъ, сдѣлать возможнымъ всестороннее развитіе дѣтскаго духа*.

*Обученіе религіи*, по этому плану, знакомитъ дѣтей съ исторіей царства Божія и съ основами истиннаго христіянства, проясняетъ и обогащаетъ ихъ умъ, воодушевляетъ и развиваетъ религіозное и нравственное чувство, освящаетъ и укрѣпляетъ волю. Средствомъ къ достиженію этой высокой цѣли школѣ служатъ: библія, книга духовныхъ пѣсенъ, (Gesangbuch) катихизисъ, исторія церкви, ежедневныя школьныя молитвы, цѣлое устройство школы, дисциплина, безъукоризненный образъ жизни учителя и его умѣнье всегда держать себя съ достоинствомъ.» «Основу обученія религіи на каждой ступени обученія составляютъ библія и книга духовныхъ пѣсень, но въ элементарныхъ классахъ дѣти пользуются ими косвенно, и все, доступное изъ нихъ для дѣтей, ученики слышатъ изъ устъ учителя. Учитель разсказываетъ библейскія исторіи просто и наглядно, въ формѣ, доступной понятіямъ и потребностямъ дѣтей; необходимо, впрочемъ, какъ можно ближе придерживаться библейскихъ выраженій и объяснять все въ образныхъ, принаровленныхъ къ дѣтскому возрасту выраженіяхъ. Буквальное заучиваніе и подобные же разсказы библейскихъ исторій со стороны дѣтей отнюдь не допускаются ни на одной ступени обученія; требуется только, съ помощію надлежащихъ вопросовъ, вызывать учениковъ среднихъ и высшихъ классовъ къ свободному изложенію отдѣльныхъ частей какой нибудь библейской исторіи. Объясненіе библіи начинается краткимъ введеніемъ; главы, требующія объясненія, предварительно прочитываются нѣсколько разъ. Объясненія всегда касаются только дѣйствительно непонятныхъ для дѣтей мѣстъ, и постоянно должны быть просты и кратки. Всякій разъ, когда представится къ тому случай, ученикамъ сообщаются географическія и антикварныя свѣдѣнія. Главы библіи въ ихъ послѣдовательности должно истолковывать такъ, чтобы дѣти научились сами читать и понимать библію, чтобы они полюбили ее и добровольно избрали руководствомъ своихъ мыслей и поступковъ.» «Исторію церкви слѣдуетъ преподавать въ послѣдніе годы ученья. Она въ краткихъ біографіяхъ излагаетъ внутреннее и внѣшнее развитіе христіянства въ его главныхъ моментахъ. Заучиванью церковныхъ пѣсень и молитвъ непремѣнно предшествуетъ объясненіе. Обученіе катихизису предоставляется всегда пасторамъ».

«Обученіе *родному языку* приводитъ ребенка къ тому, чтобы онъ могъ понимать чужія мысли, доступныя его развитію въ данное время, и былъ въ состояніи ясно выражать устно и письменно все, что онъ узналъ, прочувствовалъ или испыталъ. Средствомъ къ достиженію этой реальной задачи на каждой ступени ученія служитъ всестороннiй разборъ образцовыхъ произведеній отечественной словесности. Въ низшихъ и среднихъ классахъ главное вниманіе обращается на орѳографію; въ этомъ отношеніи вѣрнѣе всего ведутъ къ цѣли и принимаются въ уваженіе: прислушиваніе къ правильному выговору, строгое и постоянное наблюденіе за правописаніемъ, какъ на письмѣ, такъ и въ печати, частое записываніе разныхъ, уже объясненныхъ словъ. Грамматика и стилистика преподаются отдѣльно только въ среднихъ и высшихъ классахъ; необходимыя грамматическія правила сообщаются во время чтенія статей и развиваются при удобныхъ и богатыхъ содержаніемъ предложеніяхъ; правила языка объясняются въ систематической постепенности, для чего выбираются особыя статьи для чтенія; употребленіе знаковъ препинанія означается въ ученіи о предложеніяхъ. Разборъ читаемой статьи долженъ вести не только къ полному пониманію ея, но подавать также случай къ ознакомленію съ законами языка и служить поводомъ къ устнымъ и письменнымъ упражненіямъ. Разнообразные виды стилистическаго описанія дѣти изучаютъ также по предложеннымъ образцамъ; при разборѣ прочитанныхъ образцовыхъ сочиненій, обращается вниманіе на порядокъ изложенія главной мысли, на связь ея съ частными мыслями, и на отношенія частныхъ мыслей къ связующему ихъ цѣлому, также на форму описанія и образъ выраженія. Послѣ такого разбора учитель на темѣ, взятой изъ избранной статьи, показываетъ ученикамъ, какъ отыскиваютъ и развиваютъ идеи и мысли, располагаютъ ихъ по плану и пишутъ въ связномъ изложеніи; наконецъ, ученикамъ задаютъ написать самостоятельное сочиненіе, формой и содержаніемъ подходящее къ избранной статьѣ. Чтеніе, какъ средство для дальнѣйшаго образованія, принадлежитъ къ одному изъ важнѣйшихъ умѣній, какія только можетъ пріобрѣсти человѣкъ. При начальномъ обученіи чтенію, способъ соединеннаго обученія письму и чтенію (Schreiblese-Methode) употребляется вмѣстѣ съ звуковой методой (Lautiren); во время каждаго упражненія на каждой ступени обученія обращается вниманіе на механическое, логическое и гармоническое чтеніе. Наглядное обученіе не составляетъ отдѣльнаго предмета, но съ самаго начала соединяется съ обученіемъ чтенію и языку. Цѣль обученія чистописанію считается достигнутой, когда ребенокъ пріобрѣлъ четкій, простой, плавный и красивый почеркъ; прописи всегда должны имѣть дѣльное содержаніе: въ низшихъ и среднихъ классахъ вниманіе обращается преимущественно на ороографію.

Обученіе *ариометики* цѣлію своей имѣетъ знакомство съ числами и развитіе мышленія, а потому при рѣшеніи задачъ дѣти должны сами отыскивать законы вычисленія и пріемы. Въ курсъ ариометики входятъ: дѣйствія надъ простыми и именованными числами, дроби простыя и десятичныя; тройное правило, правила процентовъ, учета векселей, товарищества и смѣшенія; извлеченіе квадратныхъ и кубическихъ корней. При преподаваніи *естествовѣдѣнія* нужно наглядно знакомить учениковъ съ самыми распространенными естественными произведеніями всѣхъ трехъ царствъ, открывать дѣтямъ жизнь и единство, проявляющіяся въ царствахъ природы, и показать какъ употребляются въ пользу человѣкомъ нѣкоторыя произведенія природы. Представители большихъ группъ предлагаются въ натурѣ; рисунки допускаются только въ видѣ исключенія; объясняется также восхожденіе отъ низшихъ видовъ къ высшимъ. При обученіи естественной исторіи не слѣдуетъ придерживаться ни какой научной систематики: въ немъ допускается только полезное сравненіе сродныхъ естественныхъ тѣлъ. Обученіе физики стремится къ тому, чтобы нагляднымъ образомъ познакомить дѣтей съ важнѣйшими явленіями природы и научить ихъ правильно пользоваться физическими законами въ домашнемъ быту и въ сельскомъ хозяйствѣ. Точкой исхода для обученія физики всегда служатъ явленія природы и опыты; когда весь ихъ ходъ вѣрно изслѣдованъ и изображенъ, изъ нихъ извлекается лежащій въ ихъ основаніи законъ и примѣняется къ зависящимъ отъ него явленіямъ. Рядомъ съ этимъ идетъ отыскиваніе и объясненіе подобныхъ явленій самими учениками. Къ физикѣ примыкаетъ химія, необходимая для объясненія обыденныхъ явленій въ домашней жизни и въ сельскомъ хозяйствѣ. Преподаваніе *географіи* начинается съ родиновѣдѣнія; вмѣстѣ съ тѣмъ объясняютъ понятія, свойственныя собственно географіи, а также происхожденіе и значеніе картъ; черченіе же картъ начинается позднѣе, чтобы убѣдиться, вѣрно ли представляетъ себѣ ученикъ картину страны, горъ и рѣкъ; учитель заставляетъ его чертить географическую карту на стѣнной доскѣ только на память. Послѣ родины ученикъ знакомится со всей землей и пріобрѣтаетъ: понятія о землѣ по ея положенію во вселенной, по ея виду, величинѣ, по ея постепеннымъ преобразованіямъ, пока она не сдѣлалась обитаемой, по современному очертанію ея поверхности и климатическимъ условіямъ; свѣдѣнія о мѣстонахожденіи и распредѣленіи важнѣйшихъ естественныхъ произведеній; понятіе о народахъ по особенностямъ ихъ духа и общественной жизни, учрежденіямъ и преобладающей дѣятельности.

Обученіе *исторіи* стремится къ тому, чтобы, по крайней мѣрѣ въ общихъ чертахъ, ознакомить дѣтей, какъ, подъ божественнымъ управленіемъ вселенною, постепенно развивалось человѣчество въ внѣшнемъ и духовномъ отношеніяхъ, въ особенности же, какъ происходило это въ германскомъ народѣ. Преподается исторія только въ послѣдній учебный годъ. Прежде всего проходятъ исторію цивилизованныхъ народовъ стараго свѣта, потомъ — цивилизованныхъ народовъ новаго свѣта, и предпочтительно исторію Германіи, останавливаясь въ особенности на временахъ умственныхъ стремленій и борьбы за освобожденіе порабощенныхъ народовъ. Обремененія хронологическими числами должно избѣгать; но годы, которые необходимо запомнить по важности событій, совершившихся въ нихъ, твердо заучиваются учениками послѣ того, какъ они узнали сущность дѣла. Обученіе вначалѣ должно быть біографическое, но во всякомъ случаѣ оно имѣетъ связный характеръ.

*Пѣнію* слѣдуетъ учить во всѣхъ классахъ; цѣль его — содѣйствовать эстетическому и нравственному образованію учениковъ, открыть имъ источникъ благородныхъ удовольствій и возбудить въ нихъ чувство посредствомъ возможно большаго запаса свѣтскихъ и духовныхъ пѣсень. Обученіе пѣнію заключаетъ въ себѣ: пѣніе по слуху, а въ высшихъ классахъ — по нотамъ; навыкъ брать голосомъ терцію, скалу; одноголосное и двухголосное пѣніе; церковные напѣвы и мелодическія народныя пѣсни, по тексту и по мелодіи. Обученіе *рисованію* должно развить въ ребенкѣ сочувствіе къ прекрасному въ природѣ и искусствѣ, пріучить глазъ къ правильному воспріятію формъ, руку — къ вѣрному, отчетливому изображенію созерцаемыхъ предметовъ. Образовательными средствами къ рисованію служатъ: разсматриваніе истинно красивыхъ предметовъ природы и искусства, рисованіе свободной рукой, рисованіе посредствомъ линейки, фута и циркуля. Учатъ рисованію впродолженіе цѣлаго учебнаго курса; кромѣ того оно можетъ служить пособіемъ для другихъ учебныхъ предметовъ, напр.: для письма, нагляднаго обученія, естественныхъ наукъ и географіи.

Чтобы задача, предложенная Любеномъ для народныхъ школъ, могла быть рѣшена, для этого семинаріи должны доставить семинаристамъ такое образованіе, какое удовлетворяло бы потребностямъ вѣка. «Коммиссія по устройству учебной части семинарій» 20 августа 1862 г. изложила эти требованія во второй прусской палатѣ въ слѣдующихъ словахъ: 1) «Отъ желающихъ поступить въ учительскую семинарію должно требовать болѣе предварительнаго образованія, чѣмъ то допускается предписаніями регулятива. 2) Для образованія учителей народныхъ школъ слѣдуетъ отмѣнить въ семинаріяхъ стѣснительную систему регулятивовъ, не соотвѣтствующую современнымъ потребностямъ народной жизни, и посредствомъ основательнаго подробнаго преподаванія, — въ особенности исторіи и естественныхъ наукъ, — доставить воспитанникамъ, по крайней мѣрѣ втеченіе трехлѣтняго курса, возможно большій объемъ знаній, сообщивъ имъ религіозно-нравственное, научное и педагогическо-практическое образованіе. 3) Опредѣлять въ семинаріи только учителей, доказавшихъ уже на дѣлѣ свою преподавательскую способность и назначать директорами семинарій не однихъ лишь теологовъ, но предпочтительно опытныхъ педагоговъ и учителей. 4) Не нужно заводить семинарій исключительно въ маленькихъ городкахъ. 5) Не нужно вводить особеннаго предварительнаго образованія для семинаристовъ, какъ будущихъ учителей сельскихъ и городскихъ или такъ называемыхъ среднихъ школъ. 6) Интернаты (пансіоны) могутъ и не быть при семинаріяхъ; а гдѣ они будутъ, тамъ пансіонское устройство ихъ не должно удалять семинаристовъ отъ сношенія съ жизнію внѣ семинарій.»

Первое мѣсто по устройству народныхъ школъ занимаетъ въ настоящее время Баденъ и *кантонъ Цюрихъ*. По цюрихскому училищному уставу за 1859 г., народныя школы, посредствомъ соотвѣтственнаго воспитанія и обученія, должны образовать изъ дѣтей всѣхъ классовъ народа умственно-дѣятельныхъ, нравственно-религіозныхъ людей и дѣльныхъ гражданъ. Число еженедѣльныхъ учебныхъ часовъ въ низшихъ классахъ народныхъ школъ простирается отъ 18 до 20; во второмъ и третьемъ классахъ — отъ 21 до 24; въ трехъ высшихъ классахъ — отъ 24 до 27 часовъ. Учитель обязанъ имѣть по крайней мѣрѣ 35 учебныхъ часовъ въ недѣлю; но гимнастическія упражненія не включаются въ это число. Учебные предметы обыкновенныхъ народныхъ школъ составляютъ: христіанская религія и ученіе о нравственности; родной языкъ; ариѳметика и геометрія; естествовѣдѣніе; исторія и географія, въ особенности отечественныя; пѣніе, чистописаніе, рисованіе, тѣлесныя упражненія; женскія рукодѣлья. Для образованія способныхъ учителей для народныхъ школъ кантона существуетъ учительская семинарія. Ученье продолжается въ ней *четыре* года. При ней находится конвиктъ; но воспитанникамъ не вмѣняется въ обязанность жить въ немъ: напротивъ, каждому изъ нихъ предоставляется свобода искать квартиры внѣ семинаріи. Директоръ получаетъ содержаніе ежегодно около 2,500 франковъ съ особымъ столомъ, квартирой, отопленіемъ, освѣщеніемъ и стиркою бѣлья для него съ семействомъ.

На содержаніе и приращеніе библіотеки и коллекцій, для заготовленія обыкновенныхъ учебныхъ средствъ и другихъ пособій для обученія въ семинаріи и въ практической школѣ (Uebungsschule), для гимнастики, экскурсій,—открытъ ежегодный кредитъ въ 1500 франковъ.

Штатный окладъ народнаго учителя, какъ утвержденнаго въ должности, такъ и исправляющаго ее только временно, состоитъ: 1) изъ доставляемыхъ училищнымъ обществомъ ежегодной постоянной платы въ 200 фр., особой квартиры, полъ-югарта хорошей земли, годной къ обработыванію и находящейся, по возможности, вблизи квартиры учителя, и двухъ вѣнскихъ саженей (Klafter) сухихъ дровъ, необходимыхъ для отопленія его дома; 2) изъ ежегодной платы за ученье по 3 фр. съ каждаго ученика, посѣщающаго школу ежедневно, и по $1^1/_2$ фр. со всякаго другаго ученика; 3) ежегоднаго прибавочнаго жалованья отъ государства при соблюденіи слѣдующихъ правилъ: если опредѣленная училищнымъ обществомъ плата вмѣстѣ съ половиной сбора за ученье у учителя, прослужившаго менѣе 4 лѣтъ, не достигнетъ 520 фр., а у учителя, прослужившаго болѣе 4 лѣтъ,—до 700 фр.; то недостающая въ этомъ итогѣ сумма доплачивается иждивеніемъ государства; учителю, утвержденному окончательно въ должности и послужившему свыше 12 лѣтъ, государство постепенно увеличиваетъ прибавочное жалованье, смотря по числу лѣтъ службы; а именно: прослужившему отъ 13 до 18 лѣтъ къ прежнему добавочному жалованью прибавляется 100 фр., прослужившему отъ 19 до 24 лѣтъ— 200 фр. а прослужившему 25 лѣтъ—300 фр. Учителя и кандидаты примарныхъ (первоначальныхъ) и секундарныхъ (дополнительныхъ) школъ, живущіе въ одномъ округѣ, образуютъ училищный комитетъ (Schulkapitel) округа. Комитеты, состоя подъ наблюденіемъ члена училищнаго управленія, содѣйствуютъ теоретическимъ и практическимъ способомъ для дальнѣйшаго образованія своихъ сочленовъ. Комитеты должны сообщать члену училищнаго управленія свои мнѣнія: объ учебномъ планѣ, о введеніи новыхъ, или же о существенномъ измѣненіи прежнихъ учебныхъ средствъ, употребляемыхъ въ народныхъ школахъ, и о важнѣйшихъ примѣненіяхъ, касающихся внутренняго устройства народныхъ школъ. Члены всѣхъ комитетовъ и учителя, опредѣленные на зимній курсъ въ кантональныя и въ высшія школы, суть члены училищнаго синода (Schulsynode), который разсуждаетъ вообще о средствахъ къ лучшему устройству школъ; въ особенности въ немъ обсуживаются тѣ желанія и предположенія, которыя отъ его имени должны препровождаться къ начальству. Разсужденія совѣта печатаются въ краткихъ выпискахъ и вручаются: членамъ совѣта, члену училищнаго управленія и попечителямъ округа секундарныхъ и общинныхъ школъ.

*Послѣдняя борьба гуманизма съ реализмомъ. Реальная школа.*

Педагогическая дѣятельность и идеи Песталоцци, произведшія совершенное преобразованіе въ устройствѣ начальныхъ народныхъ школъ и положившія начала современному воспитанію и обученію, — начала общаго образованія или развитія всѣхъ способностей человѣка согласно съ его природою, — необходимо должны были имѣть сильное вліяніе и на устройство средне-учебныхъ заведеній. До нынѣшняго столѣтія гимназіи были единственными средне-учебными заведеніями, имѣвшими одну цѣль: приготовленіе учащихся къ слушанію профессорскихъ лекцій въ университетскихъ факультетахъ. Эта цѣль гимназическаго обученія была опредѣлена еще въ XVI столѣтіи извѣстнымъ педагогомъ Тротцендорфомъ. Составъ учебнаго гимназическаго курса былъ тогда же опредѣленъ Штурмомъ, и состоялъ до конца прошлаго столѣтія почти исключительно въ обученіи древнимъ языкамъ.

Жизненая потребность въ историческихъ, математическихъ и другихъ *реальныхъ* знаніяхъ, возникшая въ концѣ прошлаго столѣтія, требовала измѣненія гимназическаго курса, требовала введенія въ гимназію преподаванія реальныхъ наукъ. Гимназіи должны были уступить требованіямъ жизни — и дѣйствительно ввели въ свой курсъ исторію, отечественный и новые языки, математику и естественныя науки, хотя занятіе древне-классическими языками все таки осталось по прежнему средоточіемъ всего обученія. Вскорѣ однакожь учителя этихъ новыхъ предметовъ, на равнѣ съ учителями древне-классическихъ языковъ, стали требовать отъ учениковъ большаго. Оттого гимназическій курсъ значительно увеличился. Въ особенности естественныя науки, при чрезвычайномъ развитіи ихъ и при постоянно возрастающемъ вліяніи ихъ на обыденную жизнь, требовали одинаковыхъ правъ съ языками, и равнаго съ ними основательнаго изложенія. Между тѣмъ, съ другой стороны, Ѳ. А. Вольфъ воодушевилъ гимназіи въ пользу древне-классической литературы. Послѣ него изученіе древне-классическихъ языковъ приняло спеціально-филологическій характеръ, т. е. граматическо-критическій. Слѣдствіемъ всего этого было то, что результаты, обнаружившіеся въ гимназіяхъ, не соотвѣтствовали употребленному времени и затраченнымъ силамъ.

Правда, нѣкоторые способные ученики умѣщали въ своей головѣ необыкновенное количество учебнаго матеріала; но въ знаніяхъ ихъ недоставало жизни и основательности. Явились молодые ученые, но въ занятіяхъ ихъ не было серьезнаго научнаго характера. Не смотря на все обогащеніе отрывочными знаніями, въ юношествѣ вообще былъ замѣтенъ упадокъ научнаго интереса. Ученикамъ гимназіи не доставало духа; а съ упадкомъ умственнаго здоровья ослабѣло также и здоровье тѣлесное. Тогда, въ 1836 г. «для сохраненія здоровья въ училищахъ» Ларинзеръ выступилъ съ горячими обличеніями противъ обширности учебнаго курса; Кехли въ сочиненіи своемъ «о принципѣ гимназическаго обученія въ настоящемъ времени и о примѣненіи его къ изученію греческихъ и римскихъ писателей» и въ статьѣ своей «о преобразованіи гимназій» (über die Gymnasialreform) совѣтовалъ отмѣнить въ гимназіяхъ латинскій разговоръ, предлагая довольствоваться однимъ статарическимъ (объяснительнымъ) чтеніемъ и латинскимъ письмомъ. Въ то же время Брандъ убѣждалъ, чтобы въ гимназіяхъ заботились о введеніи занятій, соотвѣтственныхъ гражданскимъ потребностямъ; Клошъ, въ брошюрѣ: Реформа гимназій касательно преподаванія языковъ (Reform der Gymnasien in Betreff des Sprachunterrichts) старался соединить гуманное и реальное направленіе въ преподаваніи языковъ и, основываясь на правилѣ: — отъ извѣстнаго къ неизвѣстному, отъ легкаго къ трудному, — требовалъ, чтобы отъ изученія нѣмецкаго языка переходили къ англійскому, потомъ къ французскому и, наконецъ, древне-классическимъ языкамъ. Возможность и основательность такого соединенія доказалъ теоретически К. Шмидтъ въ своемъ сочиненіи «Гимназическая педагогика» (Gymnasialpädagogik), а «Новѣйшая общая гимназія» (Gesammtgymnasium) Хаушильда и Цилле въ Лейпцигѣ осуществила его въ 1849 году на практикѣ. Гимназія и гимназическіе учителя, однакожъ, не согласились на такое преобразованіе, соотвѣтствующее требованіямъ вѣка и антропологическимъ изслѣдованіямъ. Только въ Австріи, при реорганизаціи главныхъ гимназій и реальныхъ училищъ (1849), мысль объ одномъ общемъ основаніи для этихъ заведеній встрѣтила сильную поддержку. Въ другихъ же германскихъ государствахъ это новое направленіе въ самомъ началѣ встрѣтило сильное сопротивленіе, и въ гимназіяхъ удержано было прежнее, одностороннее изученіе древнихъ языковъ. Вслѣдствіе этого упорства, независимо отъ гуманистическихъ гимназій, возникли *реальныя школы*. Желая быть общеобразовательными, а не особыми, спеціяльными учебными заведеніями, реальныя школы добивались и достигли, наконецъ, полной самостоятельности, одинаковыхъ съ гимназіями правъ, не смотря на то, что правительства нѣкоторыхъ германскихъ государствъ не дали на учрежденіе ихъ никакого пособія, а многія гимназіи, открытіемъ у себя параллельныхъ реальныхъ классовъ, хотѣли замѣнить реальныя школы. Такимъ образомъ реализмъ всюду проникъ, и не было возможности далѣе задерживать оффиціальнаго признанія реальныхъ школъ.

Реальныя школы стали возникать еще въ концѣ прошлаго и въ началѣ текущаго столѣтія. Но тогда онѣ еще не сознавали той цѣли, къ которой должны были стремиться, и старались какъ можно скорѣе научить многимъ различнымъ спеціальнымъ занятіямъ, могущимъ пригодиться для той или другой практической дѣятельности въ жизни. Учебный планъ — кромѣ математики, физики, химіи, естественной исторіи, — обнималъ также бухгалтерію, товаровѣдѣніе, технологію и вмѣстѣ съ тѣмъ упражненія въ рисованіи, лѣпкѣ моделей и въ точеніи. Настоящую цѣль и дорогу реальныхъ училищъ впервые обозначилъ Спиллеке, требовавшій равноправности реальныхъ училищъ съ гуманическими гимназіями. Будучи директоромъ королевской гимназіи Фридриха Вильгельма, Спиллеке требовалъ для реальнаго и Елизаветинскаго училищъ въ Берлинѣ болѣе глубокаго пониманія всѣхъ необходимыхъ вещей, чѣмъ допускали то одностороннie филологи, признававшіе только латинскій и греческій языки и видѣвшіе въ нихъ міровую науку. Спиллеке говоритъ: «Реальная школа, рядомъ съ гимназіей, составляетъ институтъ наукъ, въ которомъ объемъ общаго, подготовительнаго образованія, доставляемаго гимназіями для желающихъ поступить въ университетъ, усвояваютъ юноши переходящіе потомъ въ академію художествъ, политехническія училища, или технологическіе институты. Само собою разумѣется, что естествовѣдѣніе и математика, по самому принципу реальныхъ училищъ, назначаются ихъ главными предметами. Но такъ какъ реальныя школы должны доставлять общее образованіе; то обученіе новѣйшимъ и родному языкамъ и преподаваніе исторіи считается также необходимымъ; чувство изящнаго развивается посредствомъ рисованія и лѣпки моделей; наконецъ религія — оплотъ противъ всякихъ дурныхъ наклонностей и безнравственной жизни, указываетъ человѣку высшія стремленія». Министерство Альтенштейна въ Пруссіи, къ чести своей приняло идею Спиллеке и первое согласилось и установило законнымъ порядкомъ, чтобы реальныя школы заняли мѣсто въ ряду общеобразовательныхъ учебныхъ заведеній. Хотя министерскій регламентъ 1832 г. былъ недостаточенъ, все же онъ вывелъ реальныя училища на единственно вѣрную дорогу ихъ развитія, а именно: цѣлію ихъ было назначено — посредствомъ образовательныхъ учебныхъ предметовъ новаго времени, дать юношеству общее образованіе, помимо древне-классическихъ языковъ; поэтому реальныя школы вскорѣ устранили всѣ чуждые элементы; въ математикѣ, естественныхъ наукахъ, въ нѣмецкомъ, англійскомъ и французскомъ языкахъ онѣ искали, и все болѣе и болѣе находили предметы настоящаго средоточія своего обученія. Впрочемъ, реальныя школы безпрерывно разнообразили свой учебный планъ; такъ напр. въ городахъ, гдѣ преобладали интересы торговли и промышленности, онѣ принимали въ расчетъ мѣстныя потребности жизни, на сколько такое направленіе могло не вредить основательному общему образованію; между тѣмъ какъ въ другихъ городахъ, гдѣ эти реальныя школы были единственными высшими учебными заведеніями, и гдѣ оканчивающіе въ нихъ курсъ воспитанники поступали преимущественно въ гражданскую службу, — также соображались съ мѣстными условіями, и обученіе латинскому языку производилось въ большемъ числѣ уроковъ. Министерство Альтенштейна, втеченіе своей дѣятельности, допускало такое разнообразное устройство отдѣльныхъ реальныхъ училищъ и не стѣсняло преимуществъ, связанныхъ съ аттестатомъ объ окончаніи курса, полученномъ въ тѣхъ заведеніяхъ, изъ учебнаго плана которыхъ латинскій языкъ былъ исключенъ. Но въ 1841 году инструкція, данная реальнымъ училищамъ, была измѣнена; право поступать въ военную службу на одинъ годъ зависѣло уже не отъ увольнительнаго свидѣтельства вообще, но отъ признанія достаточной зрѣлости для слушанія высшихъ наукъ; свидѣтельство отъ экзаменаціонной коммиссіи объ учебномъ окончаніи курса ученія могли получать только тѣ воспитанники, которые на испытаніи оказались довольно свѣдущими въ латинскомъ языкѣ. Потомъ, во время министерства фонъ-Гейдта и фонъ-Раумера, реальнымъ школамъ былъ нанесенъ большой ущербъ тѣмъ, что, съ одной стороны, министерство народнаго просвѣщенія признало ихъ ниже гимназій, а съ другой — министерство торговли ставило ихъ ниже промышленныхъ училищъ, причемъ довольно ясно обнаружилось, что такія реальныя школы хотѣли предназначить только для образованія низшихъ чиновниковъ въ извѣстныя вѣдомства.

Впрочемъ, къ счастію, такое притѣсненіе реальныхъ училищъ въ Пруссіи прекратилось со вступленіемъ въ управленіе министерствомъ просвѣщенія *Бетмана-Гольвега*, который въ 1859 г. прямо высказалъ въ палатѣ депутатовъ, что онъ считаетъ существенною задачею своего министерства способствовать всѣми силами распространенію и развитію реальныхъ училищъ, потому что эти училища, правильно организованныя, только и могутъ доставить такое образованіе, которое удовлетворитъ современнымъ реальнымъ потребностямъ жизни. «Гимназическое образованіе теоретично, отвлеченно и приспособленно для тѣхъ, кто желаетъ продолжать свое дальнѣйшее ученое образованіе въ университетахъ, чтобы приготовить себя преимущественно къ ученой, научной дѣятельности. Въ этомъ отношеніи гимназіи не могутъ быть замѣнены ни какими другими училищами, и онѣ хорошо и честно выполняютъ свое дѣло. Но существуютъ въ жизни призванія и дѣятельности практическія, которыя въ настоящее время достигли громадныхъ размѣровъ и требуютъ дѣятелей образованныхъ, добровольно, по собственному сознанію посвящающихъ себя извѣстной дѣятельности: гимназіи такихъ дѣятелей не могутъ доставить. Точно также и спеціальныя техническія училища не въ состояніи приготовить спеціальныхъ дѣятелей, если ученики ихъ не получатъ предварительно соотвѣтственнаго общаго образованія. По этому реальнымъ школамъ должно доставить необходимыя средства для ихъ полнаго развитія, и дать имъ въ государствѣ право гражданства». Вслѣдъ за такимъ объявленіемъ, 6 октября 1859 года было обнародовано положеніе объ устройствѣ учебной части и о производствѣ испытаній въ реальныхъ и высшихъ городскихъ училищахъ. (Unterrichts- und Prüfungsordnugen der Realschule und der höheren Bürgerschulen). Это постановленіе даетъ нѣкоторое различіе между собственно реальными и высшими гражданскими училищами, и установляетъ слѣдующій нормальный учебный планъ для реальной гимназіи:

| УЧЕБНЫЕ ПРЕДМЕТЫ. | VI. | V. | IV. | III. | II. | I. |
|---|---|---|---|---|---|---|
| Законъ Божій . . . . . . . . . . . | 3 | 3 | 2 | 2 | 1 | 1 |
| Нѣмецкій языкъ . . . . . . . . . | 4) | 4) | 3) | 3) | 3) | 3) |
| Латинскій языкъ . . . . . . . . | 3) | 6) | 6) | 5) | 4) | 3) |
| Французскій языкъ . . . . . . . | — | 5 | 5 | 4 | 4 | 4 |
| Англійскій языкъ . . . . . . . . | — | — | — | 4 | 3 | 3 |
| Географія и Исторія . . . . . . | 3 | 3 | 4 | 4 | 3 | 3 |
| Естественныя науки . . . . . . | 2 | 2 | 2 | 2 | 6) | 6) |
| Математика и счисленіе . . . . | 5 | 4 | 6 | 2 | 5) | 4) |
| Писаніе . . . . . . . . . . . . . | 3 | 2 | — | — | — | — |
| Рисованіе и Черченіе . . . . . | 2 | 2 | 2 | 2 | 2 | 3 |

Въ объявленіи къ этому плану между прочимъ говорится слѣдующее: «Реальныя и высшія городскія школы имѣютъ цѣлію — доставить предварительное, научное образованіе для тѣхъ высшихъ родовъ призванія, для которыхъ не требуется академическаго факультетскаго ученія. По этому при учрежденіи этихъ школъ не должны быть принимаемы въ соображеніе однѣ ближайшія потребности практической жизни: надо главнымъ образомъ имѣть стремленіе довести учащихся до той степени духовнаго развитія, на которой они сами могутъ свободно и самостоятельно сознавать свое призваніе и избирать себѣ дѣятельность». «Онѣ не суть спеціальныя заведенія (Fachschulen), но одинаково съ гимназіями имѣютъ дѣло съ общеобразовательными средствами и основными знаніями. Между гимназіями и реальными школами нѣтъ различія въ основаніи, но существуютъ только отношенія взаимнаго ограниченія и пополненія. Онѣ раздѣляютъ между собою одно общее назначеніе—сообщать общія основанія всего высшаго образованія по всѣмъ главнымъ отраслямъ различныхъ родовъ призванія. Это раздѣленіе сдѣлалось необходимымъ, неизбѣжнымъ вслѣдствіе развитія различныхъ наукъ и различныхъ жизненныхъ отношеній; и реальныя школы получили при этомъ *равноправное* положеніе съ гимназіями. Между тѣмъ какъ въ гимназіяхъ главнымъ средствомъ для достиженія цѣли служитъ изученіе обоихъ древне-классическихъ языковъ,—реальныя школы обращаютъ преимущественное вниманіе на основательное ознакомленіе съ явленіями и произведеніями природы, и на изученіе отечественнаго и новыхъ языковъ образованнѣйшихъ народовъ Европы.

Но такъ какъ настоящее можетъ быть основательно понято только изъ его прошедшаго, по этому и преподаваніе исторіи должно занимать видное мѣсто въ реальныхъ школахъ. Кромѣ того, истинное нравственное развитіе человѣка, гражданина извѣстной страны, всегда основывается и можетъ достигнуть своего высшаго развитія только на религіозныхъ и народныхъ началахъ; а потому реальныя школы должны неуклонно заботиться о религіозно-національномъ образованіи своихъ питомцевъ. Такимъ образомъ, кромѣ обученія религіи, всѣ учебные предметы реальныхъ школъ въ сущности принадлежатъ къ двумъ областямъ ученія: къ языкамъ съ исторіей, и къ математикѣ съ естествознаніемъ, къ которымъ присоединяются еще техническія умѣнья». Въ двухъ низшихъ классахъ преобладаетъ преподаваніе языковъ, потому что изученіе языка составляетъ основу всего общаго духовнаго развитія и приготовляетъ силы учащихся къ сознательному воспріятію и усвоенію реальныхъ историческихъ, математическихъ и естественно-историческихъ знаній, которыя по этому надо относить преимущественно къ четыремъ высшимъ классамъ. «Существенную, однакожъ, часть всего ученія въ реальныхъ школахъ составляетъ латинскій языкъ, какъ общій, объединяющій учебный предметъ. Такое почетное мѣсто принадлежитъ латинскому языку по слѣдующимъ причинамъ: 1) значеніе его необходимо для яснаго пониманія связи новаго европейскаго образованія съ образованіемъ древняго міра и 2) грамматика латинскаго языка составляетъ основу грамматическаго изученія языковъ вообще, особенно новѣйшихъ, основательное знаніе которыхъ невозможно безъ латинскаго языка. По этому обученіе латинскому языку нельзя было оставить факультативнымъ, не общеобязательнымъ, какъ по причинамъ чисто педагогическимъ, такъ и для того, чтобы учебный курсъ реальныхъ школъ не лишать связующаго начала, единства и гармоніи. Желательно также, чтобы при каждомъ реальномъ училищѣ были устроены два приготовительные класса для правильнаго сообщенія тѣхъ элементарныхъ свѣдѣній, которыя необходимы для поступленія дѣтей въ sexta — низшій классъ школы.» Относительно значенія и преподаванія отдѣльныхъ учебныхъ предметовъ въ реальной школѣ въ положеніи говорится слѣдующее:

«Высшее значеніе, которое получаетъ обученіе *религіи* въ двухъ старшихъ классахъ, не должно однакожъ привести къ чтенію богословія вмѣсто преподаванія религіи въ собственномъ смыслѣ. Изложеніе религіи и евангельскаго ученія о спасеніи должно во всѣхъ классахъ постоянно опираться на Священное писаніе, исходить изъ него и основываться лишь на немъ; должно непосредственно, изъ объяснительнаго чтенія свящ. писанія, особенно Новаго завѣта, доставлять учащимся убѣжденіе въ истинахъ христіанскаго вѣроученія и христіанской нравственности. Необходимо сообщать учащимся вѣрныя, правдивыя понятія о главныхъ христіанскихъ религіяхъ, съ полнымъ безпристрастіемъ указавъ на историческія причины раздѣленія христіанской церкви, и уяснивъ, что всѣ христіанскія религіи, не смотря на ихъ различные догматы и постановленія, имѣютъ все таки одно общее истинное основаніе — Евангеліе. Также необходимы: общія молитвы въ началѣ и по окончаніи недѣли, объясненіе воскреснаго Евангелія и посѣщеніе церкви — по убѣжденію и душевной потребности, а не по принужденію».

«Обученіе *отечественному* языку, по своему образовательному вліянію, имѣетъ особенно важное значеніе въ реальномъ курсѣ. Оно должно основательно ознакомить учащихся съ грамматическимъ и логическимъ строемъ роднаго языка, съ главнѣйшими родами прозы и поэзіи и съ отечественною словесностью. Устные разсказы и письменныя упражненія должны имѣть цѣлію — доставить ученикамъ свободу и правильность въ устномъ и письменномъ употребленіи роднаго языка. Грамматическое обученіе въ низшихъ классахъ вполнѣ цѣлесообразно соединять съ преподаваніемъ латинскаго языка; ученіе же о предложеніи должно быть сообщаемо въ среднихъ и въ старшихъ классахъ, гдѣ ученики могутъ уже сами сравнивать нѣкоторыя особенности въ способѣ выраженія въ различныхъ, имъ уже знакомыхъ языкахъ. При этомъ выясняется весь логическій строй отечественной рѣчи, объясняются синонимы, прямое и переносное или фигуральное значеніе словъ и выраженій, и ученики упражняются въ грамматическихъ и логическихъ опредѣленіяхъ. Однимъ словомъ, грамматическое изученіе роднаго языка заканчивается во второмъ, предпослѣднемъ классѣ (secunda) систематическимъ обозрѣніемъ всей грамматики, сравнительно съ другими языками; а въ первомъ, старшемъ классѣ (prima) сообщается ученіе о главныхъ формахъ мышленія: о понятіяхъ, сужденіяхъ, умозаключеніяхъ, о раздѣленіи и доказательствахъ, — но безъ систематическаго изложенія логики. Древне-нѣмецкій языкъ собственно не долженъ входить въ обученіе родному языку; но все таки школьная библіотека должна доставить возможность прочесть въ подлинникѣ пѣсни Нибелунговъ и т. под. Точно также въ этой библіотекѣ должны находиться для частнаго, домашняго чтенія учениковъ, образцовые переводы римскихъ и греческихъ классиковъ, особенно: Гомера, Софокла, біографіи Плутарха, діалоги Платона, Тацита и проч. Классное же чтеніе въ низшихъ и среднихъ классахъ должно находиться въ тѣсной связи съ грамматическими упражненіями; въ старшихъ классахъ идетъ чтеніе лучшихъ произведеній отечественной литературы. Вообще во всѣхъ классахъ чтеніе должно быть сопровождаемо свободнымъ, устнымъ изложеніемъ прочитаннаго. Полное, послѣдовательное изложеніе исторіи отечественной словесности не должно имѣть мѣста въ реальныхъ школахъ. Гораздо важнѣе и полезнѣе, послѣ краткаго обзора древней германской литературы, прочитать съ учениками рядъ важнѣйшихъ произведеній отечественной литературы, начиная со второй половины прошлаго столѣтія, которыя преимущественно замѣчательны по содержанію и формѣ, и могутъ служить образцами новѣйшей отечественной словесности. При объяснительномъ чтеніи этихъ не многихъ, но вполнѣ образцовыхъ произведеній необходимо наблюдать, чтобы ученики основательно усвоили себѣ содержаніе произведеній и особенности изложенія у различныхъ писателей. Во многихъ школахъ, при изложеніи исторіи литературы, преподаватели имѣютъ обыкновеніе сообщать ученикамъ свои собственные или вычитанные, готовые критическіе взгляды и оцѣнки вмѣсто того, чтобы знакомить учениковъ съ самыми произведеніями замѣчательныхъ отечественныхъ писателей. Такое преподаваніе не должно быть допускаемо, потому что ученики, по степени своего развитія, не могутъ усвоить себѣ критическіе взгляды: они только заучиваютъ мнѣніе учителей или критиковъ и потомъ, какъ попугаи, повторяютъ ихъ; такимъ способомъ въ ученикахъ подавляется ихъ природное здравое, самостоятельное мышленіе, порождается поверхность знаній и самодовольное стремленіе все критиковать, ничего не понимая и не зная основательно. Объяснительное чтеніе должно состоять въ полномъ, отчетливомъ объясненіи содержанія читаемаго произведенія, и въ отчетливомъ устномъ и письменномъ изложеніи прочитаннаго: въ этомъ преимущественно и заключается преподаваніе отечественнаго языка въ реальной школѣ, какъ общеобразовательномъ заведеніи. Піитика, риторика и стилистика не должны составлять особыхъ отдѣловъ въ обученіи родному языку; но все необходимое изъ нихъ должно быть выяснено при удобномъ случаѣ на чтеніи образцовъ. Темы для сочиненій должны соотвѣтствовать степени развитія учениковъ и ихъ познаніямъ; темы эти не должны быть слишкомъ общими. Въ письменныхъ работахъ учениковъ надо обращать особенное вниманіе на здравость и истинность содержанія, на простоту, ясность и логическую послѣдовательность въ изложеніи. Всякая вычурность въ выраженіяхъ, общія фразы, различные критическіе, сентиментальные, эстетическія возгласы не должны быть допускаемы. Надо, чтобы ученикъ въ сочиненіи своемъ говорилъ то, что онъ самъ знаетъ и чувствуетъ, а не то, что ему другіе натвердили, и что онъ выдаетъ за свое».

«*Латинскій языкъ* имѣетъ важное значеніе въ реальныхъ школахъ не только потому, что изученіе его составляетъ основу грамматическаго изученія отечественнаго и другихъ новыхъ языковъ, но, главнымъ образомъ, потому, что онъ самъ по себѣ представляетъ богатое средство для правильнаго, логическаго развитія учащихся въ старшихъ классахъ, доставляя возможность посредствомъ чтенія понять жизнь древняго міра. Для достиженія этой послѣдней цѣли, преподаваніе латинскаго языка въ низшихъ и среднихъ классахъ должно сообщить ученикамъ только самыя необходимыя грамматическія свѣдѣнія, безъ которыхъ нельзя приступить къ чтенію римскихъ классиковъ, и посредствомъ постоянныхъ переводовъ сначала не большихъ фразъ съ латинскаго языка на нѣмецкій и обратно, пріучить свободно владѣть грамматическими формами и правилами, и безъ труда примѣнять ихъ въ соотвѣтственныхъ мѣстахъ. Въ старшихъ же классахъ должно употреблять большую часть времени на чтеніе, не вдаваясь въ слишкомъ обширные филогическіе, историческіе и археологическіе комментаріи, но обращая постоянное вниманіе на ясное уразумѣніе латинской конструкціи. При выборѣ классиковъ для чтенія должно руководиться предположенною окончательною цѣлію изученія латинскаго языка въ реальныхъ гимназіяхъ, именно— достиженіемъ пониманія легкихъ прозаиковъ и поэтовъ. Потому то для чтенія назначаются преимущественно слѣдующіе писатели: Юлій Цезарь, Саллюстій, Титъ Ливій, Овидій, Виргилій, легкія рѣчи Цицерона, легкіе отрывки изъ «Германіи и Анналовъ» Тацита, и нѣкоторыя оды Горація. Содержаніе прочитаннаго должно быть понято и сознательно усвоено учениками.»

«Въ обученіи *французскому и англійскому языкамъ* должно достигнуть слѣдующихъ цѣлей: 1) знанія грамматики этихъ языковъ и возможно большаго числа словъ для того, чтобы понимать легкихъ прозаиковъ и поэтовъ, и правильно писать. Свободнаго разговора на этихъ языкахъ требовать нельзя: это надо предоставить частнымъ занятіямъ учениковъ». «Преподаваніе *исторіи* должно состоять въ слѣдующемъ: въ двухъ низшихъ классахъ — разсказы изъ священной исторіи Ветхаго и Новаго завѣта, изъ миѳологіи и героическаго періода исторіи Греціи и Рима, изъ жизни древнихъ германцевъ; въ IV классѣ — главнѣйшія событія изъ греческой и римской исторіи; въ III классѣ — Бранденбургско-прусская исторія въ связи съ обще-германскою; въ двухъ высшихъ классахъ — болѣе подробная исторія Германіи, Англіи и Франціи. Изложенію исторіи народа предшествуетъ историческо-географическое описаніе его страны». «Главная цѣль преподаванія *географіи* состоитъ въ основательномъ ознакомленіи учащихся съ современнымъ состояніемъ главнѣйшихъ государствъ въ топографическомъ и физическомъ, климатическомъ и этнографическомъ отношеніяхъ, и съ зависящими отъ этихъ условій производительными силами страны. Вездѣ частному изложенію должно предшествовать общее описаніе: такъ географіи родины и отечества предшествуетъ физическое описаніе всего земнаго шара, тѣмъ болѣе, что съ родиновѣдѣніемъ ученики должны познакомиться еще до поступленія своего въ реальную школу. По математической географіи — въ предварительномъ курсѣ сообщаются только самыя общія, начальныя понятія изъ популярной астрономіи; въ старшемъ классѣ ученики знакомятся болѣе подробно и научнымъ образомъ съ астрономическими явленіями».

«Обученіе *естествознанію* должно доставить учащимся

вѣрное общее понятіе о природѣ, посредствомъ нагляднаго ознакомленія съ ея явленіями и произведеніями. Исходя отъ разсматриванія явленій и произведеній окружающей природы, слѣдуетъ ограничиваться не многимъ, но важнѣйшимъ, и заботиться объ основательномъ усвоеніи этого не многаго и о томъ, чтобы ученики получили возможно полное и ясное представленіе о единствѣ во всей природѣ, не смотря на все богатое разнообразіе ея произведеній. Свѣдѣнія изъ ботаники, зоологіи и минералогіи могутъ быть сообщаемы въ трехъ низшихъ классахъ; въ третьемъ же классѣ объясняются обыкновенныя физическія явленія нагляднымъ образомъ. Въ двухъ старшихъ классахъ не преподаются отдѣльныя явленія и произведенія природы, но выводятся общіе физическіе законы на основаніи отдѣльныхъ явленій и произведеній, усвоенныхъ въ низшихъ классахъ, и сообщаются основанія изъ химіи.» «Въ курсъ *математики* входятъ: ариѳметика, начальная алгебра со включеніемъ бинома Ньютонова и логориѳмовъ, геометрія трехъ измѣреній, коническія сѣченія, тригонометрія, начертательная геометрія, особенно теорія тѣней и перспективы. Все обученіе математикѣ сопровождается постоянными практическими задачами и умственными вычисленіями.»

На выпускномъ экзаменѣ *реальной школы* требуются слѣдующія свѣдѣнія: по *религіи*: знаніе и пониманіе своего исповѣданія и основательное знакомство съ библіею, особенно съ Евангеліемъ. По *родному языку*: умѣнье развить и написать правильно и логично сочиненіе на тему, взятую изъ круга понятій ученика, свободное, осмысленное чтеніе и устный разсказъ прочитаннаго. Изъ отечественной словесности требуется знаніе главнѣйшихъ эпохъ ея развитія и основательное знакомство съ важнѣйшими литературными произведеніями, начиная со второй половинѣ XVIII столѣтія. *По латинскому языку*: умѣнье переводить не читанныя въ классѣ мѣста изъ Цезаря, Саллюстія и Ливія, отчасти изъ Виргилія и Овидія, и знакомство съ латинскимъ стихосложеніемъ. По *новымъ языкамъ*: знаніе грамматики и достаточнаго запаса словъ и свободный переводъ избранныхъ мѣстъ изъ прозаиковъ и поэтовъ классическаго періода. Кромѣ того, оканчивающій курсъ долженъ на столько владѣть письменною рѣчью, чтобы умѣть безъ особенныхъ ошибокъ перевести или написать небольшой историческій разсказъ на французскомъ или англійскомъ языкѣ. Изъ *исторіи* на окончательномъ экзаменѣ требуется: краткое обозрѣніе всеобщей и болѣе полное знаніе греческой исторіи до смерти Александра Македонскаго; римской— до императора Марка Аврелія, и новой исторіи Германіи, Франціи и Англіи. Изъ *географіи*: общія познанія о физическомъ устройствѣ земной поверхности и также о политическомъ раздѣленіи частей свѣта; болѣе близкія и подробныя познанія въ географіи Пруссіи и Германіи, особенно въ торговомъ и промышленномъ отношеніяхъ; свѣдѣнія изъ математической географіи, изложенныя на научныхъ основаніяхъ. Изъ *физики* ученикъ при выпускѣ долженъ знать и умѣть объяснить тѣ явленія, которыя имѣли существенное вліяніе на развитіе физической науки. Кромѣ того, онъ долженъ умѣть самъ производить опыты, объяснять физическіе законы и доказывать ихъ математическими вычисленіями. По *химіи* требуется опытное знаніе свойствъ и сродства обыкновенныхъ неорганическихъ и необходимѣйшихъ для питанія органическихъ тѣлъ. По *математикѣ* окончившій курсъ долженъ показать, что онъ не только знаетъ весь вышеозначенный курсъ математики, но главное, что онъ знакомъ съ математическимъ методомъ и можетъ рѣшать не слишкомъ сложныя задачи, относящіяся ко всему математическому курсу, а также къ механикѣ и статикѣ.—Кромѣ устнаго испытанія абитуріентъ обязанъ представить письменныя работы на заданныя темы по всѣмъ предметамъ. Получившіе свидѣтельство въ удовлетворительности своихъ познаній въ означенныхъ предметахъ и въ умственной зрѣлости (Maturitäts-Testimonium) допускаются къ испытанію на занятіе низшихъ техническихъ должностей по горному или межевому вѣдомствамъ, для поступленія въ королевскій лѣсной институтъ, въ почтовое вѣдомство, въ корпусъ фельдегерей и въ высшія техническія заведенія; кромѣ того они имѣютъ право ограничится только однимъ годомъ обязательной военной службы.

Въ другихъ германскихъ государствахъ, устроенныя правительствомъ реальныя школы еще въ 1859 году не имѣли такой правильной организаціи. Но скоро Баварія, Австрія и Саксонія устремились къ той же цѣли, которая была выработана и опредѣлена въ Пруссіи. Въ Швейцаріи же промышленныя отдѣленія кантональныхъ школъ достигли того, чего до сихъ поръ еще не достигли реальныя школы въ другихъ государствахъ; а именно: они сами могутъ сообщать необходимую подготовку своимъ будущимъ учителямъ; союзный политехническій институтъ въ Цюрихѣ также приготовляетъ учителей для реальныхъ и промышленныхъ школъ, такъ какъ ни университеты, ни учительскія семинаріи обыкновенно не берутъ на себя этой обязанности. Число реальныхъ школъ, соотвѣтствующихъ гимназіямъ, постоянно растетъ: такъ въ Пруссіи на 133 собственно гимназіи приходится уже 65 реальныхъ школъ, къ которымъ по курсу также подходятъ высшія городскія школы.

Реальныя школы служатъ общими подготовительными заведеніями для такъ называемыхъ *спеціальныхъ* училищъ, изъ которыхъ въ настоящее время самыми главными считаются: 1) *промышленныя* школы въ собственномъ смыслѣ (Gewerbeschulen), особенно хорошо устроенныя въ Пруссіи. Впервые онѣ были устроены еще въ 1817 году и первоначально предназначались для основательнаго, теоретическаго подготовленія собственно ремесленниковъ. Такъ напр. въ Ахенѣ, въ 1818 году, вслѣдствіе ощущаемаго недостатка въ мастерахъ, образовалась промышленная школа, которая предназначалась именно для приготовленія плотниковъ, строителей мельницъ, колодезниковъ, фонтанныхъ мастеровъ, изготовителей пожарныхъ трубъ, каменьщиковъ, каменотесовъ, штукатурщиковъ, столяровъ, слесарей, маляровъ, мѣдниковъ, мастеровъ оловянныхъ и жестяныхъ дѣлъ и т. д. На поступленіе въ эту школу имѣлъ право каждый мальчикъ, достигшій

14 лѣтъ и знающій первоначальное чтеніе, письмо и четыре правила ариѳметики, т. е. курсъ народной школы въ тѣсномъ смыслѣ. По воскресеньямъ и понедѣльникамъ до полудня, и по средамъ и субботамъ послѣ полудня, ихъ безплатно обучали еще рисованію и сообщали ариѳметическія и разныя другія познанія, относящіяся къ ремеслу каждаго. Но сословіе ремесленниковъ постоянно исчезало изъ промышленныхъ школъ и переходило въ ремесленныя школы для дальнѣйшаго образованія; между тѣмъ послѣднія, имѣя у себя въ высшихъ классахъ учениковъ, выходящихъ оттуда машинистами, рудокопами и заводскими работниками, преобразовались въ «провинціяльныя промышленныя школы». Такія школы въ Пруссіи подготовляютъ механиковъ, химиковъ, архитекторовъ; здѣсь же учатся разные ремесленники, каменьщики, плотники, колодезники, надсмотрщики фабричныхъ работъ, получая какъ теоретическое, такъ и практическое образованіе. Каждая провинціяльная промышленная школа раздѣляется на два класса: въ низшемъ классѣ главнымъ образомъ производится теоретическое обученіе рисованію; въ высшемъ — уже пріобрѣтенныя свѣдѣнія примѣняются къ ремесламъ. Получивъ теоретическую подготовку, выходящіе отсюда ремесленники бываютъ въ состояніи сознательно и съ самостоятельностью относиться къ своему дѣлу, и съ успѣхомъ трудиться надъ его дальнѣйшимъ усовершенствованіемъ. 2) *Коммерческія* школы, въ которыхъ ученики знакомятся со всѣмъ кругомъ естественныхъ наукъ; сюда также относятся: товаровѣдѣніе, коммерція, бухгалтерія, ариѳметика, коммерческая корреспонденція, нумизматика, теорія мѣръ и вѣсовъ, мануфактуровѣдѣніе, фабриковѣдѣніе, коммерческое право, кредитное дѣло и новые языки. Коммерческія школы вызваны къ жизни также новѣйшимъ временемъ; но большая часть изъ нихъ до сихъ поръ осталась общинными или частными заведеніями, въ учрежденіи которыхъ иниціатива принадлежала самимъ городамъ, т. е. наиболѣе образованнымъ представителямъ городскаго сословія. Первое подобное заведеніе было

основано въ Гамбургѣ еще въ 1767 году и имѣло видъ коммерческой академіи. По ея собственному образцу открылось такое же заведеніе въ Любекѣ, гдѣ вмѣстѣ съ теоретическимъ образованіемъ соединено было практическое обученіе молодыхъ купцовъ, занимавшихся въ лучшихъ коммерческихъ конторахъ съ обширною торговою дѣятельностью. Къ той же цѣли стремились коммерческія школы въ Магдебургѣ, Нюрнбергѣ, Эрфуртѣ и др. Коммерческое учебное заведеніе въ Лейпцигѣ задалось цѣлію (въ 1831 г.) доставить Германіи то же, что Франція имѣетъ въ своей Ecole de commerce; а именно: 1) доставить всѣмъ ученикамъ возможность пріобрѣсти самое необходимое научное образованіе, въ какомъ нуждается каждый купецъ (низшій курсъ), и 2) молодымъ людямъ, желающимъ пойти впослѣдствіи спеціально по коммерческой или фабричной части, теоретически и практически сообщить необходимую подготовку въ соотвѣтственныхъ наукахъ, знаніяхъ и искусствахъ.

Выше всѣхъ этихъ спеціяльныхъ школъ, такъ сказать, университетами реальныхъ школъ считаются *политехническіе* институты, возникшіе вслѣдствіе необыкновенныхъ успѣховъ промышленности и техническихъ производствъ въ XIX столѣтіи. Политехническія школы и успѣхи промышленности находятся въ тѣсной взаимной связи, особенно въ континентальныхъ государствахъ, чтобы при умѣренныхъ экономическихъ силахъ быть въ состояніи возможно быстрѣе догонять англійскую промышленность, безостановочно идущую впередъ. По этому въ Германіи преимущественно сами правительства начали заводить политехническія школы по образцу французскихъ, съ цѣлію образовать способныхъ и свѣдущихъ людей, умѣющихъ выполнять различныя техническія работы. Первая, до сихъ поръ считающаяся самою образцовою политехническою школою, — Парижская, основанная въ 1794 г. Вторая была открыта въ Вѣнѣ въ 1816 году, гдѣ вмѣстѣ съ математическими и естественными науками учили также различнымъ спеціяльнымъ техническимъ предметамъ. Возникшія за тѣмъ политехническія школы въ Мюнхенѣ, Ганноверѣ, Карлсруэ, Штутгардѣ, Нюрнбергѣ, Аугсбургѣ, Дармштадтѣ, Берлинѣ (Bauakademie), Цюрихѣ — сходны между собою въ томъ, что снабжаютъ общими научными свѣдѣніями изъ теоретической и прикладной математики и въ то же время знакомятъ съ спеціяльными предметами. Нынѣшніе австрійскіе техническіе институты въ Вѣнѣ, Прагѣ, Гранѣ, Лембергѣ, Краковѣ, Брюнѣ и Офенѣ сравнительно съ предъидущими стоятъ ниже, такъ какъ они до сихъ поръ находятся въ томъ же состояніи, въ какомъ находились лѣтъ за 10 до настоящаго времени, между тѣмъ какъ въ другихъ германскихъ государствахъ техническія школы постоянно подвигаются ближе и ближе къ своей истинной цѣли, — поставить себя въ отношеніи собственно реальныхъ школъ въ то же положеніе, въ какомъ находятся университеты относительно гимназій. Правильная подготовка учителей для реальныхъ школъ и отчасти гимназій началась въ Германіи только въ самое недавнее время.

Вотъ плоды того реалистическаго направленія, которое, взявъ подъ свою защиту существенныя нужды экономическаго быта общества, вступило въ борьбу съ запоздалымъ, одностороннимъ гуманистическимъ духомъ гимназій, и, оставивъ за ними историческое право существованія, завоевало себѣ новое, весьма обширное поле. Содѣйствуя матеріальному благосостоянію общества, реальныя школы всѣхъ видовъ и степеней одновременно содѣйствуютъ и его моральному преуспѣянію, которое всегда находится въ зависимости отъ перваго. Онѣ исполняютъ свою жизненную миссію точно такъ же, какъ и университетъ съ своими подготовительными школами — гимназіями: однѣ имѣютъ въ виду исключительно чистую науку; другія взялись за разработку преимущественно прикладной стороны ея въ интересахъ практической жизни. Оба направленія, созданныя исторіей западной Европы, одинаково необходимы, и между ними вмѣсто борьбы уже водворяется полное согласіе, какъ между двумя главными факторами истинной образованности. Это лучше всего видно на Швейцаріи, относительно-бѣдной производительными силами природы. По ея 22 контонамъ, кромѣ Бернскаго университета и Цюрихскаго политехническаго института, разсѣяно 22 гимназіи въ собственномъ смыслѣ, и 23 среднихъ реальныхъ школы, соотвѣтствующихъ гимназіямъ и подготовляющихъ лучшихъ учениковъ къ высшему техническому образованію. Этимъ объясняется цвѣтущее состояніе и наукъ, и промышленности Швейцаріи, народное богатство которой быстро увеличивается, а образованность распространяется въ массахъ болѣе, чѣмъ гдѣ либо на континентѣ.

*Новѣйшая исторія гимназій. Гимназическіе учителя.*

Гуманистическія учебныя заведенія со второй половины XVI столѣтія въ Германіи стали называться, какъ мы уже знаемъ, преимущественно «гимназіями», хотя это названіе не менѣе прилично и реальной школѣ, какъ новѣйшему общеобразовательному учрежденію. Другія гуманистическія заведенія называются «педагогіумами»: имя это обозначаетъ или полную гимназію, соединенную съ пансіономъ, какъ напр. въ Галле; или только приготовительную школу для гимназіи, соотвѣтствующую прусской прогимназіи, какъ напр. въ Баденѣ. Въ Баваріи «лицеи» занимали среднее мѣсто между гимназіями и университетами; въ другихъ же мѣстахъ, какъ напр. въ томъ же Баденѣ, они были полными учебными заведеніями съ восьмью классами; подготовка къ университету шла въ нихъ гораздо далѣе, чѣмъ вообще въ гимназіяхъ. Въ Вюртембергѣ, напротивъ того, лицеи не были самостоятельными заведеніями и не имѣли старшихъ классовъ гимназіи. Наконецъ въ Галле подъ «латинской школой» разумѣется полная гимназія, а въ Вюртембергѣ, Баденѣ и Баваріи на оборотъ — только низшіе классы гимназіи. Вообще устройство всѣхъ этихъ заведеній весьма разнообразно, и общаго въ нихъ только то, что въ основу обученія положены древніе языки, около которыхъ концентрируются всѣ другіе учебные предметы.

Главное вліяніе на судьбу гимназій, какъ представительницъ гуманистической системы образованія, имѣлъ геніяльный реформаторъ филологической науки *Фридрихъ Августъ Вольфъ* (род. 1750 г., ум. 1824 г.). Онъ положилъ основаніе наукѣ древности (Alterthumswissenschaft) и тѣмъ уничтожилъ одностороннее филологическо-грамматическое направленіе въ изученіи *древнихъ языковъ*, обративъ вниманіе на цѣлость умственной жизни древнихъ народовъ. Его педагогическій идеалъ былъ идеалъ гуманности; онъ требовалъ чисто человѣческаго образованія и возвышенія всѣхъ умственныхъ и душевныхъ силъ въ одну прекрасную гармонію внутренняго и внѣшняго человѣка. Источникъ къ такому образованію Вольфъ находитъ въ Греціи и въ Римѣ. Studia humanitatis ищутъ себѣ награды въ самихъ себѣ и, если только желаютъ, то находятъ достаточное утѣшеніе въ томъ уваженіи, какимъ нѣкогда пользовались у лучшихъ людей, для которыхъ упражненіе своихъ силъ безъ утилитарныхъ цѣлей (absichtslos) и чистое удовлетвореніе своей любознательности составляло все. Въ такомъ духѣ Вольфъ сталъ основателемъ школы свободнаго, самостоятельнаго самообразованія, которая достойнымъ образомъ была поддержана его учениками. *Августъ Бёкъ* понималъ древнюю литературу, какъ одно органическое цѣлое, какъ систему всей жизни, слѣдовательно — всего круга просвѣщенія и возрожденія общества въ практическомъ и умственномъ отношеніяхъ. Со времени Бёка и подъ его вліяніемъ древняя литература стала членомъ великаго организма науки. Никто изъ его современниковъ и продолжателей его дѣла до сихъ поръ не могъ сравниться съ нимъ въ величіи міросозерцанія, не смотря на то, что Карлъ Рейсигъ въ Галле, Карлъ Мюллеръ въ Гёттингенѣ, Бернгарди, Дёдерлейнъ, Германнъ, Негельсбахъ, Ритчль, Тиршъ, Велькеръ и др. блестятъ въ древней литературѣ, какъ звѣзды первой величины. Эти люди трудились надъ разработкой классической филологіи во всѣхъ ея частяхъ, все глубже и глубже проникая въ жизнь древняго міра — или посредствомъ историческаго обозрѣнія древнихъ вѣковъ и нравовъ, или изученіемъ и изслѣдованіемъ оставленныхъ ими памятниковъ, или вниканіемъ въ смыслъ классическихъ языковъ и ихъ формы, наконецъ, критикой и толкованіемъ дошедшихъ до насъ сочиненій древнихъ авторовъ. Дѣятельность такихъ людей, разумѣется, не могла остаться безъ вліянія на гимназіи: эти гуманистическія учебныя заведенія получили отъ нихъ новый толчекъ къ занятію древними языками. Подстрекаемыя великими филологами, а также политическимъ и соціальнымъ развитіемъ Германіи въ XIX столѣтіи, гимназіи признали основами всего высшаго образованія начала: *классическое, христіанское и національное*; — въ твердой увѣренности, что тотъ, кто насильственно отдѣляетъ одно изъ этихъ началъ отъ двухъ другихъ, и не заботится воздѣлывать и развивать всѣхъ ихъ въ совокупности, — тотъ подрываетъ главнѣйшій нервъ нашего образованія. Гимназическому обученію предшествуетъ особый четырехлѣтній *элементарный* курсъ, такъ что въ гимназію поступаютъ дѣти, уже прошедшія хорошую элементарную школу.

*Латинскій и греческій* языки остались и остаются средоточіемъ гимназическаго обученія, какъ наиболѣе способные содѣйствовать тому образованію, какое гимназіи должны доставлять. Что касается отношеній обоихъ языковъ другъ къ другу, то Гербартъ, Гервинусъ, Вайцъ и Тауловъ оказываютъ предпочтеніе греческому, какъ языку лучше выработанному; но современныя гимназіи, по старому обычаю, даютъ преимущество языку латинскому и признаютъ его не только условіемъ всякаго современнаго образованія, но и утверждаютъ, что латинскій языкъ, по своей большей простотѣ и доступности, по строгости и опредѣленности выраженія, въ особенности содѣйствуетъ цѣли гимназическаго обученія. Вмѣстѣ съ древне-классическими языками главнѣйшимъ учебнымъ предметомъ полагается *нѣмецкій языкъ съ его литературой*. При этомъ сообщается обзоръ грамматики древне-германскаго нарѣчія, но положительно не допускаются особыя лекціи изъ риторики, стилистики и піитики, потому что излагаемыя въ нихъ правила главнымъ образомъ и сами собою вытекаютъ изъ чтенія древнихъ классиковъ; при томъ, съ другой стороны, даже для высшихъ классовъ, рѣшительно отвергается особое литературно-историческое обозрѣніе, потому что чрезъ него, вмѣсто самостоятельности развиваются начала пассивнаго усвоенія. Для чтенія учениковъ фонъ-Раумеръ предлагаетъ 15 большихъ сочиненій, написанныхъ въ стихахъ: Гёцъ фонъ Берлихингенъ, Ифигенія, Тассо, Германъ и Доротея, — Валленштейнъ, Вильгельмъ Телль, Марія Стюартъ, Орлеанская дѣва, Донъ-Карлосъ, — Минна фонъ Барнгельмъ, — Юлій Цезарь, Ричардъ и Макбетъ, — пѣсни Гердера и отрывки изъ Кальдерона. Обученіе *французскому языку* въ новѣйшее время ограничивалось возможно меньшимъ; обученіе *англійскому* языку было отмѣнено въ большинствѣ гимназій, изъ опасенія породить раздвоеніе. Относительно преподаванія *всеобщей исторіи* современная гимназія требуетъ, чтобы матеріялъ ея былъ ограниченъ самымъ необходимымъ, и чтобы все вниманіе было обращено на отечественную исторію. *Математика* до позднѣйшаго времени считалась однимъ изъ важнѣйшихъ предметовъ для гимназистовъ, потому что, какъ говоритъ Тиршъ, классицизмъ и математика составляютъ девизъ общеобразовательныхъ заведеній; съ другимъ же девизомъ ни одно изъ нихъ никогда не успѣвало и не успѣваетъ. Впрочемъ, въ послѣднее десятилѣтіе, по причинѣ малыхъ успѣховъ учениковъ, часто даже способныхъ, постановлено за правило ограничить преподаваніе математики для такихъ учениковъ, которые будутъ признаны неуспѣвающими въ ней. *Конкретныя естественныя науки* считаются въ гуманистическихъ гимназіяхъ за второстепенный учебный предметъ. По этому для нихъ опредѣляется только такой объемъ, какой нуженъ, чтобы доставить ученикамъ нѣкоторое пониманіе доступныхъ имъ формъ, явленій и законовъ природы. Въ низшихъ классахъ это достигается разумнымъ преподаваніемъ ботаники и зоологіи, соединенныхъ съ непосредственнымъ разсматриваніемъ естественныхъ предметовъ; а въ высшихъ классахъ — изложеніемъ важнѣйшихъ отдѣловъ физики, по возможности соединенныхъ съ изложeніемъ математики, при чемъ нужно отказаться отъ полноты и систематической связи. *Географію* съ одной стороны нужно соединить съ геологіей и съ естественными науками, а съ другой — съ исторіей. Въ числѣ предметовъ, около которыхъ сосредоточивается преподаваніе въ гимназіи также должно быть обученіе *религіи*. Прежде она не разъ входила въ учебные планы гимназій подъ блестящимъ названіемъ «богословія»; но потомъ увидѣли, что богословіе не по силамъ ученикамъ, и стали обращать особое вниманіе на нравственную сторону обученія религіи».

Экзаменъ оканчивающихъ курсъ имѣлъ въ нашемъ столѣтіи огромное вліяніе на все ученіе и на ходъ его въ германскихъ гимназіяхъ. Подобное испытаніе, установленное въ опредѣленной формѣ для гимназическихъ абитуріентовъ, желавшихъ поступить въ университетъ, впервые было введено въ Пруссіи въ 1788 г., и потомъ нѣсколько разъ измѣнялось или пополнялось; наконецъ, всѣ отдѣльныя постановленія были соединены въ 1856 г. въ одно «положеніе объ устройствѣ гимназій». Пруссія, образованіе которой, благодаря протестантизму, развивалось вообще свободнѣе, чѣмъ въ другихъ частяхъ Германіи, и здѣсь служила примѣромъ для прочихъ германскихъ государствъ.

Большая или меньшая самостоятельность гимназій и ихъ *учителей* зависитъ отъ большей или меньшей самостоятельности всего сословія гимназическихъ учителей, т. е. отъ ихъ учено-педагогической подготовки. Съ того времени, какъ знаменитый въ филологической наукѣ Фр. Авг. Вольфъ возвысилъ древне-классическую литературу на степень самостоятельной науки, въ сѣверной Германіи, и преимущественно въ Пруссіи, образовалось особое сословіе гимназическихъ учителей. Но въ южной Германіи, особенно въ Вюртембергѣ, крѣпко придерживались еще стараго порядка вещей: тамъ учителями гимназій опредѣлялись по прежнему теологи, признававшіе филологію только какъ вспомогательное средство для теологіи и общаго умственнаго образованія въ школахъ и университетахъ. Впрочемъ, впослѣдствіи, соотвѣтственно особому клерикальному направленію государственной жизни въ Пруссіи, въ ней также былъ облегченъ теологамъ доступъ на учительскія мѣста въ гимназіяхъ. Признаніе самостоятельнаго сословія гимназическихъ учителей, получившихъ извѣстныя права, необходимо должно было привести и привело къ экзаменамъ на полученіе званія гимназическаго учителя. Прежде, въ XVI и XVII столѣтіяхъ, условіемъ для полученія этого званія служила рекомендація знатныхъ лицъ, потомъ—экзаменъ изъ теологіи или степень доктора философіи; педагогика же была забыта. Первый экзаменъ на учительскую должность въ гимназіи былъ установленъ въ XIX столѣтіи. Въ тридцатыхъ годахъ онъ былъ введенъ во многихъ германскихъ государствахъ; но въ Австріи только въ 1848 году. Важнѣйшимъ распоряженіемъ по этому предмету были «правила испытанія кандидатовъ на высшую учительскую должность», появившіяся въ Пруссіи въ 1810 и дополненныя потомъ положеніями 1831 года. Въ послѣдующее десятилѣтіе почти всѣ германскія государства получили соотвѣтственные регулятивы относительно экзамена на гимназическаго учителя; наконецъ, система, заимствованная изъ австрійскаго проекта 1849 года, опредѣлила слѣдующее: «чтобы имѣть право поступить учителемъ въ гимназію, кандидатъ долженъ: во-первыхъ, доказать на экзаменѣ такое основательное знаніе въ главной области гимназическаго курса, которое ручалось бы, что онъ способенъ съ успѣхомъ давать уроки изъ этой области во всѣхъ классахъ гимназіи; во-вторыхъ, обнаружить ту степень общаго образованія, которая даетъ ему возможность вѣрно понимать и цѣнить соразмѣрныя отношенія всѣхъ отдѣльныхъ учебныхъ предметовъ гимназіи, и въ третьихъ, выказать свою *педагогическую* способность и общее, всестороннее педагогическое образованіе». Но чтобы это требованіе дѣйствительно могло быть выполнено удовлетворительно, при университетахъ еще недоставало *педагогическихъ семинарій* для приготовленія собственно гимназическихъ учителей.

Правда, еще со временъ Франке возникла мысль объ учрежденіи семинарій для будущихъ учителей выснихъ школъ. Съ половины XVIII столѣтія мысль эта имѣла дальнѣйшее, хотя нѣсколько одностороннее развитіе. Вслѣдствіе недостаточнаго числа филологовъ, требуемыхъ для гимназій, сперва возникли такъ называемыя филологическія семинаріи. Первая собственно филологическая семинарія была учреждена извѣстнымъ Геснеромъ въ Гёттингенѣ; Целлярій также основалъ въ Галле «Seminarium doctrinae elegantioris»; но она имѣла болѣе учено-филологическій, чѣмъ спеціально-педагогическій характеръ. Цѣлью такихъ семинарій по университетамъ было — способствовать образованію и подготовленію способныхъ учителей для «ученыхъ школъ», т. е. для гимназій, педагогіумовъ и лицеевъ. Хотя семинаріи, судя по этому назначенію, должны были явиться преимущественно педагогическими институтами; однако педагогическій вопросъ вскорѣ отступилъ въ нихъ на задній планъ, и даже былъ совершенно забытъ: они ограничились только тѣмъ, «чтобы быть средоточіемъ глубокаго и основательнаго, чисто-филологическаго образованія», подъ руководствомъ спеціалистовъ-профессоровъ. По этому, если судить о нихъ по сообщаемымъ въ нихъ спеціяльнымъ знаніямъ, необходимыхъ для будущихъ гимназическихъ учителей древнихъ языковъ; то въ этомъ отношеніи филологическія семинаріи — прекрасныя учрежденія; но получаемое въ нихъ собственно педагогическое образованіе такъ скудно и несообразно, что далеко не соотвѣтствуетъ тѣмъ требованіямъ, съ какими современная педагогическая наука должна обращаться къ учителямъ гимназій. Предварительной учебной и воспитательной практики эти семинаріи вовсе не даютъ, такъ какъ они не суть самостоятельныя учрежденія, и привязаны только къ университету, а не къ какой либо образцовой школѣ.

*Педагогическая семинарія въ Іенѣ.*

На истинное педагогическое значеніе подобныхъ семинарій серьезно взглянули только въ нѣкоторыхъ университетахъ, напримѣръ: въ Килѣ, Іенѣ, Лейпцигѣ и друг., благодаря энергической дѣятельности отдѣльныхъ личностей изъ среды университетскихъ профессоровъ. Лучшимъ учрежденіемъ въ этомъ родѣ считается семинарія профессора педагогики Стоя, въ Іенѣ, по образцу которой устроилась и лейпцигская семинарія профессора философіи и педагогики — Циллера. Дѣятельность семинаріи при іенскомъ университетѣ двоякая, имѣющая цѣлью какъ *научное*, такъ и *практическое* педагогическое образованіе вступающихъ въ нее студентовъ или кандидатовъ, принадлежащихъ преимущественно къ теологическому и философскому факультетамъ. Первая цѣль достигается посредствомъ университетскаго преподаванія педагогики во всѣхъ ея отдѣлахъ, и съ помощью спеціальныхъ студенческихъ работъ на предлагаемые профессоромъ вопросы изъ области педагогики; для достиженія второй цѣли, студенты допускаются къ преподаванію въ спеціально устроенной для этого школѣ бѣдныхъ, и подъ руководствомъ профессора подвергаютъ преподаваніе каждаго изъ своихъ товарищей критикѣ въ отношеніи содержанія, методы, техники и манеръ.

Первый родъ дѣятельности сосредоточивается, независимо отъ лекцій, въ еженедѣльныхъ собраніяхъ всѣхъ членовъ семинаріи или въ такъ называемомъ Paedagogicum. Въ началѣ каждаго семестра профессоръ педагогики и вмѣстѣ директоръ семинаріи предлагаетъ желающимъ заниматься у него студентамъ извѣстное число темъ для свободнаго выбора, и каждый, взявшій тему, назначаетъ срокъ, къ которому обязывается представить ея развитіе. Въ то же время вызывается желающій быть оппонентомъ или рецензентомъ работы, предпринятой его товарищемъ, что, конечно, обязываетъ его также ознакомиться съ избраннымъ тѣмъ предметомъ. Такими темами служатъ, напримѣръ, слѣдующія: о фантазіи и о средствахъ ея развитія; о преподаваніи отечественнаго языка въ младшемъ возрастѣ; объ образовательномъ значеніи географіи; прусскіе училищные регулятивы; гербартовская абецеда нагляднаго обученія; главнѣйшія методы обученія чтенію; пріюты и дѣтскіе сады; игра, какъ образовательное средство; отецъ Янъ — основатель нѣмецкой гимнастики; методы обученія рисованію Дюпюи и Петра Шмидта; базедовское ученіе о природѣ; значеніе методы Белля и Ланкастера и т. п. Какъ университетская, такъ и директорская библіотеки всегда открыты для занимающихся тѣмъ или другимъ педагогическимъ вопросомъ, такъ что въ ученыхъ средствахъ никогда нѣтъ недостатка. За нѣсколько дней до срока представленія диссертаціи въ Paedagogicum, она выставляется въ сборной комнатѣ семинарской школы для просмотра каждому изъ желающихъ членовъ семинаріи, и уже тогда читается авторомъ въ полномъ собраніи членовъ, въ одной изъ аудиторій университета. За тѣмъ рецензентъ высказываетъ свой взглядъ на работу товарища; завязываются споры, въ которыхъ свободно принимаетъ участіе каждый изъ присутствующихъ членовъ, касаясь какъ матеріальной, такъ и формальной стороны разбираемаго сочиненія. Директоръ направляетъ споръ, слѣдитъ за порядкомъ и очередью, и, давъ достаточно высказаться каждому, сводитъ, наконецъ, всѣ результаты спора и объявляетъ собственное мнѣніе о трудѣ референта. Смотря по сущности вопроса, рецензія директора иногда переходитъ въ лекцію, особенно въ сложныхъ психологическихъ вопросахъ. Всѣ разсужденія и постановленія подробно записываются и вносятся въ протоколъ очереднымъ студентомъ, преимущественно же рецензіи корреферента и профессора. Самое сочиненіе идетъ въ архивъ семинаріи. Въ прежнее время лучшія работы печатались въ издававшемся при семинаріи журналѣ подъ заглавіемъ: «Aus dem pädagogischen Seminar an der Universität Iena», но въ настоящее время журналъ этотъ не издается по недостатку матеріальныхъ средствъ. Кромѣ того, въ Paedagogicum входитъ разсмотрѣніе *учебныхъ программъ* (Lehrpläne) отдѣльныхъ учителей по взятымъ ими предметамъ преподаванія. Программы эти въ началѣ каждаго семестра передаются *классному учителю*, избираемому изъ практикантовъ школы, и представляются въ

Paedagogicum вмѣстѣ съ сдѣланными имъ замѣчаніями: здѣсь все пересматривается снова и утверждается. Точно такимъ же порядкомъ заносятся сюда *ежемѣсячныя таблицы* (Monatstabellen), въ которыхъ молодые практиканты обозначаютъ все, относящееся къ преподаваемому ими предмету: успѣхи учениковъ, методу и технику, затрудненія, указанія на особенно успѣвающихъ или особенно отстающихъ дѣтей, различныя, общія или относящіяся къ индивидуумамъ психологическія замѣчанія и все то, къ чему привелъ практиканта собственный опытъ. Разборъ этихъ отчетовъ въ Paedagogicum также часто приводитъ къ оживленной бесѣдѣ, затрогивающей самыя важныя стороны въ области воспитанія и обученія.

На этихъ же собраніяхъ всегда заранѣе опредѣляется, кто изъ студентовъ стоитъ на очереди для Practicum, которое состоитъ въ томъ, что одинъ изъ членовъ семинаріи даетъ въ своемъ классѣ *пробный урокъ* изъ преподаваемаго имъ предмета, въ присутствіи директора и всѣхъ остальныхъ членовъ. Это происходитъ еженедѣльно; практикантовъ обыкновенно бываетъ двое, такъ что на каждый учебный урокъ приходится по получасу. Нормою полагается, чтобы въ теченіе семестра каждый кандидатъ далъ по крайней мѣрѣ по одному такому уроку, и въ распредѣленіи очереди начинается обыкновенно съ новичковъ, наименѣе знакомыхъ съ пріемами преподаванія, такъ какъ втеченіе одного семестра не всегда бываетъ достаточно времени для всѣхъ членовъ семинаріи, число которыхъ ежегодно колеблется между 20 и 25. Рецензія этихъ практическихъ опытовъ молодыхъ педагоговъ составляетъ главнѣйшій моментъ въ дѣятельности семинаріи. Она происходитъ въ особенныхъ вечернихъ собраніяхъ, называемыхъ Critica, занятія которыхъ располагаются слѣдующимъ образомъ: сначала самъ практикантъ дѣлаетъ отзывъ о собственномъ преподаваніи, объ удачной и слабой сторонѣ даннаго имъ урока. Вслѣдъ за этой самокритикой, очередной рецензентъ читаетъ письменно составленную имъ оцѣнку пробнаго урока его товарища, входя при этомъ не только въ строжайшій, всесторонній разборъ самаго урока, но и всего преподаванія студента, на сколько онъ, рецензентъ, успѣлъ прослѣдить его при частномъ госпитированіи и при внимательномъ разсмотрѣніи *классной книги*, въ которую заносится каждый урокъ. Такимъ образомъ, и содержаніе преподаванія въ его связи и послѣдовательности, и техника выполненія, и принятыя практикантомъ методы, и общій результатъ его педагогической практики, выражающейся въ успѣхахъ цѣлаго класса, — все это подвергается внимательному разсмотрѣнію. Послѣ защищенія самого практиканта, всѣ остальные члены семинаріи также высказываютъ ему свое мнѣніе и выслушиваютъ его опроверженіе или согласіе относительно сдѣланныхъ ему замѣчаній. Все это происходитъ, конечно, въ видѣ бесѣды, но лишь съ соблюденіемъ нѣкотораго порядка. Въ заключеніе произноситъ свой приговоръ самъ профессоръ, касаясь преимущественно дидактическихъ началъ, относящихся къ преподаваемому практикантомъ предмету, а также методы, техники, удачныхъ пріемовъ и ошибокъ, замѣченныхъ имъ въ опытѣ молодаго педагога. Онъ разрѣшаетъ также тѣ вопросы, которые остались спорными или невѣрно рѣшенными во время разсужденій и споровъ семинаріи. Хотя все это дѣлается безъ педантизма и колкостей, но основнымъ принципомъ служитъ открытая искренность (rücksichtslose Wahrheit), которая нерѣдко приводитъ къ одушевленному спору и рѣзкимъ замѣчаніямъ, безъ пощады для самолюбія, но въ интересахъ истины и дѣла. Общій духъ и общее сознаніе высоты и разумности этого дѣла умѣряютъ личные порывы молодыхъ людей и не допускаютъ ихъ зайти слишкомъ далеко, во вредъ себѣ и своему педагогическому образованію. На этихъ, такъ называемыхъ Critica, кромѣ того, разбирается катихизическая бесѣда (Katechese) одного изъ кандидатовъ съ учениками старшаго (перваго) класса о воскресномъ Евангеліи; бесѣда эта происходитъ каждую субботу, и вообще наканунѣ праздниковъ. Въ Criticum точно также, какъ и въ Paedagogicum, ведется возможно подробный протоколъ, и всѣ эти Acta critica переходятъ потомъ въ архивъ семинаріи.

Если вся вышеприведенная дѣятельность семинаріи направлена болѣе или менѣе на *учебно-педагогическое* образованіе молодыхъ учителей, какъ въ теоретическомъ, такъ отчасти и въ практическомъ отношеніяхъ, то теперь слѣдуетъ упомянуть объ одномъ учрежденіи, которое имѣетъ чисто практическія цѣли. Это — Sholasticum, особенныя еженедѣльныя собранія, на которыхъ подвергаются обсужденію всѣ вопросы, касающіеся собственно школы, такъ какъ въ ней кандидаты-учители несутъ нѣкоторымъ образомъ службу, даютъ уроки (отъ 4 до 8 въ недѣлю) и за все отвѣчаютъ предъ своей коллегіей и директоромъ. Здѣсь, какъ и на каждомъ собраніи, начинается съ чтенія протокола предшествовавшаго собранія и назначается новый очередной протоколантъ, который записываетъ нумеръ предстоящей конференціи и все ея содержаніе. Такихъ конференцій со времени основанія семинаріи происходило уже 1,400; притомъ онѣ отличаются особенною продолжительностію: обыкновенно отъ 8 до 12 часовъ ночи. Послѣ переклички всѣхъ членовъ, производимой избираемымъ самими студентами *сеніоромъ*, и послѣ выслушанія письменныхъ (или передаваемыхъ чрезъ товарища) извиненій отсутствующихъ членовъ, собраніе переходитъ ко второму пункту: *къ церкви*. Каждое воскресенье ученики старшаго класса ходятъ къ обѣднѣ въ сопровожденіи нѣсколькихъ, добровольно вызывающихся студентовъ, и служатъ пѣвчими въ университетской церкви. Одинъ изъ сопровождавшихъ ихъ студентовъ представляетъ собранію отчетъ (Kirchenbericht) о посѣщеніи учениками обѣдни, о порядкѣ и внимательности ихъ, объ отсутствовавшихъ изъ учениковъ и о присутствовавшихъ изъ членовъ семинаріи. Всѣ случаи относительно поведенія дѣтей сообщаются, и въ извѣстныхъ случаяхъ принимаются нужныя мѣры; вновь вызываются охотники идти съ учениками къ обѣднѣ въ ближайшій праздникъ. Непосредственно за этимъ, классные учителя отдаютъ отчетъ каждый о порученномъ имъ классѣ, т. е. о бывших впродолженіе недѣли манкировкахъ со стороны учителей-практикантовъ или учениковъ и о причинахъ подобныхъ манкировокъ; объ исправности или неисправности *классной книги*, въ которую долженъ вписываться самимъ учителемъ каждый данный имъ урокъ; о классномъ инвентарѣ, и, наконецъ, о нравственномъ состояніи учениковъ его класса, о ихъ опрятности, прилежаніи и поведеніи. Отзывы эти должны быть и бываютъ не общими, а подробными, съ приведеніемъ самихъ фактовъ, съ указаніемъ на самыя личности, причемъ все общество входитъ въ разсмотрѣніе всѣхъ частностей, подаетъ мнѣнія, установляетъ рѣшенія. Директоръ есть только предсѣдатель. Однимъ изъ источниковъ, по которымъ классные учителя судятъ о нравственномъ состояніи ихъ класса, служатъ особенныя *классныя книги* (Correspondez-Bücher), въ которыя учителя записываютъ всѣ неисправности, наказанія и т. п., бывшія на ихъ урокѣ. Такъ какъ въ этихъ записныхъ книгахъ вмѣстѣ съ поступками учениковъ помѣчаются и присужденныя имъ наказанія, то и въ этомъ предметѣ молодой педагогъ подлежитъ контролю всей коллегіи, которая часто входитъ въ разбирательство каждаго отдѣльнаго случая и взвѣшиваетъ соотвѣтствіе наказанія проступку ученика, какъ отдѣльной, и болѣе или менѣе всѣмъ извѣстной индивидуальности. На индивидуализированіе исправительныхъ мѣръ обращается особенное вниманіе. Послѣ классныхъ отчетовъ переходятъ къ отчету учителя гимнастики объ успѣхахъ каждаго изъ четырехъ классовъ семинарской школы, но останавливаются на этомъ не долго, такъ какъ за тѣмъ держитъ рѣчь *старшій учитель* школы (Oberlehrer), избираемый товарищами изъ наиболѣе опытныхъ и дѣятельныхъ членовъ семинарій, обыкновенно, уже изъ окончившихъ курсъ (т. е. изъ державшихъ Staats-Examen), и утверждаемый директоромъ. Посвящая школѣ болѣе времени и труда, чѣмъ остальные члены семинаріи, онъ получаетъ кромѣ квартиры еще маленькое пособіе отчасти отъ города, отчасти отъ директора. Впрочемъ, даровую квартиру въ домѣ семинарской школы получаютъ еще, кромѣ его, всѣ четверо классныхъ учителей. Старшій учитель на Sholasticum сообщаетъ собранію о всемъ предпринятомъ или исполненномъ имъ втеченіи всей истекшей недѣли, а лѣтомъ — преимущественно о ходѣ *садовыхъ работъ*. Работы эти происходятъ на небольшомъ участкѣ земли, принадлежащемъ къ семинаріи, и отправляются двумя старшими классами, вмѣстѣ съ добровольно-участвующими въ этихъ занятіяхъ кандидатами. На это опредѣляется особое время: четыре раза въ недѣлю отъ 5 часовъ вечера, когда классы и лекціи уже у всѣхъ окончены. Садовыя работы, представляя прекрасное, образовательное и здоровое занятіе дѣтямъ отъ 10-ти до 14-ти-лѣтняго возраста, для молодыхъ учителей представляютъ возможность сблизиться съ дѣтьми, и свободно наблюдать и изучать индивидуальность каждаго, что опять стоитъ въ связи съ дѣятельностію такъ называемаго Seelsorgeverein'а, — кружка, составляемаго нѣкоторыми, болѣе ревностными членами семинаріи, съ цѣлью имѣть въ виду исправленіе болѣе испорченныхъ дѣтей, изыскивая для этого всевозможныя педагогическія средства. Всѣ продукты, получаемыя изъ сада и огорода, раздѣляются in natura между работавшими учениками — къ особенному удовольствію ихъ бѣдныхъ родителей. Кромѣ того, старшій учитель даетъ отчетъ о состояніи *семинарской библіотеки*, содержащей нынѣ болѣе 1,000 томовъ, и по субботамъ всегда открытой для тѣхъ изъ учениковъ семинаріи, которые хотятъ взять что нибудь почитать или перемѣнить уже прочитанныя книги. Впрочемъ, эта библіотека доступна всѣмъ, желающимъ пользоваться ею, и состоитъ преимущественно изъ отборныхъ дѣтскихъ и народныхъ изданій, пріобрѣтенныхъ по случаю или чрезъ пожертвованіе благотворителей. Статистическія замѣчанія о чтеніи книгъ дѣтьми особенно интересны.

Кружокъ студентовъ, предметъ занятій котораго составляетъ такъ называемое *Seelsorge* или Individuum, имѣетъ свои еженедѣльныя отдѣльныя собранія, конечно, открытыя и для прочихъ членовъ семинаріи. Они происходятъ обыкновенно по пятницамъ отъ 7 до 8 часовъ вечера. Здѣсь преимущественно развивается *воспитательная* практика молодыхъ людей. Такъ какъ посѣщающія семинарскую школу дѣти принадлежатъ по большей части къ самому бѣдному населенію города, то между ними встрѣчается наибольшая испорченность, происходящая отъ небреженія и крайней необразованности ихъ родителей. Естественно, что такія дѣти нуждаются особенно во вниманіи и исправленіи, ибо, въ противномъ случаѣ, они и сами останутся нравственными уродами, и испортятъ другихъ дѣтей, и прежде всего — своихъ товарищей. Всѣ лучшіе, ревностнѣйшіе члены семинаріи, по преимуществу же теологи, принадлежатъ къ этому благотворительно-педагогическому кружку. Они раздѣляютъ между собою всѣхъ, наиболѣе испорченныхъ дѣтей, обязываясь зорко слѣдить за ними не только въ школѣ, но и внѣ ея, и въ нужныхъ случаяхъ совѣщаются между собою на общихъ собраніяхъ, или прибѣгаютъ за совѣтомъ къ профессору. Чтобы прослѣдить внимательно всѣ вліяющія на дѣтей условія, молодые педагоги по возможности входятъ въ семейную жизнь своихъ паціентовъ, знакомятся съ ихъ родителями и родственниками, стараясь ихъ расположить ко благу ихъ дѣтей. Дѣятельность эта требуетъ особенной любви къ дѣлу и даже самоотверженія; но за то и результаты часто бываютъ весьма отрадные, весьма полезные для обѣихъ сторонъ: и для молодыхъ педагоговъ, и для взятыхъ ими на поруку дѣтей. Собранія, на которыхъ разбираются: проступки дѣтей, принятыя исправительныя мѣры, отношенія родителей къ дѣтямъ и къ ихъ опекунамъ — все это бываетъ исполнено богатаго жизненнаго, педагогическаго и психологическаго интереса. О каждомъ мальчикѣ ведется особая книга, съ результатами всѣхъ наблюденій и характеристическими примѣрами, доказывающими его испорченность и постепенное исправленіе, а иногда и ухужденіе.... На главной конференціи, называемой Sholasticum, прочитывается только протоколъ этого попечительнаго общества, и доводятся до общаго свѣдѣнія только замѣчательнѣйшіе факты, какъ-то: особенные проступки паціентовъ, принятыя противъ нихъ мѣры, особенные успѣхи или неудачи и т. д. Въ этомъ случаѣ совѣты директора бываютъ наиболѣе интересны и необходимы. Послѣ всего этого, Sholasticun конферируетъ о разныхъ экстренныхъ предметахъ, напримѣръ, о предстоящихъ школьныхъ праздникахъ, объ общей кассѣ для путешествія, о расположеніи предстоящаго путешествія и т. п., и собираются маленькія еженедѣльныя пожертвованія въ дѣтскую кассу. Такой же сборъ обыкновенно происходитъ и послѣ каждаго Paedagogicum; за годъ набирается такимъ образомъ отъ 30 до 40 талеровъ. На эти деньги каждое лѣто, въ сентябрѣ мѣсяцѣ, т. е. во время вакацій, ученики старшаго класса съ охотниками изъ членовъ семинаріи отправляются дней на десять въ путешествіе въ одну изъ частей тюрингенскихъ горъ. Учрежденіе это имѣетъ неоцѣненную важность въ дидактическомъ и воспитательномъ отношеніяхъ, такъ какъ дѣти обогощаются познаніями наглядно, въ живыхъ бесѣдахъ съ учителями, и незамѣтно подчиняются ихъ воспитательному вліянію, привыкаютъ къ дружбѣ и взаимной помощи. Путешествіе есть одно изъ важнѣйшихъ событій въ жизни школы; и дѣти, и учителя ждутъ его съ радостнымъ нетерпѣніемъ. Оно освѣжительно дѣйствуетъ на молодую душу своимъ разнообразіемъ, которое не мелькаетъ, какъ при ѣздѣ по желѣзной дорогѣ, но по возможности внимательно изучается. Новыя красоты природы, новая жизнь, новые люди, — все влечетъ вниманіе дѣтей и расширяетъ ихъ духъ, проходя чрезъ область сознанія. Обычай, по которому эти юные путешественники *ведутъ дневникъ* всего видѣннаго и испытаннаго, имѣетъ большое образовательное значеніе. Благотворительность особенно бываетъ дѣятельна предъ путешествіемъ; на собранную семинаріей и дополненную директоромъ сумму, ученики получаютъ новое платье и новую обувь, и, довольные обновками, стараются беречь ихъ въ путешествіи.

Всѣ слабыя стороны іенской семинаріи проистекаютъ преимущественно изъ общихъ недостатковъ нѣмецкаго характера и нѣмецкаго воспитанія, а потому едва ли доступны радикальному исправленію, какъ ни старается освободиться отъ нихъ самъ профессоръ, во многомъ послѣдователь началъ Руссо и Локка, живо сознающій всѣ недостатки современной нѣмецкой школы. Семинарія профессора Стоя выросла постепенно, подъ вліяніемъ всѣхъ окружающихъ условій: какъ благопріятныхъ, такъ и враждебныхъ, и потому она есть явленіе вполнѣ *органическое*, съ глубокими и крѣпкими корнями. Этимъ нормальнымъ путемъ должно развиваться всякое истинно-жизненное учрежденіе, основанное на потребностяхъ общества. Всѣхъ членовъ семинаріи связываетъ дружное товарищество, вытекающее изъ единства призванія и интересовъ; ихъ взаимныя отношенія просты и естественны. Въ этомъ духѣ можно подмѣтить также не мало корпоративнаго, выражающагося въ соотвѣтствующихъ ему, чисто нѣмецкихъ формахъ; но профессоръ Стой даетъ полный просторъ и уваженіе національнымъ чертамъ нѣмецкаго характера. Наконецъ, жизнь семинаріи, облекшись въ безвредныя, хотя на нашъ взглядъ и странныя формы, скрѣпляетъ связь ея членовъ и удовлетворяетъ потребностямъ юношескаго духа. Сеніоръ, кнейпа, раздѣленіе на фуксовъ и буршей, знамена, неизбѣжное пиво, коммерши, свои отдѣльныя пѣсни: все это — внѣшности, безъ которыхъ, однакожъ, немыслима студенческая жизнь въ Германіи. Дѣло только въ томъ, чтобы эти внѣшности не преобладали надъ содержаніемъ, а только давали ему выраженіе.... Но, помимо всего этого, нельзя не оцѣнить главнаго: того пониманія связи между *наукою* и *опытомъ*, которое присуще всѣмъ членамъ семинаріи, и которое такъ прекрасно выражается въ избранномъ самимъ директоромъ девизѣ дѣятельности его семинаріи: «Nichts in der Wissenschaft — was sich nicht auf die Praxis bezieht; Nichts in der Praxis — was durch die Wissenschaft nicht begründet ist!» Вышедшіе изъ педагогической семинаріи кандидаты, по выдержаніи установленнаго «Staats-Examen» обыкновенно поступаютъ учителями реальныхъ или городскихъ школъ и отчасти гимназій или прогимназій, и, кромѣ своего ближайшаго дѣла, также живо интересуются общимъ ходомъ педагогики въ своемъ отечествѣ.

### Общіе педагогическіе съѣзды.

Общій интересъ къ школьнымъ вопросамъ вызвалъ въ Германіи прекрасное явленіе новаго времени—*общепедагогическіе съѣзды*, которыхъ съ 1848 года происходило уже пятнадцать, въ разныхъ центрахъ умственной жизни Германіи. Общія собранія нѣмецкихъ учителей изъ всевозможныхъ уголковъ Германіи составляютъ переходъ отъ собраній чисто-ученыхъ къ патріотическимъ праздникамъ, стоятъ какъ бы въ срединѣ этихъ двухъ категорій, и потому носятъ на себѣ двойственный характеръ. Одна сторона ихъ дѣловая, спеціально-педагогическая; другая — празднично-патріотическая, трактирная. Такимъ образомъ, учительскіе съѣзды въ Германіи не есть какое нибудь исключительное, одиноко стоящее явленіе: они находятся въ тѣсной связи съ общимъ теченіемъ жизни нѣмецкаго народа за послѣдніе 15—20 лѣтъ. Но, примыкая собою къ общему направленію національной жизни, съѣзды эти въ то же время представляютъ явленіе совершенно оригинальное, самостоятельное, вышедшее изъ сословія самихъ учителей и развившееся съ правильною послѣдовательностью. Въ Германіи раньше, чѣмъ гдѣ либо, учителя стали получать спеціально-педагогическое образованіе. Послѣдствіемъ этого факта было то обстоятельство, что учителя стали сознательнѣе относиться къ дѣлу, понимая его не только съ одной внѣшней, но и съ внутренней, педагогической стороны. Получивъ интересъ къ дѣлу и сознаніе въ немъ, они выдѣлили изъ него *общія* цѣли, и во имя ихъ стали группироваться между собою, чтобы взаимно дѣлиться занятіями и опытомъ. Такъ возникла дѣйствительная солидарность сперва между учителями извѣстной школы, потомъ извѣстнаго мѣста, округа, наконецъ, извѣстнаго государства, и, наконецъ — цѣлой Германіи.

Всюду устроились сами собою разныя Lehrervereine, Synoden, freie Konferenzen, Versammlungen и т. п. Училищныя вѣдомства (Schulbehörden), видя, что учителя занимаются дѣломъ ради его самаго и вырабатываютъ на собраніяхъ много полезнаго какъ для самихъ себя, такъ и для школы, стали внимательнѣе прислушиваться къ заявляемымъ учителями нуждамъ и потребностямъ и, по возможности, удовлетворять ихъ. Слѣдить за ходомъ и содержаніемъ такихъ конференцій было тѣмъ удобнѣе для начальства, что все, рѣшенное на нихъ, протоколировалось и печаталось въ разныхъ мѣстныхъ педагогическихъ органахъ, возникшихъ потомъ во множествѣ и отличающихся невѣроятною дешевизною. Особенно дружно стали группироваться именно тѣ учителя, въ рукахъ которыхъ болѣе всего сосредоточивалось дѣло *народнаго* образованія, дѣло самое трудное, требующее наибольшаго педагогическаго пониманія. Въ ихъ же средѣ выросла и идея общихъ съѣздовъ учителей изъ всей Германіи. Ея осуществленіе, какъ ни трудно оно было, въ свою очередь, жизненно отозвалось на всемъ учительскомъ сословіи и еще болѣе содѣйствовало дальнѣйшему появленію и развитію тѣхъ частныхъ кружковъ и обществъ, которыя подготовили возможность постоянныхъ общихъ съѣздовъ.

Какъ бы то ни было, но тотъ весьма бы ошибся, кто принялъ бы нынѣшніе общіе съѣзды нѣмецкихъ учителей за выраженіе желаній и потребностей всего педагогическаго сословія Германіи: до этого еще далеко. По непреложному историческому закону, каждое новое дѣло непремѣнно вызываетъ реакцію, встрѣчая не только друзей, но также и враговъ. Ни одна цѣль, какъ бы высока и разумна она ни была, никогда не достигается вдругъ и вполнѣ. Постепенность развитія есть непремѣнное условіе каждаго *органическаго* явленія, каждой формы, родившейся естественно, а не созданной искусственно... Достаточно уже того, что число приверженцевъ общихъ съѣздовъ, какъ мы увидимъ далѣе, быстро ростетъ, а враждебный лагерь замѣтно пустѣетъ. Само общество своимъ вниманіемъ и участіемъ поддерживаетъ общіе съѣзды, принимаетъ прибывшихъ учителей въ свои семейства, какъ дорогихъ гостей, старается доставить имъ удобство и удовольствіе — изъ уваженія къ ихъ почтеннымъ трудамъ, и въ то же время зорко слѣдитъ за ходомъ ихъ разсужденій о школѣ и воспитаніи отечественнаго юношества. Имѣя такія крѣпкія корни въ сочувствіи самаго нѣмецкаго общества, общіе съѣзды естественно уже не боятся вражды своихъ противниковъ, вѣрятъ въ пользу и правоту своего дѣла и въ его счастливую будущность. Благодаря съѣздамъ, новые начатки нѣмецкой образованности, почти затерянные въ чужихъ не-германскихъ странахъ, находятъ здѣсь поддержку, и слабые элементы германизма вновь крѣпнутъ и получаютъ упругость среди иной чуждой, но менѣе развитой народности. Здѣсь народный учитель, подавленный нуждой и трудомъ, снова почерпаетъ силу и бодрость; онъ проникается уваженіемъ къ своему призванію, чувствуетъ свое достоинство и вноситъ въ свое дѣло новый нравственный элементъ. Отраднѣе и даже легче трудиться тамъ, гдѣ понимаютъ и цѣнятъ твой трудъ, гдѣ онъ получаетъ и столько полезныхъ указаній со стороны товарищей по призванію, и столько нравственнаго вознагражденія со стороны общества. Въ этомъ отношеніи нѣмецкій учитель стоитъ выше и лучше, чѣмъ гдѣ либо въ остальной Европѣ, исключая развѣ Швейцаріи.

Вначалѣ учрежденіе съѣздовъ, какъ и слѣдовало ожидать, встрѣтило болѣе противниковъ, чѣмъ поборниковъ, и притомъ даже въ лицѣ самихъ правительствъ, хотя не всѣхъ. Это объясняется тѣмъ, что начало учительскихъ съѣздовъ относится къ бурному 1848 г., когда всѣ благоразумные люди, искренно любящіе свое отечество, пришли къ убѣжденію, что національное единство Германіи можетъ и должно быть основано не на крутыхъ политическихъ переворотахъ, но на прочномъ и цѣлесообразномъ воспитаніи юношества, въ основаніи котораго должно также лечь начало національности. Кромѣ клерикаловъ, есть и еще въ Германіи одинъ разрядъ противниковъ общихъ педагогическихъ съѣздовъ, состоящій изъ людей, которымъ менѣе всего прилична такая роль, это — гимназическіе учителя или «профессора», какъ они любятъ величать себя. Правда, и тутъ бываютъ исключенія, но рѣдко. Эти педагоги враждебно или иронически смотрятъ на съѣзды, не столько изъ за несогласія въ принципахъ, какъ напр. клерикальная партія, сколько изъ презрѣнія къ этой, въ ихъ глазахъ, мало образованной педагогической черни, которая сбирается на съѣздъ никогда не учившись ни по гречески, ни по латыни, и потому не имѣя ни малѣйшаго притязанія на высшую, т. е. классическую науку. Фактъ, на который съ такою горечью ссылается первый призывный циркуляръ саксонскаго педагогическаго общества, именно, гордыня учителей высшихъ школъ по отношенію къ элементарнымъ учителямъ, удержался почти во всей своей силѣ и до нашего времени. Эту «чернь непросвѣщенную», разсуждающую на общихъ съѣздахъ о столь маловозвышенныхъ предметахъ, какъ напримѣръ, *наглядное обученіе* или даже *школьная гимнастика*, составляютъ по преимуществу учителя народныхъ (городскихъ и сельскихъ) школъ, мѣщанскихъ или реальныхъ училищъ, и отчасти — народно-учительскихъ семинарій. Только весьма рѣдко, какъ исключительное явленіе, можно замѣтить среди нихъ учителей такъ называемыхъ ученыхъ школъ, (Gelehrten-Schulen), т. е. лицеевъ и гимназій, или иногда протестанскихъ пасторовъ, такъ какъ всѣ эти много-ученые мужи считаютъ себя высшей интеллигенціей. Коренная причина такого печальнаго разъединенія въ средѣ самаго учебнаго сословія кроется въ двухъ главныхъ условіяхъ: во первыхъ, въ томъ крайнемъ, цеховомъ *корпоратизмѣ*, который вообще сохранился на западѣ, и особенно въ Германіи, какъ застарѣлая, наслѣдственная болѣзнь, перешедшая къ новому времени изъ среднихъ вѣковъ; во вторыхъ, *въ недостаткѣ спеціально-педагогическаго образованія* для большей части выходящихъ изъ университетовъ гимназическихъ учителей. Собственно говоря, духъ товарищества, или точнѣе — l'ésprit du corps, есть одно изъ благодѣтельнѣйшихъ свойствъ человѣческой природы; и крайне жалки тѣ люди, которые, преслѣдуя одни и тѣ же ближайшіе интересы, не соединяются въ тѣсный и дружескій кружокъ для взаимной помощи, для скорѣйшаго достиженія своей общей, благородной цѣли; но, съ другой стороны, бѣда, если такой кружокъ или такое сословіе до того замыкается само въ себѣ, что образуетъ какой то цехъ, который потомъ начинаетъ враждебно или съ презрѣніемъ смотрѣть на весь остальной міръ. Вотъ такой-то именно цехъ и образовали учителя нѣмецкихъ гимназій, преимущественно проникнутыхъ ученымъ, а не общеобразовательнымъ направленіемъ, заражаясь этимъ ультра-корпоративнымъ духомъ еще въ годы своего студенчества, среди различныхъ Corps, Verbindungen, Landmannschaften, Burschenschaften и т. п. кружковъ съ ихъ своеобразною исключительностію. Все остальное человѣчество, а въ томъ числѣ и народные или реальные учителя, имъ все еще кажутся какими-то жалкими филистерами, профанами, и они на дѣлѣ примѣняютъ къ нимъ стихъ Горація: «Odi profanum vulgus et arceo....»

Кромѣ того, сказали мы, отрѣшенность учителей нѣмецкихъ гимназій отъ педагогическаго сословія объясняется еще тѣмъ, что большая часть этихъ людей не получаетъ должнаго педагогическаго образованія, такъ какъ многіе нѣмецкіе университеты еще не понимаютъ значенія общепедагогической подготовки для будущаго учителя: они или вовсе его отрицаютъ, или ограничиваютъ его необходимость одной методой преподаванія, и то по преимуществу въ примѣненіи къ классическимъ языкамъ. Въ такъ называемыхъ философскихъ, историческихъ, филологическихъ, математическихъ и др. *семинаріяхъ* при университетахъ нѣтъ, собственно говоря, ничего педагогическаго, и названіе семинарій къ нимъ примѣнимо только потому, что они *дѣйствительно* служатъ разсадниками для молодыхъ гелертеровъ. Студентъ-философъ, филологъ или математикъ, рѣшившись, наконецъ, посвятить себя по окончаніи курса учительству, и избирая эту карьеру обыкновенно вслѣдствіе своей бѣдности, или имѣя въ виду домогаться потомъ доцентства, вступаетъ въ такую семинарію, положимъ — въ филологическую, собирающуюся раза два три въ недѣлю или на дому у профессора, или въ аудиторіи. Здѣсь трактуется о наиболѣе спеціальныхъ вопросахъ науки, сравнивается varietas lectionum въ разныхъ изданіяхъ классиковъ, дѣлаются археологическія изслѣдованія, пишутся латинскія сочиненія, напримѣръ: о натур-философскомъ элементѣ въ миѳологіи древнихъ, о греческой дигаммѣ, объ алкаическомъ размѣрѣ и т. п. Затѣмъ молодой человѣкъ, проникнутый гелертерствомъ, сдаетъ свой Staats-Examen, иногда кромѣ того пріобрѣтаетъ докторскую степень, и, благодаря протекціи своего патрона-профессора, получаетъ мѣсто младшаго учителя гимназіи или лицея, съ самымъ скуднымъ содержаніемъ. Надо отдать справедливость: университетъ дѣлаетъ изъ него все, чтобы образовать изъ него *ученаго*. Но въ чемъ же можно видѣть задатки того, что онъ будетъ и хорошимъ *учителемъ*, который долженъ знать не только свою науку, но и умѣть превратить ее въ учебный предметъ, педагогически переработать ее въ примѣненіи къ свойствамъ и потребностямъ дѣтской природы? Но изучалъ ли, наблюдалъ ли онъ ее, прежде, чѣмъ сдѣлался самостоятельнымъ учителемъ? Войдя въ классъ, наполненный 10 — 12-лѣтними мальчиками, онъ воображаетъ себя ученымъ профессоромъ, забираетъ съ высока, и вначалѣ болѣе читаетъ гимназистамъ лекціи, чѣмъ преподаетъ, особенно, если ему придется давать уроки въ одномъ изъ старшихъ классовъ. Первое время такой молодой учитель обыкновенно все мечтаетъ объ ученой карьерѣ, о доцентурѣ, все помышляетъ о диссертаціи pro venia legendi, а на свою учительскую дѣятельность смотритъ какъ *на переходное состояніе*, которое онъ даже нѣсколько презираетъ. Но вотъ масса частныхъ и казенныхъ уроковъ, недостатокъ времени для разработки какого нибудь спеціальнаго вопроса науки, за которую онъ было взялся, наконецъ одолѣваютъ учителя. Мало по малу онъ приходитъ къ горькому сознанію, что надо оставить мечты объ академической каѳедрѣ, о многочисленной аудиторіи, объ ученой славѣ... Онъ невольно свыкается со своею дѣятельностью, и, не считая нужнымъ заняться педагогикой, нерѣдко превращается въ суроваго педанта. Онъ съ усердіемъ, достойнымъ лучшей цѣли, наполняетъ головы своихъ учениковъ массой фактическаго знанія до non plus ultra; но рѣдко заботится о томъ, чтобы знанія эти были полезны сколько для формальнаго развитія ученика, столько и для практической жизни въ обществѣ. Для такого учителя, какъ для хорошаго профессора, дорого знаніе ради знанія, *наука ради науки*, и онъ, будучи не рѣдко замѣчательно-ученымъ человѣкомъ, является самымъ плохимъ педагогомъ. Таковъ обыкновенный порядокъ вещей, противъ котораго, наконецъ, начинаетъ раздаваться протестъ и въ самой Германіи на ея педагогическихъ съѣздахъ.

*Германскіе университеты и ихъ студенчество.*

Высшая ученая жизнь Германіи сосредоточивается по преимуществу въ протестантскихъ университетахъ, въ которыхъ существуетъ главнѣйшее условіе ученой дѣятельности — свобода (Lehr- und Lernfreiheit). Въ католическихъ университетахъ, въ которыхъ еще заявляетъ свою силу клерикальная партія, развитіе науки идетъ слабѣе. Но вообще, въ германскихъ университетахъ царствуетъ строгая наука, такъ какъ другія, находящіяся подъ ея вліяніемъ отправленія умственной жизни — періодическая литература, критика и публицистика — имѣютъ достаточно простора для своего выраженія; а потому эти элементы не заносятся въ область чистой науки. Каждое теченіе идетъ своимъ русломъ. Въ этомъ отношеніи нѣмецкіе университеты рѣзко отличаются напр. отъ англійскихъ, въ которыхъ лекція не имѣетъ того значенія, а студенчество — той свободы, какъ въ Германіи, гдѣ университеты стремятся обнять всѣ отрасли человѣческаго знанія и поставить учащихся въ свободныя, самостоятельныя отношенія къ учащимся. Въ Германіи каждое ученое направленіе, каждый новый взглядъ, будутъ ли они истинны или ложны, могутъ свободно заявлять себя предъ аудиторіей, что при высокомъ уровнѣ общей образованности не имѣетъ въ себѣ ничего опаснаго. О поднятіи же этого уровня, кромѣ университетовъ, въ протестантской Германіи всегда заботилось не одно государство, но и церковь, только ограждавшія массу отъ популярной, т. е. поверхностной науки. Въ число студентовъ допускаются лишь тѣ юноши, которые обладаютъ требуемою степенью зрѣлости и научной подготовки, сообщаемой имъ гимназіей, и за тѣмъ имъ предоставляется полная свобода избирать себѣ университетъ, факультетъ и аудиторію, самостоятельно распредѣляя себѣ время и дѣло изученія того или другаго круга наукъ. Университеты дѣлятся на четыре факультета: теологическій, философскій (въ него входятъ также филологическія и естественныя науки), юридическій и медицинскій, имѣютъ свою автономію, съ избирательнымъ началомъ: свой собственный судъ и собственную администрацію, такъ что не только профессора, но и студенты свободны отъ всякихъ обязательныхъ отношеній къ городской полиціи. Кромѣ этой свободы посѣщенія лекцій и профессоровъ, студентамъ предоставлено полное право устроить свою частную и общественную жизнь, соединиться въ кружки и заявлять въ нихъ свои стремленія и наклонности. Но, къ сожалѣнію, историческая, еще средне-вѣковая традиція съ одной стороны, и нѣкоторыя внутреннія, полицейскія стѣсненія съ другой стороны, мѣшаютъ правильному проявленію свободы среди университетскаго юношества, въ жизни котораго замѣтны двѣ крайности: или безусловный произволъ, убивающій всякую разумную дисциплину, или цеховое труженичество, извѣстное подъ именемъ «Brodstudium». Вѣрной дорогой идетъ, какъ и вездѣ, только меньшинство; но за то оно идетъ само, не на помочахъ, какъ напр. въ англійскихъ университетахъ или французскихъ факультетахъ.

Все учащееся нынѣ въ германскихъ университетахъ

юношество удобнѣе всего раздѣлить на *четыре* главные и взаимно враждебные классы: во 1) на корпораціи съ строго корпоративными началами и съ стремленіемъ къ пропагандѣ этихъ началъ, которыя должны вести къ связи и единству всѣхъ германскихъ университетовъ,— но въ интересахъ не науки, а студенческой самостоятельности. Къ такимъ корпораціямъ, преслѣдующимъ узкіе студенческіе интересы, принадлежатъ прежде всего вѣчно праздные Corps, имѣющіе свою внутреннюю, какъ бы политическую организацію и свои общіе съѣзды (Bundestage) для совѣщанія о средствахъ побѣдить враждебную оппозиціонную партію; сюда же надо причислить и нѣкоторые «союзы» и буршеншафства. Во 2) на корпораціи менѣе замкнутыя, разрозненныя, равнодушно, безъ особенной вражды относящіяся къ другимъ корпораціямъ, если только съ ними не приходятъ въ столкновеніе ихъ собственные интересы: сюда относятся Вингольфиты съ ихъ отчасти ортодоксальными принципами, разсѣянныя по разнымъ университетамъ Progress-Verbindungen, далѣе «землячества» и нѣкоторые буршеншафства. Оба первые класса корпорацій въ собственномъ смыслѣ имѣютъ свои цвѣта въ гербахъ и костюмахъ, обязательныя собранія (Convents, Kneipen и Commers), и обязательную дуэль по очереди, которую безусловно признаютъ, впрочемъ, одни Коры, и совершенно отвергаютъ одни Вингольфиты. Въ 3) на *общества* (Vereine) безъ строгихъ корпоративныхъ началъ и безъ символическихъ цвѣтовъ: таковы разныя ученыя, гимнастическія, музыкальныя или шахматныя общества, неимѣющія никакихъ исключительно студенческихъ или политическихъ тенденцій; всѣ, такъ называемые «дикіе», образующіе свои отдѣльныя кружки, (Blasen), разныя конкнейпанты, правильно собирающіеся пить вмѣстѣ пиво и т. д. Но всѣ эти ферейны и кружки, въ общихъ университетскихъ дѣлахъ и праздникахъ, часто составляютъ чувствительную оппозицію другимъ собственно корпораціямъ, особенно Корамъ. Наконецъ въ 4) являются всѣ отдѣльныя личности, предпочитающія полную личную самостоятельность стѣснительнымъ узамъ часто ложнаго товарищества, и черный цвѣтъ — всякимъ яркимъ; а потому эти студенты носятъ прозвище «обскурантовъ», «верблюдовъ» и вообще презираются со стороны своихъ товарищей-корпораторовъ. Всѣ эти «вольные люди» по большей части суть самые сильные противники всякихъ корпоративныхъ формъ; это — или скромные бѣдняки-труженики, работающіе изъ за куска хлѣба въ будущемъ, или тѣ даровитыя личности, которыя, пережитъ бурный періодъ молодости въ корпоративныхъ похожденіяхъ и разгулѣ, взялись серьезно за дѣло и всецѣло предались наукѣ.

Извѣстно, что каждый германскій университетъ отличается отъ другаго и въ ученомъ, и въ административномъ отношеніяхъ, въ духѣ и направленіи какъ профессоровъ, такъ и студентовъ, а потому жизнь студенчества при каждомъ университетѣ течетъ еще своимъ особеннымъ путемъ. Узко-корпоративный духъ, превращающійся въ забіячество и мальчишество, менѣе замѣтенъ въ большихъ университетскихъ городахъ, гдѣ, при разнообразіи общественной жизни, этотъ духъ слабѣетъ, перемѣшиваясь съ другими элементами. Напротивъ того, въ маленькихъ, бѣдныхъ жизнью городкахъ, студенческая жизнь, по свидѣтельству исторіи, болѣе складывалась въ своеобразныя и даже уродливыя формы, иногда сливалась въ одну массу и производила безпорядки. Если число собственно корпоративныхъ студентовъ, имѣющихъ дуэли и свои символическіе цвѣта, нынѣ полагаютъ въ Германіи отъ 30% до 40% приблизительно; то въ молодомъ берлинскомъ университетѣ (основанномъ въ 1809 году) на 2000 студентовъ корпораціи заключаютъ не болѣе 6% — 8%. Кромѣ четырехъ Коровъ: Меркеровъ, Норманновъ, Вестфаловъ и Вандаловъ, въ Берлинѣ существуютъ еще слѣдующіе корпораціи и кружки между студентами: буршеншафтство Германія, землячество Норманнія, и разныя общества: теологическое и философское, держащееся началъ Гербарта и Шопенгауера, историческое, филологическое, филантропическое, гимнастическое, шахматное и другія, если не всегда дѣльныя, но все же указывающія на преобладаніе серьезнаго и научнаго интереса между студентами. Нѣкоторыя изъ обществъ имѣютъ патріотическое направленіе.

Если консервативная жизнь въ Корахъ посвящена преимущественно веселому разгулу и разнымъ похожденіямъ, за то въ буршеншафствахъ преобладаетъ именно это учено-патріотическое направленіе, такъ какъ и самыя буршеншафства съ ихъ прогрессивнымъ направленіемъ стали возникать только со времени національной борьбы Германіи за свободу. Всѣ стремленія нынѣшнихъ корпорацій этого рода направлены къ исправленію исторически-образовавшихся недостатковъ нѣмецкаго студенчества: отрѣшенности отъ общества въ его живыхъ интересахъ и старинной приверженности къ обряду, кутежу, привилегіямъ и вообще къ исключительности. Для общественнаго самообразованія члены буршеншафства дѣятельно занимаются исторіей, слѣдятъ за современной прессой, но вовсе не воображаютъ себя практическими дѣятелями и не выходятъ изъ предѣловъ академической жизни. Не только университетскія власти, но и отдѣльныя правительства питаютъ къ нимъ довѣріе, и лучшія профессоры посѣщаютъ ихъ собранія и праздники. Какъ средство, наиболѣе содѣйствующее созчательному изученію какого либо предмета, чтеніе самостоятельныхъ работъ считается обязательнымъ для каждаго члена корпораціи, къ какому бы факультету онъ ни принадлежалъ; темой для такихъ работъ обыкновенно служатъ разные вопросы изъ философско-нравственной государственной или общественной сферы. Каждое хорошее буршеншафство владѣетъ своей частной библіотекой, и богатство ея составляетъ предметъ его гордости: напр. въ Прагѣ такая студенческая библіотека заключаетъ около 7,000 томовъ, кромѣ періодическихъ изданій. Корпоративная жизнь студентовъ вообще находитъ себѣ оправданіе въ глазахъ такихъ ученыхъ, какъ Эрдманнъ, Раумеръ, Дольхъ, Клюпфель и др. «Для мальчика, — говоритъ психологъ Эрдманнъ—пора умственнаго размышленія еще не наступила; для гражданина, уже обязаннаго имѣть твердыя выработанныя убѣжденія, она болѣе или менѣе уже миновала; для юноши-студента, напротивъ того, эта пора критики и рефлектированія есть самый важный моментъ. Размышленіе студента объ общественной жизни, о ея строѣ и формахъ, очень естественно, и его политизированіе я строго отличаю отъ той пустой болтовни, которую лучше всего называть déraisonnement. Было бы также безумно запретить студенту разсуждать, резонировать, какъ запретить врачу заниматься физіологіей». Историкъ германскаго студенчества — Дольхъ, вникая въ свойства и потребности юношеской природы, между прочимъ замѣчаетъ: «Молодое вино, прежде чѣмъ оно станетъ настоящимъ виномъ, должно много перебродить и пѣниться, при чемъ бутылки нерѣдко даже лопаютъ. Юность — время броженія». Все число студентовъ въ 26 германскихъ университетахъ по новѣйшимъ свѣдѣніямъ простирается до 20,000, и ихъ образованію посвящаютъ свои труды около 2,100 профессоровъ. Спеціяльно-студенческій органъ, носящій прогрессивный характеръ и направленный противъ узко-корпоративнаго духа — Allgemeine akademische Zeitung издается при іенскомъ университетѣ.

# Теоретическая разработка педагогики въ Германіи.

Какъ на практикѣ, такъ и въ теоріи, только въ несравненно высшей степени, въ Германіи постоянно происходила одушевляемая геніемъ Песталоцци педагогическая дѣятельность, достигшая, наконецъ, такихъ результатовъ, что она является въ высшей степени поучительною для всѣхъ образованныхъ народовъ. Педагогика, выйдя на эмпирическій путь болѣе и болѣе слагается въ самостоятельную науку, сближаясь съ психологіей и физіологіей, и старается подчинить дѣло воспитанія не личному произволу кого бы то ни было, но строгимъ антропологическимъ законамъ. Идеалы воспитанія, предлагаемые представителями педагогической теоріи, конечно, также различны, какъ различна почва, на которой они вырабатываются, и неизбѣжно обусловливаются разнообразіемъ оганизаціи, обстановки и времени, въ которое жили и дѣйствовали лучшіе педагоги. *Эмпирики* и *практики* стараются опредѣлить идеалъ воспитанія на основаніи жизненнаго опыта.

## *Нимейеръ*.

Къ числу послѣдняго рода дѣятелей, отличающихся по преимуществу эмпирическимъ направленіемъ, принадлежитъ *Августъ Германъ Нимейеръ* (род. 1754 г. ум. 1828 г.). Онъ былъ профессоромъ теологіи и директоромъ воспитательныхъ заведеній Франке въ Галле, а потомъ канцлеромъ и безсмѣннымъ ректоромъ (rector perpetuus) при Галльскомъ университетѣ. Въ книгѣ своей «Основы воспитанія и обученія» онъ приводитъ въ одну систему главныя мысли Песталоцци, Базедова, Рохова, Франке и гуманистовъ, счастливо избѣгая крайнихъ, отвлеченныхъ умозрѣній и излишнихъ, расплывающихся подробностей. Содѣйствовать усовершенствованію присущихъ человѣку силъ и способностей, соображаясь съ природными законами развитія: вотъ въ чемъ, по мнѣнію Нимейера, состоитъ все дѣло воспитанія. Оно, при разумномъ пониманіи, не можетъ имѣть другой цѣли, какъ — развитіе въ человѣкѣ всего общечеловѣческаго, гуманнаго, состоящаго въ разумности и въ способности свободно направлять свою волю къ общему благу. Отсюда вытекаютъ главныя, основныя положенія воспитанія: 1) возбуждай и развивай каждый талантъ, каждую способность, дарованные питомцу, какъ человѣку вообще, и какъ индивидууму въ отдѣльности; 2) вноси въ ихъ развитіе единство и гармонію; 3) всѣми мѣрами старайся содѣйствовать природѣ питомца, направляй пробужденную силу на все, что только разумно и достойно человѣка; 4) высшей, конечною цѣлію воспитанія считай достиженіе возможнаго согласія свободной воли съ разумомъ, такъ какъ отъ этого зависитъ нравственное достоинство человѣка. — Обученіе имѣетъ двоякую цѣль: во 1) возбудить, укрѣпить и направить умственныя силы питомца и такимъ образомъ сдѣлать изъ него человѣка, наименѣе нуждающагося въ постороннеи помощи (формальная цѣль); во 2) доставить этимъ силамъ матеріалъ, на которомъ онѣ могли бы упражняться и совершенствоваться, и обладать которымъ сверхъ того необходимо какъ вообще для человѣка, такъ и въ отдѣльности для извѣстныхъ классовъ общества и для извѣстнаго рода занятій (матеріальная или реальная цѣль). Правила методики, основывающіяся на особыхъ законахъ человѣческой природы и на опредѣляемомъ ими ходѣ развитія, состоитъ въ слѣдующемъ: необходимо принять за твердое правило учить только тому, что соотвѣтствуетъ способностямъ и возрасту питомца; т. е. пока дѣти находятся еще въ періодѣ чувственной жизни, слѣдуетъ выбирать для нихъ только такія занятія, которыя доступны ихъ внѣшнему и внутреннему чувству, и способны останавливать на себѣ ихъ вниманіе. Въ каждый періодъ жизни дѣятельность душевныхъ силъ должно направлять преимущественно на то, къ чему онѣ наиболѣе способны; на этомъ основаніи каждый возрастъ требуетъ своей методы, установить которую возможно только при близкомъ знакомствѣ съ законами психическаго развитія и психической дѣятельности человѣка.—Въ сочиненіи своемъ Нимейеръ обстоятельно разсматриваетъ каждую отдѣльную способность и старается отыскать цѣлесообразныя средства для ея развитія: такъ онъ говоритъ о развитіи познавательной способности, воображенія, памяти, разсудка, различныхъ внутреннихъ чувствъ, и особенно останавливается на опредѣленіи и развитіи воли или характера. Дидактика подчиняетъ обученіе всѣмъ этимъ спеціальнымъ цѣлямъ, сообразно съ которыми строятся въ систему всѣ отдѣльные учебные предметы, и опредѣляются методы ихъ преподаванія. Не упускается изъ виду и реальная или практическая сторона обученія, какъ подготовка къ дѣятельной жизни въ ея общемъ смыслѣ. Заслуга Нимейера состоитъ въ томъ, что онъ раньше другихъ постарался установить педагогику со всѣми ея отдѣлами на твердыхъ научныхъ основахъ, и положить начало ея дальнѣйшей научной разработкѣ.

## Шварцъ.

Бывшій профессоръ теологіи гейдельбергскаго университета *Хр. Шварцъ* (1766—1837), въ своемъ «Руководствѣ къ воспитанію и обученію», переработанномъ впослѣдствіи директоромъ Фрибургской учительской семинаріи Куртманомъ, и въ своей «Теоріи воспитанія» выводитъ законы воспитанія человѣка изъ законовъ развитія человѣческой природы, и находитъ гармонію между законами, которымъ подчиненъ человѣкъ, и законами, которымъ слѣдуетъ вся природа. Слѣдовательно, въ этомъ отношеніи Шварцъ совершенно сходится съ Песталоцци, методу котораго онъ старался разработать и ближе примѣнить къ народной школѣ. Онъ считаетъ правильнымъ только такое воспитаніе, которое изходитъ изъ природы человѣка, неразрывно примыкая къ ходу ея развитія, и которое развиваетъ въ человѣкѣ высшую, облагороженную природу, направляясь къ тому, чтобы общечеловѣческое въ природѣ отдѣльнаго человѣка вполнѣ становилось его индивидуальностью, такъ какъ каждый человѣкъ является на свѣтъ съ собственными характеристическими способностями, отличными отъ дарованій всякаго другаго человѣка по своей степени и направленію. По этому Шварцъ основываетъ теорію воспитанія на антропологіи и требуетъ, чтобы при воспитаніи всѣ силы человѣка одинаково принимались въ расчетъ и развивались равномѣрно. Воспитатель долженъ исходить именно изъ средоточія силы — изъ человѣческой жизни. Человѣкъ, принадлежа двумъ мірамъ: физическому и духовному, самъ по себѣ есть сила дѣйствующая извнутри, сила, производимая и развиваемая природой. Воспитаніе только руководитъ этимъ развитіемъ, обусловливая совершеннѣйшее образованіе человѣка. Начинается оно со дня рожденія человѣка, оканчивается же тогда, когда человѣкъ уже съ развитыми силами самъ нашелъ свой первообразъ, свой идеалъ, и можетъ самостоятельно стремиться приблизиться къ нему. Слѣдовательно, воспитаніе должно постепенно, шагъ за шагомъ идти впередъ вмѣстѣ съ естественнымъ развитіемъ человѣка. Воспитаніе, возбуждая силу въ ея средоточіи, производитъ всестороннее развитіе всѣхъ способностей человѣка для его полнаго опредѣленія. Обученіе приводитъ въ дѣйствіе только отдѣльныя способности, содѣйствуя извѣстному развитію силы и усвоенію даннаго матеріала. Высшая цѣль всего воспитанія, равно какъ и обученіе, есть богоподобіе т. е. полное совершенство. На этихъ основныхъ принципахъ Шварцъ строитъ свою, весьма подробно изложенную систему, воспитанія вообще, и обученія въ частности, какъ важнѣйшаго момента воспитательной дѣятельности.

Изложеніе у Шварца, въ обработкѣ лучшаго изъ современныхъ дѣтскихъ писателей — Куртмана, отличается не столько догматическимъ, какъ отчасти у Нимейера, сколько критическо-діалектическимъ характеромъ; всякое положеніе выводится изъ наблюденій надъ фактами, изъ опыта; а потому Шварцъ можетъ быть названъ эмпирикомъ по преимуществу. Вотъ, напримѣръ, какъ онъ доказываетъ возможность воспитанія.

«До сихъ поръ мы принимали за истину, что человѣкъ преднамѣреннымъ вліяніемъ на него другихъ людей дѣйствительно можетъ быть совершенствуемъ; однако же противъ возможности такого совершенствованія, хотя вообще всѣми допускаемой, многое можно сказать; и самые предѣлы опредѣляютъ ему весьма различно. Въ иномъ, напримѣръ, дитяти, воспитатель можетъ встрѣтить столь сильное природное расположеніе къ добру или злу, что ему ничего не остается дѣлать; или случайное вліяніе на дитя постороннихъ людей можетъ быть столь сильно, что воспитатель не можетъ надѣяться вліяніемъ своимъ перемѣнить данное уже дитяти направленіе. Не только въ теоріи дѣйствительно допускаютъ такія предположенія, но многіе родители прикрываютъ ими свою бездѣйственность въ воспитаніи дѣтей или свое неумѣніе. Конечно, воспитаніе излишне, если вѣрить въ предопредѣленіе человѣка къ добру и злу. Если бы наклонность къ злу столь сильно преобладала въ человѣкѣ, что нужно было бы лишь особенное дѣйствіе благодати Божіей для обращенія человѣка на путь добра, тогда воспитателю нечего было бы дѣлать. Между тѣмъ, едва ли кто нибудь положительно думаетъ, что примѣромъ, наказаніемъ и другими воспитательными средствами ничего нельзя достигнуть. Даже самые отрицатели воспитанія безсознательно прибѣгаютъ къ этимъ же средствамъ и ожидаютъ отъ нихъ успѣха. Значитъ, тутъ лежитъ въ основаніи законъ природы, а его нельзя уничтожить произвольными утвержденіями и выводами. По своему влеченію къ подражанію, молодой человѣкъ непремѣнно, даже безсознательно слѣдуетъ примѣру взрослыхъ и особенно уважаемыхъ имъ лицъ; по врожденной послушливости и любви къ старшимъ себя, онъ слѣдуетъ ихъ приказаніямъ и наставленіямъ; а все это, вошедши въ привычку, становится его постояннымъ свойствомъ и принадлежностію. Правда и то, что въ дѣлѣ воспитанія причины и слѣдствія иногда такъ далеко расходятся и столь разнообразно перепутываются, что весьма трудно указать и доказать ихъ другимъ. Потому-то такъ разногласны сдѣланы изъ педагогическихъ опытовъ выводы, которые даже удобнѣе дѣлать въ большомъ объемѣ — изъ исторіи всего человѣчества, нежели изъ жизнеописаній отдѣльныхъ лицъ, гдѣ такъ рѣдко точное изложеніе. И въ этомъ отношеніи успѣхи начинаются только въ новѣйшее время. Здѣсь, какъ и въ естественныхъ наукахъ, многіе опытные наблюдатели должны въ одно и то же время, при одних и тѣхъ же обстоятельствахъ, дѣлать наблюденія; сравненіе же ихъ предоставить позднѣйшимъ изслѣдователямъ.»

«Притомъ также нужно принять въ соображеніе слѣдующее: если бы человѣкъ и въ зрѣлыхъ лѣтахъ столько же безпрекословно подчинялся впечатлѣніямъ, какъ и въ дѣтствѣ, то многіе, достигши совершеннолѣтія, повыбросали бы изъ головы и изъ сердца все пріобрѣтенное въ юности; въ такомъ случаѣ воспитывать значило бы тоже, что рѣшетомъ носить воду, и ужъ лучше было бы воспитывать взрослыхъ людей, которые притомъ же вообще понятливѣе. На дѣлѣ, однако, это бываетъ иначе, и дѣтская душа еще такъ мягка, что въ ней мгновенно отпечатлѣвается все хорошее и дурное, и тѣмъ прочнѣе, чѣмъ дитя моложе. Опытомъ дознано, что вообще заботливое воспитаніе сопровождается хорошимъ успѣхомъ, а превратное — дурнымъ. И хотя не рѣдко хорошее воспитаніе, вслѣдствіе разныхъ неблагопріятныхъ обстоятельствъ, можетъ оставаться безплоднымъ, и, напротивъ, дурное воспитаніе, по счастливому стеченію случая, можетъ вести къ хорошимъ результатамъ; но все это только исключенія, имѣющія по большей части свои очевидныя причины. Общее же правило остается неизмѣннымъ: какъ человѣкъ направленъ въ юности, такимъ остается онъ и въ старости. Это подтверждается общимъ сознаніемъ всѣхъ людей, воспитывавшихся и воспитывающихъ, и тысячелѣтними опытами, а равно аналогіей изъ царства растеній и животныхъ, которыя однако, по низшей своей природѣ, едва ли способны передавать усовершенствованіе свое изъ рода въ родъ. Тѣло неспособно къ такому усовершенствованію, какъ духъ.»

О средствахъ развитія познавательной способности Шварцъ говоритъ слѣдующее: «Образованіе познавательной способности есть собственно предметъ науки обученія — дидактики. Здѣсь можетъ быть только рѣчь о вліяніи образованія умопредставленій на цѣлое образованіе человѣка и о томъ, какъ посредствомъ умопредставленій можно дѣйствовать на чувство и волю дѣтей. Вообще должно сознаться, что обыкновенно слишкомъ высоко ставятъ вліяніе обученія на воспитаніе и часто прельщаютъ себя несбыточными надеждами. Всякое умопредставленіе дѣйствуетъ слабѣе, нежели наглядность и самый опытъ. Рѣдко даже образованнѣйшій человѣкъ въ жизни строго держится правилъ, внушенныхъ ему при обученіи. Но главная ошибка состоитъ въ несвоевременности поученій. Если бы не напѣвали дѣтямъ слишкомъ рано такого множества отвлеченностей и слишкомъ отдаленной морали, которая уже по самой своей несвоевременности становится ложною, то и благовременныя поученія дѣйствовали бы совсѣмъ иначе. Вообще само собою разумѣется, что хорошее преподаваніе всегда дѣйствуетъ на нравственность благопріятнѣе, чѣмъ худое. Знаніе рѣдко бываетъ источникомъ дѣйствій: скорѣе же воображеніе, но болѣе всего — чувство и природное побужденіе. Знаніе всегда видоизмѣняетъ поступки, возвышаетъ сознаніе и слѣдовательно вмѣнимость ихъ; но оно чаще дѣйствуетъ отрицательно, то есть удерживаетъ отъ поступка, чѣмъ положительно, то есть побуждаетъ къ нему. При всемъ томъ знаніе есть важное средство воспитанія, потому что болѣе всѣхъ другихъ находится во власти воспитателя. Всякое чувство и желаніе укрѣпляется въ духѣ, оставляя въ немъ представленіе о себѣ, и въ послѣдствіи воспроизводится и усиливается новыми представленіями.

«Пережитое дитятей возобновляется его способностью умопредставленія, и всегда вмѣстѣ съ воспоминаніемъ чувствъ и желаній, волновавшихъ тогда его душу. Потому-то воспоминаніе незначительныхъ, но собственныхъ опытовъ сильнѣе дѣйствуетъ, чѣмъ умопредставленіе объ важнѣйшихъ опытахъ, но чужихъ. И если бы память и воображеніе человѣка были въ состояніи поживѣе представлять ему всѣ его собственные опыты и былыя размышленія, примѣнимыя къ данному случаю, безъ сомнѣнія, ему не нужно было бы лучшаго руководства. Но былыя впечатлѣнія воспроизводятся памятью все слабѣе и неотчетливѣе: новыя впечатлѣнія заслоняютъ ихъ собою, смутные образы прошедшаго изчезаютъ предъ наглядностію настоящихъ. При всемъ томъ, собственные опыты дитяти могутъ служить важнымъ средствомъ при воспитаніи: изъ нихъ можно выводить приличныя поученія и разсматриваніемъ ихъ изощрять смѣтливость дитяти; можно также наводить дитя на опыты, подготовляя ихъ по требованію педагогики. Воспитатель долженъ хорошо запоминать всѣ, въ правственномъ отношеніи важныя приключенія въ жизни воспитанника, чтобы при случаѣ не только сослаться на нихъ вообще, но и прямо указать на то или другое. Онъ долженъ быть въ состояніи представить воспитаннику вѣрное зеркало его жизни. Кромѣ того, воспитатель всегда можетъ доставить дитяти случай къ потребнымъ опытамъ, начиная съ огня, котораго нельзя взять рукою, до замѣшательства при первомъ появленіи предъ публикою. Мудро устроивъ всѣ такіе опыты, мы будемъ имѣть такую основу къ правоученію, съ которой никакая другая не выдержитъ сравненія. Тутъ не нужно ухищреній, ложность которыхъ выходитъ наружу; но должно найти и доставить дитяти случай къ опыту, впечатлѣніе его подкрѣпить словами, кстати напоминать объ немъ и давать ему общее значеніе. Въ этомъ состоитъ прямая обязанность каждаго воспитателя».

«Дѣти научаются такимъ образомъ пользоваться представляющимися имъ случаями для опытовъ, что рѣдко бываетъ у людей необразованныхъ. Какъ частымъ наблюденіемъ внѣшнихъ предметовъ пріобрѣтается навыкъ быстро разпознавать ихъ, — такъ изощряется способность внутренняго наблюденія, которое приводитъ въ сознаніе и подвергаетъ анализу все внутри насъ происходящее. Пріученіемъ къ такому созерцанію образуется разумъ. Но даже и это часто употребляютъ во зло: такъ дѣтскіе дневники, гдѣ питомцы тщеславіемъ воспитателей записываютъ все, что дѣлаютъ и чего не дѣлаютъ, всѣ свои мысли и чувства, сдѣлались неисчерпаемымъ источникомъ всякой лжи, тщеславія и нравственнаго безумія. Другая ошибка въ томъ, что слабые воспитатели слишкомъ жалостливы къ своимъ воспитанникамъ и не даютъ имъ возможности извлечь всей пользы изъ опыта. Въ отвращеніе ушиба при паденіи, дитя ходитъ лишь по постилкамъ; а ушибается оно по собственной неосторожности, — стараются облегчить его боль сожалѣніемъ или тѣмъ, что сваливаютъ вину на другихъ; и опытъ производитъ уже не полезное дѣйствіе на дитя, а напротивъ — вредное. Оттого-то въ семействахъ, гдѣ отецъ строгъ, а мать потачница, дѣти обыкновенно негодяи. Лучше уже совсѣмъ не доставлять случаевъ къ опыту и даже предотвращать ихъ, чѣмъ по сдѣланіи опыта разрывать естественную связь между дѣйствіемъ и его слѣдствіями. Конечно, съ другой стороны, и слишкомъ обширное примѣненіе правила: давать дѣтямъ чувствовать слѣдствія ихъ поступковъ, — можетъ привести къ страннымъ, совсѣмъ не педагогическимъ дѣйствіямъ.» — Такимъ образомъ Шварцъ, или вѣрнѣе, обработавшій его Куртманъ, постоянно обращаются къ опыту: изъ него выходитъ и къ нему возвращается, всегда пользуясь, когда нужно, физіологическими и психологическими данными. Это именно и есть та новая струя, которую влилъ въ педагогику Песталоцци.

### Динтеръ.

*Фридрихъ Динтеръ*, членъ училищнаго совѣта и консисторіи въ Кёнигсбергѣ, своею неутомимою дѣятельностью, своею всеоживляющею и любящею душою, своимъ вдохновеніемъ и сочиненіями, отличающимися особенною ясностію изложенія, имѣлъ огромное и благотворное вліяніе на народную школу въ Германіи. Онъ родился въ 1760 году въ Саксоніи, гдѣ отецъ его былъ извѣстнымъ юристомъ; умеръ въ 1831 году. Въ автобіографіи своей Динтеръ рисуетъ себя человѣкомъ веселымъ, что отчасти объясняется его свѣтлымъ взглядомъ на жизнь, проникнутымъ оптимизмомъ. Кромѣ того, въ этомъ играло роль вліяніе отца его, который больше всего избѣгалъ породить въ своихъ пятерыхъ дѣтяхъ робость или запуганность, однако въ необходимыхъ случаяхъ требовалъ отъ нихъ послушанія. Мать вдохнула въ Динтера глубокое религіозное чувство. Собственно обученіе его дома было чисто механическое, такъ что онъ, будучи 12-ти-лѣтнимъ мальчикомъ, зналъ на память теологію Гуттера на латинскомъ языкѣ. Потомъ онъ поступилъ въ гимназію въ Гриммѣ, а оттуда перешелъ въ лейпцигскій университетъ, гдѣ изучалъ теологію и философію, и страстно полюбилъ театръ. Онъ даже полагалъ, что будущему теологу очень полезно посѣщать драму для выработки декламаціи и изученія человѣческихъ страстей. По выходѣ изъ университета, Динтеръ сдѣлался домашнимъ учителемъ и, между прочимъ, готовился къ дѣлу проповѣдника, а въ 1787 году дѣйствительно сдѣлался сельскимъ пасторомъ. Впослѣдствіи онъ получилъ мѣсто учителя гимназіи и ревностно занимался педагогикой.

Идеи, высказанныя Базедовымъ и Песталоцци и примѣненныя ими только въ отдѣльныхъ школахъ, Динтеръ водворилъ въ народную школу вообще, сначала освободивъ эти идеи отъ нѣкоторыхъ крайностей, и потомъ приноровивъ ихъ къ существовавшему школьному порядку. Динтеръ особенно подвинулъ впередъ и расширилъ *катихизацію*. «Песталоцци своимъ нагляднымъ обученіемъ — говоритъ Динтеръ — принадлежитъ къ низшему классу; я же (съ упражненіями мыслительной способности и катихетикой) — къ высшему классу». Самъ Динтеръ былъ мастеръ распредѣлять и группировать матеріалъ, искусно и вѣрно пролагать дорогу къ достиженію предположеннаго результата, твердо держаться руководящей нити при всѣхъ, иногда неизбѣжныхъ уклоненіяхъ отъ частной мысли для частныхъ объясненій, идти впередъ естественнымъ для дѣтей путемъ и ясно схватывать отдѣльные результаты, постепенно добываемые при нагдядномъ уясненіи предложеннаго дѣтямъ учебнаго матеріала. Вообще онъ былъ отличный методикъ, вызывавшій самодѣятельность дѣтей, и его «Главнѣйшія правила катихетики» замѣчательны по своему простому, практическому содержанію. Катихизировать, по его мнѣнію, значитъ — обучать еще незнакомыхъ съ предметомъ дѣтей посредствомъ вопросовъ и отвѣтовъ. Природныя способности, которыя долженъ имѣть тотъ, кто желаетъ быть хорошимъ катихетикомъ, и которыя онъ обязанъ возможно болѣе развивать въ себѣ, по мнѣнію Динтера, суть слѣдующія: остроуміе, проницательность, живое чутье ко всему истинному и нравственному, присутствіе духа, вкусъ, гибкость и пріятность голоса. Кромѣ того, онъ долженъ стараться пріобрѣсти извѣстныя знанія, практическія свѣдѣнія изъ логики и психологіи, изъ догматики и морали, долженъ понимать смыслъ священнаго Писанія, обладать знаніемъ людей, и въ особенности — дѣтской природы, имѣть готовый запасъ историческихъ разсказовъ и поучительныхъ вымысловъ; долженъ быть знакомъ съ природою и съ гражданскими учрежденіями страны на столько, на сколько они доставляютъ матеріалъ и даютъ поводъ къ объясненіямъ; долженъ владѣть роднымъ языкомъ, такъ какъ этимъ обусловливается мѣткость въ выраженіяхъ.

Для того, чтобы катихизація вполнѣ достигала своей цѣли, учитель долженъ обладать искусствомъ: 1) составлять вопросы; 2) пользоваться данными отвѣтами; 3) привлекать вниманіе; 4) выбирать цѣлесообразный матеріалъ для бесѣды; 5) приводить въ порядокъ добытые результаты бесѣды; 6) просто и доступно объяснять; 7) убѣдительно доказывать; 8) примѣнять одно знаніе къ другому, и 9) владѣть даромъ изложенія. Вопросъ долженъ быть кратокъ, безъ излишнихъ вводныхъ предложеній; простъ и точенъ, такъ какъ всѣ двойные вопросы, заразъ требующіе двухъ отвѣтовъ, неумѣстны; отчетливъ такъ, чтобы по смыслу вопроса на него приходился только одинъ вѣрный отвѣтъ, и ясенъ, т. е. по выраженію и содержанію сообразенъ со степенью развитія и пониманія ученика. Старайся также сопровождать твои вопросы выразительными жестами. Такіе же вопросы, на которые надо отвѣчать только «да» или «нѣтъ», слишкомъ мало возбуждаютъ мышленіе ученика и потому они рѣдко допускаются въ катихизаціи. Вопросы же, заставляющіе ученика выбирать между двумя или тремя положеніями, нѣсколько удобнѣе: они хороши въ томъ отношеніи, что мало по малу пріучаютъ робкихъ дѣтей мыслить и сознательно давать отвѣтъ; только не слѣдуетъ пользоваться этими вопросами для того, чтобы наводить ими на главную мысль, потому что при такихъ вопросахъ дѣти отвѣчаютъ больше по догадкѣ, чѣмъ работаютъ мышленіемъ. Можно также посредствомъ побочныхъ вопросовъ предварительно устранять ложныя представленія прежде, чѣмъ будутъ построены вѣрныя понятія; подобные побочные или подготовительные вопросы вполнѣ соотвѣтствуютъ цѣли: они дѣятельно возбуждаютъ мышленіе и заранѣе предохраняютъ отъ погрѣшностей. Опровергательные вопросы, представляющіе какъ бы мнимое возраженіе противъ сказаннаго прежде, также упражняютъ мышленіе, заставляя разсматривать предметъ съ нѣсколькихъ сторонъ. Фразы, замѣняющія вопросы, начинаются предложеніемъ и предоставляютъ ученику досказать одно или нѣсколько недостающихъ словъ, которыми нужно наполнить предложеніе; онѣ легко устраняютъ ошибки и иногда также могутъ быть допущены, если только не переходятъ въ механическое договариваніе со стороны дѣтей. Спрашивать учениковъ по порядку не слѣдуетъ; лучше спрашивать въ разбивку: послѣдній пріемъ заставляетъ ихъ быть болѣе внимательными и облегчаетъ учителю поддерживать правильное отношеніе между отдѣльными частями катихизаціи.

Каждый ученикъ долженъ быть спрашиваемъ нѣсколько разъ во время урока и ни одной минуты не долженъ быть оставляемымъ въ покоѣ, т. е. въ умственномъ бездѣйствіи. Совокупные отвѣты многихъ заразъ, но не всѣхъ учениковъ, хотя воодушевляютъ дѣтей съ быстрымъ воображеніемъ, однако подавляютъ способныхъ, но медленно развивающихся, пріучаютъ слабыхъ безмысленно повторять чужія слова, производятъ безполезный шумъ и даютъ разсѣяннымъ ученикамъ случай незамѣтно болтать между собой въ классѣ. Не смотря на то, нельзя отрицать, что совокупный отвѣтъ хоромъ въ извѣстныхъ случаяхъ, напримѣръ, если нужно что нибудь затвердить, содѣйствуетъ успѣшному ходу бесѣды и занимаетъ нѣсколькихъ дѣтей разомъ; но только пользоваться этимъ пріемомъ надо съ осторожностію и умѣренностію. Вообще для катихизаціи можно предложить слѣдующія правила: наводящіе и всякіе другіе вопросы, которые относятся къ обыкновеннымъ дѣтскимъ понятіямъ, не принадлежащимъ особенной даровитости, лучше дѣлать сперва слабѣйшимъ ученикамъ; если же ты спрашиваешь о понятіяхъ уже твердо усвоенныхъ, разъясненіе которыхъ ты хочешь только продолжить, то обращайся преимущественно къ способнѣйшимъ ученикамъ. Потребуешь ли ты, чтобы понятіе, только что отчетливо выясненное тобою, было повторено по частямъ, то спрашивай слабѣйшихъ; но, желая сгруппировать всѣ составныя части этого понятія и сдѣлать общій выводъ, спрашивай опять лучшихъ учениковъ. Вообще распредѣляй вопросы такъ, чтобы ты почти навѣрное могъ ожидать отъ ученика, обдумавшаго вопросъ, точнаго на него отвѣта. Когда ты не получишь никакого отвѣта, то причина молчанія можетъ заключаться: или въ невнимательности ученика: тогда повтори вопросъ, а если дитя нужно пристыдить, спрашивай другаго, слабѣйшаго ученика; или въ недоумѣніи ребенка, не знающаго съ чего начать: тогда учитель обязанъ катихизически объяснить основы рѣшенія или указать на нихъ собственнымъ изложеніемъ и потомъ вновь повторить вопросъ; или въ неспособности ученика выражаться: тогда учитель долженъ требовать, чтобы онъ, вмѣсто полнаго отвѣта, передалъ только одну его отдѣльную часть. Общее же правило — требовать полныхъ отвѣтовъ и не доводить катихизацію до крайности, т. е. время отъ времени вызывать также устный, плавный и послѣдовательный разсказъ. Вопросъ надо задавать всему классу, а потомъ назначать отвѣчающаго: это поддерживаетъ общее вниманіе.

Относительно распредѣленія матеріала Динтеръ даетъ слѣдующіе совѣты: избравъ какой нибудь предметъ, который ты будешь выяснять дѣтямъ катихизаціей, предварительно представь себѣ опредѣленную цѣль, какой желаешь достигнуть при изложеніи этого предмета дѣтямъ. Потомъ собери всѣ относящіяся сюда истины, доказательства, поясненія, и распредѣли ихъ на главныя и второстепенныя мысли. Соедини и распредѣли отдѣльныя предложенія такъ, какъ, по твоему мнѣнію, одно предложеніе будетъ лучше служить основаніемъ, подготовленіемъ другому, естественно вытекающему изъ него предложенію. Если пониманіе труднѣйшаго облегчается пониманіемъ легчайшаго, то начинай съ послѣдняго, и на оборотъ, если пониманіе послѣдующаго какъ бы само собою вытекаетъ изъ болѣе труднаго, то начинай съ него, соблюдая строгую логичность. Одинъ свѣдущій человѣкъ сказалъ въ шутку, но совершенно справедливо: «Катихетъ долженъ умѣть обращаться съ матеріаломъ, какъ — съ лошадинымъ хвостомъ; онъ долженъ вырвать изъ него сперва одинъ волосъ, и, показавъ его дѣтямъ, отложить въ сторону; потомъ вырвать второй волосъ, разсмотрѣть и приложить къ первому, и такъ до послѣдняго; потомъ связать всѣ волосы вмѣстѣ и сказать: вотъ видите, дѣти, это — лошадиный хвостъ». Чтобы сдѣлать сообщаемыя представленія яснѣе и отчетливѣе, катихетъ часто бываетъ вынужденъ прибѣгать къ опредѣленіямъ, конечно, въ доступной дѣтямъ формѣ. Для опредѣленія, очерчивающаго предметъ съ такою ясностію, что съ помощію данной характеристики его легко можно отличить отъ всѣхъ прочихъ предметовъ, служатъ: 1) признаки того рода, къ которому относится опредѣляемый предметъ, и 2) отдѣльные признаки, которыми онъ именно отличается отъ другихъ предметовъ одного съ нимъ рода; короче: надо указать на родъ и видовое отличіе предмета. Опредѣленія, предлагаемыя въ элементарной школѣ, должны быть непремѣнно кратки, чтобы ученикъ могъ легко запомнить ихъ, а не заучить. Если учитель желаетъ доказать что либо посредствомъ умозрѣнія, то должно прибѣгать также къ умозаключенію, которое изъ двухъ посылокъ выводитъ слѣдствіе; но при этомъ надо наблюдать, чтобы самыя посылки были вѣрны, а если нужно, то и доказаны дѣтямъ, чтобы они сами могли правильно заключать. Во всякомъ случаѣ, для полнаго достиженія цѣли, катихетъ долженъ примѣняться къ ученику, а потому: во-первыхъ, онъ доказываетъ ему необходимость подчиняться всеобщности посылки; во-вторыхъ — доставляетъ ученику случай самому сдѣлать употребленіе, извлечь пользу изъ данной посылки, и въ третьихъ — опредѣленно указываетъ на мысли и поступки, которые могутъ и должны обусловливаться данной посылкой. Такъ должно поступать особенно при обученіи религіи, и вообще помнить, что примѣненіе есть результатъ предварительно выработанныхъ ясныхъ понятій: первое безъ втораго есть теплота безъ огня, зданіе безъ основанія. При изложеніи хорошо также брать отдѣльныя выраженія и повѣрять, понимаютъ ли ихъ дѣти; вообще же обыкновенный человѣкъ легче понимаетъ все конкретное, чѣмъ абстрактное. Истинная, разлагающая понятія катихизація состоитъ именно въ томъ, чтобы данное положеніе раздѣлять на его составныя части и ставить вопросы такимъ образомъ, чтобы дитя само могло отыскать и показать эти составныя части. Но главное — не забывай заставлять учениковъ вызванные у нихъ отдѣльные отвѣты соединять въ одно цѣлое, дѣлать изъ нихъ общій выводъ или резюмировать. Къ доказательствамъ и примѣненіямъ, къ примѣрамъ и сравненіямъ эта аналитическая катихизація должна прибѣгать лишь на столько, на сколько они необходимы одно для другаго: въ противномъ случаѣ легко сбиться съ пути и затеряться въ болтовнѣ, безъ системы и серьезнаго, опредѣленнаго результата для дѣтей.

Катихизація имѣетъ близкую связь съ такъ называемой *сократикой*. Искусство посредствомъ цѣлесообразныхъ вопросовъ вести воспитанника такъ, чтобы онъ находилъ то, что хотятъ ему передать, и составляетъ сущность сократической методы, названной по имени великаго основателя ея — Сократа. Разработка понятій здѣсь идетъ еще глубже, чѣмъ при катихизаціи въ собственномъ смыслѣ, и требованіе этой методы относится болѣе къ внутренней, логической сторонѣ мышленія, чѣмъ къ внѣшнему распредѣленію учебнаго матеріяла. Здѣсь учитель выходитъ изъ трехъ основныхъ положеній: 1) начинаетъ съ того, что ученику уже извѣстно какимъ либо путемъ; 2) извѣстное располагаетъ такъ, чтобы неизвѣстное, которое надо сообщить ученику, само собою вытекало изъ перваго, какъ неизбѣжный результатъ; 3) найденныя такимъ образомъ и приведенныя въ порядокъ положенія учитель, выпустивъ изъ нихъ одну или нѣсколько составныхъ частей, преобразуетъ въ цѣлесообразные вопросы. Разлагающій катихетъ, напримѣръ, показываетъ ученику готовый домъ, опредѣляетъ значеніе цѣлаго, обращаетъ вниманіе на отдѣльныя части и на ихъ сообразное устройство; слѣдовательно, онъ знакомитъ его съ домомъ, построеннымъ другимъ. Сократикъ, напротивъ того, приводитъ своего ученика на пустое мѣсто, обдумываетъ вмѣстѣ съ ученикомъ какъ употребить это мѣсто въ дѣло, какъ его обработать, достаетъ матеріялъ, и они принимаются какъ бы строить новое зданіе: ученикъ сократика учится самъ строить домъ. Такимъ образомъ, здѣсь обученіе начинается отъ самыхъ простыхъ, элементарныхъ основъ, и еще сильнѣе вызываетъ самодѣятельность ученика. Чтобы сократическая катихизація шла успѣшно, каждое понятіе должно разлагать на его составныя части и каждую изъ нихъ разсматривать порознь. Потомъ, расположивши составныя части въ такомъ порядкѣ, въ какомъ, по твоему мнѣнію, одна составная часть лучше всего будетъ служить подготовленіемъ для другой, извлекай изъ головы ученика каждую отдѣльно, соединяй ее съ прежде найденной, пока, наконецъ, изъ всѣхъ частей не составится одно цѣлое, которое можно будетъ назвать свойственнымъ ему именемъ. Главное искусство сократика заключается именно въ этомъ извлеченіи понятій: онъ долженъ руководить ребенка такъ, чтобы онъ самъ, на основаніи уже извѣстнаго ему, нашелъ то, что ему теперь нужно уяснить. Если ты желаешь извлечь какое нибудь новое понятіе, напримѣръ, *млекопитающее*, или *любовь*; то поищи между извѣстными ребенку предметами такіе, въ которыхъ бы содержалось искомое понятіе (корова, лошадь; или — отецъ, мать и т. под.): потомъ отдѣли отъ нихъ все, не относящееся къ этому понятію, и укажи только то, что принадлежитъ собственно къ нему; и, наконецъ, дай ученику замѣтить, что все, имѣющее одинаковыя свойства, приводится къ одному названію или понятію. Когда же ты хочешь напомнить ребенку уже объ извѣстномъ ему понятіи, то дай ему или полное опредѣленіе, или приведи отдѣльный характеристическій признакъ опредѣляемаго предмета и предоставь ученику обозначить его по имени; напримѣръ: какъ называются животныя съ теплой, красной кровью, рождающія живыхъ дѣтей и кормящія ихъ молокомъ? Хочешь ли ты довести учениковъ, чтобы они сами отыскали истину какого либо сужденія, (напримѣръ, «невоздержность разстраиваетъ здоровье»), то покажи имъ или основанія, изъ которыхъ они могутъ заключить, что это именно такъ, или приведи дѣйствительные примѣры, изъ которыхъ бы ясно было видно, что въ извѣстныхъ случаяхъ это дѣйствительно было такъ.

*Испытательная катихизація* важна тогда, когда учитель распрашиваетъ ученика съ цѣлію узнать или о силѣ его умственныхъ способностей, или о его познаніяхъ. Въ первомъ случаѣ учитель хочетъ только видѣть, до какой степени развита мыслительная сила испытуемаго; а потому здѣсь должно изслѣдовать: внимательно ли ребенокъ присматривается ко всему окружающему, или только поверхностно сравниваетъ и различаетъ окружающіе его предметы; можетъ ли онъ судить и доказывать свои сужденія о предметахъ, находящихся внѣ его горизонта, при помощи одного внутренняго созерцанія. Во второмъ случаѣ испытующій хочетъ убѣдиться, вѣрно ли понялъ ученикъ сообщенное ему: такое испытаніе учитель производитъ, напримѣръ, повторяя что либо, точно переданное ученику (перечень), или спрашивая вразбивку, или, наконецъ, извлекая уже выясненныя понятія изъ свободной бесѣды съ ученикомъ (разговоръ).

Подъ вліяніемъ Динтера катихетика вошла во всеобщее, и даже крайнее употребленіе въ народныхъ школахъ. Было время, когда хорошій катихетъ и хорошій учитель стали тожественными понятіями, и все искусство обученія полагалось въ ловкомъ употребленіи катихизической методы, пока, наконецъ, не явились противники ея, особенно теологи, которые въ свою очередь стали уже слишкомъ пренебрегать ею. Катехизическую форму преподаванія упрекали въ томъ, будто она вовсе непримѣнима въ томъ случаѣ, когда дѣло идетъ о пріобрѣтеніи положительныхъ знаній; что она имѣетъ въ виду только разсудокъ, на сердце же, на чувство — не обращаетъ никакого вниманія; что она неизбѣжно должна обратиться въ пустую игру словами, въ обоюдное словоизвитіе, въ механическое повтореніе цвѣтистыхъ выраженій; далѣе: что она даже развлекаетъ вниманіе учениковъ, потому что при ней учитель постоянно будетъ заниматься только однимъ ученикомъ, въ дѣтяхъ же развиваетъ кичливое, самонадѣянное тщеславіе, обольщая ихъ мечтою, будто они могутъ самостоятельно создавать мысли, безъ труда надъ усвоеніемъ точныхъ фактическихъ свѣдѣній.... Но многіе изъ этихъ упрековъ несправедливы: къ катихизической формѣ обученія надо прибѣгать именно потому, что она служитъ лучшимъ средствомъ возбуждать и поддерживать вниманіе многихъ учениковъ, ни мало не утомляя ихъ; ибо она вызываетъ самостоятельное мышленіе ученика, обусловливаетъ ясность и опредѣленность преподаванія, и пріобрѣтаемыя свѣдѣнія обращаетъ въ дѣйствительную, прочную собственность ученика. Съ помощію катихизаціи учитель каждое мгновенье можетъ убѣдиться, понялъ ли ученикъ въ чемъ дѣло, и особенно содѣйствовать развитію дара слова въ смыслѣ точнаго, сознательнаго выраженія своихъ мыслей. Правда, катихизической методой нельзя пользоваться тамъ, гдѣ надо прежде всего усвоить положительныя знанія; но за то ее можно съ пользою употреблять въ тѣхъ случаяхъ, когда въ умѣ ребенка уже собрана опредѣленная основа знанія, когда уже выработана извѣстная сумма представленій, которыя должны подлежать дальнѣйшей самостоятельной переработкѣ. Правда и то, что исключительно употреблять катихизацію не слѣдуетъ; но она въ высшей степени благодѣтельна въ соединеніи съ акроаматической методой, особенно когда надо представлять въ сжатомъ обозрѣніи, въ связномъ видѣ то, что было уже выяснено раньше, но еще нуждается въ обобщеніи и осмысленіи.

## Жизнь и дѣятельность Дистервега.

Адольфъ Дистервегъ, одинъ изъ ревностныхъ защитниковъ германской школы противъ несправедливыхъ обвиненій и притязаній на нее, принадлежитъ къ числу самыхъ передовыхъ, прогрессивныхъ педагоговъ Германіи. Общественная дѣятельность его впродолженіе сорока лѣтъ имѣла неотразимое вліяніе на знаніе, духъ и направленіе германскихъ учителей, такъ что его справедливо называютъ ихъ воспитателемъ. Дистервегъ родился въ октябрѣ 1790 г. въ Зинегѣ (въ Вестфаліи); умеръ въ февралѣ 1866 года. Отецъ его служилъ по судебной части, отличался дѣятельностью и честностью, и передалъ эти качества сыну. Еще будучи въ школѣ мальчикомъ, онъ не ограничивался одною ею: пылкій и предпріимчивый по натурѣ, онъ любилъ въ свободное время странствовать, заводить знакомства, особенно съ ремесленниками, узнавать все новое, интересное, и всесторонне вникать въ пеструю окружающую его жизнь. Школа, еще плохая и слабая вначалѣ нынѣшняго столѣтія, дала ему мало; но разъ затронутая любознательность не могла не искать дальнѣйшаго удовлетворенія. Единственно благодаря собственному трудолюбію, онъ пріобрѣлъ свѣдѣнія по всѣмъ предметамъ, знаніе которыхъ необходимо каждому образованному человѣку. Окончивъ курсъ въ латинской школѣ на родинѣ, онъ вступилъ въ герборнскій университетъ, а потомъ перешолъ въ тюбингенскій и отдался изученію теологіи. На 21 году Дистервегъ уже былъ домашнимъ учителемъ въ Мангеймѣ, потомъ школьнымъ учителемъ въ Вормсѣ, а въ 1813 году онъ уже получилъ мѣсто въ образцовой школѣ во Франкфуртѣ на Майнѣ, гдѣ успѣлъ обнаружить не только солидное образованіе, но и замѣчательный талантъ въ практическомъ преподаваніи. Въ 1816 году онъ вступилъ въ члены «Франкфуртскаго общества поощренія полезныхъ знаній», учредилъ при немъ воскресную школу для подмастерьевъ и ремесленныхъ учениковъ, и участвовалъ въ ней самымъ ревностнымъ и безкорыстнымъ образомъ, преподавая въ ней и утромъ, и послѣ обѣда. Надо изумляться этому самоотверженію, если вспомнить, что въ то же время онъ имѣлъ до тридцати уроковъ въ недѣлю въ образцовой школѣ и давалъ отъ 12 до 16 частныхъ уроковъ еженедѣльно для пополненія своего скуднаго существованія. Чрезъ 4 года мы находимъ Дистервега уже въ Эльберфельдѣ учителемъ латинской школы; здѣсь онъ пробылъ два года (съ 1818 — 20), и познакомился съ извѣстнымъ педагогомъ Вильбергомъ, у котораго еженедѣльно собиралось отъ 30 до 50 педагоговъ для бесѣды, для взаимнаго обмѣна научныхъ и самостоятельныхъ опытныхъ знаній. Нѣтъ сомнѣнія, что этотъ педагогическій кружокъ имѣлъ рѣшительное вліяніе на 27-лѣтняго Дистервега, который вознамѣрился окончательно посвятить себя дѣлу образованія своего народа и трудиться прежде всего на пользу народной школы. Въ 1820 г. онъ, какъ нельзя больше кстати, былъ назначенъ директоромъ народно-учительской семинаріи въ Мёрсѣ и далъ внутренній обѣтъ изъ всѣхъ силъ трудиться на этомъ поприщѣ. Вотъ какъ онъ самъ говоритъ объ этомъ: «Сознавая матеріяльныя и нравственныя нужды своего народа, и понимая положеніе многихъ учителей, я добровольно рѣшился сойти съ поприща преподавателя въ высшихъ учебныхъ заведеніяхъ и посвятить себя на всегда образованію народа и всему тому, что его прямо касается. Вмѣстѣ съ тѣмъ, я далъ святое обѣщаніе всѣ силы и средства мои употребить въ пользу народа, его воспитанія и образованія, чтобы со временемъ могъ себѣ сказать: я не напрасно жилъ и трудился.»

Дистервегъ былъ однимъ изъ достойнѣйшихъ учениковъ Песталоцци, идеи котораго онъ воспринялъ. Задачею его жизни отнынѣ сдѣлалось осуществленіе мыслей Песталоцци «о человѣческомъ образованіи, основанномъ на развитіи и ведущемъ чрезъ самодѣятельность къ самостоятельности и самообладанію.» Онъ взялся за дальнѣйшую разработку этой идеи въ ея частномъ примѣненіи къ обученію. И дѣйствительно: ни одинъ педагогъ не указывалъ такъ настойчиво, такъ убѣдительно на эти непреложные законы; ни одинъ столько не трудился надъ ихъ примѣненіемъ, не вступался такъ энергически за ихъ достоинство. Вотъ что говоритъ онъ самъ: «Тамъ, гдѣ школы находятся въ упадкѣ, онѣ упадаютъ виною самихъ учителей; а тамъ, гдѣ онѣ возвысились, ихъ возвысили только учителя. Иначе быть не можетъ. По этому возможно-высокое образованіе духа должно быть главною цѣлію каждой учительской семинаріи. Только образованные, мыслящіе, самостоятельные, словомъ — зрѣлые мужи могутъ быть достойны званія учителя; отъ заучиванья же чужихъ мыслей, отъ безусловнаго принятія предлагаемыхъ истинъ и т. д., ни одинъ человѣкъ не сдѣлается самостоятеленъ, не оживится духовно. Въ человѣческой рѣчи нѣтъ ничего противнѣе систематическаго однообразія, заученности, педагогическаго жеманства и безсмысленнаго повторенія ученыхъ формулъ. Люди съ такимъ заученнымъ образованіемъ не только дѣлаютъ жизнь скучною и невыносимою, но деспотизмомъ своимъ, которому они невольно, безсознательно подвергаютъ веселое, самостоятельное юношество, лишаютъ его свободной естественности и свособразности, и способствуютъ тому, что у насъ такъ мало индивидуально развитыхъ и замѣчательныхъ личностей. Педантическій народъ эти нѣмцы,—говорятъ другіе народы: зная одного — знаетъ ихъ всѣхъ. Это состояніе большею частію есть плодъ нашихъ закоснѣлыхъ школьныхъ педантовъ.» Такъ понималъ Дистервегъ своихъ соотечественниковъ, и въ немъ нѣтъ національнаго самодовольства.... 12 лѣтъ прожилъ онъ въ Мерсѣ, всѣми любимый и уважаемый, довольный своимъ положеніемъ, которое въ матеріяльномъ отношеніи было, однако, очень незавидно, (около 600 тал.). Вѣрность взгляда его на воспитаніе и образованіе всегда подтверждалась на практикѣ; начальство поддерживало его во всѣхъ предпріятіяхъ. Около него собрался педагогическій кружокъ единомыслящихъ друзей. Разность вѣроисповѣданій не останавливала и нисколько не затрудняла его сходиться съ людьми; и въ курсахъ его ученія о религіи одинаково принимали участіе воспитанники и католическаго, и евангелическаго вѣроисповѣданій; учителя обоихъ вѣроисповѣданій собирались подъ его вѣдѣніемъ въ конференціи. Въ тогдашней Германіи эта терпимость была явленіемъ новымъ и необыкновеннымъ. Будучи самъ человѣкомъ глубоко нравственнымъ и религіознымъ, онъ говоритъ: «Общая любовь къ истинѣ ставитъ насъ выше всѣхъ конфессіональныхъ различій и убѣжденій; духовно-здоровые люди выбираютъ своихъ друзей по мимо ихъ сокровенныхъ религіозныхъ убѣжденій.» Но за то онъ ненавидѣлъ піетизмъ и мистицизмъ, видя въ нихъ болѣзненно-мрачное направленіе духа, и предохранялъ отъ этихъ крайностей юношество. Этимъ онъ нажилъ себѣ много опасныхъ враговъ. Прусское правительство пока цѣнило Дистервега. По словамъ почитателя его — Шмиттгеннера: «Пруссія построила при Рейнѣ (въ Кобленцѣ, Кёльнѣ и Везелѣ) три страшныя крѣпости для защиты противъ сосѣдей и для охраны государства. Но она сооружила другую, сильнѣйшую крѣпость — *образованіе народа*. Эту послѣднюю, и самую надежную крѣпость, помогалъ ей строить Дистервегъ, какъ искуснѣйшій въ своемъ дѣлѣ инженеръ.»

Въ 1830 году Дистервегу предложили въ Берлинѣ мѣсто директора при вновь учреждаемой тогда учительской семинаріи для городскихъ школъ; онъ сталъ извѣстенъ въ высшихъ правительственныхъ сферахъ, какъ лучшій знатокъ педагогическаго дѣла. Но жизнь въ Берлинѣ, куда онъ переѣхалъ уже въ 1832 году послѣ холеры, не поправилась ему. Вотъ что онъ разсказываетъ самъ о своемъ прибытіи въ Берлинъ: «5-го мая 1832 года, въ 10 ч. утра, какъ разъ въ то самое время, какъ Меркурій проходилъ чрезъ солнце, я прибылъ въ Берлинъ съ женою и 8-ю дѣтьми. На Рейнѣ я купилъ старый дорожный экипажъ. До тѣхъ поръ онъ еще держался; но въ то самое мгновеніе, какъ почталіонъ въѣхалъ въ Оранiенбургскую улицу, въ которой находилось мое будущее жилище, экипажъ рухнулся. Къ счастію ни кто не ушибся, и даже никто не испугался; мы смѣялись, и намъ казалось очень натуральнымъ, что эта старая колымага, наконецъ, отказалась служить. Мы встали и отправились пѣшкомъ въ семинарію. Но потомъ я не рѣдко вспоминалъ объ этомъ роковомъ приключеніи». Почему же? сейчасъ увидимъ.

Дистервегъ энергически принялся за дѣло и подобралъ прекрасныхъ сотрудниковъ; все пошло благополучно,— но не на долго. Почтеннаго директора многіе еще заблаговременно предостерегали на счетъ приставленнаго къ нему Schulrath'а Шульца, и Дистервегъ по возможности 7 лѣтъ старался съ нимъ ладить. Въ это знаменательное для педагогики время, Дистервегъ предался литературнымъ занятіямъ, которыми пріобрѣлъ себѣ столь справедливую извѣстность. Сочиненія его относятся преимущественно къ народной педагогикѣ и содержатся частію въ отдѣльныхъ книгахъ и брошюрахъ, частію въ различныхъ педагогическихъ журналахъ, особенно же въ издаваемыхъ имъ еще съ 1827 года «Rheinische Blätter». Изданіе это заключаетъ болѣе хорошаго, дѣльнаго и новаго по отношенію къ школѣ, чѣмъ какое либо другое, а потому втеченіе всего своего существованія онъ пользовался наибольшимъ уваженіемъ всѣхъ дѣльныхъ педагоговъ, несмотря на всѣ гоненія на него его противниковъ. Уже въ 1846 году насчитывали 24 сочиненія Дистервега, 260 статей въ «Рейнскихъ листахъ» и множество рецензій по всевозможнымъ педагогическимъ и школьнымъ вопросамъ. Еще въ 1833 году Дистервегъ написалъ первую статью своихъ «Жизненныхъ вопросовъ цивилизаціи», въ которой онъ говоритъ о необходимости воспитанія и образованія низшихъ классовъ народа. «При первомъ взглядѣ на низшія сословія—говоритъ онъ—мы убѣждаемся въ эстетической ихъ грубости, а при ближайшемъ знакомствѣ съ ними—въ умственномъ и нравственномъ ихъ невѣжествѣ, слѣдовательно, и въ ихъ невѣжествѣ вообще. Страсти, а не разумъ управляютъ ими. Страсти эти въ нихъ всегда присущи, хотя и не всегда возбуждены: стоитъ только подать малѣйшій поводъ къ возбужденію ихъ, и онѣ выкажутся во всей своей грубости и губительной наготѣ. Грубая, невѣжественная толпа есть внутренній врагъ государства. Мы должны уничтожить корень зла посредствомъ воспитанія народа и преобразованія его внѣшняго положенія. Неудовлетворительное исполненіе этой важной задачи грозитъ весьма дурными послѣдствіями всему, что существуетъ: закону и правосудію, жизни и собственности. Можемъ ли мы надѣяться, что могучія волненія и движенія черни будутъ подавлены или сдержаны въ неукротимомъ волненіи своемъ одними декретами и административными мѣрами? Пройдутъ еще лѣтъ 10—15 такимъ образомъ—и мы увидимъ гибельные результаты нашего бездѣйствія. Дѣйствуйте же, пока не поздно!» Дистервегъ какъ бы предвидѣлъ безпорядки 1848 года, и говорилъ то, что теперь скажетъ каждый мыслящій человѣкъ, что сознаютъ всѣ лучшія правительства; но тогда, въ 1833 году, многіе стали осуждать Дистервега за подобный образъ мыслей, подозрѣвая въ немъ опаснаго демагога, возстающаго противъ существующаго порядка. Въ другомъ сочиненіи своемъ «Ueber das Verderben auf deutschen Universitäten» (1836) онъ доказывалъ, что высшія учебныя заведенія поселяютъ въ юношествѣ ложную ученость, непримѣнимую къ практической жизни. 15 лѣтъ спустя, Дистервегъ снова высказывается противъ недостатковъ всей нѣмецкой націи и говоритъ: «Во франкфуртскомъ парламентѣ засѣдали отборнѣйшіе изъ націи, извѣстнѣйшіе историки. Они знали всѣ исторіи міра, но научились ли они изъ нихъ хотя чему нибудь? Недозрѣлость нашей націи, какъ высшихъ, такъ и низшихъ сословій, сумасбродство и отсутствіе энергіи, особенно же недостатокъ въ сознаніи законности — суть необходимыя послѣдствія превратнаго и лишеннаго всякой строгости образа воспитанія и образованія въ высшихъ училищахъ и университетахъ.»

Въ борьбѣ за свободу и независимость народной школы, Дистервегъ особенно много нажилъ враговъ себѣ между духовенствомъ, которое въ Германіи, по преимуществу у католиковъ, стремится къ преобладанію въ дѣлѣ народнаго образованія и къ подавленію личности народнаго учителя. Этотъ жизненный вопросъ, поднятый и неустанно поддерживаемый Дистервегомъ, въ настоящее время продолжаетъ волновать всю педагогическую Германію и уже близокъ къ разрѣшенію. Дѣло въ томъ, что народная школа въ Германіи по своей цѣли и по своему историческому происхожденію — *церковная*. Дистервегъ борется за самостоятельность школы, какъ государственнаго учрежденія: онъ хочетъ освободить её отъ преобладающаго вліянія духовенства, отъ эксплуатаціи; требуетъ для нея собственнаго, государствомъ назначаемаго, свѣдущаго начальства; доказываетъ необходимость возвысить положеніе и уваженіе учителей, однимъ словомъ—изъ церковной школы сдѣлать народную въ полномъ смыслѣ. Въ преподаваніи закона Божія онъ, какъ истинный теологъ, требуетъ, чтобы главное вниманіе обращалось на нравственно-религіозную сторону, — а не исключительно на конфессіональную; чтобы дѣти разныхъ исповѣданій могли поступать въ одну школу, какъ это видимъ въ Англіи и Голландіи; чтобы школа приготовляла къ жизни. Враги обвинили Дистервега въ опасныхъ реформаторскихъ стремленіяхъ, и въ 1847 г. его уволили отъ должности, хотя безъ всякой законной причины. Однако онъ и послѣ не переставалъ постоянно требовать того же, и имѣлъ радость видѣть, какъ идеи его болѣе и болѣе входятъ въ общественное пониманіе. Онъ настойчиво доказываетъ необходимость спеціальнаго образованія для учителей, возстаетъ противъ явившихся въ 1854 г. прусскихъ регулятивовъ; онъ же совершенно доказалъ несостоятельность ланкастерской системы взаимнаго обученія, получившей обширное примѣненіе въ Даніи. Вотъ что говоритъ удаленный отъ службы Дистервегъ въ свою защиту: «Мы, учителя, имѣемъ дѣло со школой, съ юношествомъ, — а я только объ этомъ и заботился. Мнѣ никогда не приходило на умъ дѣйствовать непосредственно на государственныя учрежденія, ибо я смотрю на нихъ, какъ на послѣдствіе и необходимый плодъ общечеловѣческаго и національнаго развитія. Имѣть посильное вліяніе на это развитіе и было моею задачей, и будетъ задачею для всякаго истиннаго учителя. Педагогъ стремится къ образованію сознанія чувства и воли; онъ слѣдуетъ разуму, способствуетъ господству разума и разумной свободы. По мнѣнію истиннаго педагога, нѣтъ ни чего безумнѣе, противоестественнѣе и гибельнѣе желанія создать или ввести свободнѣйшее и счастливѣйшее состояніе людей путемъ одного противорѣчія или насилія, а не — воспитанія. Общественныя дѣла и учрежденія, не соотвѣтствующія степени образованія народа и введенныя искуственнымъ образомъ, не долговѣчны, скоро снова исчезаютъ, распространяя только неудовольствіе, недовѣріе, и погружая народъ только въ худшее противъ прежняго состояніе. И потому, какъ истинный педагогъ никогда не станетъ и не можетъ отказываться отъ просвѣщенія человѣчества, такъ точно онъ никогда не сдѣлается демагогомъ, — но всегда будетъ другомъ своего народа. Онъ стремится къ достиженію всего путемъ *естественнаго развитія*: къ этому клонятся всегда и всѣ его стремленія. Послѣдствія такого стремленія могутъ быть только полезны и благотворны, ибо призваніе человѣка состоитъ въ соотвѣтствующей его природѣ дѣятельности, а счастіе совпадаетъ съ достиженіемъ этого призванія. Эти положенія опредѣляютъ причину, цѣль и границу всей моей дѣятельности».

Дистервегъ съ 47 года отказывался вступить въ службу при нынѣшнемъ направленіи прусскаго правительства, и скончался въ началѣ 1866 года, въ Берлинѣ, какъ частный человѣкъ. Онъ до самой смерти продолжалъ начатое имъ съ 1851 года изданіе «Pädagogisches Jahrbuch», по книжкѣ ежегодно, наполненной преимущественно его собственными статьями. Лучшія сочиненія по дидактикѣ собраны имъ и изданы въ двухъ томахъ подъ названіемъ «Wegweiser für deutsche Lehrer», — но въ нихъ много поучительнаго для каждаго педагога.

*Главнѣйшія основанія дидактики и методики Дистервега.*

Обученіе, по Дистервегу, должно прежде всего соотвѣтствовать главному назначенію человѣка вообще, должно подчиняться теологическому принципу. Такимъ принципомъ онъ принимаетъ «самостоятельность въ служеніи истинѣ, добру и красотѣ», желая примирить и формально-субъективный моментъ (самодѣятельность), и реально-объективный (истина, добро, красота). Разные общіе принципы, выставляемые разными философскими системами, оказываются несостоятельными по своей односторонности: въ нихъ или субъективный, или объективный элементы берутъ перевѣсъ. Конечно, само это опредѣленіе не точно, такъ какъ здѣсь можетъ явиться вопросъ: а что же такое — истина, добро и красота? Но понятія эти не носятъ въ себѣ ничего абсолютнаго: они относительны и мѣняются во времени, мѣсту, и даже по возрасту. Такъ для юноши истинно, добро и прекрасно отчасти уже не то, что истинно, добро и прекрасно для старца. Само человѣчество имѣетъ свои возрасты: и младенческій, и юношескій, и старческій. Истина не есть что нибудь готовое, но нѣчто вѣчно развивающееся (Werdendes), она есть продуктъ человѣческой образованности. Въ юности мы удовлетворяемся тѣми истинами, которыя уже не удовлетворяютъ насъ въ періодъ зрѣлости. Въ жизни человѣчества, какъ и природы, одно только постоянно и вѣчно, это — вѣчное измѣненіе (ewiger Fliess). Нерѣдко слѣдующее поколѣніе не только забываетъ истины предшествовавшаго, но даже теряетъ способность ихъ пониманія. Вотъ почему ничто такъ не противорѣчитъ природѣ человѣка, какъ желаніе навязать ей непроложныя, неизмѣнныя воззрѣнія и убѣжденія: такой образъ дѣйствій сковываетъ человѣческій духъ и препятствуетъ его восхожденію къ высшему и высшему знанію. Мы можемъ дать общій принципъ только съ формальной стороны (самодѣятельность), и указать общія цѣли — истину, добро и красоту, — какъ насъ научила понимать ихъ христіанско-европейская цивилизація.

Конечная цѣль всей общественной дѣятельности человѣка, по Фихте, есть культура, т. е. упражненіе всѣхъ силъ для достиженія возможно-полной свободы и независимости отъ всего, что противорѣчитъ нашей человѣческой природѣ. Это дѣятельное стремленіе къ свободѣ есть единственно возможное опредѣленіе человѣка, насколько онъ принадлежитъ къ остальному чувственному міру. Все, что ни предпринимаетъ человѣкъ, должно быть только средствомъ къ достиженію этой конечной цѣли: въ противномъ случаѣ его дѣятельность будетъ лишена разумности. Никто не бываетъ образованъ другимъ, — но каждый самъ себя образуетъ, только при большей или меньшей помощи другаго. Всякое пассивное состояніе есть противоположность образованію, ибо оно действительно достигается только чрезъ самостоятельность, которая имѣетъ цѣлію также самодѣятельность. «Мы поступили бы единственно справедливымъ образомъ, если бы внушили питомцу вмѣстѣ съ Лейбницемъ: совершенствуй себя; вмѣстѣ съ Воллестономъ — каждый поступокъ хорошъ, если онъ есть выраженіе истины; съ Клеркомъ — добродѣтель состоитъ въ томъ, чтобы все разсматривать сообразно съ его природой; вмѣстѣ съ Кантомъ — хорошо поступаетъ тотъ, у кого каждое частное правило, примѣненное имъ къ частному случаю, можетъ стать общимъ правиломъ; вмѣстѣ съ Шмидтомъ — нравственно поступаетъ тотъ, кому будетъ сочувствовать каждый постороннiй свидѣтель его поступка; вмѣстѣ съ Хучисономъ — поступай такъ, какъ велитъ тебѣ твое нравственное чувство, твоя совѣсть; вмѣстѣ съ Руссо — дѣлай то, чего требуетъ твое благополучіе; вмѣстѣ съ Пуффендорфомъ — будь членомъ своего общества; вмѣстѣ съ Аристотелемъ — добродѣтель есть средина между двумя преступленіями. И если человѣкъ будетъ отъ этихъ принциповъ заключать дальше, онъ создастъ себѣ какъ бы тѣ радіусы, которые отъ периферіи приведутъ его къ центру, гдѣ лежитъ разумность и истина» (Фихте).

Все свободное, человѣческое, самостоятельное исходитъ изъ самодѣятельности; вся поэзія, мышленіе, наблюденіе, чувствованіе, самообладаніе, всѣ наши рѣчи и дѣла — все сосредоточивается въ одномъ этомъ пунктѣ. Человѣкъ становится тѣмъ, чѣмъ ему должно быть, лишь не иначе, какъ чрезъ свободное развитіе своей природы, ибо также развивается все органическое, заключающее въ себѣ самомъ законы своего развитія. Организмъ растетъ, такъ сказать, извнутри себя, а не извнѣ, содержа въ себѣ самомъ стремленіе къ своему развитію. Природа только способствуетъ этому развитію растенія, даруя ему свѣтъ, воздухъ, теплоту и влажность. Подражайте же, воспитатели, природѣ! Дайте расти дитяти тѣлесно и духовно; предоставьте необходимый просторъ его развитію; ищите случая, чтобы оно могло въ дѣятельности проявить свои силы: въ этомъ заключается вся мудрость воспитанія. Человѣкъ требуетъ свободнаго, всесторонняго, гармоническаго развитія всѣхъ своихъ силъ, для безпрепятственнаго проявленія ихъ въ дѣятельности по внутреннимъ, прирожденнымъ человѣческой природѣ законамъ.» Принципъ Дистервега вообще можетъ быть названъ принципомъ свободнаго развитія, сообразнаго съ природой человѣка и съ законами самого развитія. Этому принципу противоположны три другіе: принципъ *деспотизма, механизма* и *эманаціи*. Произвольное, деспотическое воспитаніе не заботится о томъ, чего требуетъ природа, а дѣйствуетъ по капризу, по внѣшнимъ, постороннимъ побужденіямъ, по преходящимъ случайностямъ. Механическое воспитаніе думаетъ только о внѣшнемъ, объективномъ образованіи, о томъ, чтобы дитя усвоило себѣ то или другое знаніе, и переходитъ въ выучку или дрессировку. Принципъ эманаціи исходитъ не изъ природы человѣка, а изъ того, что внѣ ея, сообщаетъ готовыя мысли и ставитъ питомца въ полную зависимость отъ слѣпаго авторитета. Истинно педагогическій принципъ развитія, признаваемый Дистервегомъ, требуетъ отъ воспитателя уваженія какъ къ общечеловѣческой, такъ и индивидуальной, особенной природѣ человѣка; требуетъ возбужденія ея къ раскрытію, къ свободному проявленію, къ самостоятельной дѣятельности; требуетъ сообразнаго съ природою, и потому пріятнаго для дѣтей занятія съ ними; требуетъ споспѣшествованія развитію внѣшнихъ чувствъ, укрѣпленію тѣла, его частей и органовъ; приведенія къ тому, чтобы дитя само все видѣло и слышало, само доискивалось и само находило искомое; постояннаго движенія впередъ по пути развитія и т. п. Такой взглядъ на дѣло воспитательнаго обученія не допускаетъ произвольнаго обхожденія съ природою человѣка, отвергаетъ всякіе механическіе, безотчетные пріемы; исключаетъ выучку или дрессировку какого бы то рода ни было, безмысленное наполненіе памяти заученными фразами, отвергаетъ однообразіе, убійственное при наклонности дѣтской природы къ разнообразію.

Дистервегъ не строитъ никакой педагогической системы, и въ этомъ полагаетъ свое отличительное достоинство, потому что человѣческая природа, при ея безконечномъ разнообразіи, не терпитъ никакого систематическаго насилія. Онъ допускаетъ не систему, а только *основныя правила*, стремясь къ свободному развитію человѣческой природы въ ея безконечномъ видоизмѣненіи. Воспитатели обыкновенно говорятъ, что они, какъ практики, нуждаются въ твердыхъ правилахъ для своей дѣятельности,—а не въ принципѣ, не въ началѣ, которое кажется имъ чѣмъ-то выспреннимъ, шаткимъ, не положительнымъ, неуловимымъ. Но эти, такъ называемые, практическіе педагоги забываютъ, что въ принципѣ также есть творческая сила, и что потому нѣтъ ничего положительнѣе, какъ живой, прирожденный человѣку принципъ, который съ непреложною необходимостью все, что ни творитъ — творитъ положительно. Кромѣ того, они должны имѣть довѣріе къ человѣческой природѣ и убѣдиться, что естественнымъ образомъ возбужденныя человѣческія силы могутъ производить только то, что имъ сообразно и что удовлетворяетъ потребностямъ человѣка. При такомъ только довѣріи къ этому принципу, при убѣжденіи въ его справедливости, педагогу можно приступить къ развитію человѣка съ полнымъ самоотверженіемъ. Истинный воспитатель, по мнѣнію Дистервега, вовсе не думаетъ, какъ бы сдѣлать изъ воспитанника то или другое, какъ бы привести его къ заранѣе поставленной какой либо частной цѣли. Онъ признаетъ себя только орудіемъ общаго принципа развитія, помощникомъ творческой силы человѣческой природы. Онъ черпаетъ свои правила изъ психологическихъ законовъ, а не изъ одной такъ называемой дѣйствительности, иногда пошлой, не изъ преходящихъ законовъ. Педагогическій принципъ есть принципъ живой, ибо жить значитъ — развиваться. Будущность принадлежитъ ему, и все, что ему противоположно — противоположно самой жизни; всякій застой, всякая реакція въ развитіи, есть смерть. Общіе законы и правила, которыми должно руководиться при всякомъ преподаваніи, во всякомъ обученіи, не иначе могутъ быть выведены, какъ изъ принципа свободнаго человѣческаго развитія, а потому они находятся въ зависимости отъ понятія о томъ, въ чемъ состоитъ особенность человѣческой природы. Природа эта состоитъ во врожденныхъ человѣку способностяхъ: въ нихъ лежатъ сѣмена или условія для послѣдующаго его развитія. Способности эти не могутъ быть ни пріобрѣтаемы, ни утрачиваемы. Если въ комъ нѣтъ къ чему ли способности отъ природы, то наставники или воспитатели не могутъ придать ее. Развитіе способности возможно только тогда, когда она уже существуетъ, какъ дѣйствительный фактъ. Но если способность и существуетъ, а не будетъ развита, она заглохнетъ. Способность заключаетъ въ себѣ только возможность къ развитію, и еще не представляетъ въ себѣ ничего количественнаго. Для развитія же необходимо посредство или внѣшняя помощь, состоящая въ воздѣйствіи, во вліяніи на способность, въ возбужденіи ея. Безъ возбужденія развитіе способности невозможно; слѣдовательно, воспитывать, значитъ только возбуждать способность. Если образованіе состоитъ въ развитіи, совершаемомъ по идеи или мысли, поставляемой какъ цѣль, къ которой направляется вся дѣятельность; то образованіе способности состоитъ не въ чемъ другомъ, какъ въ ея возбужденіи для опредѣленной цѣли. Принципъ свободнаго развитія во всей широтѣ его понималъ еще Сократъ.

Стремленіе къ развитію, лежащее въ способности, не есть нѣчто неопредѣленное, т. е. не есть стремленіе къ какому бы то ни было развитію, но совершенно опредѣленное: именно къ такому-то, а не къ другому развитію. Не изъ всякой способности выходитъ что угодно, но только то, къ чему въ ней уже лежитъ стремленіе. Вотъ почему и возбужденіе данной способности должно быть совершенно опредѣленное, или соотвѣтственное сущности этой способности. Если возбужденіе не будетъ соотвѣтствовать данной способности, то она или совсѣмъ останется въ бездѣйствіи, или же развитіе ея приметъ неестественное, неправильное направленіе (напримѣръ, религіозное чувство). Слѣдовательно, каждая способность имѣетъ свою особенную сущность, свой законъ развитія. Но какъ же развивать способность? Это не зависитъ отъ произвола человѣка, но отъ самой способности: изъ нея самой воспитатель долженъ черпать правила для ея развитія. Но хотя то, чѣмъ человѣкъ можетъ стать, врождено ему; хотя путь, по которому направится развитіе врожденной ему способности, опредѣленъ законами природы; но будетъ ли на самомъ дѣлѣ такъ, какъ могло бы быть, разовьется ли врожденная человѣку способность такъ, какъ могла бы она развиться, — это зависитъ отъ внѣшнихъ, благопріятныхъ или неблагопріятныхъ обстоятельствъ.

Развить или образовать человѣка, безъ собственнаго его въ томъ участія, безъ его дѣятельности и усилія — невозможно; въ каждомъ человѣкѣ врождена только воспріимчивость той или другой способности къ впечатлѣніямъ или внѣшнему возбужденію, къ развитію и къ образованію. Самодѣятельность, которая есть вмѣстѣ и средство, и слѣдствіе развитія или образованія, зависитъ отъ энергіи способности, отъ степени ея возбужденія и отъ способа самого развитія. Однако же, и при этихъ условіяхъ, самодѣятельность и самостоятельность суть плоды собственныхъ трудовъ человѣка. Самостоятельность не есть наслѣдственная, но пріобрѣтаемая и потомъ уже не отъемлемая, не отчуждаемая собственность; она есть сущность и продуктъ человѣческаго духа. Воспитаніе для человѣка оканчивается, т. е. достигаетъ своей цѣли, когда онъ созрѣлъ на столько, что чувствуетъ въ себѣ желаніе и силу продолжать во всю остальную жизнь свое самообразованіе, и когда онъ понимаетъ, какимъ образомъ онъ можетъ и долженъ образовывать себя все болѣе и болѣе. Каждый человѣкъ по этому есть прежде всего самъ виновникъ того, какіе результаты дала его жизнь; но въ дѣтствѣ онъ еще не сознаетъ этого, а за него сознаетъ воспитатель. Что бы вышло изъ человѣка при другомъ воспитаніи или при другихъ способностяхъ, о томъ никакъ нельзя произнести вѣрнаго сужденія; а потому этотъ вопросъ принадлежитъ къ множеству другихъ пустыхъ вопросовъ. Другое дѣло, если мы будемъ разсуждать: что можно бы изъ себя сдѣлать при данныхъ способностяхъ и уже при полученномъ воспитаніи: такой вопросъ, въ періодъ полнаго самосознанія, весьма важенъ для всей нашей послѣдующей жизни. Ребенокъ не имѣетъ и не можетъ имѣть никакого предвзятаго плана для своего образованія, но можетъ только проявлять наклонности, обнаруживать способности, угадывать которыя есть дѣло взрослаго, воспитателя.

Всякое духовное развитіе начинается съ самаго малаго, съ едва замѣтной точки, и потомъ можетъ восходить до maximum или до конечнаго предѣла, поставляемаго вообще человѣческому развитію. Но мы не знаемъ, гдѣ этотъ предѣлъ. Кромѣ этого общечеловѣческаго maximum, есть еще личное, для каждаго человѣка особенное развитіе; оно опредѣляется возможно совершеннѣйшимъ согласіемъ между его способностями и ихъ возбужденіемъ, и стоитъ всегда ниже человѣческаго maximum, хотя каждый человѣкъ можетъ болѣе или менѣе способствовать расширенію горизонта, ограничивающаго все человѣчество. Процессъ развитія каждой способности, отъ начальной до конечной точки развитія, отъ minimum до maximum, совершается безъ скачковъ, безъ пробѣловъ, безпрерывно, постепенно,—хотя эти ступени не всегда могутъ быть указаны, потому что духъ есть не экстенсивная, а интенсивная величина, допускающая понятіе не о различномъ объемѣ дѣятельности, а только о различной ея степени. Но и самыя эти степени не могутъ быть опредѣлены математически точно, механически, такъ какъ духъ нашъ есть величина несоизмѣримая. Развитіе способностей происходитъ послѣдовательно во времени. Не всѣ способности развиваются въ одно и то же время съ одинаковою силой, и притомъ, такъ какъ духъ нашъ есть стройный организмъ, развитіе однѣхъ способностей непремѣнно предполагаетъ развитіе другихъ. Первыя называемъ мы высшими, а вторыя — низшими; такъ напримѣръ, образованіе разсудка или ума предполагаетъ въ извѣстной степени развитіе созерцательной способности, воображенія, памяти и т. д. Духъ человѣческій, не смотря на различіе его способностей, представляетъ одно цѣлое; а потому мы должны бы говорить собственно о развитіи одной способности мышленія, только съ разныхъ сторонъ и въ различныхъ направленіяхъ, такъ что каждое возбужденіе или развитіе съ одной стороны, или въ одномъ направленіи, уже дѣйствуетъ на весь духъ человѣческій. Но для большей ясности говорятъ обыкновенно о разныхъ способностяхъ, однако разумѣя подъ этимъ развитіе всего духа, какъ единаго цѣлаго, но въ разныхъ направленіяхъ. Слѣдовательно, можно принять положеніе, что развитіемъ духа въ высшихъ его направленіяхъ уже предполагается развитіе низшихъ способностей, или, что все равно — развитіе способности вообще въ низшихъ ея направленіяхъ. Въ духѣ нашемъ все находится во взаимодѣйствіи, и одна способность дѣйствуетъ на другую: развивайте каждую способность — и разовьется весь духъ. Впрочемъ, надо замѣтить, что возбужденіе высшей способности дѣйствуетъ гораздо сильнѣе на низшую, чѣмъ на оборотъ, хотя начинается развитіе прежде всего съ пробужденія низшихъ способностей, которыми человѣкъ сограниченъ съ животными. Вотъ почему, хотя всегда должно начинать съ развитія низшихъ его способностей: ощущенія, наблюденія, вниманія, представленія, воображенія, памяти и т. д., какъ съ основаній для высшихъ, — но важнѣе всего развитіе высшихъ, составляющихъ цѣль для низшихъ и управляющихъ ими.

Чѣмъ ранѣе, т. е. чѣмъ своевременнѣе будутъ возбуждены способности, тѣмъ легче онѣ разовьются; и наоборотъ: чѣмъ позже, тѣмъ труднѣе. Съ другой стороны, тѣмъ труднѣе развить какую нибудь способность, чѣмъ долѣе и сильнѣе были упражняемы прочія способности, между тѣмъ какъ та способность оставалась безъ возбужденія, потому что, чѣмъ болѣе привыкаетъ духъ двигаться по извѣстному направленію, тѣмъ труднѣе дать ему другое направленіе. Одна способность въ одностороннемъ и крайнемъ развитіи непремѣнно производитъ ослабленіе въ другой, и наоборотъ. Истинное воспитаніе стремится къ развитію, *сообразному съ природой*: это значитъ, что оно не допускаетъ ничего несвоевременнаго, непостепеннаго, ничего скороспѣлаго въ одномъ отношеніи и недозрѣлаго въ другомъ. Совершенное воспитаніе обыкновенно полагаютъ въ полномъ, согласномъ (гармоническомъ) развитіи всѣхъ способностей человѣка, потому что всякая способность дана человѣку не съ тѣмъ, чтобы она осталась неразвитою, но принимаютъ за правило, что самое развитіе всѣхъ способностей должно совершаться по закону согласія или гармоніи. Не найдется ни одного человѣка, который защитилъ бы несогласіе или дисгармонію. Но, тѣмъ не менѣе, выраженіе: согласное или «гармоническое развитіе» есть выраженіе неопредѣленное, и ему нельзя придавать безконечно широкаго, абсолютнаго значенія. Обыкновенно, чтобы придать этому понятію опредѣленность и сдѣлать его, такимъ образомъ, плодотворнымъ для практики, нѣкоторые педагоги составляютъ себѣ понятіе о совершенномъ человѣкѣ, какъ о человѣкѣ развитомъ равномѣрно во всѣхъ отношеніяхъ, во всевозможныхъ направленіяхъ, и ставятъ это понятіе образцомъ или идеаломъ при развитіи человѣка въ дѣйствительности. Но едва ли можетъ существовать въ дѣйствительности человѣкъ, который обладалъ бы всѣми возможными способностями въ равной степени, такъ что изъ него все могло бы выйти. Въ самомъ дѣлѣ: понятіе о такомъ нормальномъ человѣкѣ мало принесетъ практической пользы, такъ какъ оно исключаетъ понятіе объ извѣстномъ талантѣ, всѣми же талантами человѣкъ не можетъ обладать; кромѣ того, такое стремленіе къ гармоніи можетъ привести къ преднамѣренному подавленію извѣстныхъ, врожденныхъ способностей или талантовъ, можетъ превратиться въ систематическое обезличиваніе питомцевъ. Слѣдовательно, необходимо ограничить и самое понятіе о гармоническомъ развитіи человѣческихъ способностей тою ихъ мѣрою и степенью, каковы возможны въ данномъ человѣкѣ, и притомъ въ стремленіи къ гармоническому развитію надо имѣть въ виду только основныя способности нашего духа, составляющія какъ бы его элементы. Конечно, чтобы вполнѣ узнать, какія особенныя способности и въ какой степени находятся въ отдѣльномъ, данномъ лицѣ, для этого нужна необычайная проницательность, и при самой проницательности точность въ опредѣленіи степени интенсивности невозможна; но изъ-за всего этого еще не должно вовсе отвергать понятія о гармоническомъ развитіи, хотя бы оно оставалось навсегда недосягаемымъ идеаломъ; не должно отвергать именно въ силу органическаго строенія духа. Принципъ гармоническаго развитія, ограниченный индивидуальностью способностей, остается неизмѣннымъ, особенно въ раннемъ дѣтскомъ возрастѣ. Все общечеловѣческое: умъ (практическій и теоретическій), чувство (эстетическое, религіозное и др.), воля, память, воображеніе, вниманіе, наблюдательность, даръ слова, внѣшнія чувства, однимъ словомъ, весь духъ въ его общечеловѣческихъ проявленіяхъ подлежитъ всестороннему развитію. Выйдетъ ли же изъ человѣка потомъ математикъ, музыкантъ, миссіонеръ, техникъ и т. д. —это не можетъ лежать на отвѣтственности воспитателя, которому остается только слѣдовать природѣ во всѣхъ ея нормальныхъ проявленіяхъ. Не изъ всякаго человѣка можетъ и должно выйдти одно и то же, помимо его общечеловѣческихъ свойствъ. Если люди и всѣ одарены одинаковымъ количествомъ способностей, что несомнѣнно (исключая аномаліи); то нельзя не согласиться, что степень, въ какой они обладаютъ ими, весьма различна. Иная способность въ томъ или другомъ человѣкѣ такъ слаба, что на развитіе ея не стоитъ терять ни много времени, ни денегъ. Хотя каждый изъ насъ будетъ стремиться къ гармоническому развитію своихъ способностей, но, при индивидуальномъ различіи каждаго, произойдетъ и то безконечное разнообразіе между людьми въ ихъ способностяхъ и проявленіяхъ, которое не только возможно, но и необходимо, разумно. Составляя общество, люди образуютъ одно цѣлое; слѣдовательно, человѣческое общество есть единство разнообразнаго множества людей. Чего одинъ не имѣетъ и не можетъ сдѣлать, то имѣютъ и могутъ сдѣлать другіе. Такъ люди восполняютъ взаимно свои недостатки, а потому общаго, гармоническаго развитія, въ самомъ строгомъ смыслѣ надо искать не въ одномъ человѣкѣ, а въ цѣломъ человѣчествѣ, по справедливому выраженію Шефера: «Ein Mensch ist nicht das Tausendtheil vom Menschen: das menschliche Geschlecht ist erst der Mensch». Такимъ образомъ, Дистервегъ во главѣ своего дидактическаго ученія ставитъ не гармоническое развитіе способностей, такъ какъ этотъ принципъ оказывается несостоятельнымъ, а свободу и слѣдованіе природѣ въ ея лучшихъ, божественныхъ сторонахъ.

По ученію Дистервега, духъ человѣческій связанъ съ тѣломъ самымъ тѣснымъ образомъ. Человѣкъ представляетъ собою полное гармоническое цѣлое; если мы двоимъ его, то только въ отвлеченіи. Какимъ образомъ духъ связанъ съ тѣломъ — это не разрѣшимая тайна; мы видимъ не болѣе, какъ ихъ взаимодѣйствіе въ его проявленіи, но не въ сущности. Всякое отправленіе души происходитъ посредствомъ тѣлесныхъ органовъ, и при этомъ всякое неправильное образованіе органа препятствуетъ соотвѣтственному отправленію души. Развитіе органа идетъ одновременно и параллельно съ развитіемъ той душевной способности, которая посредствомъ него дѣйствуетъ. Принципъ гармоническаго развитія, который также имѣетъ свое относительное значеніе, требуетъ полнаго развитія тѣла и духа; но главную цѣль, все достоинство жизни мы поставляемъ въ духовномъ, а не въ одномъ тѣлесномъ развитіи; слѣдовательно, второе есть только средство для перваго. Развитіе ума еще менѣе зависитъ отъ тѣла; но чувство и воля связаны съ развитіемъ тѣла самымъ тѣснѣйшимъ образомъ (примѣръ нервныхъ людей). Конечная формальная цѣль развитія или воспитанія вообще (т. е. и обученія) есть самостоятельность и самодѣятельность питомца. Человѣкъ приноситъ съ собою въ жизнь только способность или возможность къ самодѣятельности. На низшей ступени эта способность проявляется въ видѣ воспріимчивости ко внѣшнимъ побужденіямъ или впечатлѣніямъ; на высочайшей же степени она состоитъ въ самостоятельной дѣятельности по ясно сознаннымъ, твердымъ основнымъ началамъ или принципамъ. Пока человѣкъ дѣйствуетъ по однимъ внѣшнимъ вліяніямъ и побужденіямъ, до тѣхъ поръ онъ стоитъ на низкой степени развитія; но чѣмъ болѣе становится онъ независимымъ отъ внѣшности, тѣмъ свободнѣе совершается его развитіе. Человѣкъ живетъ не для пассивнаго положенія, не для того, чтобы только страдать и переносить, но — чтобы желать и дѣйствовать. Эта-то самостоятельная дѣятельность съ цѣлію познаванія называется мышленіемъ; самостоятельность желанія есть стремленіе; самостоятельность воли есть творчество. Умъ познаетъ истину; чувство желаетъ наслажденія; воля создаетъ благо, — а благо есть то, что истинно и доставляетъ наслажденіе.

При воспитаніи необходимо противодѣйствовать какъ тупости, противоположной воспріимчивости, такъ и вялости, противоположной самодѣятельности. Здоровыя, нормальныя дѣти легко всѣмъ возбуждаются: они воспріимчивы, дѣятельны съ утра до вечера; въ нихъ ключемъ бьетъ жизнь. Сохраняйте же въ нихъ эти драгоцѣнныя качества и усиливайте ихъ! Возбуждайте высшія способности: умъ, чувство и волю къ дѣятельности и направляйте ихъ ко всему разумному, доброму и полезному. Только при такомъ воспитаніи человѣкъ можетъ сдѣлаться владыкою собственной своей жизни, господствовать надъ самимъ собою и свободно опредѣлять себя къ дѣятельности. Одна воспріимчивость, развитая односторонне, не приведетъ учащагося къ самодѣятельности. Чѣмъ болѣе какая либо метода осуждаетъ человѣка на пассивность, облегчая только одну возможность усвоенія, тѣмъ она хуже; но метода тѣмъ лучше, чѣмъ болѣе возбуждаетъ она къ самостоятельной дѣятельности въ извѣстныхъ направленіяхъ.

Хотя процессъ развитія и непрерывенъ, но мы можемъ мысленно отличить три ступени, по которымъ человѣкъ непремѣнно долженъ пройти, чтобы придти къ общей формальной цѣли своего развитія, начиная съ состоянія неопредѣленности, и восходя къ опредѣленности и особности: во первыхъ, *чувственность* или то состояніе, при которомъ духовная дѣятельность находится еще въ полной зависимости отъ внѣшняго возбужденія. Внутренней дѣятельности души, независимой отъ случайнаго, минутнаго возбужденія, еще нѣтъ: исчезаетъ внѣшнее возбужденіе, съ нимъ вмѣстѣ исчезаетъ и самая дѣятельность. Стоящій на этой ступени человѣкъ находится еще въ состояніи дикости, необразованности, близкомъ къ состоянію животнаго. Таково дитя въ первомъ періодѣ жизни, въ своемъ дѣтствѣ: оно вполнѣ предается дѣйствующимъ на него въ данную минуту силамъ, и собственная иниціатива еще очень слаба, а если и проявляется, то неразумно. Въ немъ еще незамѣтно ни должной связи въ представленіяхъ, ни опредѣленнаго, продолжительнаго настроенія духа, ни постоянныхъ привычекъ и наклонностей. Во вторыхъ, вторая ступень характеризуется *привычкой* и *фантазіей*. Душа уже возвышается надъ внѣшними, минутными побужденіями; представленія связываются все болѣе и болѣе; пріобрѣтаются привычки; внутренняя дѣятельность значительно проявляется во внѣ, но еще не доходитъ до самостоятельности. Въ этомъ періодѣ преобладаетъ или механическая привычка, или же живая игра воображенія, фантазія. Это періодъ юности. Въ третьихъ, наконецъ, настаетъ періодъ свободнаго *самоопредѣленія* къ дѣятельности, какъ вѣнецъ всего предшествовавшаго развитія. Душа и теперь продолжаетъ возбуждаться внѣшними впечатлѣніями, но они уже не опредѣляютъ всей ея дѣятельности. Возвышаясь надъ механизмомъ какого либо занятія, надъ силою привычки, надъ господствомъ обычаевъ и нравовъ, она дѣйствуетъ уже на основаніи своихъ собственныхъ рѣшеній, сознательно и разумно. Душа, конечно, продолжаетъ пользоваться пріобрѣтенными, механическими привычками, но только для того, чтобы удобнѣе и свободнѣе было ей самой двигаться въ своей сферѣ и преобразовывать себя и все окружающее сообразно своимъ цѣлямъ. Теперь душа является независимою, самостоятельною, свободною; разумъ вступилъ во всѣ свои права; воля достигла высшей упругости. Это періодъ возмужалости человѣка, когда оканчивается преднамѣренное воспитаніе, и начинается самовоспитаніе, а вмѣстѣ и полная нравственная отвѣтственность за самаго себя.

Карлъ Шмидтъ въ «Buch der Erziehung» дѣлитъ возрастъ, подлежащій воспитанію на младенчество, дѣтство, отрочество и юность, послѣ которой наступаетъ уже періодъ зрѣлости. Младенчество продолжается до двухлѣтняго возраста. За нимъ слѣдуетъ дѣтство, продолжающееся до 7 или 8 лѣтъ, пока преобладаетъ дѣятельность пищеварительныхъ органовъ: дитя много и часто ѣстъ; въ тѣлѣ его прибавляется много новыхъ частицъ, и особенно много отлагается подкожнаго жиру, отчего происходитъ округленность формъ дитяти; этотъ возрастъ отличаютъ молочные зубы, хрящеобразныя кости и мягкія мускулы. Отрочество продолжается до 14 и 15 лѣтъ, пока молочные зубы выпадаютъ и замѣняются постоянными; кости твердѣютъ, мускулы усиливаются, легкіе развиваются; все тѣло крѣпнетъ, дѣлается болѣе стройнымъ и физіономія получаетъ выраженіе. Юношескій періодъ длится до 21 или 22 лѣтъ; переходъ къ юношеству часто сопровождается неопредѣленными, болѣзненными ощущеніями, сильною чувствительностью и раздражительностью нервовъ; тѣло окончательно формируется, и въ концѣ этого періода человѣкъ готовъ уже вступить въ самостоятельную жизнь. Такимъ образомъ К. Шмидтъ полагаетъ въ основаніе дѣленія физіологическіе признаки, а Дистервегъ—психологическіе, и потому у послѣдняго основы дѣленія хотя также вѣрны, но менѣе точны и доказательны. При томъ же надо замѣтить, что принимаемыя имъ ступени духовнаго развитія не всегда соотвѣтствуютъ періодамъ жизни каждаго человѣка: его дѣтству, юности и возмужалости, и не о всякомъ старикѣ можно сказать, что онъ прошолъ всѣ эти три ступени. Въ дѣйствительности онѣ не разграничены между собою съ такою рѣзкостью, какъ разграничены у Дистервега только для лучшаго пониманія ихъ; напротивъ: онѣ представляютъ переходы, оттѣнки, и даже смѣшиваются въ одномъ и томъ же періодѣ жизни; въ душѣ человѣка въ одно и то же время одна дѣятельность можетъ принадлежать къ высшей ступени, а другая—къ низшей. Слѣдовательно, эта неопредѣленность дѣленія совершенно справедлива и вѣрна природѣ духа, жизнь котораго менѣе уловима, чѣмъ жизнь органическая. Ступени эти представляютъ только естественный, нормальный процессъ человѣческаго развитія, такъ что, при благопріятныхъ обстоятельствахъ, человѣкъ развивается именно по этимъ ступенямъ, переходя каждую изъ нихъ втеченіе соотвѣтствующаго ей періода.

Говоря постоянно о самостоятельности, самоопредѣленіи, о свободномъ развитіи духа, Дистервегъ подъ понятіемъ свободы отнюдь не разумѣетъ неограниченной, безусловной свободы мышленія и воли, а признаетъ принципъ только разумной, т. е. относительной свободы. Человѣкъ не можетъ мыслить, не можетъ считать истиннымъ всего, что ему захочется; онъ не можетъ творить совершенно новыхъ представленій, а лишь комбинируетъ ихъ. Самый свободный, самый геніяльный мыслитель связанъ закономъ ассоціаціи представленій и вообще законами логическими: такъ мы не можемъ скачками переходить отъ одной мысли къ другой и т. под. Съ другой стороны, свобода воли не состоитъ въ способности дѣйствовать безъ всякаго основанія, безъ намѣренія и цѣли, но въ зависимости отъ природной необходимости, отъ чувственныхъ побужденій и т. под. Далѣе, свободу не должно смѣшивать, какъ весьма часто дѣлается, съ произволомъ дѣлать что хочешь, что вздумается. Напротивъ: чѣмъ болѣе человѣкъ развивается, совершенствуется, тѣмъ болѣе свобода его чуждается произвола, такъ что въ совершенномъ, вполнѣ развитомъ человѣкѣ свобода рѣшительно совпадаетъ съ необходимостью: такой совершенный, идеальный человѣкъ могъ бы и хотѣлъ бы мыслить и приводить въ исполненіе только то, что должно, необходимо, разумно. Такимъ образомъ, съ каждымъ шагомъ по пути развитія и совершенствованія, свобода увеличивается, сфера же произвола стѣсняется. Чѣмъ невѣжественнѣе и грубѣе человѣкъ, тѣмъ обширнѣе для него сфера произвольныхъ представленій и дѣйствій, тѣмъ менѣе онъ стѣсненъ разумностью, а потому внѣшняя сила закона, какъ религіознаго, такъ и государственнаго, тѣмъ для него необходимѣе. Грубый человѣкъ представляетъ себѣ много такого, чего не можетъ представить себѣ ни одинъ образованный человѣкъ, и дѣлаетъ много такого, что совершенно невозможно нравственно развитому человѣку. Истина, разумность дѣлаютъ насъ менѣе свободными — отъ ложныхъ представленій и дурныхъ чувствованій, мыслей и желаній всякаго рода; но въ тоже время ограничиваетъ наше мышленіе и волю одною сферою, которую можно назвать сферою истины и добра. Обычаи, нравы и законы, если только они хороши, разумны, считаютъ несправедливымъ стѣсненіемъ своей свободы только такіе люди, которые еще не согласили въ себѣ мышленія и воли съ истиной, не развились до разумности, и для такихъ не доразвившихся людей, лишенныхъ способности разумнаго самоопредѣленія, подобное стѣсненіе дѣйствительно существуетъ въ субъективномъ отношеніи, но его нѣтъ въ объективномъ, съ точки зрѣнія истины и блага. Кто дошелъ до согласія своего разума и воли съ истиной и благомъ, тотъ видитъ въ праведныхъ Божескихъ и въ человѣческихъ законахъ, принимаемыхъ въ ихъ совершеннѣйшемъ значеніи, не внѣшнее ограниченіе своей свободы, не принужденіе, а только внѣшнее выраженіе своей сущности, собственной развитой природы. Питомца должно съ помощію образованія, т. е. расширенія области его духа, возводить со степени произвола на степень свободы и самоопредѣленія.

Изъ психологическихъ законовъ, какъ понимаетъ ихъ Дистервегъ, выводятся у него общія дидактическія правила, которыя для удобства можно раздѣлить на *четыре* разряда: одни касаются преимущественно учащагося, другіе болѣе — предметовъ обученія, третьи — внѣшнихъ обстоятельствъ, въ которыя бываетъ поставленъ учитель, наконецъ, четвертые — самаго учителя или наставника. Въ изложеніи общей дидактити у Дистервега учащійся поставляется какъ главное, какъ цѣль, а затѣмъ все прочее: учебный матеріалъ и даже самъ наставникъ разсматриваются только какъ средства къ достиженію главной цѣли — образованія ученика. Этимъ объясняется и та система, въ которой у него излагается общая дидактика.

*I. Правила обученія по отношеніи къ учащемуся.*

1) *Учите сообразно съ природою*. Наставникъ долженъ руководиться природою человѣка и законами ея развитія. Изъ этого правила проистекаютъ всѣ прочія, а потому для воспитателя важнѣе всего узнать человѣческую природу вообще, и природу своего питомца въ особенности. Для этого главной руководительницей явится психологія; но кромѣ того, внимательно наблюдайте за самимъ воспитанникомъ, и вы можете достигнуть такихъ разультатовъ, которые освѣтятъ и направятъ всю вашу дѣятельность. Зная психологію, наставникъ путемъ дедукціи постоянно будетъ искать примѣненія общихъ законовъ къ частнымъ особенностямъ развиваемаго субъекта, и изъ наблюденій надъ нимъ и другими субъектами индуктивно выработаетъ себѣ самостоятельныя психологическія познанія дѣтской и юношеской природы. Если же это не будетъ выполнено педагогомъ, онъ останется безвыходно въ потемкахъ и станетъ бродить въ нихъ вмѣстѣ съ своимъ питомцемъ до тѣхъ поръ, пока не пробьетъ часъ освобожденія его невинной жертвы.

2) *Соображайтесь съ естественными ступенями или періодами человѣческаго развитія*. Самостоятельная дѣя-

тельность въ первый періодъ дѣтства проявляется преимущественно въ видѣ тѣлесной, физической дѣятельности. Въ это время дѣти лучше всего любитъ игры, — и пусть играетъ! Воспитатель долженъ воспользоваться этой преобладающей наклонностью для общаго развитія тѣла гимнастикою, которую не слѣдуетъ прекращать и послѣ, чтобы душа, развитая до самостоятельности, могла застать и тѣло уже до того развитымъ, чтобы оно могло быть наиболѣе послушнымъ ея орудіемъ. Духовная воспріимчивость принимаетъ видъ какъ бы одной дѣятельности внѣшнихъ чувствъ: дитя любитъ все разсмотрѣть, разслушать, обнюхать, попробовать, ощупать; его любознательность стоитъ еще на степени любопытства. И эту наклонность воспитатель долженъ употребить въ пользу, развивая и изощряя, укрѣпляя внѣшнія чувства соотвѣтствующими имъ упражненіями, обучая всему нагляднымъ образомъ, превращая любопытство въ любознательность. Духовная самодѣятельность обнаруживается пока лишь въ свободной игрѣ фантазіи: дитя любитъ сказки, историйки съ приключеніями и собственное фантастическое творчество. Воспитатель долженъ дать дѣтской фантазіи надлежащее направленіе, предлагая ему изустно, а потомъ и задавая читать народныя, а не поддѣльныя подъ народность сказки, простые разсказы изъ близкаго къ нему круга или изъ естественной исторіи, замѣчательныя черты изъ жизни историческихъ лицъ, насколько они могутъ быть понятны дитяти, поучительныя библейскія исторіи. Наконецъ, это время весьма удобно для наученія дѣтей разнымъ механическимъ искусствамъ, къ которымъ дѣти въ этомъ возрастѣ чувствуютъ особенное расположеніе. Результатомъ всего такого подготовительнаго обученія бываетъ развитіе способности къ наблюденію, вниманію, терпѣнію, усвоенію и сохраненію въ памяти изученнаго, возбужденіе охоты къ настоящему ученію. Это самое лучшее время для практическаго изученія языковъ и вообще для накопленія въ памяти полезнаго для жизни запаса свѣдѣній. Мало по малу при этомъ развивается въ дитяти разсудокъ и мышленіе, а съ другой стороны начинаютъ выказываться особенныя способности и наклонности, и иногда съ такою очевидностью, что не слишкомъ много нужно проницательности, чтобы замѣтить будущее призваніе дитяти. Иногда, впрочемъ, эти наклонности измѣняются. Съ раннихъ поръ надо методически развивать въ дитяти сознательное пониманіе близкихъ для него предметовъ; но къ отвлеченнымъ можно перейти не прежде, какъ съ десяти-лѣтняго возраста, и то съ большою умѣренностію. Наконецъ, лѣтъ съ четырнадцати, преимущественно развивается то, что называется разумомъ. Наглядность слѣдуетъ также поддерживать, такъ какъ теперь сильно выдается способность провѣрить все на опытѣ, а не полагаться на одинъ авторитетъ. Теперь время оживлять фантазію великими идеалами, возбуждая въ юношѣ любовь ко всему великому, истинному, прекрасному и доброму. Это — рѣшительное время на всю жизнь. Совершенное отсутствіе идеализма въ юности есть болѣзненный, опасный признакъ. Ученіе въ этотъ періодъ идетъ уже съ полнымъ сознаніемъ, съ яснымъ пониманіемъ всѣхъ правилъ и законовъ; изложеніе ученія получаетъ видъ постоянныхъ умозаключеній; мыслящая способность пріобрѣтаетъ настоящую силу; твердыя правила для дѣятельности впечатлѣваются въ умъ и сердце; нравственныя убѣжденія сосредоточиваются въ извѣстномъ образѣ мыслей, которымъ опредѣляется характеръ человѣка. Признаки или результаты правильнаго развитія чрезъ всѣ періоды суть: развитыя внѣшнія чувства; тѣлесная крѣпость и ловкость, какъ основы энергическаго характера; живость и сила созерцательной способности; твердая память, богатая основными элементами истиннаго знанія; возбужденная способность мышленія, выражающаяся въ наклонности къ самостоятельнымъ изысканіямъ, съ умѣньемъ легко излагать свои мысли изустно и письменно; безкорыстное увлеченіе живыми идеалами; единство чувствованія, мышленія и воли, и умѣнье приводить все желаемое въ дѣйствіе.

3) Начинайте учить съ той точки, на которой стоитъ ученикъ, и отъ ней ведите его постоянно впередъ, безъ

перерывовъ и пропусковъ, съ основательностью. Прежде, чѣмъ начнете учить чему либо, постарайтесь узнать: какъ далекъ въ этомъ предметѣ ученикъ вашъ, на чемъ онъ остановился. Безъ этого знанія ваше преподаваніе не принесетъ желаемой пользы: вы не будете знать, что можно предположить въ ученикѣ, какъ уже извѣстное ему, чтобы съ этимъ извѣстнымъ связать новое, преподаваемое ему познаніе, исправляя въ то же время все, что ученикъ зналъ и прежде, но не точно или не вѣрно, однако избѣгая переучиванья. Идти въ ученіи впередъ надо постоянно, безъ перерывовъ и безъ пробѣловъ: этого требуетъ законъ самого развитія, которое въ самой природѣ совершается не иначе, какъ постепенно, постоянно, непрерывно, безъ скачковъ, однимъ словомъ, органически; а потому, если вы въ преподаваніи будете поступать не такъ, какъ требуетъ самое понятіе развитія, вы не разовьете и вашего питомца. Но для избѣжанія недоразумѣній должно замѣтить, что безпрерывность въ обученіи надо относить не столько къ учебному предмету, сколько къ ученику, къ его индивидуальности. Что для одного будетъ вреднымъ перерывомъ, пропускомъ, при которомъ многое останется непонятнымъ и неусвоеннымъ, то для другаго можетъ оказаться задержкою, напрасною тратою времени, замедляющею развитіе, такъ какъ иной ползетъ тамъ, гдѣ другой идетъ твердо и быстро. Безпрерывнымъ по справедливости можно назвать то ученіе, которое дѣлаетъ способнымъ ученика восходить на каждую высшую ступень съ такою степенью самостоятельной дѣятельности, какой только можно требовать отъ его возраста, степени развитія и отъ сущности самаго предмета. Въ интересахъ основательности строго держитесь правила — *учить какъ можно меньше*. Неопытные учителя больше всего грѣшатъ противъ этого правила: они ревностно учатъ всему, чему сами выучились, стараются дать ученикамъ своимъ какъ можно болѣе матеріяла, полагая, что это имъ такъ же необходимо и интересно, какъ имъ самимъ, что знаніе — не тяжелая ноша; они засыпаютъ учениковъ высшими идеями и выводами науки, тогда какъ дѣтямъ недостаетъ еще и элементовъ; они несвоевременно набиваютъ память множествомъ разнородныхъ познаній, которыя лежатъ въ ней безъ употребленія, гніютъ и только убиваютъ въ ученикахъ самодѣятельность и охоту къ ученію (напримѣръ, фраза ученика: Аѳины при Периклѣ процвѣтали). Между тѣмъ иные называютъ такое ученіе основательнымъ. Истинная основательность состоитъ въ томъ, чтобы учить понемногу, т. е. по стольку, по сколько можетъ принять и самостоятельно переработать ученикъ; чтобы оставить каждому знанію созрѣть въ душѣ питомца; чтобы дать ему возможность совершенно овладѣть изученнымъ и примѣнить къ дѣлу, сравнить съ другимъ, сдѣлать выводъ; чтобы питомецъ чувствовалъ, что выученное онъ на самомъ дѣлѣ знаетъ, и знаетъ навсегда: это даетъ ему силу и бодрость, влагаетъ вѣру въ себя, радуетъ и придаетъ охоту идти впередъ.... Основательность, въ ея истинномъ смыслѣ, противополагается поверхностному ученію; но она заключается вовсе не въ томъ, чтобы останавливаться съ ученикомъ на каждомъ предметѣ до тѣхъ поръ, пока совершенно не изчерпаешь его, пока объ этомъ предметѣ не останется для ученика ничего неизвѣстнаго; пока онъ не скажетъ о немъ всего, что можетъ сказать наука, во всевозможныхъ отношеніяхъ. Это не будетъ педагогическая основательность, а развѣ — научная, предполагающая обширность и многосторонность предварительныхъ познаній со стороны ученика. Ни одинъ предметъ ни накакой ступени ученія не можетъ и не долженъ быть совершенно исчерпываемъ; напротивъ: къ одному и тому же предмету, если онъ того заслуживаетъ, надобно возвращаться почаще, потому что только при повторяемомъ занятіи однимъ и тѣмъ же предметомъ въ разное время, на разныхъ ступеняхъ ученія и духовнаго развитія, можно мало по малу овладѣть предметомъ вполнѣ (здѣсь основанія для концентрической системы обученія). Истинная основательность состоитъ именно въ томъ, чтобы вести далѣе ученика не прежде, пока онъ не получитъ силъ самостоятельно взойти на слѣдующую ступень, такъ чтобы результаты ученія дѣйствительно соотвѣтствовали степени развитія ученика. Такъ напримѣръ, не надо начинать съ отвлеченностей или же съ сущности самаго предмета, пока не подготовлены элементарныя, частныя представленія о немъ: готовыя выводы, заключенія, отвлеченія и обобщенія, сдѣланныя самимъ учителемъ за ученика, только смѣшаютъ его, сконфузятъ, — а такое конфузное, фразистое знаніе хуже даже совершеннаго незнанія, потому что учениковъ съ смѣшанными понятіями гораздо труднѣе поправить, такъ что лучше, если бы они ихъ не имѣли вовсе. Въ однихъ такое неосновательное, не постепенное обученіе порождаетъ чувство безсилія и апатію, въ другихъ — излишнюю увѣренность въ своихъ силахъ и въ обширности познаній, которымъ на дѣлѣ не достаетъ элементарности и продуманности. И въ томъ, и въ другомъ случаѣ убивается самостоятельная дѣятельность. Отсюда, естественно, вытекаетъ слѣдующее правило:

4) Не учите ни чему, что для учащагося еще не имѣетъ никакого значенія въ то время, когда онъ этому учится, или же не будетъ имѣть впослѣдствіи. Ученіе должно соотвѣтствовать съ той степенью развитія, на которой стоитъ учащійся въ то время, когда учится, а не съ тою, на которой онъ будетъ, можетъ быть, находиться впослѣдствіи. Это правило можно выразить и такимъ образомъ: не учите ничему преждевременно. Погрѣшаетъ противъ этого правила обучающій дѣтей тому, что ничего не говоритъ ни ихъ уму, ни сердцу; когда уму недостаетъ еще силы понять, а въ сердцѣ не пробудились еще влеченія къ тому, что преподается. Учителю приходится заставлять дитя вытверживать заданное съ большимъ мученіемъ, на память, и потомъ сказать свой урокъ наизусть слово въ слово, ибо больше требовать отъ дитяти въ этомъ возрастѣ невозможно (стихи, тексты, молитвы). Нерѣдко такъ поступаетъ учитель при той мысли (если онъ на самомъ дѣлѣ сколько нибудь размышляетъ), что впослѣдствіи жизнь раскроетъ ученику непонятный теперь смыслъ заучиваемаго на память; но

здѣсь забывается, что такимъ образомъ обыкновенно возбуждается въ учащемся такое отвращеніе къ преподаваемому предмету, для искорененія котораго едва ли будетъ достаточно всей долгой послѣдующей жизни. Память этимъ также не развивается, а разсудокъ притупляется. Сюда же относится и второе, еще важнѣйшее правило: не отставайте въ ученіи, т. е. не учите ничему такому, что не только не будетъ имѣть для ученика никакого значенія, но и породитъ въ немъ презрѣніе къ тому, чему онъ учился, и къ самому учителю, какъ къ человѣку отсталому или недалекому. Ученикъ непремѣнно долженъ находить интересъ въ знаніи ради его самаго, а не ради его примѣнимости къ жизни, о чемъ онъ еще не можетъ имѣть должнаго понятія. Всѣ науки держатся только на интересѣ къ чистому знанію, и истинные ученые часто ищутъ и находятъ такія истины, примѣненіе которыхъ къ жизни оказывается уже потомъ. Не будь у людей интереса къ истинѣ ради самой истины, не улучшилась бы и самая практическая жизнь.

5) *Учите наглядно*. Это правило такъ важно для всего ученія, что его должно бы поставить на первое мѣсто послѣ правила, требующаго учить сообразно съ природою. На немъ основывается вся первоначальная метода обученія, требуемая новою, современною дидактикою, хотя рѣдко придаютъ этому правилу ту полную всеобщность, какой она заслуживаетъ, и рѣдко прилагаютъ ее въ школѣ къ преподаванію каждаго учебнаго предмета. На этомъ правилѣ должно основываться все обученіе дѣтей и юношей; да и для взрослыхъ оно имѣетъ огромное значеніе при всякомъ изученіи новаго предмета. Развитіе человѣческаго духа начинается съ воспріятія впечатлѣній внѣшняго міра. Эти впечатлѣнія возбуждаютъ въ душѣ чувствованія, которыя соединяются потомъ въ созерцанія или наглядныя представленія, которыя умъ возводитъ, наконецъ, въ общія понятія. А потому понятія должны основываться на наглядныхъ представленіяхъ или созерцаніяхъ, а созерцанія—на чувственныхъ воспріятіяхъ: иначе понятія будутъ лишены созер-

цанія, а слова, которыми означаются понятія, будутъ лишь пустыми звуками. Со времени Локка, Жанъ-Жакъ Руссо и Песталоцци, которымъ такъ много обязано наглядное преподаваніе, между педагогами распространилось мнѣніе, будто правило «учить наглядно» ограничивается только первоначальнымъ обученіемъ, именно: относится только къ преподаванію первыхъ началъ ариѳметики и геометріи. Такое мнѣніе весьма одностороннe. Напротивъ, всякое твердое, ясное знаніе какъ внѣшнихъ предметовъ, такъ и внутренняго состоянія самого духа, исходитъ изъ наглядности. У созерцательной способности двѣ стороны: внѣшняя и внутренняя. Внѣшнею стороною человѣкъ познаетъ предметы внѣшней природы, ихъ признаки и соотношенія; а внутреннею стороною сознаетъ разныя внутреннія ощущенія и состоянія души. Добытыя такимъ образомъ созерцанія можно назвать внѣшними и внутренними наглядными представленіями, которыя потому всегда изображаютъ предметы въ отдѣльности. Слѣдовательно, во всякомъ преподаваніи, прежде всего надо стараться привести ученика къ тому, чтобы онъ узнавалъ каждый предметъ отдѣльно отъ другихъ предметовъ. Послѣ того умъ самъ собою выработаетъ изъ такихъ наглядныхъ представленій объ отдѣльныхъ предметахъ высшія, болѣе общія представленія или понятія чрезъ отвлеченія, т. е. черезъ опущеніе частныхъ или случайныхъ признаковъ и чрезъ рефлексію или соединеніе признаковъ, общихъ разнымъ предметамъ. И такъ, для наглядности надо начинать съ частнаго, конкретнаго, и восходить къ общему, отвлеченному, а не наоборотъ. «Начинайте всегда съ фактовъ — говоритъ Жакото. Молчите, пока ваши ученики не увидятъ и не узнаютъ фактовъ — иначе вы рискуете вдаться въ болтовню!» Въ самомъ дѣлѣ, только такимъ нагляднымъ преподаваніемъ можно избѣгнуть безплоднаго ученія, игры понятіями, игры пустой, ничтожной, гибельной, ослабляющей душевныя способности, приводящей къ безсознательному повторенію чужихъ, непонятыхъ словъ, къ вѣчной незрѣлости и духовному рабству. Если нѣтъ никакой возможности дать учащемуся прямое, наглядное представленіе объ извѣстномъ предметѣ, то по крайней мѣрѣ прибѣгайте къ изображеніямъ, рисункамъ, къ возбужденію воспоминаній въ ученикахъ о томъ, что они уже видѣли, слышали и т. п., къ сравненіямъ, аналогіямъ и другимъ подобнымъ средствамъ. Никогда не начинайте съ правила, съ принципа, а съ факта, съ примѣра, потому что правила суть отвлеченія отъ примѣровъ, а принципы—рефлексія изъ фактовъ; безъ примѣровъ не могутъ быть поняты правила, безъ фактовъ—принципы. Всѣ дальнѣйшія дидактическія правила основаны почти исключительно на этомъ правилѣ — учить наглядно, и представляютъ какъ бы дальнѣйшее его развитіе.

6) Переходите отъ близкаго къ дальнему, отъ простаго къ сложному, отъ легкаго къ трудному, отъ извѣстнаго къ неизвѣстному. Всѣ эти правила находятся въ такой связи, что если мы нарушимъ одно, то впадемъ въ ошибку и во всѣхъ остальныхъ. Такъ напримѣръ, не все то близко для пониманія дитяти, что близко къ нему по времени или мѣсту. Все особенное, частное, конкретное, наглядное — близко, а все общее, отвлеченное — далеко. Изъ этихъ четырехъ правилъ, вмѣстѣ взятыхъ, самое важнѣйшее, однако, послѣднее: переходите отъ неизвѣстнаго къ извѣстному, и если мы въ приложеніи встрѣтимъ затрудненіе, не зная, которому изъ нихъ отдать преимущество, то всѣ прочія должны уступить названному. На послѣднемъ правилѣ отзывается и слѣдующее.

7) Учите не научнымъ, а *элементарнымъ* образомъ. Научное, академическое преподаваніе, какое бываетъ, напримѣръ, въ университетахъ, начинается обыкновенно съ общихъ положеній, изъ которыхъ выводятся всѣ частности и особенности путемъ дедукціи, при строгомъ соблюденіи послѣдовательнаго порядка поступательнаго движенія или развитія; однимъ словомъ, академическое преподаваніе требуетъ строго систематическаго изложенія, при чемъ имѣется въ виду не развитіе учащихся, а строгая логич-

ность въ группировкѣ истинъ. Элементарное преподаваніе, напротивъ того, идетъ тѣмъ же индуктивнымъ путемъ, какимъ происходитъ естественное развитіе человѣческаго духа, начиная съ единичнаго, частнаго, и переходя къ общему, отъ анализа къ синтезису. И такъ, научная—синтетическая, діалектическая или догматическая метода прямо противоположна элементарной—индуктивной, аналитической. Излагая предметъ по научной методѣ, преподаватель ставитъ науку или самого себя, какъ ея представителя, центромъ всего ученія, и поставляетъ слушателя въ положеніе, такъ сказать, пассивное, при которомъ онъ ограниченъ воспріятіемъ, изученіемъ и размышленіемъ о томъ, что ему предлагается безъ личнаго авторитета, но во имя разума и науки. Самостоятельность уже предполагается въ слушателѣ. Напротивъ, преподаватель, слѣдующій элементарной методѣ, исходитъ изъ той точки, на которой остановился учащійся, и старается вопросами, находящимися въ прямой связи съ тѣмъ, что ученикъ уже знаетъ, возбудить его самостоятельность, привести его къ открытію новыхъ мыслей. Слѣдовательно, здѣсь учащійся, а не наука, ставится центромъ преподаванія, а учитель является только средствомъ къ возбужденію и руководству учащагося. Въ научномъ преподаваніи предпочитается акроаматическая метода изложенія, при элементарномъ — эвристическая или катихизическая, или вообще сократическая.

8) Имѣйте прежде всего въ виду цѣль формальную, а потомъ уже матеріяльную или, лучше сказать, соединяйте обѣ цѣли вмѣстѣ. Обученіе можетъ имѣть двойную тенденцію: во-первыхъ, сообщить извѣстный учебный матеріялъ, усвоить за ученикомъ извѣстное знаніе и вмѣстѣ умѣнье, и во-вторыхъ, посредствомъ ученія развить его силы. Въ первомъ случаѣ имѣется въ виду матеріяльная цѣль, во второмъ — формальная. Но, собственно говоря, обѣ эти цѣли не исключаютъ другъ друга; напротивъ того: тотъ ученикъ, который съ особенной энергіей и самостоятельностью усвоилъ себѣ учебный матеріялъ, энергически разовьетъ и силы своего

духа, если только при усвоеніи примѣняема была разумная метода. Но, какъ бы то ни было, формальная цѣль все-таки важнѣе, выше; а потому она можетъ и должна имѣть преимущество и перевѣсъ, особенно при элементарномъ обученіи въ дѣтствѣ и въ первой юности. При элементарномъ обученіи ученикъ не нуждается въ большой массѣ свѣдѣній: для его пользы важнѣе всего развить въ немъ какъ можно болѣе: силу мышленія, даръ слова, вниманіе и способность разумно и быстро схватывать каждый новый предметъ съ его существеннѣйшихъ сторонъ и т. п. Такія, чисто формальныя качества принесутъ ученику огромную пользу впослѣдствіи въ жизни, если только возбужденныя въ немъ силы духа и развитыя умѣнья будутъ направлены къ добрымъ цѣлямъ. Но изъ всего этого вовсе не слѣдуетъ, что матеріальная цѣль должна быть вовсе упущена изъ виду: она только не должна преобладать. Чѣмъ моложе и неразвитѣе учащійся, тѣмъ болѣе надо заботиться о возбужденіи его силъ и способностей; чѣмъ выше онъ возрастомъ и зрѣлостію, тѣмъ смѣлѣе можно передавать ему тяжелый грузъ свѣдѣній, въ томъ предположеніи, что прежде вызванныя въ немъ силы помогутъ его духу ассимилировать предлагаемый матеріялъ. Но попробуйте поступать наоборотъ: завалите питомца съ неразвитыми силами учебнымъ матеріяломъ, переварить который у него не хватаетъ силъ, и вы невозвратно погубите его духъ. Въ старшихъ классахъ гимназій матеріальная цѣль получаетъ болѣе значенія, но и тамъ, даже въ университетахъ и академіяхъ, не должна быть забываема та гимнастика духа, которая научаетъ самостоятельно изслѣдовать неизвѣстное и освѣщать сознаніемъ новые предметы. Формальное образованіе не должно заключать въ себѣ ничего утилитарнаго, прикладнаго,—а только пригодный для себя учебный матеріялъ, который долженъ подлежать не одному усвоенію, но прежде всего переработкѣ и уже потомъ усвоенію: чрезъ это обученіе будетъ вмѣстѣ и матеріяльнымъ. Что касается до многосторонности въ преподаваніи, то она состоитъ въ томъ, чтобы посредствомъ одного и того же предмета упражнять по возможности всѣ душевныя силы, всѣ способности: и созерцательную способность, и память, и воображеніе, и умъ, и волю, и даже чувство. По этому нельзя полагать, что каждый учебный предметъ имѣетъ въ виду только какую нибудь одну цѣль. Жизненность и практичность обученія должна состоять въ томъ, чтобы ученики упражнялись въ приложеніи усвоеннаго какъ къ другимъ отраслямъ знанія, такъ и къ жизни, соединяя словесное изложеніе усвоеннаго съ письменнымъ. Съ этою цѣлью все элементарное обученіе должно имѣть характеръ единства; каждое знаніе должно жизненно, органически проникать другъ друга; въ каждомъ усвоенномъ знаніи необходимо упражнять до тѣхъ поръ, пока оно сдѣлается совершенною собственностью учащагося и сростется со всѣми другими знаніями такъ, чтобы онъ могъ располагать ими легко и свободно, и приложеніе выученнаго обратилось бы въ привычку, въ механизмъ: такъ, напримѣръ, музыкантъ, преодолѣвъ механическія трудности, разбираетъ потомъ ноты безъ остановки, безъ раздумья, и уже самъ можетъ предаться тому, что составляетъ сущность музыки. Вотъ почему все дѣло элементарнаго обученія съ его формальными цѣлями удобнѣе всего вести одному учителю по всѣмъ предметамъ, которые не должны строго выдѣляться одинъ изъ другаго, какъ это бываетъ и въ самой жизни и природѣ, гдѣ все взаимно связано и обусловлено.

9) Не учите ничему, чего ученикъ не можетъ понять. Не давайте ничего, выходящаго за его горизонтъ (напримѣръ, политика), или, вѣрнѣе, подводите его только къ тому, что можетъ появиться на его горизонтѣ и какъ бы стоитъ само на очереди. Неиспорченное дитя само чувствуетъ нѣкоторое отвращеніе къ тому, что недосягаемо и выше его пониманія, и не любитъ ничего усвоивать одной памятью. Однако въ нашихъ школахъ дѣти часто пріучаются къ охотному усвоенію того, чего они еще не понимаютъ, пріучаясь къ тому разными искусственными, поощрительными или устрашающими мѣрами. Здѣсь нарушаются природа и свобода развитія, насильственнымъ

образомъ убивается въ ученикѣ любовь и стремленіе къ истинѣ, и все воспитаніе дѣлается грузомъ, порабощеніемъ, тогда какъ оно должно быть освобожденіемъ. Только истина дѣлаетъ насъ свободными. Между тѣмъ сколько хлопотъ и времени теряется на преждевременное объясненіе неудобопонимаемаго, на возможное, хотя пассивное усвоеніе непонятаго. Тутъ нельзя приводить въ оправданіе пріученіе къ труду и терпѣнію, ибо чрезъ это развитіе высшихъ способностей приносятся въ жертву низшія, и масса вреда перевѣшиваетъ частицу пользы. Въ этомъ отношеніи духъ можетъ быть удобно сравненъ съ желудкомъ: чего онъ не можетъ переварить, онъ и не переваритъ, а только ослабится, и этимъ засорится вся пищеварительная система. Вотъ почему необходимыми качествами хорошаго преподаванія должны быть: ясность, опредѣленность, для которыхъ учителю необходимо обладать тою находчивостію, которую можно назвать виртуозностію. «У нѣмцевъ — говоритъ Дистервегъ — неудобопонятливость, темноту, очень часто смѣшиваютъ съ глубиною какъ въ наукѣ, такъ и въ школѣ. Нѣмцы мало уважаютъ то, что легко и просто понимается; за то все нечеловѣчески непонятное пользуется у нихъ высочайшимъ почетомъ». Элементарный учитель долженъ бѣжать этой заразы, этой туманной глубины, отупляющей свѣтлый дѣтскій умъ; онъ долженъ помнить: во-первыхъ, что всякое непонятное выраженіе, всякая истина, не понятая самостоятельно, но заученная, вредитъ развитію, и во-вторыхъ, что заставлять ученика пересказывать непонятыя изреченія есть величайшая несправедливость въ отношеніи къ нему. Подъ пониманіемъ, однако, надо разумѣть не абсолютное, но опредѣляемое возрастомъ и степенью развитія ученика. Лучшій признакъ такого пониманія — бодрость, охота дѣтей къ ученію; непониманіе пораждаетъ апатію и лѣнь, противъ которыхъ безсильны всѣ карательныя мѣры. Духъ можно разбудить только духовными, а не физическими средствами, каковы: голодъ, розги, лишеніе свободы и т. п. Если ученики часто терпятъ, они несутъ кару почти всегда не за себя, а за своихъ бывшихъ или наличныхъ воспитателей. Заботы хорошаго учителя и воспитателя должны быть направлены не на наказанія, а на ихъ предупрежденіе: тогда постепенно исчезнетъ и необходимость самыхъ наказаній при обученіи.

10) Старайся, чтобы ученики помнили все, чему выучились. Память есть способность сохранять и вызывать по желанію однажды составленное представленіе. При этой репродукціи представленій какъ укрѣпляется сама способность памяти, такъ и сами представленія выигрываютъ въ ясности, опредѣленности, точности и прочности. Какъ много дѣти въ низшихъ и среднихъ классахъ учатъ такого, что потомъ забываютъ уже въ высшихъ, и окончательно утрачиваютъ въ жизни! Если же учить надо только тому, что необходимо удержать на всю жизнь,— то надо и заботиться объ упроченіи такихъ знаній. Достигнуть этого можно только словеснымъ, катихизическимъ повтореніемъ всего того, что ученикъ усвоилъ себѣ напр. впродолженіе извѣстнаго времени: недѣли, мѣсяца, года, и даже нѣсколькихъ лѣтъ. При этомъ нечего бояться нѣкотораго утомленія для учениковъ, а себя жалѣть не слѣдуетъ ради ихъ пользы. У дѣтей есть природная наклонность къ повторенію, если только она не заглушена послѣдующимъ дурнымъ обученіемъ. Такое частое повтореніе особенно необходимо въ такихъ предметахъ, въ которыхъ все послѣдующее систематически основывается на предъидущемъ, напр. въ математикѣ и иностранныхъ языкахъ. Чѣмъ больше комбинируются старыя представленія съ новыми, тѣмъ болѣе уясняются и упрочиваются и тѣ, и другія по законамъ ассоціаціи. При обученіи есть много такого, что по своей важности должно крѣпко залечь въ памяти, пройдя чрезъ другія способности, и приведя ихъ въ дѣятельность. Мы отлично помнимъ все, что ясно понято умомъ и прочувствовано сердцемъ, напр. поговорки, пѣсни, стихотворенія, которыя намъ когда то нравились. Полагать, что за матеріяльной утратой знанія остается формальный выигрышъ въ развитіи духа — недостаточно, ибо все, чему учатъ

дѣти, должно быть не только средствомъ, но и цѣлію. Самая память не разовьется формально, безъ матеріальнаго и постоянно присущаго ей содержанія. Удержать старое при обученіи несравненно важнѣе пріобрѣтенія новаго: иначе мы будемъ строить зданіе на пескѣ, или рѣшетомъ воду носить. Слабость духа и характера у многихъ взрослыхъ объясняется только тѣмъ, что они въ дѣтствѣ все усвоивали только отчасти, а не вполнѣ. Знать вполнѣ значитъ — имѣть усвоенное всегда подъ рукою, во всякое мгновеніе, когда представится въ томъ надобность. Въ интересахъ такого полнаго усвоенія учениками учебнаго матеріала, учитель старшихъ классовъ самъ долженъ знать все то, что проходилось въ младшихъ, и умѣть кстати вызывать въ ученикахъ воспроизведеніе прежнихъ знаній.

11) Старайся, чтобы учащійся былъ проникнутъ такими представленіями, мыслями, воззрѣніями, стремленіями, которыми обусловится его послѣдующая самодѣятельность въ жизни, какъ человѣка и гражданина своего отечества, въ какой бы сферѣ ни было. Современная педагогика отвергаетъ раннее спеціальное приготовленіе дѣтей къ извѣстному поприщу, такъ какъ самъ опытъ доказалъ, что такая узкая, хотя и житейско-практическая система, всегда вредитъ дѣлу общечеловѣческаго образованія. Но каждый человѣкъ не мыслимъ иначе, какъ принадлежащимъ къ своему народу, слѣдовательно, принципъ національный не исключается общечеловѣческимъ, но входитъ въ него какъ элементъ. Общее образованіе предполагаетъ усвоеніе за питомцемъ тѣхъ понятій и привычекъ, которыя и человѣчны, и вмѣстѣ народны, и которыя, какъ все истинное, должны явиться результатомъ его собственнаго убѣжденія. Такъ какъ понятіе національности поглощается понятіемъ общечеловѣческаго; то послѣднее, какъ важнѣйшее, должно при воспитаніи и обученіи стоять на первомъ планѣ. Все общее, основное, элементарное должно предшествовать всему частному, условному, случайному, такъ какъ это законъ самой природы. Въ образованіи неорганическихъ тѣлъ, въ развитіи ра-

стеній, животныхъ, въ образованіи самихъ небесныхъ тѣлъ, мы всегда видимъ переходъ отъ общихъ, мало опредѣленныхъ массъ къ выдѣленію отдѣльныхъ субъектовъ и частныхъ признаковъ, видимъ постоянное и постепенное обособленіе и индивидуализированіе формъ. Развитіе языковъ, какъ продукта человѣческаго духа, слѣдуетъ тому же порядку. Ту же систему мы должны перенести и на развитіе какъ всего человѣчества, такъ и каждаго отдѣльнаго человѣка. Но сказанное выше устраняетъ недоразумѣніе, будто чрезъ примѣненіе этого закона къ педагогикѣ требуется предпосылать все общее и абстрактное въ нашихъ понятіяхъ частнымъ представленіямъ, объ элементарномъ значеніи которыхъ мы уже говорили. Дитя становится человѣкомъ прежде всего чрезъ усвоеніе всего человѣческаго, общаго, путемъ анализа и индукціи; — но за тѣмъ, чѣмъ далѣе идетъ его развитіе, тѣмъ болѣе опредѣляется его личность, тѣмъ болѣе обрисовывается она и обособляется, и при томъ такъ, что все общечеловѣческое предполагается уже развитымъ и усвоеннымъ. При этомъ совершается процессъ наростанія частнаго къ общему, случайнаго къ основному. Вотъ почему въ дѣлѣ общаго образованія все, что партіяльно, спорно, условно, не должно быть навязываемо, а можетъ явиться только при самостоятельномъ и свободномъ избраніи самаго питомца, когда онъ уже совершилъ путь своего общаго образованія. Между тѣмъ педагоги не рѣдко приводятъ своихъ дѣтей къ національной или конфессіональной исключительности и заранѣе обрѣкаютъ ихъ на то или другое поприще жизни: Это — уже порабощеніе личности.

12) Принимайте въ соображеніе особенную личность учащагося. Однако это не значитъ — обособляйте тѣ частныя цѣли воспитанія, противъ которыхъ уже высказано, а только выбирайте пути, которые были бы сообразны съ личностью питомца, и которые привели бы его къ свободному и всестороннему проявленію своей индивидуальной природы. Охраняйте его прирожденный талантъ и наклонности, но не бросайтесь на нихъ однихъ, пока не

будетъ завершенъ весь кругъ общаго образованія. Правило это достаточно ясно изъ всего предъидущаго.

*II. Правила, относящіяся къ предмету преподаванія.*

Въ дѣлѣ воспитанія три фактора: ученикъ, учебный предметъ и учитель. Относительно втораго изъ нихъ должно совѣтовать слѣдующее:

1) Распредѣляйте содержаніе каждаго предмета соотвѣтственно той точкѣ развитія, на которой стоитъ ученикъ, и соотвѣтственно законамъ развитія вообще. При элементарномъ обученіи надо постоянно помнить, что главная цѣль его не есть сообщеніе полнаго, систематическаго знанія или науки, но развитіе духовныхъ способностей и вообще образованія. Вотъ почему педагогическая система, по которой располагается учебный матеріялъ, существенно отличается отъ ученой и не можетъ имѣть ея полноты и строгости. Въ научной системѣ признается строгое логическое дѣленіе на основаніи извѣстнаго принципа или критеріума; въ педагогической системѣ такимъ критеріумомъ служитъ личность учащагося, т. е. его возрастъ, степень знанія и развитія.

2) Останавливайтесь подольше надъ элементами предмета, надъ тѣмъ, что составляетъ его основаніе, не подвигаясь впередъ до тѣхъ поръ, пока эти элементы не будутъ усвоены учащимся. Иначе все дальнѣйшее преподаваніе будетъ поверхностно, учащійся будетъ ощупью идти впередъ, потеряетъ всякое довѣріе къ предмету, къ учителю и къ самому себѣ, потеряетъ всякую охоту къ ученію. Это правило чаще всего нарушается при общемъ обученіи въ классѣ, гдѣ непремѣнно есть и слабые, нерѣдко даже забрасываемые учителемъ ради передовыхъ учениковъ.

3) Почаще возвращайтесь къ первымъ основнымъ положеніямъ или элементамъ предмета при дальнѣйшихъ изъ нихъ выводахъ, но на столько, на сколько это нужно для указанія на тѣсную связь между ними; слѣдовательно, не теряя времени, если связь эта уже прio-

брѣла для учащагося полную очевидность. Эта то связь въ пониманіи предмета и составляетъ ту систему, въ которую долженъ построиться учебный матеріалъ. Вотъ по чему также хорошее усвоеніе стараго лучше пріобрѣтенія новыхъ познаній, ведущаго къ верхоглядству.

4) Раздѣляйте содержаніе каждаго учебнаго предмета на извѣстные ступени, на такія части, изъ которыхъ каждая представляла бы сама по себѣ нѣчто цѣлое. Тогда отсутствіе научной системы не перейдетъ въ хаосъ; учащійся будетъ въ состояніи обозрѣть весь предметъ въ цѣломъ и въ частяхъ, будетъ имѣть, такъ сказать, пункты для отдыха, на которыхъ ему можно будетъ повторять пройденное, и привыкнетъ къ ученію методическому, совершаемому по предначертанному плану, въ системѣ, которая сперва сознается только самимъ учителемъ и дѣлается ясною для ученика съ тѣхъ поръ, какъ онъ овладѣетъ всѣмъ предметомъ и будетъ въ состояніи окинуть его однимъ синтетическимъ взглядомъ. Необходимы поэтому систематическія повторенія накопленныхъ знаній, располагаемыхъ между извѣстными пунктами, или классификаціи.

5) На каждой ступени преподаванія обозначайте части слѣдующей ступени, и даже сообщайте кое-что изъ того, что стоитъ на ближайшей очереди въ преподаваніи. Но при такомъ образѣ дѣйствія надо остерегаться, чтобы не прервать нити настоящаго преподаванія. Этимъ способомъ мы не только постоянно будемъ удовлетворять уже возбужденнымъ въ ученикахъ вниманію и любознательности, но и возбуждать ихъ впередъ намеками на дальнѣйшее. Въ такихъ намекахъ состоитъ преимущественное достоинство элементарнаго преподаванія. Когда впослѣдствіи то, чего преподаватель коснулся еще только слегка, какъ бы мимоходомъ, представлено будетъ учащемуся въ полномъ свѣтѣ, — это доставитъ учащемуся такое наслажденіе, которое еще болѣе заохотитъ его къ ученію. Вообще вся сущность всякаго духовнаго наслажденія заключается въ уясненіи того или другаго пред-

ставленія, и это наслажденіе есть главнѣйшій стимулъ, ведущій человѣка по пути знанія и прогресса.

6) Раздѣляйте и располагайте преподаваемый предметъ такъ, чтобы на слѣдующей ступени въ новомъ по возможности всегда повторялось старое. Чрезъ это будетъ сохраняться связь между неизвѣстнымъ и извѣстнымъ; пройденное будетъ болѣе и болѣе усвоиваемо, и учащійся будетъ упражняться въ томъ, какъ понимать сложные предметы и какъ съ ними обходиться; онъ привыкнетъ все сложное разлагать на простые элементы и частные признаки, и потомъ уже заключать о цѣломъ.

7) Соединяйте сродные по содержанію предметы между собою. Этого, однако, не надобно понимать такъ, какъ училъ Жакото, который совѣтуетъ находить все во всемъ и учить всему, всякой всячинѣ, въ одно и то же время, на одномъ и томъ же урокѣ. Такъ ничего нельзя разсмотрѣть порядочно, то есть основательно, и въ головѣ учащагося произойдетъ совершенное смѣшеніе, сбивчивость понятій. Всякая система, связность, если только она не искусственна и соотвѣтствуетъ степени развитія ученика, не затрудняетъ, а облегчаетъ ученіе и даетъ массѣ фактовъ смыслъ и порядокъ, опредѣляемый извѣстной идеей. Для избѣжанія слишкомъ вреднаго, хаотическаго разнообразія можно на одномъ и томъ же матеріалѣ дѣлать различныя упражненія, приводя составныя части этого матеріала въ новыя и новыя комбинаціи. Такъ напр. въ примѣненіи къ языку это правило требуетъ: то самое, что на одномъ урокѣ служило упражненіемъ въ чтеніи, на другомъ—повторять для упражненія въ правописаніи, на третьемъ—брать за тему для изученія языка, его законовъ и правилъ.

8) Переходите отъ самой вещи, отъ предмета, къ означенію его, къ изображенію,—а не наоборотъ. Вещь, предметъ, наглядныя представленія, понятія, мысли, сужденія, умозаключенія, идеи, и проч.—все это и составляетъ самое существенное для знанія, а слѣдовательно, на нихъ то и слѣдуетъ обратить главное вниманіе. Когда

вещь понята, тогда можно заменить её знаками, какъ напр. для слуха словами и выраженіями, для зрѣнія — изображеніями, моделями и т. п.; тогда не будетъ возможности повторять заученныя слова, какъ одни пустые звуки. Особенно осторожно надо обходиться съ терминологіей, которая при методѣ обратной весьма обременительна.

9) При выборѣ методы соображайтесь съ сущностью преподаваемаго предмета. Собственно, по Дистервегу, есть только двѣ методы: *догматическая*, сообщающая ученику готовый матеріалъ для изученія, и *эвристическая* (εὑρίσκω — находить), заставляющая ученика, съ помощію учителя, производить матеріалъ новыхъ представленій, понятій и мыслей. Всѣ прочія методы смѣшаны изъ этихъ двухъ методъ. Первая также иногда называется по внѣшнему своему характеру акроаматическою (ἀχροάομαι — слушать), и послѣдняя эроматическою (ἔρομαι — спрашивать). При акроаматической методѣ, какъ мы видѣли, учитель или сказываетъ отдѣльныя предложенія, которыя потомъ ученики повторяютъ или записываютъ, или преподаетъ часть предмета, какъ нѣчто цѣлое, а ученики записываютъ или усвоиваютъ на память только главнѣйшее; при всемъ этомъ преобладаетъ пассивность со стороны ученика. Эроматическая метода состоитъ въ вопросахъ и отвѣтахъ. При ней все обученіе особенно оживляется, но не всегда бываетъ развивающимъ и можетъ переходить въ болтовню или резонёрство со стороны дѣтей, не требуя отъ нихъ напряженной и самостоятельной активности, или усидчиваго труда. Эроматическая метода можетъ относиться или уже къ выученному, превращаясь въ испытаніе, или къ новому, которое должно быть развиваемо изъ духа самого учащагося: въ первомъ случаѣ метода называется катихизическою или катихизаціей, а въ послѣднемъ — сократическою. Акроаматическая метода, когда преподаются отдѣльныя слова и предложенія, можетъ быть примѣняема: или къ начинающимъ говорить дѣтямъ, у которыхъ замѣтна поразительная жажда звука и слова, или къ зрѣлымъ, мыслящимъ и самостоятельнымъ юношамъ, когда преподается цѣлый предметъ въ

болѣе или менѣе научной формѣ. Для элементарнаго преподаванія единственно полезная метода — эроматическая, разговорная, по вопросамъ и отвѣтамъ, переходящая или въ собственно катихизическую, или въ сократическую. Но опытный и искусный учитель не держится строго и исключительно ни одной методы: онъ примѣняется всегда къ личностямъ учениковъ и къ самому преподаваемому предмету.—Собственно учебные предметы можно подраздѣлить на два главные разряда: историческіе и раціональные. Содержаніе первыхъ есть нѣчто данное, положительное, реальное; а содержаніе послѣднихъ вытекаетъ изъ законовъ духовной природы человѣка, изъ человѣческаго мышленія. Къ первымъ принадлежатъ, напримѣръ: исторія (въ обширномъ смыслѣ), географія, отчасти естествознаніе и проч.; ко вторымъ — грамматика и вообще законы того или другаго языка, и математическія науки. Впрочемъ, нѣкоторые предметы суть смѣшеннаго содержанія, напримѣръ: вѣроученіе, языковѣдѣніе, естествовѣдѣніе. Всякое историческое, всякое положительное знаніе должно быть, конечно, сообщаемо, а не развиваемо, ибо это невозможно. Здѣсь надо стараться только о томъ, чтобы все было правильно понято, твердо удержано въ памяти и потомъ вѣрно выражено; а потому при преподаваніи подобныхъ предметовъ можетъ быть съ успѣхомъ употребляема акроамотическая метода, повѣряемая катихизическою, такъ какъ здѣсь всего болѣе требуется отъ учащагося воспріимчивость. Но для того, чтобы и воспріимчивость могла возвыситься до самодѣятельности, необходимо вызвать самого ученика на изложеніе того, что ему преподано, и разсматривать съ разныхъ сторонъ и въ разныхъ отношеніяхъ. Впрочемъ, нельзя не сознаться, что гораздо болѣе историческихъ предметовъ способствуютъ къ развитію самодѣятельности учащихся предметы раціональные, содержаніе которыхъ не должно быть сообщаемо ученикамъ, а развиваемо изъ нихъ самихъ, при чемъ по преимуществу должна быть употребляема метода эроматическая въ ея подраздѣленіяхъ на катихизическую и сократическую.

Такое преподаваніе, при которомъ учитель идетъ съ учащимися тѣмъ же путемъ постепеннаго открытія истины, какимъ шло само человѣчество, такъ сказать, воспроизводя или повторяя съ ними исторію самихъ наукъ, называется *генетическою* методою, которая для раціональныхъ предметовъ есть наилучшая, такъ какъ она болѣе всего развиваетъ самодѣятельность учащагося, напрягающаго всѣ свои силы, чтобы самому добыть тѣ результаты, до которыхъ дошло все человѣчество.

10) Не располагайте содержанія учебнаго предмета по общимъ, искусственнымъ рубрикамъ, но всегда разсматривайте всѣ его стороны вмѣстѣ. Напримѣръ, при урокахъ наглядныхъ не располагайте съ самаго начала всѣ предметы по ихъ виду, величинѣ, цвѣту, количеству и т. п., а разсматривайте каждый предметъ по одиночкѣ со всѣми его признаками, давайте сравнивать потомъ съ уже изученными, и только впослѣдствіи, когда съ такою всесторонностью будутъ разсмотрѣны многіе предметы, заставляйте учащихся подводить сродные между собою предметы по признакамъ и свойствамъ подъ общія понятія и рубрики, однимъ словомъ, классифицировать.

11) Не выводите послѣдующихъ положеній посредствомъ общихъ дѣйствій, но развивайте ихъ изъ сущности самой вещи. Эти правила относятся въ особенности къ математическому преподаванію, гдѣ легко впасть въ одну механизацію внѣшнихъ пріемовъ, т. е., напримѣръ, извѣстное положеніе, что въ геометрической пропорціи произведеніе крайнихъ членовъ равно произведенію среднихъ, не доказывайте только тѣмъ, что вы ихъ порознь перемножите, но дайте понять этотъ законъ изъ самой сущности геометрической пропорціи.

12) Содержаніе учебнаго предмета, располагаемаго въ педагогической системѣ, должно стоять въ уровень съ современнымъ состояніемъ науки. Это правило относится въ особенности къ предметамъ положительнымъ и историческимъ, въ которыхъ генетическая метода, слѣдующая постепенному развитію науки по времени, оказывается непримѣнимою. Такъ, напримѣръ, было бы не-

разумно преподаваніе математической географіи начать съ Птолемеевой системы и потомъ довести, наконецъ, до нынѣ принятой Коперниковой, послѣдовательно переходя всѣ историческіе моменты развитія науки и раздѣляя всѣ тѣ заблужденія ея, надъ которыми она потомъ возвысилась и отвергла. Сперва надо передать ученикамъ, напримѣръ по естествовѣдѣнію, все то, что понятно для дѣтей и не противорѣчитъ современной наукѣ, а потомъ уже перейдти и къ исторіи науки, которая не собьетъ молодой умъ съ толку, но принесетъ ему существенную пользу.

*III. Правила преподаванія, относящіяся къ учителю.*

1) Старайтесь сдѣлать преподаваніе ваше занимательнымъ для учащихся. Если учитель будетъ слѣдовать этому правилу, то онъ достигнетъ того результата, что учащійся полюбитъ все истинное, прекрасное и доброе, и будетъ съ удовольствіемъ, съ участіемъ, со вниманіемъ заниматься всѣмъ, что содѣйствуетъ достиженію высшихъ цѣлей жизни. Занимательность ученья зависитъ отъ умѣнья разнообразить его, отъ живости и участія самого учителя, возбуждающаго самодѣятельность въ дѣтской природѣ; вообще занимательность зависитъ не отъ учебнаго предмета, а отъ личности преподавателя. Разнообразить преподаваніе не значитъ перескакивать отъ одного предмета къ другому, но — представлять одинъ и тотъ же предметъ въ различномъ видѣ, съ различныхъ сторонъ; оно обусловливается манерою преподаванія, которую не надо смѣшивать съ методою, относящеюся болѣе къ внутренней сторонѣ дѣла. Разнообразіе необходимо для того, чтобы предметъ не показался сухимъ, мертвымъ учащемуся, который еще не въ состояніи понять ни важнаго значенія его самого по себѣ, ни пользы его для жизни; толкованія же безполезны о пользѣ ученія. Живость преподаванія не должна быть искусственною, притворною, наружною, не должна выражаться въ одной безпокойной болтовни, торопливости, въ минахъ, гримасахъ, тѣло-

движеніяхъ, на которыя иногда дѣти и обращаютъ все вниманіе; живость эта должна быть внутреннею, духовною, исходящею изъ любви къ дѣтямъ, изъ удовольствія заниматься съ ними, изъ радости къ ихъ малѣйшимъ успѣхамъ. Она необходима потому, что главная цѣль преподаванія не столько сообщеніе свѣдѣній, сколько возбужденіе, оживленіе самодѣятельности учащагося. Но можетъ ли возбуждать тотъ, кто самъ не возбужденъ, оживлять тотъ, кто самъ безжизненъ, апатиченъ? Вообще всею личностью своею учитель долженъ сдѣлать преподаваніе свое занимательнымъ и не злоупотреблять этимъ понятіемъ, а понимать его строго-педагогически; напримѣръ, если ученикъ замѣтитъ, что онъ пріобрѣтаетъ знанія, подвигается впередъ, — это сдѣлаетъ ученіе для него болѣе занимательнымъ.

2) Учите энергически. Если мы вникнемъ, въ чемъ лежитъ источникъ дисциплинарной и дидактической силы учителя, то найдемъ его въ энергіи и рѣшительности его воли, короче: въ силѣ его характера. При нерѣшительности, нетвердости, такъ сказать, женственности, рѣдко достигается что либо какъ въ жизни, такъ и въ школѣ. Было бы ошибочно полагать, что при неустановившихся взглядахъ, при слабости чувства и безсиліи воли въ самомъ учителѣ можно сообщить юношеству должное образованіе. Силу характера нельзя вызвать никакими просьбами и мольбами, никакимъ терпѣніемъ и самоотверженіемъ, ни кротостью или скромностью, ни снисхожденіемъ, доходящимъ до великодушія. Сила мысли, чувство добра и энергія воли въ юношествѣ развиваются не при пассивномъ или отрицательномъ отношеніи къ нему воспитателя, но при рѣшительномъ, положительномъ его воздѣйствіи, когда самъ воспитатель или учитель обладаетъ тѣми качествами, которыя желалъ бы видѣть въ своихъ питомцахъ-ученикахъ. Отсутствіе ихъ въ воспитателѣ ведетъ юношество къ дерзости, безстыдству и своенравію. Только тотъ человѣкъ, который знаетъ чего онъ хочетъ, почему именно этого хочетъ, а не другаго, и какія средства приведутъ его къ желае-

мой имъ цѣли, — только тотъ человѣкъ образуетъ людей рѣшительныхъ, энергическихъ, твердыхъ характеромъ. Вотъ почему учителю надо остерегаться всякихъ полумѣръ, колебаній, попытокъ и уступокъ, доказывающихъ слабость мысли и слабость воли.

3) Учите такъ, чтобы ученикъ могъ легко выразить словами содержаніе изученнаго, и наблюдайте всегда надъ хорошимъ произношеніемъ, рѣзкимъ удареніемъ, яснымъ изложеніемъ и логическимъ порядкомъ. Неясность, сбивчивость изложенія есть слѣдствіе или неясности представленій и мыслей, или недостатка навыка въ изложеніи, когда ученикъ еще не овладѣлъ этимъ, такъ сказать, механизмомъ реализаціи мысли въ слово. Обыкновенно учителя, за исключеніемъ преподавателя отечественнаго языка, рѣдко наблюдаютъ за исполненіемъ этого важнаго правила и упускаютъ изъ виду формальную сторону развитія, гоняясь за однимъ знаніемъ. Но какъ убѣдиться въ знаніи, если оно не выразится отчетливо въ словѣ, а знаніе при неспособности выразить его будетъ въ значительной степени мертвымъ. Никогда не надо принимать обычныхъ отговорокъ учениковъ: «я знаю, но не могу выразить». Вотъ почему нужно вообще поменьше самому говорить на урокѣ, а побольше заставлять говорить самихъ учениковъ. Хорошимъ произношеніемъ называется такое, какое употребляется людьми образованными; рѣзкое удареніе значитъ — внятное произношеніе съ правильной логической интонаціей; ясное изложеніе требуетъ избѣгать всего двусмысленнаго и неопредѣленнаго; наконецъ, логическій порядокъ въ изложеніи обусловливается естественнымъ ходомъ самого мышленія.

4) Никогда не останавливайтесь сами въ собственномъ образованіи. Наставникъ до тѣхъ поръ способенъ образовательно дѣйствовать на другихъ, пока онъ продолжаетъ собственное самообразованіе, и нѣмецкая поговорка «Stillstand ist Rückgang» болѣе чѣмъ справедлива. Застой, представляющій столь обыкновенное явленіе въ учительскомъ сословіи, происходитъ отъ того однообразія, въ какое они сами впадаютъ на своемъ дѣлѣ, имѣя въ

виду не живой матеріялъ — дѣтей, а мертвый учебный матеріялъ. Образованіе не есть нѣчто готовое, оконченное, но постоянно развивающееся, — что выражается въ самомъ этимологическомъ значеніи слова. Какъ, по опредѣленію Канта, нѣтъ свободы, а только постоянное освобожденіе, постоянное стремленіе къ свободѣ, такъ нѣтъ образованія, а только непрерывный прогрессъ, или регрессъ образованности. Вотъ почему образованіе немыслимо безъ дѣятельности, безъ усовершенствованія, безъ того, чтобы человѣкъ шелъ впередъ постоянно и неуклонно. Если учитель долженъ постоянно образовывать себя въ умственномъ и нравственномъ отношеніяхъ, какъ человѣкъ и гражданинъ вообще, то онъ обязывается къ этому еще болѣе, какъ избравшій особенное, великое призваніе — быть наставникомъ, образователемъ юношества. Онъ долженъ всегда помнить, что въ немъ воплощается все ученіе, и что отъ его личности, а не отъ учебнаго предмета, отдѣльно понимаемаго, зависитъ успѣшность его учениковъ. Лучшимъ стимуломъ для образованія служитъ частое общеніе съ другими товарищами по призванію ради науки и педагогическаго дѣла, взаимной обмѣны мыслей, однимъ словомъ — коллегіальность.

5) Радуйтесь за себя и за своихъ учениковъ, ихъ развитію и ихъ подвижности. Выполненіе этого требованія прежде всего зависитъ отъ призванія и любви учителя къ своему дѣлу, безъ чего недостаточно будетъ самой педантической добросовѣстности, легко могущей обратиться въ формализмъ и чиновничество. Любовь часто подсказываетъ намъ то, чего не можетъ сказать холодный умъ, и нерѣдко направляетъ насъ на тотъ истинный путь, какого не открыть самымъ продолжительнымъ размышленіемъ. Находите, если можете, полное наслажденіе въ своемъ преподаваніи, даже не размышляя каждую минуту о цѣляхъ, и не задумываясь, какіе-то плоды принесетъ оно. Довѣряйте человѣческой природѣ, зная, что все прекрасное, истинное и доброе достигается свободнымъ развитіемъ человѣческихъ силъ. Если въ каждомъ дѣлѣ нужна любовь къ нему, то въ дѣлѣ воспитанія по

преимуществу; за то едва ли какое другое дѣло, честно и съ любовію исполненное, доставляетъ столько чистаго, высоко нравственнаго наслажденія, какъ педагогическое дѣло, если только вы достигнете любви учениковъ за вашу любовь къ нимъ, довѣрія за довѣріе, когда вы увидите въ нихъ очевидные признаки истиннаго развитія. Трудъ въ истинномъ значеніи немыслимъ безъ наслажденія, и источникъ этого наслажденія — въ самомъ трудѣ; возможность наслажденія дѣлаетъ человѣка счастливымъ, а счастіе, какъ мы выше опредѣлили, заключается въ дѣятельности, сообразной нашему призванію. Если вы не любите дѣтей — бѣгите педагогическаго поприща: оно будетъ источникомъ страданій для васъ и для вашихъ питомцевъ; вы не вкусите наслажденій отъ дѣтской любви, отъ ихъ развитія, и, пожалуй, будете искать его въ однихъ внѣшнихъ отличіяхъ, въ удовлетвореніи тщеславія и эгоизма, которые, какъ извѣстно, никогда и ни чѣмъ не удовлетворяются, но только растутъ и мучатъ человѣка. Пусть дѣло воспитанія будетъ для васъ цѣлью, а не средствомъ — и вы выполните это спасительное для васъ самихъ правило: наслаждайтесь успѣхами вашихъ учениковъ.

### IV. *Правила преподаванія относительно внѣшнихъ обстоятельствъ.*

1) Не учите множеству предметовъ въ одно и то же время, а передавайте предметъ одинъ за другимъ. Это правило особенно важно въ началѣ ученія, чтобы дать возможность учащемуся сосредоточить все свое вниманіе на одномъ, или на немногихъ главныхъ предметахъ, такъ, чтобы былъ одинъ центръ, около котораго все бы группировалось,—будетъ ли такимъ центромъ отечественный языкъ, естествовѣдѣніе, математика или древніе языки. Это необходимо для преодолѣнія первыхъ трудностей, неизбѣжныхъ при первомъ знакомствѣ съ тѣмъ или другимъ предметомъ. Это правило относится преимущественно къ иностраннымъ языкамъ, и нѣтъ ничего вреднѣе, какъ

начинать нѣсколько языковъ вдругъ. Когда будутъ преодолѣны первыя трудности одного главнаго предмета, то можно перейти къ другому, причемъ прежній обратится во второстепенный, потомъ — къ третьему и т. д. У насъ это дидактическое правило совершенно забыто относительно языковъ.

2) Принимайте въ соображеніе будущее (вѣроятное) званіе учащагося. Этимъ нисколько не отвергается другое, важнѣйшее правило, требующее воспитать въ человѣкѣ человѣчность, т. е. положить основаніе его общечеловѣческому развитію. Сущность этого правила заключается въ томъ, что если ученикъ по своему происхожденію и по своимъ дарованіямъ предназначается къ высшему образованію, то и въ первоначальномъ образованіи должны быть заложены болѣе широкія основанія, напр. (иностранные языки), и самое обученіе должно получить болѣе основательное, теоретическое направленіе; но если все ученіе должно ограничиться элементарнымъ учебнымъ заведеніемъ, напр. народной школой, то оно должно быть болѣе узкимъ, болѣе практическимъ, — не утрачивая въ то же время своего строго дидактическаго характера. Дидактическія трудности при этомъ послѣднемъ условіи даже увеличиваются, такъ какъ возможность развитія болѣе ограничивается и временемъ, и учебнымъ матеріаломъ. Быть хорошимъ учителемъ въ народной школѣ въ педагогическомъ отношеніи гораздо труднѣе, чѣмъ учителемъ напр. гимназіи.... Подъ практическимъ направленіемъ обученія здѣсь разумѣется не такое, которое только за тѣмъ и гонится, какъ бы научить дитя тому, что ему прямо понадобится въ жизни изъ за хлѣба, ибо такое преподаваніе собственно не учитъ ничему, не просвѣщаетъ ума, не согрѣваетъ чувства, не придаетъ силы волѣ, не даетъ задатковъ для дальнѣйшаго самообразованія. Все, чему учится дитя, должно вліять на его духовное развитіе: тогда его знаніе и развитіе будутъ имѣть самое прямое примѣненіе къ жизни.

3) Учите сообразно съ состояніемъ современной образованности, т. е. съ духомъ настоящаго времени, съ нра-

вами и обычаями того народа и званія, къ которому принадлежитъ учащійся, если только въ нихъ нѣтъ ничего вреднаго для его будущаго призванія, словомъ, соображайтесь со всѣми данными, окружающими его обстоятельствами. Но это правило всегда должно подчиняться другому, гораздо высшему, предписывающему учить сообразно съ человѣческою природою, такъ что если между этими правилами произойдетъ столкновеніе, то всегда должно отдавать предпочтеніе послѣднему передъ первымъ. Когда, напримѣръ, современная народная образованность какого либо края находится въ ложномъ направленіи или совсѣмъ извращена подъ вліяніемъ какой нибудь сословной или эгоистической доктрины, то для исправленія этого превратнаго положенія дѣлъ необходимо искать помощи въ томъ, чего требуетъ человѣческая природа вообще, но, разумѣется, не путемъ внезапныхъ переворотовъ, и постепенныхъ мѣръ. Пониманіе всѣхъ этихъ потребностей предполагаетъ въ педагогѣ значительное образованіе и безпристрастіе, какія очень рѣдки; но это не отмѣняетъ требованія во имя дѣтскаго и общаго блага. Если жизнь имѣетъ неотразимое вліяніе на школу и воспитаніе, — то и наоборотъ, такъ что эти два понятія «жизнь и школа» нераздѣльны, и изъ ихъ взаимодѣйствія слагается сила воспитанія. Если школа нужна для жизни, — то и жизнь для школы: это два вѣчные фактора, и ни одному изъ нихъ нельзя отдать преимущество.

Въ теоретическомъ отношеніи Дистервегъ также старался строго разграничить понятія: *педагогика, дидактика и методика*, которыя часто смѣшиваютъ, и указать пособія для изученія каждаго изъ этихъ отдѣловъ. «Слово педагогика — говоритъ онъ — употребляется или въ обширномъ смыслѣ, или въ тѣсномъ. Въ первомъ случаѣ оно обнимаетъ понятіе дидактика, а во второмъ — исключаетъ его. Въ обширномъ смыслѣ педагогика означаетъ сумму научныхъ законовъ и правилъ для сознательной, преднамѣренной дѣятельности въ воспитаніи человѣка. Правила обученія относятся сюда же потому, что обученіе также состоитъ въ преднамѣренномъ воздѣйствіи на человѣка для его образованія, такъ что дидактика составляетъ лишь часть общей педагогики. Въ тѣсномъ смыслѣ педагогика ограничивается ученіемъ собственно о воспитаніи, въ противоположность ученію о преподаваніи, и заключаетъ въ себѣ законы и правила для моральнаго развитія питомца. Въ этомъ случаѣ педагогика и дидактика стоятъ рядомъ, и о каждой изъ нихъ можно говорить въ отдѣльности. Точно въ такомъ же отношеніи, какъ педагогика къ дидактикѣ, стоятъ понятія: дидактика и методика. Принимая подъ словомъ дидактика сумму научныхъ законовъ и правилъ для обученія вообще, мы тутъ же разумѣемъ и методику, какъ собраніе законовъ и правилъ, относящихся къ преподаванію отдѣльныхъ предметовъ. Для разграниченія понятій: дидактика и методика слѣдуетъ принять, что первая излагаетъ лишь общіе законы и правила, одинаково относящіеся къ каждому учебному предмету; вторая же, напротивъ того, изслѣдуетъ учебное дѣло по отдѣльнымъ его цѣлямъ, содержанію, формѣ, и по другимъ частнымъ сторонамъ. Такимъ образомъ, педагогика предполагаетъ понятіе о воспитательно-учебномъ дѣлѣ во всемъ его объемѣ; дидактика составляетъ тотъ ея отдѣлъ, который занимается вопросомъ объ обученіи, и именно о школьномъ обученіи т. е. объ интеллектуальномъ образованіи учениковъ; методика же ставитъ отдѣльныя правила относительно различныхъ сторонъ школьнаго обученія и различныхъ учебныхъ предметовъ. Кромѣ того, каждая изъ этихъ частей общей педагогики имѣетъ свою теоретическую и практическую сторону, смотря по тому, идетъ ли рѣчь объ общихъ законахъ и правилахъ, или объ ихъ частномъ примѣненіи къ дѣлу; такъ напр. можно отличать методика (теоретика) отъ методиста (практика). Но лучше всего соединять обѣ стороны, такъ какъ сама теорія имѣетъ лишь на столько значенія, на сколько она полезна для практики, и наоборотъ». Дидактика и методика сами могутъ еще подраздѣляться на общую, относящуюся ко всему обученію въ его общихъ цѣляхъ и средствахъ, и на частную — по отношенію къ каждому изъ учебныхъ предметовъ. Въ послѣднемъ отношеніи Дистервегъ собралъ въ своемъ «Путеводителѣ» статьи лучшихъ педагоговъ-методиковъ, вмѣстѣ съ нимъ разработавшихъ вопросы о преподаваніи такихъ общеобразовательныхъ предметовъ, какъ наглядное обученіе, религія, отечественный языкъ, ариѳметика и геометрія, исторія, географія, калиграфія, рисованіе и пѣніе. Такъ сюда вошли, кромѣ его собственныхъ статей (напр. о преподаваніи роднаго языка и математики) также статьи: Борманна, Генчеля, Любена, Магера и др.

По училищевѣдѣнію практическая дѣятельность Дистервега, кромѣ организованной имъ, въ свое время лучшей учительской семинаріи въ Германіи, отразилась на духѣ и направленіи всѣхъ протестантскихъ учителей, ставшихъ въ оппозицію противъ регулятивовъ прусскаго правительства и положившихъ начало общимъ учительскимъ съѣздамъ. Статьи свои по поводу регулятивовъ Дистервегъ, какъ представитель педагогическаго раціонализма, собралъ въ трехъ книжкахъ, характеризующихъ его публицистическую дѣятельность въ интересахъ нѣмецкой народной школы. Особенно онъ останавливается на тѣхъ обвиненіяхъ, которыя высказываютъ регулятивы противъ идеи общечеловѣческаго образованія, и доказываетъ, что въ этомъ обвиненіи регулятивы противорѣчатъ всѣмъ результатамъ нѣмецкой педагогической науки, потому что идея общечеловѣческаго и вмѣстѣ христіанско-національнаго образованія и есть послѣдній выводъ этой науки, вѣнецъ всѣхъ ея опытовъ. По мнѣнію этой науки, люди, самые ревностные въ клерикально-конфессіональномъ смыслѣ, какъ напр. инквизиторы и іезуиты, нерѣдко самымъ ужаснымъ образомъ противорѣчатъ самымъ простымъ требованіямъ христіанской любви, и, слѣдовательно, вовсе не подтверждаетъ необходимости видѣть христіанство только въ извѣстной сектѣ. Такъ же исключительно и узко отношеніе регулятивовъ и къ методѣ обученія: они стремятся вообще къ одной матеріальной, ограниченной цѣли: въ географіи достаточно знать свою страну, въ исторіи надо знать прусскую, баварскую, баденскую исторію и т. д. Всякое, болѣе общее образованіе кажется имъ безполезной отвлеченностью; они не понимаютъ, что каждаго человѣка можно и должно образовать прежде всего какъ человѣка, что каждая школа всегда должна носить въ себѣ высшую, образующую идею; и реальныя школы, и гимназіи въ сущности стремятся къ одной общей цѣли — человѣческому развитію: одна путемъ знанія реальнаго, другая — гуманнаго. Народная школа составляетъ низшую ступень той же лѣстницы, и должна отличаться отъ нихъ не характеромъ, а только объемомъ сообщаемаго знанія и другихъ воспитательныхъ средствъ. «Если консервативное направленіе, выразившееся въ регулятивахъ, имѣетъ цѣлью сблизить школу съ жизнью и представить существующій порядокъ вещей самымъ лучшимъ и современнымъ, отстранивъ отъ школы и учителей всякую мысль объ его улучшеніи, то мы не согласны, — говоритъ Дистервегъ. По нашему мнѣнію воспитаніе, при этой привязанности къ настоящему, при уваженіи къ учрежденіямъ, созданнымъ предками, всегда должно заключать въ себѣ также стремленіе — вести ихъ къ болѣе совершенному состоянію. Если въ воспитаніи вовсе нѣтъ этого стремленія, тогда школѣ недостаетъ высшаго, идеальнаго направленія. Когда молодой человѣкъ вступаетъ въ жизненныя отношенія, и впослѣдствіи принимаетъ участіе въ ихъ устройствѣ, его должна руководить и возбуждать мысль, которая была бы выше той мысли, что все имъ встрѣчаемое есть самое лучшее и совершенное. Однимъ словомъ, воспитаніе ad hoc есть не только воспитаніе ограниченное, лишенное всякаго порыва, но въ то же время оно очень легко и не достигаетъ своей цѣли, часто оказываясь въ послѣдующей жизни совершенно неудачнымъ и безполезнымъ». Относительно вѣротерпимости въ школѣ Дистервегъ ставитъ образцомъ сѣверо-американскія школы. «Эти опытные народы, воспитывающіе человѣка для практической жизни и развивающіе въ немъ добродѣтели, нужныя въ общественной дѣятельности, предоставляютъ самимъ отдѣльнымъ вѣроисповѣданіямъ воспитывать дѣтей внѣ школы для того или другаго вѣроисповѣданія. Кто въ этомъ устройствѣ боится за церковность и религію, тотъ, если онъ не слѣпъ, можетъ увидѣть въ сѣверо-американскихъ отношеніяхъ нѣчто другое и лучшее. Нигдѣ въ свѣтѣ церковность, самопожертвованіе ради своего исповѣданія не существуютъ въ такой степени, какъ именно въ Америкѣ: это драгоцѣнный плодъ истинной педагогики. Въ школахъ воспитатели заботятся о добродѣтеляхъ общечеловѣческихъ, объ образованіи честныхъ и дѣятельныхъ гражданъ; въ отдѣльныхъ же церквахъ — о добродѣтеляхъ конфессіональныхъ. Вотъ практическая педагогическая мудрость!»

До конца своей жизни Дистервегъ оставался вѣренъ своимъ стремленіямъ, своимъ симпатіямъ и антипатіямъ; но часто черезъ-чуръ ревностные, однако недальновидные его послѣдователи понимали его односторонне, впадали въ крайность и увеличивали предубѣжденія консервативной партіи противъ здравыхъ началъ педагогики Дистервега. Между тѣмъ дѣятель этотъ свободенъ отъ многихъ нѣмецкихъ пристрастій; онъ лучше другихъ понимаетъ и жизнь, и школу, и въ то же время исполненъ того благороднаго недовольства, безъ котораго невозможенъ никакой истинный прогрессъ. Въ одномъ изъ своихъ сочиненій онъ говоритъ: «Когда мы чувствуемъ себя какъ бы подавленными при видѣ многихъ несовершенствъ въ современномъ намъ мірѣ, то соединяемъ въ умѣ нашемъ двѣ мысли: мысль о безутѣшности настоящаго положенія по недостатку способныхъ людей, и мысль о томъ, что еще много остается сдѣлать впереди. Въ то же время мы надѣемся, что будетъ лучше, и убѣждаемся, что каждый изъ насъ и можетъ, и хочетъ, и долженъ тому содѣйствовать, если только въ немъ живетъ человѣческое чувство. Безконечно много нужно еще сдѣлать, чтобы сколько нибудь достигнуть положенія, удовлетворяющаго человѣческому чувству, настоятельно требующему истинной образованности, правды и добра. Требованіе это истекаетъ изъ чисто нравственныхъ побужденій, изъ любви къ человѣку вообще, и изъ желанія осуществить эту любовь на дѣлѣ. Такимъ сознаніемъ проникнуты въ наше время тысячи людей, незнающихъ даже о существованіи другъ друга, руководимыхъ единственно человѣческимъ чувствомъ. Спросите сами себя: довольны ли вы — не собственною вашею судьбою, а судьбою тѣхъ, кого вы называете своими ближними, положеніемъ человѣчества вообще, — и если вы не довольны (какъ я изъ уваженія къ вамъ предполагаю), то вы принадлежите къ числу тѣхъ, о которыхъ сказалъ Шиллеръ, что ими растетъ и множится родъ человѣческій. Геній, облагораживающій человѣчество, уже возсталъ изъ среды его самого и обѣщаетъ, что, наконецъ, созрѣютъ благородные плоды на древѣ человѣчества. Кто сознаетъ, что онъ содѣйствовалъ этой зрѣлости, тотъ можетъ радостно оставить земное поприще своей дѣятельности. Исчезнетъ ли онъ съ лица земли, забудется ли и самое имя его, но посѣянное имъ будетъ вѣчно жить и расти, — а въ этомъ то и состоитъ земное безсмертіе. Частное счастіе — въ счастіи общемъ; да и кто въ наше время можетъ удовольствоваться собственнымъ, изолированнымъ счастіемъ? Какъ возможно современному человѣку думать только о себѣ, а не объ общемъ благѣ, не сочувствовать общимъ страданіямъ, не дѣйствовать на общую пользу? Какъ должно быть сухо, сжато, съёжено сердце человѣка, потерявшаго всякое сочувствіе къ человѣчеству!»

КОНЕЦЪ ВТОРАГО ВЫПУСКА.

(Третій выпускъ выйдетъ въ непродолжительномъ времени; въ немъ будутъ указаны иностранныя и русскія статьи, вошедшія въ составъ очерка).

*Цѣна 1 руб. 25 коп.*

Второй выпускъ отдѣльно отъ перваго *не продается*; на третій выдается билетъ, безъ уплаты денегъ впередъ.

www.ingramcontent.com/pod-product-compliance
Lightning Source LLC
Chambersburg PA
CBHW080416230426
43662CB00015B/2125